JAMES JOYCE / ULISES

JAMES JOYCE

ULISES

COLOFON

Primera edición
1984
Segunda edición
1986

Título original: *Ulysses* // Traducción de J. Salas Subirat.

© Colofón, S. A. — Morena 425-A —
03100 México, D. F.

ISBN 968-867-000-6

Impreso y hecho en México
Printed and made in Mexico

Impreso en los talleres gráficos
de Premiá editora de libros, s.a.
Tlahuapan, Pue.

I

IMPONENTE y rollizo, Buck Mulligan apareció en lo alto de la escalera, con una bacía desbordante de espuma, sobre la cual traía, cruzados, un espejo y una navaja. La suave brisa de la mañana hacía flotar con gracia la bata amarilla desprendida. Levantó el tazón y entonó:

—"*Introibo ad altare Dei.*"

Se detuvo, miró de soslayo la oscura escalera de caracol y llamó groseramente:

—Acércate, Kinch. Acércate, jesuíta miedoso.

Se adelantó con solemnidad y subió a la plataforma de tiro. Dió media vuelta y bendijo tres veces, gravemente, la torre, el campo circundante y las montañas que despertaban. Luego, advirtiendo a Esteban Dedalus, se inclinó hacia él y trazó rápidas cruces en el aire, murmurando entre dientes y moviendo la cabeza. Esteban Dedalus, malhumorado y con sueño, apoyó sus brazos sobre el último escalón y contempló fríamente la gorgoteante y meneadora cara que lo bendecía, de proporciones equinas por el largo, y la cabellera clara, sin tonsurar, parecida por su tinte y sus vetas al roble pálido.

Buck Mulligan espió un instante por debajo del espejo y luego tapó la bacía con toda elegancia.

—¡De vuelta al cuartel! —dijo severamente.

Luego agregó con tono sacerdotal:

—Porque esto, ¡oh amados míos!, es el verdadero Cristo: cuerpo y alma y sangre y llagas. Música lenta, por favor. Cierren los ojos, señores. Un momento. Hay cierta dificultad en esos corpúsculos blancos. Silencio, todos.

Lanzó una mirada de reojo, emitió un suave y largo silbido de llamada y se detuvo un momento extasiado, mientras sus dientes blancos y parejos brillaban aquí y allá con puntos de oro. Chrysostomos. Atravesando la calma, respondieron dos silbidos fuertes y agudos.

—Gracias, viejo —gritó animadamente—. Irá bien eso. Corta la corriente, ¿quieres?

Saltó de la plataforma de tiro y miró gravemente a su observador, recogiéndose alrededor de las piernas los pliegues sueltos de su bata. La cara rolliza y sombría, y la quijada ovalada y hosca, recordaban a un prelado protector de las artes en la Edad Media. Una sonrisa agradable se extendió silenciosa sobre sus labios.

—¡Qué burla! —dijo alegremente—. Tu nombre absurdo, griego antiguo.

Lo señaló con el dedo, en amistosa burla, y fué hacia el parapeto, riendo para sí. Esteban Dedalus comenzó a subir. Lo siguió perezosamente hasta mitad de camino y se sentó en el borde de la plataforma de tiro, observándolo tranquilo mientras apoyaba su espejo sobre el parapeto, metía la brocha en la bacía y se enjabonaba las mejillas y el cuello.

La alegre voz de Buck Mulligan siguió:

—Mi nombre también es absurdo. Malachi Mulligan, dos esdrújulos. Pero tiene un sonido helénico, ¿verdad? Ágil y soleado como el mismo gamo. Tenemos que ir a Atenas. ¿Vendrás conmigo si consigo que la tía largue veinte pesoques?

Dejó la brocha a un lado y gritó, riendo contento:

—¿Vendrá él? Ese jesuíta seco.

Deteniéndose, empezó a afeitarse concienzudamente.

—Dime, Mulligan —dijo Esteban quedamente.

—¿Qué, amor mío?

—¿Cuánto tiempo se quedará Haines en esta torre?

Buck Mulligan mostró una mejilla afeitada por encima de su hombro derecho:

—¡Dios! ¿No es espantoso? —dijo francamente—. Es un sajón pesado. Cree que no eres un caballero. Por Dios, estos cochinos ingleses. Revientan de dinero y de indigestión. Porque viene de Oxford. Sabes, Dedalus, tú tienes los verdaderos modales de Oxford. No te puede entender. ¡Oh!, yo tengo para ti el mejor nombre: Kinch, hoja de cuchillo.

Se afeitó cuidadosamente el mentón.

—Toda la noche se la pasó desvariando acerca de una pantera negra —dijo Esteban—. ¿Dónde está la cartuchera de su revólver?

—Es un lunático temible —dijo Mulligan—. ¿Tenías miedo?

—Sí —exclamó Esteban con energía y renovado temor—. Estar ahí en la oscuridad con un hombre a quien no conozco y que se lo pasa delirando y gimiendo por una pantera negra que quiere matar. Tú salvaste a algunos hombres que se ahogaban. Pero yo no soy un héroe. Si él se queda, yo me voy.

Buck Mulligan le arrugó el entrecejo a la espuma de su navaja. Descendió de su sitio y empezó a buscar afanosamente en los bolsillos de sus pantalones.

—¡Demonio! —dijo ásperamente.

Se dirigió a la plataforma, y metiendo una mano en el bolsillo de Esteban, dijo:

—Haznos el obsequio de tu trapo de nariz para limpiar mi navaja.

Esteban aguantó que sacara y exhibiera, sosteniéndolo de una punta, un pañuelo arrugado y sucio. Buck Mulligan limpió la navaja cuidadosamente. Después, mirando el pañuelo, dijo:

—He aquí el trapo de nariz del bardo. Un nuevo color artístico para nuestros poetas irlandeses: verde moco. Casi puedes sentirle el gusto, ¿no es cierto?

Montó otra vez en el parapeto y contempló la bahía de Dublin, mientras su cabello claro, de roble pálido, se agitaba suavemente.

—Dios —musitó—. ¿No es verdad que el mar es, como dice Algy, una dulce madre gris? El mar verde moco. El mar escrotogalvanizador. *Epi oinopa ponton.* ¡Ah, Dedalus, los griegos! Tengo que enseñarte. Tienes que leerlos en el original. *¡Thalatta! ¡Thalatta!* Ella es nuestra grande y dulce madre. Ven y mira.

Esteban se paró y se dirigió al parapeto. Apoyándose en él miró abajo, al agua y al barco correo que franqueaba la boca del puerto de Kingstown.

—Nuestra poderosa madre —dijo Buck Mulligan.

Desvió bruscamente del mar sus grandes ojos escudriñadores y los fijó en la cara de Esteban:

—Tía piensa que mataste a tu madre —dijo—. Por eso es que no quiere que yo tenga trato contigo.

—Alguien la mató —murmuró Esteban lúgubremente.

—¡Maldito sea! Podrías haberte arrodillado cuando tu madre moribunda te lo pidió, Kinch —dijo Buck Mulligan—. Soy tan hiperbóreo como tú. Pero pensar que tu madre moribunda, con su último aliento, te pidió que te arrodillaras y rezaras por ella. Y te negaste. Hay algo siniestro en ti...

Se interrumpió y volvió a cubrir de espuma, suavemente, su otra mejilla. Sus labios se curvaron en una sonrisa de condescendencia.

—Pero una máscara preciosa —murmuró para sí—, Kinch, la máscara más preciosa de todas.

Se siguió afeitando suavemente y con cuidado, en silencio, con toda seriedad.

Esteban, con un codo apoyado sobre el granito mellado, y la palma de la mano contra la frente, consideró el borde gastado de la manga de su saco, negra y lustrosa. Una pena, que todavía no era la pena del amor, corroía su corazón. Silenciosamente, en sueños, ella vino después de muerta, su cuerpo consumido dentro de la floja mortaja parda, exhalando perfume de cera y palo de rosa, mientras su aliento, cerniéndose sobre él, mudo y remordedor, era como un desmayado olor a cenizas húmedas. A través del puño deshilachado, vió el mar que la voz robusta acababa de alabar a su lado como a una madre grande y querida. El círculo formado por la bahía y el horizonte cerraban una masa opaca de líquido verdoso. Al lado de su lecho de muerte había una taza de porcelana blanca, conteniendo la espesa bilis verdosa que ella había arrancado de su hígado putrefacto entre estertores, vómitos y gemidos.

Buck Mulligan limpió la hoja de su navaja.

—¡Ah, pobre cuerpo de perro! —dijo con voz enternecida—. Tengo que darte una camisa y unos cuantos trapos de nariz. ¿Qué cal los pantalones de segunda mano?

—Quedan bastante bien —contestó Esteban.

Buck Mulligan atacó el hueco debajo de su labio inferior.

—Lo ridículo —agregó alegremente— es que hayan sido usados. Dios sabe qué apestados los dejó. Tengo un par muy hermoso, con rayas del ancho de un cabello, grises. Quedarías formidable con ellos. No bromeo, Kinch. Quedas condenadamente bien cuando estás arreglado.

—Gracias —dijo Esteban—, no podré usarlos si son grises.

—¡Él no puede usarlos! —dijo Buck a su cara en el espejo—. La etiqueta es la etiqueta. Mata a su madre, pero no puede llevar pantalones grises.

Cerró cuidadosamente la navaja y con unos golpecitos de los dedos palpó la suavidad de la piel.

Esteban apartó su mirada del mar y la fijó en la cara rolliza, de ojos movedizos, azul de humo.

—El tipo con quien estuve en el Ship anoche —dijo Buck Mulligan— dice que tienes p.g.l. Está en Dottyville con Conolly Norman. Parálisis general de los locos.

Describió un semicírculo en el aire con el espejo para comunicar las nuevas al exterior, luminoso ahora de sol sobre el mar. Rieron sus labios curvos, recién afeitados, y los bordes de sus dientes blancos y relucientes. La risa se apoderó de todo su tronco fornido y macizo.

Esteban se inclinó y se contempló en el espejo que le ofrecían, agrietado por una rajadura torcida, con los cabellos en punta. Como él y otros me ven. ¿Quién me eligió esta cara? Este desgraciado para desembarazarse de sabandijas. También me lo pregunta a mí.

—Lo robé de la pieza de la maritornes —declaró Buck Mulligan—. Se lo merece. En obsequio a Malachi, la tía siempre elige criadas feas. No lo induzcas en tentación. Y su nombre es Úrsula.

Riendo otra vez, apartó el espejo de los ojos atentos de Esteban.

—¡Qué rabia tendría Calibán al no ver su imagen en un espejo! —exclamó—. Si Wilde estuviera vivo para verte...

Echándose para atrás y señalando, Esteban dijo con amargura:

—Mírate —le dijo—, bardo horroroso.

—Es un símbolo del arte irlandés. El espejo agrietado de un sirviente.

Buck Mulligan enlazó su brazo, de repente, con el de Esteban, y caminó con él alrededor de la torre, la navaja y el espejo sacudiéndose en el bolsillo donde los había metido.

—No es justo burlarse de ti de esta manera, Kinch, ¿no es verdad? —agregó con cariño—. Dios sabe que tienes más espíritu que cualquiera de ellos.

Defendiéndose de nuevo. Teme la lanceta de mi arte como yo temo la suya. La fría pluma de acero.

—El espejo agrietado de un sirviente. Dile eso al tipo apestado de abajo y trata de sacarle una guinea. Está podrido en plata y cree que no eres un caballero. Su viejo hizo plata vendiendo jalapa a Zulus o a algún otro maldito estafador. Por Dios, Kinch, si tú y yo pudiéramos tan sólo trabajar juntos podríamos hacer algo por la isla. Helenizarla.

El brazo de Cranly. Su brazo.

—Y pensar que tú tienes que estar pidiendo limosna a estos cochinos. Yo soy el único que sabe lo que vales. ¿Por qué no me tienes más confianza? ¿Qué es lo que tienes sobre la nariz en mi contra? ¿Es por Haines? Si hace algún ruido aquí voy a hacer venir a Seymour y le vamos a dar una corrida peor que la que le dieron a Clive Kempthorpe.

Gritos jóvenes de voces adineradas en las habitaciones de Clive Kempthorpe. Caras pálidas: se agarran las costillas de la risa, abrazándose unos a otros. ¡Oh, me muero! ¡Díselo a ella poco a poco, Aubrey! ¡Me muero! Salta y cojea alrededor de la mesa, las tiras de su camisa hecha jirones azotando el aire, los pantalones en los talones, perseguido por Ades de Magdalen con las tijeras del sastre. Una cara asustada de ternero, lustrosa de mermelada. ¡No quiero que me achuren! ¡No jueguen al toro mocho conmigo!

Gritos desde la ventana abierta, que estremecen la tarde en el cuadrángulo. Un jardinero sordo, con delantal, enmascarado con la cara de Matthey Arnold, empuja su segadora sobre el césped sombrío, observando atentamente las briznas danzadoras de pasto seco.

Para nosotros mismos... nuevo paganismo... omphalos.

—Que se quede —dijo Esteban—. No tiene nada de malo excepto de noche.

—Y entonces ¿qué es? —le preguntó Buck Mulligan con impaciencia—. Vomítalo. Soy completamente franco contigo. ¿Qué tienes contra mí ahora?

Hicieron un alto, mirando hacia el cabo romo de Bray Head, que asomaba en el agua como el morro de una ballena dormida. Esteban retiró su brazo en silencio.

—¿Quieres que te lo diga? —le preguntó.

—Sí, ¿qué es? —respondió Buck Mulligan—. No me acuerdo de nada. Mientras hablaba miraba la cara de Esteban. Una brisa leve le pasó por la frente, abanicando con suavidad sus claros cabellos despeinados y despertando argentados puntos de ansiedad en sus ojos.

Esteban, oprimido por su propia voz, dijo:

—¿Recuerdas el primer día que fuí a tu casa después de la muerte de mi madre?

Buck Mulligan arrugó bruscamente la frente y contestó:

—¿Qué? ¿Adónde? No puedo recordar nada. Sólo ideas y sensaciones. ¿Por qué? En nombre de Dios, ¿qué pasó?

—Estabas preparando té —dijo Esteban— y yo crucé el rellano para ir a buscar más agua caliente. Tu madre y algún visitante salieron de la sala. Ella te preguntó quién estaba en tu pieza.

—¿Sí? —dijo Buck Mulligan—. ¿Qué dije yo? Me olvidé.

—Dijiste —contestó Esteban—: *"¡Oh!, es tan sólo Dedalus, cuya madre está bestialmente muerta."*

Un rubor que lo hacía parecer más joven y más atrayente cubrió las mejillas de Buck Mulligan.

—¿Dije así? —preguntó—. ¿Y? ¿Qué hay de malo en eso?

Nerviosamente, dominó su embarazo.

—¿Y qué es la muerte? —siguió—. ¿La de tu madre o la tuya o la mía propia? Tú solamente viste morir a tu madre. Yo los veo reventar todos los días en el Mater y en el Richmond, y cómo los destripan en la sala de autopsia. Es una cosa bestial y nada más. Simplemente no tiene importancia. No quisiste arrodillarte a rezar por tu madre en su lecho de muerte cuando te lo pidió. ¿Por qué? Porque llevas dentro la maldita marca de los jesuítas, sólo que inyectada al revés. Para mí todo es burla y bestialidad. Sus lóbulos cerebrales no funcionan. Ella llama al doctor sir Peter Teazle y recoge flores de sapo en la colcha. Se trata de seguirle la corriente hasta el fin. Contrariaste su último deseo cuando iba a morir y sin embargo te fastidias conmigo porque no berreo como alguna llorona alquilada de Lalouette. ¡Absurdo! Supongo que lo dije. No quise ofender la memoria de tu madre.

Hablaba sólo para envalentonarse. Esteban, ocultando las heridas que las palabras habían dejado abiertas en su corazón, dijo muy fríamente:

—No estoy pensando en la ofensa a mi madre.
—¿En qué, entonces? —preguntó Buck Mulligan.
—En la ofensa a mí —contestó Esteban.

Buck Mulligan giró sobre sus talones.
—¡Oh, persona imposible! —exclamó.

Se alejó rápidamente por el parapeto. Esteban se quedó en su sitio, mirando el mar hacia la punta de tierra. El mar y la punta de tierra iban obscureciéndose ahora. El pulso le sacudía en los ojos, velándole la vista, y sintió la fiebre de sus mejillas.

Dentro de la torre, una voz llamó alto:
—¿Estás ahí, Mulligan?
—Ya voy —contestó Buck Mulligan.

Se volvió hacia Esteban y dijo:
—Mira el mar. ¿Qué le importan a él las ofensas? Olvídate de Loyola, Kinch, y baja. El sajón reclama su jamón matutino.

Su cabeza se detuvo otra vez por un momento al extremo de la escalera, al nivel del techo:
—No te quedes atontado todo el día pensando en eso —dijo—. Yo soy inconsecuente. Abandona las cavilaciones taciturnas.

Su cabeza desapareció, pero el zumbido de su voz que descendía retumbó fuera de la escalera:

> *Y no más arrinconarse y cavilar*
> *sobre el amargo misterio del amor,*
> *porque Fergus maneja los carros de bronce.*

Sombras vegetales flotaban silenciosamente en la paz de la mañana, desde la escalera hacia el mar que él contemplaba. Partiendo de la orilla el espejo del agua blanqueaba, acicateado por fugaces pies luminosos. Blanco seno del oscuro mar. Los golpes enlazados, de dos en dos. Una mano pulsando las cuerdas de un arpa que funden sus acordes gemelos. Palabras enlazadas, blancas como olas, rielando sobre la sombreante marea.

Una nube empezó a cubrir el sol, lentamente, oscureciendo la bahía con un verde más intenso. Estaba detrás de él, un cántaro de aguas amargas. La canción de Fergus: la canté solo en la casa, sosteniendo los acordes largos y tristes. La puerta de ella estaba abierta: quería escuchar mi música. Con una mezcla de temor, respeto y lástima me acerqué silenciosamente a su lecho. Lloraba en su cama miserable. Por esas palabras, Esteban: amargo misterio del amor.

¿Ahora adónde?

Sus secretos: viejos abanicos de plumas, tarjetas de baile con borlas espolvoreadas de almizcle, una charrería de cuentas de ámbar en su cajón cerrado con llave. Cuando era niña, en una ventana asoleada de su casa pendía una jaula. Escuchó cantar al viejo Royce en la pantomima de Turko el terrible y rió con los demás cuando él cantaba:

> *Soy el muchacho*
> *que goza*
> *de la invisibilidad.*

Júbilos fantasmagóricos momificados: perfumados de almizcle.

Y no más arrinconarse y cavilar.

Arrumbada en la memoria de la naturaleza con sus juguetes. Los recuerdos acosan su mente taciturna. Su vaso lleno de agua de la cocina, cuando hubo comulgado. Una manzana rellena de azúcar negra, asándose para ella en el hogar en un oscuro atardecer de otoño. Sus uñas bien formadas enrojecidas por la sangre de los piojos aplastados en las camisas de los chicos.

En sueños, silenciosamente, ella vino después de muerta, su cuerpo consumido dentro de la floja mortaja parda, exhalando perfume de cera y palo de rosa, mientras su aliento cerniéndose sobre él, con palabras mudas y secretas, era como un desmayado olor a cenizas húmedas.

Sus ojos vítreos, mirando desde la muerte, para sacudir y doblegar mi alma. Sobre mí solo. El cirio de las ánimas para alumbrar su agonía. Luz espectral sobre el rostro torturado. Su respiración ronca, ruidosa, rechinando de horror, mientras todos rezaban arrodillados. Sus ojos sobre mí para hacerme sucumbir. *"Liliata rutilantium te confessorum turma circumdet: iubilantium te virginum chorus excipiat."*

¡Vampiro! ¡Mascador de cadáveres!

No, madre. Déjame ser y déjame vivir.

—¡Kinch, ahoy!

La voz de Buck Mulligan resonó desde la torre. Vino desde más cerca de la escalera, llamando otra vez. Esteban, temblando todavía por el grito de su alma, oyó la escurridiza y cálida luz del sol, y en el aire palabras cordiales detrás de él.

—Dedalus, baja, pronto. El desayuno está listo. Haines está pidiendo disculpas por habernos despertado anoche. Todo está bien.

—Ya voy —dijo Esteban volviéndose.

—Ven, por Jesús —dijo Buck Mulligan—, por mí y por todos nosotros.

Su cabeza desapareció y reapareció.

—Le hablé de tu símbolo del arte irlandés. Dice que es muy ingenioso. Pídele una libra, ¿quieres? O mejor: una guinea.

—Me pagan esta mañana —dijo Esteban.

—¿En la puerca escuela? —dijo Buck Mulligan—. ¿Cuánto? ¿Cuatro libras? Préstanos una.

—Si la quieres —dijo Esteban.

—¡Cuatro brillantes soberanos! —gritó Buck Mulligan con deleite— Vamos a agarrarnos una gloriosa borrachera, para asombrar a los druidosos druidas. Cuatro soberanos omnipotentes.

Levantó la mano y descendió a saltos por la escalera de piedra, cantando una tonada con acento cockney:

> *¡Oh!, ¿no nos vamos a divertir*
> *tomando whisky, cerveza y vino,*
> *en la Coronación,*
> *en el día de la Coronación?*
> *¡Oh, qué buen rato vamos a pasar*
> *en el día de la Coronación!*

Los cálidos destellos del sol jugueteaban sobre el mar. La bacía brillaba, olvidada sobre el parapeto. ¿Por qué tengo que bajarla? ¿O dejarla allí todo el día, como una amistad olvidada?

Se acercó a ella, la sostuvo un momento entre sus manos, sintiendo su frescura, oliendo la baba viscosa de la espuma en que estaba metida la brocha. Así llevé yo aquella vez el incensario en Clongowes. Ahora soy otro y sin embargo el mismo. También un sirviente. El servidor de un sirviente.

En la oscura sala abovedada de la torre, la forma vestida de Buck Mulligan se movía ágilmente alrededor de la chimenea, ocultando y revelando su ardiente amarillo. Dos saetas de suave luz diurna caían cruzando las baldosas del piso desde las troneras altas, y al encontrarse sus rayos flotaba, oscilando, una nube de humo de carbón y vapores de grasa frita.

—Nos vamos a asfixiar —dijo Buck Mulligan—. Haines, abre esa puerta, ¿quieres?

Esteban depositó la bacía sobre la alacena. Una silueta alta se levantó de la hamaca donde había estado sentada, se dirigió hacia la puerta y abrió las hojas interiores.

—¿Tienes la llave? —preguntó una voz.

—Dedalus la tiene —dijo Buck Mulligan—. Janey Mack, estoy asfixiado.

Sin apartar la mirada del fuego, aulló:

—¡Kinch!

—Está en la cerradura —dijo Esteban, adelantándose.

La llave giró dos veces, raspando ásperamente, y cuando se hubo abierto la pesada puerta, entraron, bien venidos, luz y aire vivo. Haines se quedó en el umbral, mirando hacia afuera. Esteban arrastró su valija hasta la mesa y se sentó a esperar. Buck Mulligan arrojó la fritada sobre la fuente que tenía a su lado. Luego la llevó a la mesa junto con una gran tetera, se sentó pesadamente y suspiró aliviado.

—Me estoy derritiendo —exclamó—, como dijo la vela cuando... ¡Pero basta! Ni una palabra más sobre ese asunto. Kinch, despierta. Pan, manteca, miel. Haines, ven. La comida está lista. Bendícenos, Señor, y a estos tus dones. ¿Dónde está el azúcar? ¡Oh, chambón!, no hay leche.

Esteban fué a buscar el pan, el pote de la miel y la mantequera a la alacena. Buck Mulligan, repentinamente de mal humor, se sentó.

—¿Qué clase de ternera es ésta? Le dije que viniera después de las ocho.

—Podemos tomarlo solo —dijo Esteban—. Hay limón en la alacena.

—Al demonio tú y tus modas de París —dijo Buck Mulligan—; yo quiero leche Sandycove.

Haines regresó de la puerta y dijo apaciblemente:

—Ahí viene la mujer con la leche.

—Que Dios te bendiga —gritó Buck Mulligan, saltando de su silla—. Siéntate. Sirve el té allí. El azúcar está en la bolsa. Vamos, bastante tengo que hacer con estos condenados huevos.

Cortó con unos tajos el frito de la fuente y arrojó una porción en cada uno de los tres platos, diciendo:

—"In nomine Patris et Filii et Spiritus Sancti."

Haines se sentó para servir el té.

—Les voy a dar dos terrones a cada uno —previno—. Pero te digo, Mulligan, que haces el té cargado, ¿no es cierto?

Buck Mulligan, cortando gruesas rebanadas de pan, afirmó con la voz zalamera de una vieja:

—Cuando hago té, hago té —como decía la vieja madre Grogan—. Y cuando hago agua, hago agua ([1]).

—Por Jove, es té —dijo Haines.

Buck Mulligan siguió cortando pan y haciéndose el zalamero.

—*Así lo hago yo, señora Cahill*, dice ella. *¡Caramba, señora!*, dice la Cahill. *Gracias a Dios usted no los hace ambos en el mismo tacho.*

Extendió a cada uno de sus compañeros, por turno, una gruesa rebanada de pan enarbolada en su cuchillo.

—Ésa es gente para tu libro, Haines —dijo entusiastamente—. Cinco líneas de texto y diez páginas de notas acerca de la gente y las divinidades pisciformes de Dumdrum. Impreso por las Parcas en el año del gran viento.

Se volvió hacia Esteban y le preguntó con una fina voz de intriga, enarcando las cejas:

—¿Puedes recordar, hermano? ¿Se habla de la olla de té y agua de la madre Grogan en el Mabinogion o en los Upanishads?

—Lo dudo —dijo Esteban gravemente.

—¿Ahora lo dudas? —preguntó Buck Mulligan en el mismo tono—. ¿Tus razones, por favor?

—Se me antoja —dijo Esteban al tiempo que comía— que no existió ni dentro ni fuera del Mabinogion. Uno se imagina que la madre Grogan era parienta de María Ana.

El rostro de Buck Mulligan sonrió complacido.

—Encantador —dijo remilgando dulcemente la voz, mostrando sus dientes blancos y parpadeando picarescamente—. ¿Crees que ella lo era? Decididamente encantador.

Luego, con las facciones contraídas bruscamente, gruñó con voz áspera, al par que arremetía de nuevo, vigorosamente, contra el pan:

> *Porque a la vieja María Ana*
> *no le importa un comino,*
> *pero levantando sus enaguas...*

Se llenó la boca de fritura y se puso a mascar y zumbar.

([1]) Hacer agua *(to make water)*: orinar, en inglés.

15

El hueco de la puerta se oscureció por un bulto que entraba.
—La leche, señor.
—Entre, señora —dijo Mulligan—. Kinch, trae la jarra.
Una anciana se adelantó, colocándose cerca del codo de Esteban.
—Hermosa mañana, señor —dijo—. Que Dios sea loado.
—¿Quién? —dijo Mulligan, con una ojeada—. ¡Ah, sí, cómo no!
Esteban se estiró hacia atrás y alcanzó la jarra de la alacena.
—Los isleños —dijo Mulligan a Haines, con displicencia— se refieren frecuentemente al coleccionista de prepucios.
—¿Cuánto, señor? —preguntó la vieja.
—Un litro —dijo Esteban.
La observó mientras vertía en la medida y luego en la jarra la rica leche blanca, no la de ella. Viejas tetas arrugadas. Vertió otra vez una medida entera y una yapa. Vieja y misteriosa, venía de un mundo matutino, tal vez como un mensajero. Alabó la excelencia de la leche, mientras la vertía. De cuclillas, al lado de una paciente vaca, en el campo lozano, al amanecer, una bruja sobre su taburete, los dedos rápidos en las ubres chorreantes. Conociéndola, las vacas mugían a su alrededor: ganado sedoso de rocío. Seda de las vacas y de la pobre vieja, nombres que le daban en los viejos tiempos. Una tía vagabunda, forma degradada de un ser inmortal, sirviendo a su conquistador y a su satisfecho seductor, una prostituta vulgar, mensajera del misterio matutino. Para servir o para vituperar, quién sabe, pero resistiéndose a pedir un favor.
—Lo es de verdad, señora —dijo Buck Mulligan, vertiendo leche en sus tazas.
—Pruébela, señor —dijo ella.
Bebió a su pedido.
—Si pudiéramos vivir solamente de tan buen alimento —exclamó luego alzando un poco la voz— no tendríamos el país lleno de tripas y dientes podridos. Viviendo en un pantano fangoso, comiendo alimentos baratos y con las calles asfaltadas de polvo, estiércol de caballo y escupitajos de tuberculosos.
—¿Es usted estudiante de medicina, señor? —interrogó la vieja.
—Sí, señora —contestó Buck Mulligan.
Esteban escuchaba en un silencio despreciativo. Agacha su vieja cabeza ante una voz que le habla alto, su componehuesos, su curandero: a mí ella me desprecia. Ante la voz que escuchará su confesión y que ungirá para el sepulcro todo lo que hay en ella, menos sus lomos sucios de mujer, de carne de hombre no hecha a semejanza de Dios, esa presa de la serpiente. Y ante la voz alta que ahora la hace callar con ojos asombrados e inseguros.
—¿Entiende lo que dice él? —le preguntó Esteban.
—¿Es francés lo que usted habla, señor? —dijo la vieja a Haines.
Haines le habló de nuevo, extensa y confidencialmente.
—Irlandés —dijo Buck Mulligan—. ¿Tiene usted algo de gaélico?
—Me pareció irlandés por su pronunciación —contestó ella—. ¿Es usted del oeste, señor? —Soy inglés —declaró Haines.
—Él es inglés —dijo Buck Mulligan— y piensa que en Irlanda deberíamos hablar irlandés.

—Seguro que sí —dijo la vieja— y me avergüenzo de no hablarlo. Los que saben me han dicho que es un gran lenguaje.

—Grande no es el nombre que hay que darle —dijo Buck Mulligan—. Es decididamente maravilloso. Sírvenos un poco más de té, Kinch. ¿Gustaría tomar una taza, señora?

—No, gracias, señor —respondió la vieja pasando el asa del tarro de la leche sobre su antebrazo y disponiéndose a retirarse.

Haines le dijo:

—¿Tiene usted la cuenta? Sería mejor que le pagáramos, Mulligan, ¿no es cierto?

Esteban llenó de nuevo las tres tazas.

—¿La cuenta, señor? —dijo ella, deteniéndose—. Bueno, son siete mañanas de medio litro a dos peniques, siete veces dos son un chelín y dos peniques más y estas tres mañanas un litro a cuatro peniques son tres litros por un chelín más un chelín y dos son dos y dos, señor.

Buck Mulligan suspiró, y habiéndose llenado la boca con una corteza abundantemente untada de manteca por ambos lados, estiró ambas piernas y comenzó a revisar los bolsillos de su pantalón.

—Paga y con buena cara —le dijo Haines sonriendo.

Esteban llenó una tercera taza. Una cucharada de té coloreaba levemente la leche rica y espesa. Buck Mulligan sacó un florín, lo dió vuelta entre sus dedos y gritó:

—¡Un milagro!

Lo deslizó hacia la vieja a lo largo de la mesa, diciendo:

—No me pidas más, encanto. Te doy todo lo que te puedo dar.

La mano de la vieja no denotaba ansiedad. Esteban depositó en ella la moneda.

—Le deberemos dos peniques —dijo.

—No corre prisa, señor —dijo ella, tomando la moneda—. No corre prisa. Buen día, señor.

Hizo una reverencia y salió, seguida por la voz de Buck Mulligan, que cantaba tiernamente:

> *Prenda de mi corazón, si hubiera más*
> *más pondríamos a tus pies.*

Luego, volviéndose hacia Esteban:

—En serio, Dedalus, estoy seco. Recurre rápido a tu puerca escuela y tráenos algún dinero. Hoy los bardos tienen que beber y festejar. Irlanda espera que cada hombre cumpla con su deber en este día.

—Eso me recuerda —exclamó Haines, levantándose— que tengo que visitar hoy vuestra biblioteca nacional.

—Nuestra remojada en primer término —dijo Buck Mulligan.

Se volvió hacia Esteban y le preguntó socarronamente:

—¿Es hoy el día de tu lavado mensual, Kinch?

Y dirigiéndose a Haines:

—El sucio bardo tiene el prurito de lavarse un día en cada mes.

—Toda Irlanda se lava en la corriente del golfo —afirmó Esteban mientras dejaba gotear la miel sobre el pan.

Haines, en un rincón, se ataba tranquilamente una echarpe alrededor del cuello desabrochado de su camisa de tenis. Habló:

—Pienso hacer una colección de todos tus dichos, si me lo permites. Hablándome a mí. Ellos se lavan y se bañan y se frotan. Mordiscón ancestral del subconsciente. Conciencia. Sin embargo aquí hay algo.
—Eso de que el espejo resquebrajado de un sirviente es el símbolo del arte irlandés, es estupendamente bueno.

Buck Mulligan pateó el pie de Esteban debajo de la mesa y exclamó con ardiente entonación:
—Espera hasta que lo oigas hablar de Hamlet, Haines.
—Bueno, eso es lo que quiero decir —dijo Haines, hablando aún a Esteban—. Pensaba en ello cuando entró esa vieja y mísera criatura.
—¿Le sacaría yo dinero a eso? —preguntó Esteban.

Haines se rió y, a la vez que tomaba su blando sombrero gris del sostén de la hamaca, dijo:
—No sé, te lo aseguro. — Y caminó con lentitud hacia la puerta. Buck Mulligan se inclinó hacia Esteban y le reconvino con grosero vigor:
—Ahora sí que metiste la pata. ¿Para qué dijiste eso?
—¿Y qué? —dijo Esteban—. La cuestión es conseguir dinero. ¿De quién? De la lechera o de él. Cara o cruz, eso es todo.
—Le lleno la cabeza de ti —exclamó Buck Mulligan— y luego sales con tus indirectas piojosas y tus oscuras maniobras de jesuíta.
—Veo muy poca esperanza —dijo Esteban— tanto de parte de ella como de él.

Buck Mulligan suspiró trágicamente y apoyó su mano sobre el brazo de Esteban.
—De mí, Kinch —dijo.

Cambiando súbitamente de tono, agregó:
—Para decirte la pura verdad, creo que tienes razón. Maldito sea para lo que sirven.

¿Por qué no juegas con ellos como yo? Al infierno con todos. Salgamos de aquí.

Se puso de pie, se aflojó la bata, y quitándosela con toda gravedad, dijo resignadamente:
—Mulligan se despoja de sus vestiduras.

Vació sus bolsillos sobre la mesa:
—Ahí está tu trapo para los mocos —rezongó.

Y poniéndose el cuello duro y la corbata rebelde, les habló reprendiéndolos, y también a la bamboleante cadena de su reloj. Metió las manos en el baúl y comenzó a revolver, pidiendo un pañuelo limpio. Mordiscón ancestral del subconsciente. Dios, no tendremos más remedio que disfrazar el carácter. Quiero guantes rojizos y botas verdes. Contradicción. ¿Me contradigo? Sea, me contradigo. Malachi Mercurial. Un flojo proyectil negro voló de sus elocuentes manos.
—Y ahí está tu sombrero del Barrio Latino —dijo.

Esteban lo recogió y se lo puso. Haines los llamó desde la puerta:
—¿Vienen, jóvenes?
—Yo estoy listo —respondió Buck Mulligan, yendo hacia la salida—. Vamos, Kinch. Te has comido todo lo que dejamos, supongo. —Salió resignadamente, con porte y palabras graves, diciendo casi con pesar:
—Y adelantándose se enfrentó con Butterly.

Sacando su garrote de fresno de donde estaba apoyado, Esteban salió con ellos, y mientras bajaba la escalera, empujó la lenta puerta de hierro y la cerró con la pesada llave, que metió en un bolsillo interior.

Al pie de la escalera, Buck Mulligan preguntó:

—¿Trajiste la llave?

—La tengo —respondió Esteban, precediéndolos.

Siguió andando. Oyó cómo Buck Mulligan golpeaba detrás de él los brotes de helechos o yuyos con su pesada toalla de baño.

—Abajo, señor. ¿Cómo se atreve usted, señor?

Haines preguntó:

—¿Paga alquiler por esta torre?

—Doce libras —dijo Buck Mulligan.

—Al secretario de Guerra del Estado —agregó Esteban, por encima del hombro.

Se detuvieron mientras Haines examinaba la torre, diciendo en conclusión:

—Un poco fría en el invierno. Diría yo. ¿La llaman Martello?

—Las hizo construir Billy Pitt —dijo Buck Mulligan— cuando los franceses estaban en el mar. Pero la nuestra es la *omphalos*.

—¿Cuál es su idea de Hamlet? —preguntó Haines a Esteban.

—No, no —gritó Buck Mulligan afligido—. No estoy a la altura de Tomás de Aquino y las cincuenta y cinco razones que construyó para apuntalarlo. Esperen primero a que tenga yo unas cuantas pintas dentro.

Se volvió hacia Esteban diciendo mientras tiraba cuidadosamente hacia abajo los picos de su chaleco color prímula.

—¿No podrías arreglártelas con menos de tres pintas, no es verdad, Kinch?

—Ha esperado tanto —dijo Esteban distraídamente— que bien puede esperar más.

—Excitan mi curiosidad —afirmó Haines amablemente—. ¿Se trata de una paradoja?

—¡Bah! —exclamó Buck Mulligan—. Ya hemos sobrepasado a Wilde y a sus paradojas. Es muy sencillo. Por medio del álgebra demuestra que el nieto de Hamlet es el abuelo de Shakespeare, y que él mismo es la sombra de su propio padre.

—¿Qué? —dijo Haines señalando a Esteban—. ¿Él mismo?

Buck Mulligan se puso la toalla alrededor del cuello a modo de estola, y retorciéndose de risa habló a Esteban al oído.

—¡Oh, sombra de Kinch el mayor! ¡Jafet en busca de un padre!

—Por la mañana siempre estamos cansados —dijo Esteban a Haines—. Y es bastante largo de contar.

Buck Mulligan, caminando adelante otra vez, levantó las manos.

—Solamente la pinta sagrada puede desatar la lengua de Dedalus —afirmó.

—Lo que quiero decir —explicó Haines a Esteban, mientras seguían— es que esta torre y estos acantilados me recuerdan, en alguna forma, el *"Que se desploma sobre su base mar adentro"*, de Elsinor, ¿no es verdad?

Buck Mulligan se volvió de repente hacia Esteban por un instante, pero no habló. En fugaz instante silencioso Esteban vió su propia imagen en ordinario luto polvoriento entre las alegres vestimentas de ellos.

—Es un cuento maravilloso —dijo Haines, deteniéndolos de nuevo.

Ojos pálidos como el mar que el viento había refrescado, todavía más pálidos, firmes y prudentes. El dominador de los mares miró hacia el sur, sobre la bahía, solitaria a excepción del penacho de humo del bote-correo, vago sobre el horizonte vívido, y una vela maniobrando por el lado de Muglins.

—He leído una interpretación teológica de lo mismo en alguna parte, dijo como recordando. La idea del Padre y el Hijo. El Hijo luchando por identificar al Padre.

De inmediato Buck Mulligan mostró un rostro gozoso iluminado por una amplia sonrisa. Los miró, con su boca bien formada entreabierta de felicidad, mientras los ojos, de los que se había borrado súbitamente toda expresión de burla, parpadearon con loca alegría. Meneó una cabeza de muñeca de un lado a otro, haciendo temblar las alas de su panamá, y comenzó a cantar con voz tonta, tranquila y feliz:

Soy el joven más raro de que nunca hayan oído hablar.
Mi madre era una judía, mi padre un pájaro.
Con José el carpintero no puedo estar de acuerdo.
A la salud de los discípulos y el Calvario.

Levantó el índice en gesto de admonición:

Si alguien hay que crea que yo no soy divino
Tragos no tendrá gratis cuando produzca vino.
Tendrá que beber agua, que arrojaré después,
Cuando mi vino en agua convierta yo otra vez.

Tiró rápidamente del garrote de fresno de Esteban a modo de despedida y, corriendo adelante hacia una cresta del acantilado, agitó sus manos a lo largo de su cuerpo, como las aletas o las alas de uno que estuviera por elevarse en el aire, y entonó:

Adiós ahora, adiós. Escriban todo lo que he dicho
y digan a Tom, Dick y Harry que me levanté de entre
[*los muertos.*
Lo que se engendra en mí no puede dejar de salir..
Adiós... sopla fuerte en el Monte de los Olivos.

Bajó, haciendo cabriolas delante de ellos, hacia el agujero de cuarenta pies, agitando sus manos como alas, saltando ágilmente. Su pétaso temblaba en el fresco viento que les llevaba de vuelta sus gritos breves, como de pájaro.

Haines, que había estado riendo por lo bajo, se puso al lado de Esteban, diciendo:

—Supongo que no deberíamos reírnos. Es algo blasfemo. Yo tampoco soy un gran creyente. Sin embargo su alegría lo hace inofensivo en cierta forma, ¿verdad? ¿Cómo lo llamó? ¿José el Carpintero?

—La balada del Jesús jocoso —contestó Esteban.
—¡Oh! —dijo Haines—, ¿la ha escuchado antes?
—Tres veces al día, después de las comidas —dijo Esteban lacónicamente.
—Usted no es creyente, ¿verdad? —preguntó Haines—. Quiero decir, un creyente en el sentido estrecho de la palabra. La creación de la nada, los milagros y un Dios personal.
—Me parece que la palabra no tiene más que un sentido —respondió Esteban.

Haines se detuvo para sacar una bruñida petaca de plata en que titilaba una piedra verde. Saltó la tapa a la presión del pulgar y se la ofreció.

—Gracias —dijo Esteban, tomando un cigarrillo.

Haines se sirvió y cerró la caja, que produjo un chasquido. La volvió a guardar en el bolsillo del costado y sacó del chaleco un encendedor, lo abrió también con un golpe de resorte y, después de encender su cigarrillo, lo alargó hacia Esteban protegiendo la llama en el cuenco de sus manos.

—Evidentemente —dijo mientras reanudaban la marcha—: o se cree o no se cree, ¿verdad? Personalmente, yo no podría digerir esa idea de un Dios personal. Supongo que usted no la sostiene, ¿verdad?

—Usted ve en mí —dijo Esteban con torvo desagrado— un ejemplar horrible del libre pensamiento.

Siguió caminando, esperando que le hablaran, arrastrando su garrote al costado. El regatón lo seguía levemente sobre el camino, chillando en sus talones. Mi familiar, detrás de mí, llamando Esteeeeeeeeeeeban. Una línea titubeante a lo largo del sendero. Ellos andarán sobre él esta noche, viniendo por aquí en la oscuridad. Él quiere esa llave. Es mía, yo pagué el alquiler. Ahora yo como su pan con sal. Darle la llave también. Todo. Él la pedirá. Estaba en sus ojos.

—Después de todo... — comenzó Haines.

Esteban se dió vuelta y vió que la fría mirada que lo había medido no era del todo malevolente.

—Después de todo, yo creo que usted es capaz de libertarse. Me parece que usted es dueño de sí mismo.

—Soy el criado de dos señores —dijo Esteban—: uno inglés y uno italiano.

—¿Italiano? —preguntó Haines.

Una reina loca, vieja y celosa. Arrodíllate ante mí.

—Y también hay un tercero —dijo Esteban— que me necesita para los mandados.

—¿Italiano? —repitió Haines—. ¿Qué quiere usted decir?

—El Estado Imperial Británico —respondió Esteban, subiéndosele los colores a la cara— y la santa Iglesia Católica Apostólica Romana.

Haines desprendió de su labio inferior algunas hebras de tabaco antes de hablar.

—Puedo entender eso perfectamente —dijo con calma—. Un irlandés tiene que pensar así, me atrevería a decir. En Inglaterra tenemos la sensación de que los hemos tratado a ustedes algo injustamente.

Parece que la culpa la tiene la historia.

Los orgullosos títulos pomposos resonaron en la memoria de Esteban el triunfo de sus campanas descaradas: *"et unam sanctam catholicam et apostolicam ecclesiam"*: el lento crecer y cambiar del rito y el dogma, como sus propios pensamientos raros, química de estrellas. Símbolo de los apóstoles en la misa del papa Marcellus, las voces unidas, cantando alto su solo de afirmación; y detrás del canto el ángel vigilante de la iglesia militante desarmaba y amenazaba a sus heresiarcas. Una horda de herejías huyendo con sus mitras torcidas: Photius y la raza de burlones a la que pertenecía Mulligan; y Arius, batallando toda su vida acerca de la consubstancialidad del Hijo con el Padre, y Valentine, rechazando el cuerpo terrenal de Cristo, y el sutil heresiarca Africano Sabellius, que afirmaba que el Padre era él mismo su propio Hijo. Las palabras que un momento antes había pronunciado Mulligan, mofándose del forastero. Mofa vana. El vacío aguarda seguramente a todos los que remueven el viento: una amenaza, un desarme y un triunfo de los ángeles combatientes de la Iglesia. Las huestes de Miguel, que lo defienden siempre en la hora del conflicto con sus lanzas y sus escudos.

Escucha, escucha. Aplausos prolongados. *Zut! Nom de dieu!*

—Naturalmente, yo soy británico —dijo la voz de Haines— y pienso como tal. Tampoco quiero ver caer a mi país en las manos de esos judíos alemanes. Mucho me temo que ese sea nuestro problema nacional en este preciso momento.

Dos hombres estaban parados al borde de la escollera, observando: un hombre de negocios, un marino.

—Va en dirección al puerto Bullock.

El marino señaló con la cabeza, con cierto desdén, hacia el norte de la bahía.

—Hay cinco brazas allí —dijo—. Cuando venga la marea de la una lo va a arrastrar por ese lado. Hoy son nueve días.

El hombre que se ahogó. Una vela virando en la bahía vacía, esperando que un bulto hinchado salga a flote, que vuelva hacia el sol una cara inflada, blanca como de sal. Aquí estoy yo.

Siguieron el camino tortuoso, bajando hasta la ensenada. Buck Mulligan estaba de pie sobre una piedra, en mangas de camisa, su corbata suelta ondeando sobre el hombro. Un hombre joven, aferrándose a un espolón de roca próximo a él, movía lentamente sus piernas verdes, como una rana, en la profunda jalea del agua.

—¿Está tu hermano contigo, Malachi?

—Está abajo, en Westmeath. Con los Bannons.

—¿Allí todavía? Recibí una tarjeta de Bannon. Dice que encontró una linda cosita por allí abajo. La llama la chica del retrato.

—¿Instantánea, eh? Exposición breve.

Buck Mulligan se sentó para desatar sus botas. Un hombre de edad proyectó cerca del espolón de roca una cara roja y resoplante. Subió gateando por las piedras, brillándole el agua sobre la cabeza y su corona de cabellos grises cayéndole en arroyuelos sobre el pecho y el vientre, y vertiendo chorros del trapo negro y colgante.

Buck Mulligan se hizo a un lado para dejarlo pasear gateando, y mirando a Haines y a Esteban, se señó piadosamente con su dedo pulgar sobre la frente, los labios y el esternón.

—Seymour está de vuelta en la ciudad —dijo el joven, aferrándose otra vez a su espolón de roca—. Dejó la medicina y va a entrar en el ejército.

—¡Ah, caramba! —dijo Buck Mulligan.

—Va a estofarse la semana que viene. ¿Conoces a esa chica roja de Carlisle, Lily?

—Sí.

—Estaba arrullándose anoche con él sobre el muelle. El padre está podrido en plata.

—¿Tiene un pelele a su alcance?

—Es mejor que se lo preguntes a Seymour.

—Seymour es un oficial de porra —dijo Buck Mulligan.

Se hizo un saludo a sí mismo con la cabeza mientras se sacaba los pantalones y quedó de pie, diciendo perogrullescamente:

—Las mujeres de cabeza colorada se aparejan como las cabras.

Se cortó alarmado, tocándose el costado bajo la camisa colgante.

—Mi duodécima costilla ya no está —gritó—. Soy el "Uebermensch". Kinch el Desdentado y yo somos los superhombres.

Se desembarazó de su camisa y la arrojó tras de sí sobre las demás ropas.

—¿Vas a entrar por aquí, Malachi?

—Sí. Deja sitio en la cama.

El joven se puso a recular vigorosamente en el agua y alcanzó el centro de la ensenada en dos brazadas largas y limpias. Haines se sentó sobre una piedra, fumando.

—¿No vienes? —preguntó Buck Mulligan.

—Más tarde —dijo Haines—. No tan seguido de mi desayuno.

Esteban dió media vuelta.

—Pasa la llave, Kinch —dijo Buck Mulligan—, para sujetar mi camisa.

Esteban le alargó la llave. Buck Mulligan la colocó sobre sus ropas amontonadas.

—Y dos peniques —dijo—, para una pinta. Tira eso ahí.

Esteban arrojó dos peniques sobre el montón blando. Vestirse, desnudarse. Erecto, con las manos juntas adelante, Buck Mulligan dijo solemnemente:

—El que roba al pobre presta al Señor. Así hablaba Zaratustra.

Su cuerpo rollizo zambulló.

—Te veremos nuevamente —dijo Haines, volviéndose mientras Esteban subía por el sendero, y sonriendo por el salvaje irlandés.

Cuerno de toro, pezuña de caballo, sonrisa de sajón.

—El Ship —gritó Buck Mulligan—. A las doce y media.

—Bueno —dijo Esteban.

Siguió andando por el sendero que se curvaba en ascenso.

Lilata rutilantium.
Turma circumdet
Iubilantium te virginum

El nimbo gris del sacerdote en el nicho en que se viste discretamente. No quiero dormir aquí esta noche. A casa tampoco puedo ir.

Una voz dulzona y prolongada lo llamó desde el mar. Al doblar la curva agitó su mano. Volvió a llamar. Una bruñida y morena cabeza de foca, allá lejos en el agua, redonda.

Usurpador.

—Tú, Cochrane, ¿qué ciudad lo mandó buscar?
—Taremtum, señor.
—Muy bien. ¿Y después?
—Hubo una batalla, señor.
—Muy bien. ¿Dónde?
El rostro vacío del niño consultó la ventana vacía. Inventado por las hijas de la memoria. Y sin embargo, en cierto modo, era como si la memoria no lo trasmitiera. Una frase de impaciencia, entonces, torpeza de las alas de exceso de Blake. Escucho la ruina de todo el espacio, vidrio hecho pedazos y edificación que se viene abajo, y el tiempo una lívida llama final. ¿Qué nos queda, después?
—No me acuerdo del lugar, señor. Doscientos setenta y nueve A. C.
—Asculum —dijo Esteban, echando una mirada al nombre y a la fecha en el libro cebrado de sangre.
—Sí, señor. Y él dijo: "*Otra victoria como ésa y estamos perdidos*".
El mundo ha recordado esa frase. Opaca tranquilidad de la mente. Desde una colina que se levanta sobre una planicie abarrotada de cadáveres, un general, apoyado en su lanza, habla a sus oficiales. Cualquier general, no importa a qué oficiales. Ellos atienden.
—Tú, Armstrong —interrogó Esteban—. ¿Cuál fué el final de Pyrrhus?
—¿El final de Pyrrhus, señor?
—Yo lo sé, señor. Pregúnteme a mí, señor —dijo Comyn.
—Espera. Tú, Armstrong. ¿Sabes algo acerca de Pyrrhus?
Una bolsa de rosquillas de higos yacía cómodamente en la cartera de Armstrong.
De tanto en tanto los iba doblando entre sus palmas y los tragaba suavemente. Las migas se quedaban adheridas a la piel de sus labios. Aliento azucarado de un niño. Gente acaudalada, orgullosa de que su hijo mayor estuviera en la Marina. Vico Road, Dalkey.
—¿Pyrrhus, señor? Pyrrhus es un muelle ([1]).
Todos se rieron. Sin alegría, con risa maliciosa. Armstrong recorrió a sus compañeros con la mirada, tontamente gozoso de perfil. En un momento reirán más fuerte, advertidos de mi falta de aplomo y del precio que pagan sus padres.
—Dime ahora —siguió Esteban, golpeando al muchacho en el hom-

---

([1]) Muelle: *pier*, en inglés.

bro con el libro—: ¿qué es un muelle?

—Un muelle, señor —dijo Armstrong—, es una cosa que sale de las olas. Una especie de puente, señor. El muelle de Kingstown, señor.

Algunos volvieron a reír: sin alegría pero con intención. Dos cuchichearon en el último banco. Sí. Ellos sabían: nunca habían aprendido ni habían sido nunca inocentes. Todos. Observó sus rostros con envidia. Edith, Ethel, Gerty, Lily. Sus parecidos: sus alientos también, dulcificados por el té y la mermelada, el gracejo de sus pulseras al sacudirse.

—El muelle de Kingstown —dijo Esteban—. Un puente chasqueado.

Las palabras turbaron sus miradas.

—¿Cómo, señor? —preguntó Comyn—. Un puente cruza un río.

Para el libro de dichos de Haines. Nadie está aquí para escuchar. Esta noche, hábilmente, entre bebida salvaje y charla, para perforar la lustrada cota de malla de su mente. ¿Después, qué? Un bufón en la corte de su señor, tratado con indulgencia y sin estima, obteniendo la alabanza de un señor clemente. ¿Por qué habían elegido todos ellos ese papel? No enteramente por la dulzona caricia. Para ellos la historia era también un cuento como cualquier otro, oído con demasiada frecuencia; su patria, una casa de empeño.

Si Pyrrhus no hubiera caído a manos de una bruja en Argos, o si Julio César no hubiera sido acuchillado a muerte. No se podrán borrar del pensamiento. El tiempo los ha marcado y, sujetos con grillos, se aposentan en la sala de las infinitas posibilidades que han desalojado. Pero ¿podría haber sido que ellos estuvieran viendo que nunca habían sido? ¿O era solamente posible lo que pasaba? Teje, tejedor del viento.

—Cuéntenos un cuento, señor.

—¡Oh, cuente, señor! Un cuento de aparecidos.

—¿Dónde estamos en éste? —preguntó Esteban, abriendo otro libro.

—*"No llores más"* —dijo Comyn.

—Siga entonces, Talbot.

—¿Y la historia, señor?

—Después —dijo Esteban—. Siga, Talbot.

Un muchacho moreno abrió un libro y lo apoyó ágilmente contra su maletín. Empezó a recitar versos a tirones, lanzando miradas accidentales al texto:

> *No llores más, adolorido pastor, no llores más,*
> *porque Lycidas, tu pena, no está muerto*
> *a pesar de estar hundido debajo del piso de las aguas.*

Debe de ser un movimiento, entonces, una actualización de lo posible como posible. La frase de Aristóteles se formó a sí misma dentro de la charla de los versos y flotó hasta el silencio estudioso de la biblioteca de Santa Genoveva, donde él había leído, al abrigo del pecado de París, noche tras noche. Codo con codo, un frágil siamés consultaba con atención un manual de estrategia. Mentes alimentadas y alimentadoras a mi alrededor, bajo las lámparas incandescentes prisioneras, con antenas latiendo apenas, y en la oscuridad de mi mente un perezoso del otro mundo de mala gana, resistiéndose a la claridad, levantando sus pliegues escamados de dragón. El pensamiento es el pensamiento del pensamiento. Claridad tranquila. El alma es en cierta forma todo lo que es: el alma es la forma de las formas. Repentina tranquilidad, vasta, incandescente: forma de formas.

Talbot repetía:
—*Por la fuerza amada del que anduvo sobre las olas,*
Por la fuerza amada ...
—Vuelve la hoja —dijo Esteban apaciblemente—. No veo nada.
—¿Qué, señor? —preguntó simplemente Talbot, inclinándose hacia adelante.

Su mano volvió la página. Se apoyó hacia atrás y siguió, acabando de recordar. Del que anduvo sobre las olas. Aquí también, sobre estos corazones cobardes, se extiende su sombra, y sobre el corazón y los labios del que se burla, y sobre los míos. Se extiende sobre los rostros ansiosos de aquellos que le ofrecían una moneda del tributo. Al César lo que es del César, a Dios lo que es de Dios. Una mirada larga de ojos oscuros, una frase enigmática para ser tejida y retejida en los telares de la iglesia. Sí.

Adivina, adivina, adivinador,
mi padre me dió semillas para sembrar.

Talbot deslizó su libro cerrado dentro del maletín.
—¿Han sido todos interrogados? —preguntó Esteban.
—Sí, señor. Hockey a las diez, señor.
—Medio día, señor. Jueves.
—¿Quién puede resolver una adivinanza? —preguntó Esteban.
Liaron y guardaron sus libros, los lápices repiqueteando, las hojas raspando. Apiñándose todos; pasaron las correas de los maletines y cerraron las hebillas, charlando todos alegremente.
—¿Una adivinanza, señor? Pregúnteme a mí, señor.
—¡Oh, a mí, señor!
—Una difícil, señor.
—Esta es la adivinanza —dijo Esteban—:

El gallo cantó
el cielo estaba azul:
las campanas del cielo
estaban dando las once.
Es tiempo de que esta pobre alma
se vaya al cielo.

¿Qué es eso?
—¿Qué, señor?
—Otra vez, señor. No lo oímos.
Los ojos se les agrandaron a medida que se repetían los versos. Después de un silencio Cochrane dijo:
—¿Qué es, señor? Nos damos por vencidos.
Esteban, con una picazón en la garganta, contestó:
—El zorro enterrando a su abuela debajo del arbusto.
Se puso de pie y rió de golpe, con una risa nerviosa a la que las exclamaciones de los niños respondieron como un eco consternado.

27

Un bastón golpeó la puerta y una voz llamó en el corredor:
—¡Hockey!

Se dispersaron, deslizándose de sus bancos, saltando sobre ellos. Al instante habían desaparecido, y del cuarto de los trastos llegó el golpeteo de los bastones y el tumulto de sus botas y sus lenguas.

Sargent, el único que se había quedado atrás, se acercó lentamente, mostrando un cuaderno abierto. Sus cabellos enmarañados y el cuello descarnado denotaban confusión y a través de los anteojos empañados sus ojos débiles miraban suplicantes. Sobre su mejilla, triste y sin sangre, había una mancha de tinta en forma de dátil, reciente y húmeda como la baba de un caracol.

Alargó su cuaderno. La palabra "Cálculos" estaba escrita en el encabezamiento. Abajo zigzagueaban los números y al pie aparecía una firma torcida, con confusos lazos, y una mancha. Cyril Sargent: su nombre y sello.

—El señor Deasy me dijo que los escribiera todos de nuevo —dijo— y que se los mostrara a usted.

Esteban tocó los bordes del libro. Futilidad.

—¿Entiendes ahora cómo se hacen? —preguntó.

—Los números del diez al quince —contestó Sargent—. El señor Deasy me dijo que tenía que copiarlos del pizarrón, señor.

—¿Puedes hacerlos tú mismo? —preguntó Esteban.

—No, señor.

Feo y fútil: cuello magro y cabello enmarañado, y una mancha de tinta: la baba de un caracol. Sin embargo alguna criatura lo había amado, llevándolo en brazos y en el corazón. Si no hubiera sido por ella, la raza del mundo lo habría aplastado con el pie: un caracol sin huesos aplastado. Ella había amado la débil sangre aguachenta de este niño, extraída de la suya. ¿Era eso real, pues? ¿Lo único cierto de la vida? El cuerpo postrado de su madre montó a horcajadas el ardiente Columbanus en santo celo. Ella no fué más: el esqueleto tembloroso de una rama quemada por el fuego, un aroma de palo de rosa y de cenizas húmedas. Lo había salvado de ser pisoteado y desapareció, habiendo sido apenas. Una pobre alma que ascendió al cielo: y en el matorral, bajo las estrellas parpadeantes, un zorro, rojo vaho de rapiña en su piel, con claros ojos inclementes, escarbaba la tierra, escuchaba, levantaba la tierra, escuchaba, escarbaba y escarbaba.

Sentándose a su lado, Esteban resolvió el problema. Demuestra por medio del álgebra que el espíritu de Shakespeare es el abuelo de Hamlet. Sargent atisbaba de soslayo a través de sus anteojos oblicuos. Los bastones de hockey golpeteaban en el cuarto de los trastos: el sonido opaco de una pelota y llamados desde la cancha.

A través de la página, los símbolos se movían en grave danza morisca, mascarada de signos llevando raros casquetes de cuadrados y cubos. Dense la mano, giren, saluden al compañero: así, diablillos de la fantasía de los moros. También exilados del mundo. Averroes y Moisés Maimónides, hombres sombríos en el semblante y el gesto, relampagueando en sus espejos burlones el espíritu oscuro del mundo, una oscuridad brillante en la luz que la luz no podía comprender.

—¿Entiendes ahora? ¿Puedes hacer solo el segundo?
—Sí, señor.

En largos trazos umbrosos Sargent copió los datos. Esperando siempre una palabra de ayuda, su mano movía fielmente los símbolos inseguros. Un ligero tinte de vergüenza temblaba debajo de su piel opaca. *"Amor matris"*, genitivo subjetivo y objetivo. Con su sangre débil y su leche agria de suero lo había alimentado, hurtando sus pañales de la vista de los otros.

Yo era como él, con esos hombros agobiados, esa carencia de gracia. Mi infancia se inclina a mi lado. Demasiado lejos para que yo apoye allí una mano una vez o ligeramente. La mía está lejos y la suya secreta como nuestros ojos. Secretos, silenciosos, petrificados, se sientan en los palacios oscuros de nuestros dos corazones: secretos cansados de su propia tiranía: tiranos deseosos de ser destronados.

La operación quedó hecha.

—Es muy sencillo —dijo Esteban, al par que se ponía de pie.
—Sí, señor. Gracias —contestó Sargent.

Secó la página con una hoja de delgado papel secante y llevó su cuaderno de vuelta a su pupitre.

—Es mejor que tomes tu bastón y que vayas con los otros —dijo Esteban, mientras seguía la forma sin gracia del muchacho que se dirigía a la puerta.

—Sí, señor.

En el corredor se escuchó su nombre, voceado desde la cancha.

—¡Sargent!

—Corre —le dijo Esteban—. El señor Deasy te llama.

Se quedó en la galería y observó al rezagado que se apresuraba hacia el terreno baldío donde luchaban agudas voces. Eran sorteados en bandos y el señor Deasy venía caminando sobre mechones de pasto con sus pies embotinados. Cuando llegaba al edificio de la escuela, las voces, contendiendo nuevamente, lo llamaron. Volvió su airado bigote blanco.

—¿Qué sucede ahora? —repetía continuamente, sin prestar atención.

—Cochrane y Halliday están en el mismo bando, señor —gritó Esteban.

—Por favor, espéreme en mi estudio un momento —dijo el señor Deasy— hasta que yo restablezca el orden.

Y mientras volvía a cruzar la cancha con aire importante, su voz de viejo gritaba severamente:

—¿Qué pasa? ¿Qué sucede ahora?

Las voces agudas lo asaltaron de todos lados: sus muchas formas se cerraron a su alrededor, mientras la deslumbrante luz del sol blanqueaba la miel de su cabello mal teñido.

Un aire agrio, pringoso de humo, se suspendía en el estudio, junto con el olor del pardo cuero raído de sus sillas. Como en el primer día en que regateó conmigo aquí. Ahora es lo mismo que al principio. Sobre el aparador, la bandeja con las monedas de los Estuardos, tesoro miserable de un fangal: y estarán siempre. Y cómodos en su caja de cucharas de felpa púrpura, descoloridos, los doce apóstoles después de haber predicado a todos los gentiles: mundo sin fin.

Un paso apresurado sobre las piedras del pórtico y en el corredor. Soplando su exiguo mostacho el señor Deasy se detuvo junto a la mesa.

—Ante todo arreglaremos nuestras cuentas —dijo.

Sacó de su chaqueta un portamonedas atado con una correa de cuero, que se abrió de un golpe; extrajo dos billetes, uno de los cuales estaba formado por dos mitades pegadas, y los colocó cuidadosamente sobre la mesa.

—Dos —dijo, atando y volviendo a guardar su portamonedas.

Ahora, para el oro, a su caja fuerte. Las manos turbadas de Esteban se movieron sobre las conchas amontonadas en el frío mortero de piedra: moluscos y conchillas moneda, y conchas leopardadas: esto, arrollado como el turbante de un emir, y aquello, la conchilla de San Jaime, colección de un viejo peregrino, tesoro muerto, conchas huecas.

Un soberano cayó, brillante y nuevo, sobre el suave espesor del mantel.

—Tres —dijo el señor Deasy, jugando con la pequeña caja de dinero en las manos—. Es muy cómodo tener estas cosas. Mire. Esto es para los soberanos. Esto para los chelines, los seis peniques, las medias coronas. Y aquí las coronas. Mire.

Hizo saltar dos coronas y dos chelines.

—Tres libras doce chelines —dijo—. Creo que usted estará conforme.

—Gracias, señor —respondió Esteban, recogiendo el dinero con un apresuramiento tímido y poniéndolo todo en un bolsillo de su pantalón.

—No tiene que darme las gracias —dijo el señor Deasy—. Usted se lo ha ganado.

La mano de Esteban, libre de nuevo, volvió a las conchas huecas. Símbolos también de belleza y de poder. Un bulto en mi bolsillo. Símbolos mancillados por la codicia y la miseria.

—No lo lleve así —le previno el señor Deasy—. Lo va a sacar en cualquier parte y lo va a perder. Cómprese uno de estos aparatos. Le resultará muy práctico.

Contestar algo.

—El mío estaría vacío a menudo —afirmó Esteban.

La misma habitación y la misma hora, la misma sabiduría: y yo el mismo. Tres veces ya. Tres lazos a mi alrededor aquí. Bien. Si quiero, puedo romperlos en este instante.

—Porque usted no economiza —dijo el señor Deasy, señalándolo con su dedo—. Usted todavía no sabe lo que es el dinero. El dinero es poder, cuando usted haya vivido tanto como yo. Yo sé, yo sé. Si la juventud supiera. ¿Pero qué dice Shakespeare?. "No pongas más que dinero en tu bolsa."

—Yago —murmuró Esteban.

Levantó su mirada de las vanas conchas y la fijó en los ojos del viejo.

—Él sabía lo que era el dinero —dijo el señor Deasy—. Hizo dinero. Un poeta, pero también un inglés. ¿Sabe usted cuál es el orgullo de los ingleses? ¿Sabe usted cuál es la palabra más orgullosa que escuchará jamás en boca de un inglés?

El amo de los mares. Sus ojos fríos como el mar miraron la bahía desierta: la historia tiene la culpa: sobre mí y sobre mis palabras, sin odiar.

—Que sobre su imperio —dijo Esteban— jamás se pone el sol.

—¡Bah! —gritó el señor Deasy—. Eso no es inglés. Un celta francés dijo eso.

Hizo repiquetear su alcancía contra la uña del pulgar.

—Le diré —dijo solemnemente— cuál es su más orgullosa jactancia: *Pagué mi precio*.

Buen hombre, buen hombre.

—*Pagué mi precio. En mi vida pedí un chelín prestado*. ¿Comprende usted eso? "*No debo nada.*" ¿Comprende?

Mulligan, nueve libras, tres pares de medias, un par de borceguíes, corbatas. Curran, diez guineas; McCann, una guinea; Fred Ryan, dos chelines; Temple, dos almuerzos; Russell, una guinea; Cousins, diez chelines; Bob Reynolds, media guinea; Köhler, tres guineas; la Sra. McKernan, pensión de cinco semanas. La suma que tengo es inútil.

—Por el momento, no —contestó Esteban.

El señor Deasy, guardando su alcancía, estallaba de contento.

—Yo sabía que usted no comprendería —exclamó alegremente—. Pero un día llegará en que lo comprenda. Somos un pueblo generoso, pero también tenemos que ser justos.

—Tengo miedo de esas grandes palabras —dijo Esteban— que nos hacen tan desgraciados.

El señor Deasy contempló severamente por algunos momentos, por encima de la repisa de la chimenea, la elegante corpulencia de un hombre vestido con falda escocesa de tartán: Alberto Eduardo, príncipe de Gales.

—Usted piensa que yo soy un viejo anticuado, un viejo tory —dijo en tono pensativo—. He visto tres generaciones después de O'Connell. Me acuerdo del hambre. ¿Sabe usted que las logias Orange trabajaron por el separatismo veinte años antes de que lo hiciera O'Connell, o sea antes de que los prelados de la comunión de usted lo hubiesen denunciado como demagogo? Ustedes los fenianos se olvidan de ciertas cosas.

Gloriosa, piadosa e inmortal memoria. La logia de Diamond en Armagh la espléndida empavesada de cadáveres papistas. Los terratenientes ingleses, armados y enmascarados, suministraban semillas. El norte fanático negro y leal a la Biblia. Los rebeldes aplastados, rendidos.

Esteban esbozó un gesto breve.

—Yo también tengo sangre rebelde —afirmó el señor Deasy—. Por el lado de la rueca. Pero desciendo de sir John Blackwood, que votó por la unión. Somos todos irlandeses, todos hijos del rey.

—¡Ay! —dijo Esteban.

—"*Per vias rectas*" —agregó Mr. Deasy con firmeza—, tal era su lema. Votó por ella, y para hacerlo calzó sus botas de campaña, cabalgando desde Ards of Down hasta Dublin.

*Trota, trota, trota rocín,
el áspero camino va a Dublin.*

Un tosco escudero a caballo con relucientes botas de campaña. Lindo día, sir John. Lindo día, su señoría... Día... Día .. Dos botas de campaña, columpiándose, trotando a Dublin. Trota, trota, trota, trota rocín.

—Esto me recuerda —dijo el señor Deasy— que usted, señor Dedalus, puede hacerme un favor por medio de alguno de sus amigos literatos. Tengo aquí una carta para la prensa. Siéntese un momento. No tengo más que copiar el final.

Se dirigió hacia su escritorio cerca de la ventana, arrimó su silla dos veces y leyó en voz alta algunas palabras de la hoja colocada en el rodillo de su máquina de escribir.

—Siéntese. Discúlpeme —agregó volviendo la cabeza—. "Los dictados del sentido común." Un momento nada más.

Atisbó, por debajo de sus cejas hirsutas, al manuscrito colocado junto a su codo, y murmurando entre dientes comenzó a golpetear lentamente las tiesas teclas de la máquina, resoplando a veces cuando movía el rodillo para borrar un error.

Esteban se sentó sin ruido frente a la presencia principesca. Alrededor de las paredes, dentro de sus marcos, imágenes de caballos desaparecidos rendían homenaje con sus dóciles cabezas levantadas: el Repulse, de lord Hastings; el Shotover, del duque de Westminster; el Ceylan, *prix de Paris, 1866*, del duque de Beaufort. Jinetes fantasmas los montaban, esperando una señal. Vió sus velocidades defendiendo los colores del rey, y mezcló sus gritos a los de multitudes desaparecidas.

—Punto —ordenó Mr. Deasy a sus teclas—. Pero una rápida dilucidación de este importante asunto...

A donde me llevó Cranly para hacerme rico pronto, cazando sus ganadores entre los frenos embarrados, en medio de los gritos de los boleteros en sus casillas y el vaho de la cantina, sobre el abigarrado fango. Fair Rebel a la par: diez a uno los otros. Jugadores de dados y tahures corríamos detrás de los cascos, las gorras y las chaquetas rivales, dejando atrás a la mujer con cara de carne, la dama de un carnicero, que hundía el hocico sediento en su ración de naranja.

Del patio de los muchachos salían gritos agudos y un silbido zumbador.

Otra vez: un gol. Estoy entre ellos, entre el encarnizamiento de sus cuerpos trabados en lucha entremezclada, el torneo de la vida. ¿Quieres decir aquel patizambo nene de su mamá que parece estar ligeramente descompuesto? Torneos. Los rebotes sacudidos del tiempo: sacudida por sacudida. Torneos, fango y fragor de batallas, los vómitos helados de los degollados, un grito de alcayatas de lanzas cebándose en los intestinos ensangrentados de los hombres.

—Vamos a ver ahora —dijo el señor Deasy, levantándose.

Vino hacia la mesa, uniendo con un alfiler sus hojas. Esteban se puso de pie.

—He tratado el asunto del modo más atrevido posible —prosiguió el señor Deasy—. Se trata de la enfermedad de la boca y las patas. Déle una ojeada. No puede haber dos opiniones sobre el asunto. ¿Puedo invadir su valioso espacio? Esa doctrina del *"laissez faire"* tan frecuente en nuestra historia. Nuestro comercio de ganado. El carácter de todas nuestras industrias antiguas. El corrillo de Liverpool que saboteó el proyecto del puerto de Galway. La conflagración europea. Abastecimiento de cereales a través de las estrechas aguas del canal. La pluscuamperfecta imperturbabilidad del Ministerio de Agricultura. Perdóneseme una alusión clásica. Casandra. Por una mujer que no era mejor que su reputación. Para llegar al punto en litigio.

—¿No ando rebuscando las palabras, verdad? —dijo el señor Deasy, mientras Esteban leía.

La enfermedad de las patas y la boca. Conocido bajo el nombre de preparación de Koch. Suero y virus. Porcentaje de caballos inmunizados. Aftosa. Los caballos del Emperador en Mürzteg, baja Austria. Cirujanos veterinarios. El señor Enrique Blackwood Price. Ofrecen cortésmente un juicio justo. Dictados del sentido común. Asunto sumamente importante. Tome el toro por los cuernos, en todos los sentidos de la palabra. Agradeciéndole la hospitalidad de sus columnas.

—Quiero que eso se imprima y se lea —dijo el señor Deasy—. Usted verá cómo al primer disturbio embargan el ganado irlandés. Y es curable. Está curado. Mi primo, Blackwood Price, me escribe que en Austria los especialistas de ganado lo tratan y curan corrientemente. Se ofrecen para venir aquí. Estoy tratando de conseguir influencias en el Ministerio. Ahora voy a probar con la publicidad. Estoy rodeado de obstáculos, de... intrigas... de... maniobras subterráneas, de...

Irguió su dedo índice y con un gesto de viejo marcó el compás antes de que hablara su voz.

—Tome nota de lo que le digo, señor Dedalus —agregó—. Inglaterra está en manos de los judíos. En todos los puestos más elevados: su finanza, su prensa. Y ellos son los signos de la decadencia de una nación. Dondequiera que se reunan consumen la fuerza vital de la nación. Hace años que lo veo venir. Tan cierto como que estamos aquí de pie, los comerciantes judíos están ya ocupados en su obra de destrucción. La vieja Inglaterra se muere.

Dió unos pasos rápidos, volviendo a la vida azul sus ojos al pasar un ancho rayo de sol. Dió media vuelta y volvió otra vez.

—Se muere —agregó— si no está ya muerta.

El grito de la ramera, de calle en calle
tejerá el sudario de la vieja Inglaterra.

Sus ojos, dilatados por la visión, se fijaron severamente en el rayo de sol en que hizo alto.

—Un comerciante —dijo Esteban— es uno que compra barato y vende caro, judío o gentil, ¿no es así?

—Pecaron contra la luz —exclamó el señor Deasy gravemente—. Y usted puede ver las tinieblas en sus ojos. Y por eso es que andan todavía errantes sobre la tierra.

Sobre los escalones de la Bolsa de París, los hombres de epidermis dorada cotizando precios con sus dedos enjoyados. Parloteo de gansos. Bullían escandalizando groseramente en el templo, con sus cabezas conspirando estúpidamente bajo torpes casquetes de seda. No los de ellos: estos vestidos, este lenguaje, estos gestos. Sus ojos llenos y pesados desmentían las palabras, el ardor de los gestos inofensivos, pero sabían que el rencor se amasaba entre ellos y sabían que su celo era vano. Paciencia vana para amontonar y atesorar. El tiempo seguramente lo dispersaría todo. Un montón acumulado al borde del camino: pisoteado y dispersándose. Sus ojos conocían los años de vagancia y, pacientes, los estigmas de su raza.

—¿Quién no lo ha hecho? —dijo Esteban.

—¿Qué quiere decir usted? —preguntó el señor Deasy.

Adelantó un paso y se encontró al lado de la mesa. Su mandíbula inferior cayó oblicuamente perpleja. ¿Es ésta la sabiduría de los viejos? Espera escucharme a mí.

—La historia —afirmó Esteban— es una pesadilla de la que estoy tratando de despertar.

Un clamor se elevó desde el campo de juego. Un silbato vibrante: gol. ¿Qué pasaría si la pesadilla te diera un alevoso puntapié?

—Los procedimientos del Creador no son los nuestros —dijo el señor Deasy—. Toda la historia avanza hacia una gran meta: la manifestación de Dios.

Con un golpe del pulgar Esteban señaló la ventana, exclamando:

—Eso es Dios.

¡Hurai! ¡Ay! ¡Hurrui!

—¿Qué? —preguntó el señor Deasy.

—Un grito en la calle —contestó Esteban, encogiéndose de hombros.

El señor Deasy miró hacia abajo y mantuvo por un instante las ventanas de la nariz prisioneras entre sus dedos. Levantando otra vez la vista las dejó libres.

—Yo soy más feliz que usted —dijo—. Hemos cometido muchos errores y muchos pecados. Una mujer trajo el pecado al mundo. Por una mujer que no era mejor que su reputación, Helena, la esposa fugitiva de Menelao, los griegos guerrearon delante de Troya durante diez años. Una esposa infiel fué la primera en traer extranjeros a nuestras playas, la esposa de MacMurrough y su concubino O'Rourke, príncipe de Breffni. También una mujer hizo caer a Parnell. Muchos errores, muchos fracasos, pero no el pecado de los pecados. Soy un luchador aún al final de mis días. Pero lucharé por el derecho hasta el final.

Porque el Ulster luchará
y el Ulster prevalecerá.

Esteban levantó las hojas que tenía en su mano.

—Bueno, señor —empezó.

—Yo preveo —dijo el señor Deasy— que usted no permanecerá aquí mucho tiempo en este trabajo. Me parece que usted no nació para maestro. Puede ser que me equivoque.

—Más bien para aprender —exclamó Esteban.

—¿Y qué más aprenderá aquí?
El señor Deasy meneó la cabeza.
—¿Quién sabe? —dijo—. Para aprender hay que ser humilde. Pero la vida es la gran maestra.
Esteban hizo crujir las hojas otra vez.
—En lo que concierne a éstas —volvió a empezar.
—Sí —dijo el señor Deasy—. Usted tiene las dos copias. Si puede haga que las publiquen en seguida.
Telegraph, Irish Homestead.
—Haré la prueba —dijo Esteban— y mañana le diré. Conozco un poco a dos editores.
—Perfectamente —dijo el señor Deasy con viveza—. Escribí anoche al señor Field el diputado. Hoy hay una reunión del sindicato de los comerciantes de ganado en el hotel City Arms. Le pedí que leyera mi carta ante la asamblea. Usted vea si puede hacerla pasar en sus dos periódicos. ¿Cuáles son?
—*The Evening Telegraph*...
—Es suficiente —dijo el señor Deasy—. No hay tiempo que perder. Ahora tengo que contestar esa carta de mi primo.
—Buenos días, señor —saludó Esteban, metiéndose las hojas en el bolsillo—. Gracias.
—De nada —dijo el señor Deasy, revisando los papeles sobre su escritorio—. Me gusta romper una lanza con usted, viejo como soy.
—Buenos días, señor —repitió Esteban, inclinándose ante su espalda encorvada.
Salió por el pórtico abierto y bajó por el camino de pedregullo debajo de los árboles, acompañado por las voces y el chasquido de los bastones que venían de la cancha. Los leones acostados sobre los pilares, mientras trasponía la entrada: terrores desdentados. Sin embargo lo ayudaré en su lucha. Mulligan me obsequiará otro sobrenombre: el bardo protector de bueyes.
—¡Señor Dedalus!
Corre detrás de mí. No más cartas, espero.
—Un momento nada más.
—Sí, señor —dijo Esteban, volviendo hacia la entrada.
El señor Deasy se detuvo, sofocado y tragándose la respiración.
—Quería decirle sólo lo siguiente —exclamó—. Dicen que Irlanda tiene el honor de ser el único país que no ha perseguido jamás a los judíos. ¿Sabe usted eso? No. ¿Y sabe por qué?
Frunció en la radiante luz su austero entrecejo.
—¿Por qué, señor? —preguntó Esteban, empezando a sonreír.
—Porque nunca los dejó entrar —dijo el señor Deasy solemnemente.
Un acceso de risa saltó de su garganta como una pelota, arrastrando tras de sí una ruidosa cadena de flemas. Se volvió rápidamente tosiendo, riendo, agitando los brazos en el aire.
—Nunca los dejó entrar —gritó otra vez entre su risa, mientras apisonaba con sus pies abotinados el pedregullo del camino—. He ahí por qué.
A través del enrejado de las hojas, el sol sembraba lentejuelas, monedas danzantes, sobre sus hombros sabios.

Ineluctable modalidad de lo visible: por lo menos eso si no más, pensando a través de mis ojos. Firmas de todas las cosas que yo estoy aquí para leer, huevas y fucos de mar, la marea que viene, esa bota herrumbrosa. Verde moco, azul plateado, herrumbre: signos coloreados. Límites de lo diáfano. Pero él agrega: en los cuerpos. Entonces él había advertido cuerpos antes de coloreados. ¿Cómo? Golpeando su sesera contra ellos, caramba. Gustosamente. Calvo era y millonario, *maestro di color che sanno*. Límite de lo diáfano en. ¿Por qué en? Diáfano, diáfano. Si puedes poner los cinco dedos a través de ella, es una entrada, si no, una puerta. Cierra los ojos y verás.

Esteban cerró los ojos para escuchar a sus botas triturar ruidosamente fucos y conchas. No hay nada que hacer, estás caminando a través. Sí, un paso a la vez. Un espacio muy corto de tiempo a través de muy cortos tiempos de espacio. Cinco, seis: el *nacheinander*. Exactamente: y ésa es la ineluctable modalidad de lo audible. Abre los ojos. No. ¡Jesús! Si yo cayera sobre una escollera que se desploma sobre su base, si me cayera a través del *nebeneinander* ineluctablemente. Estoy arreglándome bastante bien en la oscuridad. Mi espada de fresno pende a mi lado. Golpea con ella: ellos lo hacen. Mis dos pies en sus botas están al final de sus piernas, *nebeneinander*. Suena sólido: hecho por el mazo de *Los Demiurgos*. ¿Estaré entrando en la eternidad por la playa de Sandymount? Crush, crack, crick, crick. Dinero del mar salvaje. El dómine Deasy los conoce a todos:

> ¿No vendrás a *Sandymount*,
> Madeleine la *yegua*?

¿Ves? El ritmo empieza. Yo escucho. Un tetrámetro cataléctico de yambos en marcha. No, agalope: *deleine la yegua*.

Abre los ojos ahora. Lo haré. Un momento. ¿Ha desaparecido todo desde entonces? Si los abro y estoy para siempre en la negra adiafanidad. ¡Basta! Veré si puedo ver.

Mira ahora. Allí todo el tiempo sin ti: y siempre será, mundo sin fin.

Bajaron los escalones de la terraza de Leahy prudentemente, *Frauenzimmer*: y por la costa en declive, flojamente, sus pies extendidos hundiéndose en la arena cernida. Como yo, como Algy, bajando a nuestra madre poderosa. El número uno balanceó pesadamente su valija de partera, el paraguas del otro hurgó en la playa. De las libertades, afuera por el día. La señora Florence MacCabe, viuda del difunto Patk MacCabe, profundamente lamentado, de Bride Street. Una de su hermandad me rastreó, chillando a la vida. Creación de la nada. ¿Qué tiene ella en la valija? Un aborto a remolque de su cordón umbilical, acondicionado en lana rojiza. Los cordones de todos se enlazan hacia el pasado, retorcido de toda la carne. Esa es la razón de los monjes místicos. ¿Queréis ser como dioses? Contemplad vuestro omphalos. Salud. Kinch aquí. Dadme Edenville. Alef, alfa: cero, cero, uno.

Esposa y compañera de Adam Kadmon: Heva, Eva desnuda. Ella no tenía ombligo. Miren. Vientre sin tacha, combándose grueso, broquel de tenso pergamino, no, montón de blanco trigo auroral e inmortal, irguiéndose de eternidad en eternidad. Vientre de pecado.

También yo fuí urdido en la oscuridad pecaminosa de un vientre, hecho, no engendrado. Por ellos, por el hombre que tiene mi voz y mis ojos y la mujer espectral con el aliento oliendo a cenizas. Se abrazaron y se apartaron, habiendo cumplido la voluntad del acoplador. Desde antes de las edades Él me quiso, y ahora no puede dejar de quererme, ni nunca. Una *lex eterna* permanece a Su lado. ¿Es ésa, entonces, la substancia divina en que el Padre y el Hijo son consubstanciales? ¿Dónde está el pobre Arius para probar conclusiones? Guerreando toda su vida contra el contransmagnificjudiopantamtialismo. Heresiarca malaventurado. Exhaló su último suspiro en un inodoro griego: eutanasia. Con mitra enjoyada y báculo, encaramado en su trono, viudo de una sede viuda, con omophorion rígido, con sus partes traseras coaguladas.

Los aires retozaban alrededor de él, aires mordaces y ansiosos. Ellas vienen: olas. Los caballos marinos de blancas crines, tascando sus frenos, con brillantes riendas de viento, corales de Mananaan.

No debo olvidar su carta para la prensa. ¿Y después? El Ship, a las doce y media. Y de paso gozoso con ese dinero, como un buen joven imbécil. Sí, yo debo.

Su paso se retardó. He aquí. ¿Iré o no a lo de tía Sara? La voz de mi padre consubstancial. ¿Ha visto usted algo de su hermano artista Esteban últimamente? ¿No? ¿Seguro que no está en la terraza de Strasburg con su tía Sally? ¿No podría volar un poquito más alto que eso, eh? Y y y y, dinos, Esteban, ¿cómo está el tío Si? ¡Oh, Dios lloroso! ¡Las cosas a que estoy unido! Los muchachos arriba en el henal. El pequeño cagatinta borracho y su hermano, el tocador de cornetín. Gondoleros altamente respetables. Y el oblicuo Walter dando el tratamiento de señor a su padre, nada menos. Señor. Sí, señor. No, señor. Jesús lloró: ¡con razón, por Cristo!

Tiro de la ronca campanilla de su casucha cercada de persianas, y espero. Me toman por acreedor cargoso, espían desde una posición ventajosa.

—Es Esteban, señor.

—Que entre. Que entre Esteban.

Se corre un pasador y Walter me da la bienvenida.

—Creímos que eras algún otro.

En su ancha cama el tío Richie, rodeado de almohadas y frazadas, extiende sobre el montículo de sus rodillas un robusto antebrazo. Pecho limpio. Se ha lavado la mitad superior.

—Día, sobrino.

Hace a un lado la tabla donde traza sus proyectos de costos para los ojos de Master Goff y Master Shapland Tandy, clasificando permisos y actas y una orden de *Duces Tecum*. Un marco de encina fosilizada sobre su cabeza calva: el *Requiescat*, de Wilde. Su destemplado silbido de haragán trae de vuelta a Walter.

—¿Señor?

—Whisky para Richie y Esteban, dile a mamá. ¿Dónde está ella?

—Bañando a Crissie, señor.

La compañerita de papá en la cama. Copo de amor.

—No, tío Richie.

—Llámame Richie. Al demonio tu agua mineral. Abate. Whusky.

—Tío Richie, realmente...

—Siéntate, o por la ley, Harry, te voy a tirar al suelo de un golpe. Walter bizquea en vano buscando una silla.

—No tiene nada donde sentarse, señor.

—No tiene donde ponerla, tonto. Trae nuestra silla Chippendale. ¿Quisieras un bocado de algo? Nada de tus malditos remilgos aquí; ¿la gordura de una lonja frita con un arenque? ¿De veras? Tanto mejor. En casa sólo tenemos píldoras para el dolor de riñones.

¡All'erta!

Zumba algunos trozos del *aria di sortita* de Ferrando. El pasaje más grandioso de toda la ópera, Esteban. Escucha.

Su silbido suena otra vez melodioso, musical y matizado con fuerza, mientras los puños golpean sobre la caja de sus rodillas acolchadas. Este viento es más dulce.

Casas en decadencia, la mía, la suya y todas. Dijiste a los burgueses de Clongowes que tenías un tío juez y un tío general en el ejército. Deja todo eso, Esteban. No está ahí la belleza. Ni tampoco en la abúlica bahía de la biblioteca de March, donde leíste las descoloridas profecías de Joachim Abbas. ¿Para quién? Para la canalla de cien cabezas que gira alrededor de la catedral. Un odiador de su clase huyó de ellos a los bosques de la locura, su melena hirviendo de luna, sus pupilas estrellas. Houyhnhnm, narices de caballo. Caras ovaladas de equinos. Temple, Buck Mulligan, Foxy Campbell. Mandíbulas luminosas. Padre Abbas, furioso deán, ¿qué ofensa incendió sus cerebros? ¡Paf! *Descende, calve, ut ne nimium decalveris*. Una guirnalda de cabello gris sobre su cabeza de réprobo véanlo a él yo rodando hasta el último escalón del altar *(descende)* aferrando una custodia, con ojos de basilisco. ¡Abajo, cabeza calva! Un coro devuelve amenaza y eco, reforzando con las trompas del altar el latín nasal de los sacerdotes machos moviéndose corpulentos en sus albas, tonsurados, aceitados y gelatinosos, gruesos de la grasa de riñones de trigo.

Y en el mismo instante tal vez un sacerdote a la vuelta de la esquina está elevándolo. ¡Diling diling! Y dos cuadras más allá otro está encerrándolo en un copón. ¡Diling ding! Y en una capilla de la Virgen otro se adjudica la eucaristía toda para él solo. ¡Diling diling! Abajo, arriba, adelante, atrás. Dan Occam pensó en eso, doctor invencible. Una brumosa mañana inglesa el diablillo hipóstasis le hizo cosquillas en el cerebro. Bajando su hostia y arrodillándose oyó conjugarse con su segundo campanilleo el primer campanilleo en el crucero (eleva la suya), y levantándose oyó (mientras yo elevo la mía) sus dos campanilleos (él se arrodilla) vibrar en diptongo.

Primo Esteban, nunca serás un santo. Isla de santos. Eras terriblemente santo, ¿verdad? Rezabas a la Virgen Bendita para no tener más la nariz colorada. Rezabas al diablo en la avenida Serpentina para que la viuda que iba adelante levantara sus ropas un poco más para apartarlas de la calle húmeda. *O, si certo!* Venda su alma por eso, háganlo, trapos teñidos prendidos alrededor de una india. ¡Dime más, más todavía! Solo, sobre la imperial del tranvía de Howth gritando, a la lluvia: *¡mujeres desnudas!* ¿Qué hay de eso? ¿eh?

¿Qué digo de qué? ¿Para qué otra cosa fueron inventadas? Leyendo dos páginas de cada siete libros por noche, ¿eh? Yo era joven. Te hacía una reverencia a ti mismo en el espejo, adelantándote para recibir los aplausos con gran seriedad: notable cara. ¡Hurra por el idiota condenado de Dios! ¡Brrr! Nadie te vió: a nadie se lo digas. Los libros que ibas a escribir con letras por títulos. ¿Ha leído usted su F? ¡Oh, sí!, pero prefiero Q. Sí, pero W es maravilloso. ¡Oh, sí!, W. ¿Recuerdas tus epifanías sobre verdes hojas ovaladas, intensamente verdes, ejemplares a enviarse, en caso de muerte, a todas las grandes bibliotecas del mundo, incluso a la de Alejandría? Alguien iba a leerlas allí después de unos miles de años, un mahamanvantara. Algún Pico de la Mirándola. Sí, muy parecido a una ballena. Cuando uno lee esas páginas extrañas de uno desaparecido hace mucho uno siente que uno está a una con uno que una vez...

La arena granulosa había desaparecido debajo de sus pies. Sus botas hollaron otra vez una crepitante bellota húmeda, mariscos navaja, guijarros chirriantes, todo eso que viene a quebrarse sobre los innumerables guijarros, bosque cribado de versos, armada perdida. Malsanos bancos de arena esperaban para chupar sus suelas caminantes exhalando aliento de alcantarilla. Él los sorteó, caminando cautelosamente. Una botella de cerveza velaba, hundida hasta la cintura, en la mezcla plástica de arena Centinela: isla de la sed terrible. Flejes rotos sobre la orilla; en la tierra un laberinto de redes astutas; más lejos puertas traseras garabateadas con tiza y sobre la playa más alta una cuerda de tender ropa con dos camisas crucificadas. Ringsend: chozas de pilotos morenos y patrones de barcos.

Se detuvo. Me he pasado del camino a lo de tía Sara. ¿No iré allí? Parece que no. Nadie por aquí. Se volvió hacia el nordeste y cruzó la arena más firme en dirección al Pigeonhouse.

—*"Que vous a mis dans cette fichue position?"*

—*"C'est le pigeon, Joseph."*

Patrice, en casa con licencia, lamía leche caliente conmigo en el bar MacMahon Hijo del ganso salvaje, Kevin Egan de París. Mi padre es un pájaro, él lamía la dulce *lait chaud* con su rosada lengua joven, rolliza cara de conejito. Lame, *lapin*. Espera ganar en el *gros lots*. Acerca de la naturaleza de las mujeres leyó en Michelet. Pero tiene que mandarme *La Vie de Jésus*, por M. Leo Taxil. La prestó a su amigo.

—"*C'est tordant, vous savez. Moi je suis socialiste. Je ne crois pas en l'existence de Dieu. Fau pas le dire a mon père.*

—*Il croit?*

—*Mon père, oui.*

Schluss. Él lame.

Mi sombrero del barrio latino. ¡Dios, hay que vestir el carácter! Quiero guantes pulga. ¿Eras un estudiante, no es cierto? ¿De qué, en el nombre del otro demonio? ¿Paysayen... P. C. N., tú sabes: *phisiques, chimiques et naturelles*. ¡Ahá! Comiéndote el valor de tus peniques de *mout en civet*, marmitas de Egipto, codo a codo con los cocheros eructadores. Di simplemente en el tono más natural: cuando estuve en París, *boul'Mich*, yo acostumbraba. Sí, yo acostumbraba llevar boletos perforados para probar una coartada si te arrestaban por asesinato en alguna parte. La justicia. En la noche del diecisiete de febrero de 1904 el preso fué visto por dos testigos. Otro sujeto lo hizo: otro yo. Sombrero, corbata, sobretodo, nariz. *Lui, c'est moi*. Parece que te has divertido.

Caminando orgullosamente. ¿Como quién tratabas de andar? Olvido: un desposeído. Con el mandato de mamá, ocho chelines, la ruidosa puerta de la oficina de correos cerrada de golpe en tu cara por el conserje. Dolor de muelas de hambre. *Encore deux minutes*. Mira el reloj. Tengo que conseguir. *Fermé*. ¡Puerco asalariado! Conviértelo en trizas sanguinolentas de un tiro, bang; trizas de hombre botones de cobre salpicados por las paredes. Todos los pedacitos cricricrack repiqueteaban en su sitio otra vez. ¿No nana? ¡Oh, muy bien! Dame la mano. ¿Ves lo que te decía? ¿Ves? ¡Oh, muy bien! Vengan los cinco. ¡Oh, todo está requetebién!

Ibas a hacer maravillas, ¿eh? Misionero a Europa después del ardiente Columbanus. Fiacre y Scotus en sus banquillos disciplinarios, esparcidos en el cielo de sus jarros de a litro, estallanlatinriendo: *Euge! Euge!* Fingiendo hablar inglés chapurreado mientras arrastrabas tu valija, changador de tres peniques, a través del muelle viscoso de Newhaven. *Comment?* Rico botín trajiste de vuelta; *Le tutu*, cinco números andrajosos de *Pantalon Blanc et Culotte Rouge*, telegrama francés azul, curiosidad para mostrar:

—Mamá se muere ven a casa papá.

La tía cree que mataste a tu madre. Es por eso que no quiere.

> *Después, ahí va un brindis a la tía de Mulligan,*
> *y les diré a ustedes por qué la razón.*
> *Ella siempre conservó las cosas decentes en*
> *la familia Hannigan.*

Sus pies marcharon en repentino ritmo orgulloso sobre los surcos de arena, a lo largo de los guijarros de la muralla sud. Fijó la vista en ellos severamente, cráneos de mamut de piedras apiladas. Luz de oro sobre el mar, sobre la arena, sobre los guijarros. El sol está allí,

los árboles esbeltos y las casas limón.
París despertándose desapaciblemente, cruda luz de sol sobre sus calles limón. Pulpa húmeda de panecillos humeantes, el ajenjo verde rana, su incienso matinal, matizan el aire. Belluomo se levanta de la cama de la mujer del amante de su mujer, el ama de casa con un pañuelo en la cabeza entra en actividad, un platillo de ácido en las manos. En lo de Rodot, Ivonne y Madeleine rehacen sus volcadas bellezas, destrozando con dientes de oro *chaussons* de pastelería, sus bocas amarilleadas con el *pus del flan bretón*. Pasan caras de hombres de París, sus encantadores encantados, rizosos conquistadores.
El mediodía dormita. Kevin Egan arrolla cigarrillos de pólvora entre dedos manchados de tinta de impresos, sorbiendo su verde duende como Patricio el sayo blanco. A nuestro alrededor los glotones pinchan con su tenedor habas condimentadas, y las mandan dentro de sus gaznates. *Un demi setier!* Un escape de vapor de café de la cafetera bruñida. *Il est irlandais. Hollandais. Non fromage. Deux irlandais, nous, Irlande, vous savez? Ah oui!* Ella creyó que querías un queso *hollandais.*
Tu postprandium, ¿conoces esa palabra? Postprandium.
Había un sujeto que conocí una vez en Barcelona, sujeto raro, que solía llamarlo su postprandium. Bueno: *slainte!* Alrededor de las mesas baboseadas se enmarañan los alientos vinosos y los gaznates gorgoteadores. Su aliento cuelga sobre nuestros platos manchados de salsa, y asoma entre sus labios el verde colmillo de duende. De Irlanda, los dalcasianos, esperanzas, conspiraciones, ahora de Arturo Griffith. Para uncirme como su compañero de yugo, nuestros crímenes, nuestra causa común. Eres el hijo de tu padre. Reconozco la voz. Su camisa de pana florecida de rojo, estremece sus borlas españolas ante sus confidencias. M. Drummond, famoso periodista, Drummond, ¿sabes cómo llamaba a la reina Victoria? Vieja bruja de los dientes amarillos. *Vieille ogresse* de los *dents jaunes.* Maud Gonne, hermosa mujer. *La Patrie*, M. Millevoye, Felix Faure, ¿sabes cómo murió? Hombres licenciosos. La froeken, *bonne a tout faire*, que refriega la desnudez masculina en el baño de Upsala. *Moi faire*, dijo ella. *Tous les messieurs.* No este *Monsieur*, repliqué. Costumbre lasciva. El baño es la cosa más íntima. Yo no dejaría a mi hermano, ni siquiera a mi propio hermano, la cosa más lasciva. Ojos verdes, yo os veo. Colmillo, lo siento. Gente lasciva.
La mecha azul se quema a muerte entre las manos y se quema con claridad. Las hebras sueltas de tabaco se prenden fuego: llama y humo acre iluminan nuestro rincón. Pómulos descarnados bajo su sombrero de conspirador. Cómo escapó el cabecilla, versión auténtica. Disfrazado de novia. Hombre, velo, azahares, se lanzaron sobre la ruta a Malahide. Así como lo digo. De leaders perdidos, los traicionados. Leaders desaparecidos, traicionados, fugas épicas. Disfrazados, prendidos, evadidos, no aquí.
Amante despreciado. En esos tiempos yo era un muchachón fornido, puedes creerme. Un día de estos te enseñaré mi foto. A fe que yo era buen mozo. Enamorado, por amor a ella, rondó con el coronel Richard Burke, jefe hereditario de su clan, bajo las pare-

des de Clerkenwell y, agachándose, vió una llama de venganza lanzarlos por el aire en la niebla. Vidrio hecho pedazos, y murallas derrumbándose. En el alegree Paree se esconde, Egan de París, sin que nadie lo busque, excepto yo. Sus estaciones cotidianas, delante de la triste caja de imprenta, sus tres tabernas, el cubil de Montmartre donde duerme su corta noche, rue de la Goutt-d'or, tapizada con los rostros de los desaparecidos en que depositaron su porquería las moscas. Sin amor, sin patria, sin esposa. Ella está muy cómoda, sin su hombre proscripto, madame, en la rue Git-le-Cœur, con un canario y dos pensionistas. Mejillas vellosas, una pollera de cebra, retozona como la de una muchacha. Despreciado y sin desesperar. Dile a Pat que me viste, ¿quieres? Una vez quise conseguirle un empleo al pobre Pat. *Mon fils*, soldado francés. Le enseñé a cantar. *Los muchachos de Kilkenny son rugientes magníficos espadas*. ¿Conoces esa vieja balada? Se la enseñé a Patricio. Viejo Kilkenny: santo Canice, castillo de Strongbow sobre el Norte. Empieza así: ¡Oh! ¡Oh! Me toma a mí, Napper Tandy, de la mano.

¡Oh! ¡Oh!, los muchachos de
Kilkenny...

Débil y consumida mano sobre la mía. Ellos han olvidado a Kevin Egan, que no los olvida. Recordándote, ¡oh, Sión!

Se había acercado más al mar y la arena húmeda abofeteaba sus botas. El aire nuevo lo saludó, jugando en sus nervios exaltados, brisa enloquecida y cargada de semillas de radiación. Hola, no estoy caminando hacia la boya de Kixh, ¿no es cierto? Se detuvo de repente, sus pies empezando lentamente a hundirse en la arena temblorosa. Media vuelta.

Al volverse escudriñó el sud de la playa, hundiéndose otra vez lentamente sus pies en hoyos nuevos. La fría sala abovedada de la torre espera. Los dardos de luz se mueven siempre a través de las troneras, lentamente siempre, así como mis pies se hunden arrastrándose hacia la oscuridad, ellos rompen hacia la sombra de la noche sobre el piso cuadrante solar. Crepúsculo azul, anochecer, profunda noche azul. En la oscuridad de la bóveda ellos esperan, sus sillas removidas, mi valija obelisco, alrededor de una mesa de vajilla abandonada. ¿Quién va a limpiarla? Él tiene la llave. No dormiré aquí cuando llegue la noche. La puerta cerrada de una torre silenciosa sepultando sus cuerpos ciegos, el sahibpantera y su perro perdiguero. Llamada: no contestan. Levantó sus pies de la succión del suelo y volvió por el muelle de pedregullo. Toma todo, guarda todo. Mi alma camina conmigo, forma de formas. Así, cuando la luna está en la mitad de sus veladas nocturnas, recorro el sendero sobre las rocas plateadas de arena, escuchando la tentadora creciente de Elsinor.

La marea me sigue. Puedo observarla cómo crece pasándome. Vuelve entonces por el camino de Poolberg hasta la playa. Trepó por encima de los juncos y bejucos viscosos, y se sentó sobre una roca plana, haciendo descansar su garrote de fresno en una anfractuosidad.

El cadáver hinchado de un perro se apoyaba sobre fucos flotantes. Delante de él, la regala de un bote, hundida en la arena. *Un coche ensablé.* Así llamaba Luis Veuillot a la prosa de Gautier. Estas arenas pesadas son el lenguaje que el viento y la marea han infiltrado aquí. Y allí los montones de piedras de constructores muertos, un vivero de comadrejas. Esconder oro allí. ¿Por qué no? Tú tienes. Arenas y piedras. Pesados del pasado. Juguetes de sir Lout. Cuidado, no vayas a recibir un golpe sobre la oreja. Soy el gigante que hace patapún con el maldito patapún del pedregullo, hueso para el apoyo de mis pasos. ¡Bu! Huelo la sangre de un irlandés.

Un punto vivo crece a la vista, perro que corre a través de la extensión de arena barredora. Señor, ¿irá a morderme? Respeta su libertad. No serás el dueño de otros ni su esclavo. Tengo mi bastón. Siéntate tieso. De más lejos, andando al través hacia la orilla, remontando la marea encrespada, unas figuras, dos. Las dos Marías. Se han escondido entre los juncos. ¡Bu! ¡Piedra libre! Os veo. No, el perro. Corre de vuelta a ellas. ¿Quién?

Aquí las galeras de los Lochlanns corrían a tierra en busca de presa, los picos sangrientos de sus proas rasando una resaca de peltre derretido. Vikings daneses, antorchas de tomahawks centelleando sobre sus pechos cuando Malaquías llevaba el collar de oro. Un banco de ballenas varadas en el ardiente mediodía, arrojando agua, descaderándose en la superficie. Luego, de la hambrienta ciudad enjaulada una horda de enanos con casacas de cuero, mi raza, corriendo, escalando, macheteando en la verde carne de ballena llena de esperma con sus cuchillos desolladores. Hambre, peste y matanza. Su sangre está en mí, sus lujurias mis olas. Me moví entre ellos sobre el helado Liffey, ese yo, retador en medio de los crepitantes fuegos de resina. No hablaba a nadie: nadie me hablaba a mí.

El ladrido del perro corrió hacia él, se detuvo, retrocedió. Perro de mi enemigo. Yo estaba simplemente de pie, pálido, silencioso, acorralado. *Terribilia meditans.* Un jubón prímula, amuleto de la fortuna, sonreía a mi temor. ¿Qué es lo que anhelas, el ladrido de su aplauso? Hipócritas: vivir su vida. El hermano de Bruce, Tomás Fitzgerald, caballero sedoso, Perkins Warbeck, falso vástago de York, en calzas de seda de rosáceo blanco, marfil, maravilla de un día, y Lambert Simnel, con una escolta de granujas y busconas, lavacopas coronado. Todos hijos del rey. Paraíso de pretendientes entonces y ahora. Él salvó a hombres de ahogarse y tú tiemblas al gañido de un perro de mala ralea. Pero los cortesanos que se burlaron de Guido en Or san Michele estaban en su propia casa. Casa de... No queremos nada de vuestros infundios medievales. ¿Harías tú lo que él hizo? Habría cerca un bote, un salvavidas, *Natürlich* colocado allí para ti. ¿Lo harías o no? El hombre que se ahogó hace nueve días cerca de la roca de Maiden. Ahora están esperándolo. La verdad, escúpela. Yo quisiera. Ensayaría. No soy un buen nadador. El agua fría, suave. Cuando meto la cara dentro de ella en la palangana, en Clongowes. ¡No puedo ver! ¿Quién está detrás de mí? ¡Afuera en seguida, en seguida! ¿Ves cómo crece la marea rápidamente por todas partes, cubriendo los bajos de las arenas color de concha y cacao rápidamente? Si tuviera tierra bajo mis pies. Quiero que su vida sea todavía suya, que la mía sea mía. Un hombre que se ahoga. Sus ojos humanos me gritan en el horror de su muerte... Yo... Con él hacia abajo... No podría salvarla a ella. Aguas: muerte amarga: perdido.

Una mujer y un hombre. Veo sus polleritas. Arremangadas, juraría.

El perro de ellos ambló alrededor de un banco de arena en disminución, trotando, oliendo por todos lados. Buscando algo perdido en una vida anterior. De pronto se largó a brincos, con las orejas echadas atrás como una liebre, persiguiendo la sombra de una gaviota que volaba bajo. El silbido agudo del hombre golpeó sus orejas flexibles. Se volvió, brincó de vuelta, se acercó, trotó sobre inquietas patas. Sobre un fondo naranja un ciervo saltarín, tranquilo, digno. Al llegar a la orla de encaje de la marea se detuvo con las patas delanteras tiesas, las orejas aguzadas en dirección al mar. Con su hocico levantado ladró al ruido de las olas, rebaños de morsas marinas. Ellas serpenteaban hacia sus patas, enroscándose, desdoblando crestas sobre crestas, rompiéndose cada novena, chapoteando, desde lejos, desde más lejos, olas y olas.

Recogedores de coquinas. Vadearon un pequeño trecho en el agua e, inclinándose, zambulleron sus sacos y, habiéndolos retirado, salieron del agua. El perro gruñó corriendo hacia ellos, se irguió hacia ellos y los manoteó, dejándose caer sobre sus cuatro patas, enderezándose de nuevo con mudas caricias ásperas. Ternura ignorada los siguió hacia la arena más seca, un andrajo de lengua de lobo jadeando roja de sus quijadas. Su cuerpo manchado amblaba delante de ellos, saltando luego con galope de ternero. El esqueleto se hallaba en su camino. Se detuvo, olfateó, anduvo a su alrededor, a hurtadillas, un hermano, husmeando más cerca, dió otra vuelta alrededor, olfateando rápidamente como conocedor todo el pellejo revolcado del perro muerto. Cráneo de perro, olfateo de perro, ojos sobre el suelo, se mueve hacia un gran objetivo. ¡Ah, pobre cuerpo de perro! Aquí yace el cuerpo del pobre cuerpo de perro.

—¡Pingajos! Fuera de ahí, mestizo.

El grito lo llevó de vuelta, remoloneando, hacia su amo, y un brusco puntapié descalzo lo arrojó ileso, encogido en el vuelo, a través de un banco de arena. Se escabulló de vuelta describiendo una curva. No me ve. Se deslizó a lo largo del borde del muelle, holgazaneando, olió una roca, y por debajo de una pata trasera, levantada, orinó contra ella. Siguió trotando y, levantando de nuevo una pata trasera, orinó rápido y corto sobre una roca no olida. Los placeres simples de los pobres. Sus patas traseras dispersaron entonces arena: luego sus patas delanteras chapotearon y cavaron. Algo que escondió allí: su abuela. Hociqueó en la arena, chapoteó y cavó, y se detuvo a escuchar el viento, hizo volar de nuevo la arena con sus uñas furiosas, deteniéndose de pronto, un leopardo, una pantera, sorprendido en adulterio, buitreando el muerto.

Después que él me despertó anoche, ¿era el mismo sueño o no? Veamos. Un pórtico abierto. Calle de rameras. Me estoy acordando. Harún-ar-Raschid. Me voy acercando. El hombre me condujo, habló. Yo no tenía miedo. El melón que llevaba lo levantó contra mi cara. Sonrió: olor de fruto cremoso. Esa era la regla, dijo. Entra. Ven. Alfombra roja extendida. Tú verás quién.

Cargando sus valijas sobre los hombros, caminaban trabajosamente los rojos egipcios. Sus pies azulados, asomando fuera de pantalones arremangados, golpeteaban la arena viscosa, una bufanda ladrillo oscuro estrangulando sus cuellos sin afeitar. Con pasos de mujer seguía ella: el rufián y su bellaca muerte. En la espalda de ella iba enganchado su botín. La arena suelta y la conchilla triturada hacían costras en sus pies desnudos. El cabello flotaba alrededor de su cara pelada por el viento. Detrás del señor su ayudante, apilado desecho hacia Romeville. Cuando la noche oculta los defectos de su cuerpo, que llama a través de un pasaje donde los perros han hecho sus necesidades bajo un manto marrón. Su hombrecillo convida a dos soldados del Real Dublin en lo de O'Loughlin's de Blackpitts. Bésala, revuélcala en un jergón grasiento de atorrantes, ¡oh mi profunda oscuridad golpeada! Una endemoniada blancura de arpía bajo sus trapos rancios. La callejuela de Fumbally esa noche: los olores de la curtiduría.

> *Blancas tus manos, roja tu boca,*
> *Tu cuerpo delicado es exquisito;*
> *Ven a beber tendida conmigo;*
> *Y en lo oscuro besarse y abrazarse.*

Es lo que Tomás de Aquino el barrigón llama deleite amoroso, *frate porcospino*. Antes de la caída Adán copulaba sin gozar. Déjalo que brame: *tu cuerpo es exquisito*. No hay lenguaje que sea un ápice peor que el de él. Palabras de monje, cuentas de rosario parloteando sobre sus barrigas: palabras de atorrante, rudas pepitas resuenan en sus bolsillos.

Ahora pasan.

Una mirada de reojo a mi sombrero de Hamlet. ¿Si me quedara súbitamente desnudo aquí mismo donde estoy sentado? No lo estoy. A través de las arenas de todo el mundo, seguida hacia el oeste por la espada llameante del sol, emigra en su marcha a las tierras anochecidas. Ella camina trabajosamente, remolca, arrastra, trajina su carga. Una marea que trepa hacia el oeste atraída por la luna la sigue. Mareas, dentro de ella, con miríadas de islas, sangre no mía, *oinopa ponton*, un mar oscuro como el vino. He aquí la criada de la luna. En sueños el signo líquido le dice su hora, le ordena levantarse. Lecho nupcial, lecho de parto, lecho de muerte iluminado por cirios espectrales. *Omnis caro ad te veniet*. Él viene, pálido vampiro, atravesando la tormenta con sus ojos, su velamen de murciélago navega ensangrentando el mar, boca besadora de su boca.

Vamos. Tomémoslo al vuelo, ¿quieres? Mis tabletas. Boca a su besar. Debe de haber dos. Pégalas bien. Boca al beso de su boca.

Sus labios dieron labios y boca a inmateriales besos de aire. Boca a su vientre. Antro, tumba donde todo entra. Del molde de su boca su aliento fué exhalado sin palabras: ooeehah; estruendo de astros en catarata. Igniciones esféricas bramando sevanvanvanvanvanvan. Papel. Los billetes de banco, malditos sean. La carta del viejo Deasy.

Hela aquí. Agradeciéndole su hospitalidad arranquemos el extremo de la hoja en blanco. Volviéndose de espaldas al sol se estiró a lo largo de una roca plana y garabateó palabras. Con ésta van dos veces que me olvido de tomar papeles del mostrador de la biblioteca.

Su sombra se acortaba sobre la roca cuando se inclinaba, terminando. ¿Por qué no ilimitadamente hasta la estrella más lejana? Oscuramente están ellos allí detrás de esta luz, oscuridad brillando en la claridad, delta de Casiopea, mundos. Mi se sienta allá, augur con una vara de fresno y sandalias prestadas, sentado de día al lado. de un mar lívido, ignorado marchando en la noche violeta bajo un reino de estrellas barrocas. Arrojo de mí esta sombra terminada, ineluctable forma de hombre, y la llamo de vuelta. Sin límites, ¿sería mía, forma de mi forma? ¿Quién me observa aquí? ¿Quién leerá nunca en parte alguna estas palabras que escribo? Signos sobre un campo blanco. En alguna parte a alguien con tu voz más aflautada. El buen obispo de Cloyne sacó el velo del templo de su sombrero eclesiástico: velo del espacio con emblemas coloreados bosquejados sobre su campo. Agárrate bien. Coloreados sobre una llanura: sí, así es. La llanura veo, luego pienso distancia, cerca, lejos, llanura veo. Este, atrás. ¡Ah!, veamos ahora. Cae hacia atrás de repente, helado en estereoscopio. El truco está en el click. Encontráis mis palabras oscuras. La oscuridad está en nuestras almas, ¿no es cierto? Más aflautado. Nuestra alma, herida por la vergüenza de nuestros pecados, se aferra cada vez más a nosotros, una mujer aferrándose a su amante, más, siempre más.

Ella confía en mí, su mano suave, los ojos de largas pestañas. ¿Ahora dónde en nombre del tierno infierno la estoy trayendo detrás del velo? A la ineluctable modalidad de la ineluctable visualidad. Ella, ella, ella. ¿Qué ella? La virgen ante el escaparate de Hodges Figgis, el lunes, buscando uno de los libros alfabéticos que tú ibas a escribir. Aguda mirada le lanzaste. La muñeca dentro del bordado lazo de su sombrilla. Ella vive de agua y amor en el parque Leeson: una mujer de letras. Habla de eso a alguien más, Steve: una mujer de la calle. Apostaría a que ella usa de esos endemoniados elásticos de corsés, y medias amarillas, zurcidas con lana aterronada. Habla de pasteles de manzana, *piuttosto*. ¿Dónde tienes los sesos?

Acaríciame. Ojos suaves. Mano suave, suave, suave. Estoy tan solo aquí. ¡Oh!, acaríciame pronto, ahora. ¿Cuál es esa palabra que todos los hombres saben? Estoy quieto aquí, solo. Triste también. Tócame, tócame.

Se recostó cuan largo era sobre las agudas rocas, metiendo las hojas garabateadas y el lápiz dentro de un bolsillo, el sombrero echado sobre los ojos. Ese movimiento que hice es el de Kervin Egan cabeceando para su siesta, sueño sabático. *Et vidit Deus. Et erant valde bona.* Aló! *Bonjour;* bien venido como las flores en mayo. Bajo el ala del sombrero observó, a través de inquietas pestañas de pavo real, el sol camino al sud. Estoy preso en esta escena ardiente. Hora de Pan, faunesco mediodía. Entre plantas-serpientes pesadas de goma, frutos rezumando leche, allí donde las hojas yacen extendidas sobre aguas morenas. El dolor está lejos.

Y no más volverse y cavilar.

Su mirada meditativa se detuvo sobre sus anchas botas, los desechos de un gamo *nebeneinander*. Contó las arrugas del ajado cuero donde el pie de otro había anidado, cálido. El pie que golpea el suelo en *tripudium*, pie que no amo. Pero estabas encantado de poder ponerte el zapato de Ester Osvalt: chica que conocí en París. *Tiens, quel petit pied!* Amigo fiel, alma fraterna: amor a lo Wilde que no se atreve a decir su nombre. Ahora él me va a dejar. ¿Quién tiene la culpa? Tal como soy. Como soy. Todo o absolutamente nada.

En largos lazos desde el lago Cock las aguas crecían plenas, cubriendo verdidoradas lagunas de arena, elevándose, fluyendo. Mi garrote de fresno se irá flotando con la marea. Atención. No, ellas pasarán, pasarán acurrucándose contra las rocas bajas, arremolinándose, pasando. Mejor acabar de una vez con esta faena. Escuchar: el discurso de cuatro palabras del oleaje: seesú, jrss, rsseeiss uuos. Vehemente aliento de las aguas entre serpientes marinas, caballos encabritados, rocas. En tazas de roca se derrama: aletea, vierte, golpetea: clop, slop, slap, embalado en barriles. Y, agotado, su discurso cesa. Fluye en murmullo, manando ampliamente, flotante charco de espuma, flor desplegándose.

Bajo el influjo del flujo vió las algas convulsionadas erguirse lánguidamente y cimbrar desganados brazos, arremangando sus faldas en susurrante agua, meciendo y agitando tímidas frondas de plata. Día a día: noche a noche: elevadas, inundadas y dejadas caer. Señor, ellas están cansadas: y al cuchicheo del agua suspiran. San Ambrosio lo escuchó, suspiro de hojas y olas, esperando, aguardando la plenitud de sus tiempos, *diebus ac noctibus iniurias patiens ingemiscit.* Reunidas sin finalidad alguna, libertadas luego vanamente, flotando hacia adelante con la marea, retrocediendo con ella, telar de la luna. Cansadas también a la vista de amantes, hombres lascivos, una mujer desnuda radiante en sus reinos, ella atrae hacia sí una red de aguas.

Cinco brazas por allá. Bajo cinco brazas yace tu padre. En seguida, dijo él. Lo encontraron ahogado. Marea alta en la barra de Dublin. Llevando adelante un flojo amasijo flotante de detritos, cardumen de peces en abanico, conchillas tontas. Un cadáver blanco de sal emergiendo de la resaca, zangoloteando hacia tierra, un paso, un paso, una marsopa. Helo ahí. Engánchalo pronto. Aunque esté hundido debajo del piso acuoso. Lo tenemos. Dejen ahora.

Saco de gas cadavérico macerándose en salmuera infecta. Un temblor de mojarritas gordas de escogido manjar esponjoso, huyen como un relámpago por los intersticios de su bragueta abrochada. Dios se convierte en hombre, se convierte en pez, se convierte en barnacla, se convierte en montaña de plumón. El muerto vivo, respiro alientos muertos, piso el polvo muerto, devoro un desecho urinario de carnes muertas. Arrastrado tieso sobre la borda, exhala hacia el cielo el hedor de su verde sepultura, roncando al sol el leproso agujero de su nariz.

He aquí una metamorfosis marina, ojos castaños azulados de sal. Muerte por mar, la más dulce de todas las muertes conocidas por el hombre. Viejo Padre Océano. *Prix de Paris:* cuidado con las imitaciones. Probarlo es adoptarlo. Nos divertimos inmensamente.

Vamos. Tengo sed. Se está nublando. No hay nubes negras en ningún lado, ¿no es así? Tormenta de truenos. Todo luminoso él cae, orgulloso relámpago del intelecto, *Lucifer, dico, qui nescit occasum.* No. Mi sombrero y mi báculo de peregrino, y sus sandalias mías. ¿Dónde? A tierras anocheciendo. El anochecer se encontrará a sí mismo.

Asió su garrote por la empuñadura, dando estocadas suavemente, entreteniéndose todavía. Sí, el anochecer se reencontrará en mí, sin mí. Todos los días dan con su fin. A propósito, ¿cuándo es el próximo? El martes será el día más largo. De todo el alegre año nuevo, madre, el plan, plan, rataplán, plan. Lawn Tennyson, poeta caballero. *Già*. Para la vieja bruja de los dientes amarillos. Y monsieur Drumont, periodista caballero. *Già*. Mis dientes están muy mal. ¿Por qué?, me lo pregunto. Sintamos. Eso se va también. Conchas. ¿Debería ir a un dentista, digo yo, con ese dinero? Eso. Kinch el desdentado, el superhombre. ¿Por qué es eso, me pregunto, o quizá eso significa algo?

Mi pañuelo. Él lo tiró. Me acuerdo. ¿No lo levanté?

Su mano hurgó en vano los bolsillos. No, no lo levanté. Mejor comprar uno.

Depositó cuidadosamente el moco seco que sacó de su nariz sobre un borde de la roca. Últimamente, qué me importa que me miren.

Detrás. Tal vez hay alguien.

Volvió la cabeza y miró por encima del hombro. Desplazándose a pleno cielo, con sus altas berlingas cargadas de velas recogidas sobre las crucetas de las gavias, entraba al puerto, remontando la corriente, moviéndose silenciosamente, un navío silencioso.

II

EL SEÑOR Leopoldo Bloom comía con fruición órganos internos de bestias y aves. Le gustaba la espesa sopa de menudos, las ricas mollejas con sabor a nuez, un corazón relleno asado, lonjas de hígado fritas con raspaduras de pan, ovas de bacalao bien doradas. Sobre todo le gustaban los riñones de carnero a la parrilla, que dejaban en su paladar un rastro de orina ligeramente perfumada.

Los riñones estaban en su mente cuando se movía suavemente por la cocina, disponiendo las cosas del desayuno de ella sobre la gibosa bandeja. En la cocina había una luz y un aire destemplados, pero afuera la suave mañana de verano se extendía por todas partes. Le despertaba un poco de apetito.

Los carbones enrojecían.

Otra rebanada de pan con manteca: tres, cuatro: está bien. A ella no le gusta que el plato esté lleno. Está bien. Se apartó de la bandeja, tomó la pava del fogón y la colocó sobre el fuego. Allí quedó, pesada y rechoncha, el pico amenazante. Pronto la taza de té. Bueno. La boca seca. La gata caminaba rígidamente alrededor de una pata de la mesa con la cola levantada.

—¡Mrkrñau!

—¡Oh, estás ahí! —dijo el señor Bloom, apartándose del fuego.

La gata contestó con un maullido y volvió a dar vueltas alrededor de la pata de la mesa, tiesa y maullando. En la misma forma que anda sobre mi mesa de escribir.

El señor Bloom observó con curiosidad, cordialmente, la flexible forma negra. Tan limpia: el brillo de su piel lustrosa, el botón blanco bajo la cola, las verdes pupilas luminosas. Con las manos sobre las rodillas se inclinó hacia ella.

—Leche para la minina —dijo.

—¡Mrkrñau! —hizo la gata.

Los llaman estúpidos. Entienden lo que decimos mejor de lo que nosotros los entendemos a ellos. Ella entiende todo lo que necesita. Vengativa, también. Me pregunto qué le parezco a ella. ¿Alto como una torre? No, ella me puede saltar.

—Tiene miedo de los pollitos —dijo burlonamente—. Tiene miedo de los piú piú. Nunca vi mininos tan estúpidos como los mininos.

Cruel. Está en su naturaleza. Es claro que las lauchas nunca chillan. Parece que les gustara.

—¡Mrkrñau! —gritó la gata.

Guiñó hacia arriba sus ávidos ojos vergonzosos maullando quejosamente y mostrándole sus dientes blancos como la leche. El señor Bloom observó las sombras de sus ojos que se estrechan lujuriosamente hasta convertirse en verdes gemas. Luego se dirigió al aparador, tomó la jarra que el lechero de Hanlon acababa de llenar, hizo burbujear la cálida leche sobre un platillo y lo colocó cuidadosamente en el suelo.

—¡Gurrhr! —gritó ella, corriendo a lamer.

Él observó los bigotes brillando como alambres en la pálida luz, mientras ella se agachaba tres veces y lamía a golpecitos ligeros. ¿Será cierto que si se los cortan ya no pueden cazar lauchas? ¿Por qué? Quizá porque los extremos brillan en la obscuridad. O porque son una especie de antenas en la oscuridad tal vez.

Escuchó su lamlamida. Jamón y huevos, no. No hay buenos huevos con esta sequía. Necesitan agua pura y fresca. Jueves: tampoco es buen día para un riñón de carnero en lo de Buckley. Saltado con manteca y una pizca de pimienta. Mejor un riñón de cerdo en lo de Dlugacz. Mientras hierve el agua de la pava. Ella lamió más lentamente, relamiendo luego el platillo hasta dejarlo limpio. ¿Por qué son tan ásperas sus lenguas? Para lamer mejor, todo agujeros porosos. ¿Nada que pueda ella comer? Echó una ojeada en torno. No.

Sobre botas que crujían discretamente, subió la escalera hasta el vestíbulo, y se detuvo delante de la puerta del dormitorio. Tal vez a ella le gustaría algo sabroso. Por la mañana le gustan rebanadas delgadas de pan con manteca. Sin embargo, a lo mejor, para variar.

A media voz en el vestíbulo dijo:

—Voy hasta la esquina. En un minuto estoy de vuelta.

Y luego de oír a su voz decir eso agregó:

—¿No quieres nada para el desayuno?

Un débil gruñido somnoliento contestó:

—Mn.

No. Ella no quería nada. Oyó entonces un cálido suspiro profundo, más amodorrado, al darse ella vuelta en la cama, y las flojas arandelas de bronce del elástico retintinearon. De veras tengo que hacerlas arreglar. Lástima. Todo el trayecto desde Gibraltar. Ella olvidó el poco español que sabía. Me gustaría saber cuánto pagó su padre por eso. Estilo antiguo. ¡Ah!, sí, naturalmente. La compró en el remate del gobernador. Un pronto golpe de martillo. Duro como los clavos para regatear, el viejo Tweedy. Sí, señor. En Plevna era eso. Me salí de las filas, señor, y estoy orgulloso de ello. Sin embargo, él tuvo olfato suficiente para hacer esa especulación con las estampillas. Eso sí que fué saber ver lejos.

Tomó su sombrero de la percha en que pendía su pesado abrigo inicialado y su impermeable de segunda mano de la oficina de objetos perdidos. Estampillas: figuras de reverso pegajoso. Me atrevería a decir que hay una buena tanda de empleados también en la mala. No me cabe duda. La grasosa inscripción en el fondo de su sombrero le recordó en silencio: Plasto, sombr de alta calidad. Atisbó rápidamente dentro de la banda de cuero. Tira de papel blanco. Bien seguro.

En el umbral se palpó el bolsillo trasero del pantalón buscando el llavín. No está. En los pantalones que dejé. Hay que buscarlo. Soy un zanahoria. El ropero cruje. No vale la pena que la moleste. Se dió vuelta somnolientamente ahora. Cerró muy silenciosamente la puerta del vestíbulo tras de sí, más, hasta que la hoja inferior ajustó suavemente sobre el umbral una floja tapa. Parecía cerrada. De todas maneras está bien hasta que vuelva.

Cruzó al lado claro del sol, evitando el agujero del sótano del número setenta y cinco. El sol se acercaba al campanario de la iglesia de San Jorge. Me parece que hoy hará calor. Sobre todo lo siento cor estas ropas oscuras. El negro conduce, refleja (¿es refracta?) el calor. Pero no podría andar con ese traje claro. Parecería un picnic. Sus párpados se cerraban apaciblemente por momentos mientras andaba en el agradable calorcito. Los furgones de Boland entregando en bandejas el nuestro de cada día; pero ella prefiere pan de ayer, pastelillos con las tostadas cortezas calientes. Lo hace sentirse joven a uno. En alguna parte en el Este: mañana temprano; partir al alba, viajar en redondo frente al sol, ganarle de mano por un día. Seguir siempre así técnicamente, sin ser nunca más viejo que un día más. Caminar a lo largo de una playa en un país desconocido, llegar a la puerta de la ciudad, un centinela allí, veterano de las filas también; los grandes bigotes del viejo Tweedy apoyándose sobre una larga especie de lanza. Vagar a través de calles entoldadas. Rostros con turbantes pasando. Oscuras cuevas donde venden alfombras, hombre grande, Turko el terrible, sentado con las piernas cruzadas fumando una pipa en espiral. Gritos de vendedores en las calles. Beber agua perfumada con hinojo, sorbetes. Vagar a la ventura todo el día. Encontrarse a lo mejor con uno o dos ladrones. Bueno, enfréntalo. Se está aproximando el crepúsculo. Las sombras de las mezquitas a lo largo de los pilares; sacerdotes con su pliego de pergamino arrollado. Un temblor de los árboles, señal, el viento del atardecer. Sigo. Cielo de oro esfumándose. Una madre observa desde su puerta. Ella llama a casa a sus hijos en su lenguaje oscuro. Alta pared: más allá puntear de cuerdas. Noche de cielo de luna, violeta, el color de las nuevas ligas de Maruja. Cuerdas. Escucha. Una joven tocando uno de esos instrumentos ¿cómo se llaman?: dulcémeles. Paso.

Probablemente ni una pizca así en la realidad. Clase de descripciones que uno lee: en la senda del sol. Explosión de sol en la portada. Sonrió, satisfecho de sí mismo. Lo que dijo Arturo Griffith acerca de la viñeta sobre el artículo de fondo del *Hombre Libre*: un sol autónomo levantándose al noroeste desde el sendero detrás del banco de Irlanda. Prolongó su sonrisa complaciente. Un hallazgo de Isaac: sol autónomo ascendiendo en el noroeste.

Se acercó a lo de Larry O'Rourke. Desde el enrejado del sótano salía flotando el flojo chorro de cerveza. A través de la puerta abierta el bar chorreaba bocanadas de jengibre, polvo de té, bizcochos mascados. Buena casa, sin embargo: justo la terminación del tráfago de la ciudad. Por ejemplo, el de M'Auley allí abajo: n. v. n. como ubicación. Naturalmente que si tendieran una línea de tranvías a lo largo del North Circular, desde el mercado de ganado hasta los muelles, su valor subiría como un tiro.

Cabeza calva sobre la persiana. Lindo viejo ladino. No vale la pena rastrearlo por un aviso. Sin embargo, es el que mejor conoce su propio negocio. Allí está, no hay duda, mi valiente Larry, apoyado contra el cajón de azúcar, en mangas de camisa, observando a su dependiente en delantal fregar con estropajo y balde. Simón Dedalus lo remeda a la perfección torciendo los ojos. ¿Sabes lo que te voy a decir? ¿Qué es eso, señor O'Rourke? ¿Sabe qué? Los rusos no serían más que un modesto desayuno para los japoneses.

Pararme y decir una palabra: quizá acerca del funeral. Qué triste lo del pobre Dignam, señor O'Rourke.

Doblando sobre la calle Dorset dijo con frescura, saludando a través de la puerta:

—Buen día, señor O'Rourke.

—Buen día tenga usted.

—Hermoso tiempo, señor.

—Por cierto.

¿Dónde consiguen el dinero? Vienen como peones pelirrojos del campo de Leitrim, juntan los restos de las copas y fabrican vinachos en el sótano. Luego, pum, y ahí están floreciendo como Adam Finlaters o Dan Tallons. Pensad luego en la competencia. Sed general. Buen rompecabezas sería cruzar Dublin sin pasar por una. Evitarlo no pueden. Con los borrachos tal vez. Poner tres y llevar cinco. ¿Qué es eso? Un chelín aquí y allá, *dribs and drabs.* Tal vez en las órdenes al por mayor. Haciendo un doble juego con los viajeros que pasan por la ciudad. Arréglate con el patrón y partiremos la tajada, ¿eh?

¿Cuánto sumará lo de la cerveza en un mes? Digamos por ejemplo 10 barriles de mercadería. Digamos que sacó el 10 %. O más. Diez. Quince. Pasó delante de la Escuela Nacional de San José. Clamor de mocosos. Ventanas abiertas. El aire fresco ayuda a la memoria. O una cancioncilla. Abeecce deeefeeegee kaelemene opeecu ereeseteuve dobleevee. ¿Varones? Sí, Inishturk, Inishark, Inishboffin. En su geografía. La mía. Monte Bloom.

Se detuvo delante de la vidriera de Dlugacz, contemplando las madejas de salchichas, pasteles, negro y blanco. Cincuenta multiplicado por. Las cifras palidecieron en su mente sin resolverse: descontento, las dejó escurrirse. Los lustrosos eslabones rellenos de picadillo alimentaban su mirada y respiró tranquilamente el tibio aliento de sangre de cerdo cocida y condimentada.

Un riñón rezumaba gotas de sangre sobre el plato adornado de plantas: el último. Delante del mostrador se quedó parado al lado de la chica de la otra puerta. Lo compraría ella también nombrando las cosas escritas en un pedazo de papel que tenía en la mano. Agrietada: soda de lavar. Y una libra y media de salchichas de Denny. Sus ojos descansaron sobre sus vigorosas caderas. Él se llama Woods. ¿De qué se ocupará? La esposa está avejentada. Sangre nueva. No se permiten pretendientes. Fuerte par de brazos. Sacudiendo una alfombra sobre la cuerda de la ropa. La sacude de veras, por Jorge. Cómo salta su pollera curvada a cada golpe.

El chanchero de ojos de hurón dobló las salchichas que había cortado de un golpe con sus dedos manchados, rosados de salchicha. Buena carne allí como una novilla cebada en establo.

Tomó una página de la pila de hojas cortadas. La granja modelo en Kinnereth sobre la orilla del lago de Tiberias. Puede convertirse en ideal sanatorio de invierno. Moisés Montefiore. Yo creí que era él. Alquería rodeada de muros, ganado borroso paciendo. Sostuvo la hoja apartada de sí: interesante; la aproximó, el ganado borroso paciendo, la página crujiendo. Una joven novilla blanca. Esas mañanas en el mercado de hacienda las bestias mugiendo en sus corrales, ovejas marcadas, rociada y caída del estiércol, los cuidadores de botas claveteadas abriéndose paso trabajosamente entre las camas de paja, haciendo sonar su palmada sobre un cuarto trasero de carne en sazón, ésta sí que es de primera, varillas descortezadas en sus manos. Pacientemente mantuvo la página inclinada, conteniendo sus impulsos y sus deseos, las miradas suavemente atentas y reposadas. La pollera curvada balanceándose al pluf pluf pluf.

El chanchero arrebató dos hojas de la pila, envolvió sus salchichas de primera e hizo una mueca roja.

—Ahí tiene, señorita —dijo.

Sonriendo descaradamente, ella alargó una moneda, mostrando su muñeca regordeta.

—Gracias, señorita. Y un chelín tres peniques de vuelto. ¿Qué le doy a usted, señor?

El señor Bloom señaló en seguida. Apurarse y caminar detrás de ella si iba despacio, detrás de sus jamones en movimiento. Agradables como primera vista de la mañana. Apúrate, maldito sea. Hay que aprovechar la ocasión. Ella se detuvo bajo el sol a la puerta del negocio, y comenzó a andar luego perezosamente hacia la derecha. Él suspiró con la nariz: ellas nunca entienden. Manos agrietadas por la soda. Uñas de los pies encostradas también. Escapularios marrones en jirones, defendiéndola por los dos lados. El aguijón del desprecio se enardeció para debilitar el placer dentro de su pecho. Es para otro: un alguacil fuera de servicio la abrazó en Eccles Lane. A ellos les gustan de buen tamaño. Salchicha de primera. ¡Oh, por favor, señor policía!, estoy perdida en el bosque.

—Tres peniques, por favor.

Su mano aceptó la húmeda glándula tierna y la deslizó dentro de un bolsillo lateral. Luego sacó tres monedas del bolsillo de su pantalón y las colocó sobre las púas de goma. Estuvieron allí, fueron examinadas rápidamente y rápidamente deslizadas, disco por disco, dentro del cajón.

Una chispa de ansioso fuego en los ojos de zorro le agradeció. Desvió su mirada después de un instante. No: mejor que no; otra vez.

—Buen día —dijo alejándose.

—Buen día, señor.

Ningún rastro. Se fué. ¿Qué importa?

Volvió a lo largo de la calle Dorset, leyendo gravemente. Agendath Netaim: compañía de plantadores. Comprar vastas áreas arenosas del gobierno de Turquía y plantarlas con eucaliptos. Excelente para sombra, combustible y construcción. Montes de naranjos e inmensos campos de melones al norte de Jaffa. Usted paga ocho marcos y se planta un médano de tierra para usted con olivos, naranjos, almendros o limoneros. Los olivos son más baratos: los naranjos necesitan irrigación artificial. Cada año usted recibe un envío de la cosecha. Su nombre queda registrado para toda la vida como propietario en el libro de la compañía. Puede pagar diez al contado y el resto en cuotas anuales. Bleibtreustrasse 34, Berlín, W. 15.

No me interesa. Sin embargo, ahí hay una idea.

Miró el ganado, desdibujado en un color de plata. Olivos espolvoreados de plata. Largos días apacibles: maduran las ciruelas. Las aceitunas se envasan en tarros, ¿eh? Me quedan unas pocas de lo de Andrews. Maruja escupiéndolas. Ahora conoce su gusto. Naranjas en papel de seda embaladas en canastos. Los limones también. Me gustaría saber si todavía vive el pobre Citron en la parada de Saint Kevin. Y Mastiansky con su vieja cítara. Agradables veladas aquellas. Maruja en la silla de mimbre de Citron. Agradable de tomar fresca fruta de cera, tenerla en la mano, llevarla a la nariz y aspirar el perfume. Como eso, perfume pesado, dulce, salvaje. Siempre la misma, año tras año. También conseguían precios altos, me dijo Moisel. Plaza Arbutus, calle Pleasants, placenteros tiempos viejos. Tiene que ser sin una falla, dijo él. Recorriendo todo ese camino: España, Gibraltar, Mediterráneo, el Levante. Canastos alineados a lo largo del muelle de Jaffa, el sujeto controlándolos en su libro, los peones vestidos con ropas ordinarias de fajina manejándolos. Allí salió elquecomolollamas. ¿Cómo está usted? No ve. El sujeto que se conoce solamente como para saludar es un poco aburrido. Su espalda es como la de ese capitán noruego. ¿Lo encontraré hoy? Carro de riego. Para provocar la lluvia. Sobre la tierra como en el cielo.

Una nube comenzó a cubrir el sol enteramente, lentamente, enteramente. Gris. Lejos.

No, así no. Una tierra árida, desnudo desierto. Lago volcánico, el mar muerto: sin peces ni plantas acuáticas, hundido en la tierra. Ningún viento moverá esas olas de plomo, cargadas de vapores ponzoñosos. La lluvia de azufre le llamaban: las ciudades del llano: Sodoma, Gomorra, Edom. Todos nombres muertos. Un mar muerto en una tierra muerta, gris y vieja. Vieja ahora. Dió a luz la raza más antigua, la primera raza. Una bruja encorvada cruzó de lo de Casidy agarrando una botella por el cuello con la mano crispada. La gente más antigua. Vagaron lejos por toda la tierra, de cautiverio en cautiverio, multiplicándose, muriendo, naciendo en todas partes. Yace allí ahora. Ahora no puede engendrar más. Muerta: la de una vieja: rincón hundido del mundo.

Desolación.

Gris horror desecó su carne. Metiéndose el papel doblado en el bolsillo dió vuelta la calle Eccles, apurándose hacia casa. Aceites fríos se deslizaban a lo largo de sus venas, helándole la sangre: la edad lo encostraba con un manto de sal. Bueno, estoy aquí ahora. La mañana vocifera malas imágenes. Me levanté con el pie izquierdo. Tengo que empezar otra vez esos ejercicios de Sandow. Sobre las manos. Pardas casas de ladrillo manchadas. El número ochenta todavía desocupado. ¿Por qué es eso? Solamente 28 de alquiler. Dirigirse a Towers, Battersby, North, MacArthur: las ventanas de la sala empapeladas de affiches. Emplastos sobre un ojo enfermo. Oler el suave humo del té, vapor de la sartén, manteca chirreante. Estar cerca de su abundante carne calentada por la cama. Sí, sí.

Agil luz cálida vino corriendo de Berkeley Road, rápidamente, en delicadas sandalias, a lo largo de la vereda resplandeciente. Corre, ella corre a mi encuentro, niña de rubio cabello al viento.

Dos cartas y una tarjeta yacían sobre el piso del vestíbulo. Se inclinó y las recogió. Sra. Maruja Bloom. Su corazón apresurado latió más despacio de inmediato. Escritura suelta Sra. Maruja.

—¡Poldito!

Entrando en el dormitorio entrecerró los ojos y atravesó la cálida penumbra amarillenta hacia su cabeza despeinada.

—¿Para quién son las cartas?

Él las miró. Mullinger. Milly.

—Una carta para mí de Milly —dijo con circunspección— y una tarjeta para ti. Y una carta para ti.

Dejó la tarjeta y la carta sobre el asargado cubrecama cerca de la curva de sus rodillas.

—¿Quieres que levante la cortina?

Mientras subía la cortina hasta la mitad con suaves tirones, con el rabo del ojo la vió echar una mirada a la carta y meterla bajo la almohada.

—¿Está bien? —preguntó, dándose vuelta.

Estaba leyendo la tarjeta, apoyada sobre el codo.

—Ella recibió las cosas.

Esperó hasta que ella hubo dejado a un lado la tarjeta y se hubo vuelto desperezándose con un suspiro de satisfacción.

—Apúrate con ese té —dijo ella—. Tengo la garganta reseca.

—La pava está hirviendo —respondió él.

Pero se detuvo a desocupar la silla. La enagua rayada, ropa blanca usada tirada: y en una brazada lo puso todo al pie de la cama.

Mientras bajaba por las escaleras de la cocina, ella le gritó:

—¡Poldito!

—¿Qué?

—Escalda la tetera.

Seguro que está hirviendo: un penacho de vapor del pico. Escaldó y enjuagó la tetera y puso en ella cuatro cucharadas llenas de té, inclinando luego la pava para que el agua cayera adentro. Habiendo dejado que se hiciera la infusión, sacó la pava, aplastó la sarten sobre los carbones vivos y observó el pedazo de manteca deslizarse y derretirse. Mientras desenvolvía el riñón la gata maullaba hambrienta hacia él. Déle demasiada carne y no cazará ratones. Dicen que no quieren comer cerdo. El rito. Toma. Dejó caer el papel embadurnado en sangre y envió el riñón a la chirreante salsa de manteca. Pimienta. La desparramó en círculos a través de sus dedos, tomándola del posahuevos quebrado.

Luego rasgó el sobre de su carta lanzando una ojeada hacia el final

55

de la misma y de vuelta. Gracias: boina nueva: el señor Coghlan: picnic al lago Owel: joven estudiante: las bañistas de Blazes Boylan. El té estaba listo. Llenó su propia taza "de bigote", imitación corona Derby, sonriendo. Pueril regalo de cumpleaños de Milly. Entonces tenía solamente cinco años. No, espera: cuatro. Yo le regalé el collar imitación ámbar que rompió. Ella se enviaba papel marrón doblado metiéndolo en el buzón. Sonrió, vertiendo el té.

> ¡Oh!, Mariquita Bloom, eres mi encanto,
> Eres mi espejo desde la noche a la mañana;
> Te prefiero a ti con tu pobreza
> Antes que a Katy con su asno y su jardín.

Pobre viejo profesor Goodwin. Horroroso caso viejo. Sin embargo era un viejo cortés. La forma anticuada en que acostumbraba hacer una reverencia a Maruja cuando abandonaba el andén. Y el pequeño espejo en su sombrero de seda. La noche que Milly lo trajo a la sala. ¡Oh, miren lo que encontré en el sombrero del profesor Goodwin! Todos nos reímos. El sexo ya apuntaba entonces. Ella era una cosita atrevida.

Clavó un tenedor en el riñón y lo hizo golpear al darlo vuelta: luego acomodó la tetera sobre la bandeja. Su giba rebotó al levantarla. ¿Está todo? Pan y manteca, cuatro, azúcar, cuchara, su crema. Sí. La llevó escaleras arriba, el dedo pulgar enganchado en el asa de la tetera. Abriendo la puerta con la rodilla entró con la bandeja y la colocó sobre la silla, al lado de la cabecera de la cama.

—¡Cuánto tardaste! —dijo ella.

Hizo tintinear los bronces al levantarse ágilmente, un codo sobre la almohada. Echó una mirada tranquila a su tronco y entre los grandes senos ablandados que se derramaban dentro de su camisón como la ubre de una cabra. El calor de su cuerpo acostado ascendió en el aire mezclándose con la fragancia del té que ella vertió.

Un pedazo de sobre roto asomaba debajo de la almohada ahuecada. En el momento de irse se detuvo para acomodar el cubrecama.

—¿De quién era la carta? —preguntó.

Escritura suelta. Maruja.

—¡Oh!, de Boylan —respondió ella—. Va a traer el programa.

—¿Qué vas a cantar?

—*Là ci darem* con J. C. Doyle —dijo ella— y *Love's Old Sweet Song*.

Sus labios carnosos, bebiendo, sonrieron. El olor un poco rancio que el incienso deja al día siguiente. Como el agua fétida de un florero.

—¿Quieres que abra un poco la ventana?

Ella dobló una rebanada de pan y, metiéndosela en la boca, preguntó:

—¿A qué hora es el entierro?

—A las once, creo —contestó él—. No miré el diario.

Siguiendo la señal que le hacía con un dedo, él sacó de la cama una pierna de sus calzones sucios. ¿No? Luego una retorcida liga gris enrollada en una media: planta arrugada y lustrosa.

—No: ese libro.

Otra media. Su falda.

—Debe de haberse caído —dijo ella.

El palpó aquí y allá. *Voglio e non vorrei.* Quisiera saber si ella pronunciará bien eso: *voglio.* No está en la cama. Debe de haberse resbalado. Se agachó y levantó la colcha. El libro, caído, estaba abierto contra la curva del orinal fileteado de naranja.

—Déjame ver —dijo—. Puse una señal. Hay una palabra que quería preguntarte.

Tomó un trago de té de su taza sostenida del lado sin manija y, habiéndose limpiado la punta de los dedos elegantemente sobre la frazada, recorrió el texto con una horquilla hasta que llegó a la palabra.

—¿Meten si qué? —le preguntó él.

—Aquí —dijo ella—. ¿Qué quiere decir?

Se inclinó hacia adelante y leyó cerca de la lustrada uña de su pulgar.

—¿Metempsicosis?

—Sí. ¿De dónde salió eso?

—Metempsicosis —dijo él, arrugando el entrecejo—. Es griego: viene del griego. Significa la transmigración de las almas.

—¡Qué pavada! —exclamó ella—. Dilo en palabras sencillas.

El sonrió, mirando de soslayo sus ojos burlones. Los mismos ojos jóvenes. La primera noche después de las charadas. El granero Dolphin. Dió vuelta las páginas sucias. *Ruby; el orgullo del circo.* Hola. Ilustración. Fiero italiano con látigo de cochero. Debe de ser Ruby, el orgullo del circo sobre la pista desnuda. Amable préstamo de una sábana. *El monstruo Maffei desistió y arrojó a su víctima lejos de sí con un juramento.* Crueldad detrás de todo eso. Animales dopados. Trapecio en lo de Hengler. Tenía que mirar a otra parte. La turba mirando con la boca abierta. Rómpete el cuello y reventaremos de risa. Hay familias enteras. Desartículenlos jóvenes para que se puedan metempsicosear. Para que vivamos después de muertos. Nuestras almas. Que el alma de un hombre después que se muera. El alma de Dignam.

—¿Lo terminaste? —preguntó él.

—Sí —dijo ella—. No tiene nada de obsceno. ¿Está ella enamorada del primer sujeto todo el tiempo?

—Nunca lo leí. ¿Quieres otro?

—Sí. Consigue otro de Paul de Kock. Tiene un lindo nombre.

Vertió más té en su taza, mirándolo fluir de soslayo.

Tengo que reponer ese libro en la biblioteca de la calle Capel, o escribirán a Kearney, mi fiador. Reencarnación: ésa es la palabra.

—Algunas personas creen —dijo él— que seguimos viviendo después de muertos en otro cuerpo que el que hemos tenido antes. Llaman a eso reencarnación. Que todos hemos vivido sobre la tierra hace miles de años, o en algún otro planeta. Dicen que lo hemos olvidado. Algunos pretenden recordar sus vidas pasadas.

La crema perezosa devanó cuajadas espirales a través de su té. Mejor que le haga acordar la palabra: metempsicosis. Un ejemplo sería mejor. ¿Un ejemplo?

El *Baño de la Ninfa* sobre la cama, regalado con el número de Pascua de *Photo Bits:* espléndida obra maestra en colores artísticos. El té antes de poner la leche. Algo de ella con sus cabellos caídos, finísimos. Tres chelines y seis pagué por el marco. Ella dijo que quedaría bien encima de la cama. Ninfas desnudas:. Grecia: y por ejemplo todas las personas que vivieron entonces.

Volvió las páginas.

—Metempsicosis —dijo él— es como lo llamaban los antiguos griegos. Ellos creían que uno podía convertirse en un animal o un árbol, por ejemplo. Lo que ellos llamaban ninfas, por ejemplo.

Su cuchara dejó de revolver el azúcar. Miró delante de él, aspirando con las enarcadas ventanillas de su nariz.

—Hay olor a quemado —dijo ella—. ¿Dejaste algo sobre el fuego?

—¡El riñón! —exclamó él.

Hizo entrar a la fuerza el libro en un bolsillo interior, y golpeándose los dedos del pie contra la cómoda rota, salió de prisa hacia el humo, caminando apresuradamente escaleras abajo con piernas de cigüeña agitada. Un humo acre subía en irritado chorro de un lado de la sartén. Clavando un diente del tenedor bajo el riñón lo separó de la sartén y lo dió vuelta patas arriba. Solamente un poco quemado. Lo hizo saltar de la sartén a un plato y dejó gotear encima la escasa salsa ennegrecida.

Ahora una taza de té. Se sentó, cortó y enmantecó una rebanada del pan. Recortó la carne quemada y la tiró a la gata. Luego se puso en la boca un bocado, masticando con discernimiento la sabrosa carne tierna. A punto. Un trago de té. Luego cortó pedacitos de pan, empapó uno en la salsa y lo llevó a la boca. ¿Qué era eso de un joven estudiante y un picnic? Desdobló la carta a un costado, leyéndola lentamente mientras masticaba, mojaba otro pedacito de pan en el jugo y lo llevaba a la boca.

Queridísimo papito:

Un millón de gracias por el hermoso regalo de cumpleaños. Me queda espléndidamente. Todos dicen que estoy preciosa con mi boina nueva. Recibí la hermosa caja de bombones de mamita y le escribo. Son deliciosos. Me va muy bien en el asunto de la fotografía. El señor Coghlin me sacó una a mí y la señora la mandará cuando esté revelada. Había mucho apuro ayer. Con un día tan lindo estaban allí todas las elegancias dudosas. El lunes iremos al lago Owel con unos amigos para hacer un picnic.

Mis cariños a mamita y para ti un gran beso y gracias. Los estoy escuchando tocar el piano abajo. Va a haber un concierto en el Greville Arms el sábado. Hay un estudiante joven que viene aquí algunas tardes, que se llama Bannon; sus primos o algo así, son gente copetuda y él canta la canción de Boylan (estuve en un tris de escribir Blazes Boylan) sobre esas chicas bañistas. Dile que la tontita de Milly le manda sus mejores saludos. Tengo que terminar con el mayor cariño.

Tu hija que te quiere

MILLY

P. D. Discúlpame la mala letra, estoy apurada. Hasta prontito. M.

Quince ayer. Curioso, el quince del mes también. Su primer cumpleaños lejos de casa. Separación. Recuerdo la mañana de verano en que ella nació, corriendo a llamar a la Sra. Thorton en la calle Denzille. Vieja jovial. Debe de haber ayudado a venir al mundo a muchos bebes. Supo desde el primer momento que el pobre pequeño Rudy no viviría. Bueno, Dios es bueno, señor. En seguida se dió cuenta. Tendría once años ahora si hubiera vivido.

Su cara vaga contempló con lástima la posdata. Disculpa la mala letra. Apuro. El piano abajo. Sale del cascarón. Pelea con ella en el Café XL, acerca de la pulsera. No quería comer sus masas ni hablar ni mirar. Descarada. Empapó otros pedacitos de pan en el jugo y comió pedazo tras pedazo de riñón. Doce chelines y seis por semana. No mucho. Sin embargo, podría ser peor. Figuranta de music hall. Joven estudiante. Bebió un trago de té más frío para bajar la comida. Después leyó la carta otra vez: dos veces.

¡Oh!, bueno: ella sabe cuidarse. ¿Pero si no? No, nada ha sucedido. Naturalmente podría. Espera en cualquier caso hasta que suceda. El demonio en persona. Sus piernas delgadas subiendo a la carrera la escalera. Destino. Madurando ahora. Vanidosa: mucho.

Sonrió con preocupado afecto a la ventana de la cocina. El día que la sorprendí en la calle pellizcándose las mejillas para ponerlas coloradas. Un poco anémica. Se le dió leche demasiado tiempo. Y ese día en *Rey de Erín* alrededor del Kish. La endemoniada bañera vieja cayéndose por ahí. Ni un poquito asustada. Su echarpe azul claro suelta en el viento con su cabello.

Toda mejillas con hoyuelos y bucles
tu cabeza simplemente gira.

Chicas bañistas. Sobre roto. Las manos metidas en los bolsillos del pantalón, cochero de paseo por el día, cantando. Amigo de la familia. Gira, dice él. Muelle con lámparas, tarde de verano, banda.

Esas chicas, esas chicas
Esas hermosas chicas bañistas.

Milly también. Jóvenes besos: el primero. Lejos en el pasado ahora. Sra. Maruja. Leyendo ahora acostada de espaldas, contando las hebras de su cabello, sonriendo, trenzando.

Un débil espasmo de remordimiento se insinuó a lo largo de su espinazo, aumentando. Sucederá, sí. Prevenirlo. Inútil: no puedo moverme. Dulces labios frescos de niña. Ocurrirá también. Sintió que se le desparramaba el creciente espasmo. Inútil moverse ahora. Labios besados, besando besados. Glutinosos labios carnosos de mujer.

Mejor allí donde está: lejos. Ocuparla. Quería un perro para pasar el tiempo. Podría hacer un viaje hasta allí. Vacaciones del banco en agosto, solamente dos y seis ida y vuelta. Pero faltan seis semanas. Podría conseguir un pase de prensa. O por medio de M'Coy.

La gata, después de limpiarse toda la piel, volvió al papel manchado, lo olfateó y se fué majestuosamente hacia la puerta. Miró atrás hacia él, maullando. Quiere salir. Aguarda frente a la puerta, que ya se abrirá. Déjela esperar. Tiene fatiga. Eléctrica. Truenos en el aire. Se pasaba en ese momento la pata detrás de la oreja, de espalda al fuego.

Se sentía pesado, lleno: luego un suave aflojarse de sus intestinos. Se paró, desabrochando la pretina de sus pantalones. El gato le maulló.

—¡Miau! —le dijo contestando—. Espera hasta que esté listo.

Pesadez: día caluroso en perspectiva. Demasiado trabajo trotar escaleras arriba hasta el descanso.

Un papel. Le gustaba leer en el inodoro. Espero que ningún macaco venga a golpear justamente cuando estoy.

En el cajón de la mesa encontró un viejo número del *Titbits*. Lo dobló y se lo puso debajo del brazo, fué a la puerta y la abrió. La gata salió en suaves respingos. ¡Ah!, quería ir arriba, hacerse una pelota sobre la cama.

Escuchando, oyó la voz de ella:

—Ven, ven, minina, ven.

Salió al jardín por la puerta trasera: se paró para escuchar hacia el jardín vecino. Ni un ruido. Tal vez colgando ropa afuera a secar. La sirvienta estaba en el jardín. Hermosa mañana.

Se inclinó para observar una magra fila de menta verde creciendo al lado de la pared. Hacer una glorieta aquí. Trepadoras rojas. Enredaderas de Virginia. Hay que abonar todo el terreno, suelo roñoso. Una mano amarillenta de azufre. Todo el suelo es así cuando no tiene estiércol. La familia declina. Greda; ¿qué es lo que es eso? Las gallinas en el jardín de al lado: sus excrementos son muy buen abono de superficie. Sin embargo lo mejor es el ganado, especialmente cuando se lo alimenta con esas tortas de borujo. Mezcla de estiércol. Lo mejor para limpiar los guantes de cabritilla de señoras. Lo sucio limpia. Cenizas también. Recrear todo el terreno. Plantar guisantes en ese rincón. Lechuga. Entonces siempre tendría verdura fresca. Sin embargo las huertas tienen sus inconvenientes. Esa abeja o moscarda de lunes de Pentecostés.

Siguió andando. Entre paréntesis, ¿dónde está mi sombrero? Debo de haberlo vuelto a poner en la percha. O tirado por el piso. Curioso, no me acuerdo de eso. El perchero del vestíbulo demasiado lleno. Cuatro paraguas, su impermeable. Recogiendo las cartas. La campanilla del negocio de Drago sonando. Curioso lo que estaba pensando en ese momento. Castaño cabello abrillantinado sobre su cuello. Solamente una lavada y una peinada. ¿Tendré tiempo de darme un baño esta mañana? Calle Tara. El tipo en la caja de pago de allí dicen que hizo escapar a James Stephens O'Brien.

Voz profunda tiene ese tipo Dlugacz. ¿Agenda qué es? Ahora, mi señorita. Entusiasta.

Abrió de un puntapié la puerta desvencijada. Mejor tener cuidado de no ensuciarse estos pantalones para el funeral. Entró, inclinando su cabeza, al pasar el bajo dintel. Dejando la puerta entreabierta, entre el hedor de mohosa agua de cal y viejas telas de araña, se quitó los tiradores. Antes de sentarse espió a través de una hendija a la ventana de la casa de al lado. El rey estaba en su tesoro. Nadie.

De cuclillas sobre el asiento desdobló su periódico dando vuelta las páginas sobre sus desnudas rodillas. Algo nuevo y fácil. No hay gran apuro. Aguarda un poco. Nuestro trozo premiado. *El golpe maestro de Matcham.* Escrito por el señor Phipp Beaufoy, club de teatrómanos Playgoer, Londres. El autor ha recibido a razón de una guinea por columna. Tres y media. Tres libras, tres. Tres libras trece chelines seis.

Leyó tranquilamente, reteniéndose, la primera columna y cediendo pero resistiendo, comenzó la segunda. A la mitad, cediendo su última resistencia, permitió que sus intestinos se descargaran calmosamente mientras leía, leyendo todavía pacientemente esa ligera constipación de ayer completamente desaparecida. Espero que no sea demasiado grueso y remueva las hemorroides de nuevo. No, sólo lo necesario. Bueno. Estreñido una tableta de cáscara sagrada. La vida podría ser así. No lo agitó ni lo emocionó, sino que fué algo rápido y limpio. Imprimen cualquier cosa ahora. Tonta época. Siguió leyendo, sentado en calma sobre su propio olor ascendente. Ciertamente limpio. *Matcham piensa con frecuencia en el golpe maestro con el que ganó la riente hechicera que ahora.* Empieza y termina moralmente. *La mano en la mano.* Ingenioso. Repasó con la mirada lo que había leído y, mientras sentía que sus orines fluían calladamente, envidió al bueno del señor Beaufoy que lo había escrito y recibido el pago de tres libras trece chelines seis.

Podría hacer un sketch. Por el señor y la señora L. M. Bloom. ¿Inventar una historia por algún proverbio que? La época en que acostumbraba tratar de apuntar en mi puño lo que ella decía mientras se vestía. Desagradable vestirse juntos. Me corté afeitándome. Mordiendo su labio inferior, abrochando el cierre de su pollera. Marcándole el tiempo. 9.15. ¿No te pagó Roberts todavía? 9.20. ¿Qué llevaba puesto Greta Conroy? 9.23. ¿En qué pensabas cuando compré ese peine? 9.24. Estoy hinchado después de ese repollo. Una motita de polvo sobre el charol de su bota.

Su modo de frotar vivamente la capellada de un zapato después de otro contra la pantorrilla de su media. La mañana después del baile del bazar donde la banda de May tocó la danza de las horas de Ponchielli. Explicar eso: las horas de la mañana, mediodía, luego la tarde próxima, luego las horas de la noche. Ella lavándose los dientes. Eso fué la primera noche. Su cabeza bailando. Las varillas de su abanico repiqueteando. ¿Es pudiente ese Boylan? Tiene dinero. ¿Por qué? Noté al bailar que tenía buen aliento. No valía la pena canturrear entonces. Aludir a ello. Extraña clase de música la de anoche. El espejo estaba en la sombra. Ella frotó su espejo de mano vivamente sobre su tricota de lana, contra su amplio seno oscilante. Atisbando en él. Arrugas en sus ojos. Imposible prever resultados.

Horas de la tarde, jóvenes en gasa gris. Horas de la noche, negras con dagas y antifaces. Poética idea rosa, luego dorada, luego gris, luego negra. Sin embargo concordante con la vida también. El día, luego la noche.

Rasgó bruscamente la mitad del cuento premiado y se limpió con él. Luego se ciñó los pantalones, reajustó los tiradores y se abrochó los botones. Abrió de un empujón la crujiente puerta vacilante y emergió de la penumbra hacia el aire libre.

En la luz clara, aligerado y fresco de miembros, examinó cuidadosamente sus pantalones negros, los bajos, las rodillas, la corva de las rodillas. ¿A qué hora es el entierro? Mejor ver en el diario.

Un chirrido y un grave zumbido en el aire allá arriba. Las campanas de la iglesia de San Jorge. Señalaban la hora: oscuro hierro resonante.

¡Aijó! ¡Aijó!
¡Aijó! ¡Aijó!
¡Aijó! ¡Aijó!

Menos cuarto. Una vez más: la armonía siguiendo a través del aire. Un tercero.

¡Pobre Dignam!

AL COSTADO DE LOS CAMIONES, A LO LARGO DEL MUELLE DE SIR JOHN
Rogerson, el señor Bloom caminaba gravemente, pasando la
Windmill Lane, el molino de linaza de Leask, la oficina de
Correos y Telégrafos. Podría haber dado también esa dirección.
Y pasando el hogar de los marinos, se alejó de los ruidos matinales
del muelle y caminó a través de la calle Lime. Al lado de las viviendas de Brady un muchacho en busca de los cueros, estaba recostado,
con su balde de asaduras enlazado, fumando un pucho mordisqueado.
Una niña más pequeña con cicatrices de eczema en la frente lo miraba, sosteniendo distraídamente un aro deformado de cuba. Decirle
que si fuma no va a crecer. ¡Oh, déjalo! ¡Su vida no es tan lecho de
rosas! Espera afuera para llevar a papá a casa. Ven a casa de ma,
pa. Hora muerta: no habrá muchos allí. Cruzó la calle Townsend,
pasó la ceñuda fachada de Bethel. Él, sí: casa de: Alef, Bet. Y
delante de Nichol, el de las pompas fúnebres. A las once es. Hay
bastante tiempo. Me atrevería a decir que Corny Kelleher capturó
ese trabajo para lo de O'Neill. Cantando con los ojos cerrados. Corny.
La encontré una vez en el parque. En lo oscuro. Qué alondra. Espía
de la policía. Su nombre y dirección dijo ella luego con mi turulum
tum. ¡Oh!, seguramente él lo mendigó. Entiérrenlo barato enloque-
podríallamarse. Con mi turulum, turulum, turulum, turulum.

En Westland Row se detuvo delante de la vidriera de la Belfast
and Oriental Tea Company y se puso a leer las inscripciones sobre
paquetes envueltos en papel de estaño: mezcla escogida, de la mejor
calidad, té de familia. Más bien caluroso. Té. Tengo que conseguir
un poco de Tomás Kernan. No podría, sin embargo, pedírselo en un
funeral. Mientras sus ojos leían todavía maquinalmente, se sacó su
sombrero inhalando tranquilamente el olor a brillantina. Con una
lentitud graciosa pasó su mano derecha sobre la frente y el cabello.
Muy calurosa mañana. Bajo sus párpados caídos sus ojos encontraron el pequeño moño de la banda de cuero en el interior de su sombrero de alta calidad. Justamente allí. Su mano derecha se metió en
la copa del sombrero. Los dedos dieron rápidamente con una tarjeta
detrás de la banda de cuero y la hicieron pasar al bolsillo de su chaleco.

Qué calor. Su mano derecha pasó lentamente una vez más sobre
los cabellos: mezcla escogida, hecha de las mejores marcas de Ceilán.
El Lejano Oriente. Hermoso lugar debe de ser ése: el jardín del mundo,
grandes hojas perezosas que flotan a la deriva, cactos, praderas flori-
das, lianas, serpientes como ellos las llaman. Me gustaría saber si es

así. Esos cingaleses holgazaneando por ahí al sol, en *"dolce far niente"*. Sin mover una mano en todo el día. Dormir seis meses de cada doce. Demasiado caluroso para disputar. Influencia del clima. Letargo. Flores de ocio. Especialmente el aire los alimenta. Ázoe. Invernáculo en los jardines botánicos. Plantas sensitivas. Nenúfares. Pétalos demasiado cansados para. Enfermedad del sueño en el aire. Se camina sobre pétalos de rosa. Imagínate allí tratando de comer mondongo y callos. ¿Dónde estaba, pues, el sujeto que vi en esa lámina por alguna parte? ¡Ah!, en el Mar Muerto, flotando sobre la espalda, leyendo un libro con una sombrilla abierta. No podría hundírselo aunque uno se lo propusiera: tan pesado con sal. Porque el peso del agua, no el peso del cuerpo en el agua, es igual al peso del. ¿O es que el volumen es igual al peso? Es una ley algo como eso. Vance en la escuela secundaria haciendo crujir las articulaciones de sus dedos, enseñando. El currículo del colegio. Crujiendo el currículo. ¿Qué es justamente el peso cuando uno dice el peso? Treinta y dos pies por segundo, por segundo. Ley de los cuerpos que caen: por segundo, por segundo. Todos caen al suelo. La tierra. Es la fuerza de gravedad de la tierra que es el peso.

Se dió vuelta y echó a andar despaciosamente a través del camino. ¿Cómo caminaba ella con sus salchichas? Algo así como eso. Mientras caminaba sacó *El Hombre Libre* doblado de su bolsillo del costado, lo desdobló, lo arrolló a lo largo como un bastón y lo golpeó, a cada uno de sus pasos lentos, contra la pierna de su pantalón. Aire despreocupado: basta entrar para ver. Por segundo, por segundo. Por segundo quiere decir a cada segundo. Desde el cordón de la vereda lanzó una mirada penetrante a través de la puerta de la oficina de correos. Buzón de última hora. El correo aquí. Nadie. Adentro.

Alargó la tarjeta a través del enrejado de bronce.

—¿Hay alguna carta para mí? —preguntó.

Mientras la encargada examinaba un casillero él examinó el cartel de reclutamiento con soldados de todas las armas desfilando y apoyó la punta de su bastón contra las ventanillas de la nariz, oliendo papel de periódico recién impreso. Probablemente ninguna respuesta. Fuí demasiado lejos la última vez...

La encargada le alargó de vuelta su tarjeta con una carta a través del enrejado. Él dió las gracias y echó una rápida ojeada al sobre escrito a máquina:

> Señor Enrique Flower
> Poste Restante, Westland Row,
> Ciudad.

De cualquier modo contestó. Deslizó la tarjeta y la carta dentro del bolsillo lateral, volviendo a mirar los soldados alineados en el desfile. ¿Dónde está el regimiento del viejo Tweedy? Soldado dado de-baja. Allí: morrión y penacho. No, es un granadero. Puños puntiagudos. Allí está: fusileros reales de Dublin. Chaquetas rojas. Demasiado llamativo. Por eso debe de ser que las mujeres van detrás de ellos. Uniforme. Fácil alistarse y hacer ejercicios. La carta de Maud Gone acerca de prohibirles la calle O'Connel de noche: vergüenza de nuestra capital irlandesa. El diario de Griffith persigue ahora el mismo objeto: un ejército podrido de enfermedades venéreas: imperio de ultramar o de semiultramar. Parecen a medio hervir: como hipnotizados. Vista al frente. Marquen el paso. Mesa: esa. Cama: ama. Los del Rey. Nunca lo vi engalanado como un bombero o un vigilante. Un masón, sí.

Salió despreocupadamente de la oficina de correos y dobló hacia la derecha. Charla: como si eso arreglara las cosas. Metió la mano en el bolsillo y el dedo índice se abrió camino bajo el ala del sobre rasgándolo a tirones. Las mujeres le prestarán mucha atención, no lo creo. Sus dedos sacaron la carta y arrugaron el sobre. Algo prendido: fotografía tal vez. ¿Cabello? No.

M'Coy. Desembarázate de él en seguida. Me saca de mi camino. Detesto la compañía cuando yo.

—¡Hola, Bloom! ¿Adónde vas?
—¡Hola, M'Coy! A ningún lado en particular.
—¿Cómo va esa salud?
—Bien. ¿Y la tuya?
—Tirando —dijo M'Coy.

Los ojos sobre la corbata y las ropas negras preguntó a media voz:
—¿Hay alguna... ninguna desgracia supongo? Veo que estás...
—¡Oh, no! —dijo el señor Bloom—. El pobre Dignam, sabes. Lo enterramos hoy.
—Es cierto, pobre muchacho. ¿A qué hora?

Una fotografía no es. Tal vez una insignia.
—A las o... once —contestó el señor Bloom.
—Tengo que tratar de ir —dijo M'Coy—. ¿A las once, no? Me enteré recién anoche. ¿Quién me lo estaba diciendo? Holohan. ¿Lo conoces a Hoppy?
—Conozco.

El señor Bloom observó al otro lado de la calle un coche de plaza delante de la puerta del Grosvenor. El portero levantaba la valija entre los dos asientos. Ella permanecía quieta, esperando, mientras el hombre, esposo, hermano, parecido a ella, registraba sus bolsillos en busca de cambio. Elegante estilo de tapado con ese cuello arrollado, caluroso para un día como éste, parece género de frazada. Despreocupada postura de ella con las manos en esos bolsillos sobrepuestos. Como esa desdeñosa criada en el partido de polo. Las mujeres son pura clase hasta que se toca el punto. Hermosa es y bien se arregla. Reserva próxima a desaparecer. La honorable Señora y Brutus es un hombre honorable. Poseerla una vez retirándole el engrudo.

—Estuve con Bob Doran, está en una de sus vueltas periódicas y se le llama Bantam Lyons. Estuvimos ahí cerca en lo de Conway.

Doran, Lyons en lo de Conway. Ella levantó una mano enguantada hacia el cabello. Entró Hoppy. Medio húmedo. Echando hacia atrás la cabeza y mirando a lo lejos desde sus párpados entornados Bloom vió la clara piel de cervatillo brillar en el resplandor, los rodetes trenzados. Hoy puedo ver con claridad. Tal vez la humedad del aire permite ver mejor. Hablando de una u otra cosa. Mano de matrona. ¿De qué lado se levantará?

—Y él dijo: *¡Qué triste lo de nuestro pobre amigo Paddy!* Y yo dije: *¿Qué Paddy? El pobrecito Paddy Dignam,* dijo él.

Camino del campo. Broadstone probablemente. Altas botas marrones con lazos pendientes. Pie bien torneado. ¿Para qué anda él dando vueltas con ese cambio? Ve que la estoy mirando. Siempre el ojo avizor para el otro sujeto. Buena planta. Dos cuerdas para su arco.

—¿Por qué? —dije—. ¿Qué le sucede? —dije.

Orgullosa: rica: medias de seda.

—Sí —dijo el señor Bloom.

Se movió un poco hacia el costado de la cabeza parlante de M'Coy. Subirá de un momento a otro.

—¿Qué le sucede? —dijo él—. *Está muerto* —dijo él. Y, palabra, colmó su medida. *¿Es Paddy Dignam?* —dije yo. No podía creerlo cuando lo oí. Todavía estuve con él el viernes pasado o a lo sumo el jueves en el Arch. *Sí,* dijo él. *Se ha ido. Murió el lunes, pobre muchacho.* ¡Mira! ¡Mira! Relámpago de seda de ricas medias blancas. ¡Mira!

Un pesado tranvía haciendo sonar su campana se interpuso.

Lo perdí. Maldita sea tu ruidosa nariz de dogo. Se siente uno que lo han dejado afuera. Siempre pasa lo mismo. En el mismo momento. La chica en el pasadizo de la calle Eustace el lunes creo estaba arreglándose la liga. Su amiga cubría la exhibición de. *Esprit de corps.* Bueno, ¿qué estás mirando con la boca abierta?

—Sí, sí —dijo el señor Bloom, después de un lánguido suspiro—. Otro que se va.

—Uno de los mejores —dijo M'Coy.

El tranvía pasó. Ellos subieron hacia el puente de Loop Line, su rica mano enguantada sobre el apoyo de acero. Aletea, aletea: el fulgor de encaje de su sombrero en el sol: aletea, alet.

—¿La señora bien, supongo? —dijo la voz cambiada de M'Coy.

—¡Oh, sí! —dijo el señor Bloom—. Excelente, gracias.

Desenrolló distraídamente el bastón de papel y leyó distraídamente:

*¿Qué es el hogar sin
Carne Envasada Ciruelo?
Incompleto.
Con ella, una morada de delicias.*

—Mi patrona acaba de contraer un compromiso. Por lo menos está casi arreglado.

Golpe de valija otra vez. De paso no hace daño. Estoy libre de eso, gracias.

El señor Bloom volvió sus ojos de grandes párpados con lenta cordialidad.

—Mi señora también —dijo—. Va a cantar en algo distinguido en el salón Ulster, Belfast, el veinticinco.

—¿De veras? —dijo M'Coy—. Me alegra oír eso, viejo. ¿Quién lo organiza?

Señora Marion Bloom. Todavía no se ha levantado. La reina estaba en su dormitorio comiendo pan y. Ningún libro. Ennegrecidas barajas yacían a lo largo de sus muslos por sietes. Dama morena y hombre rubio. Negra bola de piel del gato. Pedazo roto de sobre.

Vieja
Dulce
Canción
De amor,
Ven, viejo amor...

—Es una especie de tournée, ¿no ves? —dijo el señor Bloom pensativamente—. *Dulce canción.* Se ha formado un comité. A escote en los gastos y parte en las ganancias.
Acariciando el rastrojo de su bigote, M'Coy asintió con la cabeza.
—¡Oh!, bueno —dijo—. Esas son buenas noticias.
Hizo un movimiento para irse.
—Bueno, me alegro de verte guapo —dijo—. Hasta pronto.
—Sí —dijo el señor Bloom.
—A propósito —dijo M'Coy—. Podrías dejar mi tarjeta en el entierro, ¿quieres? Me gustaría ir, pero a lo mejor no puedo. Hay ese asunto del ahogado en Sandycove; puede haber novedades y entonces el inspector y yo tendríamos que ir si encuentran el cuerpo. Deja mi nombre si no estoy por allí, ¿quieres?
—Lo haré —dijo el señor Bloom, moviéndose para alejarse—. Pierde cuidado.
—Bien —dijo M'Coy vivazmente—. Gracias, viejo. Iría si pudiera. Bueno, chao. Es suficiente poner C. P. M'Coy.
—Así se hará —contestó el señor Bloom con firmeza.
No me pescó desprevenido ese resuello. Toque rápido. Marca suave. Me gustaba el trabajo. La valija que me agrada particularmente. Cuero. Punteras reforzadas, bordes remachados, cerradura a palanca de doble acción. Bob Cowley le prestó la suya para el concierto de la regata de Wicklow del año pasado y no volvió a tener noticias desde aquel buen día hasta la fecha.
El señor Bloom ganduleando hacia la calle Brunswick, sonrió. Mi patrona acaba de conseguir un. Destemplada soprano pecosa. Nariz de corteza de queso. Bastante buena a su manera: para una pequeña balada. Nada de garganta. Tú y yo, ¿no sabes? En el mismo barco. Una pasada suave. Te daría un toque que. ¿No puede oír la diferencia? Me parece que está un poco inclinado del otro lado. En contra de mi carácter en alguna forma. Pensé que Belfast lo atraparía. Espero que la viruela no haya progresado allí. Supongamos que ella no permite que la vacunen de nuevo. Tu esposa y mi esposa.
¿Me estará vigilando?
El señor Bloom se detuvo en la esquina, vagando sus ojos sobre los anuncios multicolores. Ginger Ale de Cantrell y Cochrane (aromática). Liquidación de verano en lo de Clery. No, él sigue derecho. Hola. *Lean* esta noche: Señora Bandman Palmer. Me gustaría volver a verla en eso. Anoche representó "Hamlet". Hizo de hombre. Tal vez él era una mujer. ¿Por qué se suicidó Ofelia? ¡Pobre papá! ¡Cómo acostumbraba hablar de Kats Bateman en ese papel! Esperaba toda la tarde a las puertas del Adelphi en Londres para entrar. Eso ocurría el año antes de nacer yo: sesenta y cinco. Y la Ristori en Viena. ¿Cuál es el verdadero nombre? Es por Mosenthal. Rachel, ¿no? no. La

escena de que siempre hablaba, donde el viejo Abraham ciego reconoce la voz y le toca la cara con los dedos.

—¡La voz de Nathan! ¡La voz de su hijo! Oigo la voz de Nathan que dejó que su padre muriera de pena y miseria en mis brazos, que abandonó la casa de su padre y el Dios de su padre.

Cada palabra es tan honda. Leopoldo.

¡Pobre papá! ¡Pobre hombre! Estoy satisfecho. No entré en la pieza para mirar su cara. ¡Ese día! ¡Oh Dios! ¡Oh Dios! ¡Pse! Bueno, quizá fué lo mejor para él.

El señor Bloom dió vuelta a la esquina y pasó los rocines apesadumbrados de la estación. No vale la pena pensar más en eso. La hora del pienso. Ojalá no me hubiera encontrado con ese tipo M'Coy.

Se aproximó más y escuchó un mascar de lustrosas avenas, la masticación pacífica de sus dientes. Sus llenos ojos de gacela lo observaban mientras él pasaba, entre dulce vaho aveníceo de orina de caballo. Su Eldorado. ¡Pobres bicharracos! Maldito lo que saben o les importa de nada con sus largas narices metidas en los morrales. Demasiado lleno para hablar. Sin embargo consiguen su alimento y su hospedaje. Castrados también: un muñón de oscura gutapercha oscilando blanda entre sus patas traseras. Puede ser que sean felices aun así. Tienen el aspecto de buenos brutos. Sin embargo su relincho puede ser muy irritante.

Sacó la carta de su bolsillo y la dobló dentro del diario que llevaba. Podría tropezarme con ella por aquí. La vereda es más segura.

Pasó por el refugio del cochero. Curiosa la vida de los cocheros a la deriva, haga el tiempo que haga, sea el lugar que sea, ligero o despacio, sin voluntad propia. *Voglio e non*. Me gusta darles un cigarrillo de vez en cuando. Sociables. Lanzan algunas sílabas ágiles al pasar:

Là ci darem la mano
La la la la la la.

Dobló hacia la calle Cumberland y, quedando unos pasos, se detuvo protegiéndose del viento en el muro de la estación. Nadie. Meabe, corralón de materiales. Tirantes apilados. Ruinas y viviendas. Cuidadosamente pasó sobre una cancha de rayuela, con su tejo olvidado. Ni un pecador. Cerca del corralón un chico en cuclillas, solo, lanzando la bolita hábilmente con su pulgar experimentado. Una gata sabia, esfinge de ojos entreabiertos, observaba desde su cálido sitial. Una lástima molestarlos. Mohammed cortó un pedazo de su manta para no despertar a su compañera. Y una vez yo jugué a la bolita cuando iba a la escuela de esa vieja maestra. Le gustaba el resedá. ¿Señor y señora Ellis? Abrió la carta al abrigo del diario.

Una flor. Creo que es una. Una flor amarilla de pétalos aplastados. ¿No está molesta entonces? ¿Qué dice?

Querido Enrique:

Recibí la última carta que me escribiste y que te agradezco mucho. Siento que no te haya gustado mi última carta. ¿Por qué incluiste las estampillas? Estoy muy enojada contigo. Quisiera poder castigarte por eso. Te llamé muchacho perverso porque no me gusta esa otra palabra. Por favor dime cuál es el verdadero significado de esa palabra. ¿No eres feliz en tu casa, pobre muchachito pícaro? Quisiera poder hacer algo por ti. Por favor dime qué es lo que piensas de la pobrecita yo. Pienso a menudo en el lindo nombre que tienes. Querido Enrique ¿cuándo volveremos a vernos? Pienso en ti tan a menudo que no puedes darte una idea. Nunca me he sentido tan atraída por un hombre como por ti. Me siento realmente trastornada por todo esto. Por favor escríbeme una carta larga y dime más. Recuerda que si no lo haces te voy a castigar. Así que ahora ya sabes lo que te voy a hacer, pícaro muchacho, si no me escribes. ¡Oh!, cómo deseo volverte a ver. Enrique querido, no rehuyas mi pedido antes de que mi paciencia se acabe. Entonces te contaré todo. Adiós ahora, pícaro querido. Tengo un dolor de cabeza tan fuerte hoy y escribe a *vuelta de correo* a tu deseosa

Marta

P. D. Dime qué clase de perfume usa tu esposa. Quiero saberlo.

Separó gravemente la flor del pinche, olió su perfume casi desaparecido y la colocó en el bolsillo sobre su corazón. Lenguaje de las flores. Les gusta porque nadie puede oírlo. O un ramo venenoso para fulminarlo. Luego, avanzando lentamente, leyó la carta de nuevo, murmurando aquí y allá una palabra. Enojada tulipanes contigo querido hombre flor castigar tus cactos si no te por favor pobre no-me-olvides cómo deseo violetas querido rosas cuando nosotros pronto anémona encontrarnos todo pícaro pedúnculo esposa perfume de Marta. Habiéndola leído toda la sacó del diario y la volvió a poner en su bolsillo lateral.

Una vaga alegría entreabrió sus labios. Cambió desde la primera carta. La habrá escrito ella misma. Haciéndose la indignada: una niña de buena familia como yo, de quien no se piensa mal. Podríamos encontrarnos un domingo después del rosario. Gracias, no me sirve. La usual escaramuza amorosa. Luego corriendo por los rincones. Malo como una pelea con Maruja. El cigarro tiene un efecto sedante. Narcótico. Iré más lejos la próxima vez. Muchacho pícaro: castigar: miedo de las palabras, naturalmente. Brutal, ¿por qué no? Haz la prueba de cualquier modo. Un poco por vez.

Palpando todavía la carta en el bolsillo le sacó el alfiler. Alfiler común, ¿eh? Lo tiró a la calle. Extraído de alguna parte de sus ropas: prendidos juntos. Notable la cantidad de alfileres que tienen siempre. No hay rosas sin espinas.

Desafinadas voces dublinenses le venían a la memoria. Esos dos cochinos enlazados esa noche bajo la lluvia en el Coombe.

> *¡Oh!, María perdió el alfiler de sus culotes.*
> *Ella no sabía cómo hacer*
> *Para que no se le cayeran*
> *Para que no se le cayeran*

¿Eso? ¿Los? Un dolor de cabeza tan fuerte. Tiene probablemente sus rosas. O todo el día sentada escribiendo a máquina. Fijar la vista es malo para los nervios del estómago. ¿Qué perfume usa tu señora?

Y ahora, ¿podrías entender semejante cosa?
Para que no se le cayeran.
Marta, María. Vi ese cuadro en alguna parte; ahora no me acuerdo dónde, viejo maestro embaucador por dinero. Está sentado en casa de ellas, hablando. Misterioso. También los dos perros en el Coombe habrían escuchado.
Para que no se le cayeran.
Hermosa sensación para la tarde. No más vagabundear. Nada más que recostarse allí: tranquilo atardecer: dejar que las cosas sigan su curso. Olvidar. Hablar de los sitios en que se ha estado, costumbres exóticas. La otra, con la tinaja sobre la cabeza, estaba preparando la cena: fruta, aceitunas, hermosa agua fresca del pozo, fría como la piedra, como el agujero en la pared en Ashtown. Tengo que llevar un vaso de papel la próxima vez que vaya a las carreras pareadas. Ella atiende con sus inmensos y suaves ojos sombríos. Cuéntale: más y más: todo. Luego un suspiro: silencio. Descanso largo largo largo.

Pasando bajo el arco del ferrocarril sacó el sobre, lo rasgó rápidamente en pedazos que esparció hacia el camino. Los pedazos aletearon alejándose, se hundieron en el aire húmedo: un revoloteo blanco y luego todos se hundieron.

Enrique Flower. Se podría romper un cheque de cien libras en la misma forma. Simple pedazo de papel. Lord Iveagh una vez hizo efectivo un cheque de siete cifras por un millón de libras en el banco de Irlanda. Demostración del dinero que puede hacerse con la cerveza. Se dice también que el otro hermano lord Ardinalaun tiene que cambiarse de camisa cuatro veces por día. La piel cría piojos o gusanos. Un millón de libras, espera un momento. Dos peniques la pinta, cuatro peniques el cuarto, ocho peniques el galón de cerveza, no, uno y cuatro peniques el galón de cerveza. Uno y cuatro en veinte: alrededor de quince. Sí, exactamente. Quince millones de barriles de cerveza.

¿Qué estaba yo diciendo barriles? Galones. Cerca de un millón de barriles lo mismo.

Un tren que llegaba resonó pesadamente sobre su cabeza, coche tras coche. Barriles entrechocaban dentro del cráneo: opaca cerveza chorreaba y se agitaba adentro. Las bocas de los toneles reventaron y una enorme y lenta inundación escapaba, manando junta, enroscándose a través de bancos de barro por sobre toda la tierra nivelada, perezoso remolino enlagunado arrastrando flores de anchos pétalos de su espuma.

Había llegado a la puerta trasera abierta de All Hallows. Poniendo el pie en el atrio se quitó el sombrero, sacó la tarjeta de su bosillo y la volvió a meter detrás de la banda de cuero. Al demonio. Podría haber tratado de hacerle el trabajito a M'Coy para un pase a Mullingar.

El mismo aviso sobre la puerta. Sermón por el muy reverendo John Commes, S. J. sobre San Pedro Claver y la Misión Africana. Salva millones de chinos. Me gustaría saber cómo se lo explican a los paganos chinos. Prefieren una onza de opio. Celestes. Gran herejía para ellos. Ellos hicieron también plegarias por la conversión de Gladstone, cuando ya estaba casi inconsciente. Los protestantes lo mismo. Convertir al Dr. William J. Walsh D. D. a la verdadera religión. Buda su dios echado sobre un costado en el museo. Lo sobrellevan con calma con la mejilla en la mano. Pajuelas perfumadas ardiendo. Nada de Ecce Homo. Corona de espinas y cruz. Buena idea San Patricio y el trébol. ¿Palillos para comer? Conmee: Martín Cunningham lo conoce: aspecto distinguido. Lástima que no lo trabajé para que hiciera entrar a Maruja en el coro en vez de ese padre Farley que parecía un tonto pero no lo era. Los enseñan así. No será él quien salga con anteojos azules chorreando sudor para bautizar negros, ¿no es así? Los vidrios, por su parte, los entretendrían con sus destellos. Me gusta verlos sentados en círculo, con sus labios hinchados, extasiados, escuchando. Naturaleza muerta. Lo lamen como leche, supongo.

El relente frío de las piedras lo atraía. Subió los gastados escalones, empujó la puerta giratoria y entró silenciosamente por la parte trasera.

Tiene lugar algo: alguna cofradía. Lástima que esté tan vacío. Lindo lugar discreto para estar cerca de alguna chica. ¿Quién es mi vecino? Apiñados durante horas con acompañamiento de música lenta. Esa mujer en la misa de medianoche. Séptimo cielo. Las mujeres arrodilladas en los bancos con cabestros carmesíes alrededor del cuello, las cabezas inclinadas. Un montón arrodillado delante del enrejado del altar. El sacerdote deslizándose delante de ellas, murmurando, sosteniendo la cosa entre sus manos. Se detenía delante de cada una, sacaba una hostia, le sacudía una o dos gotas (¿están en el agua?) y se la ponía limpiamente en la boca. Sombrero y cabeza se hundían. Luego la siguiente: una vieja pequeña. El sacerdote se inclinó para ponérsela en la boca, murmurando siempre. Latín. La siguiente. Cierra los ojos y abre la boca. ¿Qué? Corpus. Cuerpo. Cadáver. Buena idea el latín. Los atonta primero. Hospicio para los agonizantes. No parece que masticaran; solamente la tragan. Singular idea: comer pedacitos de cadáver; por eso los caníbales entran en el asunto.

Se quedó a un lado viendo pasar sus máscaras ciegas nave abajo, una por una, y buscar sus lugares. Se acercó a un banco y se sentó en la punta, volviendo entre sus dedos el sombrero y el diario. Estos cubos que tenemos que llevar. Tendríamos que tener los sombreros moldeados sobre nuestras cabezas. Estaban alrededor de él, aquí y allí, con las cabezas todavía inclinadas en sus cabestros carmesíes, esperando que eso se derritiera en sus estómagos. Algo como esos mazatos: es esa clase de pan: pan ácimo de proposición. Míralos. Y apuesto que los hace sentirse felices. La papa rica. Y así es. Sí, lo llaman pan de los ángeles. Hay una gran idea detrás. Contiene una especie de reino de Dios y uno lo siente dentro. Primeros comulgantes. Barquillos a penique. Se sienten todos como en una elegante fiesta de familia, como en el teatro, todos en la misma bañera. Así lo sienten. Estoy seguro de eso. Menos solos. En nuestra confraternidad. Luego salen un poco embriagados. Sueltan la presión. La cuestión es si uno realmente cree. Cura de Lourdes, aguas de olvido, y la aparición de Knock, estatuas sangrando. Viejo dormido cerca del confesionario. Por eso los ronquidos. Fe ciega. Ven seguro a los brazos del reino.

Adormece todo dolor. Despertar el año próximo para esta fecha.
   Vió al sacerdote guardar el cáliz de la comunión, bien adentro, y arrodillarse un instante delante de él, mostrando una gran suela de zapato gris por debajo de esa cosa de encaje que tenía puesta. Supongamos que perdiera el alfiler de su. No sabría qué hacer para. Redondelito pelado atrás. Letras sobre su espalda. ¿I.N.R.I.? No: I.H.S. Maruja me dijo qué quiere decir una vez que se lo pregunté. He pecado; o no: he sufrido, eso es. ¿Y el otro? Le entraron clavos de hierro.
   Encontrarnos un domingo después del rosario. No rehuses mi pedido. Verla llegar con un velo y una cartera negra. Atardecer y a contraluz. Ella podría estar aquí con una cinta alrededor del cuello y hacer lo otro a hurtadillas. Su reputación. Ese sujeto que presentó prueba de la reina contra los invencibles acostumbraba recibir la, Carey era su nombre, la comunión todas las mañanas. Esta misma iglesia. Pedro Carey. No, estoy pensando en Pedro Claver. Denis Carey. Y figúrese eso. Mujer y seis hijos en casa. Y tramando ese crimen todo el tiempo. Esos manoseadores de buches, ese nombre sí que les viene bien, hay siempre algo de ambiguo en ellos. Tampoco son hombres limpios en los negocios. ¡Oh!, no, ella no está aquí: la flor: no, no. A propósito: ¿rompí ese sobre? Sí: bajo el puente.
   El sacerdote está enjuagando el cáliz: luego bebió los restos elegantemente. Vino. Es más aristocrático que si por ejemplo bebiera lo que están acostumbrados cerveza de Guinness o alguna bebida de temperancia, la cervecilla dublinense de Wheatley o el ginger ale de Cantrell y Cochrane (aromático). No les dan nada de eso: vino de proposición: solamente que del otro. Pobre consuelo. Fraude piadoso pero muy bien: de lo contrario tendrían un borracho peor que otro viniendo en busca de un trago. Curiosa toda la atmósfera de. Muy bien. Está perfectamente bien.
   El señor Bloom miró atrás hacia el coro. No habrá ninguna música. Lástima. ¿Quién tendrá el órgano aquí? El viejo Glynn sabía cómo hacer hablar a ese instrumento, el *vibrato:* dicen que ganaba 50 libras por año en la calle Gardiner. Maruja tenía magnífica voz ese día, el *Stabat Mater* de Rossini. El sermón del padre Bernard Vaughan primero. ¿Cristo o Pilatos? Cristo, pero no nos tengas toda la noche con eso. Ellos querían música. Cesó el pataleo. Se habría oído la caída de un alfiler. Le recomendé que dirigiera la voz hacia ese rincón. Podía sentir el estremecimiento en el aire, a su máximo, la gente mirando hacia arriba:
   Quis est homo?
   Alguna de esa vieja música sagrada es espléndida. Mercadante: las siete últimas palabras. La duodécima misa de Mozart: sobre todo el *Gloria*. Esos viejos papas eran grandes conocedores de música, arte, estatuas y pinturas de todas clases. Palestrina también, por ejemplo. Lo pasaron bastante bien antiguamente mientras duró. Muy sano también los cantos, las horas regulares, luego fabricaban licores. Benedictine. Chartreuse verde. Sin embargo, eso de tener eunucos en su coro era irse un poco lejos. ¿Qué clase de voz es? Debe de ser digno de escucharse después de los bajos profundos. Conoisseurs. Supongamos que no sintieran nada después. Especie de placidez. Sin preocu-

paciones. Caen en la carne, ¿no es así? Glotones, altos, piernas largas. ¿Quién sabe? Eunuco. Es una forma de salir del paso.

Vió al sacerdote inclinarse y besar el altar y luego dar media vuelta y bendecir a toda la gente. Ellos se persignaron y se pusieron de pie. El señor Bloom miró a su alrededor y luego se puso de pie, recorriendo con la mirada todos los sombreros. Naturalmente ponerse de pie al evangelio. Luego todos se volvieron a arrodillar y él se volvió a sentar tranquilamente en su banco. El sacerdote bajó del altar, sosteniendo la cosa lejos de sí, y él y el monaguillo dialogaron en latín. Luego el sacerdote se arrodilló y comenzó a leer en una tarjeta:

—¡Oh!, Dios, nuestro refugio y nuestra fuerza.

El señor Bloom adelantó la cara para captar las palabras. Inglés. Arrójales el hueso. Me acuerdo un poco. ¿Cuánto tiempo hace de tu última misa? Gloria y virgen inmaculada. José su esposo. Pedro y Pablo. Más interesante si uno entendiera de qué se trata. Maravillosa organización ciertamente, funciona como maquinaria de reloj. Confesión. Todo el mundo necesita. Luego te lo diré todo. Penitencia. Castígame, por favor. Gran arma en sus manos. Más que médico o abogado. La mujer se muere de ganas de. Y yo schschschschschsch. ¿Y tú chachachachacha? ¿Y por qué lo hiciste? Baja los ojos a su anillo para encontrar una excusa. Cuchicheando las paredes de la galería tienen oídos. El esposo se entera para su sorpresa. Pequeña broma de Dios. Luego ella sale. El arrepentimiento a flor de piel. Adorable vergüenza. Reza en un altar. Ave María y Santa María. Flores, incienso, cirios derritiéndose. Esconde sus rubores. El Ejército de Salvación, ruidosa imitación. Prostituta convertida hablará en una reunión. Cómo encontré al Señor. Buenas cabezas deben de tener estos tipos de Roma: ellos preparan todo el espectáculo. ¿Y no raspan el dinero? Donaciones también: con el tiempo absoluta pertenencia de la Santa Sede. Misas para el descanso de mi alma para ser rezadas públicamente con las puertas abiertas. Monasterios y conventos. El sacerdote atestiguará en el banquillo del proceso Fermanagh. No hay forma de intimidarlo. Tiene respuesta apropiada para todo. Libertad y exaltación de nuestra santa madre la Iglesia. Los doctores de la iglesia: ellos lucubraron toda su teología.

El sacerdote rezó:

—Bienaventurado Arcángel San Miguel, defiéndenos en la hora del peligro. Sé nuestro guardián contra la maldad y las asechanzas del demonio (quiera Dios reprimirlo, humildemente rogamos) y tú, ¡oh príncipe de la hueste celestial; por el poder de Dios arroja a Satanás al infierno y junto con él a esos otros espíritus malvados que vagan por el mundo para la ruina de las almas.

El sacerdote y el monaguillo se pusieron de pie y se alejaron. Se acabó todo. Las mujeres se quedaron todavía: acción de gracias.

Mejor irse. Hermano zumbón. Tal vez viene con el platillo. Paga tu contribución pascual.

Se incorporó. ¿Estuvieron desabrochados todo el tiempo esos dos botones de mi chaleco? A las mujeres les encanta. Se enojan si uno no. ¿Por qué no me dijiste antes? Nunca te dicen. Pero nosotros.

Perdón, señorita, tiene una (pse) nada más que una (pse) pelusita. O la parte trasera de sus polleras, el cierre desabrochado. Vistazos de la luna. Sin embargo gustan más de uno desprolijo. Menos mal que no es más al sud. Pasó, abrochándose discretamente, nave abajo, y salió a través de la puerta principal hacia la luz. Se detuvo un momento cegado al lado de la fría pila de mármol negro, mientras delante y detrás de él dos devotas sumergían manos furtivas en la baja marea de agua bendita. Tranvías: un coche de la fábrica de tinturas Prescott: una viuda en sus crespones. Lo noté porque estoy de luto yo mismo. Se cubrió. ¿Qué hora será? Y cuarto. Tiempo de sobra todavía. Mejor hacer preparar esa loción. ¿Dónde es? ¡Ah!, sí, la última vez. En lo de Sweny, Lincoln Place. Los farmacéuticos rara vez se mudan. Sus frascos en forma de boya son demasiado pesados para mudarlos. La de Hamilton Long, fundada en el año del diluvio. Cerca de allí el cementerio hugonote. Tengo que visitarlo algún día.

Caminó hacia el sud a lo largo de la Westland Low. Pero la receta está en los otros pantalones. ¡Oh!, y me olvidé ese llavín también. Al demonio con este asunto del entierro. ¡On!, bueno, pobre hombre, él no tiene la culpa. ¿Cuándo fué que la hice preparar la última vez? Veamos; me acuerdo que cambié un soberano. Debe de haber sido el primero o el dos del mes. ¡Oh!, él podrá buscarlo en el libro de recetas.

El farmacéutico volvió página tras página. Se diría que tiene olor a pasas. Cráneo encogido. Y viejo. Búsqueda de la piedra filosofal. Los alquimistas. Las drogas envejecen después de exaltar la mente. Letargo después. ¿Por qué? Reacción. Una vida en una noche. Gradualmente cambia tu carácter. Viviendo todo el día entre hierbas, ungüentos, desinfectantes. Todos sus potes de alabastro. Mortero y triturador. Aq. Dist. Fol. Laur. Te Virid. El olor casi lo cura a uno como la campanilla del dentista. Ganga del doctor. Tendría que medicinarse a sí mismo un poquito. Electuario o emulsión. El primer sujeto que eligió una hierba para curarse a sí mismo tuvo bastante coraje. Elementos. Hay que tener cuidado. Con lo que hay aquí lo podrían cloroformar a uno. Prueba: vuelve rojo el papel tornasol azul. Cloroformo. Exceso de láudano. Drogas soporíferas. Filtros de amor. El jarabe paragórico de amapola es malo para la tos. Obstruye los poros o las flemas. Venenos los únicos remedios. El remedio donde uno menos lo espera. Inteligencia de la naturaleza.

—¿Hace unos quince días, señor?
—Sí —dijo el señor Bloom.

Esperó al lado del mostrador, inhalando el penetrante vaho de drogas, el polvoriento olor seco de esponjas y loofahs. Se emplea mucho tiempo en hablar de nuestros dolores y sufrimientos.

—Aceite de almendras dulces y tintura de benjuí —dijo el señor Bloom— y también agua de azahar.

Ciertamente hacía su piel tan delicada como la cera.

—Y cera blanca también —dijo.

Hace resaltar el color sombrío de los ojos. Me miraba, la sábana levantada hasta los ojos. Española, oliéndose a sí misma, cuando me estaba arreglando los gemelos en los puños. Esas recetas caseras son frecuentemente las mejores: frutillas para los dientes: ortigas y agua de lluvia, harina de avena macerada en suero de manteca, dicen. Alimento de la piel. Uno de los hijos de la vieja reina, ¿era el duque de Albany?, tenía una sola piel. Leopoldo, sí. Nosotros tenemos tres. Verrugas, juanetes y granos para que sea todavía peor. Pero también quieres un perfume. ¿Qué perfume usas tú? *Peau d'Espagne.* Esa flor de azahar. Jabón de crema pura. El agua es tan fresca. Lindo perfume tienen estos jabones. Tengo tiempo para darme un baño en la esquina. Hammam Turco. Masaje. La suciedad se acumula en el ombligo. Más lindo si una linda chica lo hiciera. También yo pienso yo. Sí, yo. Hacerlo en el baño. Curioso deseo el mío yo. Agua al agua. Combinar obligación con placer. Lástima, no hay tiempo para masaje. Me sentiría fresco todo el día. El entierro será bien melancólico.

—Sí, señor —dijo el farmacéutico—. Fueron dos chelines y nueve. ¿Trajo una botella?

—No —dijo el señor Bloom—. Prepárelo, por favor. Vendré más tarde y llevaré uno de esos jabones. ¿Cuánto cuestan?

—Cuatro peniques, señor.

El señor Bloom se llevó un pan a la nariz. Dulce cera alimonada.

—Voy a llevar éste —dijo—. Con eso son tres chelines y un penique.

—Sí, señor. Lo puede pagar todo junto, señor, cuando vuelva.

—Bueno —dijo el señor Bloom.

Salió del negocio sin apresurarse, el bastón de diario bajo la axila, el jabón envuelto en fresco papel en la mano izquierda.

En su axila dijeron la voz y la mano de Bantam Lyons:

—Hola, Bloom, ¿qué noticias hay? ¿Es de hoy? Veámoslo un minuto. Se afeitó otra vez el bigote, ¡por Júpiter! Largo y frío sobrelabio. Para parecer más joven. De veras que está fragante. Más joven que yo.

Los dedos amarillos y las uñas negras de Bantam Lyons desenrollaron el bastón. Necesita una lavada también. Sacar la suciedad gruesa. Buen día, ¿ha usado usted jabón Pears? Caspa en los hombros. El cuero cabelludo reclama una untada.

—Quiero ver lo de ese caballo francés que corre hoy —dijo Bantam Lyons—. ¿Dónde está el jumento?

Restregó las plegadas páginas, removiendo la barbilla sobre su cuello alto. Picazón de barbero. Cuello ajustado se le va a caer el cabello. Mejor dejarle el diario y librarse de él.

—Puedes guardarlo —dijo el señor Bloom.

—Ascot. Copa de Oro. Espera —murmuró Bantam Lyons—. Medio minu. Todo lo más un segundo.

—Estaba por tirarlo —agregó el señor Bloom.

Bantam Lyons levantó los ojos bruscamente y miró débilmente de soslayo.

—¿Qué? —dijo su voz chillona.

—Digo que puedes guardarlo —contestó el señor Bloom—. Iba a tirarlo en este momento.

Bantam Lyons dudó un instante, mirando de reojo: luego arrojó las hojas abiertas sobre los brazos del señor Bloom.

—Lo arriesgaré —dijo—. Toma, gracias.

Se largó de prisa hacia la esquina de Conway. Las de Villadiego.

Sonriendo, el señor Bloom dobló otra vez las hojas prolijamente y alojó allí el jabón. Tontos labios los de ese tipo. El juego. Una epidemia últimamente. Mandaderos robando para apostar seis peniques. Rifa para gran pavo tierno. Su cena de Navidad por tres peniques. Jack Fleming haciendo un desfalco para jugar, luego levanta vuelo para América. Tiene un hotel ahora. Nunca vuelven. Marmitas de Egipto con vianda.

Caminó alegremente hacia la mezquita de baños. Lo hace acordar a uno de una mezquita de ladrillos rojos cocidos, los minaretes. Veo que hoy hay deportes de colegio. Miró el cartel en forma de herradura sobre el portón del parque del colegio: ciclista doblado como chaucha en el tiesto. Pésimo aviso. Todavía si lo hubieran hecho redondo como una rueda. Luego los rayos: deportes, deportes, deportes: y el cubo grande: colegio. Algo para llamar la atención.

Allí está Hornblower parado en la portería. Mejor tenerlo a mano: podría dar una vuelta por allí de paso. ¿Cómo está, señor Hornblower? ¿Cómo está usted, señor?

Tiempo celestial realmente. Si la vida fuera siempre así. Tiempo de cricquet. Sentarse por ahí bajo parasoles. Partido tras partido. ¡Out! No pueden jugar aquí. Cero a seis. Luego el capitán Buller rompió un vidrio en el club de la calle Kildare con un golpe destinado al *square leg*. *Donnybrook* es mucho más apropiado para ellos. Y los cráneos que estábamos haciendo crujir cuando apareció M'Carthy. Ola de calor. No puede durar. Siempre huyendo, la corriente de la vida, y nuestro paso en la corriente de la vida que recorremos es lo más querido de todo.

Disfruta de un baño ahora: limpia corriente continua de agua, fresco esmalte, el dulce flujo tibio. Este es mi cuerpo.

Anticipó su cuerpo pálido reclinado en ella enteramente, desnudo, en un refugio de calor, ungido y perfumado por el jabón derritiéndose, bañado suavemente. Vió su tronco y sus miembros lanzados a la superficie, y sostenidos, boyando dulcemente hacia arriba amarillo limón: su ombligo, pimpollo carnoso: y vió los oscuros rizos enredados de su pubis flotando, flotante cabello de la corriente alrededor del lánguido padre de millares: una lánguida flor flotante.

MARTÍN CUNNINGHAM METIÓ EL PRIMERO SU SOMBRERO DE COPA y su cabeza dentro del crujiente carruaje y, entrando hábilmente, se sentó. Le siguió el señor Power, doblando cuidadosamente su alta figura.
—Sube, Simón.
—Después de usted —dijo el señor Bloom.
El señor Dedalus se cubrió rápidamente y entró diciendo:
—Sí, sí.
—¿Estamos todos? —preguntó Martín Cunningham—. Vamos, Bloom.
El señor Bloom entró y se sentó en el lugar vacío. Tiró de la puerta detrás de él y la volvió a golpear fuerte hasta que se cerró bien. Pasó un brazo por el sostén y miró seriamente desde la ventanilla abierta del carruaje a las cortinas bajas de la avenida. Una corrida a un lado: una vieja espiando. La nariz achatada blanca contra el vidrio. Agradeciendo a su buena estrella que aun no le llegó el turno. Inaudito el interés que se toman por un cadáver. Alegres de que nos vayamos les damos tanto trabajo viniendo. Trabajo que parece de su agrado. Secreteos en las esquinas. De puntillas en chinelas por miedo de que se despierte. Luego preparándolo. Sacándolo. Maruja y la señora Fleming haciendo la cama. Tira más de tu lado. Nuestra mortaja. Nunca se sabe quién lo manipulará a uno cuando esté muerto. Lavado y shampoo. Creo que cortan las uñas y el cabello. Guardan un poco en un sobre. Crece igual después. Trabajo sucio.

Todos esperaban. Sin decir nada. Cargando seguramente las coronas. Estoy sentado sobre algo duro. ¡Ah!, ese jabón en el bolsillo trasero. Mejor cambiarlo de lugar. Esperar la oportunidad.

Todos esperaban. Luego se escuchó dar vuelta unas ruedas delante: después más cerca: ahora cascos de caballos. Un alto. Su carruaje comenzó a moverse crujiendo y balanceándose. Otros cascos y ruedas crujientes comenzaron detrás. Las cortinas de la avenida pasaron y la número nueve con su llamador encresponado, la puerta entornada. Al paso.

Esperaron todavía, sacudiendo sus rodillas hasta que dieron la vuelta y pasaron a lo largo de las vías. Camino de Tritonville. Más rápido. Las ruedas resonaban rodando sobre la calle empedrada de guijarros y los cristales desvencijados danzaban en los marcos.

—¿Por qué camino nos lleva? —preguntó el señor Power interrogando a ambas ventanas.

—Irishtown —dijo Martín Cunningham—. Ringsend. Calle Brunswick.

El señor Dedalus asintió con la cabeza mirando hacia afuera.

—Es una linda costumbre antigua —dijo—. Me alegro de ver que no ha desaparecido.

Todos miraron por un instante, a través de sus ventanas, las gorras y los sombreros levantados por los transeúntes. Respeto. El coche se desvió de las vías hacia el camino más suave pasando la Watery Lane. El señor Bloom vió al pasar un joven delgado, vestido de luto, con ancho sombrero.

—Ahí pasó un amigo tuyo, Dedalus —dijo.

—¿Quién es?

—Tu hijo y heredero.

—¿Dónde está? —dijo el señor Dedalus, estirándose hacia la parte opuesta.

El coche, pasando las zanjas abiertas y los terraplenes de las calles levantadas delante de las casas de inquilinato, se sacudió bruscamente al volver la esquina y, tomando de nuevo las vías, rodó ruidosamente con parleras ruedas. El señor Dedalus volvió a recostarse en su asiento y preguntó:

—¿Estaba ese atorrante de Mulligan con él? ¿Su *fidus Achates*?

—No —dijo el señor Bloom—. Estaba solo.

—Andará en lo de su tía Sally, supongo —dijo el señor Dedalus—, la banda de Goulding, el pequeño contador borracho y Crissie, el montoncito de estiércol de papá, la astuta criatura que conoce a su propio padre.

El señor Bloom sonrió sin alegría en el camino de Ringsend. Wallace Bros., fabricantes de botellas. El puente Dodder. Richie Goulding y la bolsa legal. Goulding, Collis y Ward llama a la firma. Sus chistes se están poniendo un poco rancios. Buen punto era él. Bailando en la calle Stamer con Ignatius Gallaher un domingo por la mañana, los dos sombreros de la patrona sobre la cabeza. De juerga toda la noche. Se le empieza a notar ahora: ese dolor de espalda, me temo. Su mujer planchándole la espalda. Cree que se va a curar con píldoras. Sólo son migajas. Cerca del seiscientos por ciento de ganancia.

—Está con esa sucia gente —gruñó el señor Dedalus—. Ese Mulligan es un perfecto y consumado rufián por donde se lo busque. Su nombre apesta por todo Dublin. Pero con la ayuda de Dios y de su bendita Madre me voy a ocupar de escribir uno de estos días una carta a su madre o a su tía o lo que sea que le abrirá los ojos grandes como un portón. Y me voy a reír de su catástrofe, se lo aseguro.

Gritó sobre el repiqueteo de las ruedas.

—No permitiré que su bastardo de sobrino arruine a mi hijo. El hijo de una araña de mostrador. Vendiendo cordones en lo de mi primo, Pedro Pablo M'Swiney. Que no se diga.

Enmudeció. El señor Bloom pasó la mirada desde su irritado bigote a la apacible cara del señor Power y a los ojos y la barba de Martín Cunningham que se meneaba gravemente. Ruidoso hombre autoritario. Lleno de su hijo. Tiene razón. Algo a qué aferrarse. Si el pequeño Rudy hubiera vivido. Verlo crecer. Oír su voz por la casa. Andaría al lado de Maruja en un traje de Eton. Mi hijo. Yo en sus ojos. Sería una extraña sensación. Surgido de mí. Solamente una casualidad. Debe de haber sido esa mañana en la terraza de Raymond, cuando ella estaba en la ventana, observando a los dos perros que estaban por hacer eso cerca de la pared de dejar de hacer el mal. Y el sargento sonriendo hacia arriba. Tenía ese traje crema con el rasgón que nunca cosía. Damos un toque, Poldito. Dios, me muero de ganas. Cómo empieza la vida.

Quedó gruesa entonces. Tuvo que rehusar el concierto de Greystones. Mi hijo dentro de ella. Yo lo habría ayudado en la vida. Yo podía. Hacerlo independiente. Aprender alemán también.

—¿Estamos retrasados? —preguntó el señor Power.

—Diez minutos —dijo Martín Cunningham mirando su reloj.

Maruja, Milly. La misma cosa diluída. Sus juramentos de marimacho. ¡Oh Júpiter brincador! ¡Dioses y peces! Sin embargo es una niña querida. Pronto será una mujer. Mullingar. Queridísimo papito. Joven estudiante. Sí, sí: una mujer también. La vida. La vida.

El coche se sacudió de un lado a otro, balanceándose sus cuatro troncos.

—Corny podía habernos dado un carrito más cómodo —dijo el señor Power.

—Habría podido —dijo el señor Dedalus— si no fuera por ese estrabismo que lo molesta. ¿Me entienden?

Cerró su ojo izquierdo. Martín Cunningham empezó a sacar migas de pan de debajo de sus muslos.

—¿Qué es esto? —dijo—. ¡En el nombre de Dios! ¿Migas?

—Parece que alguien ha estado de picnic aquí hace poco —exclamó el señor Power.

Todos levantaron sus muslos mirando con desconfianza el mohoso cuero destachuelado de los asientos. El señor Dedalus, torciendo la nariz, hizo una mueca hacia abajo y dijo:

—O mucho me equivoco. ¿Qué te parece, Martín?

—Lo mismo pensé yo —dijo Martín Cunningham.

El señor Bloom apoyó de nuevo su muslo. Me alegro de haber tomado ese baño. Siento mis pies completamente limpios. Pero me gustaría que la señora Fleming hubiera zurcido mejor estos calcetines.

El señor Dedalus suspiró resignadamente.

—Después de todo —dijo—, es la cosa más natural del mundo.

—¿Vino Tomás Kernan? —preguntó Martín Cunningham retorciendo suavemente la punta de su barba.

—Sí —contestó el señor Bloom—. Está atrás con Eduardito Lambert y Hynes.

—¿Y Corny Kelleher? —indagó a su vez el señor Power.

—En el cementerio —dijo Martín Cunningham.

—Me encontré con M'Coy esta mañana —informó el señor Bloom—, dijo que trataría de venir.

El coche se detuvo bruscamente.

—¿Qué pasa?

—Parados.

—¿Dónde estamos?

El señor Bloom sacó la cabeza por la ventanilla.

—El gran canal —dijo.
La usina de gas. Dicen que cura la tos convulsa. Menos mal que Milly nunca la tuvo. ¡Pobres criaturas! Los hace doblar en dos, negros y azules entre convulsiones. Una verdadera injusticia. Relativamente lo pasó muy bien en lo que se refiere a enfermedades. Solamente el sarampión. Té de linaza. Epidemias de escarlatina, de influenza. Representantes de la muerte. No pierdas esta oportunidad. Por aquí anda la casa de los perros. ¡Pobre viejo Athos! Sé bueno con Athos, Leopoldo, es mi último deseo. Tu voluntad será cumplida. Los obedecemos hasta en el sepulcro. Un garabato agonizante. Se lo tomó a pecho, se consumió. Bestia tranquila. Los perros de los señores viejos generalmente lo son.

Una gota de lluvia le escupió en el sombrero. Se hizo atrás y vió la regada de un chaparrón sobre las baldosas grises. Gotas separadas. Notable. Como a través de un colador. Me imaginé que llovería. Recuerdo ahora que mis botines crujían.

—Cambio de tiempo —dijo apaciblemente.
—Es una lástima que se haya descompuesto —agregó Martín Cunningham.
—Es necesario para el campo —dijo el señor Power—. Ahí está saliendo el sol otra vez.

El señor Dedalus, atisbando a través de sus anteojos el sol velado por las nubes, lanzó una muda imprecación al cielo.

—Es tan variable como el trasero de un chico.
—Estamos en marcha otra vez.

Las ruedas anquilosadas del coche giraron de nuevo y los troncos de los pasajeros se balancearon dulcemente. Martín Cunningham se retorció con más rapidez la punta de la barba.

—Tomás Kernan estuvo magnífico anoche —dijo—. Y Paddy Leonard se lo sacó limpio de adelante.
—¡Oh!, déjalo a un lado —dijo el señor Power precipitadamente—. Espera a oírlo, Simón, en el canto de Ben Dollar *The Croppy Boy*.
—Magnífica su manera de cantar esa sencilla balada, Martín —agregó Cunningham pomposamente—; es la más incisiva interpretación que jamás haya yo escuchado en todo el curso de mi larga práctica.
—Picante —exclamó el señor Power riendo—. Está loco de remate en eso. Y en el arreglo retrospectivo.
—¿Leísteis el discurso de Danielito Dawson? —preguntó Martín Cunningham.
—No lo leí en ese momento —respondió el señor Dedalus—. ¿Dónde está?
—En el diario de esta mañana.

El señor Bloom sacó el diario de su bolsillo interno. Ese libro que tengo que cambiar para ella.

—No, no —dijo el señor Dedalus rápidamente—. Luego, por favor.

La mirada del señor Bloom recorrió el borde del diario, escudriñando la necrología. Callan, Coleman, Dignam, Fawcett, Lowry, Nauman, Peake, ¿qué Peake es ése? ¿Es el tipo que estaba en lo de Crosbie y Alleyne? No. Sexton, Urbright. Caracteres entintados desvaneciéndose rápidamente en el raído papel a punto de romperse. Gracias a la Little Flower. Pérdida lamentable. Para el inexpresable dolor de sus. A los 88 años de edad después de una larga y penosa enfermedad. Misa del mes Quilan. Quiera el dulce Jesús tener piedad de su alma.

>   Hace un mes ahora que Enrique voló
>   A su azul morada lejana del cielo.
>   Su familia llora, lamenta su muerte
>   Y espera en la altura volverlo a encontrar.

¿Rompí el sobre? Sí. ¿Dónde puse su carta después que la leí en el baño? Palpó el bolsillo de su chaleco. Macanudamente. El querido Enrique voló. Antes de que se agote mi paciencia.

Escuela Nacional. Corralón de Meade. Casualidad. Solamente dos allí ahora. Asintiendo con la cabeza. Llenos como garrapatas. Demasiado hueso en sus cráneos. El otro trotando por allí con un pasajero. Hace una hora yo pasaba por ahí. Los cocheros levantaron sus sombreros.

La espalda de un guardaagujas se enderezó de repente contra un pilar de tranvía cerca de la ventanilla del señor Bloom. ¿No podrían inventar algo automático de manera que la rueda fuera mucho más fácil de manejar? Bueno, ¿pero ese sujeto perdería su empleo entonces? Bueno, ¿pero entonces no conseguiría trabajo otro sujeto haciendo el nuevo invento?

Salones de concierto Antient. Nada allí. Un hombre de traje claro con brazalete de luto. Poca aflicción. Un cuarto de duelo. Pariente político tal vez.

Pasaron por el púlpito desierto de San Marcos, bajo el puente del ferrocarril, delante del teatro de la Reina: en silencio. Affiches. Eugenio Stratton. Madame Bandman Palmer. ¿Podría ir a ver *Leo* esta noche?, me pregunto. Yo dije yo. ¿O el *Lily* de Killarney? Compañía de Opera Elster Grimes. Cambio extraordinario de espectáculo. Brillantes affiches todavía frescos para la semana que viene. Fiesta en el Bristol. Martín Cunningham podría conseguirme un pase para el Gaiety. Tendría que pagarle uno o dos tragos. Lo que no se va en lágrimas se va en suspiros.

El viene por la tarde. Lo que ella debe cantar.

Plasto. El busto fuente a la memoria de sir Philip Crampton. ¿Quién era ése?

—¿Cómo le va? —dijo Martín Cunningham saludando con una venia.

—No nos ve —agregó el señor Power—. Sí, nos ve. ¿Cómo le va?

—¿Quién? —preguntó el señor Dedalus.

—Blazes Boylan —dijo el señor Power—. Allí está dando aire a su rasgacorazones. Precisamente ahora lo estaba pensando.

El señor Dedalus se estiró para saludar. Desde la puerta del Red Bank el disco blanco de un sombrero de paja relampagueó en respuesta: pasó.

El señor Bloom revisó las uñas de su mano izquierda, luego las de su mano derecha. Las uñas, sí. ¿Hay algo más en él que ella ve? Fascinación. El peor hombre de Dublin. Eso lo conserva en pie. Ella siente a veces lo que es una persona. Instinto. Pero un tipo como ése. Mis uñas. Precisamente las estoy mirando: bien recortadas. Y después: pensando solo. Su cuerpo se está poniendo un poquito blando. Me daría cuenta de eso recordando. Lo que da lugar a eso supongo que es la piel, que no puede contraerse con la suficiente rapidez cuando la carne desaparece. La forma todavía está allí. Hombros. Caderas. Regordeta. Vistiéndose la noche del baile. La camisa mordida por las mejillas traseras.

Apretó las manos entre sus rodillas y, satisfecho, dejó errar la mirada vacía sobre sus caras.

El señor Power preguntó:

—¿Cómo anda la gira de conciertos, Bloom?

—¡Oh, muy bien! —dijo el señor Bloom—. Tengo muy buenas noticias. Es una buena idea, pues...

—¿Va usted también?

—Bueno, no —respondió el señor Bloom—. A decir verdad tengo que ir al condado de Clare para un asunto privado. Como comprenderá, la idea es recorrer las principales ciudades. Lo que se pierde en una se puede recuperar en otra.

—Efectivamente —dijo Martín Cunningham—. Es lo que hace ahora Mary Anderson.

—¿Tiene usted buenos artistas?

—Luis Werner es su empresario —dijo el señor Bloom—. ¡Oh, sí!, tendremos todo de primera. J. C. Doyle y John MacCormack espero y. Los mejores, en realidad.

—¿Y *Madame*? —dijo el señor Power, sonriendo—. La última pero no la peor.

A modo de protesta cortés el señor Bloom destrenzó sus manos y las volvió a trenzar. Smith O'Brien. Alguien ha puesto allí un ramo de flores. Una mujer. Debe de ser el aniversario de su muerte. Por muchos años. Mientras el coche pasaba delante de la estatua de Farrell juntó sin ruido sus rodillas que no ofrecían resistencia.

—¡Cor!... ¡Cordones!... — un viejo mal entrazado ofrecía su mercancía abriendo la boca desde el cordón de la vereda.

—¡Cuatro cordones por un penique!

¿Cómo habrá quedado en la miseria? Tenía su oficina en la calle Hume. La misma casa del tocayo de Maruja. Tweedy, procurador real en Waterford. Tiene ese sombrero de copa desde entonces. Reliquias de antigua decencia. De luto también. ¡Terrible revés de fortuna, pobre desgraciado! Andar con él a los puntapiés por ahí como rapé en un velorio. O'Callaghan sobre sus piernas acabadas.

Y *Madame*. Once y veinte. Levantada. La señora Fleming está adentro limpiando. Arreglándose el cabello, canturreando: *voglio e non vorrei*. No: *vorrei e non*. Revisando la punta de sus cabellos. *Mi trema un poco il*. Su voz es hermosa en ese *tre*: tono emotivo. Un tordo. Un zorzal. Hay una palabra que lo expresaba.

Sus ojos pasaron a la ligera sobre la cara agradable del señor Power. Entrecano sobre las orejas. *Madame*: sonríe. Yo sonreí retribuyendo. Una sonrisa dice mucho. Cortesía pura, a lo mejor. Buen tipo. ¿Quién sabe si es cierto eso de la mujer que mantiene? No muy agradable para la esposa. Sin embargo dicen —¿quién fué que me lo dijo?— que no es relación sexual. Uno se imagina que eso se acabaría bastante pronto. Sí, fué Crofton el que lo encontró una tarde llevándole a ella una libra de bife de nalga. ¿Qué era ella? Camarera en lo de Jury. ¿O era el Moira?

Pasaron bajo la forma ampliamente encapotada del Libertador. Martín Cunningham tocó con el codo al señor Power.

—De la tribu de Reuben —comentó.

Una alta figura de barba negra, doblada sobre un bastón, a los tropezones en la esquina de la casa de elefantes de Elvery, les mostró una mano encorvada, abierta sobre su espinazo.

—En toda su prístina belleza —dijo el señor Power.

El señor Dedalus siguió con la mirada la figura vacilante y dijo dulcemente:

—¡Que te parta un rayo!

El señor Power, desternillándose de risa, apartó su rostro de la ventanilla al pasar el coche por delante de la estatua de Gray.

—Todos hemos estado allí —dijo Martín Cunningham tolerantemente.

Sus ojos se encontraron con los de Bloom. Acarició su barba agregando:

—Bueno, casi todos nosotros.

El señor Bloom comenzó a hablar con súbita vehemencia a los rostros de sus compañeros.

—Es muy bueno lo que anda por ahí acerca de Reuben J. y su hijo.

—¿El del barquero?

—Sí, ¿no es muy bueno?

—¿De qué se trata? —preguntó el señor Dedalus. No estoy enterado.

—Había una chica en el asunto —empezó el señor Bloom— y decidió mandarlo a la isla de Man, fuera de todo peligro; pero cuando ambos estaban...

—¿Cómo? —exclamó el señor Dedalus—. ¿Es ése el cretinito?

—Sí —dijo el señor Bloom—. Iban los dos camino al bote y él intentó ahogarse...

—¡Ahogarse Barrabás! —gritó el señor Dedalus—. ¡Lo hubiera querido Dios!

Power hizo oír una risita alargada mientras se cubría la nariz con la mano.

—No —dijo el señor Bloom—, el mismo hijo...

Martín Cunningham interrumpió su discurso bruscamente.

—Reuben J. y el hijo andaban a lo largo del muelle que bordea el río, en dirección al bote de la Isla de Man, y el joven farsante se soltó de repente, tirándose por encima de la pared al Liffey.

—¡Por el amor de Dios! —exclamó asustado el señor Dedalus—. ¿Se mató?

—¡Muerto! —gritó Martín Cunningham—. ¡Ni por broma! Un botero armado de una pértiga lo pescó por los fondillos de los pantalones y él fué a parar a los brazos de su padre en el muelle. Más muerto que vivo. Media ciudad estaba allí.

—Sí —dijo el señor Bloom—. Pero lo gracioso es que...

—Y Reuben J. —prosiguió Martín Cunningham— dió un florín al botero por haber salvado la vida de su hijo.

Un suspiro ahogado se escapó por debajo de la mano del señor Power.

—Sí, sí —afirmó Martín Cunningham—. Como un héroe. Un florín de plata.

—¿No es grande eso? —preguntó enfáticamente el señor Bloom.

—Había un chelín y ocho peniques de más —dijo el señor Dedalus secamente.

La risa ahogada del señor Power se desató quietamente en el coche. La columna de Nelson.

—¡Ocho ciruelas por un penique! ¡Ocho por un penique!

—Tendríamos que parecer un poco más serios —dijo Martín Cunningham.

El señor Dedalus suspiró.

—Por lo demás —dijo—, el pobrecito Paddy no nos criticaría por reír. Muchas cosas buenas contó él mismo.

—¡El Señor me perdone! —dijo el señor Power, pasándose los dedos por los ojos húmedos—. ¡Pobre Paddy! Lejos estaba yo de pensar, hace una semana, en que lo vi por última vez —y estaba tan bueno de salud como siempre—, que iba a andar detrás de él en esta forma. Se nos ha ido.

—El hombrecito más decente que jamás haya usado sombrero —dijo el señor Dedalus—. Nos abandonó de pronto.

—Síncope —dijo Martín Cunningham—. El corazón —y se golpeó el pecho melancólicamente.

Cara encendida: candente. Demasiado John Barleycorn. Cura para una nariz roja. Beber como el demonio hasta que se convierte en una ampolla de vino. Se gastó sus buenos pesos para conseguir ese color.

El señor Power miró las casas que pasaban con apesadumbrada aprensión.

—Murió de repente, pobre hombre —dijo.

—La mejor muerte —apuntó el señor Bloom.

Todos lo miraron con los ojos bien abiertos.

—Nada de sufrir —dijo—. Un abrir y cerrar de ojos y todo terminó—. Como morir mientras se duerme.

Nadie habló.

Lado muerto de la calle. Flojo movimiento durante el día. Administrador de propiedades, hotel de temperancia, guía de ferrocarriles Falconer, colegio de servicios civiles, club católico de Gill, instituto de ciegos. ¿Por qué? Debe de haber alguna razón. El sol o el viento. De noche también. Quintos y hombrecillos. Bajo el patrocinio del extinto padre Mathew. Piedra fundamental para Parnell. Agotamiento. Corazón.

Unos caballos blancos con penachos también blancos en el testuz volvieron la esquina de Rotunda al galope. Un pequeño ataúd pasó como una exhalación. Apurados para enterrar. Un coche de duelo. Soltero. Negro para los casados. Indistinto para los solteros. Pardo para una monja.

—Es triste —dijo Martín Cunningham—. Un niño.

Una cara de enano color malva y arrugada tal como la del pequeño

Rudy. Cuerpo de enano, maleable como la masilla, en un cajón de pino forrado de blanco. Entierro que paga la Sociedad de Beneficencia. Un penique por semana por un cuadrado de césped. Nuestro. Pequeño. Pobre. Bebe. No significó nada. Error de la naturaleza. Si es sano se debe a la madre. Si no al hombre. Mejor suerte la próxima vez.

—Pobre pequeño —dijo el señor Dedalus—. No tendrá preocupaciones.

El coche subió mas lentamente la cuesta de Rutland Square. Sacuden sus huesos. Sobre las piedras. Nada más que un pobre. No hay parientes.

—En la mitad de la vida —murmuró Martín Cunningham.

—Pero lo peor de todo —dijo Power— es cuando el hombre se quita la vida.

Martín Cunningham sacó bruscamente su reloj, tosió y lo volvió a guardar.

—La peor desgracia para una familia —agregó el señor Power.

—Naturalmente que es una locura momentánea —dijo Martín Cunningham con decisión—. Tenemos que considerar el asunto desde un punto de vista caritativo.

—Dicen que el hombre que lo hace es un cobarde —afirmó el señor Dedalus.

—No nos corresponde a nosotros juzgar —dijo Martín Cunningham.

El señor Bloom, a punto de hablar, cerró otra vez la boca. Los ojos de Martín Cunningham, bien abiertos. Ahora mirando a otro lado. Es simpático y humano. Inteligente. Como la cara de Shakespeare. Siempre una buena palabra pronta. No tienen misericordia para eso aquí o para el infanticidio. Rehusan la sepultura cristiana. Acostumbraban atravesarles el corazón con una estaca de madera en la sepultura. Como si ya no lo tuvieran roto. Sin embargo a veces se arrepienten demasiado tarde. Lo encontraron en el lecho del río aferrando juncos. Me miró. Y esa horrible borrachona de mujer que tiene. Montándole la casa una y otra vez y ella empeñándole los muebles casi todos los sábados. Le hace llevar una vida infernal. Eso haría llorar a las piedras. La mañana del lunes empezar de nuevo. El hombro a la rueda. Señor, debe de haber sido un espectáculo esa noche, delante de Dedalus que estaba allí y que me lo contó. Borracha por la casa y haciendo cabriolas con el paraguas de Martín:

Y me llaman la joya del Asia,
Del Asia,
La geisha.

Desvió la vista de mí. Él sabe. Sacuden sus huesos.

Esa tarde de la investigación. La botella de etiqueta roja sobre la mesa. La pieza del hotel con cuadros de caza. Estaba sofocante. El sol a través de las hojas de las celosías. Las orejas del coroner, grandes y peludas. La evidencia de los zapatos. Primero pensaron que estaba dormido. Luego notaron unas rayas amarillas en su cara. Se había deslizado al pie de la cama. Veredicto: dosis excesiva. Muerte accidental. La carta. Para mi hijo Leopoldo.

Basta de sufrir. No más despertar. No hay parientes.

El coche rodó, se sacudió velozmente a lo largo de la calle Blessington. Sobre las piedras.

—Me parece que vamos a un buen tranco —dijo Martín Cunningham.

—Quiera Dios que no nos haga volcar sobre el camino —murmuró el señor Power.

—Espero que no —dijo el señor Cunningham—. Será una gran carrera la de mañana en Alemania. El Gordon Bennett.

—Sí, por Júpiter —afirmó Dedalus—. A fe mía que valdría la pena de verse.

Al dar la vuelta en la calle Berkeley, cerca de la fuente, un organito envió hacia ellos, persiguiéndolos, un travieso canto retozón de café-concierto. ¿Ha visto alguno de ustedes a Kelly? Ka e elle i griega. Marcha fúnebre de *Saul*. Es tan malo como el viejo Antonio. Me dejó librado a lo mío. ¡Pirueta! La *Mater Misericordiae*. Calle Eccles. Por ahí mi casa. Gran lugar. Hospicio para incurables. Muy alentador. El Hospicio de Nuestra Señora para los agonizantes. Depósito de muertos bien a mano, abajo. Ahí es donde murió la vieja señora Riordan. Quedan terriblemente las mujeres. Su taza de alimento y frotándose la boca con la cuchara. Luego el biombo alrededor de la cama para que se muera. Simpático estudiante joven que me curó la picadura de abeja que tuve. Se fué a la maternidad del hospital, me dijeron. De uno a otro extremo.

El coche tomó una curva al galope: se detuvo.

—¿Qué ocurre ahora?

Una manada de ganado marcado, dividida en dos por el coche, pasó ante las ventanillas, los animales marchando cabizbajos sobre acolchonados cascos meneando las colas lentamente sobre sus huesosas grupas llenas de cuajarones. Entre ellos y rodeándolos corrían las ovejas embarradas, balando su miedo.

—Emigrantes —dijo el señor Power.

—¡Ea!... —gritó la voz del tropero, haciendo resonar su látigo sobre los flancos—. ¡Uuuu...! ¡Fuera!

Jueves naturalmente. Mañana es día de matanza. Novillos. Cuffe los vendió alrededor de veintisiete cada uno. Para Liverpool probablemente. Asado para la vieja Inglaterra. Compran los más suculentos. Y luego se pierde el quinto cuarto; todos los subproductos: cuero, cerda, astas. Se convierte en algo importante al cabo de un año. Comercio de carne muerta. Materia prima de los mataderos para curtidurías, jabón, margarina. Quisiera saber si todavía sigue esa combinación de conseguir carne del tren en Clonsilla.

El coche se abrió paso a través de la tropa.

—No puedo comprender por qué la corporación no tiende una línea de tranvías desde la entrada del parque hasta los muelles —dijo el señor Bloom—. Todos esos animales podrían ser llevados en vagones hasta los barcos.

—En vez de obstruir la calle —agregó el señor Cunningham—. Tiene razón. Tendrían que hacerlo.

—Sí —convino el señor Bloom—, y otra cosa en que pienso a menudo, ¿saben?, es tener tranvías fúnebres municipales como los de Milán. Sus líneas llegan hasta las puertas del cementerio, y tienen tranvías especiales que incluyen el coche mortuorio, el de duelo y demás. ¿Entienden lo que quiero decir?

—¡Oh, sería una cosa impresionante! —dijo el señor Dedalus—. Coche Pullman y salón comedor.

—Mala perspectiva para Corny —agregó el señor Power.

—¿Por qué? —preguntó el señor Bloom, volviéndose hacia Dedalus—. ¿No sería más decente que ir galopando de dos en fondo?

—Bueno, no carece de razón —concedió el señor Dedalus.

—Y además —dijo Martín Cunningham—, no tendríamos escenas como esa de la carroza que volcó a la vuelta de lo de Dunphy tumbando el féretro sobre el camino.

—Eso fué terrible —dijo la espantada cara del señor Power— y el cadáver cayó al camino. ¡Horroroso!

—A la cabeza del pelotón en la vuelta de Dunphy —exclamó el señor Dedalus, asintiendo con la cabeza—. Copa Gordon Bennett.

—¡Dios sea loado! —dijo Martín Cunningham piadosamente.

¡Patapum! Patas arriba. Ataúd que rebota en el camino. Estalla y se abre. Dignam arrojado y rodando tieso por el polvo, metido en un hábito pardo demasiado grande para él. Cara roja: ahora gris. La boca se abre. Preguntando qué es lo que pasa. Es lógico cerrarla. Abierta queda horrible. Después las entrañas se descomponen rápidamente. Será mejor obturar todos los orificios. Sí, también. Con cera. Esfínter desprendido. Sellarlo todo.

—Dunphy —anunció el señor Power, mientras el coche viraba hacia la derecha.

La esquina de Dunphy. Coches fúnebres estacionados ahogando su aflicción. Una pausa al costado del camino. Excelente lugar para tomar un trago. Espero que haremos un alto aquí en el viaje de vuelta para beber a su salud. Pasen una vuelta para consolarse. Elixir de vida.

Pero supongamos que ocurriera de veras. ¿Sangraría si lo pinchara un clavo al saltar? Sí y no, supongo. Depende de dónde. La circulación se para. Sin embargo podría salir algo de una arteria. Sería mejor amortajarlos de rojo: un rojo obscuro.

Siguieron en silencio por el camino de Phisborough. Una carroza vacía que regresaba del cementerio pasó al trote a su lado: parecía aliviada.

El puente de Crossguns: el canal real.

El agua se precipitaba rugiendo a través de las compuertas. Un hombre de pie entre montones de turba venía en una barcaza que se deslizaba. Sobre el camino de remolque al lado de la esclusa un caballo atado flojamente. A bordo del *Bugabu*.

Lo siguieron con los ojos. Sobre la lenta vía de agua cargada de plantas había flotado la gabarra hacia la costa, atravesando Irlanda arrastrada por una soga de halar, pasando por bancos de cañas, sobre cieno, botellas ahogadas de barro y perros podridos. Athlone, Mullingar, Moyvalley. Podría ir a ver a Milly haciendo un viaje a pie al lado del canal. O bajar en bicicleta. Alquilar algún cachivache viejo, seguro. Wren tenía uno el otro día en el remate, pero de señora. Adelantan los canales. La manía de James M'Cann de llevarme a remo sobre el ferry. Tránsito más barato. En cómodas etapas. Casas flotantes, camping. También féretros. Al cielo por el agua. Tal vez iría sin escribir. Llegar de sorpresa. Leixlip, Clonsilla. Deslizarse, esclusa tras esclusa, hasta Dublin. Con turba de los pantanos de tierra adentro. Saluda. Levantó su sombrero de paja marrón, saludando a Paddy Dignam.

El coche pasó por la casa de Brian Boroimhe. Cerca ahora.

—Me gustaría saber cómo le va a nuestro amigo Fogarty —dijo el señor Power.

—Lo mejor es preguntárselo a Tomás Kernan —propuso el señor Dedalus.

—¿Cómo es eso? —preguntó Martín Cunningham—. Quedó llorando, supongo.

—Aunque lejos de los ojos —dijo Dedalus—, muy cerca del corazón.

El coche viró hacia la izquierda, camino de Flingas.

El corralón del picapedrero a la derecha. Ultimo tramo. Apiñadas sobre la lengua de tierra aparecieron formas silenciosas, blancas, pesarosas, extendiendo calmas manos, arrodilladas en aflicción, señalando. Fragmentos de formas talladas en piedra. En blanco silencio: suplicantes. Las mejores que se pueden conseguir. Thos. H. Dennany. Constructor de sepulcros y escultor.

Quedó atrás.

Sobre el cordón de la vereda, delante de la casa de Jimmy Geary el sepulturero, un viejo vagabundo estaba sentado refunfuñando, vaciando la suciedad y las piedras de su enorme zapato bostezador, marrón de polvo. Después del viaje de la vida.

Luego pasaron melancólicos jardines, uno por uno: casas melancólicas.

El señor Power señaló:

—Allí es donde fué asesinado Childs. La última casa.

—Así es —dijo el señor Dedalus—. Un caso horripilante. Seymour Bushe lo sacó. Asesinó a su hermano. O así dicen.

—La acusación careció de pruebas —dijo el señor Power.

—Nada más que presunciones —agregó Martín Cunningham—. Es el principio en que se basa la ley. Mejor dejar escapar a noventa y nueve culpables antes que condenar erróneamente a una persona inocente.

Miraron. La casa del asesino. Pasó siniestramente. Con las persianas cerradas, sin inquilinos, jardín sin cuidar. Propiedad arruinada. Condenado injustamente. Asesino. La imagen del asesino en el ojo del asesinado. Les gusta leer esas cosas. La cabeza del hombre fué descubierta en un jardín. La vestimenta de ella consistía de. Cómo fué muerta ella. Acababa de ser ultrajada. El arma empleada. El asesino todavía prófugo. Pistas. Un cordón de zapato. El cuerpo será exhumado. El crimen será esclarecido.

Apretados en este coche. A ella podría no gustarle que yo fuera en esa forma, sin anunciárselo. Hay que tener cuidado con las mujeres. Pescarlas una vez con los calzones bajos. Nunca se lo perdonan a uno después. Quince.

Las altas verjas de Prospects ondearon bajo su mirada. Álamos oscuros, raras formas blancas. Formas más frecuentes, siluetas blancas apiñadas entre los árboles, blancas formas y fragmentos de monumentos pasando como estelas, mudos, prolongando gestos vanos en el aire.

El carruaje raspó ásperamente el cordón de la vereda: se detuvo. Martín Cunningham sacó su brazo y, dando vuelta la manija hacia atrás, abrió la puerta con la rodilla. Descendió. Lo siguieron el señor Power y el señor Dedalus.

Cambia ese jabón ahora. La mano del señor Bloom desabrochó el botón de su bolsillo trasero rápidamente y cambió el jabón envuelto en papel a su bolsillo interno, reservado al pañuelo. Salió del coche, volviendo a poner en su sitio el diario que todavía sostenía con la otra mano.

Entierro mezquino: carroza y tres coches. Es lo mismo. Cordones de acompañamiento, riendas doradas, misa de réquiem, salvas. Pompas de la muerte. Detrás del último coche un vendedor ambulante al lado de su carrito de tortas y fruta. Tortas *Simnel* son ésas, pegoteadas entre sí, bollos para los muertos. Bizcochos de perro. ¿Quién los comió? Los familiares que salen.

Siguió a sus compañeros. El señor Kernan y Eduardo Lambert venían detrás. Hynes caminando detrás de ellos. Corny Kelleher se quedó al lado de la carroza abierta y sacó las dos coronas. Alcanzó una al mozo.

¿Por dónde desapareció el entierro de ese niño?

Una yunta de caballos que venía de Finglas pasó con trabajoso andar, arrastrando a través del silencio funeral la rechinante chata sobre la que yacía un bloque de granito. El carrero que marchaba a la cabeza saludó.

El ataúd ahora. Llegó antes que nosotros, muerto como está. El caballo mirándolo de reojo con su penacho inclinado. Ojo apagado: cabezada apretándole el pescuezo, oprimiendo un vaso sanguíneo o algo así. ¿Se darán cuenta de qué es lo que acarrean aquí cada día? Debe de haber veinte o treinta entierros diarios. Y todavía el Mount Jerome para los protestantes. Entierros en todas partes del mundo, cada minuto. A carradas, llevándolos extrarrápidamente. Miles por hora. Demasiados en el mundo.

Los deudos salieron por la portada: una mujer y una niña. Arpía de cara enjuta, por lo menos mezquina y despiadada, el sombrero torcido. El rostro de la niña manchado de suciedad y lágrimas, agarrando el brazo de la mujer, levantando los ojos hacia ella, en espera de una señal para llorar. Cara de pescado, sin sangre y lívida.

Los mozos levantaron en andas el ataúd y franquearon con él la portada. Tanto peso muerto. Me sentí más pesado al salir de ese baño. Primero el que va tieso: luego los amigos del que va tieso. Corny Kelleher y el muchacho seguían con sus coronas. ¿Quién es ese que está al lado de ellos? ¡Ah!, el cuñado.

Todos se pusieron en marcha.
Martín Cunningham cuchicheó:
—Estaba en mortal agonía cuando ustedes hablaban de suicidio delante de Bloom.
—¿Cómo? —murmuró el señor Power— ¿por qué?
—Su padre se envenenó —prosiguió Martín Cunningham—. Tenía el hotel de la Reina en Ennis. Ustedes le oyeron decir que iba a Clare. Aniversario.
—¡Por Dios! —cuchicheó a su vez el señor Power—. La primera noticia que tengo del asunto. ¡Se envenenó!
Lanzó una mirada hacia atrás al rostro de oscuros ojos meditabundos fijos sobre el mausoleo del cardenal. Hablaba.
—¿Estaba asegurado? —preguntó el señor Bloom.
—Creo que sí —contestó el señor Kernan—, pero la póliza estaba muy gravada con préstamos. Martín está tratando de hacer entrar al muchacho en Artana.
—¿Cuántos chicos deja?
—Cinco. Eduardo Lambert dice que tratará de hacer entrar una de las chicas en lo de Todd.
—Triste situación —dijo el señor Bloom apesadumbrado—: cinco hijos pequeños.
—Un gran golpe para la pobre viuda —agregó el señor Kernan.
—Verdaderamente —asintió el señor Bloom.
¿Cómo se acordará de él ahora?
Miró los botines que había embetunado y lustrado. Ella lo había sobrevivido, perdió a su marido. Más muerto para ella que para mí. Uno tiene que sobrevivir al otro. Los hombres sabios lo dicen. Hay más mujeres que hombres en el mundo. Presentarle mis condolencias. Pérdida irreparable la suya. Espero que usted lo siga pronto. Para las viudas hindúes solamente. Se casaría con otro. ¿Con él? No. Sin embargo, ¿quién puede decirlo? La viudez no está de moda desde que murió la vieja reina. Arrastrado sobre una cureña. Victoria y Alberto. Funerales conmemorativos en Frogmore para el aniversario. Pero al final ella se puso unas cuantas violetas en el sombrero. Vanidosa en su fuero interno. Todo para una sombra. Consorte ni siquiera rey. El hijo de ella era la sustancia. Algo nuevo para esperar; no como el pasado que ella quería de vuelta, esperando. Nunca viene. Uno tiene que ir primero: solo bajo tierra; y no acostarse más con ella en el cálido lecho.
—¿Cómo estás, Simón? —dijo Eduardo Lambert amablemente, estrechándole la mano—. No te veo desde hace una eternidad.
—Nunca estuve mejor. ¿Cómo están todos por la ciudad de Cork?
—Estuve allí para las carreras de Cork el lunes de Pascua —dijo Lambert—. Los viejos picapleitos de siempre. Estuve con Dick Tivy.
—¿Y cómo está Dick, el hombre fuerte?
—Nada entre él y el cielo —contestó Eduardo Lambert.
—¡Por San Pablo! —dijo el señor Dedalus asombrado, en voz baja—. ¿Dick Tivy calvo?
—Martín va a hacer una colecta para los chicos —dijo Eduardo Lambert, señalando hacia adelante—; unos pocos chelines por cabeza. Como

para que vayan tirando hasta que se arregle lo del seguro.

—Sí, sí —dudó el señor Dedalus—. Le previne muchas veces al pobre Paddy que debía cuidar ese empleo. Juan Enrique no es lo peor del mundo.

—¿Cómo lo perdió? —preguntó Eduardo Lambert—. Licor ¿eh?

—Es el lado flaco de más de un buen hombre —dijo el señor Dedalus con un suspiro.

Se detuvieron cerca de la puerta de la capilla mortuoria. El señor Bloom se quedó detrás del muchacho de la corona, contemplando su lustroso cabello peinado y el delgado pescuezo con arrugas dentro de su cuello nuevecito. ¡Pobre muchacho! ¿Estaba él allí cuando el padre? Los dos inconscientes. Iluminarse a último momento y reconocer por la última vez. Todo lo que pudo haber hecho. Le debo tres chelines a O'Grady. ¿Entendería él? Los enterradores entraron el ataúd en la capilla. ¿En qué extremo está su cabeza?

Un momento después siguió a los demás adentro, entrecerrando los ojos en la semioscuridad. El ataúd yacía sobre su catafalco delante del altar con cuatro velas amarillas en las esquinas. Siempre frente a nosotros Corny Kelleher, colocando una corona en cada punta de la cabecera, indicó al muchacho que se arrodillara. Los deudos se hincaron aquí y allá en reclinatorios. El señor Bloom se quedó atrás, cerca de la pila bautismal, y cuando todos estuvieron de rodillas dejó caer cuidadosamente el diario desdoblado de su bolsillo y colocó sobre él la rodilla derecha. Acomodó suavemente su sombrero negro sobre la izquierda y, sosteniéndolo por el ala, se inclinó piadosamente.

Un acólito, llevando un balde de bronce con algo adentro, apareció por una puerta. El sacerdote de camisa blanca entró detrás de él arreglando su estola con una mano, balanceando con la otra un pequeño libro sobre su vientre de sapo. ¿Quién va a leer este cuento? Yo, dijo el jumento.

Se pararon delante del catafalco y el sacerdote comenzó a leer su libro con flúido graznido.

El padre Esaúd. Yo sabía que su nombre era parecido a un ataúd. *Dominenómine*. Se le ve el hocico abultado. Manda la parada. Cristiano musculoso. Dios confunda al que se mofe: sacerdote. Tú eres Pedro. "Que reviente de costado como una oveja empachada" —dice Dedalus—. Lleva una barriga como la de un cachorro envenenado. Ese hombre encuentra las expresiones más divertidas. ¡Hum!: reventar de costado.

—*Non intres in judicium cum servo tuo, Domine.*

Se sienten más importantes cuando les echan encima rezos en latín. Misa de réquiem. Llorones enlutados. Papel de carta con el borde negro. El nombre de uno figurando en el registro de la iglesia. Frío este lugar. Hay que andar bien alimentado para estar toda la mañana sentado allí en la penumbra golpeándose los talones esperando el próximo por favor. Ojos de sapo también. ¿Qué es lo que lo hace hinchar así? A Maruja la hace hinchar el repollo. Quizá el aire del lugar. Parece lleno de gas nocivo. Debe de haber una cantidad infernal de gas malo por todo este sitio. Los carniceros por ejemplo: llegan a parecer bifes crudos. ¿Quién me lo dijo? Mervyn Brown. En las criptas de

San Werburgh hermoso órgano de hace ciento cincuenta años tienen que hacer un agujero en los ataúdes de tiempo en tiempo para que salga el gas malo y lo queman. Sale con violencia: azul. Una bocanada de ese gas y estás listo.

Me está doliendo la rótula. ¡Ay! Ahora está mejor.

Del balde que sostenía el muchacho el sacerdote sacó un palo con una bola en la punta y lo sacudió sobre el féretro. Luego caminó hasta la otra punta y lo volvió a sacudir. Después regresó y lo volvió a poner en el balde. Como eras antes de descansar. Está todo escrito: tiene que hacer eso.

—*Et no nos inducas in tentationem.*

El acólito cantaba los responsos en sobreagudo. He pensado muchas veces que sería mejor tener muchachos sirvientes. Hasta los quince, más o menos. Después, naturalmente...

Eso era agua bendita, supongo. Sacándole sueño a sacudidas. Debe de estar aburrido de este trabajo, sacudiendo esa cosa sobre todos los cadáveres que le traen. Sería bueno que pudiera ver sobre qué lo está sacudiendo. Cada día mortal una nueva remesa: hombres de edad madura, mujeres viejas, chicos, mujeres muertas de parto, hombres con barbas, hombres de negocios, calvos; jóvenes tuberculosas con esmirriados pechos de gorrión. Todo el año rezó lo mismo sobre todos ellos y les sacudió agua encima: duerme. Ahora sobre Dignam.

—*In paradisum.*

Dijo que iba a ir al paraíso o que está en el paraíso. Se lo dice a todos. Cansadora tarea. Pero tiene que decir algo.

El sacerdote cerró su libro y salió, seguido por el acólito. Corny Kelleher abrió las puertas laterales y entraron los sepultureros, alzaron el ataúd otra vez, lo llevaron fuera de la iglesia y lo metieron en el carromato. Corny Kelleher dió una corona al muchacho y otra al cuñado. Todos los siguieron saliendo por las puertas laterales al apacible aire gris. El señor Bloom salió el último, doblando otra vez el diario y metiéndoselo en el bolsillo. Miró gravemente al suelo hasta que el carromato con el ataúd comenzó a moverse hacia la izquierda. Las ruedas de metal trituraban el pedregullo con un lamento chirriante y la cuadrilla de torpes botas seguía a la angarilla a lo largo de un sendero de sepulturas.

La ri la ra la ri la ra li ru. ¡Dios!, no tengo que tararear aquí.

—La plazoleta de O'Connell —dijo el señor Dedalus cerca de él.

Los ojos plácidos del señor Power se levantaron hacia la cúspide del imponente cono.

—Está en reposo —dijo— en medio de su gente, el viejo Dan O'. Pero su corazón está enterrado en Roma. ¡Cuántos corazones rotos yacen aquí, Simón!

—La sepultura de ella está por allí, Jack —murmuró el señor Dedalus—. Pronto estaré a su lado extendido. Que Dios me lleve cuando quiera.

Emocionado, comenzó a llorar para sí calladamente, tropezando un poco en su marcha. El señor Power lo tomó del brazo.

—Ella está mejor ahí —dijo con afecto.

—Supongo que sí —exclamó el señor Dedalus con un débil sollozo—.

Imagino que está en el cielo, si hay un cielo.
Corny Kelleher se apartó de su fila y dejó pasar a los deudos.
—Tristes momentos —empezó el señor Kernan cortésmente.
El señor Bloom cerró los ojos e inclinó la cabeza tristemente dos veces.
—Los otros se están poniendo el sombrero —dijo el señor Kernan—. Supongo que nosotros lo podemos hacer también. Somos los últimos. Este cementerio es un lugar traicionero.
Se cubrieron las cabezas.
—El reverendo caballero leyó el servicio demasiado rápido, ¿no le parece a usted? —dijo el señor Kernan con un tono de reproche.
El señor Bloom asintió gravemente con la cabeza, mirando dentro de los rápidos ojos inyectados de sangre. Ojos secretos, escudriñadores ojos secretos. Masón, creo: no estoy seguro. Al lado de él otra vez. Somos los últimos. En el mismo barco. Espero que diga alguna otra cosa.
El señor Kernan agregó:
—El servicio de la iglesia irlandesa utilizado en Mount Jerome es más sencillo, más imponente, diría.
El señor Bloom asintió con un gesto prudente. El lenguaje era otra cosa, naturalmente.
El señor Kernan dijo con solemnidad:
—Yo soy la resurrección y la vida. Eso llega a lo más íntimo del corazón humano.
—Es verdad —afirmó el señor Bloom.
A tu corazón tal vez; pero ¿qué le importa al tipo metido en un metro cuadrado haciéndole raíces a las margaritas? No le alcanza. Asiento de los afectos. Corazón destrozado. Una bomba después de todo, bombeando miles de galones de sangre por día. Un buen día se atasca y estás listo. Por aquí los hay a montones: pulmones, corazones, hígados. Viejas bombas enmohecidas: lo demás son cuentos. La resurrección y la vida. Una vez muerto estás bien muerto. La idea del juicio final. Hacerlos salir a todos de sus tumbas. ¡Levántate y anda, Lázaro! Y llegó quinto y perdió el puesto. ¡Levántate! ¡Es el último día! Luego cada uno de los tipos ratoneando por ahí su hígado y sus bofes y el resto de sus bártulos. ¡La pucha, como para encontrar todos sus cachivaches esa mañana! Un pennyweight de polvo en un cráneo. Doce gramos un pennyweight. Medida Troy.
Corny Kelleher se les puso a la par.
—Todo salió de primera —dijo—. ¿Qué?
Los miró con sus ojos somnolientos. Hombros de vigilante. Con vuestro turulum turulum.
—Como corresponde— dijo el señor Kernan.
—¿Cómo? ¿Eh? —hizo Corny Kelleher.
El señor Kernan le infundió confianza con un gesto.
—¿Quién es ese sujeto que viene atrás con Tomás Kernan? —preguntó Juan Enrique Menton—. Conozco esa cara.
Eduardo Lambert miró hacia atrás.
—Bloom —dijo— Madam Marion Tweedy, que era, es, quiero decir, soprano. Es su esposa.

—¡Ah, sí! —exclamó Juan Enrique Menton—. Hace mucho que no la veo. Era buena moza. Bailé con ella; espera, hace quince, diecisiete dorados años, en lo de Mat Dillon, en Roundtown. Y era una buena brazada.

Miró hacia atrás entre los otros.

—¿Qué es él? —preguntó—. ¿Qué hace? ¿No andaba en el negocio de papelería? Me le fuí encima una noche, me acuerdo, en los bolos.

Eduardo Lambert sonrió.

—Sí, a eso se dedicaba —dijo— en lo de Sabiduría Hely. Viajante de papel secante.

—¡En el nombre de Dios! —dijo Juan Enrique Menton—. ¿Cómo se casó con un badulaque como ése? Ella un asunto bastante serio en ese entonces.

—Todavía lo es —observó Lambert—. Él es corredor de avisos.

El carromato dió vuelta hacia un sendero lateral. Un hombre corpulento, medio oculto entre las plantas, saludó con el sombrero. Los sepultureros se llevaron la mano a la gorra.

—Juan O'Connell —dijo el señor Power, complacido—. Él nunca se olvida de un amigo.

El señor O'Connell estrechó la mano a todos en silencio. El señor Dedalus dijo:

—Voy a venir a hacerte otra visita.

—Mi querido Simón —contestó el guardián en voz baja—, no te quiero como cliente de ninguna manera.

Saludando a Eduardo Lambert y a Juan Enrique Menton anduvo al lado de Martín Cunningham haciendo sonar dos llaves con las manos a la espalda.

—¿Oyeron eso de Mulcahy de la Coombe? —les preguntó.

—Yo no —dijo Martín Cunningham.

Inclinaron sus sombreros de copa a la vez y Hynes arrimó la oreja. El guardián colgó sus dedos pulgares en los eslabones de oro de su cadena del reloj y habló en un tono discreto a sus sonrisas vacías.

—Dicen —empezó— que dos borrachos vinieron una tarde brumosa para buscar la tumba de un amigo. Preguntaron por Mulcahy de la Coombe y les dijeron dónde estaba enterrado. Después de andar a los tropezones entre la neblina encontraron al fin la sepultura. Uno de los borrachos deletreó el nombre: Terence Mulcahy. El otro borracho estaba haciendo guiñadas a una estatua de nuestro Salvador, que la viuda había hecho poner allí.

El guardián señaló guiñando un ojo a uno de los sepulcros que pasaban. Volvió a tomar el hilo:

—Y después de dar una ojeada a la sagrada figura, dijo: *No se parece un corno. Ese no es Mulcahy. No me importa quien lo haya hecho.*

Recompensado por algunas sonrisas se hizo atrás y habló con Corny Kelleher recibiendo los formularios que éste le dió, dándolos vuelta y examinándolos mientras caminaba.

—Eso lo dice con un objeto —explicó Martín Cunningham a Hynes.

—Me di cuenta —dijo Hynes—, ya sé.

—Para levantar el ánimo al tipo —agregó Martín Cunningham—. Es un corazón pura bondad. Al demonio todo lo demás.

El señor Bloom admiró la magnífica corpulencia del guardián. Todos quieren estar en buenos términos con él. Sujeto decente, Juan O'Connell, de los buenos de veras. Llaves, como el aviso de Llavs: no hay temor de que se vaya nadie, no hay contraseña para salir. *Habeas corpus.* Tengo que ocuparme de ese aviso después del entierro. ¿Escribí Ballsbridge en el sobre que tomé para disimular cuando ella me sorprendió escribiendo a Marta? Espero que no esté tirada en el canasto de papeles. Sería mejor afeitarse. Retoños de barba gris. Esa es la primera señal cuando los cabellos salen grises y el carácter se agría. Quisiera saber cómo se atrevió a declararse a una chica. Ven a vivir conmigo en el cementerio. Agitar eso delante de ella. Podría excitarla primero. Coqueteando con la muerte... Las sombras de la noche rondando aquí con todos los muertos que andan tirados. Las sombras de las tumbas cuando los cementerios bostezan y Daniel O'Connell debe de ser un descendiente, supongo quién era solía decirlo que era un curioso, hombre de abolengo, gran católico sin embargo, como un gran gigante en la oscuridad. Fuego fatuo. Gas de sepulturas. Hay que distraer su mente de eso si quiere que quede embarazada. Las mujeres especialmente son tan impresionables. Cuéntale un cuento de aparecidos en la cama para hacerla dormir. ¿Has visto alguna vez un fantasma? Pues yo sí. Estaba oscuro como boca de lobo. El reloj estaba dando las doce. Sin embargo besan lo más bien si se las sabe entonar. Prostitutas en los cementerios de Turquía. Aprenden cualquier cosa si se las toma jóvenes. Podrías pescar una viuda joven aquí. A los hombres les gusta eso. Amor entre las lápidas. Romeo. Placeres picantes. Entre los muertos estamos en vida. Los extremos se tocan. Suplicio de Tántalo para los pobres muertos. Olor de bifes a la parrilla para los hambrientos que roen sus entrañas. Deseo de estimular a las personas. Maruja deseando hacerlo en la ventana. De cualquier manera tiene ocho hijos.

Ha visto pasar una buena colección por aquí con el tiempo, llenando los terrenos uno después del otro. Camposantos. Más lugar si los enterraran de pie. No se podría sentados o arrodillados. ¿De pie? Podría salir un día su cabeza en un derrumbe de tierra con la mano señalando. Todo alveolado debe estar el terreno: células oblongas. Y muy arreglado lo tiene, recorta el pasto y los canteros. El Mayor Gamble llama a su jardín Mount Jerome. Y lo es bien. Tendría que haber adormideras. Las amapolas gigantes de los cementerios chinos producen el mejor opio, me dijo Mastiansky. Los Jardines Botánicos están ahí no más. Es la sangre que se infiltra en la tierra que da vida nueva. La misma idea de esos judíos que se dice mataron al chico cristiano. Cada hombre su precio. Cadáver gordo bien conservado de señores epicúreos, inapreciable para huerta de frutales. Una pichincha. Por la carcasa de Guillermo Wilkinson, inspector contable y auditor, recientemente fallecido, tres libras, trece chelines y seis peniques. Muy agradecidos.

Me atrevería a decir que la tierra se pondría muy gorda con abono de cadáver, huesos, carne, uñas, fosas comunes. Horroroso. Volviendo al verde y al rosa, descomponiéndose. Se pudren pronto en la tierra húmeda. Los viejos disecados son más duros para deshacerse. Luego una especie de sebo, una clase de queso. Luego empieza a ponerse negro, exudando zumo. Después se secan. Polillas de la muerte. Naturalmente, las células o lo que sean siguen viviendo. Se vuelven a combinar. Prácticamente se vive para siempre. Nada para comer, se comen ellas mismas.

Pero deben de engendrar un endiablado enjambre de gusanos. El suelo debe de ser simplemente una vorágine de ellos Tu cabeza simplemente voraginea. Esas lindas chicas bañistas. Parece bastante alegre al respecto. Le da una sensación de poderío ver que todos los demás descienden antes que él. ¿Qué pensará de la vida? Se manda también sus buenos chistes: eso le calienta las arrugas del corazón. El del boletín. Spurgeon fué al cielo esta mañana a las 4 a. m. Las 11 p. m. (hora de cerrar). Todavía no llegó. Pedro. A los mismos muertos, a los hombres por lo menos, les gustaría escuchar uno que otro chiste o a las mujeres saber qué es lo que se usa. Una pera jugosa o un ponche para las señoras, caliente, fuerte y dulce. Impide que entre la humedad. Hay que reír de vez en cuando, así que es mejor hacerlo así. Sepultureros en *Hamlet*. Demuestra el profundo conocimiento del corazón humano. No se atreven a hacer bromas acerca del muerto antes de dos años por lo menos. *De mortuis nil nisi prius*. Ante todo terminar el luto. Difícil imaginarse su funeral. Parece una especie de broma. Dicen que si uno lee su propio aviso fúnebre vive más. Le da a uno otra vuelta de cuerda. Nuevo arriendo de vida.

—¿Cuántos tienes para mañana? —preguntó el guardián.

—Dos —dijo Corny Kelleher—. Diez y media y once.

El guardián se guardó los papeles en el bolsillo. El carromato había dejado de rodar. Los deudos se dividieron moviéndose hacia cada lado del agujero, caminando con cuidado alrededor de las tumbas. Los sepultureros llevaron el ataúd y lo colocaron de cabeza sobre el borde, enlazándolo con sogas.

Enterrándolo. Venimos a enterrar a César. Sus idus de marzo o de junio. No sabe quién es ni le importa.

¿Y quién es ese larguirucho que está allí con el impermeable? Y, ¿me gustaría saber quién es? Y daría una bagatela para saber quién es. Siempre aparece alguien en quien uno nunca soñó. Un hombre podría vivir aislado toda su vida. Sí, podría. Sin embargo, tendría que conseguir a alguien para que le echara tierra después de muerto, aunque podría cavar su propia sepultura. Todos lo hacemos. Solamente el hombre entierra. No, las hormigas también. Lo primero que llama la atención de cualquiera. Enterrar a los muertos. Se dice que Robinsón Crusoé estaba de acuerdo con la vida. Entonces Viernes lo enterró. Si uno lo piensa bien cada viernes entierra a un jueves.

¡Oh!, pobre Robinsón Crusoé,
¿cómo pudiste hacerlo?

¡Pobre Dignam! Sus restos metidos en un cajón yacen sobre la tierra por última vez. Cuando se piensa en todos ellos parece de veras un desperdicio de madera. Todos carcomidos. Podrían inventar un hermoso féretro con una especie de trampa que lo deslizara dejándolo caer. Sí, pero podrían oponerse a ser enterrados con aparatos ya usados por otro sujeto. Son tan delicados. Entiérrenme en mi tierra natal. Un poquito de arcilla de la tierra santa. Solamente una madre y un niño nacido muerto se entierran en el mismo ataúd. Entiendo por qué. Entiendo. Para protegerlo durante todo el tiempo que sea posible aún en la tierra. La casa del irlandés es su ataúd. Embalsamamiento en las catacumbas, momias, la misma idea.

El señor Bloom se quedó atrás, el sombrero en la mano, contando las cabezas descubiertas. Doce. Soy el trece. No. El tipo de impermeable es el trece. El número de la muerte. ¿De dónde diablos salió? No estaba en la capilla, lo podría jurar. Tonta superstición esa del trece.

Lindo paño suave tiene Eduardito en ese traje. Tinte de púrpura. Yo tenía uno como ése cuando vivíamos en la calle Lombard al oeste. Tipo bien vestido era en un tiempo. Acostumbraba cambiarse tres trajes en un día. Tengo que hacer dar vuelta por Mesías ese traje mío gris. ¡Epa! Está teñido. Su esposa —me olvidaba de que no está casado—, su patrona tendría que haberle sacado esos hilvanes.

El ataúd se zambulló desapareciendo de la vista, aflojado por los hombres arqueados sobre los bordes de la sepultura. Forcejeaban hacia arriba y hacia afuera; y todos descubiertos. Veinte.

Pausa.

Si todos nos convirtiéramos en otros de repente.

A lo lejos un asno rebuznó. Lluvia. No tan burro. Nunca veas a un muerto, dicen. Vergüenza de la muerte. Se esconden. También el pobre papá se fué.

Alrededor de las cabezas desnudas murmuró un brisa leve. Susurro. A la cabecera de la sepultura el muchacho sostenía su corona con ambas manos mirando tranquilo y fijo el negro espacio abierto. El señor Bloom se fué a colocar detrás del bondadoso y digno guardián. Levita bien cortada. Tal vez los revisan para ver a quién le toca después. Bueno; es un largo descanso. No se siente más. Es en el momento mismo que uno siente. Debe de ser terriblemente desagradable. No se puede creer al principio. Debe de ser una equivocación: algún otro. Vea si es en la casa de enfrente. Espere, no quisiera todavía. Luego la oscurecida cámara mortuoria. Haría falta luz. Cuchicheando alrededor de uno. ¿Quieres que llamemos a un sacerdote? Luego divagando y vagando. En el delirio todo lo que se ocultó durante toda la vida. La lucha con la muerte. Su sueño no es natural. Aprieta su párpado inferior. Observar si la nariz está afilada, si se hunde su mandíbula, si amarillean las plantas de sus pies. Sacar la almohada y dejarlo terminar en el piso, ya que está condenado. El demonio en ese cuadro de la muerte del pecador mostrándole una mujer. Muriéndose por abrazarla en camisa. Ultimo acto de *Lucía*. ¿No te volveré a contemplar jamás? ¡Bum! Expira. Por fin se fué. La gente habla un poco de uno; se olvidan. No se olviden de rezar por él. Recuérdenlo en sus oraciones. Hasta Parnell. La flor de un día se está extinguiendo. Luego siguen: cayendo en un agujero uno después del otro.

Estamos rezando ahora por el reposo de su alma. Esperando que estés bueno y no en el infierno. Lindo cambio de aire. De la sartén de la vida al fuego del purgatorio.

¿Piensa alguna vez en su propio agujero que lo está esperando? Dicen que uno piensa cuando se estremece estando al sol. Alguien caminando encima. Llamado del traspunte. Cerca de uno. La mía por el lado de Fingles el lote que compré. Mamá, pobre mamá, y el pequeño Rudy.

Los sepultureros tomaron sus palas e hicieron volar pesados terrones de greda hacia el ataúd. El señor Bloom dió vuelta la cara. ¿Y si hubiera estado vivo todo el tiempo? ¡Brrr! ¡Caramba! ¡Eso sería espantoso! No, no; está muerto, naturalmente. Naturalmente que murió. Murió el lunes. Tendría que haber una ley para perforar el corazón y asegurarse o un reloj eléctrico o un teléfono sobre el ataúd y alguna especie de respiradero de lona. Bandera de peligro. Tres días. Casi demasiado para conservarlos en verano. Tanto daría librarse de ellos tan pronto como se está seguro de que no hay.

El barro caía más blando. Empieza a ser olvidado. Ojos que no ven corazón que no siente.

El guardián se apartó unos pasos y se puso el sombrero. Ya tenía bastante. Los deudos se rehicieron uno por uno, cubriéndose sin ostentación. El señor Bloom se puso el sombrero y vió cómo la imponente figura se abría paso hábilmente a través del laberinto de tumbas. Con calma, seguro del terreno que pisaba. Cruzó sus tristes dominios.

Hynes anotando algo en su libreta. ¡Ah!, los nombres. Pero él los sabe todos. No: viene hacia mí.

—Estoy tomando los nombres —dijo Hynes en voz baja—. ¿Cuál es el tuyo de pila? No estoy seguro.

—L —dijo el señor Bloom—, Leopoldo. Y podrías anotar también el de M'Coy. Me pidió que lo hiciera.

—Carlos —dijo Hynes escribiendo—. Ya sé. En una época estuvo en *El Hombre Libre*.

Así que antes de conseguir el empleo en la morgue estaba con Luis Byrne. Buena idea, un postmortem para doctores. Averiguar qué es lo que se imaginan que saben. Murió en martes. Tomó las de Villadiego con el dinero de unos cuantos avisos. Carlitos, eres mi tesoro. Por eso fué que me pidió que. ¡Oh!, bueno, no tiene nada de malo. Me ocupé de eso, M'Coy. Gracias, viejo: muy agradecido. Lo dejo debiendo un servicio: no cuesta nada.

—Y dime —preguntó Hynes—, ¿conoces a ese tipo con, el tipo que estaba con el...

Miró alrededor.

—Encerado. Sí, lo vi —dijo el señor Bloom—. ¿Dónde está ahora?

—Encerado —murmuró Hynes, garabateando—. No sé quién es. ¿Es ese el nombre?

Se alejó, mirando alrededor.

—No —empezó a decir el señor Bloom, dándose vuelta y deteniéndose—. ¡Eh! ¡Hynes!

No oyó. ¿Eh? ¿Adónde se ha metido? Ni rastros. Bien, por todos los. ¿Alguno de ustedes ha visto? Ca e elle. Se hizo humo. Dios mío, ¿qué le habrá pasado?

Un séptimo sepulturero se aproximó al señor Bloom para levantar una pala abandonada.

—¡Oh, perdón! Se hizo a un lado ágilmente.

La tierra, marrón, húmeda, comenzó a verse en el agujero. Se elevaba. Casi listo. Un montículo de terrones húmedos se elevaba más, se elevaba, y los sepultureros dejaron descansar sus palas. Todos se descubrieron otra vez por breves instantes. El muchacho apoyó su corona en un rincón: el cuñado sobre un montón de tierra. Los enterradores se pusieron sus gorras y llevaron las palas llenas de tierra hacia el carromato. Luego golpearon las hojas ligeramente sobre el césped: limpiarlas. Uno se inclinó para arrancar del mango un largo penacho de pasto. Otro, dejando a sus compañeros, siguió caminando lentamente con su arma al hombro, mientras la hoja de la pala azuleaba. Silenciosamente, a la cabecera de la sepultura, otro arrollaba la abrazadera del cajón. Su cordón umbilical. El cuñado, retirándose, colocó algo en su mano libre. Gracias en silencio. Lo siento, señor: molestia. Sacudimiento de cabeza. Ya sé eso. Esto para ustedes.

Los deudos se alejaron lentamente, a la ventura, sin dirección fija, deteniéndose a veces para leer un nombre sobre una tumba.

—Demos una vuelta por la tumba del jefe —dijo Hynes—. Tenemos tiempo.

—Vamos —dijo el señor Power.

Torcieron a la derecha, siguiendo sus lentos pensamientos. La voz vacía del señor Power habló atemorizada:

—Hay quien dice que no está en esa tumba. Que el ataúd estaba lleno de piedras. Que un día vendrá de vuelta.

Hynes meneó la cabeza:

—Parnell nunca volverá —dijo—. Todo lo que era mortal en él está allí. Paz a sus cenizas.

El señor Bloom caminó inadvertido a lo largo de los árboles, pasando ante ángeles entristecidos, cruces, columnas quebradas, bóvedas de familia, esperanzas de piedra rezando con los ojos fijos en el cielo, manos y corazones de la vieja Irlanda. Más sensato sería emplear el dinero en alguna caridad para los vivos. Ruega por el reposo del alma de. ¿Lo hace alguien realmente? Una vez que lo plantan, terminaron con él. Como si lo arrojaran cual carbón en un sótano. Entonces amontónenlos todos juntos para ahorrar tiempo. El día de todos los muertos. El 27 estaré junto a su sepultura. Diez chelines para el jardinero. La conserva libre de yuyos. Viejo él también. Doblado en dos con sus tijeras recortando el pasto. Cerca de la puerta de la muerte. ¿Quién pasó? ¿Quién dejó esta vida? Como si lo hicieran por propia voluntad. Les llegó el turno a todos ellos. ¿Quién se fué al otro mundo? Sería más interesante si le dijeran a uno lo que fueron. Esto y esto, carretero. Fuí viajante de linóleo. Pagué cinco chelines la libra. O una mujer con su cacerola. Hacía buen estofado irlandés. Panegírico en un cementerio de campaña debería llamársele a ese poema de quien es Wordsworth o Tomás Campbell. Entró en descanso, ponen los protestantes. La del viejo doctor Murren. La gran curadora lo internó. Bueno, es camposanto para ellos.

Hermosa residencia de campo. Recién revocada y pintada. Lugar ideal para fumar tranquilo y leer el *Church Times*. Nunca tratan de embellecer los avisos de casamiento. Coronas mohosas colgadas sobre las aldabas. Guirnaldas de oropel. Vale más que lo que cuesta. Sin embargo, las flores son más poéticas. Las otras se hacen un poco cansadoras, nunca se marchitan. No dicen nada. Inmortelles.

Un pájaro se apoyó mansamente sobre la rama de un álamo. Como si estuviera embalsamado. Se parece al regalo de bodas que nos hizo el regidor Hooper. ¡Eh! Ni se menea. Sabe que no le van a tirar con la honda. El animal muerto todavía más triste. La tontita de Milly enterrando al pequeño pájaro muerto en la caja de fósforos de la cocina, una corona de margaritas y pedacitos de collares rotos sobre la tumba.

Aquí está el sagrado corazón: lo muestra. El corazón en la mano. Tendría que estar sobre un costado y pintado de rojo como un corazón de verdad. Irlanda fué dedicada a él o a lo que sea. Parece cualquier cosa menos satisfecho. ¿Por qué infligirme esto? Vendrían entonces los pájaros y picotearían como el muchacho con la canasta de fruta, pero él dijo que no porque ellos tendrían que haber tenido miedo del muchacho. Ése fué Apolo.

¡Cuántos! Todos éstos anduvieron en un tiempo por Dublin. Se durmieron en la paz del Señor. Tal como eres ahora tú así fuimos nosotros un día.

Además, ¿cómo podría uno acordarse de todos? Ojos, forma de caminar, voz. Bueno, la voz, sí: gramófono. Tener un gramófono en cada sepultura o guardarlo en la casa. Después de comer un día domingo. Pongan al pobre viejo bisabuelo. ¡Craaracrak! Holaholahola estoymuycontento cracracrac muycontentodeverlosotravez holahola toymuycontraschtrevestravez crach. Nos recordaría la voz como la fotografía nos hace recordar la cara. De lo contrario uno no podría acordarse de la cara después de quince años, por ejemplo. ¿Por ejemplo quién? Por ejemplo alguno que murió cuando yo estaba en lo de Sabiduría Helly.

¡Trscrsrr! Un ruido de pedregullo. Espera. Párate.

Miró abajo atentamente dentro de una cripta de piedra. Algún animal. Espera. Ahí va.

Un obeso ratón gris salió gateando a lo largo de la cripta removiendo el pedregullo. Un veterano: bisabuelo: conoce las vueltas. El gris viviente se aplastó bajo el plinto, retorciéndose. Buen escondite para un tesoro.

¿Quién vive allí? Yacen los restos de Roberto Emery, Roberto Emmet fué enterrado aquí a la luz de las antorchas, ¿no fué así? Lo hizo a su modo. Ya desapareció la cola.

Uno de estos tíos terminaría pronto con un tipo. Roería hasta dejar los huesos limpios quienquiera que fuese. Carne corriente para ellos. Un cadáver es carne echada a perder. Bueno, ¿y qué es el queso? Cadáver de la leche. Leí en esos *Viajes en la China* que los chinos dicen que un hombre blanco huele como un cadáver. Mejor la cremación. Los sacerdotes están completamente en contra. Trabajan para otra firma. Quemadores al por mayor y negociantes de hornos Dutch. Tiempos de peste. Las fosas de fiebre de cal viva para devorarlos. Cámara letal. Cenizas a las cenizas. O enterrado en el mar. ¿Dónde está esa torre del silencio de los Guebros? Comido por los pájaros. Tierra, fuego, agua. Dicen que lo más agradable es ahogarse. Se ve toda la vida en un relámpago. Pero ser devuelto a la vida ya es otra cosa. No puede enterrárselos en el aire, sin embargo. Desde una máquina voladora. ¿Se corre la voz cuando cae uno nuevo? Comunicación subterránea. Aprendimos eso de ellos. No me sorprendería. Un verdadero banquete para ellos. Las moscas vienen antes de que esté muerto del todo. Les llegó la brisa de Dignam. No les importaría el olor. Papilla blanca como sal, desmoronándose, de cadáver: huele, tiene gusto a nabos blancos crudos.

Los portones relucían delante: todavía abiertos. De vuelta al mundo otra vez. Ya hay bastante de este lugar. Lo trae a uno un poco más cerca cada vez. La última ocasión que estuve aquí fué para el entierro de la señora Sinico. El pobre papá también. Amor que mata. Y aun rasguñando la tierra de noche con una linterna como en ese caso que leí para llegar hasta las hembras recién enterradas o aun podridas con supurantes úlceras de sepultura. Le pone a uno pronto la carne de gallina. Me apareceré a ti después de muerto. Verás mi espectro después de muerto. Mi espíritu te perseguirá después de muerto. Hay otro mundo después de la muerte que se llama infierno. No me gusta ese otro mundo, ella escribió. Ni a mí tampoco. Hay mucho para ver y escuchar y sentir todavía. Sentir cálidos seres vivos cerca de uno. Que duerman ellos en sus lechos agusanados. No me van a pescar todavía esta vuelta. Camas calientes: cálida vida llena de sangre rica.

Martín Cunningham emergió de un sendero lateral, hablando gravemente.

Procurador, creo. Conozco su cara. Menton. Juan Enrique, procurador, comisionado para juramentos y fianzas escritas. Dignam acostumbraba estar en su oficina. En lo de Mateo Dillon hace mucho. Noches hospitalarias del alegre Mateo. Aves frías, cigarros, los vasos de Tántalo. Verdadero corazón de oro. Sí, Menton. Se salió de las casillas esa noche en la cancha de bolos porque me le fuí. Pura chiripa la mía: el efecto de la bola. Por eso me tomó tirria. Odio a primera vista. Maruja y Flosy Dillon enlazados debajo las lilas, riendo. El tipo siempre está así, mortificado si hay mujeres cerca.

Tiene una abolladura en el costado de su sombrero. Del coche, probablemente.

—Discúlpeme, señor —dijo el señor Bloom al lado de ellos.

Se detuvieron.

—Su sombrero está un poco abollado —agregó el señor Bloom sin moverse.

—Allí —ayudó Martín Cunnhingham, señalando también.

Juan Enrique Menton se sacó el sombrero. Quitó la abolladura y alisó la pelusa cuidadosamente con la manga del saco. Se encasquetó el sombrero de nuevo.

—Está bien ahora —dijo Martín Cunnhingham.

Juan Enrique Menton sacudió la cabeza saludando.

—Gracias —dijo secamente.
Siguieron caminando hacia los portones. El señor Bloom, cariacontecido retrocedió unos pocos pasos para no oír lo que iban hablando. Martín dictando la ley. Martín podría envolver una cabeza de tonto como ésa alrededor de su dedo meñique sin que él se diera cuenta.
Ojos de ostra. No importa. Tal vez se arrepienta después cuando se dé cuenta. Se lo atrae en esa forma.
Gracias. Qué magnánimos estamos esta mañana.

EN EL CORAZÓN DE LA METRÓPOLI HIBERNESA

Delante de la columna de Nelson los tranvías disminuían la marcha, se desviaban, cambiaban el trole, se encaminaban hacia Blackrock, Kingstown y Dalkey, Clonksea, Rathgar y Terenure, Palmerston Park y Upper Rathimes, Sandymount Green, Rathmines, Ringsend y Sandymount Tower, Harold's Cross. El ronco encargado del control de la Compañía de Tranvías Unidos de Dublin les gritaba:
—¡Rathgar y Terenure!
—¡Vamos, Sandymount Green!

Sonando a derecha e izquierda el paralelo metálico repicar de campanillas un coche con imperial y otro de un solo piso llegaron al terminal y moviéndose hacia las líneas descendentes se deslizaron paralelos.
—¡Salida, Palmerston Park!

LOS PORTADORES DE LA CORONA

Bajo el pórtico de la oficina central del correo los limpiabotas llamaban y lustraban. Estacionados en la calle North Prince los coches bermellones del correo de Su Majestad, llevando a los costados las iniciales reales, E. R., recibían sacos ruidosamente lanzados de cartas, postales, cartas postales, encomiendas, certificadas y pagadas, para reparto local, provincial, británico y de ultramar.

CABALLEROS DE LA PRENSA

Carreros de toscas botas hacían rodar barriles que resonaban opacamente desde los almacenes Prince y los tiraban en la chata cervecera. Sobre la chata cervecera chocaban los barriles de opaco resonar empujados por carreros de toscas botas que los sacaban de los almacenes Prince.

—Allí está —dijo Red Murray— Alejandro Llavs.
—Tómalo, ¿quieres? —dijo el señor Bloom—, yo lo llevaré a la oficina del *Telégrafo*.

La puerta de la oficina de Ruttledge crujió otra vez. Davy Stephens, metido en un gran saco con esclavina, un pequeño sombrero de fieltro coronando sus rizos, salió con un rollo de papeles bajo el brazo, como un correo del rey.

Las largas tijeras de Red Murray recortaron el aviso del diario en cuatro golpes limpios. Tijeras y engrudo.

—Voy a lo del impresor —dijo el señor Bloom, tomando el recorte cuadrado.

—Naturalmente, si quiere un suelto —dijo Red Murray enfáticamente, la pluma detrás de la oreja— podemos hacérselo.

—Muy bien —respondió el señor Bloom con una inclinación de cabeza—. Voy a machacar sobre eso.

Nosotros.

WILLIAM BRAYDEN, SQUIRE DE ORAKLANDS, SANDYMOUNT

Red Murray tocó el brazo del señor Bloom con las tijeras y murmuró: Brayden.

El señor Bloom se dió vuelta y vió al portero de librea levantar su gorra con inscripción mientras una majestuosa figura entraba entre las pizarras de noticias del *Semanario del Hombre Libre y Prensa Nacional* y el *Diario del Hombre Libre y Prensa Nacional*. Barriles de Guinness resonando opacamente. Pasó majestuoso escaleras arriba remolcado por un paraguas, un rostro solemnemente enmarcado en su barba. La espalda de paño fino ascendía cada escalón: espalda. Tiene toda la inteligencia en la nuca, dice Simón Dedalus. Costurones de carne por atrás. Gordos dobleces de cuello, gordo cuello, gordo, cuello.

—¿No te parece que su cara es como la de Nuestro Salvador? —cuchicheó Red Murray.

La puerta de la oficina de Ruttledge cuchicheó: ii, crii. Siempre hacen una puerta enfrentando a la otra para que el viento. Entrada. Salida.

Nuestro Salvador: rostro oval rodeado de barba: hablando en la penumbra María, Marta. Timoneado por la espada de un paraguas hacia las candilejas: Mario el tenor.

—O como Mario —dijo el señor Bloom.

—Sí —concedió Red Murray—. Pero decían que Mario es el retrato de Nuestro Salvador.

Jesús Mario con mejillas enrojecidas, jubón y piernas en forma de huso. La mano sobre el corazón. En *Martha*.

Ve-en tú, mi amado bien.
Ve-en tú, perdido bien.

EL CAYADO Y LA PLUMA

—Su Eminencia habló dos veces esta mañana —dijo Red Murray gravemente.

Miraron desvanecerse las rodillas, piernas, zapatos. Cuello.
Un joven telegrafista penetró ágilmente, arrojó un sobre en el mostrador y salió a la carrera dejando dos palabras:
—¡Hombre Libre!
El señor Bloom dijo lentamente:
—Bueno, él es también uno de nuestros salvadores.
Una mansa sonrisa lo acompañó mientras levantaba la tabla del mostrador, al pasar por la puerta lateral y seguir a lo largo de las escaleras y el corredor cálidos y oscuros, a lo largo de los tableros ahora reverberantes. Pero, ¿salvará él la circulación? Golpear, golpear.
Empujó la puerta giratoria de cristales y entró, pisando sobre papel de embalaje amontonado. A través de un camino de ruidosos rodillos se abrió paso hacia el gabinete de lectura de Nannetti.

CON SINCERO PESAR ANUNCIAMOS LA DESAPARICIÓN DE UNO DE LOS MÁS HONORABLES CIUDADANOS DE DUBLIN

Hynes aquí también: debido al entierro probablemente. Golpea que te golpea. Esta mañana los restos del extinto señor Patricio Dignam. Máquinas. Pulverizarían a un hombre en átomos si lo agarraran. Gobiernan al mundo hoy. Sus maquinarias también se están desclavando. Como éstas, se descompuso: fermentando. Trabajando, rompiendo. Y esa vieja rata gris luchando para entrar.

CÓMO SE HACE UN GRAN ROTATIVO

El señor Bloom se detuvo detrás del magro cuerpo del capataz admirando una lustrosa coronilla.
Extraño que nunca viera su verdadero país. Irlanda mi país. Miembro para el College Green. Hacía resoplar esa maquinaria por todo lo que valía. Son los avisos y el material de relleno los que hacen vender un semanario, no las noticias rancias en la gaceta oficial. La Reina Ana ha muerto. Publicado oficial en el año mil y. Demesne está situado en el territorio de Rosenallis, baronía de Tinnachinch. A quienes pueda interesar inventario de acuerdo con el estatuto dando cuenta de una cantidad de mulas y jacas españolas exportadas de Ballina. Notas del natural. Caricaturas. El cuento semanal Pat y Bull de Phil Blake. La página del tío Toby para la gente menuda. Consultorio del campesino cándido. Estimado señor Director, ¿qué es bueno para la flatulencia? Me gustaría esa parte. Se aprende mucho enseñando a los otros. La nota social F. A. T. Fotos ante todo. Bañistas bien formadas en playa dorada. El globo aerostático más grande del mundo. Dos hermanas celebran sus bodas el mismo día. Dos novios riéndose sinceramente el uno del otro. Cuprani también, impresor. Más irlandés que Irlanda.
Las máquinas trepidaban a compás de tres por cuatro. Golpea, golpea, golpea. Y si él se quedara paralítico allí y nadie supiera cómo

pararlas seguirían rechinando y rechinando sobre lo mismo, imprimiéndolo y volviéndolo a imprimir de ida y vuelta. Lindo rompecabezas. Hay que tener una cabeza serena.

—Bueno, haz entrar esto en la edición de la tarde, consejero —dijo Hynes.

Pronto lo va a llamar mi alcalde. Dicen que lo apoya el largo Juan.

El regente, sin contestar, escribió de prisa y apretado en un rincón de la hoja e hizo una señal a un tipógrafo. Alargó la hoja silenciosamente sobre la sucia mampara de vidrio.

—Muy bien: gracias —dijo Hynes alejándose.

El señor Bloom estaba en su camino.

—Si quieres cobrar, el cajero está por irse a almorzar —advirtió, señalando hacia atrás con el pulgar.

—¿Cobraste tú? —preguntó Hynes.

—¡Hum! —dijo el señor Bloom—. Mira bien y lo vas a pescar.

—Gracias, viejo —dijo Hynes—. Yo también le voy a tirar la manga. Se dirigió a toda prisa hacia el diario *El Hombre Libre*.

Tres chelines le presté en lo de Meagher. Tres semanas. Tercera insinuación.

VEMOS AL AGENTE DE AVISOS EN ACTIVIDAD

El señor Bloom colocó su recorte sobre el escritorio del señor Nannetti.

—Discúlpeme, consejero —dijo—. Este aviso, sabe. Llavs, ¿se acuerda?

El señor Nannetti consideró el recorte un momento y asintió con la cabeza.

—Lo quiere para julio —dijo el señor Bloom.

No escucha. Nannan. Nervios de hierro.

El regente movió su lápiz hacia el recorte.

—Pero espere —dijo el señor Bloom—. Quiere que lo cambien. Llavs, sabe. Quiere dos llaves en la parte de arriba.

Qué ruido endemoniado hacen. Tal vez entiende lo que yo.

El regente se dió vuelta para escuchar pacientemente y, levantando un codo, empezó a rascarse lentamente el sobaco por debajo de su chaqueta de alpaca.

—Así —dijo el señor Bloom, cruzando sus dedos índices en la parte superior.

Que digiera eso primero.

El señor Bloom, mirando oblicuamente desde la cruz que había hecho, vió el rostro cetrino del regente, me parece que tiene un poco de ictericia, y detrás las obedientes bobinas alimentando gigantescos laberintos de papel. Rechina. Rechina. Kilómetros devanados. ¿En qué se convierte después?

—¡Oh!, para envolver carne, paquetes; varios usos, mil y una cosas. Haciendo deslizar sus palabras hábilmente entre las pausas del rechinamiento diseñó velozmente sobre la madera cubierta de cicatrices.

CASA DE LLAV(E)S

—Así, vea. Dos llaves cruzadas aquí. Un círculo. Después aquí el nombre Alejandro Llavs, comerciante de té, vino y alcoholes. Etcétera. Mejor no enseñarle su propio trabajo.

—Usted sabe bien, consejero, exactamente lo que él quiere. Luego alrededor de la parte superior interlineado, la casa de llaves. ¿Comprende? ¿Le parece una buena idea?

El regente trasladó su mano rascadora a las costillas inferiores y rascó allí tranquilamente.

—La idea —dijo el señor Bloom— es la casa de llaves. Usted sabe, consejero, el parlamento Manx. Insinuación de autonomía. Turistas, sabe, de la isla de Man. Llama la atención, ¿comprende? ¿Puede hacer eso?

Tal vez podría preguntarle cómo se pronuncia ese *voglio*. Pero si no lo supiera no conseguiría más que hacerle pasar un mal rato. Mejor no.

—Podemos hacer eso —dijo el regente—. ¿Tiene el croquis?

—Lo puedo conseguir. Estaba en un diario de Kilkenny. Él tiene una casa allí también. Iré de una corrida a pedírselo. Bueno, usted puede hacer eso y un pequeño recuadro para llamar la atención. Usted sabe lo que se acostumbra. Locales con patente de primera clase. Un vacío largamente sentido. Etcétera.

El regente pensó un momento.

—Podemos hacer eso —dijo—. Pero sáquele un compromiso por tres meses.

Un tipógrafo le trajo una prueba de galera húmeda. Empezó a revisarla en silencio. El señor Bloom se quedó al lado, escuchando los ruidosos latidos de los engranajes, observando a los silenciosos tipógrafos trabajando frente a sus cajas.

ORTOGRÁFICO

Quiere estar seguro de la ortografía. Fiebre de las pruebas. Martín Cunningham se olvidó de darnos su acertijo ortográfico esta mañana. Es divertido observar la sin la ele igual confu dos eles ¿no es así? doble ele sión sión de un fatigado vendedor ambulante mientras mide o la sementera de una pera pelada bajo una pared de cementerio. Tonto, ¿no es cierto? Naturalmente, se pone cementerio a causa de la sementera.

Podría haberlo dicho cuando se encasquetó su sombrero de copa. Gracias. Debería haber dicho algo acerca de un sombrero viejo o algo así. No, yo podría haberlo dicho. Parece nuevo ahora. Verle la facha entonces.

Sllt. La plancha más baja de la primera página empujaba hacia adelante su sacapliegos con sllt la primera remesa de diarios doblados. Sllt. Casi humana la forma en que hace sllt para llamar la atención. Hace todo lo que puede por hablar. Esa puerta también sllt crujiendo, pidiendo que la cierren. Todas las cosas hablan a su manera. Sllt.

NOTABLE ECLESIÁSTICO COLABORADOR OCASIONAL

El regente devolvió la prueba de galera de repente, diciendo:
—Espera. ¿Dónde está la carta del arzobispo? Hay que repetirla en *El Telégrafo*. ¿Dónde está ese cómo se llama?
Miró a su alrededor como preguntando a sus ruidosas máquinas mudas.
—¿Monks, señor? —preguntó una voz desde la caja de tipos.
—Sí. ¿Dónde está Monks?
—¡Monks!
El señor Bloom tomó su recorte. Mejor irse.
—Entonces, señor Nannetti, voy a conseguir el diseño —dijo— y yo sé que usted le va a dar una buena ubicación.
—¡Monks!
—Sí, señor.
Contrato por tres meses. Tendré que hamacarme un rato primero. De cualquier modo haré la prueba. Haré hincapié en agosto: buena idea: mes de exposición de caballos Ballsbridge. Concurrencia de turistas para la exposición.

UN PADRE - NOTICIAS

Atravesó la sala de las cajas pasando al lado de un viejo inclinado de anteojos y guardapolvo. El viejo Monks, el padre-noticias. Rara colección de cosas debe de haber pasado por sus manos con el tiempo: avisos necrológicos, reclames de bebidas, discursos, pleitos de divorcio, lo encontraron ahogado. Ya se le va terminando el resuello. Parece un hombre serio y sobrio con su cuentita en el banco de ahorros. La esposa buena cocinera y lavandera. La hija en su máquina de coser en la sala. Juana simplota, de estúpido sentido común.

Y ERA LA PASCUA DE LOS HEBREOS

Se detuvo en su camino para observar a un tipógrafo distribuyendo tipos diestramente. Primero lo lee para atrás. Lo hace rápido. Debe de requerir alguna práctica eso. mangiD. oicirtaP. Pobre papá con su libro hagadah, leyéndome hacia atrás con el dedo. Pessach. El año que viene en Jerusalén. Dios, ¡oh Dios! Toda esa interminable historia para sacarnos de la tierra de Egipto y meternos en la casa de servidumbre *alleluia. Shema Israel Adonai Elohenu.* No, ésa es la otra. Luego los doce hermanos, hijos de Jacob. Y luego el cordero y el gato y el perro y el bastón y el agua y el carnicero y luego el ángel de la muerte mata al carnicero y él mata al buey y el perro mata al gato. Parece un poco tonto hasta que uno lo profundiza bien. Significa la justicia, pero es todo el mundo comiéndose a todo el mundo.

Eso es lo que es la vida después de todo. Qué rápido hace ese trabajo. La práctica da perfección. Parece que viera con los dedos.

El señor Bloom fué saliendo de los ruidos rechinadores a través del corredor hasta el rellano. ¿Ahora me voy a hacer todo ese viaje en tranvía y a lo mejor no lo pesco en casa? Mejor que le hable por teléfono primero. ¿Número? El mismo que la casa Citron. Veintiocho. Veintiocho cuatro cuatro.

SOLAMENTE UNA VEZ MÁS ESE JABÓN

Bajó las escaleras de la casa. ¿Quién demonio garabateó todas estas paredes con fósforos? Parece como si lo hubieran hecho por una apuesta. Siempre hay un olor pesado a grasa en esos talleres. Cola fuerte tibia en la puerta al lado de lo de Tomás, cuando estuve allí.

Sacó su pañuelo para limpiarse la nariz. ¿Citrolimón? ¡Ah!, el jabón que puse allí. Se puede perder en ese bolsillo. Volviendo a guardar el pañuelo sacó el jabón y lo metió en el bolsillo trasero de sus pantalones, abotonándolo.

¿Qué perfume usa tu esposa? Todavía podría ir a casa: tranvía; algo me olvidé. Solamente una mirada antes de vestirse. No. Aquí. No.

Un repentino chillido de risa salió de la oficina del *Telégrafo* de la noche. Sé quién es ése. ¿Qué pasa? Me meteré un minuto para hablar por teléfono. Es Eduardo Lambert.

Entró sin hacer ruido.

ERÍN, LA ESMERALDA DE LOS MARES DE PLATA

—El muerto que anda —murmuró quedamente el profesor McHugh, con la boca llena de bizcocho, al polvoriento vidrio de la ventana.

El señor Dedalus, levantando la vista de la chimenea vacía para mirar al rostro burlón de Eduardo Lambert, le preguntó agriamente:

—Por los clavos de Cristo, ¿no podría darte una diarrea?

Eduardo Lambert, sentado en la mesa, siguió leyendo:

—*O asimismo observad los meandros de algún susurrante arroyuelo mientras parlotea en su camino, acariciado por los céfiros más suaves y querellando con los obstáculos de las piedras, en dirección a las revueltas aguas del dominio azul de Neptuno, en medio de musgosas riberas, inquietado por la gloriosa luz del sol o bajo las sombras proyectadas sobre su seno pensativo por el oscurecido follaje de los gigantes de la selva.* ¿Qué te parece, Simón? —preguntó por encima del borde de su diario—. ¿Qué tal eso como calidad?

—Desaguándolo un poco —dijo el señor Dedalus.

Eduardo Lambert, riendo, golpeó el diario sobre sus rodillas, repitiendo:

—*El seno pensativo y el esculecido follaje.* ¡Ah, muchacho! ¡Muchacho!

—Y Jenofonte miró a Maratón —dijo el señor Dedalus, volviendo a mirar la chimenea y la ventana— y Maratón miró al mar.

—Ya tengo bastante —gritó el profesor McHugh desde la ventana—. No quiero escuchar más.

Terminó de comer la medialuna que había estado mordisqueando y despertado su apetito, se dispuso a mordisquear el bizcocho de la otra mano.

Cháchara pomposa. Globos inflados. Veo que Eduardo Lambert se está tomando un día de descanso. Un entierro le arruina un poco el día a un hombre. Dicen que algo influye. El viejo Chatterton, el vicecanciller, es su tío abuelo o su tío bisabuelo. Cerca de los noventa dicen. Quizá los titulares para su fallecimiento están escritos desde hace largo tiempo. Sigue viviendo para fastidiarlos. Podría irse primero, qué embromar. Johnny, haz lugar a tu tío. El muy honorable Hedges Eyre Chatterton. Me atrevería a decir que le escribe uno que otro cheque tembleoueado los días de gala. Qué ganga cuando se mande mudar. Aleluya.

—Nada más que otro espasmo —dijo Eduardo Lambert.

—¿Qué es? —preguntó el señor Bloom.

—Un fragmento recientemente descubierto de Cicerón —contestó el profesor MacHugh pomposamente—. *Nuestra hermosa patria.*

BREVE PERO OPORTUNO

—La patria de Dan Dawson —dijo el señor Dedalus.

—Es una pregunta atinada —observó el profesor mientras masticaba—. Con acento sobre el quién.

—La patria de Dan Dawson —dijo el señor Dedalus.

—¿Es su discurso de anoche? —preguntó el señor Bloom.

Eduardo Lambert asintió.

—Pero presten atención a esto —dijo.

El picaporte golpeó al señor Bloom en los riñones al ser empujada la puerta hacia adentro.

—Perdón —dijo J. J. O'Molloy entrando.

El señor Bloom se hizo a un lado rápidamente.

—Perdóneme usted —dijo.

—Buen día, Jack.

—Entre, entre.

—Buen día.

—¿Cómo le va, Dedalus?

—Bien, ¿y a usted?

J. J. O'Molloy meneó la cabeza.

TRISTE

Era el tipo más inteligente en el foro menor. Declina el pobre muchacho. Ese rubor hético significa el fin para un hombre. Un golpecito y se acabó. Quisiera saber qué viento lo trae. Preocupación de dinero.

—*O aun si trepamos los apretados picos de las montañas.*

—Estás lo más bien.

—¿Se puede ver al director? —preguntó J. J. O'Molloy, mirando hacia la puerta interior.

—¡Cómo no! —dijo el profesor MacHugh—. Verlo y oírlo. Está en su sanctum con Leneham.

J. J. O'Molloy se aproximó al escritorio inclinado y se puso a volver las páginas rosas de la colección.

Disminuye la clientela. Uno quepudohabersido. Fracasando. Jugando. Deudas de honor. Cosechando tempestades. Solía recibir buenas comisiones de D. y T. Fitzgerald. Pelucas para poner en evidencia su materia gris. Los sesos en las mangas como la estatua en Glasnevin. Creo que hace algún trabajo literario para el Express con Gabriel Conroy. Tipo instruído Myles Crawford; empezó en el *Independiente*. Curiosa la forma en que estos hombres de prensa viran cuando olfatean alguna nueva oportunidad. Veletas. Saben soplar frío y caliente. No se sabría a quién creer. Una historia buena hasta que uno escucha la próxima. Se ponen de vuelta y media entre ellos en los diarios y después no ha pasado nada. Pasa un momento y tan amigos.

—¡Ah, escuchen esto, por amor de Dios! —suplicó Eduardo Lambert—. *O aun si trepamos los apretados picos de las montañas...*

—¡Bombístico! —interrumpió el profesor bruscamente—. ¡Basta ya de inflar globos!

—*Picos* —siguió Eduardo Lambert— *elevándose dominantes hacia la altura para bañar nuestras almas como si fuera...*

—¡Que vaya a bañarse! —dijo el señor Dedalus—. ¡Bendito y eterno Dios! ¡Caramba! ¿Es posible que le paguen para hacer eso?

—*Porque era, en el incomparable panorama del álbum de Irlanda, la verdadera sin rival, a pesar de los alabados prototipos de otras vanagloriadas regiones, porque la misma belleza de la frondosa arboleda, la ondulante planicie y la sabrosa pradera de verde primaveral, impregnadas en la trascendente incandescencia traslúcida de nuestro apacible y misterioso crepúsculo irlandés...*

SU JERGA NATAL

—La luna —dijo el profesor MacHugh—. Se olvidó de Hamlet.

—*Que envuelve la escena por todas partes y espera hasta que la incandescente esfera de la luna aparece irradiando sus efluvios de plata.*

—¡Oh! —gritó el señor Dedalus, dejando escapar un gemido de desesperación—, ¡caca con cebollas! Basta, Eduardo. La vida es demasiado corta.

Se quitó el sombrero de copa y resoplando irritado en sus poblados mostachos, se peinó el cabello haciendo rastrillo con los dedos.

Eduardo Lambert tiró a un lado el diario reventando de placer. Un instante después un ronco ladrido de risa estalló sobre el rostro sin afeitar de anteojos negros del profesor MacHugh.

—¡Pan de munición!— gritó.

LO QUE DIJO WETHERUP

Es muy fácil reírse ahora que está impreso y frío; pero en el momento que se hace es un verdadero pastel caliente y bien cocido. ¿Estaba también en el ramo de panadería, no es cierto? Por eso lo llaman Pan de Munición. Se forró bien forrado de cualquier manera. La hija comprometida con ese tipo en la oficina de impuestos internos que tiene automóvil. Encontró un buen partido. Diversiones al aire libre. Wetherup siempre dijo eso. Hay que agarrarlos por el estómago.

La puerta interior se abrió violentamente y un picudo rostro escarlata, coronado por una cresta de plumoso cabello, se metió adentro. Los azules y cínicos ojos recién llegados se posaron sobre ellos y la voz cascada preguntó:

—¿Qué pasa?

—Y aquí llega el falso caballero en persona —dijo con solemnidad el profesor MacHugh.

—¡Vete al diablo, viejo tunante pedagogo! —exclamó el director como saludo.

—Vamos, Eduardo —dijo el señor Dedalus poniéndose el sombrero— Tengo que tomar un trago después de eso.

—¡Un trago! —gritó el director—. No se sirven bebidas antes de la misa.

—Eso también es cierto —dijo el señor Dedalus saliendo.

—Vamos, Eduardo.

Eduardo Lambert se deslizó de la mesa. La mirada azul del director giró hacia la cara del señor Bloom, donde se insinuaba una sonrisa.

—¿Vienes con nosotros, Myles? —preguntó Eduardo Lambert.

SE RECUERDAN BATALLAS MEMORABLES

—¡La milicia de North Cork! —gritó el director, caminando a grandes zancadas hacia la chimenea—. ¡Ganamos todas las veces! ¡North Cork y los oficiales españoles!

—¿Dónde fué eso, Myles? —preguntó Eduardo Lambert con una ojeada meditabunda a la punta de sus zapatos.

—¡En Ohio! —gritó el director.

—Así fué, ¡recorcho! —concedió Eduardo Lambert.

Saliendo, cuchicheó a J. J. O'Molloy:

—Caso incipiente de chifladura. Triste caso.

—¡Ohio! —cacareó atipladamente el director desde su rostro escarlata—. ¡Mi Ohio!

—Un perfecto crético —dijo el profesor—. Largo, corto y largo.

¡OH!, ARPA EOLIA

Sacó un carretel de seda dental del bolsillo de su chaleco y, rompiendo un pedazo, lo hizo resonar hábilmente entre dos y dos de sus dientes sin lavar.

—Bingbang, bangbang.

El señor Bloom, viendo el camino despejado, se dirigió a la puerta interna.

—Un momento, señor Crawford —dijo—. Déjeme dar un golpe de teléfono por un aviso.

Entró.

—¿Qué hay del artículo de fondo de esta tarde? —preguntó el profesor MacHugh acercándose al director y apoyando una mano firme sobre su hombro.

—Todo saldrá bien —dijo Myles Crawford con más calma—. No te preocupes. ¡Hola, Jack! Está bien.

—Buen día, Myles —dijo J. J. O'Molloy, dejando caer flojamente las páginas de la colección que tenía en la mano—. ¿Está hoy ese caso de estafa del Canadá?

El teléfono zumbó adentro.

—Veintiocho... No, veinte... cuatro cuatro... Sí.

ELIJAN EL GANADOR

Lenehan salió de la oficina interior con las hojas de seda del *Deporte*.

—¿Quién quiere una fija para la Copa de Oro? —preguntó—. Cetro, piloteado por O. Madden.

Tiró las hojas de seda sobre la mesa.

Chillidos de canillitas descalzos en el pasillo se precipitaron y la puerta se abrió de golpe.

—Silencio —dijo Lenehan—. Oigo ruido de pasos que se aproximan.

El profesor MacHugh cruzó el salón a zancadas y asió a un canillita por el cuello, mientras los otros se escabullían fuera del pasillo escaleras abajo. Las hojas de papel crujieron en la corriente; garabatos azules flotaron planeando en el aire y aterrizaron debajo de la mesa.

—No fuí yo, señor. Fué el grandote que me empujó, señor.

—Arrójalo afuera y cierra la puerta —dijo el director—. Está soplando un huracán.

Lenehan se puso a manotear las hojas de seda del piso, refunfuñando al agacharse dos veces.

—Estamos esperando el extra de las carreras, señor —dijo el canillita—. Fué Pat Farrell que me empujó, señor.

Señaló dos rostros que atisbaban por el marco de la puerta.

—Él, señor.

—¡Fuera de aquí! —dijo el profesor MacHugh ásperamente.

Empujó al muchacho afuera y cerró la puerta de golpe.

J. J. O'Molloy hojeaba la colección haciendo crujir las hojas, murmurando y buscando:

—Sigue en la página seis, columna cuatro.

—Sí... del *Telégrafo* de la noche —decía por teléfono el señor Bloom desde la oficina del director—. ¿Está el patrón...? Sí, *Telé-*

grafo... ¿Adónde?... ¡Ah! ¿Qué remate? ¡Ahá! Entiendo... Muy bien. Ya lo voy a buscar.

TIENE LUGAR UNA COLISIÓN

El teléfono sonó otra vez cuando él cortó la comunicación. Entró rápidamente y tropezó con Lenehan, que estaba luchando con la segunda hoja de papel de seda.
—*Pardon, monsieur* —dijo Lenehan, agarrándose a él un instante y haciendo una mueca.
—Es culpa mía —dijo el señor Bloom, aguantando el apretón—. ¿Te lastimaste? Estoy apurado.
—La rodilla —murmuró Lenehan.
Hizo una cómica mueca y lloriqueó, frotándose la rodilla.
—La acumulación de los *anno Domini*.
—Lo siento —dijo el señor Bloom.
Se dirigió a la puerta y, sosteniéndola entreabierta, se detuvo.
J. J. O'Molloy hacía pasar ruidosamente las pesadas páginas. Los muchachos sentados en los escalones de la salida hacían llegar el eco de dos voces agudas y el sonido de una armónica por el corredor vacío.

> *Somos los muchachos de Wexford*
> *que pelearon con el corazón y con la mano.*

SE RETIRA BLOOM

—Iré de una disparada hasta la calle Bachelor por el aviso de Llavs —dijo el señor Bloom—. Tengo que arreglar eso. Me dicen que anda por lo de Dillon.
Miró un momento sus rostros con indecisión. El director, que se hallaba acodado contra la repisa de la chimenea apoyando la cabeza sobre una mano, extendió de pronto un brazo con gesto teatral.
—¡Vete! —dijo—. El mundo se abre ante ti.
—Vuelvo en seguida —agregó el señor Bloom, saliendo de prisa.
J. J. O'Molloy tomó las páginas de seda de manos de Lenehan y las leyó sin hacer comentarios, soplándolas para separarlas.
—Ése consigue el aviso —dijo el profesor mirando por la persiana a través de sus anteojos de armazón negro—. Miren a esos pillos detrás de él.
—¿Dónde? A ver... —gritó Lenehan, corriendo a la ventana.

UN CORTEJO CALLEJERO

Ambos observaron sonriendo desde la persiana la fila de traviesos canillitas a la zaga del señor Bloom, el último de ellos haciendo zigzaguear blanco en la brisa un barrilete burlón, cola de nudos blancos.
—Mira a ese desfachatado que va detrás de él haciéndole burla —dijo

Lenehan—; es para morirse de risa. ¡Oh, me duele la barriga! Imita su forma de andar y sus pies planos. Zapatitos cuarenta y cinco. Recuerdan la soltura de la alondra.

Se puso a parodiar un paso de mazurca, resbalando por el piso, y al pasar delante de J. J. O'Molloy en la chimenea éste le colocó en las manos extendidas las hojas de papel de seda.

—¿Qué pasa? —dijo Myles Crawford con sobresalto—. ¿Adónde se fueron los otros dos?

—¿Quiénes? —dijo el profesor dándose vuelta—. Se han ido a la vuelta para tomar un trago en el Ovalo. Paddy Hooper está allí con Jack Hall. Llegados anoche.

—Vamos entonces —propuso Myles Crawford—. ¿Dónde está mi sombrero?

En dos saltos estuvo en la otra oficina, separó las alas de su chaqueta y las llaves resonaron en su bolsillo trasero. Volvieron a sonar luego en el aire y contra la madera al cerrar el cajón del escritorio.

—Le va bastante bien —dijo el profesor MacHugh en voz baja.

—Por lo menos así parece —contestó murmurando J. J. O'Molloy mientras meditaba sacando una cigarrera—; pero las cosas no son siempre como parecen. ¿Quién tiene más fósforos entre ustedes?

LA PIPA DE LA PAZ

Ofreció un cigarrillo al profesor y él también tomó uno. Lenehan encendió un fósforo para ellos y dió fuego a sus cigarrillos por turno. J. J. O'Molloy abrió una vez más su cigarrera y la ofreció.

—*Thanky vous* —dijo Lenehan sirviéndose.

El director regresó de la oficina interna con el sombrero de paja inclinado sobre la frente. Señalando severamente al profesor MacHugh declamó cantando:

> *Fueron el rango y la fama los que te tentaron,*
> *El imperio fué el que sedujo tu corazón.*

El profesor sonrió apretando sus largos labios.

—¿Cómo es eso, jodido viejo Imperio Romano? —dijo M y l e s Crawford.

Tomó un cigarrillo de la cigarrera abierta. Lenehan, encendiéndoselo con rápida gracia, dijo:

—¡Silencio para mi último acertijo!

—*Imperium romanum* —dijo dulcemente J. J. O'Molloy—. Suena más noble que Británico o Britano. La palabra le hace recordar a uno en alguna forma la grasa en el fuego.

Myles Crawford sopló violentamente hacia el techo su primera bocanada.

—Así es —dijo—. Somos la grasa. Ustedes y yo somos la grasa en el fuego. No tenemos siquiera las ventajas de una bola de nieve en el infierno.

LA GRANDEZA QUE FUÉ ROMA

—Espera un momento —dijo el profesor MacHugh levantando dos garras tranquilas—. No tenemos que dejarnos llevar por las palabras, por el ruido de las palabras. Pensamos en la Roma imperial, imperiosa, imperativa.

Desde gastados puños de camisa manchados alargó sus brazos declamatorios, haciendo una pausa:

—¿Qué fué su civilización? Vasta, estoy de acuerdo: pero vil. Cloacas: alcantarillas. Los judíos en el desierto y sobre la cima de la montaña decían: Aquí se está bien. *Levantemos un altar a Jehová.* El romano, como el inglés, que sigue sus pasos, aportaba a cada nueva playa donde posaba sus plantas (nunca las posó en nuestras playas), su única obsesión cloacal. Envuelto en su toga miraba alrededor de él, y exclamaba: *Aquí me parece bien. Construyamos una letrina.*

—Eso mismo hacían nuestros antecesores ancestrales —dijo Lenehan—, según podemos leerlo en el primer capítulo de Guinness; tenían verdadera debilidad por el agua corriente.

—Eran los caballeros de la naturaleza —murmuró J. J. O'Molloy—. Pero también tenemos la ley romana.

—Poncio Pilatos es su profeta —respondió el profesor MacHugh.

—¿Saben ustedes ese cuento del primer Barón Palles? —preguntó J. J. O'Molloy.

—Era en la comida de la universidad real. Todo iba a pedir de boca.

—Primero mi adivinanza —dijo Lenehan—. ¿Están listos?

El señor O'Madden Burke, alto y envuelto en abundante tejido gris de Donegal, entró por el corredor. Esteban Dedalus, que venía detrás, se descubrió al entrar.

—*Entrez, mes enfants* —gritó Lenehan.

—Vengo escoltando a un postulante —dijo melodiosamente el señor O'Madden Burke—. La Juventud guiada por la Experiencia visita a la Notoriedad.

—¿Cómo te va? —dijo el director, extendiendo una mano—. Entra. Tu progenitor acaba de irse.

? ? ?

Lenehan dijo dirigiéndose a todos:

—¡Silencio! ¿Cuál es el país que tiene más hoteles? Reflexionen, consideren, excogiten, contesten.

Esteban entregó las hojas dactilografiadas, señalando el título y la firma.

—¿Quién? —preguntó el director.

Un pedacito roto.

—El señor Garret Deasy —dijo Esteban.

—Ese viejo cascador —dijo el director—. ¿Quién lo rompió? ¿Fué escrito con apuro?

En ardoroso vuelo flameante
De la tormenta y del Sud
Él viene, pálido vampiro,
A unir su boca con mi boca.

—Buen día, Esteban —dijo el profesor viniendo a mirar por encima de sus hombros—. ¿Las patas y la boca? ¿Te has vuelto...?
Bardo benefactordebueyes.

ESCÁNDALO EN UN CONOCIDO RESTAURANTE

—Buen día, señor —contestó Esteban sonrojándose—. La carta no es mía. El señor Garrett Deasy me pidió...
—¡Oh!, lo conozco —dijo Myles Crawford— y conocí a su esposa también. La peor vieja marimacho que Dios hizo jamás. ¡Por Jesús, ella tiene la enfermedad de las patas y la boca, con toda seguridad! La noche que tiró la sopa a la cara del mozo en el Stard and Garter. ¡Oho!
Una mujer trajo el pecado al mundo. Por Helena, la esposa prófuga de Menelao, diez años los griegos. O'Rourke, príncipe de Breffni.
—¿Está viudo? —preguntó Esteban.
—¡Ay!, interinamente —dijo Myles Crawford, recorriendo con la vista el texto escrito a máquina. Caballos del Emperador. Habsburg. Un irlandés salvó su vida en las murallas de Viena. ¡No hay que olvidarlo! Maximiliano Carlos O'Donnell, graf von Tirconnel en Irlanda. Mandó a su heredero para convertir al rey en feldmariscal austríaco. Ahí es donde habrá lío un día u otro. Gansos salvajes. ¡Oh!, sí, todas las veces. ¡No lo olviden!
—El punto en discusión es: ¿Lo olvidó él? —dijo J. J. O'Molloy flemáticamente, dando vuelta una herradura pisapapel—. Salvar príncipes es un trabajo digno de agradecimiento.
El profesor MacHugh se volvió hacia él.
—¿Y si no? —dijo.
—Voy a contarles cómo fué —empezó Myles Crawford—. Había un día un húngaro.

CAUSAS PERDIDAS
ES CITADO UN NOBLE MARQUÉS

—Siempre fuimos leales a las causas perdidas —dijo el profesor—. Para nosotros el triunfo es la muerte del intelecto y de la imaginación. Nunca fuimos leales a los triunfadores. Los servimos. Yo enseño el retumbante latín. Hablo la lengua de una el pináculo de cuya mentalidad es la máxima: el tiempo es oro. Dominación material. *¡Dominus!* ¡Lord! ¿Dónde está la espiritualidad? ¡Lord Jesús! Lord Salisbury. Un sofá en un club del West End. ¡Pero los griegos!

¡KYRIE ELEISON!

Una sonrisa luminosa le hizo brillar los ojos dentro de sus discos oscuros y alargó sus largos labios.

—¡Los griegos! —dijo otra vez—. ¡Kirios! ¡Palabra refulgente! Las vocales que los semitas y los sajones no conocen. *¡Kyrie!* La radiación del intelecto. Tendría que profesar el griego, lengua del espíritu. *¡Kyrie eleison!* El fabricante de letrinas y el fabricante de cloacas nunca serán los señores de nuestro espíritu. Somos vasallos de esa caballería europea que sucumbió en Trafalgar, y del imperio del espíritu, no un *imperium,* que se hundió con las flotas atenienses en Ægospotamos. Sí, sí. Se hundieron. Pyrrhus, engañado por un oráculo, hizo una última tentativa para recuperar las fortunas de Grecia. Leal a una causa perdida.

Se alejó de ellos a grandes pasos hacia la ventana.

—Afrontaron la batalla —dijo el señor O'Maden Burke grismente—, pero siempre cayeron.

—¡Bujú!... —lloriqueó Lenehan—. Debido a un ladrillo recibido en la última parte de la *matinée.* ¡Pobre, pobre, pobre Pyrrhus! Cuchicheó luego cerca de la oreja de Esteban:

LA IMPROVISACIÓN DE LENEHAN

—Hay un ponderable pandito
Que usa anteojos de armazón de ébano.
Como ve casi siempre doble
¿Para qué se molesta en usarlos?
No puedo ver a Juan de los Palotes. ¿Y tú?

—De luto por Salustio —dijo Mulligan—. Cuya madre está bestialmente muerta.

Myles Crawford se metió las hojas en el bolsillo lateral.

—Todo se arreglará —dijo—. Leeré el resto después. Todo se arreglará.

Lenehan protestó extendiendo las manos.

—¡Pero mi adivinanza! —dijo—. ¿Cuál es el país que tiene más hoteles?

—¿Qué país? —preguntó inquisitivamente la cara de esfinge del señor O'Madden Burke.

Lenehan anunció triunfante:

—Suiza. ¿No se dan cuenta? La patria de Guillermo-hotel. ¡Huija! Pinchó suavemente en el vacío al señor O'Madden Burke. Éste cayó hacia atrás graciosamente sobre su paraguas, fingiendo una boqueada.

—¡Auxilio! —suspiró—. Me estoy por desmayar.

Lenehan, alzándose en puntas de pie, abanicó su cara rápidamente con las crujientes hojas de seda.

El profesor, volviendo por el lado de las colecciones, pasó la mano por encima de las corbatas sueltas de Esteban y del señor O'Madden Burke.

—París, pasado y presente —dijo—. Parecen comuneros.
—Como tipos que hubieran hecho volar la Bastilla —agregó J. J. O'Molloy con suave ironía—. ¿No fueron ustedes los que pegaron un tiro al lugarteniente general de Finlandia entre los dos? Parece que ustedes hubieran sido los autores del crimen. General Bobrikoff.

OMNIUM JUNTURUM

—Estábamos buscando la manera —dijo Esteban.
—Todos los talentos —exclamó Myles Crawford—. La ley, los clásicos...
—El turf —agregó Lenehan.
—La literatura, la prensa.
—Si estuviera aquí Bloom —dijo el profesor—, el agradable arte de la publicidad.
—Y Madam Bloom —agregó el señor O'Madden Burke—. La musa vocal. La prima favorita de Dublin.

Lenehan tosió muy fuerte.
—¡Ejem! —dijo a media voz—. ¡Bendita corriente de aire! Me pesqué un resfrío en el parque. Quedó abierto el portón.

¡USTED PUEDE HACERLO!

El director apoyó una mano nerviosa sobre el hombro de Esteban.
—Quiero que escribas algo para mí —dijo—. Algo que tenga carnada. Tú puedes hacerlo. Lo veo en tu cara. *En el léxico de la juventud*...
Lo veo en tu cara. Lo veo en tus ojos. Perezoso pequeño intrigante haragán.
—¡Enfermedad de las patas y la boca! —gritó el director con desdeñosa invectiva—. Gran mitin nacionalista en Borris-in-Ossory. ¡Puras pelotas! ¡Atiborrando al público! Hay que darle algo que tenga aliciente adentro. Métenos a todos adentro demonio, Padre, Hijo y Espíritu Santo y Jackes M'Carthy.
—Todos podemos proporcionar materia intelectual —dijo el señor O'Madden Burke.
Esteban levantó sus ojos a la mirada atrevida y distraída del director.
—Te quiere para la pandilla de la prensa —dijo J. J. O'Molloy.

EL GRAN GALLAHER

—Tú puedes hacerlo —repitió Myles Crawford apretando el puño enfáticamente—. Espera un momento. Pasmaremos a Europa, como acostumbraba decir Ignacio Gallaher cuando estaba en el Clarence marcando tantos de billar. Gallaher, ése sí que era un tipo de periodista que te habría servido. Esa era una pluma. ¿Saben cómo se levantó? Les voy a contar. Fué la obra maestra más hábil que se haya conocido en el periodismo. Ocurrió en el ochenta y uno, el seis de mayo, la época de los invencibles, crimen en el Phoenix Park, antes de que nacieras, supongo. Les haré ver cómo fué.

Los empujó para llegar hasta el archivo.

—Miren aquí —dijo, dándose vuelta—. El *New York World* cablegrafió pidiendo una información especial. ¿Se acuerdan de eso?

El profesor MacHugh asintió con la cabeza.

—El *New York World* —agregó el director, echando atrás agitadamente su sombrero de paja—. Dónde tuvo lugar. Tim Kelly; Kavanagh, quiero decir; Joe Brady y los demás. Adónde Piel-de-cabrón condujo el vehículo. Toda la ruta, ¿ven?

—Piel-de-cabrón —dijo el señor O'Madden Burke—. Fitzharris. Dicen que tiene el Refugio del Cochero allí abajo, en el puente de Brutt. Me lo dijo Holohan. ¿Conocen a Holohan?

—Es un tipo que se las trae, ¿no es así?

—Y también está allí abajo el pobre Gumley; así me dijo él, cuidando piedras para la corporación. Sereno.

Esteban se dió vuelta sorprendido.

—¿Gumley? —dijo—. ¿De veras? Es amigo de mi padre, ¿no es cierto?

—Dejemos a Gumley —gritó encolerizado Myles Crawford—. Dejen que Gumley cuide las piedras para que no se escapen. Escuchen esto. ¿Qué hizo Ignacio Gallaher? Ahora verán. Inspiración del genio. Cablegrafió en seguida. ¿Tienen el *Semanario del Hombre Libre* del diecisiete de marzo? Bueno. ¿Lo encontraron?

Pasó precipitadamente las páginas de la colección y señaló en una de ellas con el dedo.

—Vean la página cuatro, aviso para el café de Bransome, por ejemplo. ¿Encontraron eso? Bueno.

Sonó el teléfono.

UNA VOZ DISTANTE

—Yo contestaré —dijo el profesor alejándose.

—B es el portón del parque.

Su dedo convulso saltó y golpeó de un punto al otro.

—T es la residencia del virrey. C es donde tuvo lugar el crimen. K es la entrada de Knockmaroon.

La carne floja de su cuello se meneaba como moco de pavo. Una pechera mal almidonada se combó sobresaliendo y con un gesto brusco la volvió a meter en el chaleco.

—¿Hola? Sí, el *Telégrafo de la Noche*... ¿Hola? ¿Quién habla? Sí... Sí... Sí...

—F a P es la ruta por donde Piel-de-cabrón condujo el coche para tener una coartada. Inchicore, Roundtown, Windy Arbour, Palmerston Park, Ranelagh, F.A.B.P. ¿Lo encuentran? X es el café de Davy, en la parte más alta de la calle Leeson.

El profesor se acercó a la puerta interna.

—Bloom, al teléfono —dijo.

—Dile que se vaya al infierno —dijo bruscamente el director—. X es el café de Burke, ¿entienden?

INTELIGENTE, MUCHO

—Inteligente —dijo Lenehan—. Mucho.
—Les sirvió todo sobre un plato caliente —dijo Myles Crawford— toda la historia.
Pesadilla de la que nunca se ha de despertar.
—Yo lo vi —dijo el director orgullosamente—. Yo estaba presente. Dick Adams, el mejor corazón de Cork en que Dios haya puesto jamás el aliento de la vida, y yo.
Lenehan se inclinó saludando al aire, y anunció:
—Señora, yo soy Adán. Y fué Apto antes de ver a Eva.
—¡La historia! —gritó Myles Crawford—. La vieja de la calle Prince estuvo allí antes. Hubo llantos y crujir de dientes por eso. En medio de un aviso. Gregor Grey fué el que hizo el croquis. Eso le dió una mano. Luego Paddy Hooper trabajó a Tay Pay que lo llevó al *Star*. Ahora está con Blumenfeld. Eso es periodismo. Eso es talento. ¡Pfuí! Es el papá de todos.
—El padre del periodismo truculento —confirmó Lenehan— y el cuñado de Chris Callinan.
—¿Hola?... ¿Estás ahí?... Sí, todavía está aquí. Ven tú mismo.
—¿Dónde encuentran ahora a un periodista como ése, eh? —gritó el director.
Dejó caer las hojas.
—Indemoniadamente engenioso —dijo Lenehan al señor O'Madden Burke.
—Muy vivo —dijo el señor O'Madden Burke.
El profesor MacHugh reapareció desde la otra oficina.
—Hablando de los invencibles —dijo—, habrán visto ustedes que algunos vendedores ambulantes comparecieron ante el juez.
—¡Oh, sí! —dijo J. J. O'Molloy animadamente—. Lady Dudley volvía a su casa cruzando el parque para ver todos los árboles que habían sido derribados por ese ciclón el año pasado y se le ocurrió que podría comprar una vista de Dublin. Y resultó ser una tarjeta recordando a Joe Brady o al Número Uno o a Piel-de-cabrón. Y frente mismo de la residencia del virrey, ¡imagínense!
—Hoy no sirven ni para mirar quién pasa —dijo Myles Crawford—. ¡Bah! ¡El periodismo y el foro! ¿Dónde van a encontrar ustedes ahora en el foro a hombres como ésos, como Whiteside, como Isaac Butt, como O'Hagan el del pico de oro? ¿Eh? ¡Gran porquería! Simples partiquines.

Quedó en silencio pero con la boca crispada en un nervioso rictus de desprecio.

¿Querría alguna esa boca para sus besos? ¿Quién lo sabe? ¿Por qué lo escribiste entonces?

RIMAS Y RAZONES

Boca, toca. ¿Está en alguna forma boca en toca? ¿O la toca una boca? Debe de haber algo. Boca, coca, foca, loca, poca. Rimas: dos hombres vestidos en la misma forma, de igual aspecto, de dos en dos.

> ....*la tua pace*
> ....*che parlar ti piace*
> ......*mentreche el vento, come fa, si tace*

La vió, de tres en tres, muchachas que se acercaban, en verde, en rosa, en bermejo, entrelazándose, *per l'aer perso* en malva, en púrpura, *quella pacifica oriafiamma,* en oro u oriflama, *di rimirar fé piú ardenti.* Pero yo, hombres ancianos, penitentes calzados de plomo, bajo la oscuridad de la noche: boca, toca: fatal, natal.

—Habla por ti mismo —dijo el señor O'Madden Burke.

A CADA TIEMPO...

J. J. O'Molloy, sonriendo pálidamente, recogió el guante.
—Mi querido Myles —dijo arrojando a un lado el cigarrillo—, has dado un sentido falso a mis palabras. No tengo nada en contra, como se acaba de decir, contra la tercera profesión *qua* profesión, pero tus piernas de Cork te llevan demasiado lejos. ¿Por qué no traer a colación a Enrique Grattan y a Flood y a Demóstenes y a Edmundo Burke? Todos conocemos a Ignacio Gallaher y a su patrón Chapelizod, Harmsworth de la prensa de dos por cinco, y el timo de su primo americano de Bowery, para no mencionar el *Paddy Kelly's Budget,* el *Pue's Occurrences* y nuestro vigilante amigo *The Skybereen Eagle.* ¿Por qué venirnos con un maestro de la elocuencia forense Whiteside? A cada tiempo su diario.

REMINISCENCIAS DE LOS DÍAS DE ANTAÑO

—Grattan y Flood escribieron para este mismo diario —le gritó el director en la cara—. Voluntarios irlandeses. ¿Dónde están ustedes ahora? Fundado en mil setecientos sesenta y tres. Doctor Lucas. ¿Tienen hoy a alguien como John Philpot Curran? ¡Bah!
—Bueno —dijo J. J. O'Molloy—, por ejemplo a Bushe K. C.
—¿Bushe? —exclamó el director—. Concedido, sí. Bushe, sí. Tiene sus rastros en la sangre. Kendal Bushe, o más bien dicho Seymour Bushe.
—Habría estado en el banquillo hace tiempo —replicó el profesor— si no fuera por... Pero no importa.

J. J. O'Molloy se dió vuelta hacia Esteban y le dijo lenta y calmosamente:
—Uno de los períodos más brillantes que creo haber escuchado nunca en toda mi vida salió de los labios de Seymour Bushe. Fué en ese caso de fratricidio, el crimen de Childs. Bushe lo defendió.

Entre paréntesis, ¿descubrió eso? Murió mientras dormía ¿o fué la otra historia, la bestia con dos lomos?
—¿Cómo fué eso? —preguntó el profesor.

ITALIA, MAGISTRA ARTIUM

—Habló sobre la ley de evidencias de la justicia romana comparada con el primitivo código mosaico —dijo J. J. O'Molloy—, la *lex talionis*. Y citó el Moisés de Miguel Ángel en el Vaticano.
—¡Ah!
—Unas pocas palabras bien escogidas —agregó Lenehan a modo de prefacio—. ¡Silencio!
Pausa. J. J. O'Molloy sacó su cigarrera.
Falsa calma. Una verdadera simpleza.
Meseenger sacó su caja de fósforos pensativamente y encendió el cigarrillo.
Al recorrer en mi memoria ese extraño tiempo, he pensado a menudo que fué ese pequeño acto, trivial en sí, ese encender de un fósforo lo que determinó todo el curso posterior de nuestras dos vidas.

UN PÁRRAFO FELIZ

J. J. O'Molloy resumió moldeando sus palabras.
—He aquí lo que dijo: *esa marmórea figura, helada y terrible música con cuernos de la divina forma humana, ese símbolo de profética sabiduría, afirma que si algo de lo que la imaginación o la mano del escultor ha labrado en mármol espiritualmente transfigurado en espiritual transfiguración merece vivir, merece vivir.*
Su mano delgada dió gracia, con un ademán, al eco y a la terminación.
—¡Formidable! —dijo Myles Crawford de inmediato.
—El soplo sagrado —agregó el señor O'Madden Burke.
—¿Le gusta? —preguntó J. J. O'Molloy a Esteban.
Sojuzgada su sangre por la gracia del lenguaje y del gesto, Esteban se sonrojó. Tomó un cigarrillo de la cigarrera. J. J. O'Molloy ofreció otro a Myles Crawford. Lenehan encendió los cigarrillos como antes y tomó su parte del botín, diciendo:
—Gracies múchibus.

UN HOMBRE DE ELEVADA MORAL

—El profesor Magennis me estuvo hablando de *usted* —dijo J. J. O'Molloy a Esteban—. ¿Qué opina realmente de esa turba hermética, los poetas del ópalo callado: A. E., el místico maestro? Esa mujer Blavatsky lo empezó. Era una linda valija vieja de triquiñuelas. A. E. ha estado contando a cierto periodista yanqui que fué usted a verlo en las primeras horas de la mañana para consultarlo acerca de los planes de la conciencia. Magennis cree que debe de haberle estado tomando el pelo a A. E. Ese Magennis es un hombre de la más elevada moral.

Hablando de mí. ¿Qué dijo? ¿Qué dijo de mí? No preguntes.

—No, gracias —dijo el profesor MacHugh haciendo a un lado la cigarrera con un gesto—. Espera un momento. Déjame decir una cosa. La mejor pieza oratoria que yo haya escuchado nunca fué un discurso pronunciado por John F. Taylor en la sociedad histórica del colegio. El juez Fitzgibbon, actual presidente de apelación, había hablado, y el objeto del debate era un ensayo —una novedad para esos días— abogando por el resurgimiento de la lengua irlandesa.

Se volvió hacia Myles Crawford y dijo:

—Usted conoce a Gerald Fitzgibbon. Entonces puede imaginarse el estilo de su discurso.

—Se corre el rumor —dijo J. J. O'Molloy— de que se sienta al lado de Tim Healy en la Comisión Administradora del Colegio Trinity.

—Se sienta al lado de una linda cosa con traje de nena —interrumpió Myles Crawford—. Sigue. ¿Y entonces?

—Tengan en cuenta —prosiguió el profesor— que era el discurso de un orador cabal, lleno de cortés arrogancia, y vertiendo en dicción castiza, no diré las heces de su ira, pero sí el desprecio de un hombre altivo por el nuevo movimiento. Entonces era un movimiento bueno. Éramos débiles y, por consiguiente, despreciables.

Cerró un instante sus largos labios finos; pero, ansioso por continuar, levantó una mano extendida a sus anteojos y, tocando con temblorosos pulgar y anular el negro armazón, los enderezó hacia un nuevo foco.

IMPRONTO

En tono tranquilo se dirigió a J. J. O'Molloy:

—Como debes de saber, Taylor había llegado allí desde su cama de enfermo. Que hubiera preparado su discurso no lo creo porque no había ni siquiera un taquígrafo en el salón. Su oscuro rostro magro mostraba el crecimiento de áspera barba. Llevaba una corbata suelta y todo su aspecto daba la impresión de un hombre agonizante (aunque no lo estaba).

Su mirada se volvió de inmediato pero lentamente de la cara de J. J. O'Molloy a la de Esteban y luego se inclinó en seguida hacia el piso, buscando. Su deslustrado cuello de hilo apareció detrás de la cabeza inclinada, sucio por su cabello mustio. Buscando todavía, dijo:

—Cuando hubo terminado el discurso de Fitzgibbon, John F. Taylor se levantó para contestar. Brevemente, tanto como puedo recordarlas, sus palabras fueron éstas:

Levantó la cabeza con firmeza. Sus ojos reflexionaron una vez más. Estúpidos mariscos nadaban en los gruesos lentes de un lado para otro, buscando salida.

Empezó:

—Señor presidente, señoras y señores: grande fué mi admiración al escuchar las afirmaciones dirigidas a la juventud de Irlanda hace un instante por mi docto amigo. Me pareció haber sido transportado a un país alejado de este país, a una edad remota de esta edad, que me hallaba en el antiguo Egipto y que estaba escuchando el discurso de algún sumo sacerdote de esa nación airigido al juvenil Moisés.

Sus oyentes dejaron en suspenso los cigarrillos para escuchar, los humos ascendiendo en frágiles tallos que florecían con su discurso. Y que *nuestros humos retorcidos.* Nobles palabras se aproximan. Veamos. ¿Podrías tú hacer la prueba?

—Y me pareció que escuchaba la voz del sumo sacerdote egipcio, levantada en un tono de igual arrogancia y de igual orgullo. Escuché sus palabras y su significado me fué revelado.

DE LOS PADRES

Me fué revelado que son buenas aquellas cosas que a pesar de estar corrompidas no siendo supremamente buenas o por lo menos buenas podían ser corrompidas. ¡Ah, maldito seas! Ése es San Agustín.

—¿Por qué no han de aceptar ustedes los judíos nuestra cultura, nuestra religión y nuestro idioma? Ustedes son una tribu de pastores nómadas; nosotros un pueblo poderoso. Ustedes no tienen ciudades ni riqueza: nuestras ciudades son colmenas humanas y nuestras galeras, trirremes y cuadrirremes, cargados con toda clase de mercancías, surcan las aguas del mundo conocido. Ustedes apenas si acaban de emerger del estado primitivo: nosotros tenemos una literatura, un sacerdocio, una historia milenaria y una forma de gobierno.

El Nilo.

Niño, hombre, efigie.

A la orilla del Nilo las nodrizas se arrodillan, cuna de juncos: un hombre ágil en el combate: cuernos de piedra, barba de piedra, corazón de piedra.

—Ustedes ruegan a un ídolo local y oscuro: nuestros templos, majestuosos y misteriosos, son la morada de Isis y Osiris, de Horus y Ammon Ra. Los vuestros servidumbre, el temor y la humildad: los nuestros el trueno y los mares. Israel es débil y sus hijos pocos: Egipto es un ejército y sus armas terribles. Vosotros sois llamados vagabundos y mercenarios: ante nuestro nombre se estremece el mundo.

Un mudo eructo de hambre rajó su discurso. Levantó su voz por encima de él con desparpajo.

—Sin embargo, señoras y señores, si el joven Moisés hubiera prestado atención y aceptado esa visión de la vida, si hubiera inclinado su cabeza, su voluntad y su espíritu delante de esa arrogante amonestación, nunca habría sacado al pueblo elegido de la esclavitud ni seguido la columna de nubes durante el día. Nunca habría hablado entre relámpagos con el Eterno en la cumbre del Sinaí ni habría bajado nunca con la luz de la inspiración brillando en su semblante y trayendo en sus brazos las tablas de la ley, esculpidas en la lengua

fuera de la ley.
Se detuvo y los miró, disfrutando silencio.

OMINOSO — ¡PARA ÉL!

J. J. O'Molloy dijo no sin pesar:
—Y sin embargo murió sin haber entrado en la tierra de promisión.
—Una muerte —repentina—en—el—momento—aunque—procedente—de—prolongada—enfermedad—con—frecuencia—previamente—expectorada —dijo Lenehan—. Y con un gran porvenir detrás de él.
El tropel de pies desnudos se escuchó apresurándose a lo largo del corredor y pateando arriba las escaleras.
—Eso es oratoria —dijo el profesor sin ser contradecido.
Se lo llevó el viento. Huestes en Mullaghmast y Tara de los reyes. Millas de orejas de porches. Las palabras del tribuno vociferadas y desparramadas a los cuatro vientos. Un pueblo cobijado dentro de su voz. Ruido muerto. Anales acasienos de todo lo que fué en todo tiempo en cualquier parte que sea. Ámalo y alábalo: no más a mí.
Yo tengo dinero.
—Señores —dijo Esteban—. ¿Como próxima moción de la orden del día puedo sugerir que se levante la sesión de la cámara?
—Me dejáis sin aliento. ¿No será por casualidad un cumplido francés? —preguntó el señor O'Madden Burke—. Es la hora, yo creo, en que la jarra de vino, metafóricamente hablando, es más grata en el viejo mesón de vuestras mercedes.
—Que así sea y por la presente se resuelve resueltamente. Todos los que están a favor digan sipi —pregonó Lenehan—. Los contrarios, no. Se declara aprobado.
¿A qué borrachería en particular? Mi voto decisivo es: ¡la de Mooney!
Abrió la marcha, amonestando:
—Rehusaremos decididamente participar en licores fuertes, ¿no es así? Sí, no lo haremos. De ninguna modo de manera.
El señor O'Madden Burke, siguiéndolo de cerca, dijo con una estocada amistosa de su paraguas:
—¡En guardia, Macduff!
—¡De tal palo tal astilla! —gritó el director golpeando a Esteban en el hombro—. Vamos. ¿Dónde están esas llaves del demonio?
Buscó en su bolsillo, sacando las arrugadas hojas dactilografiadas.
—Patas y boca, ya sé. Todo irá bien. Entrará. ¿Dónde están? Está bien.
Volvió a meterse las hojas en el bolsillo y entró en la oficina interna.

CONFIEMOS

J. J. O'Molloy, a punto de seguirlo, dijo calmosamente a Esteban:

—Espero que vivirás lo suficiente como para verlo publicado. Myles, un momento.

Entró en la otra oficina, cerrando la puerta detrás de él.

—Vamos, Esteban —dijo el profesor—. Está bueno, ¿no es cierto? Tiene la visión profética. *Fuit Ilium!* El saqueo de la tempestuosa Troya. Reinos de este mundo. Los señores del Mediterráneo son hoy felaes.

El primer canillita bajó pateando las escaleras, pisándoles los talones, y se precipitó a la calle, vociferando:

—¡Extra de las carreras!

Dublin. Tengo mucho, mucho que aprender.

Dieron vuelta hacia la derecha por la calle Abbey.

—Yo también tengo una visión —dijo Esteban.

—Sí —dijo el profesor, brincando para igualar el paso—. Crawford nos alcanzará.

Otro canillita los pasó a la carrera, gritando mientras corría:

—¡Extra de las carreras!

QUERIDA SUCIA DUBLIN

Dublinenses.

—Dos vestales de Dublin —dijo Esteban—, maduras y piadosas, han vivido cincuenta y tres años en el Fumbally's Lane.

—¿Dónde es eso? —preguntó el profesor.

—Más allá de Blackpitts.

Noche, húmeda con vahos de amasijos hambreadores. Contra la pared. Rostro de sebo resplandeciente, bajo su mantón de fustán. Corazones frenéticos. Anales acasienos. ¡Más rápido, querida!

Sigamos. Atreverse. Que haya vida.

—Quieren ver las vistas de Dublin desde la cúspide de la columna de Nelson. Ahorran tres chelines y diez peniques en un buzón-alcancía de lata roja. Hacen salir a sacudidas las moneditas de tres peniques y un seis peniques, extraen los peniques con la hoja de un cuchillo. Dos chelines y tres peniques de plata y uno y siete en cobres. Se ponen los sombreros y las mejores ropas y llevan sus paraguas por miedo a que se largue a llover.

—Vírgenes prudentes —dijo el profesor MacHugh.

VIDA AL DESNUDO

—Compran un chelín y cuatro peniques de pulpa de cerdo y cuatro rebanadas de pastel de carne en los comedores del norte de la ciudad en la calle Marlborough a la señorita Kate Collins, propietaria... Adquieren veinticuatro ciruelas maduras a una chica al pie de la columna de Nelson para sacarse la sed de la pulpa de cerdo. Dan dos moneditas de tres peniques al señor que está en el molinillo y empiezan a contonearse lentamente por la escalera de caracol, refunfuñando, alentándose recíprocamente, asustadas por la oscuridad, jadeando, preguntando la una a la otra tienes la carne, rogando a Dios y a la Virgen Bendita, amenazando bajar, atisbando por los respiraderos. Dios sea loado. No tenían la menor idea de que fuera tan alto.

Sus nombres son Anne Kearns y Florence MacCabe. Anne Kearns tiene lumbago, para lo que se frota agua de Lourdes que le dió una señora que consiguió una botella llena de un padre de la Pasión; Florence MacCabe tiene su pata de chancho y una botella de doble X como cena todos los sábados.

—Antítesis —dijo el profesor, afirmando con la cabeza dos veces—. Vírgenes vestales. Puedo verlas. ¿Por qué se demora nuestro amigo?

Se dió vuelta.

Una bandada de canillitas fugitivos se precipitó por los escalones, escabulléndose hacia todas partes, vociferando, sus blancos papeles revoloteando. Tieso detrás de ellos apareció Myles Crawford sobre los escalones, su sombrero aureolándole la cara escarlata, hablando con J. J. O'Molloy.

—Vamos —gritó el profesor agitando un brazo.

Se puso a caminar nuevamente al lado de Esteban.

REAPARICIÓN DE BLOOM

—Sí —dijo—. Las veo.

El señor Bloom, sin aliento, cogido en un remolino de salvajes canillitas cerca de las oficinas del *Iris Catholic* y el *Dublin Penny Journal*, llamó:

—¡Señor Crawford! ¡Un momento!

—¡*El Telégrafo*! ¡Boletín extra de las carreras!

—¿Qué pasa? —dijo Myles Crawford retrocediendo un paso.

Un canillita gritó en la cara del señor Bloom:

—¡Terrible tragedia en Rathmines! ¡Un chico mordido por un pez fuelle!

ENTREVISTA CON EL DIRECTOR

—Es por este aviso —dijo el señor Bloom abriéndose paso a empujones hacia la escalera, resoplando y sacando el recorte del bolsillo—. Acabo de hablar con el señor Llavs. Conforme en renovar por dos meses, dice. Después verá. Pero quiere un recuadro para llamar la atención en *El Telégrafo* también, la hoja rosa del sábado. Y lo quiere si no es demasiado tarde, le dije al consejero Nannetti, del *Kilkenny People*. Puedo verlo en la librería nacional. Casa de llaves. ¿no ve? Su nombre es Llavs. Es una combinación aprovechando el nombre. Pero prácticamente prometió que daría la renovación. Pero quiere un poco de bombo. ¿Qué le contesto, señor Crawford?

B. E. C.

—¿Quiere decirle que puede besarme el culo? —dijo Myles Crawford, extendiendo el brazo enfáticamente—. Dígaselo derecho viejo.
Un poquito nervioso. Ten cuidado que está por estallar. Salieron todos para beber. Del brazo. La gorra de marinero de Lenehan marca el camino más allá. La fanfarronada habitual. Quisiera saber si ese joven Dedalus es el instigador. Lleva un buen par de botines hoy. La última vez que lo vi tenía los talones a la vista. Anduvo en el estiércol por alguna parte. Mozo descuidado. ¿Qué estaba haciendo en Irishtown?
—¿Y? —dijo el señor Bloom volviendo sus ojos—. Si puedo conseguir el diseño supongo que se merece un pequeño recuadro. Daría el aviso yo creo. Le voy a decir...

B. E. R. C. I.

—Puede besarme el real culo irlandés —gritó ruidosamente Myles Crawford por encima del hombro—. Dígale que cuando quiera.
Mientras el señor Bloom se quedaba considerando el asunto y optaba por sonreír, el director se alejó dando zancadas.

LEVANTANDO EL VIENTO

—*Nula bona*, Jack —dijo levantando su mano al mentón—. Estoy hasta aquí. He estado apurado yo también. Hace apenas una semana estaba buscando a alguien que me endosara un documento. Tendrás que conformarte con la buena intención. Lo siento, Jack. Con todo el corazón y un poco más si pudiera levantar viento en alguna forma.
J. J. O'Molloy puso una cara larga y siguió caminando en silencio. Alcanzaron a los otros y caminaron uno al lado del otro.
—Cuando se han comido la carne y el pan y limpiado sus veinte dedos en el papel en que estaba envuelto éste, se acercan a la baranda.
—Algo para ti —explicó el profesor a Myles Crawford—. Dos viejas mujeres de Dublin sobre la punta de la columna de Nelson.

¡ÉSA SÍ QUE ES UNA COLUMNA! DIJO UNA GALLINETA

—¡Valiente novedad! —dijo Myles Crawford—. Eso es una copia. Votos que no se cumplen. Dos viejas granujas, ¿qué más?
—Pero tienen miedo de que se caiga la columna —siguió Esteban—. Ven los techos y discuten acerca de dónde están las diferentes iglesias: la cúpula azul de Rathmines, la de Adán y Eva, la de San Laurence O'Toole. Pero les da vértigos mirar, así que se suben las polleras.

ESAS HEMBRAS LIGERAMENTE ALZADAS

—Despacio todos —dijo Myles Crawford—, ninguna licencia poética. Estamos en la arquidiócesis.

—Y se quedaron con sus enaguas rayadas, atisbando la estatua del manco adúltero.

—¡Manco adúltero! —gritó el profesor—. Me gusta eso. Veo la idea. Entiendo lo que quieres decir.

DAMAS DONAN A LOS CIUDADANOS DE DUBLIN PÍLDORAS VELOCES AEROLITOS, PALABRA

—Les da tortícolis en el cuello —dijo Esteban— y están demasiado cansadas para mirar hacia arriba o hacia abajo o para hablar. Ponen la bolsa de ciruelas entre ellas y comen las que sacan una después de otra, secando con sus pañuelos el jugo que gotea de sus bocas, escupiendo los carozos lentamente por entre las rejas.

Lanzó de pronto una ruidosa carcajada juvenil como punto final. Lenehan y el señor O'Maden Burke, escuchando, se dieron vuelta, hicieron señas y cruzaron dirigiendo la marcha hacia lo de Mooney.

—¿Terminó? —dijo Myles Crawford—. Mientras no hagan nada peor...

UN SOFISTA APLASTA DE UN PUÑETAZO LA TROMPA DE LA ARROGANTE HELENA. LOS ESPARTANOS HACEN RECHINAR LOS MOLARES. LOS ITAQUENSES DECLARAN CAMP A PEN.

—Me recuerdas a Antístenes —dijo el profesor—, un discípulo de Gorgias, el sofista. Se cuenta de él que nadie podía decir si era más amargo contra los otros o contra sí mismo. Era el hijo de un noble y de una esclava. Y escribió un libro en que arrebató la palma de la belleza de la argiva Helena y se la entregó a la pobre Penélope.

Pobre Penélope. Penélope Rica.

Se aprestaron para cruzar la calle O'Connell.

¡HOLA, CENTRAL!

En varios puntos a lo largo de las ocho líneas de tranvías con troles inmóviles permanecían en sus rieles en dirección o de vuelta de Rathmines, Rathfarnham, Blackrock, Kingstown y Dalkey, Sandymount Tower, Donnybrook, Palmerston Park y Upper Rathmines, todos quietos, sosegados por un corto circuito. Coches de alquiler, cabriolés, furgones de reparto, camiones de correspondencia, coches particulares, gaseosa agua mineral flota en ruidosos canastos de botellas, sacudida, rodando, arrastrada por caballos rápidamente.

¿QUÉ? —Y TAMBIÉN— ¿DÓNDE?

—¿Pero cómo lo llamas? —preguntó Myles Crawford—. ¿Dónde consiguieron las ciruelas?

VIRGILIANO, DICE EL PEDAGOGO. LOS ESTUDIANTES VOTAN POR EL VIEJO MOISÉS

—Llámelo, espere —dijo el profesor abriendo de par en par sus largos labios para reflexionar—. Llámelo, a ver. Llámelo: *deus nobis haec otia fecit.*
—No —dijo Esteban—, yo lo llamo *Una vista de Palestina desde el Pisgh o la Parábola de las Ciruelas.*
—Me doy cuenta —dijo el profesor.
Rió copiosamente.
—Me doy cuenta —repitió con renovado placer—. Moisés y la tierra prometida. Nosotros le dimos esa idea —agregó a J. J. O'Molloy.

HORACIO ES CINOSURA EN ESTE HERMOSO DÍA DE JUNIO

J. J. O'Molloy envió una mirada cansada de reojo hacia la estatua y no dijo nada.
—Me doy cuenta —dijo el profesor.
Se detuvo sobre la isla de pavimento de John Gray y midió a Nelson a través de la malla de su amarga sonrisa.

LOS DÍGITOS DISMINUIDOS RESULTAN SER DEMASIADO TITILANTES PARA LAS RETOZONAS VIEJAS — ANNE SE CONTONEA, FLO SE BALANCEA — SIN EMBARGO, ¿PUEDE CULPÁRSELAS?

—Manco adúltero —dijo ásperamente—. Eso me hace cosquillas, tengo que confesarlo.
—También se las hacía a las viejas —dijo Myles Crawford—. ¡Si la verdad de Dios Todopoderoso fuera conocida!

Roca de ananá, limón confitado, mantecado escocés. Una chica pegajosa de azúcar sirviendo paladas de cremas para un hermano cristiano. Linda merienda escolar. Malo para sus estómagos. Fabricantes de pastillas y confituras para Su Majestad el Rey. Dios. Salve. Al. Sentado en su trono, chupando azufaifas rojas hasta el blanco.

Un sombrío joven de la Y. M. C. A., vigilante entre los cálidos vapores dulces de Graham Lemon, puso un volante en la mano del señor Bloom.

Charlas de corazón a corazón.

Sang... ¿Me? No.

Sangre del Cordero.

Sus pasos lentos lo llevaron en dirección al río, leyendo. ¿Está usted salvado? Todos están lavados en la sangre del Cordero. Dios quiere víctima sangrante. Nacimiento, himeneo, martirio, guerra, fundación de un edificio, sacrificio, holocausto de riñón cocido, altares de druida. Elías llega. El doctor John Alexander Dowie, restaurador de la iglesia en Sión, llega.

¡Llega! ¡¡Llega!! ¡¡¡Llega!!!
Todos bien venidos.

Juego que rinde. Torry y Alexander el año pasado. Poligamia. Su esposa pondrá freno a eso. ¿Dónde estaba ese aviso de una firma de Birmingham sobre el crucifijo luminoso? Nuestro Salvador. Despertar en el profundo silencio de la noche y verlo sobre la pared, colgado. Idea del fantasma de Pepper. Perforado por clavos de hierro.

Debe hacerse con fósforo. Como cuando uno deja un pedazo de bacalao, por ejemplo. Yo podía ver la plata azulada por encima. La noche que bajé a la despensa de la cocina. No me gustan todos los olores que hay adentro esperando para salir a espetaperros. ¿Qué es lo que ella quería? Las pasas de Málaga. Pensando en España. Antes de que naciera Rudy. La fosforescencia, ese verdoso azulado. Muy bueno para el cerebro.

Desde la esquina de la casa, frente al monumento de Butler, lanzó una ojeada hacia el paseo Bachelor. La hija de Dedalus todavía allí delante de los salones de remate de Dillon. Deben de estar vendiendo algunos muebles viejos. La conocí en seguida por los ojos del padre. Pasea por ahí esperándolo. El hogar siempre se deshace cuando desaparece la madre. Quince hijos tenía él. Casi un nacimiento por año. Esto está en su teología, si no el sacerdote no daría a la pobre mujer la confesión, la absolución. Creced y multiplicaos. ¿A quién se le puede ocurrir semejante idea? Le comen a uno la casa y lo dejan en la calle. No tienen familias para alimentar. Viven de la gordura de la tierra. Sus bodegas y despensas. Me gustaría verlos hacer el desayuno de Yom Kipur. Bollos de viernes santo. Una comida y una merienda de miedo de que se desmayen en el altar. Una ama de llaves de uno de esos tipos si uno pudiera sonsacárselo. Nunca se les puede sacar nada. Como sacarle dinero a él. Se trata bien. Nada de convidados. Todo para el número uno. Observando sus orines. Traigan su propia comida. Su reverencia. Chitón es la palabra.

Buen Dios, el vestido de la pobre chica está en andrajos. Parece desnutrida también. Papas y puré, puré y papas. Es después que lo siente. Al freír será el reír. Mina el organismo.

Al poner el pie sobre el puente O'Connell, un penacho de humo surgió y se desflecó desde el parapeto. Lanchón con cerveza de exportación. Inglaterra. El aire de mar la hace fermentar, he oído. Sería interesante conseguir algún día una tarjeta por medio de Hancock para visitar la cervecería. Un mundo organizado en sí. Tinas de cerveza oscura, maravilloso. Las ratas entran también. Se emborrachan hasta hincharse grandes como un perro de pastor flotando. Borrachas muertas de cerveza. Beben hasta que se ponen a vomitar como cristianos. ¡Imagínese beberse eso! Ratones, pipones. Bueno, naturalmente, si supiéramos todas las cosas...

Mirando hacia abajo vió gaviotas aleteando fuertemente, dando vueltas entre las desvaídas paredes del muelle. Mal tiempo afuera. ¿Si me tirara? El hijo de Reuben J. debe de haber tragado una buena panzada de ese jarabe de albañal. Un chelín y ocho peniques de más. ¡Hum! Es el modo raro que tiene de hacer las cosas. Sabe también cómo contar un cuento.

Giraron más bajo. Buscando comida. Esperen.

Tiró en medio de ellas una pelota de papel arrugado. Elías treinta y dos pies por seg está lleg. Ni un poquito. La pelota se balanceó despreciada sobre la marejada, flotó debajo del puente a lo largo de los pilares. No son tan tontas. También el día que tiré ese pastelillo rancio del Rey de Eirin lo recogieron en la estela cincuenta yardas a popa. Viven gracias a su ingenio. Dieron vueltas, batiendo las alas.

Y sintiendo del hambre el acicate
La famélica gaviota el vuelo abate.

Así es como escriben los poetas, sonidos similares. Pero sin embargo Shakespeare no tiene rimas: versos blancos. Es el torrente del lenguaje. Los pensamientos. Solemne.

Yo soy, Hamlet, el espectro de tu padre
Condenado a este viaje por el mundo.

—¡Dos manzanas por un penique! ¡Dos por un penique!

Su mirada paseó por las lustrosas manzanas apretadas sobre el mostrador. A esta altura del año deben de ser australianas. Cáscaras brillantes: las lustra con un trapo o con el pañuelo.

Espera. Esos pobres pájaros.

Se detuvo otra vez y compró a la vieja de las manzanas dos tortitas de Banbury por un penique, rompió la masa quebradiza y arrojó sus fragmentos al Liffey. ¿Ven eso? Dos gaviotas descendieron silenciosamente, luego todas, desde sus alturas, arrojándose sobre la presa. Desapareció. Hasta el último bocado.

Sabedor de su gula y astucia, sacudió de las manos las migajas pulverizadas. Nunca esperaron eso. Maná. Tienen que vivir de carne de pescado, todas las aves del mar, gaviotas, moluscos. Los cisnes de Ana Liffey bajan nadando hasta aquí algunas veces para alisarse las plumas. Sobre gustos no hay nada escrito. Quisiera saber cómo es la carne de cisne. Robinsón Crusoé tuvo que alimentarse de ellos.

Giraron, batiendo las alas débilmente. No voy a arrojarles más. Un penique ya es bastante. Por lo que me lo agradecen... Ni siquiera un graznido. Propagan la aftosa también. Si uno ceba a un pavo con castañas, por ejemplo, toma el gusto de ellas. Comer cerdo vuelve cerdo. ¿Pero entonces por qué los peces de agua salada no son salados? ¿Cómo es eso?

Sus ojos buscaron respuesta del río y vieron un bote de remos anclado, balanceándose perezosamente sobre las olas mostrando sus inscripciones.

Kino's.

II.

Pantalones.

Buena idea ésa. Quisiera saber si le paga alquiler a la corporación. ¿Cómo se puede ser dueño del agua en realidad? Fluye en un torrente variable siempre, corriente que en la vida trazamos nosotros. Porque la vida es un torrente. Todos los sitios son buenos para avisos. El de ese matasanos doctor en gonorrea solía andar pegado en los mingitorios. Nunca lo veo ahora. Estrictamente confidencial. Doctor Hy Franks. No le costaba un pepino como Maggini el maestro de baile hacía su propia propaganda. Conseguía tipos para que se los pegaran o los pegaba él mismo llegado el caso a la chita callando entrando de una corrida para aflojar un botón. Vuelan de noche. Justamente el lugar también. RESERVA ABSOLUTA. RESULTADO GARANTIDO. Algún tío con una dosis quemándole.

Si él...

¡Oh!

¿Eh?

No... No.

No, no. No lo creo. ¿Él seguramente no?

No, no.

El señor Bloom avanzó levantando sus ojos preocupados. No pienses más en eso. La una pasada. La señal sobre la oficina marítima está baja. Tiempo de descanso. Fascinador librito es el de sir Robert Ball. Paralaje. Nunca entendí exactamente. Allí hay un sacerdote. Le podría preguntar. Para es del griego: paralelo, paralaje. Meten si cosas lo llamaba ella, hasta que le conté lo de la transmigración.

Hay que ver.

El señor Bloom sonrió hay que ver a las dos ventanas de la oficina marítima. Ella tiene razón después de todo. Solamente grandes palabras para cosas comunes para que suenen bien. Ella no es muy ingeniosa que digamos. Puede ser grosera también. Largar bruscamente lo que pienso. Sin embargo no sé. Acostumbraba decir que Ben Dollard tenía una voz de bajo barríltono. Él tiene piernas còmo barriles y uno creería que canta dentro de un barril. Entonces, ¿eso no es ingenio? Acostumbraban llamarlo Big Ben. No es ni la mitad de ingenioso que llamarlo bajo barríltono. Apetito de albatros. Se manda a la bodega un cuarto de buey. Era un hombre temible para almacenar bajo número uno. Barril de Bajo. ¿Está bien? Es un hallazgo.

Una procesión de hombres de blusas blancas marchaba lentamente hacia él a lo largo del arroyo, bandas escarlata cruzadas en sus carteles. Oportunidades. Como ese sacerdote están esta mañana: hemos pecado: hemos sufrido. Leyó las letras escarlata sobre sus cinco altos sombreros blancos: H.E.L.Y.S. Sabiduría Hely's. La Y, rezagándose, sacó un pedazo de pan de debajo del cartel, se lo metió en la boca y siguió caminando mientras masticaba. Nuestro alimento común. Tres chelines por día, caminando a lo largo del arroyo, calle tras calle. Solamente alcanza para conservar juntos la piel y los huesos, pan y una mísera sopa. No son de Boyl: no: son los hombres de M'Glade. Esto no trae negocios tampoco. Le sugerí algo referente a un carromato de exhibición transparente con dos chicas vistosas sentadas adentro escribiendo cartas, cuadernos, sobres, papel secante. Apuesto que eso habría resultado. Chicas elegantes escribiendo algo llaman la atención en seguida. Todo el mundo muriéndose por saber lo que ella está escribiendo. Basta mirar hacia arriba para que se reunan veinte personas alrededor de uno. Hay que dar en la tecla. Las mujeres también. Curiosidad. Estatua de sal. Naturalmente no lo aceptó porque no se le ocurrió a él primero. O el tintero que le sugerí con una falsa mancha de celuloide negro. Sus ideas para avisos no son mejores que la de la carne envasada Ciruelo debajo de los avisos fúnebres, departamento de fiambres. No se pueden despegar. ¿Qué? nuestros sobres. ¡Hola! Jones, ¿adónde vas? No puedo detenerme, Robinson, ando apurado por la única goma para tinta de confianza, *Kansell*, que vende Hely's Ltd., Dame Street, 85. Bien fuera de ese lío estoy yo. Era un trabajo de todos los diablos cobrar cuentas en esos conventos, Convento *Tranquilla*. Había una linda monja allí, una cara realmente agradable. La toca le sentaba en la pequeña cabeza. ¿Hermana? ¿Hermana? Por sus ojos estoy seguro que había tenido penas de amor. Muy difícil tener tratos con esa clase de mujer. La molesté en sus devociones esa mañana. Pero contenta de comunicarse con el mundo exterior. Nuestro gran día, dijo ella. Fiesta de Nuestra Señora del Monte Carmelo. Dulce nombre también: caramelo. Ella sabía, yo creo que ella sabía por la forma que ella. Si ella se hubiera casado habría cambiado. Supongo que realmente andaban escasas de dinero. A pesar de eso freían todo con la mejor mantequilla. Nada de grasa de cerdo para ellas. Mi corazón está despedazado de comer grasa. Les gusta enmantecarse por todos lados.

Maruja probándola, su velo levantado. ¿Hermana? Pat Claffey. la hija del usurero. Dicen que fué una monja la que inventó el alambre de púas.

Cruzó la calle Westmoreland cuando el apóstrofe S había pasado pesadamente. La bicicletería Rover. Esas carreras se corren hoy. ¿Cuánto hace de eso? El año que murió Phil Gilligan. Estábamos en la calle Lombard oeste. Espera, yo estaba en lo de Thom. Conseguí el empleo en Sabiduría Hely's el año que nos casamos. Seis años. Hace diez años: murió en el noventa y cuatro, sí, así es, el gran incendio en lo de Arnott. Val Dillon era alcalde. La comida del Glencree. El consejero Robert O'Reilly vaciando el oporto en la sopa antes de que cayera la bandera, Bobbob lamiéndola para beneficio de su interior municipal. No se podía oír lo que tocaba la banda. Por lo que ya hemos recibido quiera el Señor tenernos en cuenta. Milly era una chiquilla entonces. Maruja tenía ese vestido gris elefante con las ranas bordadas. Estilo sastre con botones forrados. A ella no le gustaba porque me torcí el tobillo el primer día que lo llevó al picnic del coro en el Pan de Azúcar. Como si eso. El sombrero alto del viejo Goodwin arruinado con algo pegajoso. Picnic de las moscas también. Nunca se puso encima un vestido como ése. Le quedaba como un guante, hombro y caderas. Recién empezaba a rellenarlo bien. Ese día tuvimos pastel de conejo. La gente se daba vuelta para mirarla.

Feliz. Más feliz entonces. Cómoda piecita era ésa con el papel rojo de lo de Dockrell a un chelín y nueve peniques la docena. El baño de Milly por la noche. Compré jabón americano: flor de saúco. Agradable olor de su agua de baño. Quedaba graciosa toda enjabonada. Bien formada también. Ahora en la fotografía. El taller de daguerrotipo de que me habló el pobre papá. Gusto hereditario.

Caminó a lo largo del cordón de la vereda.

Torrente de la vida. ¿Cómo se llamaba ese tipo que parecía un cura que siempre miraba de costado cuando pasaba? Ojos débiles, mujer. Vivía en la casa Citron, en Saint Kevin's Parade. Pen algo. ¿Pennedis? Mi memoria se está poniendo. ¿Pen...? naturalmente hace años. El ruido de los tranvías probablemente. Y bueno, si él no podía acordarse el nombre del padre—noticias, a quien ve todos los días...

El tenor era Bartell d'Arcy, que hacía su aparición entonces. Acompañándola a casa después de los ensayos. Tipo engreído con su bigote lleno de cosmético. Le dió ese canto "Vientos que soplan desde el sud".

Esa noche borrascosa en que la fuí a buscar había una reunión de la logia acerca de esos billetes de lotería después del concierto de Goodwin en el salón de banquetes o sala de fiestas del hotel de la villa. Él y yo detrás. Una de sus hojas de música voló de mis manos y fué a dar contra las altas verjas de la escuela. Suerte que no. Una cosa como ésa a ella le echa a perder una velada. El profesor Goodwin enlazándola enfrente. Temblando sobre sus clavijas pobre viejo borrachín. Sus conciertos de despedida. Prácticamente última aparición en escenario alguno. Puede ser por algunos meses y puede ser para siempre. Recordarla en el viento, su cuello del abrigo levantado.

¿Te acuerdas de esa ráfaga en la esquina de Harcourt Road? ¡Brrf! Le levantó las polleras y su boa casi asfixia al viejo Goodwin. Ella enrojeció de veras en el viento. Recuerdo cuando llegamos a casa atizamos el fuego y freímos esos pedazos de falda de carnero para la cena con la salsa Chutney que a ella le gustaba. Y el ron caliente con especias. Podía verla a ella en el dormitorio desde la chimenea aflojando las ballenas de su corsé. Blanca.

Un silbido y un aleteo hizo su corsé sobre la cama. Guardando aún su calor. Siempre le gustó desembarazarse de eso. Sentada allí hasta las dos casi, sacando sus horquillas. Milly arropada en su cunita. Feliz. Feliz. Esa fué la noche...

—¡Oh, señor Bloom, cómo está usted?
—¡Oh, cómo está usted, señora Breen?
—No hay para qué quejarse. ¿Cómo está Maruja? No la veo desde hace una eternidad.
—Perfectamente —dijo con alegría el señor Bloom—. Milly tiene un puesto en Mulligar, ¿sabe?
—¡Se fué! ¿No es eso magnífico para ella?
—Sí, con un fotógrafo allí. Marcha como sobre rieles. ¿Cómo van todos sus pupilos?
—Todos en la lista del panadero —dijo la señora Breen.
¿Cuántos tiene ella? Ningún otro a la vista.
—Usted está de negro veo. No ha...
—No —dijo el señor Bloom—. Acabo de venir de un entierro. Parece que saldrá a relucir todo el día. ¿Quién murió, cuándo y de qué murió? Eso viene como moneda falsa.
—¡Dios mío! —exclamó la señora Breen—, espero que no habrá sido algún pariente próximo.

Puedo también conseguir su simpatía.

—Dignam —dijo el señor Bloom—. Un viejo amigo mío. Murió repentinamente, pobre muchacho. Del corazón, creo. El entierro fué esta mañana.

Tu entierro será mañana
Y hoy sacudes la campana
Dilingding ding ding
Dilinding...

—Es triste perder a los viejos amigos —dijeron melancólicamente los ojos de mujer de la señora Breen.

Bueno, ahora ya hay bastante de eso. Como sin querer: esposo.
—¿Y su dueño y señor?

La señora Breen levantó dos grandes ojos. Los conserva todavía.
—¡Oh, no me hable! —dijo—. Es un aviso para las serpientes de cascabel. Está ahí dentro ahora con sus libros buscando la ley sobre difamación. Me envenena la vida. Espere y va a ver.

Vapor caliente de sopa imitación tortuga y vaho de rollos de dulce recién horneados fluían de lo de Harrison. El pesado vaho del mediodía hacía cosquillas a la entrada del esófago del señor Bloom. Para hacer buena pastelería se necesita manteca, la mejor harina, azúcar de caña, o sentirían el gusto con el té caliente. ¿O es de ella? Un árabe descalzo estaba sobre el enrejado, aspirando los vapores. Amortiguan el roer del hambre en esa forma. ¿Es placer o dolor? Comida de un penique. Cuchillo y tenedor encadenados a la mesa.

Abriendo su cartera, cuero pelado, aguja de sombrero: tendrían que tener un tapapunta para esas cosas. Lo meten en los ojos de un tipo en el tranvía. Hurgando. Abierta. Dinero. Por favor sírvase uno. Diablos si pierden una moneda. Arman un lío. El marido la marca. ¿Dónde están los diez chelines que te di el lunes? ¿Estás alimentando a la familia de tu hermanito? Pañuelo sucio: botella de remedio. Tal vez pastilla cayó. ¿Qué es lo que ella...?

—Debe de haber luna nueva —dijo—. Siempre está mal cuando sale la luna nueva. ¿Sabe lo que hizo anoche?

Su mano dejó de revolver. Sus ojos se fijaron en él, abiertos en alarma, sin embargo sonrientes.

—¿Qué? —preguntó el señor Bloom.

Déjala hablar. Mírala bien a los ojos. Te creo. Confía en mí.

—Me despertó de noche —siguió—. Un sueño que había tenido, una pesadilla.

Indiges.

—Dijo que el as de espadas estaba subiendo las escaleras.

—¡El as de espadas! —exclamó el señor Bloom.

Ella sacó de su cartera una postal doblada.

—Lea eso —dijo—. Lo recibió esta mañana.

—¿Qué es? —preguntó el señor Bloom tomando la tarjeta—. ¿ESTÁS LISTO?

—ESTÁS LISTO. Listo —dijo—. Alguien está burlándose de él. Es una gran vergüenza para quienquiera que sea.

—Es cierto —afirmó el señor Bloom.

Volvió a tomar la tarjeta suspirando.

—Y ahora ha ido al estudio del señor Menton —agregó—. Va a iniciar una demanda por diez mil libras, dice.

Metió la tarjeta doblada dentro de su desprolija cartera haciendo chasquear el cierre.

El mismo vestido de sarga azul que llevaba dos años atrás, mostrando algunas partes descoloridas. Se fueron los buenos tiempos. Un mechón de cabello sobre sus orejas. Y esa toca desaliñada, con tres uvas viejas para rejuvenecerla. Miserable decencia. Acostumbraba ser una mujer de gusto para vestir. Líneas alrededor de su boca. Solamente un año o algo así mayor que Maruja.

Hay que ver la mirada que le echó esa mujer al pasar. Cruel. El sexo injusto.

La siguió mirando tranquilo, sin dejar trasparentar su descontento. Acre sopa imitación tortuga, cola de buey, carne sazonada con curri. Tengo hambre también. Escamas de pastelería sobre el plastrón; pincelada de harina azucarada pegoteada a su mejilla. Tarta de ruibarbo con abundante relleno, rico interior de fruta. Era Josie Powell. En lo de Luke Doyle hace mucho, Dolphin's Barn, las charadas. Estás listo. Listo.

Hablemos de otra cosa.

—¿Ve usted alguna vez al señor Beaufoy? —preguntó el señor Bloom.

—¿Mina Purefoy? —dijo ella.
Yo estaba pensando en Philip Beaufoy. Club de Teatrómanos. Matcham a menudo piensa en el golpe maestro. ¿Tiré la cadena? Sí. El último acto.
—Sí.
—Acabo de preguntar al venir de paso si ya tuvo. Está en la maternidad de la calle Helles. El doctor Horne la hizo internar. Ya hace tres días que está mal.
—¡Oh! —dijo el señor Bloom—. Siento mucho saber eso.
—Sí —agregó la señora Breen—. Y una casa llena de chicos. Es un parto muy difícil, me dijo la enfermera.
—¡Oh! —murmuró el señor Bloom.
Su pesada mirada compasiva sorbía sus noticias. Su lengua chasqueó. ¡Dth! ¡Dth!
—Lo lamento mucho —dijo—. ¡Pobrecita! ¡Tres días! Es terrible para ella.
La señora Breen afirmó con la cabeza.
—Se descompuso el martes...
El señor Bloom le tocó el codo suavemente, advirtiéndole.
—¡Cuidado! Deje pasar a ese hombre.
Una forma huesuda andaba a trancos por el cordón de la vereda desde el río, contemplando absorto la luz del sol a través de un lente pesadamente encordelado. Apretado como formando parte del cráneo un pequeño sombrero agarraba su cabeza. Colgados de su brazo un guardapolvo doblado, un bastón y un paraguas seguían el balanceo de sus pasos.
—Mírelo —dijo el señor Bloom—. Camina siempre del lado de afuera de los postes de alumbrado. ¡Mire!
—¿Quién es, si se puede saber? —preguntó la señora Breen—. ¿Está chiflado?
—Se llama Cashel Boyle O'Connor Fitzmaurice Tisdal Farrell —dijo el señor Bloom sonriendo—. ¡Observe!
—Ése sí que está listo —dijo ella—. Denis va a andar así un día de estos.
Se interrumpió bruscamente.
—Allí está —exclamó—. Tengo que alcanzarlo. Adiós. Recuerdos a Maruja, ¿quiere?
—Serán dados —dijo el señor Bloom.
La siguió con los ojos viéndola alejarse entre los transeúntes hacia los frentes de las tiendas. Denis Breen, en un estrecho traje de levita y con zapatos de lona azul, salió arrastrando los pies de lo de Harrison, abrazando contra sus costillas dos pesados tomos. Caído de la luna. Vive en el limbo. Se dejó alcanzar sin manifestar sorpresa y adelantó su oscura barba gris hacia ella, meneando su floja mandíbula mientras hablaba afanosamente.
Colibrillo. Tiene gente en la azotea.
El señor Bloom siguió andando tranquilamente, viendo delante de él en la luz del sol la apretada pieza de cráneo, el bastón, el paraguas y el guardapolvo bamboleantes. Cada loco con su tema. ¡Hay que ver! Ahí va otra vez. Es una manera de ir tirando. Y ese otro viejo

lunático a la disparada en esos andrajos. ¡Qué vida debe de pasar ella con ese sujeto!

Estás listo. Listo. Apuesto la cabeza que es Alf Bergan o Richie Goulding. Lo escribieron en la cervecería escocesa por pura cachada, apuesto cualquier cosa. Al estudio de Menton ante todo. Sus ojos de ostra mirando fijamente la postal. Es un verdadero plato.

Pasó el *Irish Times*. Podría haber otras respuestas esperando allí. Me gustaría contestarlas todas. Buen sistema para criminales. Código. Almorzando ahora. El empleado con anteojos que está allí no me conoce. ¡Oh, déjalas que sigan hirviendo! Bastante lío pasarse a 44 de ellas. Se necesita mecanógrafa práctica para ayudar a caballero en trabajo literario. Te llamé pícaro querido porque no me gusta esa otra palabra. Por favor dime lo que quiere decir. Por favor dime qué perfume usa tu mujer. Dime quién hizo el mundo. La forma en que le sueltan a uno esas preguntas. Y esa otra Lizzie Twigg. Mis ensayos literarios han tenido la buena suerte de obtener la aprobación del eminente poeta A. E. (el señor Geo Russell). No tiene tiempo para peinarse tomando té flojo con un libro de poesías.

El mejor diario por muchos conceptos para un aviso pequeño. Consiguió las provincias ahora. Cocina y demás, exc. cocin., hay mucama. Se necesita hombre activo para despacho de bebidas. Señorita respet. (catól.) desea puesto en comercio de fruta o cerdo. Ése lo hizo James Carlisle. Seis y medio por ciento de dividendo. Hizo un gran negocio con las acciones de Coate. Sin preocupaciones. Viejos avaros escoceses astutos. Todo noticias aduladoras. Nuestra graciosa y popular virreina. Compró el *Irish Field* ahora. Lady Mountcashel se ha repuesto completamente después de su sobreparto y cabalgó con los sabuesos de Ward Union ayer en Rathoath. Zorro imposible de tragar. Deportista para su bolsillo. El miedo inyecta jugos que sirven para ablandárselo bastante. Cabalgando a horcajadas. Monta su caballo como un hombre. Cazadora que se las trae. Nada de silla de señora ni de grupera para ella, hay que ver. La primera en la reunión y a la orden para matar. Fuertes como yeguas de raza algunas de esas mujeres de a caballo. Alardean alrededor de las caballerizas de alquiler. Se mandan su vaso de brandy en menos que canta un gallo. Ésa en el Grosvenor, esta mañana. Arriba con ella en el coche: patatín patatán. Haría pasar su caballo por una pared de piedra o un portón de cinco barras. Creo que ese conductor de nariz respingada lo hizo a propósito. ¿A quién se parecía ella? ¡Oh, sí! A la señora Miriam Dandrade que me vendió sus abrigos viejos y negra ropa interior en el hotel Shelbourne. Hispanoamericana divorciada. No se le movió un músculo mientras yo los manipulaba. Como si yo no fuera más que una maleta. La vi en la fiesta del virrey cuando Stubbs el cuidador del parque me hizo entrar con Whelan del *Express*. Recogiendo las sobras de los aristócratas. Té aristocrático. La mayonesa que eché sobre las ciruelas pensando que era crema. Sus orejas tendrán que haberle picado unas cuantas semanas. Habría que ser un toro para ella. Cortesana de nacimiento. Nada de criar hijos para ella, gracias.

¡Pobre señora Purefoy! Esposo metodista. El método en su locura. Almuerzo de bollo de azafrán y leche y soda en la lechería educacional. Comiendo con un cronómetro, treinta y dos masticadas por minuto. Sin embargo sus patillas de chuleta de carnero crecieron. Se supone que está bien relacionado. Primo de Teodoro en Dublin Castle. Un pariente decorativo en todas las familias. Cada año le sirve selecciones granadas. La vi delante de los Tres Alegres Borrachos marchando en cabeza, con su hijo mayor llevando al menor en una canasta. Los chillones. ¡Pobre criatura! Después tener que dar el pecho año tras año a todas horas de la noche. Egoístas son esos abstemios. Perro del hortelano. Solamente un terrón de azúcar en mi té, si me hace el favor.

Se paró en el cruce de la calle Fleet. ¿Hora de almorzar por seis peniques en lo de Rowe? Tengo que ver ese aviso en la biblioteca nacional. Por ocho peniques en el Burton. Mejor. Me queda de paso.

Pasó por delante de la casa Bolton's Westmoreland. Te. Te. Te. Me olvidé de mangar a Tomás Kernan. Ssss. ¡Dth, dth, dth! Imagínese, tres días quejándose en la cama, un pañuelo con vinagre alrededor de la frente, el vientre todo hinchado! ¡Puah! Simplemente espantoso! La cabeza del chico demasiado grande: fórceps. Doblado dentro de ella tratando de salir a tientas, buscando la salida. Suerte que Maruja sacó el suyo en seguida fácilmente. Tendrían que inventar algo para impedir eso. Vida con arduos dolores. La idea del sueño crepuscular: a la reina Victoria le dieron eso. Tuvo nueve. Buena ponedora. La vieja que vivía en un zapato tenía tantos hijos. Supongamos que él fuera tuberculoso. Sería tiempo de que alguien pensara en eso en vez de perder tiempo acerca de qué es lo que era el seno pensativo de la trascendente incandescencia. Estupideces para embaucar a los tontos. Podrían fácilmente tener grandes establecimientos. Toda la operación completamente sin dolor sacándolo de todos los impuestos, dar a cada chico que nazca cinco libras a interés compuesto hasta los veintiuno, cinco por ciento da cien chelines y las cinco libras en cuestión, multiplicado por veinte, sistema decimal, animar a la gente a separar dinero ahorrado ciento diez y un poquito veintiún años tendría que hacer las cuentas en un papel se llega a una bonita suma, más de lo que uno cree.

Nada de abortos con seguridad. Ni siquiera son inscriptos. Tiempo perdido.

Curioso espectáculo ver a dos de ellas juntas, sus vientres afuera. Maruja y la señora Moisel. Reunión de madres. La tisis se retira por el momento, luego vuelve. ¡Qué chatas parecen después de repente! Ojos tranquilos. Se sacan un peso de la conciencia. La vieja señora Thornton era un alma alegre. Todos mis bebes, decía. La cuchara de papilla en su boca antes de alimentarlos. ¡Oh!, esto es niumnium. Le aplastó la mano el hijo del viejo Tomás Wall. ¿El primer saludo de él fué para el público? La cabeza como una calabaza premiada. El rezongón doctor Murren. La gente llamándolo salir a todas horas. Por amor de Dios, doctor. La mujer con los dolores. Luego los hacen esperar meses por sus honorarios. Por atención de su señora. La gente no tiene gratitud. Médicos humanitarios, la mayoría.

Delante de la enorme puerta del Parlamento de Irlanda voló una bandada de palomas. Su pequeño retozo después de las comidas. ¿Sobre quién lo haremos? Yo elijo el que va de negro. Ahí va. A tu salud. Debe de ser emocionante desde el aire. Apjohn, yo y **Owen Goldberg** trepados a los árboles cerca del Goose green jugando a los monos. Me llamaban Mackerel.

Un pelotón de alguaciles desembocó de la calle College, marchando en fila india. Paso de ganso. Rostros acalorados por la comilona, cascos sudorosos, palmeando sus bastones. Después de alimentarse con una buena carga de sopa gorda bajo sus cinturones. La suerte del policía es muy buena. Se abrieron en grupos y se desparramaron saludando hacia sus paradas. Soltados para que pastoreen. El mejor momento para atacar a uno es durante la hora del budín. Un golpe en la comida. Otro pelotón, marchando irregularmente, dió la vuelta por las verjas del Trinity, dirigiéndose a relevar. En camino a sus paradas. Prepárense para recibir la caballería. Prepárense para recibir la sopa.

Cruzó bajo el dedo travieso de Tomasito Moore. Hicieron bien en ponerlo encima de un orinal. Confluencia de las aguas. Tendría que haber lugares para las mujeres. Entran de una corrida en las pastelerías. Para arreglarse el sombrero. *No hay un valle en este amplio mundo.* Gran canción de Julia Morkan. Conservó su voz hasta el último momento. Era alumna de Michael Balfe, ¿no es así?

Siguió con la vista la última ancha túnica. Clientes difíciles de manejar. Jack Power podía contar las cosas como eran: el padre era detective. Si un tipo les daba mucho trabajo, por remolonear, le propinaban una buena soba en el calabozo. No se les puede reprochar, después de todo, con el trabajo que tienen, especialmente con los energúmenos jóvenes. A ese policía montado le hicimos dar una buena corrida el día que lo graduaron en Trinity a Joe Chamberlain. ¡Palabra que sí! Los cascos de su caballo repiqueteando detrás de nosotros por la calle Abbey. Suerte que tuve la presencia de ánimo de meterme en lo de Manning; si no hubiera hecho así me las veo negras. Se dió un buen golpe, por Dios. Debe de haberse roto la cabeza contra las piedras. No tendría que haberme dejado llevar por esos estudiantes de medicina. Y los ridículos del Trinity con sus gorros cuadrados de estudiante. Buscando líos. Sin embargo llegué a conocer a ese joven Dixon que me curó la picadura en el Mater y ahora está en la calle Holles en lo de la señora Purefoy. Así es el engranaje. Todavía tengo en mis oídos el silbato del policía. Todos tomaron las de Villadiego. ¿Por qué me eligió a mí? Aquí mismo empezó.

—¡Arriba los Boers!
—¡Tres hurras por De Wett!
—Vamos a colgar a Joe Chamberlain de un árbol de manzanas agrias.

Muchachitos tontos: turba de jóvenes cachorros gritando hasta desgañitarse. Monte Vinagre. La murga de los mantequeros. En unos pocos años la mitad de ellos serán magistrados y funcionarios. Viene la guerra: en el ejército a troche y moche: los mismos tipos que juraban que al pie del cadalso.

Nunca se sabe con quién se está hablando. Corny Kelleher tiene a Harvey Duff en el ojo. Como ese Pedro o Daniel o Jaime Carey que destapó el asunto de los invencibles. Miembro de la corporación también. Hurgando a los muchachos novatos para que se destapen. Se pasan el tiempo haciendo ese trabajo por el dinero de la policía. Lo dejan caer como una papa caliente. Por eso esos hombres de trajes ordinarios están siempre cortejando a los bigotudos. Es fácil reconocer a un hombre acostumbrado al uniforme. Arrinconarlo contra una puerta trasera. Maltratarlo un poco. Luego lo que sigue en el menú. ¿Y quién es el caballero que hace las visitas allí? ¿Decía algo el joven patrón? El ojo en el agujero de la cerradura. Cimbel. Joven estudiante apasionado bromeando alrededor de sus gruesos brazos planchando.
—¿Son tuyos ésos, María?
—Yo no uso esas cosas... Quieto o le voy a contar a la señora. Afuera la mitad de la noche.
—Se aproximan grandes tiempos, María. Espera y verás.
—¡Ah, déjeme tranquila con sus grandes perspectivas! Mozas de taberna también. Chicas vendedoras de tabaco.
La idea de Jaime Stephen era la mejor. Él conocía a la gente. Círculos de diez, de manera que un tipo no pudiera ver más lejos que su propio círculo. Sinn Fein. Volverse atrás para sacar el cuchillo. La mano negra. Quedarse. El pelotón de fusilamiento. La hija de Turkney lo hizo evadir de Richmond en camino para Lusk. Parando en el Buckingham Palace debajo de sus propias narices. Garibaldi.
Hay que tener cierto don de fascinación: Parnell. Arturo Griffith es un tipo que lleva la cabeza bien puesta, pero no tiene nada que atraiga a la gente. Hay que dar vueltas por nuestro lindo país. Juego de trucos. El salón de té de la Panificación Irlandesa. Sociedades para discutir. Que la república es la mejor forma de gobierno. Que el asunto del idioma debe tener prioridad respecto al problema económico. Que sus hijas los lleven engañados a su casa. Hártelos con carne y bebida. Ganso de sanmiguelada. Aquí debajo del delantal tengo un buen pedazo de tomillo sazonándose para ti. Sírvase otro cuarto de grasa de ganso antes de que se enfríe demasiado. Entusiastas a medias. Bollo de un penique y paseo con la banda. Nada para el trinchador. El pensamiento de que el otro paga es la mejor salsa del mundo. Que se sientan perfectamente cómodos en su casa. Pásanos esos damascos, queriendo decir duraznos. Llegará el día. El sol de la autonomía levantándose en el noroeste.
Su sonrisa se desvaneció mientras caminaba; una pesada nube ocultaba el sol lentamente, sombreando el áspero frente del Trinity. Los tranvías se pasaban unos a otros, llegando, saliendo, sonando. Palabras inútiles. Las cosas siguen igual, día tras día; pelotones de policía que salen y entran: tranvías que van y que vienen. Esos dos lunáticos dando vueltas por ahí. Dignam acarreado. Mina Purefoy con el vientre hinchado sobre una cama quejándose para que le saquen a tirones un chico. Uno nace cada segundo en alguna parte. Otro muere cada segundo. Desde que di de comer a los

pájaros, cinco minutos. Trescientos se fueron al otro mundo. Otros trescientos nacidos, lavándolos de sangre, todos son lavados en la sangre del cordero, berreando ¡meeeeee!

Toda la población de una ciudad desaparece, otra la reemplaza, falleciendo también: otra viniendo, yéndose. Casas, líneas de casas, calles, millas de pavimentos, ladrillos apilados, piedras. Cambiando de manos. Este propietario, aquél. Dicen que el propietario nunca muere. Otro ocupa su lugar cuando le llega el aviso de largar. Compran el lugar con oro y sin embargo todavía tienen todo el oro. Lo estafan en alguna parte. Amontonado en ciudades, gastado edad tras edad. Pirámides en arena. Construído sobre pan y cebollas. Esclavos la muralla china. Babilonia. Quedan grandes piedras. Torres redondas. El resto ripios, suburbios desparramados, edificados a la diabla, las casas hongos de Kerwan, construídas de viento. Refugio para la noche.

Nadie es nada.

Ésta es la peor hora del día. Vitalidad. Opaca, deprimente: odio esta hora. Me siento como si me hubieran comido y vomitado.

La casa del Preboste. El reverendo Dr. Salmon: salmón en lata. Bien envasado allí. No viviría allí ni que me pagaran. Espero que hoy tengan hígado y tocino. La naturaleza tiene horror al vacío.

El sol se libertó lentamente y encendió destellos de luz entre la platería en la vidriera de Walter Sexton, del lado opuesto a la cual pasaba Juan Howard Parnell, sin ver nada.

Allí está: el hermano. Su vivo retrato. Rostro que persigue. Eso sí que es una coincidencia. Naturalmente, centenares de veces uno piensa en una persona y no la encuentra. Como un hombre que camina en sueños. Nadie lo conoce. Debe haber una reunión de la corporación hoy. Dicen que nunca se puso el uniforme de jefe de policía desde que consiguió el empleo. Carlos Boulger acostumbraba salir sobre su caballo alto, sombrero de tres picos, hinchado, empolvado y afeitado. Mire la manera angustiada de caminar que tiene. Comió un huevo pasado. Los ojos huevos escalfados descoloridos. Tengo una pena. Hermano del gran hombre: el hermano de su hermano. Quedaría bien con el uniforme. Entra de paso en el D. B. C. probablemente por su café. Juega al ajedrez allí. Su hermano usaba a los hombres como a peones de ajedrez. Que se consuman todos. Miedo de decir nada de él. Los congelaría con ese ojo suyo. Ésa es la fascinación: el nombre. Todos un poquito tocados. Mad Fanny y la otra hermana de él, la señora Dickinson, cabalgando por ahí con arneses escarlata. Enhiestos como el cirujano M'Ardle. Sin embargo David Sheehy lo batió en Meath del sud. Abandonó su banca en los Comunes por una sinecura comunal. El banquete de un patriota. Comiendo cáscaras de naranja en el parque. Simón Dedalus dijo cuando lo mandaron al Parlamento que Parnell iba a volver desde la tumba para tomarlo de un brazo y ponerlo a la puerta de la Cámara.

—Del pulpo de dos cabezas, una de esas cabezas es la cabeza sobre la cual los términos del mundo han olvidado juntarse, mientras la otra habla con acento escocés. Los tentáculos...

Pasaron por detrás del señor Bloom a lo largo del cordón de la vereda. Barba y bicicleta. Mujer joven.
Y allí está él también. Eso sí que es una coincidencia: segunda vez. Los acontecimientos a suceder proyectan su sombra delante de ellos. Con la aprobación del eminente poeta señor Geo Russell. Esa que va con él podría ser Lizzie Twigg. A. E.: ¿Qué quiere decir eso? Iniciales, quizá. Alberto Eduardo, Arturo Edmundo. Alphonsus Eb Ed El Esquire. ¿Qué estaba diciendo él? Los términos del mundo con acento escocés. Tentáculos: pulpo. Algo oculto: simbolismo. Discurso. Ella lo absorbe todo. No dice una palabra. Para ayudar a caballero en trabajo literario.
Sus ojos siguieron la alta figura en homespun, barba y bicicleta, una mujer atenta a su lado. Vienen del vegetariano. Solamente legumbres y fruta. No comen bifes. Si uno lo hace los ojos de esa vaca lo van a perseguir por toda la eternidad. Dicen que es más sano. No es más que viento y agua. Lo probé. Lo tiene a uno a las corridas todo el día. Malo como un arenque ahumado. Sueños toda la noche. ¿Por qué llaman a eso que me dieron bife de nuez? Nuezarianos. Frutarianos. Para que uno se haga la ilusión de que come bife de nalga. Absurdo. Salado también. Cocinan con soda. Lo tienen a uno sentado al lado de la canilla toda la noche.
Las medias de ella están flojas en los tobillos. Detesto eso: de mal gusto. Todos son gente literaria, etérea. Soñadores, nebulosos, simbolistas. Estetas son todos. No me sorprendería si ésa fuera la clase de alimento que producen esas como ondas del cerebro que son las inspiraciones poéticas. Por ejemplo uno de esos policías transpirando guiso irlandés en sus camisas; uno no podría sacarle una línea de poesía. Ni siquiera saben lo que es poesía. Hay que estar de un cierto modo.

Gaviota soñadora que entre nubes
sobre las grises aguas tiemblas, subes.

Cruzó la esquina de la calle Nassau y se detuvo delante de la vidriera de Yates e hijos, apreciando los anteojos de larga vista. ¿O pasaré por lo del viejo Harris y echaré un párrafo con el joven Sinclair? Sujeto de buenos modales. Almorzando probablemente. Tengo que hacer arreglar esos viejos anteojos míos. Lentes Goerz, seis guineas. Los alemanes se abren camino en todas partes. Venden a bajo precio para apoderarse del mercado. Socavando. Podría probar con un par de la oficina de objetos perdidos del ferrocarril. Asombroso las cosas que la gente deja detrás de sí en los trenes y salas de espera. ¿Qué estarán pensando? Las mujeres también. Increíble. El año pasado viajando a Ennis tuve que recoger la valija de esa hija del chacarero y alcanzársela en el empalme de Limerick. Y todo el dinero que no se reclama. Hay un pequeño reloj allí arriba del techo de la torre para probar esos anteojos.
Sus párpados se bajaron hasta los bordes inferiores de sus pupilas. No puedo verlo. Si uno se imagina que está allí casi puede verlo. No puedo verlo.
Se dió vuelta y, parándose entre los toldos, extendió su mano de-

recha todo lo largo del brazo hacia el sol. Quise hacer la prueba a menudo. Sí: completamente. La yema de su dedo chico tapaba el disco del sol. Debe de ser el foco donde se cruzan los rayos. Si tuviera anteojos negros. Interesantes. Se hablaba mucho de esas manchas solares cuando estábamos en la calle Lombard oeste. Son aterradoras explosiones. Habrá eclipse total este año: en algún momento del otoño.

Ahora que me acuerdo, esa esfera cae a la hora de Greenwich. Es el reloj que se mueve por un cable eléctrico que viene de Dunskink. Tengo que visitar eso algún primer sábado de mes. Si pudiera conseguir una presentación para el profesor Joly o averiguar algo respecto a su familia. Eso daría resultado: un hombre siempre se siente halagado. Vanidad donde menos se la espera. Noble orgulloso de ser descendiente de la amante de algún rey. Su antepasada. Lo sirven con pala. Con la gorra en la mano recorre el país. No entrar y decir a boca de jarro lo que uno sabe no hay que: ¿qué es paralaje? Acompañe a este caballero a la puerta.

¡Ah! Su mano cayó otra vez al costado.

Nunca se sabe nada acerca de eso. Pérdida de tiempo. Esferas de gas en rotación, cruzándose unas a otras, pasando. Siempre el mismo dindán. Gas, luego sólido, luego mundo, luego frío, luego corteza muerta a la deriva, roca congelada, como esa de ananá. La luna. Debe de haber luna nueva, dijo ella. Creo que sí.

Siguió por la Maison Claire.

Veamos. La luna llena era la noche que estábamos domingo quince días exactamente hay luna nueva. Caminábamos por el Tolka. No del todo mal para una luna de Bella Vista. Ella estaba zumbando: la joven luna de mayo está alumbrando, amor. Él al otro lado de ella. Codo, brazo. Él. La lu-uz de la luciérnaga está centelleando, amor. Rozamiento. Dedos. Pregunta. Contestación. Sí.

Quieto. Quieto. Si era era. Tengo que.

El señor Bloom, respirando afanoso, caminando más lentamente pasó Adam Court.

Con un alivio de tente quieto sus ojos tomaron nota: esta es la calle aquí mediodía los hombros de botella de Bob Doran. En su inclinación anual dijo M'Coy. Beben para decir o hacer algo o *cherchez la femme*. Allá arriba en el Coombe con compinches y busconas y el resto del año tan sobrio como un juez.

Sí. Me parecía. Cortándose para el Empire. Se fué. Soda pura sola le haría bien. Donde Pat Kinsella tenía su teatro Hart antes que Whitbred estableciera el Queen's. Era una uva. El negocio de Dion Boucicault con su cara de luna llena con un gorro esmirriado. Tres doncellas de pensionado. Cómo vuela el tiempo, ¿eh? Mostrando largos pantalones rojos bajo sus faldones. Bebedores, bebiendo, reían farfullando, su bebida contra su aliento. Más fuerza, Pat. Rojo malcarado: diversión para borrachos: risotadas y humo. Sáquese ese sombrero blanco. Sus ojos sancochados. ¿Dónde está ahora? Mendigo en alguna parte. El arpa que una vez nos hizo pasar hambre a todos nosotros.

Yo era más feliz entonces. ¿Era yo ése? ¿O lo soy ahora yo?

Veintiocho años tenía yo. Ella tenía veintitrés cuando dejamos la calle Lombard oeste algo cambió. No pudo gustarle más después de Rudy. No se puede hacer retroceder al tiempo. Como agarrar agua con la mano. ¿Volverías a entonces? Sólo empezaba entonces. ¿Lo harías? ¿No estás contento en tu casa, pobre muchachito travieso? Quiere coserme los botones. Tengo que contestar. Escribirle en la biblioteca.

La calle Grafton alegre con marquesinas encajadas atrajo sus sentidos. Estampados de muselina de seda, damas y viudas, tintineo de arneses, pisadas de cascos resonando bajo en la requemada calzada. Pies gruesos tiene esa mujer con medias blancas. Espero que la lluvia se las llene de barro. Patán campesino. Todas las pata maceta estaban adentro. Siempre le hace a una mujer pies patudos. Maruja parece fuera de plomada.

Pasó, entreteniéndose por las vidrieras de Brown Thomas, merceros de seda. Cascadas de cintas. Vaporosas sedas de China. Una urna volcada vertía de su boca un diluvio de poplin de matiz azul sangrelustrosa. Los hugonotes trajeron eso aquí. *La causa é santa!* Tara tara. Gran coro ése. Tara. Hay que lavarlo con agua de lluvia. Meyerbeer. Tara: bom, bom, bom.

Alfileteros. Hace tiempo que estoy amenazando comprar uno. Las clava por todas partes. Agujas en las cortinas de la ventana.

Desnudó ligeramente su antebrazo izquierdo. Rasguño: se fué casi del todo. No hoy de cualquier manera. Tengo que volver por esa loción. Para su cumpleaños quizá. Juniojulio agosetiembre ocho. Faltan casi tres meses. Y después a lo mejor no le gusta. Las mujeres no quieren levantar alfileres. Dicen que corta el am.

Sedas relucientes, enaguas sobre delgadas varas de bronce, rayos de chatas medias de seda.

Inútil volver. Tenía que ser. Dime todo.

Voces altas. Seda cálida de sol. Arneses resonantes. Todo para una mujer, hogar y casas, tejidos de seda, plata, frutos sabrosos de Jaffa. Aggendath Netaïm. La riqueza del mundo.

Una cálida redondez humana se ubicó en su cerebro. Su cerebro se rindió. Perfume de abrazos lo asaltó todo entero. Con hambrienta carne, oscuramente, mudamente, deseó adorar.

Calle Duke. Aquí estamos. Tengo que comer. El Burton. Me sentiré mejor entonces.

Dió vuelta a la esquina de Combridge, todavía perseguido. Resonantes cascos. Cuerpos perfumados, cálidos, plenos. Todos besaban: se rendían: en hondos campos de estío, enredado césped oprimido, en escurridizos pasillos de alojamientos, a lo largo de sofás, camas crujientes.

—¡Jack, amor!
—¡Querida!
—¡Bésame, Reggy!
—¡Mi muchacho!
—¡Amor!

Con el corazón excitado empujó la puerta del restaurante Burton. Hedor agarró su aliento tembloroso: acre jugo de carne, chirle de

verduras. Ver comer a los animales.
Hombres, hombres, hombres.
Trepados en altos taburetes al lado del bar, los sombreros echados hacia atrás, en las mesas pidiendo más pan no se cobra, emborrachándose, devorando montones de comida aguachenta, sus ojos saliéndose, enjugando bigotes mojados. Un pálido hombre joven de cara de sebo lustraba su vaso cuchillo tenedor y cuchara con la servilleta. Nuevo surtido de microbios. Un hombre con una servilleta de infante manchada de salsa arremangada alrededor de él vertía sopa gorgoteante por su gaznate. Un hombre volviendo a escupir sobre su plato: cartílago semimasticado: no hay dientes para masmasmascarlo. Chuleta de lomo de carnero a la parrilla. Tragando sin mascar para pasarlo de una vez. Tristes ojos de borracho. Mordió más de lo que puede masticar. ¿Soy así yo? Vernos como nos ven los otros. Hombre famélico hombre colérico. Trabajan los dientes y la mandíbula. ¡No! ¡Oh! ¡Un hueso! Ese último rey pagano de Irlanda Cormac en el poema de la escuela se ahogó en Sletty al sud del Boyne. ¿Qué estaría comiendo? Algo golocious. San Patricio lo convirtió al cristianismo. No pudo tragarlo todo sin embargo.

—Rosbif y repollo.
—Un guiso.

Olores de hombres. Su garganta se levantó. Aserrín escupido, sudoroso humo caliente de cigarrillo, vaho de chistera, cerveza derramada, el pis cerveciento de los hombres, lo rancio de la fermentación.

No podría comer un bocado aquí. Este tipo afilando cuchillo y tenedor para comer todo lo que tiene delante, viejo tío recogiendo su dentadura. Ligero espasmo, lleno, rumiando lo mascado. Antes y después. Gracia después de las comidas. Mira esto luego aquello. Sopando jugo de estómago con pedacitos de pan empapados.

¡Lámelo del plato, hombre! Hay que irse de aquí.

Miró a los comensales encaramados en taburetes y sentados a las mesas apretando las aletas de su nariz.

—Dos cervezas aquí.
—Un guiso de repollo.

Ese tipo metiéndose un cuchillo lleno de repollo como si su vida dependiera de ello. Buen golpe. Me pone carne de gallina mirarlo. Más seguro comer con sus tres manos. Desgárralo miembro por miembro. Segunda naturaleza para él. Nacido con un cuchillo de plata en la boca. Eso es ingenioso, creo. O no. Plata quiere decir haber nacido rico. Nacido con un cuchillo. Pero entonces se pierde la alusión.

Un mozo mal ceñido recogía pegajosos platos repiqueteantes. Rock, el encargado, de pie frente al mostrador, sopló la espumosa corona de un chop. Bien rasado: salpicó amarillo cerca de su bota. Un comensal, cuchillo y tenedor enhiestos, codos sobre la mesa, listo para repetir miraba hacia el montacargas por encima de su manchado cuadrado de papel de diario. Otro tipo contándole algo con la boca llena. Simpático oyente. Conversación de mesa. Lun coron-

tré 1 luns nel'Unchster Bunk.
 ¿Eh? ¿De veras?
 El señor Bloom levantó dos dedos dudosamente a sus labios. Sus ojos dijeron:
 —Aquí no. No lo veo.
 Afuera. Me revienta ver sucios comiendo.
 Retrocedió hacia la puerta. Tomaré un bocado en lo de Davy Byrne. Para engañar al hambre. Nada más que para sostenerme. Tomé un buen desayuno.
 —Asado y puré aquí.
 —Pinta de cerveza.
 Cada hombre de por sí, diente y uña. Chupa. Traga. Chupa. Montón de desperdicios.
 Salió al aire fresco y dió la vuelta hacia la calle Grafton. Comer o ser comido. ¡Mata! ¡Mata!
 Supongamos esa cocina colectiva en los años próximos quizá. Todos al trote con platos y escudillas para que se los llenen. Devorar el contenido en la calle. El ejemplo de Juan Howard Parnell el preboste del Trinity cada hijo de su madre no hables de tus prebostes y preboste de Trinity mujeres y chicos, cocheros, curas, pastores, mariscales, arzobispos. De Ailesbury Road, de Clyde Road, artesanos del Asilo de Dublin, el alcalde en su coche cursi, la vieja reina en una silla de ruedas. Mi plato está vacío. Después de usted con nuestro jarro municipal, como en la fuente de sir Philip Crampton. Enjuague los microbios con el pañuelo. El que sigue trae otra hornada con el suyo. El padre O'Flynn haría liebres de todos ellos. Sin embargo igual tendrá peleas. Todo para el número uno. Los chicos peleando por raspar el fondo de la olla. Se necesitaría una olla de sopa grande como el Phoenix Park. Arponeando en ella lonjas de tocino y cuartos traseros. Se odia a todos los que están alrededor. Al Hotel de Armas de la ciudad de *table d'hôte* lo llamaba ella. Sopa, entrada y dulce. Nunca se sabe los pensamientos de quién se están masticando. ¿Y después quién lavaría todos los platos y tenedores? Puede ser que para entonces todos se alimenten con tabletas. Los dientes poniéndose peor cada vez.
 Después de todo, hay mucho de verdad en ese buen sabor vegetariano de las cosas de la tierra, el ajo naturalmente apesta a tocadores italianos de organillo crespos de cebollas, trufas de hongos. Sufrimiento para el animal también. Desplumar y abrir las aves. Las desdichadas bestias en el mercado de ganado esperando que la hachuela les parta el cráneo. Mu. Pobres terneros temblorosos. Mee. Cola cortada oscilante. Burbuja y chillido. Las vísceras oscilando en los baldes de los carniceros. Déme ese pedazo de pecho que está en ese gancho. Plop. Ahí va. Cabeza cruda y huesos sanguinolentos. Ovejas desolladas de ojos vidriosos colgaban de sus tendones, hocicos de ovejas envueltos en papeles rojizos moqueando jalea de nariz sobre aserrín. Desechos y riñonadas colgando. No maltrates esos pedazos, joven.
 Caliente sangre fresca recetada para la consunción. La sangre siempre se necesita. Insidioso. Lamerla, humeando caliente, espesa,

azucarada. Fantasmas hambrientos.

¡Ah, tengo hambre!

Entró en lo de Davy Byrne. Virtuoso. No charla. Paga un trago de vez en cuando. Pero en año bisiesto uno cada cuatro. Me hizo efectivo un cheque una vez.

¿Qué tomaré ahora? Sacó su reloj. Vamos a ver ahora. ¿Cerveza de jengibre?

—¡Hola, Bloom! —dijo Nosey Flynn desde su rincón.

—¡Hola, Flynn!

—¿Cómo van las cosas?

—Divinamente... Vamos a ver. Tomaré un vaso de borgoña y... vamos a ver.

Sardinas en los estantes. Casi se les siente el gusto mirándolas. ¿Sandwich? Jamón y sus descendientes convocados y adobados allí. Carnes en conserva. ¿Qué es un hogar sin la carne conservada de Plumtree? Incompleto. ¡Qué aviso más estúpido! Lo meten debajo de los avisos necrológicos. Todos encima de un ciruelo. Carne envasada de Dignam. Los caníbales lo harían con limón y arroz. Misionero blanco demasiado salado. Como cerdo en salmuera. Sólo el jefe consume las partes de honor. Tiene que haber estado correoso por el ejercicio. Sus esposas en fila para observar el efecto. *Había un viejo negro verdaderamente regio. Que comió algo así algunas cosas del reverendo señor Cornegio.* Con ella, una morada de delicias. El señor hace qué mezcolanza. Membranas, tripas mohosas, tráqueas enroscadas y picadas. Un acertijo encontrar la carne Kosher. Nada de leche y carne a la vez. Eso era lo que ahora llaman higiene. Yom kippur, rápida limpieza primaveral del interior. La paz y la guerra dependen de la digestión de algún tipo. Religiones. Pavos y gansos de Navidad. Matanza de los inocentes. Comed, bebed y alegraos. Después las salas de primeros auxilios llenas de cabezas vendadas. El queso hace digerir todo menos a sí mismo. Poderoso queso.

—¿Tiene un sandwich de queso?

—Sí, señor.

Me gustarían también unas cuantas aceitunas, si las tuviera. Las prefiero italianas. Buen vaso de borgoña; saca eso, lubrica. Una linda ensalada, fresca como un pepino. Tomás Kernan sabe aderezar una ensalada. Le da gusto. Aceite puro de oliva. Milly me sirvió esa chuleta con una ramita de perejil: Tomar una cebolla española. Dios hizo el alimento, el diablo el condimento. Cangrejos al infierno.

—¿La señora bien?

—Muy bien, gracias... Un sandwich de queso, entonces. ¿Gorgonzola, tiene?

—Sí, señor.

Nosey Flynn sorbía su grog.

—¿Canta siempre?

Mira su boca. Podría silbar en su propia oreja. Orejas grandes y gachas haciendo juego. Música. Sabe tanto de eso como mi cochero. Sin embargo mejor decirle. No hace daño. Aviso gratis.

—Está comprometida para una gran gira a fin de mes. Quizá usted haya oído algo.

—No. Así se hacen las cosas. ¿Quién la prepara?
El mozo sirvió.
—¿Cuánto es eso?
—Siete peniques, señor... gracias, señor.
El señor Bloom cortó su sandwich en tiras delgadas. *El reverendo señor Cornegio. Más fácil que esas preparaciones Crema de Sueño. Sus quinientas esposas. No tenían por qué estar celosas.*
—¿Mostaza, señor?
—Sí, gracias.
Tachonó debajo de cada tira levantada burbujas amarillas. *Celosas. Lo tengo. Se hizo más grande, más grande, más grande.*
—¿Preparándolo? —dijo—. Bueno, es el mismo principio de una compañía, sabe. Parte en los gastos y parte en las ganancias.
—Sí, ahora me acuerdo —dijo Nosey Flynn, metiéndose la mano en el bolsillo para rascarse la ingle—. ¿Quién era que me lo estaba contando? ¿No anda Blazes Boylan mezclado en eso?
Un cálido golpe de aire calor de mostaza se montó sobre el corazón del señor Bloom. Levantó los ojos y se encontró con la mirada de un reloj bilioso. Dos. El reloj del bar cinco minutos adelantado. El tiempo pasa. Las manecillas se mueven. Las dos. Todavía no.
Anhelosamente su diafragma subió, se hundió dentro de él, subió más largamente, largamentemente.
Vino.
Oliósorbió el zumo cordial y, ordenando a su garganta vehementemente que lo apresurara, asentó luego con delicadeza su vaso de vino.
—Sí —dijo—. En realidad es el organizador.
No hay cuidado. No tiene sesos.
Nosey Flynn aspiró y rascó. *La pulga se manda un buen almuerzo.*
—Tuvo una buena porción de suerte, me estaba contando Jack Mooney, con ese match de box que Myler Keogh ganó contra ese soldado en los cuarteles de Portobello. Por Dios, tenía al pequeño arenque en el condado Carlow, me estaba diciendo.
Esperemos que esa gota de rocío no caiga en su vaso. No; la aspiró.
—Cerca de un mes, hombre, antes de que se produjera. Chupando huevos de pato por Dios en espera de órdenes posteriores. Alejarlo de la botella, ¿sabes? ¡Oh, por Dios!, Blazes es un tipo de pelo en pecho.
Davy Byrne se adelantó desde la parte trasera del bar en mangas de camisa alforzadas, limpiándose los labios con los pliegues de una servilleta. *Rubor de arenque.* Cuya sonrisa sobre cada rasgo juega con tal y tal lleno. *Demasiado grasa sobre las pastinacas.*
—Y aquí está él mismo y la pimienta encima —dijo Nosey Flynn—. ¿Puede darnos uno bueno para la Copa de Oro?
—No ando en eso, señor Flynn —contestó Davy Byrne—. Nunca apuesto nada sobre un caballo.
—Tienes razón en eso —dijo Nosey Flynn.
El señor Bloom comió sus tiritas de sandwich, fresco pan limpio, con dejo de desgano, mostaza acre, olor a pies del queso verde. Sorbos de vino le suavizaron el paladar. *Nada de palo campeche.*

Se siente mejor el gusto en este tiempo que es menos frío.

Agradable bar tranquilo. Lindo pedazo de madera en ese mostrador.

Bien. Me gusta la forma en que se curva allí.

—No haría absolutamente nada en ese sentido —dijo Davy Byrne—. A más de un hombre arruinaron los mismos caballos.

Ventaja de cantinero. Con patente para la venta de cerveza, vino y alcoholes para ser consumidos en el local. Si sale cara gano, si sale cruz pierdes.

—Tienes razón —dijo Nosey Flynn—. A menos que uno esté en el asunto. No hay deporte honesto hoy en día. Lenehan consigue fijas. Hoy tiene a Cetro. Zinfandel es el favorito, es de lord Howard de Walden, ganó en Epsom. Monta Morny Cannon. Podría haber conseguido siete a uno contra Saint Amant hace quince días.

—¿De veras? —exclamó Davy Byrne.

Se dirigió hacia la ventana y, sacando el libro de caja chica, examinó sus páginas.

—Pude de veras —dijo Nosey Flynn aspirando—. Era un raro pedazo de carne de caballo. Por Saint Frusquin. Ganó en una tormenta. La potranca de Rothschild, rellenas de algodón las orejas. Chaqueta azul y gorro amarillo. Mala suerte para el gran Ben Dollard y su John O'Gaunt. Me sacó del medio. Sí.

Bebió resignadamente, haciendo correr sus dedos por las estrías del vaso.

—Sí, sí —dijo suspirando.

El señor Bloom, masticando de pie, consideró su suspiro. Respiración de buzo. ¿Le diré de ese caballo que Lenehan? Ya lo sabe. Mejor que se olvide. Va y pierde más. El tonto y su dinero. La gota de rocío está bajando otra vez. Tendría la nariz fría besando a una mujer. Sin embargo a ellas podría gustarles. Les gustan las barbas que pican. Las narices frías de los perros. La vieja señora Riordan con el terrier Skye de estómago constantemente sonoro en el hotel City Arms. Maruja haciéndole cariños en su regazo. ¡Oh el grandote guaguauauauauaua!

El vino empapó y suavizó meollo de pan mostaza un momento queso nauseabundo. Lindo vino este. Le siento mejor gusto porque no tengo sed. El baño, naturalmente, es lo que produce eso. Sólo un bocado o dos. Luego, a eso de las seis, puedo. Seis, seis. El tiempo se habrá ido entonces. Ella...

El suave fuego del vino enardecía sus venas. Tengo mucha necesidad. Me sentía tan fuera de foco. Sus ojos recorrieron inapetentes los estantes de latas, sardinas, llamativas extremidades de langostas. Todas las cosas raras que la gente elige para comer. El contenido de conchas, caracoles, con un alfiler, de los árboles, caracoles de tierra comen los franceses, sacando del mar con una carnada en el anzuelo. El pez tonto no aprende nada en mil años. Si uno no supiera sería peligroso meterse cualquier cosa en la boca. Bayas venenosas. Serbal de los pájaros. Redondez que uno cree buena. Los colores chillones son una advertencia. Uno le contó al otro y así sucesivamente. Probar primero con el perro. Guiado por el olor o la vista. Fruta tentadora. Cucuruchos de helado. Crema. Instinto. Plantaciones de naranjas, por ejemplo. Necesitan irrigación artificial. Bleibtrustrasse. Sí, pero qué me dice de las ostras. Repugnantes como un coágulo de flema. Conchas asquerosas. Endiabladas para abrir también. ¿Quién las descubrió? Se alimentan de basura, de agua de albañal. Ostras de Fizz y costas Rojas. Efecto sobre lo sexual. Afrodita. Estaba en el banco Rojo esta mañana. La ostra era pez viejo en la mesa. Quizá él carne joven en la cama. No. Junio no tiene r ni ostras. Pero hay gente que le gusta la carne descompuesta. Liebre a la cazadora. Primero caza tu liebre. Los chinos comiendo huevos de cincuenta años, azules y verdes otra vez. Comida de treinta platos. Cada plato inofensivo puede mezclarse adentro. Idea para un misterio de envenenamiento. Era eso el archiduque Leopoldo. No. Sí, ¿o era Otto uno de esos Habsburgo? ¿O quién era que acostumbraba comer la basura de su propia cabeza? El almuerzo más barato de la ciudad. Naturalmente, aristócratas. Después los otros copian para estar a la moda. Milly también petróleo y harina. La pasta cruda me agrada a mí mismo. La mitad de las ostras que pescan las tiran de vuelta al mar para mantener alto el precio. Barato. Nadie compraría. Caviar. Hacerse el grande. Vino del Rin en copas verdes. Buena hinchazón. Lady de tal. Empolvadas perlas del pecho. La *élite*. *Crème de la crème*. Quieren platos especiales para hacerse los. Eremita con un plato de legumbres para reprimir los aguijones de la carne. Me conoces ven come conmigo. Esturión real. El decano municipal, Coffey, el carnicero, justo con los venados de la selva de su ex. Mándale de vuelta la mitad de una vaca. Extendido lo vi abajo en el patio de la cocina del Maestro de los Panecillos. *Chef* de sombrero blanco como rabino. Pato combustible. Repollo crespo *a la duchesse de Parme*. Sería lo mismo escribirlo sobre la lista de platos así uno sabe qué es lo que ha comido; demasiadas drogas arruinan el caldo. Lo sé por experiencia. Dosificándola con sopa disecada de Edward. Gansos rellenos se ponen tontos por ellos. Cangrejos hervidos vivos. Psírvase un ptrozo de pchocha. No me importaría ser mozo en algún hotel de buen tono. Propinas, vestidos de noche, damas medio desnudas. ¿Puedo tentarla con un poco más de filete de lenguado al limón, señorita Delbidet? Sí, del bidet. Y ella se, bidet. Nombre hugonote supongo. Una señorita Dulbidet vivía en Killiney, recuerdo. *Du, de la*, es francés. Sin embargo es el mismo pescado, quizá el viejo Micky Hanlon de la calle Moore se destripó haciendo dinero, mano sobre puño, dedo en las agallas, incapaz de escribir su nombre sobre un cheque, parecía parodiar caretas con su boca torcida. Miguel A Achca Ha. Ignorante como sus zapatones, vale cincuenta mil libras.

Pegadas contra el vidrio de la ventana dos moscas zumbaban pegadas.

El vino reverberando sobre su paladar se demoraba tragó. Pisada en los lagares racimos de Borgoña. El calor del sol es. Parecería que una secreta caricia me dijera recuerda. Despertados sus sentidos humedecidos recordaron. Oculto bajo helechos silvestres en Howth. Debajo de nosotros, la bahía cielo dormida. Ni un ruido. El cielo. La bahía púrpura, hacia la punta del León. Verde por Drumlek. Verde amarillento hacia Sutton. Campos bajo la superficie del mar, líneas ligeramente oscuras entre los pastos, ciudades sepultadas. Apoyada sobre mi saco tenía su cabello, ciempiés en el brazo restregaban mi mano bajo su nuca, me vas a despeinar toda. ¡Oh maravilla! Fresca y suave de ungüentos su mano me acarició: sus ojos sobre mí no me rehuyeron. Arrebatado sobre ella estaba yo, los labios llenos completamente abiertos, besé su boca. Am. Suavemente puso en mi boca la pasta del pastel caliente y masticada. Pulpa asquerosa que su boca había amasado dulce y agria con saliva. Alegría: yo la comí: alegría. Joven vida, los labios que se me daban haciendo mimos. Labios tiernos, calientes, pegajosos de jalea de encía. Flores eran sus ojos, tómame, ojos complacientes. Los guijarros cayeron. Ella estaba inmóvil. Una cabra. Nadie. Arriba sobre los rododendros de Ben Howth una cabra caminando firmemente, dejando caer pasas de Corinto. Oculta bajo helechos ella reía en cálido abrazo. Salvajemente me acosté sobre ella, la besé; ojos, sus labios, su cuello estirado, palpitante, amplios senos de mujer en su blusa de velo de monja, gruesos pezones erguidos. Le entré mi lengua ardiente. Ella me besó. Recibí sus besos. Rendida agitó mi cabello. Besada me besó.

Yo. Y yo ahora.

Pegadas, las moscas zumbaban.

Sus ojos bajos siguieron el detenido vetearse de la tabla de roble. Belleza: se curva: curvas son belleza. Diosas bien formadas, Venus, Juno: curvas que el mundo admira. Las puedo ver en la biblioteca del museo de pie en el vestíbulo redondo, diosas desnudas. Ayuda a la digestión. No les importa lo que el hombre mira. Todas para ser vistas. Nunca hablan, quiero decir a tipos como Flynn. Supongamos que ella hiciera Pigmalión y Galatea, ¿qué es lo que diría primero? ¡Mortal! Ponerlo a uno en su lugar. Bebiendo néctar en confusión con los dioses, platos de oro, todo divinamente delicioso. No como el almuerzo de curtidores que tenemos, carnero hervido, zanahorias y nabos, botella de Allsop Néctar, es como beber electricidad: alimento de los dioses. Formas adorables de mujeres junonianas esculpidas. Adorable inmortal. Y nosotros metiendo comida por un agujero y afuera por detrás: alimento, quilo, sangre, excremento, tierra, comida: hay que alimentarlo como quien nutre una locomotora. Ellas no tienen. Nunca miré. Me fijaré hoy. El guardián no verá. Inclinado dejar caer algo a ver si ella.

Avanzando a trechos vino un silencioso mensaje de su vejiga para ir a hacer no hacer allí hacer. Un hombre y prontamente vació su vaso hasta las heces y caminó, a los hombres también se dan ellas conscientes de lo viril, se acuestan con los amantes, un joven la disfrutó en el patio.

Cuando el sonido de sus botas hubo cesado Davy Byrne dijo desde su libro:

—¿En qué anda? ¿Vendiendo seguros?
—Dejó eso hace mucho —dijo Nosey Flynn—. Busca avisos para *El Hombre Libre*.
—Lo conozco como para darme cuenta —exclamó Davy Byrne—. ¿Qué le pasa?
—¿Pasarle algo? —dijo Nosey Flynn—. Que yo sepa, no. ¿Por qué?
—Como vi que andaba de luto...
—¿Sí? —hizo Nosey Flynn—. Es cierto, de veras. Le pregunté cómo andaba por su casa. Tienes razón, por Dios. De veras que andaba.
—Nunca menciono el asunto —afirmó Davy Byrne humanitariamente— si veo que a un caballero le pasa eso. Lo único que se consigue es reavivar el recuerdo.
—En todo caso no es la mujer —dijo Nosey Flynn—. Lo encontré anteayer saliendo de esa lechería de granja irlandesa que la esposa de Juan Wyse Nolan tiene en la calle Henry con una jarra de crema en la mano llevándole a su cara mitad. Está bien alimentada, les aseguro. Sandwich de pavita.
—¿Y está en *El Hombre Libre*? —preguntó Davy Byrne.
Nosey Flynn frunció los labios.
—No compra crema con los avisos que consigue. Puedes estar seguro de ello.
—¿Cómo es eso? —inquirió Davy Byrne, viniendo de su libro.
Nosey Flynn hizo rápidos pases en el aire con los dedos. Guiñó un ojo.
—Está en la cofradía.
—¿De veras? —dijo Davy Byrne.
—Con seguridad —dijo Nosey Flynn—. Orden antigua libre y aceptada. Luz, vida y amor, por Dios. Le dan una manito, así me dijo alguien; bueno, no diré quién.
—¿Es verdad eso?
—¡Oh, es una buena orden! —dijo Nosey Flynn—. Cuando uno anda en la mala lo ayudan. Conozco a uno que estaba tratando de entrar, pero son cerrados como el diablo. Por Dios que hicieron bien en excluir a las mujeres.
Davy Byrne opinósonrióbostezó todo junto.
—¡Ahaaaaaaaaaajá!
—Había una mujer —dijo Nosey Flynn— que se escondió en un reloj para ver qué es lo que andan haciendo. Pero demonios si no le sintieron el olor y le hicieron jurar ahí mismo como maestro masón. Ésa era una de las Saint Legers de Doneraile.
Davy Byrne, hastiado después de su bostezo, dijo con los ojos llenos de lágrimas:
—¿Y es cierto eso? Hombre tranquilo y decente es. A menudo ha andado por aquí y nunca lo vi, me entiende, pasarse al otro lado.
—Ni Dios Todopoderoso podría hacerlo emborrachar —dijo Nosey Flynn firmemente.
Se escurre cuando la diversión se empieza a poner fea. ¿No lo vió mirar a su reloj? ¡Ah!, usted no estaba allí. Si usted lo invita a

tomar algo lo primero que hace es sacar el reloj para ver qué es lo que debe beber. Declaro ante Dios que lo hace.

—Hay algunos que son así —afirmó Davy Byrne—. Es un hombre seguro, diría yo.

—No es demasiado malo —dijo Nosey Flynn, haciendo una aspiración—. Se sabe que también ha dado una mano para ayudar a un tipo. Hay que ser justo hasta con el diablo. ¡Oh!, Bloom tiene sus cosas buenas. Pero hay algo que nunca hará.

Su mano garabateó una firma al lado de su grog.

—Ya sé —dijo Davy Byrne.

—Nada por escrito —agregó Nosey Flynn.

Entraron Paddy Leonard y Bantam Lyons. Seguía Tomás Rochford aplanando su chaleco clarete con una mano.

—Día, señor Byrne.

—Día, caballeros.

Se detuvieron en el mostrador.

—¿Quién levanta? —preguntó Paddy Leonard.

—Por de pronto me bajo.

—Bueno. ¿Qué va a hacer? —preguntó Paddy Leonard.

—Yo voy a tomar una cerveza de jengibre —dijo Bantam Lyons.

—¿Cuánto? —gritó Paddy Leonard—. ¿Desde cuándo, por amor de Dios? ¿Qué vas a tomar tú, Tomás?

—¿Cómo está el desagüe principal? —preguntó Nosey Flynn, sorbiendo.

Por respuesta Tomás Rochford se apretó su mano contra el esternón e hipó.

—¿Le molestaría que le pidiera un vaso de agua fresca, señor Byrne?.

—Absolutamente, señor.

Paddy Leonard miró de hito en hito a sus compañeros de cerveza.

—Que Dios ame a un pato —dijo—, ¡miren qué bebidas pago! ¡Agua fría y cerveza de jengibre! Dos tipos que chuparían whisky de una pata dura! Tiene algún condenado caballo en la manga para la Copa de Oro. La mosquita muerta.

—¿Es Zinfandel? —preguntó Nosey Flynn.

Tom Rochford vertió polvos de un papel doblado en el agua que tenía delante.

—Esa maldita dispepsia —dijo antes de beber.

—El bicarbonato es muy bueno —afirmó Davy Byrne.

Tomás Rochford asintió con la cabeza y bebió.

—¿Es Zinfandel?

—No digas nada —guiñó Bantam Lyons—. Voy a meter cinco chelines por mi cuenta.

—Dinos si vales el pan que comes y vete al diablo —dijo Paddy Leonard—. ¿Quién te lo dió?

El señor Bloom que salía levantó tres dedos saludando.

—Hasta la vista —dijo Nosey Flynn.

Los otros se dieron vuelta.

—Ese es el hombre que me lo dió —cuchicheó Bantam Lyons.

—¡Puf! —dijo Paddy Leonard con desdén—. Señor Byrne, señor,

después de esto tomaremos dos de sus pequeños whiskies Jameson y un...

—Cerveza de jengibre —agregó Davy Byrne cortésmente.
—Sí —dijo Paddy Leonard—. Un biberón para el bebe.

Dirigiéndose hacia la calle Dawson, el señor Bloom se iba limpiando los dientes a golpecitos de lengua. Algo verde tendría que ser: espinaca por ejemplo. Con esos rayos de proyección de Röntgen uno podría.

En Duke's Fane un terrier famélico se atragantó con una nauseabunda mascada nudosa sobre las piedras de guijarros y la lamió con renovado deleite. Empalagado. Habiendo digerido completamente la sustancia se devuelve y muchas gracias. Primero dulce, después lleno de gustos. El señor Bloom hizo un prudente rodeo. Rumiantes. Su segundo plato. Mueven su maxilar superior. Me gustaría saber si Tomás Rochford hará algo con ese invento suyo. Perder tiempo explicándolo a la boca de Flynn. Gente flaca boca grande. Tendría que haber un salón o un lugar donde los inventores pudieran ir e inventar gratis. Es lógico que así se produciría una verdadera peste de maniáticos.

Canturreó, prolongando con un eco grave la nota final de cada compás.

Don Giovanni, a cenar teco
M'invitasti

Me siento mejor. Borgoña. Buen reconstituyente. ¿Quién fué el primero en destilar? Algún tío de mal humor. Coraje de borracho. Ahora ese *Gente de Kilkenny* en la Biblioteca Nacional tengo que.

Desnudos inodoros limpios esperando en la vidriera de William Miller, plomero, hicieron cambiar el rumbo de sus pensamientos. Podrían: y observarlo mientras baja, tragarse un alfiler a veces sale por las costillas años después, viaja por el cuerpo, cambiando el conducto biliar, la vesícula chorreando en el hígado, jugo gástrico, espirales de intestinos como tubos. Pero el pobre diablo tendría que pasarse todo el tiempo con sus entrañas internas en exhibición. Ciencia.

—*A cenar teco.*

¿Qué quiere decir ese teco? Esta noche quizás.

Don Giovanni, me has invitado
a cenar esta noche,
tralá la la la.

No va bien.

Llavs: dos meses si consigo que Nannetti. Con eso serán dos libras diez, casi dos libras ocho. Tres me debe Hynes. Dos once. El aviso de Prescott's. Dos quince. Alrededor de cinco guineas. De perlas.

Podría comprar una de esas enaguas de seda para Maruja, del color de sus ligas nuevas.

Hoy, hoy. Ni pensar.

Recorrer el sud después. ¿Qué hay de los balnearios ingleses? Brighton. Margate. Muelles a la luz de la luna. Su voz flotando.

Esas hermosas bañistas. Contra lo de Juan el Largo un holgazán soñoliento repantigado en pesados pensamientos royendo una coyuntura encostrada de uno de sus dedos. Hombre de manos diestras necesita trabajo. Jornales reducidos. Comerá cualquier cosa.

El señor Bloom se volvió al llegar a la vidriera de la confitería de Gray tartas sin vender y pasó por la librería del reverendo Tomás Connellan. ¿Por qué dejé la iglesia de Roma? El nido de pájaro. Las mujeres lo corren. Dicen que acostumbraban dar sopa a los chicos pobres para convertirlos en protestantes en el tiempo de la crisis de papas. Más arriba está la sociedad en que el papa fué para la conversión de los pobres judíos. El mismo anzuelo. ¿Por qué dejamos la iglesia de Roma?

Un joven ciego estaba golpeteando el cordón de la vereda con su delgado bastón. Ningún tranvía a la vista. Debe de querer cruzar.

—¿Quiere cruzar? —preguntó el señor Bloom.

El ciego no contestó. Su cara de tapia arrugó el ceño ligeramente. Movió la cabeza con incertidumbre.

—Está en la calle Dawson —dijo el señor Bloom—. La calle Molesworth está enfrente. ¿Quiere cruzar? No hay nada en el camino.

El bastón se movió temblando hacia la izquierda, los ojos del señor Bloom siguieron su línea y vieron otra vez el camión de la tintorería estacionado delante de lo de Drago. Donde vi la cabeza llena de brillantina justamente cuando yo. El caballo inclinado. El conductor en lo de Juan el Largo. Apagando la sed.

—Hay un camión allí —dijo el señor Bloom—, pero no está en movimiento. Lo ayudaré a cruzar. ¿Quiere ir a la calle Molesworth?

—Sí —respondió el joven—. Calle Frederick sud.

—Venga —dijo el señor Bloom.

Tocó suavemente el codo puntiagudo: luego tomó la floja mano vidente para guiarla.

Decirle algo. Mejor no hacerse el condescendiente. Ellos desconfían de lo que uno les dice. Hacer una observación trivial.

—No se decide a llover.

Ninguna respuesta.

Manchas en su saco. Se ensucia con la comida, supongo. Los gustos todos distintos para él. Hay que darle de comer con la cuchara primero. Como la de un niño su mano. Como era la de Milly. Sensitiva. Calculando cómo soy, seguramente, por mi mano. ¿Tendrá nombre? El camión. Conserva su bastón lejos de las patas del caballo animal cansado que se hace su sueñito. Está bien. Paso libre. Detrás un toro: delante un caballo.

—Gracias señor.

Sabe que soy un hombre. Voz.

—¿Está bien ahora? Primero doble a la izquierda.

El joven ciego golpeteó el cordón de la vereda y siguió su camino, volviendo a arrastrar su bastón, sintiendo otra vez.

El señor Bloom caminó detrás de los pies sin ojos, un traje insípidamente cortado tejido a rayas. ¡Pobre muchacho! ¿Cómo diablos sabía que el camión estaba allí? Debe de haberlo sentido. Puede ser que vean las cosas dentro de la frente. Especie de sentido del volumen. Sentiría el peso si algo fuera cambiado de sitio. Sentiría un vacío. Rara idea de Dublin debe de tener, golpeteando su camino por las piedras. ¿Podría caminar en línea recta si no tuviera ese bastón? Piadosa cara sin sangre como la de uno que fuera a hacerse sacerdote.

—¡Penrose! Ése era el nombre del tipo.

Miren todas las cosas que pueden aprender a hacer. Leer con los dedos. Afinar pianos. Nos sorprendemos de que tengan alguna inteligencia. Por eso pensamos que un deformado o un jorobado es ingenioso si dice algo que podríamos haber dicho nosotros. Naturalmente, los otros sentidos son más. Bordan. Tejen canastas. La gente los tendría que ayudar. Yo podría comprar un costurero para el cumpleaños de Maruja. Detesta la costura. Podría poner reparos. Los llaman hombres en tinieblas.

El sentido del olfato debe de ser más fuerte también. Olores de todos lados agrupados. De cada persona también. Luego la primavera, el verano: olores. Los gustos. Dicen que uno no puede sentir el gusto a los vinos con los ojos cerrados o un resfrío de cabeza. También dicen que no da placer fumar en la oscuridad.

Y con una mujer, por ejemplo. Más desvergonzado al no ver. Esa chica que pasa el instituto Steyart, la cabeza en el aire. Mírame. Las tengo todas encima. Debe de ser extraño no verla. Especie de forma en el ojo de su mente. La voz temperatura cuando la toca con dedos tiene que ver casi las líneas, las curvas. Las manos sobre su cabello, por ejemplo. Digamos que fuera negro, por ejemplo. Bueno. Diremos negro. Luego pasando por encima de su piel blanca. Diferente sensación tal vez. Sensación de blanco.

Oficina de correos. Tengo que contestar. Cansado hoy. Mandarle una orden postal de pago dos chelines media corona. Acepta mi pequeño regalo. La papelería está justamente aquí también. Espera. Piénsalo.

Suavemente pasó un dedo despacio sobre el cabello peinado hacia atrás sobre sus orejas. Otra vez. Fibras de fina, fina paja. Luego su dedo tocó ligeramente la piel de su mejilla derecha. Vello allí también. No lo bastante suave. El vientre lo más suave. Nadie alrededor. Allí va hacia la calle Frederick. Tal vez a la academia de baile piano de Levenston. Podría parecer como si estuviera arreglándome los tiradores.

Al pasar por la fonda de Doran deslizó su mano entre el chaleco y los pantalones, y haciendo a un lado suavemente la camisa palpó un pliegue flojo de su vientre. Pero yo sé que es blancoamarillento. Hay que hacer la prueba en la oscuridad para ver.

Retiró la mano y se acomodó las ropas.

¡Pobre muchacho! Un verdadero niño. Horrible. Realmente horrible. ¿Qué sueños puede tener, no viendo? La vida es un sueño para él. ¿Dónde está la justicia, para nacer de esa manera? Todas esas mujeres y niños excursión de la fiesta de la cosecha quemados y ahogados en Nueva York. Holocausto. Karma llaman a esa transmigración por los pecados que uno cometió en la vida pasada la reencarnación meten si cosas. Dios, Dios, Dios sufriendo por ellos. Una verdadera lástima: pero por alguna razón uno no puede estar sufriendo por ellos.

Sir Frederick Falliner entrando en el salón de los francmasones. Solemne como Troya. Después de su buen almuerzo en la terraza Earlsfort. Todos los compinches legales haciendo estallar una buena botella. Cuentos del tribunal, audiencias y anales de los orfanatos. Lo sentencié a 10 años. Supongo que lo que acabo de tomar le haría torcer la nariz. Para ellos vino de la región, con el año marcado sobre una botella polvorienta. Tiene sus ideas propias sobre la justicia en el tribunal correccional. Viejo bienintencionado. Los sumarios de la policía están atestados de casos consiguen su partjcipación fabricando delitos. Los manda a paseo. Flagelo de los prestamistas. Le dió un buen sosegate a Reuben J. Bueno, él es realmente lo que se dice un judío sucio. El poder que tienen esos jueces. Costrosos viejos borrachines. Oso gruñón con la zarpa enferma. Y que Dios tenga piedad de tu alma.

¡Hola!, un affiche. Kermés Mirus. Su Excelencia el superintendente general. Dieciséis hoy. Pro fondos para el hospital Mercer. *El Mesías* se dió primero para eso. Sí. Handel. Por qué no ir. Ballsbridge. Aparecérmele a Llavs. Es inútil pegarse a él como una sanguijuela. Gastarse inútilmente. Seguro que algún conocido a la entrada.

El señor Bloom llegó a la calle Kildare. Primero tengo que. Biblioteca.

Sombrero de paja al sol. Zapatos canela. Pantalones arremangados. Es. Es.

Su corazón latió con más rapidez. A la derecha. Museo. Diosas. Viró hacia la derecha.

¿Es? Casi seguro. No voy a mirar. El vino en mi cara. ¿Por qué yo? Demasiado fuerte. Sí, es. La forma de caminar. No mires. No ve. Sigue.

Dirigiéndose a la entrada del museo a largos trancos airosos levantó los ojos. Hermoso edificio. Sir Tomás Deane trazó los planos. ¿No me sigue?

Me me vió quizás. La luz en contra.

La agitación de su aliento salió en cortos suspiros. Rápido. Estatuas frías: tranquilo allí. Salvado en un minuto.

No, no me vió. Las dos pasadas. Justamente a la entrada.

¡Mi corazón!

Latiéndole los ojos miraron resueltamente las curvas cremosas de la piedra. Sir Tomás Deane era la arquitectura griega.

Tengo que buscar algo que yo.

Su mano atareada se metió rápidamente en un bolsillo, sacó, leyó sin desdoblar Agendath Netaim. ¿Dónde lo?

Ocupado buscando.

Volvió a meter Agendath rápidamente.

Por la tarde, dijo ella.

Estoy buscando eso. Sí, eso. Probemos en todos los bolsillos. Pañue. *Hombre Libre*. ¿Dónde lo? ¡Ah, sí! Pantalones. Zanahoria.

Portamonedas. ¿Dónde lo?
 Apúrate. Anda tranquilamente. Un momento más. Mi corazón. Su mano buscando dónde lo puse encontró en su bolsillo trasero jabón loción tengo que buscar papel tibio pegado. ¡Ah, el jabón allí! Sí. Portada.
 ¡Salvado!

CORTÉS, PARA SERVIRLOS, EL BIBLIOTECARIO CUÁQUERO RONRONEÓ: —¿Y nosotros tenemos, no es así, esas inapreciables páginas de *Wilhelm Meister*? De un gran poeta sobre un gran hermano poeta. Un alma vacilante afrontando un mar de dificultades, desgarrado por dudas antagónicas, como uno ve en la vida real.

Avanzó un paso de contradanza hacia adelante sobre crujiente cuero de buey y dió un paso de contradanza hacia atrás sobre el piso solemne.

Un ayudante silencioso abriendo apenas la puerta le hizo una seña silenciosa.

—En seguida —dijo crujiendo para ir, aunque demorándose. El hermoso soñador ineficaz que se estrella contra la dura realidad. Uno siente siempre que los juicios de Goethe son tan justos. Resiste el mayor análisis.

Bicrujiente análisis la corriente lo lleva. Calvo, casi celoso al lado de la puerta, prestó toda su gran oreja a las palabras del ayudante: las escuchó: y se fué.

Me quedan dos.

—Monsieur de la Palisse —dijo burlonamente Esteban— estaba vivo quince minutos antes de su muerte.

—¿Ha encontrado usted a esos seis bravos médicos —preguntó Juan Eglinton con rencor—, para escribir *El Paraíso Perdido* a su dictado? *Las Penas de Satán* él lo llama.

Sonríe. Sonríe la sonrisa de Cranly.

Primero la cosquilleó.
Después la golpeteó,
Más luego la sondeó
Pues era un profesional
Viejo, alegre y servi...

—Tengo la sensación de que usted necesitaría uno más para *Hamlet*. Siete es un número caro a la mentalidad mística. Los siete centelleantes los llama W. B.

Con los ojos rutilantes, el cráneo bermejo cerca de la pantalla verde de su lámpara de escritorio, buscó la cara barbuda entre una sombra más oscuramente verde, un ollav de ojos píos. Rió despacito: una risa de estudiante becado del Trinity: sin respuesta.

Satánica orquesta, reza llorando

Lágrimas que sólo lloran los ángeles.
Ed egli avea del cul fatto trombetta.

Él guarda en rehén mis desatinos.

Los once valientes de Cranly, hombres de Wicklow para libertar a su tierra nativa. Catalina de dientes separados, sus cuatro hermosos campos verdes, el forastero en su casa. Y uno más para acogerlo: *ave, rabbi.* Los doce de Tinahely. En la sombra del vallecillo él los llama. La juventud de mi alma le di a él, noche a noche. Buena suerte. Buena caza.

Mulligan tiene mi telegrama.

Tontería. Insistamos.

—Nuestros jóvenes bardos irlandeses —censuró Juan Eglinton— tienen que crear todavía una figura que el mundo pueda colocar al lado del Hamlet del sajón Shakespeare, aunque yo lo admiro, como lo admiraba el viejo Ben, casi hasta la idolatría.

—Todas estas cuestiones son puramente académicas —vaticinó Russell desde su sombra—. Quiero decir, si Hamlet es Shakespeare o James I o Essex. Discusiones de eclesiásticos sobre la realidad histórica de Jesús. El arte tiene que revelarnos ideas, esencias espirituales sin forma. La cuestión suprema respecto a una obra de arte reside en cuán profunda la vida pueda emanar de ella. La pintura de Gustave Moreau es la pintura de ideas. La más profunda poesía de Shelley, las palabras de Hamlet, ponen a nuestro espíritu en contacto con la sabiduría eterna, el mundo de ideas de Platón. Todo lo demás es especulación de escolares para escolares.

A. E. lo ha dicho a algún entrevistador yanqui. ¡Muro, condenación, golpéame!

—Los maestros fueron antes escolares —dijo Esteban excesivamente cortés—. Aristóteles fué una vez escolar de Platón.

—Y uno debería creer que así ha quedado —dijo Juan Eglinton sosegadamente—. Nos lo podemos imaginar como un escolar modelo con su diploma bajo el brazo.

Rió de nuevo la cara barbuda sonriente ahora.

Espiritual incorpóreo. Padre, Verbo y Espíritu Santo. Padre universal, el hombre celestial. Hiesos Kristos, mago de la belleza, el Logos que sufre en nosotros en todo momento. Esto en verdad es eso. Yo soy el fuego sobre el altar. Soy la manteca del sacrificio.

Dunlop, juez, el romano más noble de todos. A. E., Arval, El Nombre Inefable, en lo alto del cielo, K. H., su maestro, cuya identidad no es un secreto para los adeptos. Hermanos de la gran logia blanca siempre observando para ver si pueden ayudar. El Cristo con la hermanaesposa. Jugosidad de luz, nacido de una virgen de alma sophia arrepentida, ida al plano de los buddhi. La vida esotérica no es para persona común. O. P. tiene que eliminar primero el mal karma. La señora Cooper Oakley una vez dió un vistazo al elemental de nuestra muy ilustre hermana H. P. B.

—¡Uf! ¡Fuera con eso! ¡Pfuiteufel! Usted no tiene que mirar, ñora, así que no tiene que mirar cuando una dama está mostrando su elemental.

El señor Orden entró, alto, joven, amable, ágil. Llevaba con gracia en la mano una libreta de apuntes, nueva, grande, limpia, brillante.

—Ese escolar modelo —dijo Esteban— encontraría las meditaciones de Hamlet acerca de la vida futura de su alma principesca —el improbable, insignificante y nada dramático monólogo— tan superficial como los de Platón.

Juan Eglinton, arrugando el entrecejo, dijo enojado:

—Por mi palabra, que me hace hervir la sangre escuchar a alguien comparando a Aristóteles con Platón.

—¿Cuál de los dos —preguntó Esteban— me habría desterrado a mí de su república?

Desenvaina tus definiciones de puñal. El caballismo es la cualidad de todo caballo. Adoran las corrientes de tendencia y los eones. Dios: un ruido en la calle: muy peripatético. El espacio: lo que uno tiene que hartarse de ver. A través de espacios más chicos que los glóbulos rojos de la sangre del hombre ellos se arrastran tras las nalgas de Blake hacia una eternidad de la cual este mundo vegetal es apenas una sombra. Aférrate al ahora, al aquí, a través del cual todo el futuro se sumerge en el pasado.

El señor Orden se adelantó, amable, hacia su colega.

—Haines se fué.

—¿Sí?

—Estaba mostrándole el libro de Jubainville. Es sumamente entusiasta, ¿saben?, de los *Cantos de Amor de Connacht* de Hyde. No pude hacerlo venir para que oyera la discusión. Se fué a comprarlo a lo de Gill.

> *Sal, mi librito, rompe la marcha.*
> *Arrostra el frío de los lectores.*
> *Tú fuiste escrito bajo la escarcha*
> *de un inglés frío, sin luz ni flores.*

—El humo de turba se le está subiendo a la cabeza —opinó Juan Eglinton.

—Nos sentimos ingleses. Ladrón Penitente. Se fué. Yo fumé su droga. Verde piedra centelleante. Una esmeralda engarzada en el anillo del mar.

—La gente no sabe cuán peligrosos pueden ser los cantos de amor, advirtió ocultamente el áurico huevo de Russell. Los movimientos que preparan revoluciones en el mundo nacen de los sueños y las visiones del corazón de un campesino en la ladera de la colina. Para ellos la tierra no es una superficie explotable sino la madre viviente. El aire rarificado de la academia y la arena dan origen a la novela de seis peniques, la canción de café-concierto; Francia produce la más hermosa flor de corrupción con Mallarmé, pero la vida deseable solamente se revela a los pobres de espíritu, la vida de los faiakienos de Homero.

El señor Orden volvió un rostro inofensivo hacia Esteban ante estas palabras:

—Mallarmé, como ustedes saben, ha escrito esos maravillosos poemas en prosa que Esteban MacKenna acostumbraba leerme en Paris.

El que se refiere a *Hamlet*. Él dice: *"el se promène, lisant au livre de lui-même",* ¿comprenden?, leyendo el libro de sí mismo. Describe *Hamlet* representado en un pueblo de Francia, ¿saben?, un pueblo de provincia. Lo anunciaron.

Su mano libre escribió graciosamente signos diminutos en el aire.

HAMLET
ou
LE DISTRAIT
Pièce de Shakespeare

Repitió para el entrecejo recién formado de Juan Eglinton:

—Pièce de Shakespeare, ¿saben? Es tan francés, el punto de vista francés. *Hamlet ou...*

—El mendigo distraído —terminó Esteban.

Juan Eglinton se echó a reír.

—Sí, supongo que así será —dijo—. Gente excelente, no hay duda, pero angustiosamente cortos de vista en algunos asuntos.

Suntuosa y estancada exageración en el crimen.

—Roberto Greene lo llamaba un verdugo del alma —dijo Esteban—. No en balde era hijo de un carnicero que esgrimía el hacha de matar y se escupía en las manos. Nueve vidas son sacrificadas por una: la de su padre. Padre Nuestro que estás en el purgatorio. Los Hamlets caqui no titubean para tirar. Los mataderos rezumándose de sangre del quinto acto son una anticipación del campo de concentración cantado por el señor Swinburne.

Cranly, yo su mudo asistente, siguiendo batallas desde lejos.

Hembras y cachorros de sanguinarios enemigos a quienes nadie
Excepto nosotros había perdonado...

Entre la sonrisa sajona y la mofa yanqui. El diablo y el profundo mar.

—Se propone que *Hamlet* sea un cuento de aparecidos —dijo Juan Eglinton en auxilio del señor Orden—. Como el chico gordo de *Pickwick* quiere hacernos poner la carne de gallina.

¡Escucha! ¡Escucha! ¡Oh, escucha!

Mi carne lo escucha: crispándose, escucha.

Si tú alguna vez...

—¿Qué es un espíritu? —preguntó Esteban con vibrante energía—. Uno que se ha desvanecido en impalpabilidad por la muerte, por la ausencia, por el cambio de costumbres. El Londres de Elizabeth está tan lejos de Stratford como lo está el París corrompido del virginal Dublin. ¿Quién es el espíritu de *limbo patrum*, volviendo al mundo que lo ha olvidado? ¿Quién es el rey Hamlet?

Juan Eglinton cambió de postura su cuerpo mezquino, reclinándose hacia atrás para juzgar.

Aliviado.

—Es esta hora de un día de mediados de junio —dijo Esteban solicitando su atención con una rápida ojeada—. La bandera está levantada sobre el teatro al lado de la ribera. El oso Sackerson gruñe cerca en el foso, jardín de París. Lobos de mar que se dieron a la vela con Drake mascan sus salchichas entre los espectadores.

Color local. Aplica todo lo que sabes. Hazlos cómplices.

—Shakespeare ha abandonado la casa del hugonote de Silver Street, y anda por los corrales de cisnes a lo largo de la orilla del río. Pero no se detiene para alimentar a la hembra que apura a sus pichones de cisne hacia los juncos. El cisne de Avón tiene otros pensamientos.

Composición de lugar. ¡Ignacio de Loyola, apúrate a ayudarme!

—La representación empieza. Un actor viene bajo la sombra, metido en la malla abandonada de un cabrón de la corte, hombre bien plantado, con voz de bajo. Es el espíritu, el rey, un rey y no rey, y el actor es Shakespeare que ha estudiado *Hamlet* todos los días de su vida que no eran vanidad a fin de representar la parte del espectro. Dice las palabras a Burbage, el joven actor que está de pie delante de él más allá del bastidor, llamándolo por un nombre:

Hamlet, soy el espíritu de tu padre

ordenándole escuchar. Es a un hijo que él habla, el hijo de su alma, el príncipe, el joven Hamlet, y al hijo de su cuerpo, Hamnet Shakespeare, que ha muerto en Stratford para que su homónimo pueda vivir para siempre.

¿Es posible que ese actor Shakespeare, espíritu por la ausencia, y en la vestidura del Danés enterrado, espíritu por muerte, diciendo sus propias palabras al nombre de su propio hijo (si Hamnet Shakespeare hubiera vivido habría sido el mellizo del príncipe Hamlet); es posible, quiero saber, o probable que no haya deducido o previsto la conclusión lógica de esas premisas: tú eres el hijo desposeído: yo soy el padre asesinado: tu madre es la reina culpable, Ana Shakespeare, nacida en Hathaway?

—Pero este investigar en la vida privada de un gran hombre... —empezó Russell impacientemente.

¿Estás ahí, buena pieza?

—Interesante solamente para el sacristán de la parroquia. Quiero decir, tenemos los dramas. Quiero decir que, cuando leemos la poesía del *Rey Lear*, ¿qué nos importa cómo vivió el poeta? En lo que a vivir se refiere, nuestros sirvientes pueden hacerlo por nosotros, ha dicho Villiers de l'Isle. Atisbando y espiando en la hablilla del día de la sala de espera de los actores, lo que el poeta bebe, lo que el poeta debe. Tenemos el *Rey Lear*: y es inmortal.

La cara del señor Orden, a la que fué su apelación, asintió.

Fluye sobre ellos con tus olas y tus aguas
Mananaan,
Mananaan MacLir...

¿Y ahora, palurdo, esa libra que te prestó cuando tenías hambre?

Casarme, quería hacerlo.

Tómate este noble.

¡Vete a! Gastaste la mayor parte en la cama de Georgina Johnson, hija de clérigo. Mordiscón ancestral del subconsciente.

¿Piensas devolverlo?

¡Oh, sí!

¿Cuándo? ¿Ahora?

Bueno... no.

¿Cuándo, entonces?

Yo pagué lo mío. Yo pagué lo mío.

Firme ahora. Está del otro lado de Boyne. El coroner del nordeste. Lo debes.

Espera. Cinco meses. Todas las moléculas cambian. Yo soy otro yo ahora. Otro yo recibió la libra.

Bzzz Bzzz.

Pero yo, entelequia, forma de formas, soy yo por memoria porque bajo formas sin cesar cambiantes.

Yo que pequé y oré y ayuné.

Un chico Conmee salvado de los palmetazos.

Yo, yo y yo. Yo.

A. E. Te debo. I. O. U.

—¿Tiene usted la intención de romper con una tradición de tres siglos? —preguntó la voz sarcástica de Juan Eglinton—. Al fin el espíritu de ella ha sido exorcizado para siempre. Ella murió, para la literatura por lo menos, antes de haber nacido.

—Ella murió —replicó Esteban— sesenta y siete años después de haber nacido. Lo acompañó al entrar y salir del mundo. Ella recibió sus primeros abrazos. Dió luz a sus hijos y le puso peniques sobre los ojos para mantener cerrados sus párpados cuando él yacía en su lecho de muerte.

El lecho de muerte de mi madre Vela. El espejo envuelto en sábanas. Quien me trajo al mundo yace allí, con párpados de bronce, bajo unas pocas flores baratas. *Liliata rutilantium.*

Yo lloré solo.

Juan Eglinton miró la enmarañada luciérnaga de su lámpara.

—El mundo cree que Shakespeare cometió un error —dijo— y que se zafó de él lo mejor y lo más ligero que pudo.

—¡Son macanas! —dijo Esteban groseramente—. Un hombre de genio no comete errores. Sus errores son voluntarios y los portales del descubrimiento.

Portales del descubrimiento abiertos para dejar entrar el bibliotecario cuáquero, de botines suavemente crujientes, calvo, orejudo y diligente.

—Una arpía —dijo Juan Eglinton astutamente— es una entrada adecuada para descubrimientos, uno pensaría. ¿Qué descubrimiento útil aprendió Sócrates de Jantipa?

—Dialéctica —contestó Esteban—; y de su madre el modo de traer pensamientos al mundo. Lo que aprendió de su otra esposa Myrto *(absit nomen!).* El Epipsychidion de Socratididion ningún hombre ni ninguna mujer lo sabrá nunca. Pero ni la ciencia de la partera ni las tizanas lo salvaron de los arcontes del Sinn Fein y su jarro de cicuta.

—¿Pero Ana Hathaway? —dijo la voz tranquila del señor Orden olvidadizamente—. Sí, parece que la estamos olvidando como Shakespeare mismo la olvidó.

Su mirada fué de la barba del cavilador al cráneo del criticón, para llamarlos al orden sin dureza, y pasó al calvoso melón del lollard. inocente y calumniado.

—Tenía una buena dosis de ingenio —dijo Esteban— y su memoria no era de un truhán. Llevaba un recuerdo en su cartera mientras caminaba trabajosamente hacia Romeville silbando *La chica que dejé*. Si el terremoto no le hubiera llevado el compás tendríamos que saber dónde situar al pobre Wat, sentado en su cama de liebre, el aullido de los sabuesos, la brida tachonada y las ventanas azules de ella. Ese recuerdo, *Venus y Adonis*, yace en el dormitorio de Londres. ¿Es Catalina una arpía repulsiva? Hortensio la llama joven y hermosa. ¿Creen ustedes que el autor de *Antonio y Cleopatra*, un peregrino apasionado, tenía los ojos atrás de la cabeza para escoger la atorranta más fea de todo Warwickshire y acostarse con ella? Bueno, él la dejó y ganó el mundo de los hombres. Pero sus donceles mujer son las mujeres de un doncel. Su vida, pensamientos y palabra le son prestados por varones. ¿Eligió mal? Fué elegido, me parece a mí. Si otros tienen su voluntad, Ana tenía un medio. Voto a bríos, ella tuvo la culpa. Ella lo sedujo dulce y veintiséis. La diosa de ojos grises que se inclina sobre el efebo Adonis agachándose para conquistar, como prólogo a la hinchazón, es una moza de rostro descarado de Stratford que tumba en un maizal a un amante más joven que ella.

¿Y mi turno? ¿Cuándo?
¡Ven!

—Campo de centeno —dijo el señor Orden vivamente, alegremente, levantando su libro nuevo, alegremente vivamente.

Murmuró entonces para todos con blonda delicia.

En medio del centeno los sembrados
Los bellos campesinos acostados.

París: el complacido complaciente.

Una figura elevada en peludo homespun se irguió desde la sombra y exhibió su reloj cooperativo.

—Mucho me temo tener que ir adentro.

¿Hacia dónde? Terreno explotable.

—¿Se va? —preguntaron las altivas cejas de Juan Eglinton—. ¿Lo veremos en lo de Moore esta noche? Piper viene.

—¡Piper! —pitó el señor Orden—. ¿Está de vuelta Piper?

Pedro Piper picoteó polvo del poco de pimienta.

—No sé si podré. Jueves. Tenemos nuestra reunión. Si puedo escaparme a tiempo.

Cajapetacayogui en las habitaciones de Dawson, *Isis Develada*. Su libro de Pali que tratamos de empeñar. De piernas cruzadas bajo un árbol parasol eleva el trono un logos azteca, azteca, funcionando en planos astrales, su superalma, mahamahatma. Los fieles hermetistas esperan la luz, maduros para el noviciado budista circulatierraalrededor de él. Louis H. Victory, T. Caulfield Irwin. Las damas del loto los vigilan en los ojos sus glándulas pineales fulgurantes. Henchido de su dios se eleva al trono, Buda bajo plátano. Tragador de almas, engolfador. Almas masculinas, almas femeninas, multitudes de almas. Engolfados con gritos gemidores, arremolinados arremolinándose, ellos se lamentan.

*En quintaesenciada trivialidad
durante años en esta caja de carne un alma femenina moró.*

—Dicen que vamos a tener una sorpresa literaria —dijo el bibliotecario cuáquero amistosamente y atento—. Corre el rumor de que el señor Russell está reuniendo un haz de versos de nuestros poetas más jóvenes. Todos estamos esperando ansiosamente.

Ansiosamente echó un vistazo al cono de luz donde tres rostros iluminados brillaban.

Mira esto. Recuerda.

Esteban miró hacia abajo a un ancho gorro sin cabeza, colgado del mango de su bastón sobre su rodilla. Mi casco y espada. Toca ligeramente con dos dedos índices. Experimento de Aristóteles. ¿Uno o dos? La necesidad, aquello en virtud de lo cual es imposible que uno pueda ser de otra manera. Ergo, un sombrero es un sombrero.

Escuchemos.

El joven Colum y Starkey. Jorge Roberts hace la parte comercial. Longworth le va a dar un buen envión en el *Express.* ¡Oh!, ¿lo hará? Me gustaba el *Ganadero* de Colum. Sí, yo creo que tiene eso tan raro, el genio. ¿Crees que tiene genio realmente? Yeats admiró su verso: *Como un vaso griego en tierra salvaje.* ¿Lo admiraba? Espero que pueda venir esta noche. Malaquías Mulligan va a venir también. Moore le pidió que trajera a Haines. ¿Escuchó usted el chiste de miss Mitchell acerca de Moore y Martyn? ¿Que Moore es la avena loca de Martyn? Sumamente ingenioso, ¿verdad? Lo hacen acordar a uno de don Quijote y Sancho Panza. Nuestra epopeya nacional tiene que ser escrita todavía, dice el Dr. Sigerson. Moore es el hombre indicado. Un caballero de la triste figura aquí, en Dublin. ¿Con una falda azafrán? ¿O'Neill Russell? ¡Oh, sí!, él tiene que hablar la magnífica lengua vieja. ¿Y su Dulcinea? Jaime Stephens está haciendo algunos esquicios muy hábiles. Nos estamos volviendo importantes, parece.

Cordelia. *Cordoglio.* La hija más solitaria de Lir.

Acuñado. Ahora tu mejor lustre francés.

—Muchísimas gracias, señor Russell —dijo Esteban levantándose—. Si usted fuera tan amable que entregara la carta al señor Norman...

—¡Oh, sí! Si él la considera importante, entrará. Tenemos tanta correspondencia...

—Comprendo —dijo Esteban—. Gracias.

Que Dios te confunda. Diario de cerdos. Benefactordebueyes.

—Synge me ha prometido también un artículo para *Dana.* ¿Vamos a ser leídos? Creo que sí. La liga gaélica reclama algo en irlandés. Espero que se dé una vuelta esta noche. Traiga a Starkey.

Esteban se sentó.

El bibliotecario cuáquero vino de los que se despedían. Con la máscara sonrojándosele, dijo:

—Señor Dedalus, sus opiniones son sumamente sugerentes.

Crujió de aquí para allá alzándose sobre la punta de los pies más cerca del cielo por la altura de un chapín, y, cubierto por el ruido de la salida, dijo por lo bajo:

—¿Es su opinión, entonces, que ella no fué fiel al poeta?

Rostro alarmado me pregunta. ¿Por qué vino? ¿Cortesía o una luz interior?

—Donde hay una reconciliación —dijo Esteban— tiene que haber habido primero una separación.

—Sí.

Cristozorro con calzas de cuero, escondiéndose, un fugitivo entre las secas horquetas de los árboles huyendo de la alarma, sin conocer hembra, pieza única de la caza. Las mujeres que ganó para su causa, gente tierna, una prostituta de Babilonia, damas de magistrados, esposas de rufianes de taberna. El zorro y las ocas. Y en New Place un débil cuerpo deshonrado que en otros tiempos fuera donoso, dulce, fresco como la canela, cayéndosele ahora las hojas, desnuda y horrorizada por el horror de la estrecha tumba y no perdonado.

—Sí. Así que usted cree...

La puerta se cerró detrás del que salía.

La quietud se posesionó repentinamente de la discreta celda abovedada, descanso de cálido y caviloso ambiente de incubadora.

Una lámpara de vestal.

Aquí pondera él cosas que no fueron: lo que César habría llevado a cabo si hubiera creído al augur: lo que pudo haber sido: posibilidades de lo posible como posible: cosas no conocidas: qué nombre llevaba Aquiles cuando vivía entre las mujeres.

Ideas en ataúdes alrededor mío, en cajas de momias, embalsamadas en especia de palabras. Tot, dios de las bibliotecas, un dios pájaro, coronado de luna. Y yo escuché la voz de ese sumo sacerdote egipcio. *En cámaras pintadas cargadas de tejas libros.*

Están inmóviles. No hace mucho activos en los cerebros de los hombres. Inmóviles: pero una picazón de muerte está en ellos, para contarme un cuento lacrimógeno al oído y para urgirme a que yo cumpla su voluntad.

—Ciertamente —meditó Juan Eglinton—, de todos los grandes hombres él es el más enigmático. No sabemos nada excepto que vivió y sufrió. Ni siquiera tanto. Otros avalan nuestra pregunta. Una sombra se extiende sobre todo lo demás.

—Pero *Hamlet* es tan personal, ¿no es cierto? —suplicó el señor Orden—. Quiero decir, una especie de diario íntimo, saben, de su vida privada. Quiero decir no me importa un pito, saben, de quién es muerto o quién es culpable...

Apoyó un inocente libro sobre el borde del escritorio, sonriendo su desafío. Sus memorias íntimas en el original. *Ta an bad ar an tir. Tiam imo shagart.* Ponle farfulla inglesa encima, juancito.

Anotó juancito Eglinton:

—Estaba preparado para paradojas por lo que nos dijo Malaquías

Mulligan, pero puedo advertirle desde ahora que si usted quiere hacer vacilar mi creencia de que Shakespeare es Hamlet tiene una ardua tarea por delante.

Sufre conmigo.

Esteban soportó el azote de los ojos malandrines brillando torvamente bajo arrugada frente. Un basilisco. *E quando vede l'uomo l'attosca.* Maestro Brunetto, te doy las gracias por la palabra.

—Como nosotros o la madre Dana tejemos y destejemos nuestros cuerpos —dijo Esteban— de día a día, sus moléculas lanzadas de acá para allá, así el artista teje y desteje su imagen. Y así como el lunar de mi seno derecho está donde estaba cuando nací, a pesar de que mi cuerpo ha sido tejido de materia nueva muchas veces, así a través del espíritu de un padre inquieto la imagen del hijo muerto se adelanta. En el intenso instante de la creación, cuando el espíritu, dice Shelley, es una brasa que se desvanece, lo que fui y lo que en posibilidad pueda llegar a ser es lo que soy. Así en el futuro, hermano del pasado, yo podré verme como ahora estoy sentado aquí, pero por reflexión de lo que entonces seré.

Drummond de Hawthornden te ayudó en ese estilo.

—Sí —dijo el señor Orden jovialmente—, yo lo siento a Hamlet muy joven. La amargura podría ser del padre, pero los pasajes con Ofelia son seguramente del hijo.

Agarró de la oreja la marrana equivocada. Él está en mi padre. Yo estoy en su hijo.

—Ese lunar es lo último que se va —dijo Esteban riendo.

Juan Eglinton hizo una mueca nada agradable.

—Si ésa fuera la marca de nacimiento del genio —dijo— el genio sería una droga en el mercado. Los dramas de los últimos años de Shakespeare, que Renán admiró tanto, respiran otro espíritu.

—El espíritu de la reconciliación —exhaló el bibliotecario cuáquero.

—No puede haber reconciliación —dijo Esteban— si no ha habido separación.

Dije eso.

—Si usted quiere saber cuáles son los acontecimientos que proyectan su sombra sobre el período infernal del *Rey Lear, Otelo, Hamlet, Troilus y Cressida,* trate de ver cuándo y cómo se levanta la sombra. ¿Qué es lo que ablanda el corazón de ese hombre naufragado en tempestades horrendas, probado, como otro Ulises, Pericles, príncipe de Tiro?

Cabeza coronada de cono rojo, abofeteada, cegada de lágrimas.

—Una criatura, una niña puesta en sus brazos, Marina.

—La inclinación de los sofistas hacia las sendas de lo apócrifo es una cantidad constante —hizo notar Juan Eglinton—. Los caminos reales son monótonos pero conducen a la ciudad.

Buen Bacon: se ha puesto rancio. Shakespeare excesos de juventud de Bacon. Prestidigitadores de enigmas recorriendo los caminos reales. Investigadores en la gran pesquisa. ¿Qué ciudad, buenos maestros? Enmascarados en nombres. A. E., eón: Magee, Juan Eglinton. Al este del sol, al oeste de la luna: *Tir na n-og.* Ambos con buenas botas y bastón.

¿Cuántas millas a Dublín?
Setenta en todo, señor.
¿Estaremos allí al anochecer?

—El señor Brandes lo acepta —dijo Esteban—, como el primer drama del período final.

—¿Es cierto? ¿Qué es lo que el señor Sidney Lee, o el señor Simón Lazarus, como afirman algunos que es su nombre, dice acerca de eso?

—Marina —dijo Esteban—, una hija de la tempestad; Miranda, un milagro; Perdita, lo que se perdió. Lo que se perdió le es devuelto: la niña de su hija. *Mi queridísima esposa*, dice Pericles, *era como esta doncella*. ¿Amará hombre alguno a la hija si no ha amado a la madre?

—El arte de ser un abuelo —empezó a murmurar el señor Orden—. *L'art d'être grand*...

—Su propia imagen para un hombre que posee eso tan raro, el genio, su propia imagen es la medida de toda experiencia, material y moral. Tal súplica lo conmoverá. Las imágenes de otros varones de su sangre le serán repelentes. Verá en ellas grotescos intentos de la naturaleza para predecirlo o repetirlo a él mismo.

La benigna frente del bibliotecario cuáquero se encendió rosadamente de esperanza.

—Espero que el señor Dedalus desarrollará su teoría de la cultura del público. Y tenemos el deber de mencionar a otro comentador irlandés, el señor Jorge Bernard Shaw. No tendríamos que olvidar tampoco al señor Frank Harris. Sus artículos sobre Shakespeare en el *Saturday Review* fueron indudablemente brillantes. Cosa curiosa es que él nos presenta también una infortunada relación con la morena dama de los sonetos. El favorecido rival es Guillermo Herbert, conde de Pembroke. Confieso que si el poeta ha de ser repudiado tal repudio parecería más en armonía con —¿cómo lo diré?— nuestras ideas de lo que no tendríamos que haber sido.

Se detuvo en esa frase feliz y sostuvo su mansa cabeza entre ellos, huevo de alca, premio de su refriega.

La tutea con graves palabras de esposo. ¿Lo amas, Miriam? ¿Amas a tu hombre?

—Eso puede ser también —dijo Esteban—. Hay una frase de Goethe que al señor Magee le gusta citar. Ten cuidado con lo que deseas en tu juventud porque lo conseguirás en la edad madura. ¿Por qué envía a una que es una *buona roba*, un jumento que montan todos los hombres, una doncella de honor con una juventud escandalosa, un hidalguillo para cortejarla en su nombre? Él mismo era un señor de la lengua y se había hecho un gran caballero y había escrito *Romeo y Julieta*. ¿Por qué? La fe en sí mismo había sido prematuramente destruída. Fué seducido primero en un maizal (campo de centeno, diría yo) y nunca más será un vencedor a sus propios ojos ni jugará victoriosamente el juego de reír y acostarse. El supuesto donjuanismo no ha de salvarlo. Ningún desfacimiento posterior desfacerá el primer desfacimiento. El colmillo del verraco lo ha herido donde el amor está sangrando. Si la arpía es vencida, persiste sin embargo en ella la invisible arma de la mujer. Hay, lo siento en las palabras, algún aguijón de la carne impulsándolo a una pasión nueva, una sombra más sombría de la primera, ensombreciendo hasta su propia comprensión de sí mismo. Una suerte semejante lo aguarda y los dos furores se mezclan en un solo torbellino.

Ellos escuchan. Y en los pórticos de sus oídos yo vierto.

—El alma ha sido antes herida mortalmente, un veneno vertido en el pórtico de un oído entregado al sueño. Pero aquellos que son muertos mientras duermen no pueden saber el porqué de su muerte, a menos que el Creador favorezca a sus almas con esa revelación en la vida futura.

El espectro del rey Hamlet no podría haber tenido conocimiento del envenenamiento ni de la bestia de dos lomos si no hubiera sido dotado de conocimiento por su creador. Por eso es que su discurso (en magro inglés desagradable) está siempre orientado hacia otra parte, y retrocediendo. Arrebatador y arrebatado, lo que quería y no quería va con él desde las esferas de marfil bordeadas de azul de Lucrecia al pecho de Imogen, desnudo, con su aréola de cinco manchas. Él se vuelve fatigado de la creación que ha amontonado para esconderse de sí mismo, viejo perro lamiendo una vieja llaga. Pero él, como la pérdida es su ganancia, pasa incólume hacia la inmortalidad sin sacar provecho de la sabiduría que ha escrito o de las leyes que ha revelado. Su visera está levantada. Él es un espíritu, una sombra ahora, el viento en las rocas de Elsinore o lo que ustedes quieran, la voz del mar. una voz escuchada solamente en el corazón de aquel que es la substancia de su sombra, el hijo consubstancial al padre.

—¡Amén! —respondieron desde la puerta.

¿Me has encontrado, ¡oh!, mi enemigo?

Entr'acte.

Un rostro ribalbo sombrío como el de un deán, Buck Mulligan se adelantó entonces, alegre y detonante de colores, hacia el saludo de sus sonrisas. Mi telegrama.

—¿Usted estaba hablando del vertebrado gaseoso, si no estoy equivocado? —preguntó a Esteban.

De chaleco florido, saludó alegre y bufonescamente con su panamá en la mano.

Le dan la bienvenida. *Was Du verlachst wirst Du noch dienen*

Cría de escarnecedores: Photius, seudomalaquías, Johann Most.

El que se engendró a Sí Mismo, mediador el Espíritu Santo y Él Mismo se envió a Él Mismo, Agenciador entre Élmismo y otros, Quien, acusado por sus demonios, desnudado y azotado, fué clavado como murciélago a la puerta de un granero, muerto de hambre sobre el árbol de la cruz. Quien se dejó enterrar, veló, atormentó el infierno, pasó al cielo y allí se sienta estos mil novecientos años a la derecha de Su Propio Yo, pero que todavía vendrá en el último día para juzgar a los vivos y a los muertos cuando todos los vivos estén ya muertos.

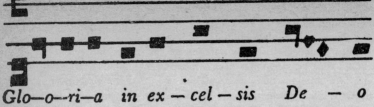

Glo—o—ri—a in ex — cel — sis De — o

Eleva las manos. Caen los velos. ¡Oh, flores! Campanas con campanas con campanas adquiriendo.

—Sí, realmente —dijo el bibliotecario cuáquero—. Una discusión sumamente instructiva. El señor Mulligan, estoy seguro, tiene también su teoría del drama y de Shakespeare. Todos los lados de la vida deberían estar representados.

Sonrió igualmente hacia todos lados.

Buck Mulligan reflexionó, perplejo:

—¿Shakespeare? —dijo—. Me parece que conozco el nombre.

Una flotante sonrisa asoleada reverberó en sus facciones indefinidas.

—Seguramente —dijo, recordando con vivacidad— Ese tío que escribe como Synge.

El señor Orden se volvió hacia él.

—Haines se desencontró con usted —dijo—. ¿Dió con él? Lo verá a usted después en el D. B. C. Fué a lo de Gill para comprar los Cantos de Amor de *Connacht*, de Hyde.

—Vine por el museo —exclamó Buck Mulligan—. ¿Estaba aquí él?

—Los compatriotas del bardo —contestó Juan Eglinton— quizá están un poco cansados de nuestras brillantes teorizaciones. Me han dicho que una mujer representó a Hamlet por la cuatrocientas octava vez anoche en Dublín. Vining sostenía que el príncipe era una mujer. ¿No ha pensado nadie en convertirlo en irlandés? El juez Barton, creo, está buscando algunos indicios. Él jura (Su Alteza, no Su Señoría) por san Patricio.

—El más brillante de todos es ese cuento de Wilde —dijo el señor Best, levantando su brillante libreta de apuntes—. Ese *Retrato del señor W. H.*, donde él demuestra que los sonetos fueron escritos por un tal Willie Hughes, un hombre todo colores.

—¿Para Willie Hughes, no es así? —preguntó el bibliotecario cuáquero.

O Hughie Wills. El señor William Himself. W. H.: ¿Quién soy yo?

—Quiero decir, para Willie Hughes —dijo el señor Orden, corrigiendo fácilmente su glosa—. Naturalmente, es todo paradoja, saben. Hughes corta y colorea el color, pero es tan típica la forma en que lo consigue... Es la esencia de Wilde, saben, el toque sutil.

Su mirada tocó sus rostros sutilmente al sonreír, un rubio efebo. Mansa esencia de Wilde.

Eres endiabladamente ingenioso. Tres tragos de whisky bebiste con los ducados de Dan Deasy.

¿Cuánto gasté? ¡Oh!, unos pocos chelines.

Para un montón de periodistas. Humor mojado y seco.

Ingenio. Darías tus cinco ingenios por el orgulloso uniforme de la juventud con que él se atavía. Lineamientos de deseo satisfecho.

Que haya mucho más. Tómala por mí. En tiempo de aparearse. Júpiter, un fresco tiempo de celo envíales. Sí atortólala.

Eva. Desnudo pecado de vientre de trigo. Una serpiente la arrolla, el colmillo en su beso.

—¿Cree usted que es solamente una paradoja? —preguntaba el bibliotecario cuáquero—. El burlón nunca es tomado en serio cuando está más serio.

Hablaron seriamente de la seriedad de los burlones.

El nuevamente pesado rostro de Buck Mulligan contempló a Esteban de hito en hito por un rato. Luego balanceando la cabeza se acercó, sacó un telegrama doblado de su bolsillo. Sus labios movedizos leyeron, sonriendo con nuevo deleite.

—¡Telegrama! —dijo—. ¡Maravillosa inspiración! ¡Telegrama! ¡Una bula papal!

Se sentó en una esquina del escritorio no iluminado, leyendo gozosamente en voz alta:

—*El sentimentalista es aquel que querría disfrutar sin asumir la inmensa deuda de una cosa hecha.* Firmado: Dedalus. ¿Desde dónde lo mandaste? ¿De la escuela? No. College Green. ¿Te has bebido las cuatro libras? La tía va a hacer una visita a tu padre inconsubstancial. ¡Telegrama! Malaquías Mulligan, el Ship, Lower Abbey Street. ¡Oh, tú, máscara incomparable! ¡Oh, tú, sacerdotizado kinchita!

Gozosamente metió mensaje y sobre en un bolsillo, se agudizó en quejoso dialecto.

—Es como le digo: miel; es que nos encontrábamos extraños y enfermos, Haines y Mi, el tiempo mismo lo trajo. Dijeron las malas lenguas que lo hicimos porque una poción despabilaría a un fraile, estoy pensando, y él estaba débil de lechita. Y nosotros una hora y dos horas y tres horas en lo de Connery sentados educaditos esperando cada uno su pinta.

Gimió.

—Y nosotros estar allí, cachivache, y tú ser desconocidamente enviándonos tus conglomeraciones en forma que nosotros tener nuestras lenguas afuera una yarda de largas como los clérigos sedientos estar desmayándose por una lechigadita.

Esteban rió.

Rápidamente, con tono de advertencia, Buck Mulligan se inclinó:

—El vago de Synge te está buscando —dijo— para asesinarte. Oyó decir que orinaste sobre la puerta de su vestíbulo en Glasthule. Anda en gran forma para asesinarte.

—¡Yo! —exclamó Esteban—. Ésa fué tu contribución a la literatura.

Buck Mulligan se echó hacia atrás alegremente, riéndose contra el oscuro techo fisgoneador.

—¡Asesinarte! —rió.

Desagradable cara de gárgola que guerreó contra mí sobre nuestro lío de picadillo de luces en rue Saint-Andre-des-Arts. En palabras de palabras para palabras, *palabras.* Oisin con Patricio. El fauno que

175

encontró en los bosques de Clamart blandiendo una botella de vino. *C'est vendredi saint!* Bandido irlandés. Vagando encontró a su imagen. Yo la mía. Encontré a un loco en la floresta.

—Señor Lyster —dijo un empleado desde la puerta entreabierta.

—...en la que todo el mundo puede encontrar la suya. Así el señor juez Madden en su *Diario del Maestro Guillermo Silencio* ha encontrado los términos de montería... ¿Sí? ¿Qué pasa?

—Hay un caballero aquí, señor —dijo el empleado adelantándose y teniendo una tarjeta—. Del *Hombre Libre*. Quiere ver la colección KILKENNY PEOPLE del año pasado.

—Cómo no, cómo no, cómo no. ¿Está el caballero?...

Tomó la tarjeta vehemente, miró, no la vió, la dejó sin verla, dió un vistazo, preguntó, crujió, preguntó:

—¿Está?... ¡Oh, allí!

Rápido, con gallardía, se puso en movimiento y salió. En el corredor iluminado por el día habló con volubles solicitudes de celo, imbuído de su papel, exageradamente cortés, sumamente amable, sumamente cuáqueramente consciente.

—¿Este caballero? ¿*El Hombre Libre*? ¿*Kilkenny People*? Perfectamente. Buen día, señor. *Kilkenny*... Lo tenemos ciertamente...

Una paciente silueta esperaba, escuchando.

—Todos los principales provinciales... *Northern Whig, Cork Examiner, Enniscorthy Guardian*, 1903... ¿Quiere molestarse, por favor?... Evans, conduzca al señor... Si quiere hacer el bien de seguir al empl... O por favor permítame... Por aquí... Por favor, señor...

Voluble, diligente, indicaba el camino hacia todos los diarios provinciales, siguiendo sus precipitados talones una oscura figura inclinada.

La puerta se cerró.

—¡El judío! —gritó Buck Mulligan.

Dió un salto y arrebató la tarjeta.

—¿Cómo se llama? ¿Isaac Moisés? Bloom.

Siguió parloteando.

—Jehová, coleccionador de prepucios, no existe ya. Lo encontré en el museo cuando fuí a saludar a Afrodita nacida de la espuma. Boca griega que nunca ha sido torcida en oración. Todos los días tenemos que rendirle homenaje. *Fuente de la vida*, tus labios encienden.

Volvióse bruscamente hacia Esteban:

—Él te conoce. Conoce a tu viejo. ¡Oh!, me temo que es más griego que los griegos. Sus pálidos ojos de galileo estaban sobre su ranura del medio. Venus Kallipyge. ¡Oh, el trueno de esos lomos! *El dios persiguiendo a la doncella escondida.*

—Queremos escuchar más —decidió Juan Eglinton con la aprobación del señor Orden—. Empezamos a estar interesados en la señora S. Hasta ahora pensábamos en ella, si pensábamos, como en una paciente Griselda, una Penélope casera.

—Antístenes, discípulo de Gorgias —dijo Esteban—, retiró la palma de la belleza de la madre empolladora esposa de Kyrios Menelao, la argiva Helena, la yegua de madera de Troya en la que durmieron una veintena de héroes, se la otorgó a la pobre Penélope. Veinte años vivió él en Londres y durante parte de ese tiempo cobró un sueldo igual al del lord canciller de Irlanda. Su vida fué opulenta. Su arte, más que el arte del feudalismo, como lo llamó Walt Whitman, es el arte del exceso. Calientes pasteles de arenque, verdes cubiletes de vino, salsas de miel, azúcar de rosas, mazapán, palomas a la grosella, golosinas al jengibre. Sir Walter Raleigh, cuando lo arrestaron, tenía sobre la espalda medio millón de francos incluyendo un par de corsés de fantasía. La mujer prestamista Elisa Tudor se había forrado bastante como para competir con la de Sabá. Veinte años se entretuvo allí entre el amor conyugal y sus castas delicias y el amor intemperante y sus inmundos placeres. Ustedes conocen el cuento de Manningham de la esposa del ciudadano virtuoso que convidó a Dick Burbage a su lecho después de haberlo visto en Ricardo III, y cómo Shakespeare, escuchando por casualidad, sin mucho ruido para nada, tomó la vaca por los cuernos, y cuando Burbage llamó a la puerta, le contestó desde las frazadas del capón: *Guillermo el Conquistador vino antes de Ricardo III.* Y la alegre damita, señora Fitton, se levanta y grita: ¡Oh!, y sus delicados gorjeos, lady Penélope Rich, una aseada mujer de sociedad, es apropiada para un actor, y los atorrantes de la orilla del río, un penique por vez.

Cours-la-Reine. Encore vingt sous. Nous ferons de petites cochonneries. Minette? Tu veux?

La cumbre de la selecta sociedad. Y la madre de sir Guillermo Davenant, de Oxford, con tu taza de canario para todo canario macho.

Buck Mulligan, sus piadosos ojos vueltos hacia arriba, rezó:

—¡Bendita Margarita María Cualquiergallo!

Y la hija de Harry con seis esposas y otras amigas de fincas vecinas como lo canta Lawn Tennyson, caballero poeta. ¿Pero qué suponen ustedes que estaba haciendo la pobre Penélope en Stratford todos esos veinte años detrás de los vidrios de diamante?

Hacer y hacer. Cosa hecha. En un rosedal de Gerard en Fetter Lane, herbario él camina, griscastaño. Una campanilla azul como las venas de ella. Párpados de los ojos de Juno, violetas. Él camina. Una vida es todo. Un cuerpo. Hacer. Pero hacer. Lejos, en un vaho de codicia y fornicación, las manos están tendidas sobre la blancura.

Buck Mulligan golpeó vivamente el escritorio de Juan Eglinton.

—¿De quién sospechan ustedes? —desafió.

—Digamos que es el amante burlado de los sonetos. Escarnecido una vez, escarnecido dos veces, pero la ramera de la corte lo despreció por un señor, su miqueridoamor del poeta.

El amor que no osa decir su nombre.

—Como inglés, usted quiere decir —intercaló Juan grosero Eglinton—; él amaba a un lord.

Viejo muro donde cruzan como centellas repentinas lagartijas. Las observé en Charenton.

—Así parece —dijo Esteban—, ya que él quiere hacer, por sí mismo, y por todos los otros y singulares vientres sin orejas, el santo oficio que un palafrenero hace por el caballo padre. Puede ser que, como

Sócrates, haya tenido una partera por madre, como tuvo una arpía
por esposa. Sin embargo ella, la infiel ramera, no quebrantó el voto
conyugal. Dos hechos entran en descomposición en el espíritu de
ese espectro: un voto quebrantado y el estúpido campesino sobre
quien ella volcó sus favores, hermano del difunto esposo. La dulce
Ana, entiendo, tenía la sangre ardiente. Una vez amante, dos veces
amante.

Esteban se revolvió con audacia en su silla.

—Probarlo corre por vuestra cuenta, y no por la mía —dijo frun
ciendo el entrecejo—. Si ustedes niegan que en la quinta escena del
primer acto de Hamlet él la ha marcado con la infamia, decidme
por qué no se ha hecho ninguna mención de ella durante los treinta
y cuatro años, entre el día en que ella se casó con él y el día en que
lo enterró. Todas esas mujeres vieron a sus hombres desde abajo y
caídos: María a su buen Juan; Ana, a su pobre querido Guillermu,
cuando fué a morir sobre ella, furioso por ser el primero en irse;
Joan, a sus cuatro hermanos; Judit, a su esposo y todos sus hijos;
Susana, a su esposo también, mientras que la hija de Susana, Isabel,
como decía el abuelito, se casó con su segundo, después de haber
muerto al primero.

¡Oh sí!, hay mención. En los años en que él estaba viviendo ricamente en el Londres real para pagar una deuda, ella tuvo que pedir
prestados cuarenta chelines al pastor de su padre. Explicad entonces.
Explicad también el canto del cisne en que él la señaló a la posteridad.

Hizo frente a su silencio.

A quien Eglinton en estos términos:
 Se refiere usted al testamento.
 Eso lo explicaron, creo, los juristas.
 Ella tenía derecho a su viudedad.
 En los términos de la ley, que conocía bien,
 Dicen nuestros magistrados.
       De él Satán se burla,
Burlón:
 Y por eso ella omitió su nombre
Desde el primer escrito pero no olvidó
Los presentes para su nieta, para sus hijas,
Para su hermana, para sus viejos compadres de Stratford
Y en Londres. Y por eso cuando se le compelió,
Como creo, a mencionarla,
Él le dejó su
Segundón
Lecho.
  Punkt
 Ledejósu
 Segundón
 Camastrón
 Ledejón
 Camastrón
¡Jua!

—Los viejos campesinos tenían entonces pocos bienes mobiliarios —apuntó Juan Eglinton—, como ocurre actualmente, si debemos creer a nuestras representaciones campesinas de hoy en día.

—Era un hombre de campo adinerado —dijo Esteban—, con escudo de armas, propiedades en Stratford y una casa en Ireland Yard, un capitalista accionista, un empujador de leyes, un arrendador de diezmos. ¿Por qué no le legó su mejor lecho si quería que roncara en paz el resto de sus noches?

—Está claro que había dos camas, una mejor y otra de segundo orden, señor Segundo Orden —dijo con sutileza.

—*Separatio a mensa et a thalamo* —mejoró Buck Mulligan, y fué premiado con sonrisas.

—La antigüedad menciona camas famosas —exclamó frunciéndose Eglinton Segundo y sonriendo a cama—. Déjenme pensar.

—La antigüedad menciona a ese pillo escolar Estagirita, sabio y calvo pagano que, al morir en el destierro —dijo Esteban—, liberta y dota a sus esclavos, paga tributo a sus mayores, pide ser enterrado cerca de los huesos de su esposa muerta y ruega a sus amigos que sean bondadosos con una antigua querida (no se olviden de Nell Gwynn Herpyllis) y que la dejen vivir en su villa.

—¿Usted quiere decir que murió así? —preguntó el señor Orden con ligera inquietud—. Quiero decir...

—Que murió muerto borracho —completó Buck Mulligan—. Una cuarta es plato de rey. ¡Oh, tengo que decirles lo que dijo Dowden!

—¿Qué? —preguntó Ordenglinton.

Guillermo Shakespeare y compañía, limitada. El Guillermo para todos. Por condiciones dirigirse a: E. Dowden. Highfield house...

—¡Encantador! —suspiro amorosamente Buck Mulligan—. Le pregunté qué pensaba del cargo de pederastia lanzado contra el bardo. Levantó las manos y dijo: *Todo lo que podemos decir es que la vida era muy cara en esos días.* ¡Encantador!

Sodomita.

—El sentido de la belleza nos lleva por mal camino —dijo el tristelindo Orden a Feoglinton.

El inmutable Juan contestó severo:

—El doctor puede decirnos lo que significan esas palabras. No se puede comer el pastel y conservarlo.

—¿Ah sí? ¿Nos arrebatarán, me arrebatarán, la palma de la belleza?

—Y el sentido de la propiedad —dijo Esteban—. Él sacó a Shylock de su propio largo bolsillo. Hijo de un traficante de malta y prestamista, era él mismo un comerciante de cereales y prestamista, que acaparó diez medidas de granos durante los motines del hambre. Sus prestatarios son sin duda esos buzos reverentes mencionados por Chettle Falstaff, quienes informaron acerca de su probidad en los negocios. Puso pleito a un compañero de escena por el precio de unas pocas bolsas de malta y exigió su libra de carne como interés por todo dinero prestado. ¿En qué otra forma podría haberse enriquecido rápidamente el palafrenero y mandadero de Aubrey? Todos los sucesos traían grano a su molino. Shylock concuerda con la persecución de judíos que siguió al ahorcamiento y descuartizamiento de López, el boticario de la reina, siendo arrancado su corazón de hebreo cuando el judío estaba todavía vivo: *Hamlet* y *Macbeth* coinciden con el advenimiento al trono de un filosofastro escocés con gran propensión al asado de brujos. La armada perdida es objeto de su burla en *Penas de Amor Perdidas*. Sus espectáculos históricos navegan a todo trapo sobre una corriente de entusiasmo Mafeking. Los jesuítas de *Warwickshire* son enjuiciados y tenemos así una teoría porteril del equívoco. El *Sea Venture* viene a casa desde las Bermudas y el drama que Renán admiró pone en escena a Patsy Caliban, nuestro primo americano. Los sonetos azucarados siguen a los de Sidney. Y en lo que se refiere al hada Elizabeth, dicho de otra manera la rojiza Bess, la tosca virgen que inspiró *Las alegres comadres de Windsor*, dejemos que algún meinherr de Alemania dedique toda su vida a buscar a tientas los profundos significados ocultos en la profundidad del cesto de la ropa sucia.

Me parece que vas muy bien. Haz ahora simplemente una mescolanza de teolológicofilolológico. *Mingo, minxi, minctum, mingere.*

—Demuestre que fué judío —desafió Juan Eglinton, a la expectativa—. Vuestro deán de estudios afirma que era un santo romano. *Sufflaminandus sum.*

—Fué made in Germany —contestó Esteban—, como el barnizador francés campeón de escándalos italianos.

—Un hombre de inteligencia múltiple —recordó el señor Orden—. Coleridge lo llamó de inteligencia múltiple.

Amplius. In societate humana hoc est maxime necessarium ut sit amicitis inter multos.

—Santo Tomás... —empezó Esteban.

—*Ora pro nabis* —gimió Monje Mulligan, dejándose caer en la silla. Allí agudizó una gemidora y lúgubre lamentación.

—Pogue mahome! Acushla machree! ¡Todo lo que somos es destruído desde este día! ¡Es destruído, podemos tener la seguridad!

Todos sonrieron sus sonrisas.

—Santo Tomás —Esteban, sonriendo, dijo—, cuyas panzonas obras me gusta leer en el original, escribiendo sobre el incesto desde un punto de vista diferente al de la nueva escuela vienesa de que habló el señor Magee, lo compara, en su forma sabia y curiosa, a una avaricia de las emociones. Él quiere decir que el amor, dado así a uno próximo por la sangre, frustra avariciosamente a algún extraño que, puede ser, tenga imperiosa necesidad de él. Los judíos, a quienes los cristianos acusan de avaricia, son, de todas las razas, los más inclinados a los matrimonios consanguíneos. Las acusaciones se lanzan en momentos de ira. Las leyes cristianas, que formaron los tesoros escondidos de los judíos (para quienes, como para los lollards, la tempestad era refugio), ligaron también sus afectos con anillos de acero. Si éstos son pecados o virtudes del viejo Tatanadie nos lo dirá en la orden del día del juicio final. Pero un hombre que se aferra tanto a lo que él llama sus derechos sobre lo que él llama sus deudas, también se aferrará en la misma forma a lo que él llama sus derechos sobre la que él llama su esposa. Ningún caballero sonrisa vecino codiciará su buey, o su esposa, o su críado, o su criada, o su jumento.

—O su jumenta —antifonó Buck Mulligan.

—El suave Will es tratado rudamente —dijo con dulzura el dulce señor Orden.

—¿Qué Will? —dijo con suavidad y con voz ahogada Buck Mulligan—. Nos estamos embarullando.

—La voluntad de vivir —filosofó Juan Eglinton— para la pobre Ana, la viuda de Will, es la voluntad para morir.

—¡Requiescat! —oró Buck Mulligan.

> ¿Qué hay de toda la voluntad de hacer?
> Se ha desvanecido hace mucho...

Aun cuando usted demuestre que una cama en esos días era tan rara como ahora un automóvil, y que sus tallas eran la maravilla de siete parroquias, la reina persuadida lo mismo yace en completa rigidez en esa cama de segundo orden. En la vejez se le da por los misioneros (uno paró en New Place y bebió un cuarto de galón de vino generoso que el pueblo pagó, pero en qué cama durmió conviene no preguntar) y supo que ella tenía un alma. Leyó o se hizo leer sus libros divulgadores, que prefería a *Las alegres comadres*, soltando sus aguas nocturnas en el orinal meditó en *Broches para los pantalones de creyentes* y *La caja de rapé más espiritual para hacer estornudar a las almas más devotas*. Venus ha torcido sus labios en la plegaria. Mordedura ancestral de lo inconsciente. Es una edad de exhausta prostitución buscando a tientas su dios.

—La historia demuestra que eso es verdad —inquit *Eglintonus Chronologos*—. Las edades se suceden unas a otras. Pero sabemos de fuente autorizada que los peores enemigos de un hombre han de ser aquellos de su propia casa y familia. Creo que Russell tiene razón. ¿Qué nos importan su esposa y su padre? Debería decir que solamente los poetas de familia tienen vidas de familia. Falstaff no era un hombre casero. Creo que el grueso caballero es su creación suprema.

Magro, se echó hacia atrás. Tímido, reniega de tu hermano, el único puro. Tímido cenando con los sin dios, birla la taza. Un progenitor de Ultonian Antrim se lo ordenó. Lo visita aquí en los días trimestrales. Señor Magee, señor, hay un caballero que quiere verlo. ¿A mí? Dice que es su padre, señor. Déme mi Wordsworth. Entra Magee Mor Matthew, un tosco patán desgreñado, andrajoso y con un bolsón abotonado, sus extremidades inferiores enlodadas con humus de diez florestas y una vara de planta silvestre en su mano.

¿El tuyo? Conoce a tu viejo. El viudo.

Apresurándose hacia su mísero cubil mortuorio desde el alegre París en la orilla del desembarcadero toqué su mano. La voz, inusitada ternura, hablando. El doctor Bob Kenny la está atendiendo. Los ojos que me quieren bien. Pero no me conocen.

—Un padre, luchando contra el desaliento —dijo Esteban—, es un mal necesario. Escribió el drama durante los meses que siguieron a la muerte de su padre. Si ustedes sostienen que él, un hombre encanecido, con dos hijas casaderas, con treinta y cinco años de vida, *nel mezzo del cammin di nostra vita*, con cincuenta de experiencia, es el estudiante imberbe aún no graduado de Wittemberg, entonces ustedes deben admitir que su madre de setenta es la reina lujuriosa. No. El cadáver de Juan Shakespeare no se pasea de noche. De hora en hora se pudre y se pudre. Él reposa, libre de paternidad, habiendo legado ese patrimonio místico a su hijo. Calandrino de Boccaccio fué el primero y último hombre que se sintió preñado. La paternidad, en el sentido del engendramiento consciente, es desconocida para el hombre. Es un patrimonio místico, una sucesión apostólica, del único engendrador al único engendrado. Sobre ese misterio, y no sobre la madona que el astuto intelecto italiano arrojó al populacho de Europa, está fundada la iglesia y fundada inmutablemente, porque fundada, como el mundo, macro y microcosmos, sobre el vacío. Sobre la incertidumbre, sobre la improbabilidad. *Amor matris* genitivo, subjetivo y objetivo, puede ser lo único cierto de esta vida. La paternidad puede ser una ficción legal. ¿Quién es el padre de hijo alguno que hijo alguno deba amarlo o él a hijo alguno?

¿Adónde demonios quieres ir a parar?

Yo sé. Cállate. ¡Maldito seas! Tengo mis razones.

Amplius. Adhuc. Iterum. Postea.

¿Estás condenado a hacer esto?

—Están separados por una vergüenza carnal tan categórica que los anales criminales del mundo, manchados con todos los incestos y bestialidades, apenas registran su brecha. Hijos con madres, padres con hijas, hermanas lesbianas, amores que no se atreven a decir su nombre, sobrinos con abuelas, presidiarios con ojos de cerraduras, reinas con toros premiados. El hijo no nacido aún daña la belleza: nacido trae dolor, divide el afecto, aumenta la zozobra. Es un varón: su crecimiento es la declinación de su padre, su juventud la envidia de su padre, su amigo el enemigo de su padre.

En la rue Monsieur-le-Prince lo pensé.

—¿Qué los une en la naturaleza? Un instante de ciego celo.

¿Soy padre yo? ¿Si lo fuera?

Encogida mano incierta.

Sabelio, el Africano, el más sutil heresiarca de todas las bestias del campo, afirmaba que el Padre era Él mismo Su Propio Hijo. El bulldog de Aquino, para quien palabra alguna será imposible, lo refuta. Bueno: si el padre que no tiene un hijo no es el padre, ¿puede el hijo que no tiene un padre ser un hijo? Cuando Rutlandbaconsouthamptonshakespeare u otro poeta del mismo nombre en la comedia de errores escribió *Hamlet* él no era simplemente el padre de su propio hijo, sino que, no siendo más un hijo, era y se sentía el padre de toda su raza, el padre de su propio abuelo, el padre de su nieto no nacido aún, quien, por la misma razón, nunca nació porque la naturaleza, como el señor Magee la entiende, detesta la perfección.

Los Eglintonojos, vivos de placer, miraron hacia arriba tímidamente brillantes. Mirando alegremente, un regocijado puritano, a través de la torcida eglantina.

Adula. Sutilmente. Pero adula.

—Él mismo su propio padre —Mulligan hijo se dijo—. Espera. Estoy preñado. Tengo un feto en el cerebro. ¡Palas Atenea! ¡Un drama! ¡El drama es lo que importa! ¡Déjenme parir!

Ciñó su panzuda frente con ambas manos para ayudar al parto.

—En lo que se refiere a su familia —dijo Esteban— el nombre de su madre vive en la floresta de Arden. Su fallecimiento le inspiró la escena con Volumnia en *Coriolanus*. La muerte de su hijo varón es la escena de la muerte del joven Arturo en *El Rey Juan*. Hamlet, el príncipe negro, es Hamnet Shakespeare. Quiénes son las niñas de *La tempestad*, de *Pericles*, de *Cuento de Invierno* lo sabemos. Quiénes son Cleopatra, marmita de Egipto, Cressida y Venus podemos adivinarlo. Pero hay otro miembro de la familia que está identificado.

—La trama se complica —dijo Juan Eglinton.

El bibliotecario cuáquero, temblando, entró en puntillas, tiembla su máscara, tiembla con prisa, tiembla graznando.

Puerta cerrada. Celda. Día.
Ellos escuchan. Tres. Ellos.
Yo tú él ellos.
Vamos, lío.

Esteban

Él tenía tres hermanos: Gilberto, Edmundo, Ricardo. En su vejez Gilberto contaba a algunos viejos palafreneros que el Maestro Colector le dió un pase gratis para la misa, mientras quel vió surmano Maestro Wall dramaturgo él en Landes en obra violenta co nunombre arriba su espalda. La salchicha del teatro llenó el alma de Gilberto. Él no está en ningún lado: pero un Edmundo y un Ricardo figuran en los trabajos del dulce William.

Mageelingjuan

¡Nombres! ¿Qué hay en un nombre?

Orden

Ése es mi nombre, Ricardo, sabes. Espero que digas una buena palabra sobre Ricardo, sabes, por mí.

(Risas.)

Buck Mulligan

(Piano, diminuendo.)

> Luego habló en alta voz el medicamentoso Dick
> a su camarada el medicamentoso Davy...

Esteban

En su trinidad de negros Wills el villano sacudesacos, Yago, Ricardo el contrahecho, Edmundo en *El Rey Lear*, hay dos que llevan los nombres de los malos tíos. No, ese último drama fué escrito o estaba escribiéndose mientras su hermano Edmundo se moría en Southwark.

Espero que Edmundo se dé cuenta. No quiero que Ricardo, mi nombre...

(Risas.)

Cuaquerolyster

(A tempo.) Pero el que me hurta mi buen nombre...

Esteban

(Stringendo.) Él ha escondido su nombre, un hermoso nombre, Guillermo, en los dramas: un partiquín aquí, un payaso allí, como pintor de la vieja Italia colocó su cara en un rincón oscuro de su tela. Lo ha revelado en los sonetos donde hay Will en exceso. Como a Juan O'Gaunt su nombre le es querido, tan querido como el escudo de armas para conseguir el mal adulara servilmente, sobre un sable encorvado una lanza o acerado argento honoraficabilitudinitatibus, más querido que su reputación de mayor sacudescena del país. ¿Qué hay en un nombre? Eso es lo que nos preguntamos en la infancia cuando escribimos el nombre que se nos ha dicho es nuestro. Una estrella, un lucero del alba, un meteoro se levantó en su nacimiento. Brillaba sólo de día en el firmamento, más brillante que Venus en la noche, y de noche brillaba sobre el delta de Casiopea, la constelación reclinada que es la rúbrica de su inicial entre las estrellas. Sus ojos la observaban, humillándose en el horizonte, hacia el este del oso, mientras caminaba por los dormidos campos de verano a medianoche, volviendo de Shottery y de los brazos de ella.

Ambos satisfechos. Yo también.

No les digas que tenía nueve años de edad cuando se extinguió.

Y de los brazos de ella.

Espera a ser cortejado y conquistado. ¡Ay, tonto! ¿Quién te cortejará?

Leamos los astros. *Autontimerumenos Bous Stephanoumenos.* ¿Dónde está su constelación? Esteban, Esteban, corta parejo el pan E. D.: *sua donna. Giá: di lui. Gelindo risolve, di non amar.* E. D.

—¿Qué es eso, señor Dedalus? —preguntó el bibliotecario cuáquero—. ¿Era un fenómeno celeste?

—Una estrella de noche —dijo Esteban— y de día una columna de nube.

¿De qué más hablar?

Esteban miró su sombrero, su bastón, sus zapatos.

Stephanos, mi corona. Mi espada. Sus zapatos están echando a perder la forma de mis pies. Compra un par. Agujeros en mis calcetines. Pañuelo también.

—Usted utiliza bien el nombre —admitió Juan Eglinton—. Su propio nombre es bastante extraño. Supongo que explica su fantástica imaginación.

Yo, Magee y Mulligan.

Fabuloso artífice el hombre halcón. Tú volaste. ¿Hacia dónde?

Newhaven-Dieppe, pasajero de proa. París y de vuelta. Avefría. Ícaro. *Pater, ait.* Salpicado de mar, caído, a la deriva. Avefría eres. Avefría él.

El señor Orden levantó con entusiasta calma su libro para decir:
—Eso es muy interesante porque ese tema del hermano, saben, lo encontramos también en los antiguos mitos irlandeses. Justamente lo que usted dice. Los tres hermanos Shakespeare. En Grimm también, saben, los cuentos de hadas. El tercer hermano que se casa con la bella durmiente y gana el mejor premio.

De primer orden entre los hermanos Orden. Orden, más orden, el mayor orden.

El bibliotecario cuáquero cojeó cerca.
—Me gustaría saber —dijo— cuál hermano usted... Entiendo que usted sugiere que hubo mala conducta en uno de los hermanos... ¿Pero quizá me estoy anticipando?

Se detuvo en el acto: miró a todos. Se abstuvo.

Un empleado llamó desde la puerta:
—¡Señor Lyster! El padre Dineen quiere...
—¡Oh! ¡El padre Dineen! En seguida.

Crujiendo rectamente vivamente rectamente rectamente se fué rectamente.

Juan Eglinton tomó el hilo.
—Vamos —dijo—. Oigamos lo que tiene que decir usted de Ricardo y Edmundo. ¿Los dejó para el último, verdad?

—Al pedirles a ustedes que recuerden a esos dos nobles parientes tío Ricardito y tío Edmundo —contestó Esteban— tengo la sensación de que estoy pidiendo demasiado tal vez. Un hermano se olvida tan fácilmente como un paraguas.

Avefría.

¿Dónde está tu hermano? Salón de boticarios. Mi piedra de afilar. Él, después Cranly, Mulligan: ahora éstos. Charla. Charla. Pero simula. Simula charlar. Se burlan para probarte. Simula. Sé simulado.

Avefría.

Estoy cansado de mi voz, la voz de Esaú. Mi reino por un trago.

Sigue.

—Ustedes dirán que esos nombres estaban ya en las crónicas de donde él tomó la materia prima de sus dramas. ¿Por qué tomó ésos con preferencia a otros? Ricardo, un ruin bastardo jorobado, hace el amor a una Ana en estado de viudez (¿qué significa un nombre?), la corteja y la conquista, una siniestra viuda alegre. Ricardo el conquistador, tercer hermano, vino después de Guillermo el conquistado. Los otros cuatro actos de ese drama cuelgan flojamente de ese primero. De todos sus reyes Ricardo es el único rey que no está protegido por la reverencia de Shakespeare, el ángel del mundo. ¿Por qué la intriga accesoria del *Rey Lear*, en la que figura Edmundo, es sacada de la *Arcadia* de Sidney y cuñada de una leyenda céltica más vieja que la historia?

—Ésa era la modalidad de Willy —defendió Juan Eglinton—. No mezclaríamos ahora una saga escandinava con el extracto de una novela de Jorge Meredith. *Que voulez vous?*, diría Moore. Él co-

185

loca a Bohemia a orillas del mar y hace que Ulises cite a Aristóteles.
—¿Por qué? —se contestó Esteban a sí mismo—. Porque el tema del hermano falso o usurpador o adúltero o los tres en uno es para Shakespeare lo que el pobre no es, siempre con él. La nota de destierro destierro del corazón, destierro del hogar, suena ininterrumpidamente desde *Los dos Gentileshombres de Verona* en adelante hasta que Próspero rompe su cayado, lo entierra unas brazas bajo tierra y ahoga su libro. Se dobla en la mitad de su vida, se refleja en otra, se repite, prótasis, epítasis, catástasis, catástrofe. Se repite nuevamente cuando él está cerca de la tumba, cuando su hija casada Susana, astilla de tal palo, es acusada de adulterio. Pero fué el pecado original el que oscureció su entendimiento, debilitó su voluntad y dejó en él una fuerte inclinación al mal. Las palabras son las de mis señores los obispos de Maynooth: un pecado original cometido, como el pecado original, por otro en cuyo pecado él también ha pecado. Está entre las líneas de sus últimas palabras escritas, está petrificado sobre la lápida de su sepulcro, bajo la cual los cuatro huesos de ella no han de ser depositados. La edad no lo ha debilitado. La belleza y la paz no lo han hecho desaparecer. Está con infinitas variantes por todas partes en el mundo que él ha creado, en *Mucho ruido para nada*, dos veces en *Como Gustéis*, en *La Tempestad*, en *Hamlet*, en *Medida por Medida* y en todos los otros dramas que no he leído.

Rió para librar su mente del cautiverio de su mente.

El juez Eglinton resumió.

—La verdad está a mitad de camino —afirmó—. Él es el espectro y el príncipe. Él es todo en todo.

—Lo es —dijo Esteban—. El muchacho del primer acto es el hombre maduro del acto quinto. Todo. En *Cymbelino*, en *Otelo* es rufián y cornudo. Actúa y es actuado. Amante de un ideal o una perversión como José; mata a la verdadera Carmen. Su intelecto despiadado es el desaforado Yago deseando incesantemente que el moro que está en él sufra.

—¡Cornú! ¡Cornú! —cloqueó lascivamente Buck Mulligan—. ¡Oh, palabra de temor!

La oscura bóveda recibió, refractó.

—¡Y qué carácter es Yago! —exclamó el impávido Juan Eglinton—. Cuando todo se ha dicho, Dumas *fils* (¿o es Dumas *père*?) tiene razón. Después de Dios, Shakespeare es el que más ha creado.

—El hombre no lo deleita ni la mujer tampoco —dijo Esteban—. Vuelve después de una vida de ausencia a ese lugar de la tierra donde ha nacido, donde ha estado siempre, hombre y muchacho, un testigo silencioso, y allí, terminado su viaje por la vida, planta su morera en la tierra. Entonces muere. El movimiento ha terminado. Los sepultureros entierran a Hamlet *père* y a Hamlet *fils*. Un rey y un príncipe por fin en la muerte, con música accidental. Y, aunque hayan asesinado o traicionado, son llorados por todos los corazones sensibles y tiernos, ya sean de Dinamarca o de Dublin, porque la pena por los muertos es el único esposo del que no quieren divorciarse. Si les gusta el epílogo considérenlo atentamente: el próspero Próspero, el buen hombre recompensado; Lizzie, copo de amor del abuelo y tío

Ricardito, el hombre malo llevado por la justicia poética al lugar donde van los negros malos. Telón formidable. Encontró como actual en el mundo exterior lo que en su mundo interior era posible. Maeterlinck dice: *Si Sócrates abre su puerta encontrará al sabio sentado en el escalón de su puerta. Si Judas sale esta noche sus pasos lo llevarán hacia Judas.* Cada vida es muchos días, día tras día. Caminamos a través de nosotros mismos, encontrando ladrones, espectros, gigantes, ancianos, jóvenes, esposas, viudas, hermanos en amor. Pero siempre encontrándonos a nosotros mismos. El dramaturgo que escribió el folio de este mundo y lo escribió con ganas (él nos dió primero la luz y el sol dos días después), el señor de las cosas tal como ellas son, a quien los más romanos de los católicos llaman *dio boia*, dios verdugo, es indudablemente todo en todo en todos nosotros, palafrenero y carnicero; y sería rufián y cornudo también si no fuera porque en la economía del cielo, pronosticada por Hamlet, no hay más matrimonios, hombre glorificado, un ángel andrógino, siendo una esposa para sí mismo.

—¡*Eureka!* —gritó Buck Mulligan—. ¡Eureka!

Súbitamente regocijado pegó un salto y llegó de una zancada al escritorio de Juan Eglinton.

—¿Me permite? —dijo—. El Señor ha hablado a Malaquías.

Empezó a escribir de prisa sobre una ficha.

Se puso a garrapatear sobre una ficha.

Llevar algunas fichas del mostrador al salir.

—Los que están cansados —dijo el señor Orden, heraldo de dulzura—, todos menos uno, vivirán. El resto se quedará como está.

Se rió, soltero, de Eglinton Johannes, de artes bachiller.

Sin compañera, sin halagos, a salvo de la astucia, estudia cada uno de ellos, noche a noche, su edición variorum de *La Doma de la Bravía*.

—Usted es una decepción —dijo redondamente Juan Eglinton a Esteban—. Nos ha conducido hasta aquí para mostrarnos un triángulo francés. ¿Cree usted en su propia teoría?

—No —dijo Esteban sin hesitación.

—¿Y la va a escribir? —preguntó el señor Orden—. Tendría que hacerla en forma de diálogo, sabe, como los diálogos platónicos que escribió Wilde.

Juan Eclecticon sonrió doblemente.

—Bueno, en ese caso —dijo— no veo por qué ha de esperar usted que le paguen por ello desde que usted mismo no lo cree. Dowden piensa que hay algún misterio en *Hamlet*, pero no quiere decir nada más. Herr Bleibtreu, el hombre que Piper encontró en Berlín, que está trabajando esa teoría de Ruthland, cree que el secreto está escondido en el monumento de Stratford. Se va a presentar al duque actual, dice Piper, para demostrarle que su antecesor es quien escribió los dramas. Resultará una sorpresa para su gracia. Pero él cree en su teoría.

Yo creo, ¡oh, Señor!, ayuda a mi incredulidad. Es decir, ayúdame a creer o ayúdame a no creer. ¿Quién ayuda a creer? *Egomen*. ¿Quién a no creer? El otro tipo.

—Usted es el único colaborador de *Dana* que pide piezas de plata.

No sé nada acerca del próximo número. Fred Ryan quiere espacio para un artículo sobre economía política.

Fredriano. Dos piezas de plata me prestó. Para pasar el mal trago. Economía política.

—Puede publicar esa charla por una guinea —dijo Esteban.

Buck Mulligan se levantó de donde había estado riendo, garrapateando, riendo, y entonces dijo gravemente, cubriendo de miel la malicia:

—Hice una visita al bardo Kinch en su residencia de verano en lo alto de la calle Mecklenburh y lo encontré abismado en el estudio de la *Summa contra Gentiles* acompañado de dos damas gonorreicas, la fresca Nelly y Rosalía, la prostituta del muelle del carbón.

Se zafó.

—Vamos, Kinch. Vamos, errante Ængus de los pájaros.

Vamos, Kinch, has comido todo lo que dejamos. ¡Ay! Te serviré tus sobras y asaduras.

Esteban se puso de pie.

La vida es muchos días. Esto terminará.

—Nos veremos esta noche —dijo Juan Eglinton—. *Notre ami* Moore dice que Malaquías Mulligan tiene que estar allí.

Buck Mulligan ondeó su ficha y su panamá.

—Monsieur Moore —dijo—, conferenciante de French letters a la juventud de Irlanda. Estaré allí. Vamos, Kinch, los bardos tienen que beber. ¿Puedes caminar derecho?

Riendo él...

Borrachera hasta las once. Entretenimiento de las noches irlandesas.

Gordinflón...

Esteban siguió a un gordinflón...

Un día en la Biblioteca Nacional tuvimos una discusión. Shakes. Seguí detrás de su gorda espalda. Lo fastidio.

Esteban, saludando, súbitamente abatido después, siguió a un bufón gordinflón, una cabeza bien peinada, recién afeitada, saliendo de la celda abovedada a una tumultuosa luz sin pensamientos.

¿Qué he aprendido? ¿De ellos? ¿De mí?

Camina como Haines ahora.

La sala de los asiduos lectores. En el libro de lectores Cashel Boyle O'Connor Fitzmaurice Tisdall Farrell rubrica sus polisílabos. Item: ¿estaba loco Hamlet? La piadosa zabeca del cuáquero charlalibros sacerdotal.

—¡Oh, por favor, hágalo, señor!... Será para mí una gran satisfacción.

El divertido Buck Mulligan meditó en agradable murmullo consigo mismo, asintiéndose a sí mismo con la cabeza:

—Un trasero satisfecho.

El torniquete.

¿Es eso?... Sombrero con cinta azul... Escribiendo perezosamente... ¿Qué?... ¿Miró?...

La curvada balaustrada; Mincius suavedeslizante.

Buck Mulligan, panamáyelmado, fué paso a paso, yambeando, canturreando:

> *Juan Eglinton, mi jua, Juan,*
> *¿Por qué no quieres mojar esposa?*

Barboteó al aire:
—¡Oh, el chino sin chiva!
—¡Oh, el chino Cin Chon Eg Lin Ton Sin Men Ton!
Fuimos a su teatro en miniatura, Haines y yo, el salón de los plomeros. Nuestros actores están creando un nuevo arte para Europa como los griegos o M. Maeterlinck. ¡Teatro de la Abadía! Huelo el sudor público de monjes.
Escupió en blanco.
Me olvidé: él también olvidó la paliza que la sucia Lucía piojosa le dió. Y dejó la *femme de trente ans*. ¿Y por qué no nacieron otros hijos? ¿Y por qué el primer hijo una niña?
Ingenio tardío. Vuelve.
El obtuso recluso está todavía (tiene su pastel) y el pequeñuelo *douce*, favorito de placer, hermoso cabello rubio de Fedón apropiado para juguetear.
¡Eh!... Soy yo que... sólo quería... me olvidé... él.
Buck Mulligan caminaba diestramente, gorjeando:

> *Siempre que escucho en algún lugar*
> *Palabras que alguien dice al pasar*
> *Mis pensamientos rápidos son*
> *Para F. Curdy Eme Atkinson;*
> *Personaje de pata de madera*
> *Vistiendo escocesa pollera,*
> *Cuya sed jamás termina*
> *Magee de barba mezquina*
> *Que, miedoso de casarse,*
> *ha optado por masturbarse.*

Sigue la burla. Conócete a ti mismo.
Detenido debajo de mí, un guaso me observa. Yo me detengo.
—Máscara fúnebre —gimió Buck Mulligan—. Synge ha dejado de usar negro para ser como la naturaleza. Solamente los cuervos, los curas y el carbón inglés son negros.
Una risa bailaba sobre sus labios.
—Longworth está muy enfermo —dijo— después de lo que escribiste acerca de esa vieja merluza de Gregory. ¡Oh, tú, inquisitorial judío jesuíta borracho! Ella te consigue un empleo en el diario y luego tú vas y le buscas los pelos en la leche. ¿No podías haber procedido a la manera de Yeats?
Siguió hacia adelante y hacia abajo, gesticulando, salmodiando y balanceando sus brazos graciosamente.
—El libro más hermoso que ha salido de mi país en mis tiempos. Uno piensa en Homero.
Se detuvo al pie de la escalera.
—He concebido un drama para las máscaras —dijo solemnemente.
El vestíbulo de columnas moriscas, sombras entrelazadas. Terminada la danza morisca de los nueve hombres con bonetes de índices.

Con una voz dulcemente modulante Buck Mulligan leyó su tablilla:

Todo hombre su propia esposa
o
Una luna de miel en la mano
(una inmoralidad nacional en tres orgasmos)
por
Huevoso Mulligan

Dirigió hacia Esteban una sonrisa estúpida de remiendo feliz, diciendo:
—El disfraz, me temo, es escaso. Pero escucha.
Leyó, *marcato*:
—Personajes.

Toby Tostoff (un polaco arruinado)
Cangrejo (un guardaarbusto)
Medicamentoso Dick
    y   (dos pájaros de una pedrada)
Medicamentoso Davy
Madre Grogan (una aguatera)
Nelly Frescura
    y
Rosalía (la prostituta del muelle del carbón)

Se rió, balanceando una cabeza de pelele, caminando, seguido de Esteban: y alegremente increpó a las sombras, almas de hombres:
—¡Oh!, la noche en el salón Camden, en que las hijas de Erín tuvieron que levantar sus polleras para pasarte encima mientras yacías en tu vómito color de mora, multicolor, multitudinario!
—El más inocente hijo de Erín —dijo Esteban— para quien jamás se las hubieran levantado.
Al ir a pasar por la puerta, sintiendo a uno detrás, se hizo a un lado.
Vete. Ahora es el momento. ¿Adónde pues? Si Sócrates deja su casa hoy, si Judas sale esta noche. ¿Qué importa? Está en el espacio eso a que llegado el momento he de llegar, ineluctablemente.
Mi voluntad: su voluntad que me enfrenta. Mares en medio.
Un hombre pasó saliendo entre ellos, inclinándose, saludando.
—Buen día nuevamente —dijo Buck Mulligan.
El pórtico.
Aquí observé los pájaros buscando el augurio Engus de los pájaros. Van, vienen. Anoche volé. Volé fácilmente. Los hombres se maravillaban. Después la calle de las rameras. Me alargó un melón cremoso. Entra. Verás.
—El judío errante —susurró Buck Mulligan con pavor de payaso—. ¿Viste sus ojos? Te miró con apetito. Te temo, viejo marinero. ¡Oh!, Kinch, estás en peligro. Consíguete un protector de bragueta.

Manera de Bueyesford.

Día. La carretilla del Sol sobre el arco del puente.

Una espalda oscura pasó delante de ellos. Paso de un leopardo que desciende, que sale por el portón bajo púas de rastrillo.

Ellos siguieron.

Oféndeme todavía. Sigue hablando.

Los ángulos de las casas se definían en el aire amable de Kildare Street. Nada de pájaros. De los tejados ascendían dos penachos de humo desplumándose en el soplo suave de una ráfaga.

Deja de pelear. Paz de los sacerdotes druidas de Cymbeline, hierofántico; de la amplia tierra un altar.

Loemos a los dioses
Y que las retorcidas volutas de nuestro incienso lleguen a ellos
Desde nuestros benditos altares.

El superior, el muy reverendo Juan Conmee S. J., volvió a colocar su pulido reloj en un bolsillo interior mientras bajaba los escalones del presbiterio. Tres menos cinco. Justamente el tiempo suficiente para ir hasta Artane caminando. ¿Cómo es que se llamaba ese muchacho? Dignam, sí. *Very dignum et justum est.* Debo ver al hermano Swan. La carta del señor Cunningham. Sí. Obligarlo, si es posible. Buen católico de acción: útil en momentos de misión.

Un marinero de una pierna, que avanzaba balanceándose a perezosas sacudidas de sus muletas, gruñó algunas notas. Se detuvo con una sacudida delante del convento de las hermanas de caridad y alargó su gorra puntiaguda de limosnero hacia el muy reverendo Juan Conmee S. J. El padre Conmee lo bendijo en el sol porque sabía que su cartera no guardaba más que una corona de plata.

El padre Conmee cruzó hacia Mountjoy Square. Pensó, pero no por mucho rato, en soldados y marineros, cuyas piernas habían sido arrancadas por balas de cañón y que terminaban sus días en algún asilo de pobres, y en las palabras del cardenal Wolsey: *Si hubiera servido a mi Dios como he servido a mi rey Él no me habría abandonado en la vejez.* Caminó a la sombra de árboles de hojas parpadeantes de sol y avanzó a su encuentro la esposa del señor David Sheehy, miembro del Parlamento.

—Muy bien, por cierto, padre. ¿Y usted, padre?

El padre Conmee estaba maravillosamente bien por cierto. Probablemente iría a tomar los baños a Buxton. ¿Y a sus chicos les iba bien en Belvedere? ¿De veras? El padre Conmee estaba de veras contento de saberlo. ¿Y el señor Sheehy? Todavía en Londres. Las sesiones de la Cámara todavía seguían, claro que sí. Hermoso tiempo, realmente delicioso. Sí, era muy probable que el padre Bernard Vaughan volviera otra vez a predicar. ¡Oh, sí: un éxito muy grande! Un hombre a la verdad maravilloso.

El padre Conmee estaba muy contento de ver que la esposa del señor David Sheehy, miembro del Parlamento, se hallaba tan bien y le rogaba trasmitiera sus saludos al señor David Sheehy, M. P. Sí, ciertamente que los visitaría.

—Buenas tardes, señora Sheehy.

El padre Conmee se quitó el sombrero de copa, al retirarse saludando las cuentas de azabache de la mantilla de ella brillando como tinta en el sol. Y volvió a sonreír todavía al irse. Se había limpiado los dientes, recordó, con pasta de fruto de areca.

El padre Conmee caminaba y, caminando, sonreía, porque pensaba en los ojos picarescos del padre Bernardo Vaughan y en su voz de londinense arrabalero.

—¡Pilatos! ¿Por qué no sosiegas a esa manga de atorrantes bochincheros?

Un hombre celoso, sin embargo. Sin ningún género de duda. Y por cierto que hacía mucho bien a su manera. Sin ninguna duda. Amaba a Irlanda, decía, y amaba a los irlandeses. Y con todo de buena familia, ¿quién diría? Creo que de galeses, ¿verdad?

¡Oh, no vaya a olvidarse! Esa carta al padre provincial.

El padre Conmee detuvo a tres pequeños chicos de escuela en la esquina de la cuadra de Mountjoy Square. Sí: ellos eran del Belvedere. La casita: ¡ahá! ¿Y eran buenos chicos en la escuela? ¡Oh!, pero muy bien. ¿Y cómo se llamaba? Jack Sohan. ¿Y él? Ger. Gallher. ¿Y el otro hombrecito? Su nombre era Brunny Lynam. ¡Oh!, ése era un lindo lindo nombre.

El padre Conmee sacó una carta de su pecho que entregó al amigo Brunny Lynam y señaló el buzón rojo en la esquina de la calle Fitzgibbon.

—Pero ten cuidado de no echarte tú también en el buzón, hombrecito —dijo.

Los chicos seisojearon al padre Conmee y se rieron.

—¡Oh, señor!

—Bueno, a ver si sabes echar una carta —agregó el padre Conmee.

El amigo Brunny Lynam cruzó la calle y metió la carta del padre Conmee al padre provincial en la boca del lustroso buzón rojo. El padre Conmee sonrió, le hizo una inclinación de cabeza, sonrió de nuevo y se fué por Mountjoy Square al este.

Mr. Denis J. Maginni, profesor de baile, etc., con sombrero de copa, levita pizarra con reversos de seda, corbata blanca de lazo, pantalones ajustados color lavanda, guantes color patito y zapatos puntiagudos de charol, caminando con grave porte tomó con sumo respeto por el cordón de la vereda cuando pasó al lado de lady Maxwell en la esquina de Dignam's Court.

¿No era ésa la señora M'Guinness?

La señora M'Guinness, imponente bajo su cabellera de plata, hizo una inclinación de cabeza al padre Conmee desde la vereda de enfrente por la cual se desplazaba. Y el padre Conmee sonrió y saludó. ¿Cómo le iba a ella?

Hermosa carrocería tenía ella. Algo así como María, reina de los escoceses. Y pensar que era una usurera. ¡Bueno! Con un aire tan... ¿cómo tendría que decir?... tan propio de una reina.

El padre Conmee bajó por Great Charles Street y echó un vistazo a la cerrada iglesia protestante a su izquierda. El reverendo T. R. Greene, de la Academia Británica, hablará (Dios mediante). Lo llamaban el benevolente. Él sentía que era benevolente de su parte decir unas pocas palabras. Pero hay que ser caritativo. Invencible ignorancia. Ellos procedían de acuerdo con sus luces.

El padre Conmee dió vuelta a la esquina y siguió a lo largo del North Circular Road. Era extraño que no hubiera una línea de tranvías en una vía tan importante como ésa. Seguramente que tendría que haber.

Una pandilla de escolares con sus valijas cruzó de Richmond Street. Todos levantaron desaliñadas gorras. El Padre los saludó benignamente más de una vez. Los muchachos del hermano cristiano.

El padre Conmee olió incienso a su derecha mientras andaba. Iglesia de San José, Portland Row. Para viejas y virtuosas damas. El padre Conmee levantó su sombrero al Santo Sacramento. Virtuosas: pero ocasionalmente también destempladas.

Cerca de la casa Aldborough el padre Conmee pensó en ese noble manirroto. Ahora era una oficina o algo así.

El padre Conmee tomó por North Strand Road y fué saludado por el señor Guillermo Gallagher que estaba en la puerta de su comercio. El padre Conmee saludó al señor Guillermo Gallagher y percibió los olores que salían de los cuartos de cerdo y amplias pellas de manteca. Pasó por lo de Grogan, el cigarrero, y allí vió las pizarras de noticias que daban cuenta de la espantosa catástrofe de Nueva York. En América esas cosas estaban sucediendo continuamente. Desdichada gente morir así, sin estar preparada. Sin embargo, un acto de contrición perfecta.

El padre Conmee pasó por la cantina de Daniel Bergin, contra cuya vidriera dos desocupados holgazaneaban. Lo saludaron y fueron saludados.

El padre Conmee pasó por el establecimiento fúnebre donde Corny Kelleher sumaba números en el libro diario mientras mordisqueaba una brizna de heno. Un alguacil de ronda saludó al padre Conmee y el padre Conmee saludó al alguacil. En lo de Youkstetter el chanchero, el padre Conmee observó los embutidos de cerdo, blancos y negros y rojos, primorosamente enroscados en ellos mismos.

Amarrados bajo los árboles de Charleville Mall el padre Conmee vió una barcaza de turba, un caballo de remolque con la cabeza colgante, un lanchero con un sucio sombrero de paja sentado en medio del navío, fumando y mirando fijo una rama de álamo encima de él. Era idílico: y el padre Conmee reflexionó sobre la providencia del Creador que había hecho que la turba estuviera en los pantanos, donde los hombres podían desenterrarla y distribuirla en ciudades y aldeas para encender fuego en las casas de la gente pobre.

En el puente de Newcomen, el muy reverendo Juan Conmee S. J. de la iglesia de san Francisco Javier, Upper Gardiner Street, ascendió a un tranvía que salía.

De un tranvía que llegaba, descendió el reverendo Nicholas. Duddley, C. C., de la iglesia de santa Ágata, North William Street, hacia el puente Newcomen.

El padre Conmee subió a un tranvía en el puente Newcomen porque le desagradaba recorrer a pie el sucio camino que pasaba por Mud Island.

El padre Conmee se sentó en un rincón del tranvía, un boleto azul metido con cuidado en el ojal de un regordete guante de cabritilla, mientras cuatro chelines un seis peniques y cinco peniques se deslizaban de su otra regordeta palma enguantada, por el tobogán de su portamonedas. Pasando la iglesia de la hiedra reflexionó que el inspector de boletos por lo general hacía su visita cuando uno había tirado descuidadamente el boleto. La solemnidad de los ocupantes del coche pareció excesiva al padre Conmee para un viaje tan corto y tan barato. Al padre Conmee le gustaba la jovialidad con decorum.

Era un día tranquilo. El caballero de anteojos que estaba frente al padre Conmee había terminado de explicar y bajó la vista. Su esposa, supuso el padre Conmee. Un bostezo diminuto abrió la boca de la esposa del caballero de anteojos. Ella levantó su pequeño puño enguantado, bostezó muy muy suavemente, dando golpecitos con su pequeño puño enguantado sobre su boca abierta y sonrió casi nada dulcemente.

El padre Conmee percibió su perfume en el coche. Percibió también que el hombre sentado al lado de ella estaba torpemente desacomodado al borde del asiento.

El padre Conmee en la baranda delante del altar colocaba con dificultad la hostia en la boca del torpe anciano de vacilante cabeza.

En el puente Annesley el tranvía se detuvo, y cuando estaba por arrancar, una mujer anciana se levantó de repente de su lugar para apearse. El guarda tiró del cordón de la campanilla para hacer detener el coche para ella. Ella salió con su canasta y una red de mercado y el padre Conmee vió al guarda ayudarla a bajar con la red y la canasta; y el padre Conmee pensó que, como ella había pasado casi el término del pasaje de un penique, era una de esas buenas almas a quienes había que decirles siempre dos veces: *Dios te bendiga, hija mía*, que habían sido absueltas, *ruega por mí*. Pero ellas tienen tantas preocupaciones en la vida, tantas inquietudes, pobres criaturas.

Desde el aviso de los cercos provisorios el señor Eugenio Stratton sonrió con gruesos labios de negro al padre Conmee.

El padre Conmee pensó en las almas de los hombres negros y marrones y amarillos y en su sermón sobre san Pedro Clavero S. J., y las misiones africanas y en la propagación de la fe y en los millones de almas negras y marrones y amarillas que no habían recibido el bautismo del agua cuando llegó su última hora como un ladrón en la noche. Ese libro por el jesuíta belga, *Le Nombre des Elus*, parecía al padre Conmee una tesis razonable. Esas eran millones de almas creadas por Dios a su Propia Semejanza a quienes no se había revelado (Dios mediante) la fe. Pero eran almas de Dios creadas por Dios. Le parecía una lástima al padre Conmee que todas hubieran de perderse, un despilfarro, si uno pudiera decirlo.

En la parada del Howth Road el padre Conmee se apeó, fué saludado por el guarda y saludó a su vez.

La calle Malahide estaba tranquila. Le gustaban al padre Conmee la calle y el nombre. Las alegres campanas repicaban en la alegre calle Malahide. Lord Talbot de Malahide lord almirante hereditario de Malahide y las aguas circundantes. Entonces vino el llamado a las armas y ella fué doncella, esposa y viuda en un mismo día. Esos eran grandes días de antaño, la vida alegre y leal en las limpias ciudades, viejos tiempos de los Barones.

El padre Conmee, caminando, pensó en su librito *La baronía en los viejos tiempos* y en el libro que podría escribirse acerca de las casas jesuítas y en María Rochfort, hija de lord Molesworth, primera condesa de Belvedere.

Una dama apática, perdida la juventud, recorría solitaria la orilla del lago Ennel. María, primera condesa de Belvedere, paseando apáticamente en la tarde, sin sobresaltarse cuando se zambullía una nutria. ¿Quién podría saber la verdad? Ni el celoso lord Belvedere ni su confesor si ella no había consumado plenamente el adulterio, *eiaculatio seminis inter vas naturale mulieris* ¿con el hermano de su esposo? Ella no se confesaría sino a medias al no haber pecado del todo como hacen las mujeres. Solamente Dios sabía y ella y él, el hermano de su esposo.

El padre Conmee pensó en esa tiránica incontinencia, necesaria sin embargo para perpetuar la especie de los hombres sobre la tierra y en los caminos de Dios, que no son nuestros caminos.

Don Juan Conmee caminaba y se movía en tiempos de antaño. Era humanitario y honrado allí. Llevaba en su memoria los secretos confesados y sonreía a nobles rostros sonrientes en una sala de piso transparente de cera de abejas, con cielo raso de amplios racimos de fruta madura. Y las manos de una novia y de un novio, de noble a noble, eran juntadas por don Juan Conmee, palma contra palma.

Era un día encantador.

La tranquera de un campo mostró al padre Conmee extensiones de repollos haciéndole reverencias con sus anchas hojas inferiores. El cielo le mostró una manada de pequeñas nubes blancas bajando lentamente con el viento. *Moutonner*, decían los franceses. Una palabra vulgar y exacta.

El padre Conmee, recitando su oficio, observó un rebaño de nubes aborregadas sobre Rathcoffey. En sus tobillos de delgados calcetines hacían cosquillas los rastrojos del campo Clongowes. Él caminaba por allí, leyendo su breviario en la tarde, entre los gritos de los equipos que jugaban, gritos jóvenes en la tarde tranquila. Él era su rector, su reino era manso.

El padre Conmee se quitó los guantes y sacó su breviario de cantos rojos. Un señalador de marfil le indicó la página.

Nona. Tendría que haber leído eso antes de almorzar. Pero había venido lady Maxwell.

El padre Conmee leyó en secreto el *Pater* y el *Ave* y se hizo la señal de la cruz en el pecho. *Deus in adiutorium*.

Caminaba con calma, leyendo las nonas en silencio, andando y leyendo hasta que llegó a Res en *Beati immaculati: Principium verborum tuorum veritas: in eternum omnia iudicia iustitiæ tuæ.*

Un sonrojado joven salió de una abertura del seto y detrás de él salió una joven con cabeceantes margaritas silvestres en la mano. El joven levantó su gorra con precipitación: la joven se inclinó bruscamente y con lenta precaución despegó de su pollera clara una ramita adherida.

El padre Conmee los bendijo a ambos gravemente y dió vuelta una delgada página de su breviario. *"Sin: Principes persecuti sunt me gra-*

tis: et a verbis tuis formidavit cor meum".

☆

Corny Kelleher cerró su largo libro diario y lanzó una mirada con sus ojos caídos a una tapa de ataúd de pino que montaba la guardia en un rincón. Se enderezó, se dirigió hacia ella, y haciéndola girar sobre su eje, contempló su forma y accesorios de bronce. Mordisqueando su brizna de heno dejó la tapa de ataúd y se dirigió a la puerta. Allí ladeó el ala de su sombrero para dar sombra a sus ojos y se apoyó contra el marco de la puerta, mirando afuera perezosamente.

El padre Juan Conmee subió al tranvía de Dolymount en el puente Newcomen.

Corny Kelleher cruzó sus grandes zapatos y clavó la mirada, su sombrero ladeado hacia abajo, mordisqueando su brizna de heno.

El alguacil 57C, de ronda, se detuvo para matar el tiempo.

—Lindo día, señor Kelleher.

—¡Ahá! —dijo Corny Kelleher.

—Está un poco pesado —dijo el alguacil.

Corny Kelleher escupió un silencioso chorro de jugo arqueado de su boca, mientras un generoso brazo·blanco arrojaba una moneda desde una ventana de la calle Eccles.

—¿Qué hay de nuevo? —preguntó.

—He visto a cierta persona de particular anoche —dijo el alguacil bajando la voz.

☆

Un marinero de una pierna se deslizó sobre sus muletas por la esquina de MacConnel, costeó el carro de helados de Rabaiotti y se lanzó a saltos por la calle Eccles. Gruñó agresivamente hacia Larry O'Rourke, en mangas de camisa en su puerta.

—*Para Inglaterra*...

Se lanzó violentamente hacia adelante, pasando a Katey y Boody Dedalus, se detuvo y gruñó:

—*Hogar y belleza.*

El blanco rostro preocupado de J. J. O'Molloy fué informado de que el señor Lambert estaba en el almacén con un visitante.

Una robusta dama se detuvo, sacó una moneda de cobre de su monedero y la dejó caer en la gorra tendida hacia ella. El marinero refunfuñó las gracias y lanzó una agria mirada hacia las ventanas indiferentes, hundió la cabeza y se balanceó cuatro zancadas hacia adelante.

Se detuvo y gruñó coléricamente:

—*Para Inglaterra*...

Dos pilletes descalzos, chupando largos cordones de regaliz, se detuvieron cerca de él contemplando su muñón con las bocas babeadas de amarillo abiertas.

Él se abalanzó hacia adelante en vigorosas sacudidas, se detuvo, le-

vantó la cabeza hacia una ventana y aulló roncamente:
—*Hogar y belleza.*
El dulce silbido alegre y gorjeador de adentro siguió uno o dos compases, cesó. La cortina de la ventana se corrió a un costado. Una tarjeta *Departamentos sin amueblar* resbaló del marco de la ventana y cayó. Un brazo desnudo rollizo y generoso brilló, saliendo extendido desde un blanco corpiño y tensos breteles de enagua. Una mano de mujer arrojó una moneda por entre las rejas del patio. Cayó en la vereda.
Uno de los pilletes corrió hacia la moneda, la levantó y la dejó caer en la gorra del trovador, diciendo:
—Aquí está, señor.

☆

Katey y Boody Dedalus empujaron la puerta de la sofocante cocina llena de vapor.
—¿Colocaste los libros? —preguntó Boody.
Maggy en el fogón apisonó dos veces con un palo una masa pardusca bajo burbujeante espuma y se enjugó la frente.
—No quisieron dar nada por ellos —dijo.
El padre Conmee atravesaba los campos de Conglowes, mientras los rastrojos le hacían cosquillas en los tobillos cubiertos de delgados calcetines.
—¿Dónde probaste? —preguntó Boody.
—En lo de M'Guinness.
Boody dió un golpe con el pie y arrojó su cartera de colegial sobre la mesa.
—¡Que su grasa lo ahogue! —gritó.
Katey fué hacia el fogón y husmeó con ojos bizcos.
—¿Qué hay en la olla? —preguntó.
—Camisas —dijo Maggy.
Boody gritó coléricamente:
—¡Bolsa de trapos! ¿No tenemos nada para comer?
Katey, levantando la tapa de la olla con un extremo de su sucia pollera, preguntó:
—¿Y aquí qué hay?
Un vapor pesado se exhaló como respuesta.
—Sopa de arvejas —dijo Maggy.
—¿Dónde la conseguiste? —preguntó Katey.
—La Hermana María Patricia —dijo Maggy.
El gritón hizo sonar su campanilla:
—¡Barang!
Boody se sentó a la mesa y dijo con hambre:
—¡Sírvenos!
Maggy vertió espesa sopa amarilla de la olla a un tazón. Katey, sentada del lado opuesto a Boody, dijo muy quieta mientras con la punta del dedo se llevaba a la boca algunas migas olvidadas:
—Menos mal que tenemos esto. ¿Dónde está Dilly?
—Fué a buscar a papá —dijo Maggy.

Boody, rompiendo grandes pedazos de pan y metiéndolos en la sopa amarilla, agregó:
—Padre nuestro que no estás en los cielos.
Maggy, vertiendo sopa amarilla en el tazón de Katey, exclamó:
—¡Boody! ¡Qué vergüenza!
Elías, esquife, ligero billete arrugado, viene bajando por el Liffey, pasa bajo el puente Loopline golpeando en los remolinos que forma el agua al rebullir alrededor de los pilares, y navega hacia el este, pasando cascos y cadenas de anclas, entre el desembarcadero de la Aduana y el muelle de Jorge.

☆

La chica rubia de Thornton hizo un lecho de crujientes fibras en la canasta de mimbre. Blazes Boylan le alcanzó la botella fajada en papel de seda rosa y un pequeño pote.
—Ponga esto primero, ¿quiere? —dijo.
—Sí, señor —respondió la chica rubia—, y la fruta arriba de todo.
—Así estará bien, listo —dijo Blazes Boylan.
Ella acondicionó diestramente las gordas peras, una hacia arriba, otra hacia abajo, y entre ellas maduros duraznos de rostros ruborosos.
Blazes Boylan calzando zapatos marrones nuevos caminaba por aquí y por allá en el negocio oloroso de fruta, palpando rojos tomates carnosos, rollizos y jugosamente acanalados, olfateando olores.
H. E. L. Y'S en fila delante de él, de altos sombreros blancos pasaban Tangier Lane, afanándose hacia su meta.
Se dió vuelta de pronto desde un montoncito de frutillas, sacó un reloj de oro de su faltriquera y lo sostuvo en el extremo de la cadena.
—¿Puede mandarlos con el tranvía? ¿Ahora?
Una figura de oscuras espaldas bajo el arco de Merchant examinaba libros en el carro del buhonero.
—Con mucho gusto, señor. ¿Es en la ciudad?
—¡Oh, sí! —dijo Blazes Boylan—. A diez minutos de aquí.
La chica rubia le alcanzó anotador y lápiz.
—¿Quiere escribir la dirección, señor?
Blazes Boylan escribió sobre el mostrador y empujó el anotador hacia ella.
—Mándelo en seguida, ¿quiere? —dijo—. Es para un inválido.
—Sí, señor. Cómo no, señor.
Blazes Boylan hizo sonar alegre dinero en el bolsillo de su pantalón.
—¿Cuántos son los daños y perjuicios? —preguntó.
Blazes Boylan miró dentro del escote de su blusa. Una pollita. Tomó un clavel rojo del alto florero de vidrio.
—¿Éste es para mí? —preguntó galantemente.
La chica rubia lo miró de soslayo, se enderezó indiferente, la corbata de él un poco torcida, sonrojándose.
—Sí, señor —dijo.
Inclinándose arqueadamente volvió a contar las gordas peras y los pudibundos duraznos.
Blazes Boylan miró dentro de su blusa con mayor decisión, el pe-

dúnculo de la flor roja entre sus dientes sonrientes.
— ¿Puedo decirle una palabra a su teléfono, niña? —preguntó traviesamente.

— *Ma!* —dijo Almidano Artifoni.
Miró por encima del hombro de Esteban a la cabeza nudosa de Goldsmith.
Dos coches llenos de turistas pasaron lentamente, sus mujeres sentadas en la parte delantera, afirmándose francamente a los pasamanos. Caras pálidas. Los brazos de los hombres pasando sin falso pudor alrededor de sus formas raquíticas. Sus ojos iban desde el Trinity al ciego pórtico de columnatas del banco de Irlanda donde las palomas zureaban rucuucuuu.
— *Anch'io ho avuto di queste idee* —dijo Almidano Artifoni— *quan'ero giovine come Lei. Eppoi mi sono convinto che el mondo é una bestia. E peccato. Perché la sua voce... sarebbe un cespite di rendita, via. Invece, Lei si sacrifica.*
— *Sacrifizio incruento* —exclamó Esteban sonriendo, blandiendo su garrote de fresno en lento bamboleo desde el medio, levemente.
— *Speriamo* —pronunció con amabilidad la redonda cara enmostachada—. *Ma, dia retta a me. Ci refletta.*
Al lado de la severa mano de piedra de Grattan ordenando detenerse, un tranvía de Inchicore descargó soldados rezagados de una banda de Highlanders.
— *Ci riffleteró* —dijo Esteban bajando la mirada por la sólida pierna del pantalón.
— *Ma, sul serio, eh?* —Almidano Artifoni agregó.
Su pesada mano estrechó firmemente la de Esteban. Ojos humanos. Observaron curiosamente un instante y se volvieron rápidamente hacia un tranvía de Dalkey.
— *Eccolo* —dijo Almidano Artifoni en amistoso apuro—. *Venga a trovarmi e ci pensi. Addio caro.*
— *Arrivederlo, maestro* —respondió Esteban levantando el sombrero cuando su mano quedó libre—. *E grazie.*
— *Di che?* —dijo Almidano Artifano—. *Scusi, eh? Tante belle cose!*
Almidano Artifoni, haciendo señales con su música arrollada como un bastón, trotó con toda la fuerza de sus robustos pantalones detrás del tranvía de Dalkey. En vano trotó, haciendo señas vanas entre el alboroto de rodillas desnudas que pasaban implementos de música a través de los portones del Trinity.

La señorita Dunne escondió el ejemplar de la biblioteca de la calle Capel de *La Mujer de Blanco* bien atrás en su cajón y colocó una hoja de llamativo papel de esquela en su máquina de escribir.
¿Demasiado misterio en él? ¿Está enamorado de ésa, Marion? Cam-

biarlo y conseguir otro de María Cecilia Haye.

El disco se deslizó en la ranura, vaciló un momento, se detuvo y les clavó los ojos: seis.

Miss Dunne golpeteó sobre el teclado:

—Junio 16 de 1904.

Entre la esquina de Monypeny y el refugio donde no estaba la estatua de Wolfe Tone, cinco hombres "sandwich" de altos sombreros blancos se escurrieron como anguilas mostrando H. E. L. Y'S y volvieron a irse trabajosamente como habían venido.

Luego ella clavó la vista en el gran cartel de Marie Kendall, encantadora "soubrette", y apoyándose distraídamente garabateó sobre el anotador dieciséis y mayúsculas eses. Cabello color mostaza y mejillas pintarrajeadas. ¿No es linda, verdad? La forma en que está levantado su pedacito de pollera. ¿Estará ese tipo en la banda esta noche? Si pudiera conseguir que esa modista me hiciera una pollera tableada como la de Susy Nagle. Tienen un lindo vuelo. Shannon y todos los elegantes del club de remo no le sacaron los ojos de encima. Quiera Dios que no me tenga aquí hasta las siete.

El teléfono sonó bruscamente a su oído.

—¡Hola! Sí, señor. No, señor. Sí, señor. Los voy a llamar después de las cinco. Solamente esas dos, señor, para Belfast y Liverpool. Muy bien, señor. Entonces me puedo ir después de las seis si usted no ha vuelto. Y cuarto. Sí, señor. Veintisiete y seis. Les voy a decir. Sí: uno, siete, seis.

Garabateó tres números en un sobre.

—¡Señor Boylan! ¡Hola! Ese señor del *Sport* estuvo buscándolo. Señor Lenehan, sí. Dijo que estaría en el Ormond a las cuatro. No, señor. Sí, señor. Los voy a llamar después de las cinco.

Dos caras rosadas se dieron vuelta en la llama de la minúscula antorcha.

—¿Quién es? —preguntó Eduardo Lambert—. ¿Es Crotty?

—Ringabella y Crosshaven —contestó una voz tratando de hacer pie.

—¡Hola, Jack!, ¿eres tú mismo? —dijo Eduardo Lambert, levantando a modo de saludo su flexible listón entre los vacilantes arcos—. Vamos. Ten cuidado donde pones los pies aquí.

La cerilla que estaba en la mano levantada del clérigo se consumió en una larga llama suave y fué dejada caer. A sus pies su puntito rojo murió, y un aire mohoso se cerró alrededor de ellos.

—¡Qué interesante! —dijo un acento refinado en la oscuridad.

—Sí, señor —dijo Eduardo Lambert cordialmente—. Estamos en la histórica cámara del consejo de la abadía de santa María, donde el sedoso Thomas se proclamó rebelde en 1534. Este es el lugar más histórico de todo Dublin. O'Madden Burke va a escribir algo acerca de él uno de estos días. El viejo banco de Irlanda estaba enfrente hasta el tiempo de la Unión y el templo original de los judíos también estuvo aquí hasta que construyeron su sinagoga en Adelaida Road.

—¿Nunca había estado aquí antes, Jack, verdad?
—No, Eduardo.
—Bajó cabalgando por el Dame Walk —dijo el acento refinado—, si mi memoria no me es infiel. La mansión de los Kildares estaba en Thomas Court.
—Así es —dijo Eduardo Lambert—. Así es exactamente, señor.
—Si usted fuera tan amable entonces —dijo el clérigo— para permitirme la próxima vez, quizá...
—Con mucho gusto —dijo Eduardo Lambert—. Traiga la cámara cuando quiera. Haré que saquen esas bolsas de las ventanas. Puede tomarla desde aquí o desde allí.

En la luz todavía mortecina fué y vino golpeando con su listón las bolsas de semillas y señalando los puntos ventajosos sobre el piso.

Desde un largo rostro una barba y una mirada penetrante penden sobre un tablero de ajedrez.

—Le estoy sumamente agradecido, señor Lambert —dijo el clérigo—. No quiero abusar más de su valioso tiempo.
—Será siempre bien recibido, señor —declaró Eduardo Lambert—. Dése una vuelta cuando guste. La semana que viene, por ejemplo. ¿Puede ver?
—Sí, sí. Buenas tardes, señor Lambert. Muchísimo gusto de haberlo conocido.
—El gusto es mío, señor —replicó Eduardo Lambert.

Siguió a su huésped hasta la salida y entonces arrojó su listón entre las columnas. Luego entró lentamente con J. J. O'Molloy en la Abadía de María, donde los peones estaban cargando carromatos con sacos de algarrobo y de harina de palmera. O'Connor, Wexford.

Se paró para leer la tarjeta que tenía en la mano:
—Reverendo Hugh C. Love. Rathcoffey. Domicilio actual: Saint Michael's, Sallins.

Es un joven simpático. Está escribiendo un libro acerca de los Fitzgerald, me dijo. Es muy entendido en historia, palabra.

La joven con lenta precaución despegó de su pollera clara una ramita adherida.

—Creí que estaba preparando una nueva conspiración de pólvora —dijo J. J. O'Molloy.

Eduardo Lambert hizo castañetear los dedos en el aire.
—¡Dios! —gritó—. Me olvidé de contarle lo del conde de Kildare después que incendió la catedral de Cashel. ¿Lo conoce? *Lamento muchísimo haberlo hecho,* dice, *pero declaro ante Dios que creí que el arzobispo estaba adentro.* Aunque a él podría no gustarle, sin embargo. ¿Qué? Por Dios, de cualquier modo se lo contaré. Ése era el gran conde, Fitzgerald Mor. Eran bravos todos ellos los Geraldines.

Los caballos cerca de los que pasó se sobresaltaron nerviosamente bajo su flojo arnés. Dió una palmada a un anca coloreada que palpitaba cerca de él, y gritó:
—¡Ea, hijito!

Se dió vuelta hacia J. J. O'Molloy y le preguntó:
—Bueno, Jack. ¿Qué hay? ¿Qué te pasa? Espera un momento. Ten-

te fuerte.

Con la boca abierta y la cabeza echada hacia atrás, se quedó inmóvil, y, después de un instante, estornudó ruidosamente.

—¡Atchís! —hizo—. ¡Revienta!

—El polvo de esas bolsas —dijo O'Molloy cortésmente.

—No —dijo boqueando Eduardo Lambert—, me pesqué un... resfrío anteanoche... vete al diablo... anteanoche... había una corriente de aire de todos los demonios...

Sostuvo su pañuelo listo para el siguiente...

—Yo estaba... esta mañana... el pobrecito... cómo lo llaman... ¡Atchís!... ¡Madre de Moisés!

☆

Tomás Rochford tomó el disco de arriba de la pila que apretaba contra su chaleco clarete.

—¿Ven? —dijo—. Supongamos que es el número seis. Aquí adentro, ven. Vuelta ahora.

Lo deslizó en la ranura de la izquierda, allí vaciló por un momento, se detuvo y les clavó los ojos: seis.

Abogados del pasado, arrogantes, suplicantes, vieron pasar desde la oficina consolidada de impuestos al tribunal correccional a Richie Goulding llevando la cartera de costas de Goulding, Collis y Ward y oyeron crujir desde la división del almirantazgo del tribunal superior de justicia al tribunal de apelación los vestidos de una mujer de edad con dentadura postiza sonriendo incrédulamente y llevando una pollera de seda negra de gran amplitud.

—¿Ven? —dijo—. Vean ahora el último que metí: aquí está. números aparecidos. El impacto. La acción de la palanca, ¿ven?

Les mostró la columna de discos de la derecha que se levantaba.

—Ingeniosa idea —dijo Nosey Flynn aspirando—. Así un tipo que llega tarde puede ver qué vuelta viene y qué vueltas han terminado.

—¿Entienden? —preguntó Tomás Rochford.

Deslizó un disco para él: y lo observó cómo golpeaba, vacilaba, miraba fijo, se detenía: cuatro. Vuelta ahora.

—Lo voy a ver ahora en el Ormond —dijo Lenehan— y voy a sondearlo. Una buena vuelta merece otra.

—Hazlo —dijo Tomás Rochford—. Dile que estoy Boylan de impaciencia.

—Buenas noches —dijo M'Coy bruscamente—. Cuando ustedes dos empiezan...

Nosey Flynn se inclinó hacia el brazo de la palanca, aspirándolo.

—¿Pero cómo funciona aquí, Tommy? —preguntó.

—Turulú —dijo Lenehan—, después nos veremos.

Siguió a M'Coy afuera a través del minúsculo cuadrado del tribunal de Crampton.

—Es un héroe —dijo simplemente.

—Ya sé —dijo M'Coy—. El desagüe, quieres decir.

—¿Desagüe? —dijo Lenehan—. Estaba en un agujero de hombre.

Pasaron el music-hall de Daniel Lowry, donde Marie Kendall, encantadora "soubrette", les envió desde un cartel una sonrisa pintarrajeada.

Bajando por la vereda de Sycamore Street al lado del music-hall Empire, Lenehan le enseñó a M'Coy cómo fué todo. Uno de esos agujeros de hombre como un sangriento caño de gas y allí estaba el pobre diablo metido adentro medio ahogado con las emanaciones de las cloacas. De cualquier modo Tomás Rochford se largó abajo tal como estaba, con chaleco de erudito y todo, con la soga a su alrededor. Y, maldito sea, consiguió pasar la soga en torno del pobre diablo, y los izaron a los dos.

—Un acto heroico —dijo.

En el Dolphin se pararon para dejar que el coche de la ambulancia pasara galopando hacia Jervis Street.

—Por aquí —indicó caminando hacia la derecha—. Quiero dar una vueltita por lo de Lynam para ver la cotización de Cetro al salir. ¿Qué hora es según tu reloj y cadena de oro?

M'Coy atisbó en la sombría oficina de Tertius Moisés, luego en el reloj de O'Neill.

—Tres pasadas —dijo—. ¿Quién la corre?

—O'Madden —dijo Lenehan—. Y es favorita.

Mientras esperaba en el bar del Temple, M'Coy empujó suavemente con el pie una cáscara de banana desde el camino a la alcantarilla. Un tipo podría darse fácilmente un jodido porrazo con eso caminando borracho de noche.

Los portones del parque se abrieron de par en par para dar salida a la cabalgata del virrey.

—Devuelve la plata —dijo Lenehan sonriendo—. Tropecé con Bantam Lyons ahí adentro que le va a jugar a un burro que le dió alguien y que no vale un pito. Por aquí.

Subieron los escalones y pasaron bajo el arco Merchants. Una figura de oscuras espaldas examinaba libros en el carro del buhonero.

—Ahí está —dijo Lenehan.

—Me gustaría saber qué está comprando —dijo M'Coy mirando hacia atrás.

—*Leopoldo o Bloom está en la luna* —dijo Lenehan.

—Tiene chifladura por las ventas —dijo M'Coy—. Yo estaba con él un día y le compró un libro a un viejo en la calle Liffey por dos chelines. El libro tenía láminas que valían el doble, las estrellas, la luna y cometas con largas colas. Se trataba de astronomía.

Lenehan se rió.

—Te voy a contar uno macanudo acerca de colas de cometas —dijo—. Vamos del lado del sol.

Cruzaron al puente de metal y siguieron a lo largo del muelle Wellington por el paredón del río.

El pequeño Patrick Aloysius Dignam salió de lo de Magnan antiguo Fehrenbach, llevando una libra y media de costillas de cerdo.

—Había un gran banquete en el reformatorio Glencree —empezó Lenehan con excitación—. La comida anual, ¿no? Un asunto de cuello duro. El alcalde estaba allí, era Val Dillon, y hablaron sir Charles Dameron y Dan Dawson, y había música. Cantó Bartell D'Arcy y Benjamín Dollard...

—Ya sé —interrumpió M'Coy—. Mi patrona cantó allí una vez.

—¿De veras? —dijo Lenehan.

Una tarjeta *Departamentos sin amueblar* reapareció en el marco de la ventana del número 7 de la calle Eccles.

Detuvo su cuento un momento, pero rompió en una risa ronca.

—Pero espera, te voy a contar —siguió—: Delahunt de Camden Street estaba a cargo de la despensa y tu seguro servidor era el principal lavador de botellas. Bloom y señora estaban allí. Nos mandamos un montón de cosas: vino de Oporto y vino de Jerez y curaçao, a los que hicimos merecido honor. Llevábamos un tren fantástico. Después de los líquidos vinieron los sólidos. Platos fríos en abundancia y pasteles rellenos de picadillo...

—Ya sé —interrumpió M'Coy—. El año que mi patrona estuvo allí...

Lenehan le enlazó el brazo afectuosamente.

—Pero espera, te voy a contar —dijo—. Después de esa panzada tuvimos todavía una comida de medianoche y cuando salimos eran las primeras horas fantasmagóricas de la mañana siguiente a la noche anterior. De vuelta a casa era una magnífica noche de invierno en el Monte Almohada. Bloom y Chris Callinan estaban de un lado del coche y yo estaba con la señora del otro. Empezamos a cantar canciones y dúos: *He aquí el temprano destello de la mañana.* Ella estaba bien curada con una buena cantidad de vino oportuno bajo la ventrera. Cada barquinazo que daba el jodido coche la tenía chocando contra mí. ¡Delicias del infierno! Ella tiene un buen par, Dios la bendiga. Así.

Extendió sus manos ahuecadas a un codo de sí, arrugando el entrecejo.

—Yo estaba continuamente arropándola con la manta y arreglándole el boa. ¿Entiendes lo que quiero decir?

Sus manos moldearon amplias curvas de aire. Apretó fuerte los ojos con delicia, estremeciéndosele el cuerpo, y lanzó un dulce gorjeo con sus labios.

—La moza estuvo atenta de cualquier manera —dijo con un suspiro—. No hay duda de que es una yegua que tiene lo suyo. Bloom estaba señalando todas las estrellas y los cometas de los cielos a Chris Callinan y al cochero; la Osa Mayor y Hércules y el Dragón y toda la murga. Pero te juro por Dios que yo estaba, por decirlo así, perdido en la vía láctea. Las conoce todas, palabra. Al final ella señaló una pequeñísima por la loma del diablo. *¿Y qué estrella es ésa, Poldito?*, dice ella. Por Dios, lo hizo dar de cuernos a Bloom. *Ésa, ¿verdad?*, dice Chris Callinan; *seguramente, eso es solamente lo que podríamos llamar una pinchadura de alfiler.* Por Dios, él no estaba muy lejos de la verdad.

Lenehan se detuvo y se apoyó en el paredón del río, jadeando con suave risa.

—Estoy débil —dijo boqueando.

El blanco rostro de M'Coy sonrió con el cuento por un momento y luego se puso grave. Lenehan echó a andar otra vez. Levantó su gorra de marinero y se rascó rápidamente la parte posterior de la cabeza. Miraba de soslayo a M'Coy en la luz del sol.

—Bloom es un hombre culto en todo sentido —dijo seriamente—. No es uno de esos tipos vulgares... estúpidos... tú me entiendes... Hay algo de artista en el viejo Bloom.

El señor Bloom daba vuelta perezosamente las páginas de *Las tremendas revelaciones de María Monk* siguiendo a la *Obra Maestra* de Aristóteles. Torcida impresión remendada. Láminas: infantes hechos una pelota en vientres rojos de sangre como hígados de vaca carneada. Montones de ellos en esa forma en este momento por todo el mundo. Todos topando con sus cráneos para salir de ahí. Cada minuto nace un niño en alguna parte. La señora Purefoy.

Dejó a un lado ambos libros y dió una hojeada al tercero: *Cuentos del Gheto* por Leopold von Sacher Nasoch.

—Ése ya lo leí —dijo, haciéndolo a un lado.

El vendedor hizo caer dos volúmenes sobre el mostrador.

—Estos dos son buenos —dijo.

Las cebollas de su aliento llegaron a través del mostrador desde la boca devastada. Se agachó para hacer un montón con los otros libros, los apretujó contra su chaleco desprendido y los llevó detrás de la cortina harapienta.

Sobre el puente O'Connel muchas personas observan el grave porte y alegre atavío del señor Denis J. Maginni, profesor de baile, etc.

El señor Bloom, solo, miró los títulos. *Las Tiranas Rubias*, de Jaime Abeduldeamor. Conozco la calidad. ¿Lo tuvo? Sí.

Lo abrió. Ya me parecía.

Una voz de mujer detrás de la harapienta cortina. Escuchemos: El hombre.

No: a ella no le gustaría mucho esto. Se lo llevé una vez.

Leyó el otro título: *Dulzuras del pecado*. Más a propósito para ella. Veamos.

Leyó donde abrió su dedo.

—*Todos los billetes que le daba su esposo eran gastados en las tiendas en maravillosos trajes y en los adornos más costosos. ¡Para él! ¡Para Raúl!*

Sí. Éste. Aquí. Probemos.

—*Se pegaron sus bocas en un lascivo beso voluptuoso, mientras sus manos buscaban a tientas las opulentas curvas dentro del deshabillé.*

Sí. Lleva éste. El final.

—*Llegas tarde, dijo él roncamente, mirándola con desconfianza.*

La hermosa mujer arrojó su abrigo guarnecido de cebellina, dejando al descubierto sus hombros de reina y las palpitantes redondeces de su cuerpo. Una sonrisa imperceptible jugaba en sus labios perfectos al darse vuelta hacia él serenamente.

El señor Bloom leyó otra vez: *La hermosa mujer.*

Una ola cálida lo inundó suavemente, intimidando su carne. Carne rendida entre arrugadas ropas. Blancos ojos desmayándose. Las ventanillas de su nariz se arquearon olfateando presa. Ungüentos de pecho que se derriten. *(¡Para él! ¡Para Raúl!)* Sudor de sobacos oliendo a cebollas. Fangopegajosa cola de pescado. *(¡Las palpitantes redondeces de su cuerpo!)* ¡Siente! ¡Aprieta! ¡Aplastado! ¡Estiércol sulfuroso de leones!

¡Joven! ¡Joven!

Una mujer de edad, no joven ya, abandonó el edificio de los tribunales de justicia, tribunal superior de justicia, tribunal de hacienda y tribunal de primera instancia, habiendo oído en el tribunal del ministro de Justicia el caso de alienación mental de Potterton, en la sección almirantazgo los comparendos, a pedido de una de las partes, de los dueños de la Lady Cairns versus los dueños de la barca Mona, y el tribunal de apelación receso de juicio en el caso Harvey versus la Ocean Accident and Guarantee Corporation.

Toses flemosas sacudían el aire de la librería, haciendo combar las harapientas cortinas. La despeinada cabeza gris del comerciante salió, y su enrojecida cara sin afeitar, tosiendo. Rastrilló su garganta rudamente y escupió flema sobre el piso. Puso su bota sobre lo que había escupido, restregando con la suela a lo largo y se agachó, mostrando una despellejada coronilla, escasamente cubierta de pelo.

El señor Bloom la contempló.

Dominando su turbado aliento, dijo:

—Voy a llevar éste.

El comerciante levantó sus ojos legañosos de viejo catarro.

—*Dulzuras del pecado* —dijo, dándole unos golpecitos—. Esto es algo bueno.

El portero en la puerta de los locales de remate Dillon sacudió dos veces su campanilla y se contempló en el espejo marcado con tiza de la vitrina.

Dilly Dedalus, escuchando desde el cordón de la vereda, oía el repicar de la campanilla y los gritos del rematador adentro. Cuatro y nueve. Esas hermosas cortinas. Cinco chelines. Cómodas cortinas. Nuevas se venden a dos guineas. ¿Alguna mejora sobre cinco chelines? Se va en cinco chelines.

El portero levantó su campanilla y la sacudió:

—¡Tiling!

El ling de la campanilla correspondiente a la última vuelta espoleó el ardor de los ciclistas de la media milla. J. A. Jackson, W. E. Wylie, A. Munro y H. T. Gahan, meneando sus cuellos estirados, salvaron la curva de la Biblioteca del Colegio.

El señor Dedalus, tirando de su largo mostacho, vino caminando desde William Row. Se detuvo cerca de su hija.

—Era hora de que vinieras —dijo ella.

—Ponte derecha, por el amor del Señor Jesús —dijo el señor Dedalus—. ¿Estás tratando de imitar a tu tío Juan el tocador de cornetín, la cabeza entre los hombros? ¡Dios melancólico!

Dilly se encogió de hombros. El señor Dedalus le puso la mano sobre ellos y los tiró hacia atrás.

—Ponte derecha, hija —le dijo—. Te vas a torcer el espinazo. ¿Sabes lo que pareces?

Hundió de repente la cabeza echándola al mismo tiempo hacia adelante, encorvando los hombros y dejando caer la mandíbula inferior.

—Quédate quieto, papá —dijo Dilly—. Toda la gente te está mirando.

El señor Dedalus se enderezó y tiró de nuevo de su bigote.

—¿Conseguiste algún dinero? —preguntó Dilly.

—¿Dónde iba a conseguir yo dinero? —dijo el señor Dedalus—. No hay nadie en Dublin que me preste cuatro peniques.

—Conseguiste algo —dijo Dilly, mirándolo a los ojos.

—¿Cómo lo sabes? —preguntó el señor Dedalus, levantando la mejilla con la lengua.

El señor Kernan, contento con la orden que había conseguido, caminaba triunfante por James Street.

—Yo sé que lo conseguiste —contestó Dilly—. ¿No estabas en la casa Scotch hace un instante?

—No estaba —dijo el señor Dedalus, sonriendo—. ¿Fueron las hermanitas las que te enseñaron a ser tan descarada?

Le dió un chelín.

—Mira si puedes hacer algo con eso —le dijo.

—Supongo que conseguiste cinco —repuso Dilly—. Dame más que eso.

—Espera un momento —dijo amenazadoramente el señor Dedalus—. Eres como todos los otros, ¿verdad? Un hatajo insolente de perritas desde que murió su pobre madre. Pero esperen un poco. Se van a quedar todos con un cuarto de narices. Pillería de lo último. Me voy a librar de ustedes. No les importaría si me quedara seco. Está muerto. El hombre de arriba está muerto.

La dejó y siguió caminando. Dilly lo siguió rápidamente y le tiró del saco.

—Bueno, ¿y ahora qué? —dijo él, deteniéndose.

El portero hizo sonar la campanilla detrás de sus espaldas.

—¡Tiling!

—Dios te confunda con tu puerca alma bochinchera —gritó el señor Dedalus volviéndose hacia él.

El portero, advirtiendo algo en el aire, sacudió el oscilante badajo de su campanilla pero más débilmente:

—¡Ling!

El señor Dedalus le clavó la mirada.

—Obsérvalo —dijo—. Es instructivo. Quisiera saber si nos dejará hablar.

—Tienes más que eso papá —dijo Dilly.

—Les voy a enseñar una trampita —dijo el señor Dedalus—. Los voy a dejar a todos ustedes donde Jesús dejó a los judíos. Mira, esto es todo lo que tengo. Conseguí dos chelines de Jack Power y gasté dos peniques en una afeitada para el entierro.

Sacó un puñado de monedas de cobre nerviosamente.

—¿No puedes buscar algo de dinero en alguna parte? —preguntó

Dilly.

El señor Dedalus reflexionó e hizo una señal afirmativa con la cabeza.

—Lo haré —dijo gravemente—. Revisé toda la alcantarilla de O'Connell Street. Ahora voy a hacer la prueba con ésta.

—Eres muy gracioso —dijo Dilly sonriendo sarcásticamente.

—Ahí va —dijo el señor Dedalus dándole dos peniques—. Tómate un vaso de leche con bizcochos o cualquier otra cosa. Estaré en casa dentro de un momento.

Se puso las otras monedas en el bolsillo y empezó a caminar otra vez.

La cabalgata del virrey pasó, saludada por obsequiosos policías, saliendo de Parkgate.

—Estoy segura de que tienes otro chelín —dijo Dilly.

El portero hizo sonar ruidosamente.

El señor Dedalus se alejó entre el estrépito, murmurando para sí con la boca fruncida:

—¡Las hermanitas! ¡Lindas cositas! ¡Oh, seguro que no van a hacer nada! ¡Oh, con seguridad! ¡Es la hermanita Mónica!

☆

Desde el reloj de sol hacia James's Gate caminaba gallardamente por la calle James el señor Kernan, satisfecho con la orden que había conseguido para Pulbrook Robertson, pasando por las oficinas de Shackleton. Lo atropellé bien. ¿Cómo está usted, señor Crimmings? De primera, señor. Temí que usted estuviera en su otro establecimiento de Pimlico. ¿Cómo van las cosas? Apenas raspando. Tenemos lindo tiempo. Sí, de veras. Bueno para el campo. Esos agricultores siempre se están quejando. Voy a tomar solamente un dedalito de su mejor ginebra. Una pequeña ginebra, señor. Sí, señor. Una cosa terrible esa explosión del General Slocum. ¡Terrible, terrible! Mil víctimas. Y escenas desgarradoras. Hombres pisoteando mujeres y niños. Lo más brutal. ¿Cuál dicen que fué la causa? Combustión espontánea: la más escandalosa revelación. Ni un solo bote salvavidas podía flotar y la manguera de incendio toda reventada. Lo que no puedo comprender es cómo los inspectores permitieron que un barco así... Ahora está hablando bien, señor Crimmings. ¿Sabe por qué? Aceite de palma. ¿Es verdad eso? Sin duda alguna. Qué cosa, mire un poco. Y dicen que América es el país de la libertad. Y yo que creía que aquí estábamos mal.

Yo le sonreí. *América*, le dije despacito, como si nada. *¿Qué es? Los desperdicios de todos los países incluso el nuestro. ¿No es cierto eso?* Eso es verdad.

Soborno, mi querido señor. Bueno, naturalmente, donde corre dinero siempre hay alguien que lo recoja.

Lo vi mirando mi levita. La ropa lo hace. No hay nada como ir bien vestido. Los deja listos.

—¡Hola, Simón! —dijo el padre Cowley—. ¿Cómo van las cosas?

—¡Hola, Bob, viejo! —contestó el señor Dedalus deteniéndose.

El señor Kernan se detuvo y se arregló delante del inclinado espejo de Peter Kennedy, peluquero. Saco elegante, sin ninguna duda. Scott de la calle Dawson. Vale bien el medio soberano que le di a Neary por él. Nunca se hizo por menos de tres guineas. Me queda como anillo al dedo. Habrá sido de algún tirifilo del club de la calle Kildare, probablemente. Juan Mulligan, el gerente del Banco Hibernés, me mandó ayer una mirada fenómena en el puente Carlisle, como si me recordara.

¡Ejem! Tengo que disimular para esos tíos. Caballero andante. Señor. Y ahora, señor Crimmings, podemos tener el honor de contarlo nuevamente entre nuestros clientes. La copa que alegra pero no marea, como dice el refrán.

Por el North Wall y el muelle de sir Juan Rogerson, anclas y cascos de barcos bogando hacia el este, bogaba un esquife, un billete arrugado; balanceándose en los batientes del ferry, viene el Elías.

El señor Kernan dió una ojeada de despedida a su imagen. Buen color, naturalmente. Bigote agrisado. Ex oficial de la India. Cuadrando los hombros, hizo avanzar bravuconamente su cuerpo regordete sobre los pies empolainados. ¿Es Samuel, el hermano de Lambert, ese que viene enfrente? ¿Eh? Sí. Se le parece como la gran siete. No. El parabrisas de ese auto contra el sol. Apenas un relámpago así. El maldito se le parece.

¡Ejem! El cálido alcohol de jugo de enebro calentó sus entrañas. Buena gota de ginebra fué ésa. Los faldones de su levita guiñaban en la brillante luz del sol a su gordo contoneo.

Ahí fué ahorcado Emmet, destripado y descuartizado. Grasienta soga negra. Los perros lamían la sangre de la calle cuando la esposa del virrey pasó en su berlina.

Veamos. ¿Está enterrado en Saint Michan? O no, hubo un entierro a medianoche en Glasnevin. Entraron el cadáver por una puerta secreta de la pared. Dignam está allí ahora. Se fué en un soplo. Bueno, bueno. Mejor dar la vuelta aquí. Demos la vuelta.

El señor Kernan dió vuelta y bajó por la cuesta de Watling Street, por la esquina del salón de espera de Guinness. Delante de los almacenes de la Dublin Distillers Company había un coche abierto sin pasajeros ni cochero, con las riendas atadas a la rueda. Muy peligroso. Algún compadrón de Tipperary poniendo en peligro las vidas de los ciudadanos. Caballo desbocado.

Denis Breen con sus libracos, aburrido de haber esperado una hora en la oficina de Juan Enrique Menton, condujo a su esposa por sobre el puente O'Connell hacia la oficina de los señores Collis y Ward.

El señor Kernan se acercaba a la calle Island.

Tiempos de los disturbios. Tengo que pedirle a Eduardo Lambert que me preste esas reminiscencias de sir Jonah Barrington. Cuando uno vuelve a contemplar ahora todo eso en una especie de arreglo retrospectivo. Jugando en lo de Daly. Nada de trampas entonces. A uno de esos tipos le clavaron la mano en la mesa con una daga. En alguna parte por aquí lord Eduardo Fitzgerald escapó del comandante Sirr. Los establos detrás de la casa Moira.

¡Demonio que era buena la ginebra de entonces!

Hermoso y arrojado joven noble. De buen linaje, naturalmente. Ese rufián, ese falso hidalgo, con sus guantes violeta, lo liberó. Naturalmente, estaban por el mal partido. Nacieron en días tenebrosos. Hermoso poema ése: Ingram. Eran caballeros. Ben Dollard realmente canta con sentimiento esa balada. Magistral interpretación.

En el sitio de Ross cayó mi padre.

Pasó una cabalgata trotando despacio por el muelle Pembroke. Los picadores saltando, saltando en sus, en sus sillas. Levitas. Sombrillas crema.

El señor Kernan apresuró la marcha soplando ahogadamente.

¡Su Excelencia! ¡Qué lástima! Me lo perdí por un pelo. ¡Demonio! ¡Qué lástima!

Esteban Dedalus observaba a través de la vidriera cubierta de telas de araña los dedos de lapidario examinando una cadena vieja oxidada. El polvo cubría la vidriera y las bandejas de exhibir. El polvo oscurecía los afanosos dedos con uñas de buitre. El polvo dormía sobre espirales de bronce y plata, sobre rombos de cinabrio, sobre rubíes, piedras leprosas y de color vino oscuro.

Nacidos todos en la oscura tierra llena de gusanos, frías chispas de fuego, luces malas brillando en la oscuridad. Donde los arcángeles caídos arrojaron las estrellas de sus frentes. Fangosos hocicos de cerdos, manos, se pudren y se pudren, los aferran y los arrancan.

Ella danza en una penumbra fétida donde la goma se quema con ajo. Un marinero de barba oxidada sorbe ron de un vaso de boca ancha y la devora con los ojos. Un bramido marino de concupiscencia largo y silencioso. Ella baila y se retuerce moviendo sus ancas distendidas y sus caderas y su grueso vientre lujurioso, en el que se estremece un rubí como un huevo.

El viejo Russell con un sucio trapo de gamuza pulió otra vez su joya y la sostuvo cerca de la punta de su barba de Moisés. El mono abuelo deleitándose con el tesoro robado.

¡Y tú que arrebatas viejas imágenes de la tierra del cementerio! Las palabras locas de los sofistas: Antístenes. Una ciencia de drogas. Oriental e imperecedero trigo que se mantiene inmortal desde siempre y hacia siempre.

Dos viejas refrescadas por su bocanada del salado mar caminaban trabajosamente a través de Irishtown por el London Bridge Road, una con un paraguas enarenado y la otra con una valija de partera en la que rodaban once conchillas.

El zumbido de las correas de cuero sacudiéndose y el susurro de dínamos de la usina de fuerza motriz instaron a Esteban a seguir caminando. Seres sin ser. ¡Detente! El latido siempre sin ti y el latido siempre adentro. De tu corazón cantas. Yo entre ellos. ¿Dónde? Entre dos rugientes mundos donde ellos se arremolinan, yo. Hazlos pedazos a los dos. Pero atúrdete tú mismo en el golpe. Hazme pedazos tú que puedes. Alcahuete y carnicero eran las palabras.

¡Oiga! Todavía no por ahora. Una mirada alrededor.

Sí, muy cierto. Muy grande y maravilloso y mantiene su excelente tiempo. Usted dice bien, señor. Una mañana de lunes, así fué realmente.

Esteban bajó por la Bedford Row, el puño de su fresno castañeteando contra su omoplato. En la vidriera de Clohissey atrajo las miradas de Esteban un desvaído grabado de 1860: Henan boxeando con Sayers. Alrededor de la encordada liza aparecían los apostadores con sus sombrerotes. Los pesos pesados, en ropas ligeras, se proponían gentilmente el uno al otro sus bulbosos puños. Y están latiendo: corazones de héroes.

Se dió vuelta y se detuvo al lado del carretón de libros inclinado.

—Dos peniques cada uno —dijo el vendedor ambulante—. Cuatro por seis peniques.

Páginas hechas jirones *El colmenero irlandés, Vida y milagros del Cura de Ars, Guía de Bolsillo de Killarney.*

Podría encontrar aquí uno de mis premios escolares empeñados. *Stephano Dedalo, alumno optimo, palman ferenti.*

El padre Conmee, habiendo leído sus horas menores, atravesaba la aldea de Donnycarney, murmurando vísperas.

La encuadernación demasiado buena probablemente, ¿qué es esto? Octavo y noveno libro de Moisés. Secreto de todos los secretos. Sello del Rey David. Páginas manoseadas; leídas y leídas. ¿Quién ha pasado aquí antes que yo? Cómo suavizar manos agrietadas. Receta para vinagre de vino blanco. Cómo ganar el amor de una mujer. Para mí esto. Diga el siguiente talismán tres veces con las manos enlazadas:

—*Se el yilo nebrakada femininum! Amor me solo! Sanktus! Amen.*

¿Quién escribió esto? Hechizos del santísimo abad Peter Salanka divulgados a todos los verdaderos creyentes. Tan buenos como los hechizos de cualquier otro abad, como los del refunfuñador Joachim. Abajo, pelado, o cardaremos tu lana.

—¿Qué estás haciendo aquí, Esteban?

Los altos hombros de Dilly y su vestido andrajoso.

Cierra el libro en seguida. No lo dejes ver.

—¿Qué estás haciendo? —dijo Esteban.

Un rostro Stuart del sin par Carlos, largos cabellos lacios cayendo a sus costados. Brillaba cuando ella se agachaba alimentando el fuego con botas rojas. Le hablé de París. Lerda para levantarse de la cama, bajo un acolchado de sobretodos viejos, manoseando un brazalete símil oro, recuerdo de Daniel Kelly. *Nebrakada femininum.*

—¿Qué tienes ahí? —preguntó Esteban.

—Lo compré en el otro carretón por un penique —dijo Dilly riendo nerviosamente—. ¿Sirve para algo?

Mis ojos dicen que ella tiene. ¿Me ven así los otros? Rápida, lejana y atrevida. Sombra de mi mente.

Tomó de su mano el libro sin tapas. Cartilla de Francés de Chardenal.

—¿Para qué compraste eso? —le preguntó—. ¿Para aprender francés?

Ella dijo que sí con la cabeza, enrojeciendo y cerrando fuerte sus labios.
No te muestres sorprendido. Completamente natural.
—Toma —dijo Esteban—. Está bien. Ten cuidado que Maggy no te lo empeñe. Supongo que todos mis libros habrán desaparecido.
—Algunos —dijo Dilly—. Tuvimos que hacerlo.
Ella se está ahogando. Mordedura ancestral. Sálvala. Mordedura ancestral. Todos contra nosotros. Ella me ahogará a mí con ella, ojos y cabello. Lacias espirales de cabello de alga marina a mi alrededor, mi corazón, mi alma. Amarga muerte verde.
Nosotros.
¡Miseria! ¡Miseria!

☆

—¡Hola, Simón! —dijo el padre Cowley—. ¿Cómo van las cosas?
—¡Hola, Bob, viejo! —contestó el señor Dedalus deteniéndose.
Se estrecharon las manos ruidosamente delante de la casa Reddy e hija. El padre Cowley se alisaba seguido el bigote haciendo correr hacia abajo su mano ahuecada.
—¿Qué se dice de bueno? —preguntó el señor Dedalus.
—No mucho —dijo el padre Cowley—. Vivo detrás de una barricada, Simón, con dos hombres rondando la casa para entrar.
—¡Qué divertido! —dijo el señor Dedalus—. ¿Quién te los manda?
—¡Oh! —repuso el padre Cowley—. Cierto prestamista de nuestra relación.
—Uno con la espada rota, ¿no? —preguntó el señor Dedalus.
—El mismo, Simón —contestó el padre Cowley—. Reuben de nombre para más señas. Justamente estoy esperando a Ben Dollard. Le va a decir una palabra al largo Juan para que me saque a esos dos hombres de encima. Todo lo que necesito es un poco de tiempo.
Miró con vaga esperanza muelle arriba y muelle abajo, el cuello abultado por una gran manzana de bocio.
—Ya sé —dijo el señor Dedalus, asintiendo con la cabeza—. ¡Pobre Ben, viejo patizambo! Siempre haciendo favores. ¡Manténgase firme!
Se puso los anteojos y miró hacia el puente metálico un instante.
—Allí está, por Dios —dijo—, culo y bolsillos.
El suelto chaqué azul de Ben Dollard y su sombrero deformado, lleno de lamparones, cruzaba el muelle a toda marcha desde el puente de hierro. Vino hacia ellos de una zancada, rascándose activamente detrás de los faldones de su chaqué.
Cuando estuvo cerca, el señor Dedalus lo saludó:
—¡Atájenlo! ¡Piedra libre para los pantalones!
—Atájalo —dijo Ben Dollard.
El señor Dedalus revisó con frío desdén la figura de Ben Dollard. Luego, volviéndose al padre Cowley con un movimiento de cabeza, refunfuñó despreciativamente:
—Linda vestimenta para un día de verano, ¿verdad?
—¡Bah!, que Dios maldiga tu alma por toda la eternidad —gruñó furiosamente Ben Dollard—. He tirado más ropas en mi vida que las

que tú hayas podido ver nunca.

Se detuvo junto a ellos, sonriéndoles y sonriendo luego a sus amplias ropas, de las cuales el señor Dedalus quitaba a sacudidas algunas pelusas, diciendo:

—De cualquier modo se ve que fueron hechas para un hombre con vida, Ben.

—Mala suerte para el judío que las fabricó —dijo Ben Dollard—. Gracias a Dios que no le han sido pagadas aún.

—¿Y cómo va ese *basso profondo*, Benjamín? —preguntó el padre Cowley.

Cashel Boyle O'Connor Fitzmaurice Tisdall Farrell, con los ojos vidriosos, pasó a grandes zancadas delante del club de la calle Kildare, hablando solo.

Ben Dollard frunció el entrecejo y, poniendo de repente boca de cantor, lanzó una profunda nota.

—¡Ooo! —hizo.

—Muy bien, gran estilo —dijo el señor Dedalus aprobando la tirada con un movimiento de cabeza.

—¿Qué tal eso? —preguntó Ben Dollard—. ¿No está demasiado polvoriento? ¿Eh?

Se volvió hacia ambos.

—Puede pasar —dijo el padre Cowley, asintiendo también con la cabeza.

El reverendo Hugh C. Amor salió de la Vieja Sala Capitular de la abadía de Santa María, pasando por lo de Jaime y Carlos Kennedy, refinadores, atendido por Geraldines altos y bien parecidos, y se dirigió hacia el Tholsel más allá del vado de Hurdles.

Ben Dollard, pesadamente inclinado hacia las vidrieras de los negocios, los llevó adelante levantando sus gozosos dedos en el aire.

—Ven conmigo a la oficina del subcomisario —dijo—. Quiero mostrarte la nueva belleza que Rock tiene por alguacil. Es una cruza entre Lobengula y Lynchehaun. Vale la pena verlo, te lo aseguro. Vamos. Acabo de ver casualmente en la Bodega a Juan Enrique Menton y que me caiga muerto si no... espera un poco... Vamos bien, Bob, créeme.

—Dile que por unos pocos días —pidió el padre Cowley con ansiedad.

Ben Dollard se paró y lo miró con su ruidoso orificio abierto, un botón suspendido de su chaqué, oscilando con el reverso brillante sosteniéndose de su hilo, mientras para oír mejor se enjugaba las espesas legañas que obstruían sus ojos.

—¿Que pocos días? —tronó—. ¿No te ha embargado por alquileres tu casero?

—Así es —afirmó el padre Cowley.

—Entonces el mandamiento de nuestros amigos no vale ni el papel en que está impreso —dijo Ben Dollard—. El dueño de casa tiene prioridad en la demanda. Le di todos los datos, 29 Windson avenue. ¿Amor es el nombre?

—Así es —dijo el padre Cowley—. El reverendo señor Amor. Es pastor en algún sitio del interior. ¿Pero estás seguro de eso?

—Le puedes decir a Barabbas de mi parte que puede ponerse ese escrito donde el mono se puso las nueces.

Guió hacia adelante osadamente al padre Cowley enlazado a su tronco.

—Avellanas creo que eran —dijo el señor Dedalus, mientras dejaba caer sus lentes sobre el pecho, siguiéndolos.

☆

—El mocito va a estar bien —dijo Martín Cunningham, mientras salía por el portón del Castleyard.

El policía se llevó la mano a la frente.

—Que le vaya bien —dijo con jovialidad.

Hizo una seña al cochero que esperaba, quien dió un golpe seco a las riendas y tomó la dirección de Lord Edward Street.

Bronce y oro: la cabeza de la señorita Kennedy al lado de la señorita Douce, aparecieron sobre la persiana del hotel Ormond.

—Sí —dijo Martín Cunningham, manoseando su barba—. Le escribí al padre Conmee y le expliqué cómo es el asunto.

—Podría haber probado con su amigo —sugirió el señor Power tímidamente.

—¿Boyd? —dijo Martín Cunningham con sequedad—. Muchas gracias.

Juan Wyse Nolan, que se había rezagado leyendo la lista, los siguió rápidamente bajando por Cork Hill.

El consejero Nannetti, que descendía por los escalones de la Municipalidad, saludó al regidor Cowley y al consejero Abraham Lyon, que ascendían.

El coche del castillo giró vacío en Upper Exchange Street.

—Mira, Martín —dijo Juan Wyse Nolan, alcanzándolos en la oficina del *Correo*—. Veo que Bloom se anotó con cinco chelines.

—Es cierto —afirmó Martín Cunningham, tomando la lista— Y puso los cinco chelines también.

—Sin decir una palabra —terció el señor Power.

—Extraño pero cierto —agregó Martín Cunningham.

Juan Wyse Nolan abrió tamaños ojos.

—Tendré que confesar que hay mucha bondad en el judío —citó elegantemente.

Bajaron por Parliament Street.

—Allí está Jimmy Henry —dijo el señor Power— justamente dirigiéndose a lo de Kavanagh.

—Macanudo —dijo Martín Cunningham—. Allí va.

Afuera de la *Maison Claire* Blazes Boylan acechaba al cuñado de Jack Mooney, giboso, borracho, dirigiéndose a las libertades.

Juan Wyse Nolan iba atrás a la par del señor Power, mientras Martín Cunningham tomaba del codo a un apuesto hombrecito metido en un traje escarchado que caminaba con pasos apresurados e indecisos debajo los relojes de Micky Anderson.

—Los callos están dando quehacer al escribano auxiliar de la ciudad —dijo Juan Wyse Nolan al señor Power.

Volvieron la esquina hacia la vinería de Jaime Kavanagh. El coche vacío del castillo estaba delante de ellos, detenido en Essex Gate. Martín Cunningham les mostraba de vez en cuando la lista, a la que Jimy Henry no prestaba atención, y seguía hablando.

—Y el largo Juan Fanning está aquí también —dijo Juan Wyse Nolan— tan grande como la vida.

La elevada figura del largo Juan Fanning llenaba el vano de la puerta donde estaba parado.

—Buen día, señor subcomisario —dijo Martín Cunningham, y todos se pararon a saludar.

El largo Juan Fanning no les dejó paso. Se quitó de su boca su gran Henry Clay decididamente, y recorrió con sus grandes ojos inteligentes, ceñudos y agresivos los rostros de ellos.

—¿Están realizando los padres conscriptos sus pacíficas deliberaciones? —preguntó con una voz amplia y mordaz.

—Estaban realizando un verdadero infierno para los cristianos —dijo Jimmy Henry ásperamente— acerca de su endemoniada lengua irlandesa. Él quería saber dónde estaba el jefe para mantener el orden en la junta. Y el viejo Barlow el macero en cama con asma, ninguna maza sobre la mesa, nada en orden, ni siquiera quórum, y Hutchinson, el alcalde, en Landudno, y el pequeño Lorcan Sherlok haciendo de *locum tenens* para él. Endemoniada lengua irlandesa de nuestros antepasados.

El largo Juan Fanning arrojó un penacho de humo de sus labios. Martín Cunningham, retorciéndose la punta de la barba, habló por turno al escribano auxiliar de la ciudad y al subcomisario, mientras Juan Wyse Nolan guardaba silencio.

—¿Qué Dignam era ése? —preguntó el largo Juan Fanning.

Jimmy Henry hizo una mueca y levantó su bota izquierda.

—¡Oh, mis callos! —se quejó lastimeramente—. Vamos arriba, por amor de Dios, para poder sentarme en algún lado. ¡Uf! ¡Uuu! ¡Cuidado!

Impertinentemente se abrió camino por un costado del largo Juan Fanning; entró y subió las escaleras.

—Vamos arriba —dijo Martín al subcomisario—. No creo que usted lo conociera, aunque podría ser que sí.

Juan Wyse Nolan y el señor Power los siguieron adentro.

—Era una decente alma de Dios —dijo el señor Power a la fornida espalda del largo Juan Fanning que ascendía al encuentro del largo Juan Fanning en el espejo.

—Más bien bajo, era el Dignam de la oficina de Menton —dijo Martín Cunningham.

El largo Juan Fanning no podía acordarse de él.

Un repiqueteo de cascos de caballos sonó en el aire.

—¿Qué fué eso? —preguntó Martín Cunningham.

Todos se dieron vuelta en su sitio; Juan Wyse Nolan bajó otra vez. Desde la fresca sombra de la puerta vió a los caballos pasar la Parliament Street, arnés y lustrosas cuartillas rielando en la luz del sol. Alegremente y con lentitud pasaron por delante de sus fríos ojos hostiles. En las sillas de los delanteros, saltadores delanteros, cabalgaban los jinetes.

—¿Qué era? —preguntó Martín Cunningham cuando volvían a subir la escalera.

—El virrey y el gobernador general de Irlanda —contestó Juan Wyse Nolan desde el pie de la escalera.

☆

Mientras caminaban por la gruesa alfombra, Buck Mulligan, detrás de su panamá, cuchicheó a Haines:

—El hermano de Parnell. Allí, en el rincón.

Eligieron una mesita cerca de la ventana, opuesta a un hombre de largo rostro, cuya barba y mirada pendían atentamente sobre un tablero de ajedrez.

—¿Es ése? —preguntó Haines, torciéndose en su asiento.

—Sí —dijo Mulligan—. Ése es Juan Howard, su hermano, nuestro concejal.

Juan Howard Parnell movió un alfil blanco tranquilamente y su garra gris subió de nuevo a la frente, donde descansó.

Un instante después, bajo la pantalla, sus ojos miraron vivamente, con brillo espectral, a su enemigo, y cayeron otra vez sobre un sector activo del tablero.

—Tomaré un *mélange* —dijo Haines a la camarera.

—Dos *mélanges* —agregó Buck Mulligan—. Y tráiganos unos escones y manteca y algunos pastelillos también.

Cuando ella se hubo retirado exclamó, riendo:

—Lo llamamos P. D. I. porque tienen pasteles del infierno. ¡Oh, pero usted se perdió a Dedalus en su *Hamlet*!

Haines abrió su libro recién comprado.

—Lo lamento —dijo—. Shakespeare es el terreno de caza adecuado para todas las mentes que han perdido su equilibrio.

El marinero de una pierna gruñó al patio del número 14 de Nelson Street: —"*Inglaterra espera*"...

El chaleco prímula de Buck Mulligan se agitó jovialmente con su risa.

—Tendría que verlo —dijo— cuando su cuerpo pierde el equilibrio. Lo llamo el Ængus errante.

—Estoy seguro de que tiene una *idée fixe* —dijo Haines pellizcándose la barbilla pensativamente con el pulgar y el índice—. Estoy meditando en qué consiste. Las personas como él siempre tienen.

Buck Mulligan se inclinó sobre la mesa gravemente.

—Lo sacaron de quicio con visiones de infierno —afirmó—. Nunca captará la nota ática. La nota que, entre todos los poetas, dió Swinburne, la muerte blanca y el nacimiento rojo. Ésa es su tragedia. Nunca podrá ser un poeta. El goce de la creación...

—Castigo eterno —dijo Haines lacónicamente con un movimiento de cabeza—. Comprendo. Hice vacilar su fe esta mañana. Me di cuenta de que algo le preocupaba. Es asaz interesante, porque el profesor Pokorny, de Viena, saca de ahí conclusiones también interesantes.

Los ojos atentos de Buck Mulligan vieron venir a la camarera. La ayudó a descargar su bandeja.

—No puede encontrar rastros de infierno en los antiguos mitos irlandeses —afirmó Haines ante las alegres tazas—. Parece faltar la idea moral, el sentido de destino, de retribución. Es un poco extraño que él tuviera justamente esa idea fija. ¿Escribe algo para el movimiento de ustedes?

Sumergió diestramente, horizontalmente, dos terrones de azúcar a través de la crema batida. Buck Mulligan partió en dos un caliente escón y emplastó manteca sobre su humeante meollo. Arrancó ávidamente de un mordisco un trozo tierno.

—Dentro de diez años —dijo masticando y riendo—. Va a escribir algo para dentro de diez años.

—Eso me parece demasiado lejano —dijo Haines levantando pensativamente su cuchara—. Sin embargo, no me sorprendería que lo hiciera a pesar de todo.

Saboreó una cucharada del cremoso cono de su taza.

—Entiendo que ésta es verdadera crema irlandesa —dijo con indulgencia—. No me gusta que me engañen.

Elías, esquife, ligero billete arrugado, navegaba hacia el este flanqueando naves y lanchas pescadoras, entre un archipiélago de corchos, más allá de New Wapping Street, pasando el ferry de Benson y a lo largo de la goleta Rosevean, llegada de Bridgwater con una carga de ladrillos.

Almidano Artifoni pasó Holles Street y Sewell's Yard. Detrás de él, Cashel Boyle O'Connor Fitzmaurice Tisdall Farrell con el bastónparaguasguardapolvo balanceándose esquivó la lámpara delante de la casa del señor Law Smith y, cruzando, caminó a lo largo de Merrion Square. A cierta distancia detrás de él, un joven ciego tanteaba el camino avanzando por la pared de College Park.

Cashel Boyle O'Connor Fitzmaurice Tisdall Farrell llegó hasta las alegres vidrieras del señor Lewis Warner, luego dobló a grandes trancos Marrion Square, balanceándose su bastónparaguasguardapolvo.

En la esquina de Wilde se detuvo, arrugó el entrecejo al nombre de Elías anunciado en el Metropolitan Hall, arrugó el entrecejo a los distantes canteros de Duke's Lawn. Su monóculo relampagueó irritado por el sol. Con dientes de rata al descubierto, gruñó:

—*Coactus volui.*

Siguió a trancos hacia Clare Street, moliendo violentas imprecaciones.

Al pasar sus zancadas delante de las vidrieras dentales del señor Bloom, el vaivén de su guardapolvo sacó bruscamente de su ángulo a un delgado bastón y barrió avanzando después de golpeado un cuerpo sin vigor. El joven ciego volvió su cara enfermiza hacia la figura que se alejaba dando zancadas.

—¡Dios te maldiga, quienquiera que seas! —dijo agriamente—. ¡Estás más ciego que yo, hijo de puta!

Enfrente de lo de Ruggy O'Donohoe, el joven Patricio Aloysius Dignam, llevando aferrada la libra y media de bifes de cerdo de lo de Mangan ex Fehrenbach, que le habían mandado buscar, caminaba perezosamente por la calurosa Wicklow Street. Era demasiado aburrido permanecer sentado en la sala de recibo con la señora Stoer y la señora Quigley y la señora MacDowell y las persianas bajas y todas ellas refunfuñando y tomando a sorbos el vino de Jerez extra moreno que trajo el tío Barney de lo de Tunney. Y están pellizcando migas de la torta casera de frutas, charlando todo el bendito día y suspirando.

Después de Wiclow Lane, la vidriera de Madame Doyle, modista de la corte, lo detuvo. Se quedó mirando a dos boxeadores desnudos hasta la cintura enseñándose los puños. Desde los espejos laterales dos enlutados jóvenes Dignam miraban silenciosamente con la boca abierta. Myler Keogh, el pollo preferido de Dublin, enfrentará al sargento mayor Bennett, el púgil de Portobello, por una bolsa de cincuenta soberanos. La madona, ése sí que sería un match macanudo. Myler Keogh, ése es el tío que está boxeando con el cinto verde. Entrada dos chelines, soldados mitad de precio. Podría sacarle fácilmente la moneda a la vieja. El joven Dignam de su izquierda se dió vuelta al mismo tiempo que él. Ése soy yo de luto. ¿Cuándo es? Mayo 22. Seguro, la condenada cosa ya ha terminado. Se volvió hacia la derecha y allí el joven Dignam se dió vuelta, su gorra atravesada, su cuello levantado. Al levantar la barbilla para abrocharse, vió la imagen de Marie Kendall, encantadora "soubrette", al lado de los dos boxeadores. Una de esas damas que hay en los paquetes de las tagarninas que fuma Stoer que su viejo lo cascó bien cascado una vez que lo descubrió.

El joven Dignam se arregló el cuello y siguió perdiendo tiempo. El mejor boxeador en cuanto a fuerza era Fitzsimons. Una castaña de ese tipo en la barriga lo mandaría a uno a la mitad de la semana que viene, hombre. Pero el mejor en cuanto a ciencia era Jem Corbett antes de que Fitzsimons lo desinflara, con firuletes y todo.

En Grafton Street el joven Dignam vió una flor roja en la boca de un compadrito con un hermoso par de pantalones que atendía a lo que un borracho le estaba diciendo, sonriendo continuamente.

Ningún tranvía de Sandymount.

El joven Dignam, siguiendo por la calle Nassau, pasó los bifes de cerdo a la otra mano. Su cuello volvió a levantarse y él le dió un tirón hacia abajo. El jodido botón de la camisa era demasiado pequeño para el ojal, ¡qué fastidiar! Se cruzó con escolares que llevaban sus valijas. Mañana tampoco, no iré hasta el lunes. Encontró otros escolares. ¿Se darán cuenta de que estoy de luto? Tío Barney dijo que lo iba a poner en el diario esta noche. Entonces todos lo verán en el diario y leerán mi nombre impreso y el nombre del viejo.

Su cara se volvió toda gris en vez de roja que era, y había una mosca paseándose encima de ella hasta los ojos. El chasquido que hubo cuando estaban atornillando los tornillos en el ataúd: y los golpes que daba cuando lo llevaban abajo.

Papá adentro del ataúd y mamá llorando en la sala y tío Barney indicando a los hombres cómo tenían que hacer para bajarlo en la vuelta. Era un ataúd grande y alto, y parecía pesado. ¿Cómo fué eso? La última noche papá estaba borracho parado en el descanso de la escalera, pidiendo a gritos sus botines para ir a lo de Tunney a tomar más, y parecía ancho y petiso en camisa. Nunca lo veré más. Muerto, así es. Papá está muerto. Mi padre está muerto. Me dijo que fuera un buen hijo para mamá. No pude oír las otras cosas que dijo, pero vi su lengua y sus dientes tratando de decirlo mejor. Pobre papá. Ése era el señor Dignam, mi padre. Espero que ahora estará en el purgatorio, porque se fué a confesar con el padre Conroy el sábado por la noche.

Guillermo Humble, conde de Dudley, y lady Dudley, acompañados por el teniente coronel Hesseltine, salieron en coche desde el pabellón del virrey después del almuerzo. En el carruaje siguiente iban la honorable señora Paget, la señorita Courcy y el Honorable Gerald Ward A. D. C. de asistente.

La cabalgata salió por la puerta inferior del Phœnix Park, saludada por obsequiosos policías y, pasando Kingsbridge, siguió a lo largo de los muelles del norte. El virrey fué saludado con muestras de simpatía en su recorrida por la metrópoli. En el puente Bloody el señor Tomás Kernan lo saludó en vano desde el otro lado del río. Entre los puentes Queen y Witworth, los carruajes de lord Dudley Virrey pasaron y no fueron saludados por el señor Dudley White, B. L., M. A. que se hallaba en el muelle Arran, frente a la casa de la señora M. E. White, prestamista, en la esquina de Arran Street West, acariciándose la nariz con su dedo índice, indeciso respecto a si llegaría más pronto a Phibsborough con un triple cambio de tranvías, tomando un taxi o a pie, a través de Smithfield, Constitution Hill y el terminal de Broadstone. En el pórtico del Palacio de Justicia, Richie Goulding, que llevaba la cartera de la Contabilidad de la firma Goulding, Collis y Ward, lo miró con sorpresa. Pasando el puente Richmond, en el umbral de la oficina de Reuben J. Dodd, procurador, agente de la Patriotic Insurance Company, una mujer de cierta edad, a punto de entrar, cambió de idea y, volviendo sobre sus pasos hasta las vidrieras del King, sonrió crédulamente al representante de Su Majestad. Desde su compuerta del muelle Wood, bajo la oficina de Tom Devan, el río Poddle sacaba una lengua de líquida agua de albañal a modo de homenaje. Por encima de la persiana del Hotel Ormond, bronce y oro, la cabeza de la señorita Kennedy al lado de la cabeza de la señorita Douce observaban y admiraban. En el muelle Ormond el señor Simón Dedalus, que dirigía sus pasos desde el mingitorio hacia la oficina del subcomisario, se quedó inmóvil en medio de la calle y saludó profundamente con el sombrero. Su Excelencia devolvió graciosamente el saludo del señor Dedalus. Desde la esquina de Cahill el reverendo Hugh C. Amor, M. A., cuidadoso con los virreyes cuyas manos benignas habían distribuído antaño ricas colaciones, hizo una reverencia que no fué advertida. Lenehan y M'Coy, despidiéndose uno del otro en Crattan Bridge, vieron pasar los carruajes. Gerty MacDowell, que pasaba por la oficina de Roget Greene y la gran imprenta roja de Dollard llevando las cartas en serie de Catesby a su padre, que estaba en cama, se dió cuenta por el carruaje de que eran el virrey y la virreina, porque el tranvía y el gran camión amarillo de muebles de Spring tuvieron que pararse frente a ella debido a que pasaba el virrey. Más allá de la casa de Lundy Foot, desde la sombreada puerta de la vinería de Kavanagh, Juan Wyse Nolan sonrió con invisible frialdad al virrey y gobernador general de Irlanda. El Muy Honorable Guillermo Humble, conde de Dudley, G. C. V. O., pasó los relojes de Micky en continuo tictac y los modelos de cera de frescas mejillas y elegantemente vestidos de la casa Henry y James, los caballeros Henry, *dernier cri*, James. Más allá, contra la puerta de Dame, Tomás Rochford y Nosey Flynn observaban cómo se acercaba la cabalgata. Tomás Rochford, viendo los ojos de lady Dudley fijos en él, se sacó rápidamente los pulgares de los bolsillos de su chaleco clarete y se quitó la gorra saludándola. Una encantadora "soubrette", la gran Marie Kendall, con las mejillas pintarrajeadas y la pollera levantada, sonrió pintarrajeadamente desde su cartel a Guillermo Humble, conde Dudley, y al teniente coronel H. G. Hesseltine, y también al honorable Gerald Ward A. D. C. Desde la ventana del P. D. I., Buck Mulligan, alegremente, y Haines, gravemente, miraban al equipaje vicerreal por encima de los hombros de los excitados clientes, cuya masa de formas oscurecía el tablero de ajedrez que miraba atentamente Juan Howard Parnell. En Fowne's Street, Dilly Dedalus, forzando a su vista a levantarse de la primera cartilla de francés de Chardenal, vió franjas de sombras parejas y rayos de ruedas girando en el resplandor. Juan Enrique Menton, llenando el vano de la puerta del Commercial Buildings, miró fijamente con sus grandes ojos de ostra grandes de vino, sosteniendo sin mirarlo un gordo reloj de oro de cazador en su gorda mano izquierda que no lo sentía. Donde la pata delantera del caballo del rey Guillermo manoteaba el aire, la señora Breen tiró hacia atrás a su apresurado marido, sacándolo de la proximidad de los cascos de los delanteros. Le gritó al oído lo que ocurría. Él, comprendiendo, mudó sus libros al lado izquierdo del pecho y saludó al segundo carruaje. El honorable Gerald Ward S. D. C., gratamente sorprendido, se apresuró a contestar. En la esquina de Ponsonby un fatigado frasco blanco H. se detuvo y cuatro pomos blancos de altos sombreros se detuvieron detrás de él, E.L.Y.'S., mientras los delanteros pasaban cabriolando y luego los carruajes. Frente a la casa de música de Pigott, el señor Denis J. Maginni, profesor de baile, etc., vistosamente ataviado, transitaba gravemente, y un virrey pasó a su lado sin verlo. Por la pared del preboste venía airosamente Blazes Boylan, marchando con sus zapatos marrones y sus calcetines a cuadros celestes al compás del estribillo: *Mi chica es del Yorkshire.*

Blazes Boylan replicó a las vinchas azul celeste y al digno porte de los delanteros con una corbata azul celeste, un sombrero pajizo de anchas alas en ángulo inclinado y un traje de sarga color índigo. Sus manos en los bolsillos de la chaqueta se olvidaron de saludar, pero ofreció a las tres damas la descarada admiración de sus ojos y la roja flor entre los labios. Al pasar por la calle Nassau, Su Excelencia llamó la atención de su saludadora consorte hacia el programa de música que se estaba ejecutando en College Park. Invisibles muchachitos insolentes de las montañas trompeteaban y tamborileaban detrás del *cortége.*

> *Pero aunque es una moza de fábrica*
> *y no usa lindos trajes.*
> *Baraabum.*

> *Tengo sin embargo una especie de*
> *gusto de Yorkshire por*
> *mi pequeña rosa de Yorkshire.*
> *Baraabum.*

Del otro lado de la pared los competidores del handicap del cuarto de milla llano M. C. Green, H. Thrift, T. M. Patey, C. Scaife, J. B. Jeffs, G. N. Morphy, F. Stevenson, C. Adderly y W. C. Huggard empezaron la competencia. Pasando a grandes zancadas delante del hotel de Finn, Cashel Boyle O'Connor Fitzmaurice Tisdall Farrell lanzó una furibunda mirada de su monóculo, la cual, pasando a través de los carruajes, fué a dar a la cabeza del señor E. M. Solomons en la ventana del viceconsulado Austro-Húngaro. Metido en la calle Leinster, al lado de la puerta trasera del Trinity, un leal súbdito del rey, Hornblower, llevó la mano a su sombrero de palafrenero. Al cabriolar los lustrosos caballos por Merrion Square, el joven Patricio Aloysius Dignam, esperando, vió los saludos enviados al caballero de galera, y levantó también su nueva gorra negra con los dedos engrasados por el papel de los bifes de cerdo. Su cuello también saltó. El virrey, en su camino hacia la inauguración de la kermesse Mirus pro colecta para el hospital Mercer, siguió con su escolta hacia Lower Mount Street. Pasó un joven ciego frente a la casa Broadbent. En Lower Mount Street un peatón con un impermeable marrón comiendo pan seco, cruzó, rápidamente ileso, el camino del virrey. En el puente del Canal Real, desde la empalizada, el señor Eugenio Stratton, haciendo una mueca sonriente con sus jetudos labios, daba sonriente la bienvenida a todos los recién llegados al municipio de Pembroke. En la esquina de Haddington Road dos mujeres enarenadas se detuvieron, paraguas y valija en que once conchillas rodaban, para contemplar con asombro al alcalde y alcaldesa sin su cadena de oro. En las avenidas Northumberland y Landsowne Su Excelencia registró escrupulosamente los saludos de los raros caminantes masculinos, el saludo de dos pequeños escolares en la puerta del jardín de la casa que se dice fué admirada por la extinta reina cuando visitó la capital irlandesa con su esposo, el

príncipe consorte, en 1849, y el saludo de los robustos pantalones de
Almidano Artifoni tragados por una puerta que se cerraba.

Bronce y hierro oyeron las herradurashierro, acerosonando. Impertnent tnentnent.
Astillas, sacando astillas de la dura uña del pulgar, astillas.
¡Horrible! Y el oro se sonrojó más.
Floreció una ronca nota de pífano.
Floreció. La azul floración está sobre los cabellos coronados de oro.
Una rosa saltarina sobre satinados senos de satén, rosa de Castilla.
Gorjeando, gorjeando: Aydolores.
¡Pío! ¿Quién está en el píodeoro?
Tintín gritó al bronce con lástima.
Y un llamado, puro, largo y palpitante. Prolongado llamado de agonía.
Seducción. Suave palabra. ¡Pero mira! Las brillantes estrellas palidecen. ¡Oh rosa!
Notas trinando respuesta. Castilla. Está apuntando la mañana.
Tintinea tintinea, tenue tintineo.
La moneda sonó. El reloj restalló.
Confesión. *Sonnez*. Yo podría. Rebote de liga. No dejarte. Chasquido.
La cloche!. Chasquido de muslo. Confesión. Cálido. ¡Mi amor, adiós!
Tintín. Bloo.
Estallaron estrepitosas cuerdas. Cuando el amor absorbe. ¡Guerra! ¡Guerra! El tímpano.
¡Una vela! Una vela ondulante sobre las ondas.
Perdido. El tordo flauteó. Todo está perdido ahora.
Cuerno. Corneta.
Cuando recién vió. ¡Ay!
Posesión plena. Latido pleno.
Susurrante. ¡Ah tentación! Tentador.
¡Marta! ¡Ven!
Clapclop. Clipclap. Cappyclap.
Buendiós él nuncaes cuchó todo.
Sordo pelado Pat trajo carpeta cuchillo tomó.
Un llamado nocturno a la luz de la luna: lejos: lejos.
Me siento tan triste. P. S. Tan sola floreciendo.
¡Escucha!
El espigado y torturoso frío cuerno marino ¿Tienes el? Cada uno y para el otro chapaleo y silencioso bramido.

Perlas: cuando ella. Rapsodias de Liszt. Jissss.
¿Tú no?
No lo hice; no, no: cree. Lidlyd. Con un gallo, con una caña.
Negro.
Profundamentesonando: Sí, Ben, Sí.
Espera mientras esperas. Ji, ji. Espera mientras ji.
¡Pero espera!
Profundamente en el seno de la oscura tierra. Mineral en agraz.
Naminedamine. Todo ido. Todo caído.
Diminutos en el trémulo oropel de helecho sus cabellos de doncella.
¡Amén! Él rechinó con los dientes furiosamente.
Abajo. Arriba, abajo. Una batuta fría que aparece.
Lidiadebronce al lado de Minadeoro.
Al lado de bronce, al lado de oro, en verdeocéano de sombra. Florece. Viejo Bloom.
Uno tocaba, el otro golpeaba con una caña, con un gallo.
¡Rueguen por él! ¡Rueguen, buena gente!
Sus dedos gotosos golpeando.
Big Benaben. Big Benaben.
La última rosa de verano de Castilla dejó de florecer me siento tan triste sola.
¡Puif! Pequeña brisa aflautada.
Verdaderos hombres. Lid Ker Cow De y Doll. Sí. Sí. Como ustedes hombres.
Levantarás tu muro con dignidad.
¡Fff! ¡Vu!
¿Dónde bronce desde cerca? ¿Dónde oro desde lejos? ¿Dónde cascos?
Rrrpr. Kraa. Kraandl.
Entonces, no hasta entonces. Mi epristaffio. Sea epriscrito.
Hecho.
¡Empieza!
Bronce y oro, la cabeza de la señorita Douce al lado de la cabeza de la señorita Kennedy, sobre la persiana del bar Ormond oyeron pasar los cascos vicerreales, acero sonando.
—¿Es ésa ella? —preguntó la señorita Kennedy.
La señorita Douce dijo sí, sentada con su ex, gris perla y *eau de Nil*.
—Exquisito contraste —dijo la señorita Kennedy.
Pero la señorita Douce, excitada, dijo vehementemente:
—Mira al tipo de sombrero de copa.
—¿Quién? ¿Dónde? —preguntó el oro con mayor excitación.
—En el segundo carruaje —dijeron los labios húmedos de la señorita Douce, riendo en el sol—. Está mirando. Observa hasta que yo vea.
Saltó, bronce, al rincón del fondo, aplastando su cara contra el vidrio en un halo de apresurado aliento.
Sus húmedos labios rieron entre dientes:
—Se mata mirando para atrás.
Ella rió:

—¡Por Dios! ¿No son terriblemente idiotas los hombres?
Con tristeza.

La señorita Kennedy se alejó perezosa y triste de la brillante luz, enroscando un cabello flojo detrás de una oreja. Moviéndose lenta y tristemente, diluído oro, torció enroscó un cabello. Tristemente enroscó remolón cabello de oro detrás de una redonda oreja.

—Ellos son los que la pasan bien —dijo tristemente.

Un hombre.

Blooquien pasó por los caños de Moulang, llevando en su pecho las dulzuras del pecado, ante las antigüedades de Wine llevando en la memoria dulces palabras pecadoras, ante la polvorienta plata batida de Carroll, para Raúl.

Las botas para ellas, ellas en el bar, ellas camareras de bar. Para ellas que lo ignoraban él golpeó sobre el mostrador su bandeja de vibrante porcelana. Y

—Aquí están sus tes —dijo él.

La señorita Kennedy, con buenos modales, transportó la bandeja de té a un cajón de agua mineral, dado vuelta, bajo y a cubierto de las miradas.

—¿De qué se trata? —preguntaron las ruidosas y groseras botas.

—Averigüe —replicó la señorita Douce, abandonando su puesto de observación.

—¿Es su *beau*?

Un bronce altanero contestó:

—Me quejaré de usted a la señora de Massey si vuelvo a oír alguna de sus impertinentes insolencias.

—Imperntn tntntn —resopló groseramente hocico de botas, mientras ella se volvía y avanzaba amenazadoramente hacia él.

Bloom.

Arrugando el entrecejo hacia su flor, la señorita Douce dijo:

—Ese mocoso se está haciendo insoportable. Si no se porta como debe le voy a dar un tirón de orejas de un metro de largo.

Aristocráticamente, en exquisito contraste:

—No le hagas caso —replicó la señorita Kennedy.

Sirvió una taza de té, que volvió a echar en la tetera. Se agacharon bajo su arrecife del mostrador esperando en sus escabeles, cajones dados vuelta, que se hiciera la infusión de té. Tocaron sus blusas, ambas de satén negro, dos chelines nueve peniques la yarda, esperando que estuviera la infusión de té, y dos chelines siete peniques.

Sí, bronce desde cerca, al lado de oro desde lejos, oyeron acero desde cerca, cascos resonando desde lejos, y oyeron acerocascos cascorresonante acerorresonante.

—¿Estoy muy quemada?

La señorita bronce desablusó su cuello.

—No —dijo la señorita Kennedy—. Se pone tostado después. ¿Hiciste la prueba con el bórax y el agua de laurel cereza?

La señorita Douce medio se irguió para ver de soslayo su piel en el espejo con letras doradas del bar, donde rielaban copas de vino del Rin y de clarete, y en medio de ellas una concha.

—¡Y lo que me queda en las manos! —dijo ella.

—Haz la prueba con glicerina —aconsejó la señorita Kennedy.
Diciendo adiós a su cuello y a sus manos la señorita Douce:
—Esas cosas solamente producen un salpullido —replicó nuevamente sentada—. Le pedí a ese vejestorio de lo de Boyd algo para mi piel.
La señorita Kennedy, vertiendo ahora té bien hecho, hizo una mueca y rogó: —¡Oh, por favor, no me hagas acordar de él!
—Pero espera que te cuente —suplicó la señorita Douce.
Habiendo vertido dulce té con leche, la señorita Kennedy se tapó ambas orejas con los dedos meñiques.
—No, no me cuentes —gritó.
—No quiero escuchar —gritó.
¿Pero Bloom?
La señorita Douce gruñó en el tono de un vejestorio lleno de olor a tabaco:
—¿Para su qué? —dice él.
La señorita Kennedy se destapó las orejas para escuchar, para hablar; pero dijo, pero rogó otra vez:
—No me hagas pensar en él, que me muero. ¡Ese horrible viejo infeliz! Esa noche en los salones de Concierto de Antient.
Sorbió con disgusto su brebaje, té caliente, un sorbo, sorbió dulce té.
—Allí estaba él —dijo la señorita Douce—, torciendo tres cuartos su cabeza de bronce, frunciendo las aletas de su nariz. ¡Puf! ¡Puf!
Agudo chillido de risa saltó de la garganta de la señorita Kennedy. La señorita Douce bufaba y resoplaba por las ventanillas de su nariz, que se estremecían inpertntn como un grito buscando algo.
—¡Oh, aspavientos! —gritó la señorita Kennedy—. ¿Te olvidarás alguna vez de su ojo saltón?
La señorita Douce repiqueteó con una profunda risa de bronce, gritando:
—¡Y tu otro ojo!
Bloom, cuyo negro ojo leía el nombre de Aarón Yountigos. ¿Por qué siempre pienso Juntahigos? Juntando higos, pienso yo. Y el nombre hugonote de Próspero Loré. Los oscuros ojos de Bloom pasaron por las benditas vírgenes de Bassi. Vestida de azul, blanco abajo, ven a mí. Ellos creen que ella es Dios: o diosa. Ésos hoy. Yo no pude ver. Ese tipo habló. Un estudiante. Después con el hijo de Dedalus. Podría ser Mulligan. Todas vírgenes seductoras. Eso es lo que atrae a esos calaveras de muchachos: su blanco.
Sus ojos pasaron de largo. Las dulzuras del pecado. Dulces son las dulzuras.
Del pecado.
En un repique de risa sofocada se fundieron jóvenes voces de bronceoro, Douce con Kennedy tu otro ojo. Echaron hacia atrás jóvenes cabezas bronce orogracejo, para dejar volar libremente su risa, gritando, el tuyo, señales una a otra, altas notas penetrantes.
¡Ah!, jadeando, suspirando. Suspirando, ¡ah!, agotado su júbilo se extinguió.
La señorita Kennedy llevó otra vez sus labios a la taza, levantó, bebió un sorbo y rió. La señorita Douce, inclinándose otra vez

sobre la bandeja del té, frunció de nuevo la nariz e hizo girar festivos engordados ojos. Otra vez Kenneygracejo, agachando sus bellos montículos de cabello, agachándose, mostró en la nuca su peineta de carey, farfulló rociando fuera de su boca el té, ahogándose de té y risa, tosiendo por el ahogo, gritando:

—¡Oh, esos ojos grasosos! Imagínate estar casada con un hombre así —gritó—. ¡Con su poquito de barba!

Douce emitió un espléndido alarido, un alarido completo de mujer completa, delicia, gozo, indignación.

—¡Casada a esa nariz grasosa! —aulló.

Agudas, con profunda risa, después del bronce en oro, se instaron la una a la otra, repique tras repique, repicando alternadamente, orobronce, bronce oro, agudoprofundo, risa tras risa. Y entonces rieron más. Grasoso lo conozco. Exhaustas, sin aliento, apoyaron sus agitadas cabezas, trenzadas y coronadas de luciente peinado, contra el borde del mostrador. Enteramente sonrojadas (¡Oh!), jadeando, sudando (¡Oh!), enteramente sin aliento.

Casada con Bloom, con el grasosososobloom.

—¡Oh, por todos los santos! —dijo la señorita Douce, suspirando por encima de su saltarina rosa—. No quisiera haberme reído tanto. Me siento toda mojada.

—¡Oh, señorita Douce! —protestó la señorita Kennedy—. ¡Pícara cochina!

Y se sonrojó todavía más (¡cochina!), más doradamente.

Delante de las oficinas Cantwell vagaba Grasosobloom, delante de las vírgenes de Ceppi, relucientes de sus óleos. El padre de Nannetti vendía esas cosas por ahí, embaucando como yo de puerta en puerta. La religión recompensa. Tengo que verlo acerca del recuadro de Llavs. Comer primero. Tengo hambre. Todavía no. A las cuatro, dijo ella. El tiempo no se detiene. Las manecillas del reloj dando vueltas. Vamos. ¿Dónde comer? Al Clarence, al Dolphin. Vamos. Para Raúl. Comer. Si saco cinco guineas de esos avisos. Las enaguas de seda violeta. Todavía no. Las dulzuras del pecado.

Se sonrojó menos, todavía menos, doradamente palideció.

En su bar, perezosamente, entró el señor Dedalus. Astillas, sacando astillas de la dura uña de uno de sus pulgares. Astillas. Perezosamente entró.

—¡Oh, bien venida de vuelta, señorita Douce!

Le tomó la mano. ¿Se había divertido en sus vacaciones?

—Muchísimo.

Esperaba que hubiera tenido buen tiempo en Rostrevor.

—Magnífico —dijo ella—. Mire cómo he quedado. Tendida en la playa todo el día.

Blancura bronceada.

—Estuvo hecha una pícara —dijo el señor Dedalus y le apretó indulgentemente la mano—. Tentando a los pobres hombres inocentes.

La señorita Douce de satén retiró su brazo.

—¡Oh, vamos! —dijo—. Usted es muy inocente, pero no lo creo. Él era.

—Sin embargo lo soy —dijo meditabundo—. Cuando estaba en la

cuna lo parecía tanto que me bautizaron Simón el inocente.
—Usted debe de estar un poco desmejorado —replicó la señorita Douce—. ¿Y qué le recetó hoy el médico?
—Bueno, en realidad —dijo pensativo—, lo que usted misma disponga. Creo que la voy a molestar por un poco de agua fresca y medio vaso de whisky.
Retintín.
—En seguida —asintió la señorita Douce.
Con gracia de en seguida ella se volvió hacia el espejo dorado Cantrell y Cochrane. Graciosamente sacó una medida de whisky dorado del barrilito de cristal. Del faldón de su levita el señor Dedalus sacó saquito y pipa. Ella sirvió en seguida. Él sopló dos roncas notas de pífano en la pipa.
—Por Júpiter —meditó—. Muchas veces he querido ver las montañas Mourne. Debe de ser un gran tónico el aire de allí. Pero dicen que el que mucho desea al fin consigue. Sí, sí. Sí, sí.
Sí. Sus dedos tomaron unas hebras de rubio cabello de doncella, de sirena, rubio Virginia, y los llevaron adentro de la hornalla de la pipa. Astillas. Hebras. Pensativo. Mudo.
Nadie diciendo nada. Sí.
La señorita Douce lustró alegremente un cubilete, gorjeando:
—*¡Oh, Aydolores, reina de los mares orientales!*
—¿Estuvo hoy el señor Lidwell?
Entró Lenehan. Alrededor de él atisbó Lenehan. El señor Bloom alcanzó el puente de Essex. Sí, el señor Bloom cruzó el puente de Yessex. A Marta tengo que escribirle. Comprar papel. En lo de Daly. La chica de allí cortés. Bloom. Viejo Bloom. El viejo Bloom está en la luna.
—Estuvo a la hora del almuerzo —dijo la señorita Douce.
Lenehan se adelantó.
—¿Me anduvo buscando el señor Boylan?
Él preguntó. Ella contestó.
—Señorita Kennedy, ¿estuvo el señor Boylan aquí mientras yo estaba arriba?
Ella preguntó. La señorita voz de Kennedy contestó, una segunda taza de té en suspenso, la mirada sobre una página.
—No. No estuvo.
La señorita mirada de Kennedy, oída pero no vista, siguió leyendo. Lenehan enroscó su cuerpo redondo alrededor de la campana de sandwiches.
—¡Cucú! ¿Quién está en el rincón?
Sin que ninguna mirada de Kennedy lo recompensara, él siguió todavía haciendo insinuaciones. Que tuviera cuidado con los puntos. Que leyera solamente las negras: la redonda y la torcida ese.
Tintineo airoso tintineo.
Niñaoro ella leyó y no miró. No hagas caso. Ella no hizo caso mientras él le leía de memoria una fábula solfeada con una voz desentonada.
—Unnn zorro encontró uuunaa cigüeña. Dijo eel zorro a laa cigüeña: ¿quieres poner el pico deentro de mi garganta y sacaar uun

hueso?

Zumbó en vano. La señorita Douce se apartó hacia su té.

Él suspiró aparte.

—¡Ay de mí! ¡Pobre de mí!

Saludó al señor Dedalus y recibió una inclinación de cabeza.

—Saludos del famoso hijo de un famoso padre.

—¿De quién se trata? —preguntó el señor Dedalus.

Lenehan abrió los más cordiales brazos. ¿Quién?

—¿Quién puede ser? —preguntó—. ¿Lo pregunta usted? Esteban, el bardo juvenil.

Seco.

El señor Dedalus, famoso padre, dejó a un lado su seca pipa llena.

—Entiendo —dijo—. No lo entendí de primera intención. He oído decir que frecuenta muy selecta compañía. ¿Lo ha visto últimamente?

Él lo había visto.

—Bebí la copa de néctar con él en este mismo día —dijo Lenehan—. En lo de Mooney *en ville* y en lo de Mooney *sur mer*. Había recibido el paco por la labor de su musa.

Sonrió a bronce labios bañados en té, a los ojos y labios atentos.

—La *élite* de Erín pendía de sus labios. El voluminoso pandita Hugo MacHugh, el más brillante escriba y editor de Dublin, y ese muchacho trovador del salvaje oeste húmedo, que es conocido por el eufónico nombre de O'Madden Burke.

Después de un intervalo el señor Dedalus levantó su bebida y

—Debe de haber sido sumamente divertido —dijo—. Me lo imagino.

Ve. Bebió. Con un ojo lejano de plañidera montaña. Dejó reposar su vaso.

Miró hacia la puerta del salón.

—Veo que han movido el piano.

—El afinador estuvo hoy —contestó la señorita Douce— afinando para el gran concierto, y nunca escuché tan exquisito pianista.

—¿De veras?

—¿No es cierto, señorita Kennedy? Verdadero clásico, saben. Y ciego también, pobre muchacho. Estoy segura de que no tenía ni veinte años.

—¿De veras? —dijo el señor Dedalus.

Bebió y se distrajo.

—Tan triste mirarle la cara —se condolió la señorita Douce.

Quienquiera que seas, hijo de puta.

Tiling gritó a su compasión la campanilla de un comensal. A la puerta del comedor llegó el pelado Pat, llegó el molestado Pat, llegó Pat, mozo del Ormond. Cerveza para el comensal. Ella sirvió cerveza sin apurarse.

Con paciencia Lenehan esperaba a Boylan impaciente, el divertido ruidoso alegre muchacho.

Levantando la tapa él (¿quién?) miró dentro del ataúd (¿ataúd?) hacia las sesgadas cuerdas (¡piano!) triples del piano. Oprimió (el mismo que le oprimió indulgentemente la mano) tres teclas pedaleando suavemente para ver avanzar las piezas de fieltro, para escuchar la apagada caída de los martillos en acción.

Dos hojas de papel vitela crema, uno reserva dos sobres cuando yo estaba en lo de Sabiduría Hely sabio Bloom compró Henry Flower en lo de Daly. ¿No eres feliz en tu casa? Flor para consolarme y un alfiler corta el am. Quiere decir algo, lenguaje de flo. ¿Era una margarita? Esa es inocencia. Respetable niña encontrada después de misa. Gracie terriblemente muchamente. El sabio Bloom observó un cartel sobre la puerta, una ondulante sirena fumando entre lindas olas. Fume Sirenas la fumada más fresca. Cabellera flotante: suspirando de amor. Por un hombre. Por Raúl. Una ojeada y vió lejos, sobre el puente de Essex un alegre sombrero sobre un coche de plaza. Es. Tercera vez. Coincidencia.

Tintineando sobre flexibles gomas corría desde el puente al muelle de Ormond. Sigue. Arriésgalo. Ve rápido. A las cuatro. Cerca ahora. Vamos.

—Dos peniques, señor —la chica del negocio se atrevió a decir.

—¡Ahá!... me olvidaba... disculpe...

—Y cuatro.

A las cuatro ella. Simpáticamente ella sonrió a Bloomaélaquien-Bloo son rap ir. Enastardes. ¿Crees ser el único guijarro en la playa? Hace eso a todos. Para hombres.

En amodorrado silencio oro se inclinó sobre su página.

Desde el salón un llamado vino, largo para morir. Eso fué un acorde que tenía el afinador que él olvidó que ahora él hizo sonar. Un llamado otra vez. Que él ahora equilibró que ahora palpitó. ¿Oyes? Palpitó, puro, más puro, suave y más suave, sus zumbadores compases. Más largo en agonizante llamada.

Pat pagó la botella del comensal; y antes de irse cuchicheó sobre la bandeja, el vaso y la botella, calvo y molesto, con la señorita Douce.

—*Las brillantes estrellas palidecen...*

Un canto sin voz salió del interior, cantando:

—*...la mañana despunta.*

Una docena de notas aladas jugaron su viva alegría atiplada respondiendo al llamado de las sensitivas manos. Las teclas, titilando todas brillantemente enlazadas, unidas en el clave, llamaron a una voz para cantar la melodía de la mañana húmeda de rocío, de la juventud, de la despedida del amor, de la vida, de la mañana del amor.

—*Las perlas goteantes del rocío...*

Desde el mostrador, los labios de Lenehan dejaron escapar un silbido ceceoso y tenue de seducción.

—Mas mira para este lado —dijo—, rosa de Castilla.

Retintín de llanta en la curva y detención.

Ella se levantó y cerró su lectura, rosa de Castilla. Agitada abandonada, soñadoramente se levantó.

—¿Ella cayó o fué empujada? —le preguntó.

Ella contestó con desgano:

—Si no haces preguntas no oirás mentiras.

Como una dama, a lo señor.

Los elegantes zapatos de color de Blazes Boylan crujieron recorriendo el piso del bar. Sí, oro desde cerca y bronce desde lejos. Lenehan escuchó, lo conoció y lo saludó:

—Ved aquí al héroe conquistador que llega.

Entre coche y ventana, andando astutamente, iba Bloom, héroe no conquistado; verme podría. El asiento en que se sentó: todavía caliente. Negro gato astuto se dirigía hacia la valija legal de Richie Goulding, levantada en alto saludando.

—*Y yo de ti*...

—Me dijeron que usted andaba por aquí —dijo Blazes Boylan.

A guisa de saludo para la linda señorita Kennedy tocó el borde de su inclinado pajizo. Ella le sonrió. Pero la hermana bronce sonrió más que a ella, componiéndose para él una cabellera más vistosa, un seno y una rosa.

Boylan encargó brebajes.

—¿Qué grita usted? ¿Copa de bitter? Bitter, por favor, y un guindado para mí. ¿No llegó el cable?

Todavía no. A las cuatro él. Todos dijeron cuatro.

Las rojas orejas y la manzana de Adán de Cowley a la puerta de la oficina del comisario. Evitar. Goulding una oportunidad. ¿Qué está haciendo en el Ormond? Coche esperando. Veamos.

¡Hola! ¿Hacia dónde? ¿Algo para comer? Yo también estaba por. Aquí. ¿Qué, el Ormond? El mejor valor en Dublin. ¿De veras? Comedor. Está bien ubicado. Ver, sin que lo vean. Creo que voy a unirme a usted. Vamos. Richie guió. Bloom siguió la valija. Comida de príncipe.

La señorita Douce se estiró para alcanzar un frasco, estirando su brazo de satén, su busto, que por poco estalló, tan alto.

—¡Oh! ¡Oh! —jadeaba Lenehan, a cada esfuerzo—. ¡Oh!

Pero ella se apoderó de su presa con facilidad y la bajó triunfalmente.

—¿Por qué no crece? —preguntó Blazes Boylan.

Ellabronce sirviendo de su jarra espeso licor como jarabe para los labios de él, miraba cómo fluía (flor en su saco; ¿quién se la dió?), jarabeó con su voz:

—La esencia fina viene en frasco chico.

Eso quiere decir que ella. Diestramente vertió lentojaraboso guindado.

—A la salud —dijo Blazes.

Arrojó una ancha moneda. La moneda sonó (rang).

—Espera —dijo Lenehan— que yo...

—Salud —deseó él, levantando su cerveza llena de burbujas.

—Cetro ganará a medio galope.

—Yo me metí un poco —dijo Boylan guiñando y bebiendo—. No con lo mío, saben. El metejón de un amigo.

Lenehan seguía bebiendo y haciendo muecas a su inclinada cerveza y a los labios de la señorita Douce casi canturreaban, entreabiertos, la canción oceánica que sus labios habían deletreado. Mares orientales.

El escape del reloj. La señorita Kennedy pasó cerca de ellos (flor, quién se la habrá dado) llevándose la bandeja del té. El reloj restalló.

La señorita Douce tomó la moneda de Boylan, golpeó con firmeza la caja registradora. Resonó. El reloj restalló. La hermosa de Egipto repicaba y clasificaba en la gaveta de guardar dinero, canturreaba y daba monedas de vuelto. Mira al oeste. Un restallar. Para mí.
—¿Qué hora es? —preguntó Blazes Boylan—. ¿Cuatro?
En punto.
Lenehan, pequeños ojos hambrientos sobre su canturreo, los senos canturreando, tiró de la codomanga de Blazes Boylan.
—Escuchemos la hora —dijo.
La valija de Goulding, Collis y Ward condujo a Bloom por mesas floreadas de floración de centeno. Con cierta agitación eligió al azar, el calvo Pat esperando una mesa cerca de la puerta. Estar cerca. A las cuatro. ¿Se habría olvidado? Tal vez una trampa. No venir: aguzar el apetito. Yo no podría hacerlo. Espera, espera. Pat, mozo-esperador, esperaba.
Los azur chispeantes de bronce ojearon el lazo de la corbata y los ojos azul celeste de Blazur.
—Sigue —aprendió Lenehan—. No hay nadie. Él no escuchó nunca:
—...*A los labios de Flora corrió.*
Alto, una alta nota, repicó en el sobreagudo, límpida.
Doucebronce en comunión con su rosa que descendía y ascendía buscó la flor y los ojos de Blazes Boylan.
—Por favor, por favor.
Él volvió a suplicar devolviendo melodioso consentimiento.
—*Yo no podría dejarte...*
—Veremos después —prometió tímidamente la señorita Douce.
—No, ahora —urgió Lenehan—. *Sonnez la cloche!* ¡Oh, hazlo! No hay nadie.
Ella miró. Rápido. La señorita Kenn fuera del alcance del oído. Repentina inclinación. Dos rostros encendidos observaron su inclinación.
Vibrando las cuerdas se desviaron del tema, lo hallaron otra vez, acorde perdido, y lo perdieron para volverlo a hallar en su desfalleciente vibración.
—¡Sigue! ¡Hazlo! *Sonnez.*
Inclinándose, ella sujetó un pico de pollera por encima de su rodilla. Se demoró. Los tentó todavía, inclinándose, suspendiendo con ojos perversos.
—*Sonnez!*
Clac. Dejó libre repentinamente rebotar su sujetada liga de elástico cálidoclac contra su clacqueable muslo de mujer cálidamente enfundado en la media.
—*La cloche!* —gritó gozosamente Lenehan—. Amaestrada por el dueño. Nada de aserrín ahí. Ella sombriósonrió con superioridad (¡Bah! ¿No son los hombres?); pero, deslizándose hacia la luz, apacible sonrió a Boylan.
—Usted es la esencia de la vulgaridad —dijo deslizándose.
Boylan miró, miró. Atrajo a sus gruesos labios su cáliz, bebió de un trago su diminuto cáliz, chupando las últimas gruesas gotas violáceas de jarabe. Sus ojos fascinados siguieron la cabeza que se desli-

zaba mientras recorriendo el bar por los espejos, dorado arco para vasos de ginger ale, vino del Rin y clarete rielando, una erizada concha, donde concertó, espejeó, bronce con bronce más lleno de sol.

Sí, bronce desde cerca.

—¡Adiós, amor mío!

—Me voy —dijo Boylan con impaciencia.

Hizo resbalar su cáliz lejos, enérgicamente agarró su cambio.

—Espera un segundo —imploró Lenehan, bebiendo rápidamente—. Yo quería decirte. Tomás Rochford.

—Vamos al diablo —dijo Blazes Boylan, yéndose.

Lenehan vació su vaso de un trago para irse.

—¿Te picó algún bicho, o qué? —dijo—. Espera. Ya voy.

Siguió los apresurados zapatos crujientes; pero se hizo a un lado ágilmente en el umbral, saludando dos formas, una corpulenta y una delgada.

—¿Cómo le va, señor Dollard?

—¿Eh? ¿Cómo va? ¿Cómo va? —contestó el bajo distraído de Ben Dollard, que olvidó por un instante el pesar del padre Cowley—. No te molestará más, Bob. Alf Bergan le hablará al largo. Esta vez le vamos a poner una paja de cebada en la oreja a ese Judas Iscariote.

Suspirando, el señor Dedalus atravesó el salón, acariciándose un párpado con un dedo.

—¡Jojó!, lo haremos —canturreó alegremente Ben Dollard en tirolés—. Vamos, Simón, cántanos una tonada. Hemos oído el piano.

El calvo Pat, mozo fastidiado, esperaba órdenes para bebidas, Power para Richie. ¿Y Bloom? A ver. No hacerlo caminar dos veces. Sus callos. Las cuatro ahora. ¡Qué caliente es este negro! Naturalmente los nervios un poco. Refracta (¿es así?) el calor. A ver. Sidra. Sí, una botella de sidra.

—¿Qué es eso? —dijo el señor Dedalus—. No hacía más que improvisar, hombre.

—Vamos, vamos —llamó Ben Dollard—. Vete, triste inquietud. Ven, Bob. Bob.

Se zampó Dollard trapos voluminosos, delante de ellos (mantén a ese tipo contigo: manténlo ahora) en el salón. Se dejó caer Dollard, sobre el taburete. Sus gotosas zarpas cayeron sobre las cuerdas. Cayeron se detuvieron bruscas.

El calvo Pat en la puerta encontró el oro sin té de vuelta. Fastidiado él quería Power y sidra. Bronce al lado de la ventana observaba, bronce desde lejos.

Tintín un retintín correteaba.

Bloom escuchó un tin, un pequeño sonido. Se va. Ligero sollozo de aliento suspiró Bloom sobre las silenciosas flores de tinte azul. Tintineando. Se ha ido. Tintín. Oye.

—Amor y guerra, Ben —dijo el señor Dedalus—. Dios sea con los viejos tiempos.

Los valientes ojos de la señorita Douce, inadvertidos, se volvieron de la persiana por la luz del sol. Se fué. Pensativa (¿quién sabe?), excitada (la excitante luz), bajó la cortina con un cordón corredizo. Dejó descender pensativa (¿por qué se fué tan rápido cuando yo?)

alrededor de su bronce, sobre el bar donde el calvo estaba al lado de la hermana oro, contraste inexquisito, contraste inexquisito, noexquisito, lenta fría confusa profundidad de sombra verdemar, *eau de Nil.*

—El pobre viejo Goodwin era el pianista esa noche —les recordó el padre Cowley—. Había una ligera diferencia de opinión entre él y el gran piano Collard.

Había.

—Un banquete todo suyo —dijo Dedalus—. El diablo no lo habría detenido. Era un viejo chiflado en el primer período de la bebida.

—Por Dios, ¿se acuerdan? —dijo Ben voluminoso Dollard volviéndose del castigado teclado—. Y por todos los demonios que yo no tenía traje de bodas.

Rieron todos los tres. Él no tenía traje. Todo el trío se rió. Nada de traje de bodas.

—Nuestro amigo Bloom estuvo oportuno esa noche —dijo el señor Dedalus—. Entre paréntesis, ¿dónde está mi pipa?

Vagó de vuelta al bar en busca de la perdida cuerda pipa. El calvo Pat llevaba bebidas para dos comensales, Richie y Poldito. Y el padre Cowley rió otra vez.

—Creo que yo salvé la situación, Ben.

—De veras —afirmó Ben Dollard—. Recuerdo también esos pantalones ajustados. Ésa fué una brillante idea, Bob.

El padre Cowley se sonrojó hasta sus brillantes lóbulos purpúreos. Él salvó la situa. Ajustados panta. Brillante ide.

—Yo sabía que andaba encharcado —dijo—. La esposa tocaba el piano los sábados en el Café Palace por una remuneración insignificante; ¿y quién fué que me sopló que ella estaba haciendo el otro asunto? ¿Se acuerdan? Tuvimos que registrar toda la calle Holles para encontrarlos, hasta que el muchacho de lo de Keogh nos dió el número. ¿Se acuerdan?

Ben recordaba, su amplio rostro maravillándose.

—Por Dios, que ella tenía allí lujosos abrigos de Ópera y cosas.

El señor Dedalus vagabundeó de vuelta, pipa en mano.

—Estilo Merrion Square. Trajes de baile, caramba, y trajes de corte. No quería recibir dinero tampoco. ¿Qué? La cantidad que quieran de sombreros de tres picos y boleros y gregüescos. ¿Qué?

—Sí, sí —hizo con la cabeza el señor Dedalus—. La señora Marion Bloom ha gastado ropas de todas clases.

Tintín correteó por los muelles. Blazes despatarrado sobre saltarinas llantas.

Hígado y tocino. Bife y pastel de riñón. Bien, señor. Bien, Pat.

La señora Marion meten si cosas. Olor a quemado de Paul de Kock. Lindo nombre él.

—¿Cómo es que se llamaba? Una mocita vivaracha. Marion...

—Tweedy.

—Sí. ¿Está viva?

—Y coleando.

—Era la hija de...

—La Hija del Regimiento.

—Sí, demontre. Recuerdo al viejo tambor mayor.

El señor Dedalus raspó, encendió, echó fragante bocanada después.
—¿Irlandesa? No sé, palabra. ¿Es irlandesa, Simón?
Bocanada después de chupar; una bocanada fuerte, fragante, crepitante.
—Buccinador es... ¿Qué?... Un poco oxidado... ¡Oh!, ella es... Mi Molly irlandesa, ¡oh!
Lanzó un plumacho de humo acre.
—Del peñón de Gibraltar... todo el camino.
Ellas languidecían en profundidad de sombra de océano, oro al lado de la bomba de cerveza, bronce al lado del marrasquino, pensativas las dos, Mina Kennedy, 4 Lismore Terrace, Drumcondra con Aydolores, una reina, Dolores, silenciosa.
Pat sirvió platos descubiertos. Leopoldo cortó rebanadas de hígado. Como se dijo antes, comió con fruición los órganos internos: mollejas con gusto a nuez, huevos fritos de bacalao, mientras Richie Gouldin, Collis y Ward comía bife y riñón, bife después riñón, bocado a bocado él comía Bloom comía ellos comían.
Bloom con Goulding, casados en el silencio, comían. Comidas propias de príncipes.
Por Bachelor's walk al trotecito tintineaba Blazes Boylan, soltero, al sol, al calor, al trote la lustrosa anca de la yegua, con chasquido de látigo, sobre saltarinas llantas: despatarrado, cálidamente sentado, Boylan impaciencia, ardorosado. Cuerno. ¿Tienes el? Cuer cuer cuerno.
Sobre sus voces Dollard atacó en bajo tronando sobre bombardeadores acordes.
—*Cuando el amor absorbe mi ardiente alma*...
Redoble de Benalmabenjamín redobló hacia los trémulos panales de amor de los vidrios del techo.
—¡Guerra! ¡Guerra! —gritó el padre Cowley—. Tú eres el guerrero.
—Pues lo soy —rió Ben Guerrero—. Estaba pensando en tu casero. Amor o dinero.
Se detuvo. Meneó enorme barba, enorme rostro sobre su disparate enorme.
—Seguro que le romperías a ella el tímpano de la oreja, hombre —dijo el señor Dedalus a través de aroma de humo—, con un órgano como el tuyo.
Dollard se agitó sobre el teclado con una abundante risa barbuda, con seguridad.
—Para no mencionar otra membrana —agregó el padre Cowley—. Descanso, Ben. *Amoroso ma non troppo.* Déjame hacer.
La señorita Kennedy sirvió tazones de cerveza fresca a dos caballeros. Ella hizo un comentario. De verdad, dijeron primero los caballeros, era un hermoso tiempo. Bebieron la cerveza fresca. ¿Sabía ella adónde iba el virrey? Y escuchó acerocascos cascosonar sonar. No, ella no sabría decir. Pero estaría en el diario. ¡Oh!, ella no tenía por qué molestarse. No era molestia. Ella ondeó su abierto *Independiente*, buscando, el virrey, el cono de sus cabellos lentomoviéndose, virr. Tanta molestia, dijo el primer caballero. ¡Oh no, nada de eso! La forma en que él miraba eso. Virrey. Oro y bronce oyeron hierro acero.

—.............. *mi ardiente alma*.
No me importaa el mañana.
En salsa de hígado Bloom deshizo papas deshechas. Amor y guerra es alguno. El famoso de Ben Dollard. La noche que corrió a pedirnos prestado un traje de etiqueta para ese concierto. Los pantalones le quedaban tirantes como parche de tambor. Puercos musicales. Maruja se reía de veras cuando él salió. Se tiró de espaldas en la cama, gritando, pataleando. Él con todos sus bártulos en exhibición. ¡Oh, santos del cielo, estoy empapada! ¡Oh, las mujeres en la primera fila! ¡Oh, nunca me reí tanto! Bueno, naturalmente, eso es lo que le da el bajo barríltono. Por ejemplo, los eunucos. ¿Quién estará tocando? Ejecución agradable. Debe de ser Cowley. Musical. Conoce cualquier nota que uno toque. El pobre diablo tiene mal aliento. Paró.
La señorita Douce, insinuante Lidia Douce, hizo una inclinación de cabeza al amable procurador George Lidwell, caballero que entraba. Buenas tardes. Ella tendió su húmeda mano de dama, a su firme apretón. Tardes. Sí, ella estaba de vuelta. Al yugo otra vez.
—Sus amigos están adentro, señor Lidwell.
George Lidwell, amable, procuraba, sostenía una manodelidia.
Bloom comía hig como se dijo antes. Limpio aquí por lo menos. Ese tipo en el Burton, gomoso de cartílago. Nadie aquí: Goulding y yo. Mesas limpias, flores, mitras de servilletas. Pat de aquí para allá, pelado Pat. Nada que hacer. El mejor valor de Dub.
El piano otra vez. Es Cowley. La forma en que se sienta dentro de él, como una sola cosa, mutua comprensión. Cansadores moldeadores rascando violines, el ojo sobre el final del arco, aserrando el cello, le hacen recordar a uno el dolor de muelas. El ronquido de ella, largo y sonoro. La noche que estábamos en el palco. El trombón de abajo resoplando como un cetáceo, en los entreactos; otro tipo del bronce desenroscando, vaciando saliva. Las piernas del director también, pantalones bolsudos. Jiga de aquí jiga de allá. Hace bien en esconderlos.
Jiga tintín salta salta.
Solamente el arpa. Hermosa luz resplandeciente de oro. Una chica la tocaba. Popa de una hermosa. La salsa digna de un. Nave de oro. Erín. El arpa que una vez o dos. Frescas manos. Ben Howth, los rododendros. Nosotros somos sus arpas. Yo. Él. Viejo. Joven.
—¡Ah, yo no podría, hombre! —dijo el señor Dedalus, huraño, desatento.
Fuertemente.
—Vamos, demonio —gruñó Ben Dollard—. Sácalo como salga.
—*M'appari*, Simón —dijo el padre Cowley.
Escenario abajo dió unos largos pasos, grave, alto en la aflicción, sus largos brazos extendidos. La manzana de su garganta roncó roncamente suavemente. Suavemente cantó allí a un polvoriento paisaje marino: *Un último adiós*. Un promontorio, un barco, una vela sobre las olas. Adiós. Una hermosa joven, su velo agitándose en el viento sobre el promontorio, viento a su alrededor.
Cowley cantó:

—*M'appari tutt'amor:*
Il mio sguardo l'incontr...

Ella agitaba, sin escuchar a Cowley, su velo a uno que partía, el amado, al viento, el amor, rápida vela, vuelve.

—Sigue, Simón.

—¡Ah!, seguro que mis días de baile han terminado, Ben... Bueno...

El señor Dedalus dejó descansar su pipa al lado del diapasón y, sentándose, tocó las obedientes teclas.

—No, Simón —dijo el padre Cowley volviéndose—. Tócalo como es. Un bemol.

Las teclas, obedientes, levantaron el tono, hablaron, titubearon, confesaron, confundidas.

Escenario arriba avanzó el padre Cowley.

—Vamos, Simón, yo te acompañaré. Levántate.

Delante de la roca de ananás de Graham Lemon, al lado del elefante de Elvery tintín trotecito. Bife, riñón, hígado, carne y puré dignos de príncipes estaban sentados los príncipes Bloom y Goulding. Ante esa carne ellos levantaron y bebieron Power y sidra.

El aire más hermoso para tenor que jamás haya sido escrito —dijo Richie—: *Sonámbula*. Oyó Joe Maas cantar eso una noche. ¡Ah, qué M'Guckin! Sí. A su manera. Estilo de muchacho corista. Mass era el muchacho. Monaguillo. Un tenor lírico si usted quiere. Nunca lo olvidaré. Nunca.

Sobre tocino sin hígado Bloom vió complacido apretarse las encogidas facciones encogerse. Dolor de espaldas él. Brillante de brillante ojo. El próximo ítem en el programa. Pagando al flautista. Píldoras, pan molido, valen una guinea la caja. Lo retarda un poco. Canta también. *Abajo entre los muertos*. Apropiado. Pastel de riñón. Dulces para los. No lo aprovecha mucho. El mejor valor en. Característico de él. Power. Exigente para su bebida. Falla en el vaso, fresca agua Vartry. Toma fósforos de los mostradores para ahorrar. Luego derrocha libras esterlinas en bagatelas. Y cuando se lo necesita ni un cuarto de penique. Apremiado, rehusa pagar su parte. Tipos curiosos.

Nunca se olvidaría Richie de esa noche. Mientras viviera, nunca. En el gallinero con el pequeño Peake. Y cuando la primera nota.

Las palabras se detuvieron en los labios de Richie.

Saldrá con una tremenda mentira ahora. De todo hace canciones. Cree sus propias mentiras. De veras que sí. Maravilla de mentiroso. Pero hay que tener una buena memoria.

—¿Qué aire es ése? —preguntó Leopoldo Bloom.

—*Todo está perdido ahora*.

Richie frunció sus labios. El incipiente sortilegio de una dulce nota baja lo murmuraba todo. Tordo. Malvis, su dulce soplo de pájaro, buenos dientes de que él está orgulloso, gimió con dolorida pena. Está perdido. Rico sonido. Ahora dos notas en una. El mirlo que escuché en el valle de espinos. Tomando mis motivos se apareaba y los devolvía. A lo sumo también nuevo llamado en el todo perdido en el todo. Eco. ¡Qué dulce la respuesta! ¿Cómo se hace eso? Todo perdido ahora. Plañidero silbó. Cae, se rinde, perdido.

Bloom inclinó leopoldina oreja, acomodando un fleco de la carpetita bajo el florero. Orden. Sí me acuerdo. Hermoso aire. Fué hacia él dormida. Inocencia bajo la luna. Retenerla todavía. Valientes, ignoran su peligro. Llamarlo por su nombre. Tocar el agua. Salto saltarín. Demasiado tarde. Ella anhelaba ir. Por eso. La mujer. Tan fácil como detener el mar. Sí: todo está perdido.

—Un hermoso aire —dijo Bloom perdido Leopoldo—; lo conozco bien.

Richie Goulding jamás en toda su vida.

Él también lo conoce bien. O lo siente. Todavía machacando sobre su hija. Niña avisada que conoce a su padre, dijo Dedalus. ¿Yo?

Bloom lo veía de soslayo por encima de su sin hígado. Cara de todo está perdido. Travieso Richie en un tiempo. Chistes viejos pasados de moda. Meneando su oreja. El servilletero en el ojo. Ahora cartas mendigando que mande con su hijo. El bizco Walter señor ya lo hice señor. No molestaría si no fuera porque estoy esperando algún dinero. Disculpas.

Piano otra vez. Suena mejor que la última vez que lo oí. Afinado probablemente. Se paró otra vez.

Dollard y Cowley instaban todavía al cantor poco deseoso de cantar.

—Vamos, Simón.
—A ver, Simón.
—Señoras y señores, estoy sumamente agradecido por sus amables pedidos.
—A ver, Simón.
—No tengo dinero, pero si me prestan su atención me empeñaré en cantarles algo acerca de un corazón apenado.

Cerca de la campana de sandwiches, tras una pantalla de sombra, Lydia su bronce y rosa, con una gracia de dama, ofrecía y negaba: como fresca y glauca *eau de Nil* Mina a dos chopes sus pináculos de oro.

Los arpegios del preludio cesaron. Un acorde largamente sostenido, expectante, se llevó la voz.

—*Cuando vi esa forma cariñosa.*

Richie se dió vuelta.

—La voz de Si Dedalus —dijo.

El cerebro titilado, las mejillas heridas por la llama, ellos escucharon sintiendo ese flujo cariñoso manar sobre la piel miembros corazón humano alma médula espinal. Bloom hizo una seña a Pat, el pelado Pat es un mozo duro de oído, de dejar entornada la puerta del bar. La puerta del bar. Así. Así está bien. Pat, el mozo esperaba, esperando escuchar, porque era duro de oído al lado de la puerta

—*El pesar pareció alejarse de mí.*

En el silencio del aire una voz cantó para ellos, baja, no lluvia, no murmullo de hojas, como ninguna voz de cuerdas de caramillos o comoesquesellaman dulcémele, llegando a sus oídos quietos con palabras, quietos corazones de su cada uno recordaban vidas. Bueno, bueno de escuchar: el pesar de cada uno de ellos pareció apartarse de ambos cuando empezaron a escuchar. Cuando empezaron a ver, perdido Richie, Poldito, misericordia de la belleza, escucharon de quien menos lo esperarían lo más mínimo su primera misericordiosa palabra amorbueno buenamor.

El amor que canta: Viejo y dulce canto de amor. Bloom desenrolló lentamente la banda elástica de su paquete. Viejo y dulce canto de amor. *Sonnez la* oro. Bloom arrolló una madeja alrededor de cuatro dientes en horquilla, estrechó, aflojó y volvió a arrollar alrededor de su doble desconcertado, lo cuadruplicó, en octavo, los ató firmes.

—*Lleno de esperanza y de encanto.*

Los tenores consiguen mujeres a montones. Aumentan su caudal. ¿Arrojan flores a sus pies cuando nos veremos? Mi cabeza flaquea. Repercute, todo encantado. Él no puede cantar para sombreros altos. Tu cabeza simplemente gira. Perfumada para él. ¿Qué perfume tu esposa? Yo quiero saber. Cling. Para. Golpea. Siempre una última mirada al espejo antes de atender a la puerta. El vestíbulo. ¿Allí? ¿Cómo le? Aquí andamos. ¿Allí? ¿Qué? ¿O? Pila de cachous, confites para besos, en su cartera. ¿Sí? Las manos palparon lo opulento.

¡Ay! La voz se remontó, suspirando, cambiante: estentórea, plena, brillante, soberbia.

—*Pero, ¡ay!, era sueño vano...*

Su timbre es aún glorioso. El aire de Cork más dulce todavía su acento. ¡Tonto! Podría haber hecho océanos de dinero. Cantaba confundiendo las palabras. Acabó con su esposa: ahora canta. Pero es difícil decir. Solamente ellos dos mismos. Si no se viene abajo. Conserva un trote por la avenida. Sus pies y manos cantan también. La bebida. Nervios demasiado tirantes. Hay que ser abstemio para cantar. Sopa Jenny Lind: caldo, salvia, huevos crudos, media pinta de crema. Para cremoso soñador.

Ternura derramaba: lento, dilatándose. Vibraba llena. Esa es la charla. ¡Ah, da! ¡Toma! Latido, un latido, un pulsante orgulloso erecto.

¿Las palabras? ¿La música? No: es lo que está detrás.

Bloom hacía lazos, los deshacía, anudaba y desanudaba.

Bloom. Inundación de cálido yimyam lámelo secreto fluía para fluir en música, en deseo, oscuro de absorber, invadiendo. Titilándola, tecleándola, taladrándola, traspasándola. Top. Poros a dilatar dilatando. Top. La alegría la sensación la tibieza la. Top. Para verter sobre canales vertiendo chorros. Corriente, chorro, chorroalegre, arietequetopa. ¡Ahora! Lenguaje del amor.

—*...rayo de esperanza...*

Resplandeciendo. Lydia para Lidwell escaso chillido oye tan como dama la musa deschilló un rayo de esperanza.

Es *Martha*. Coincidencia. Justo al ir a escribir. Canción de Lionel. Hermoso nombre tiene usted. No puedo escribir. Acepta mi pequeño presen. Juega con las cuerdas de su corazón con las de su bolsa también. Ella es una. Te llamé muchacho travieso. El nombre aún: Marta. ¡Qué extraño! Hoy.

La voz de Lionel volvió, más débil pero no cansada. Cantó otra vez para Richie Poldy Lydia Lidwell también cantó para Pat boca

abierta oreja esperando, para esperar. Cómo él primero vió esa forma cariñosa, cómo la pena parecía evaporarse, cómo la mirada, forma, palabra lo encantaba a Gould Lidwell; ganó el corazón de Pat Bloom.
Me gustaría ver su cara, sin embargo. Explicaría mejor. Por qué el barbero en lo de Drago siempre miraba mi cara cuando le hablaba a la cara de él en el espejo. Sin embargo se escucha mejor aquí que en el bar aunque sea más lejos.

—*Cada graciosa mirada...*

La noche en que la vi por vez primera en lo de Mat Dillon en Terenure. Amarillo, ella llevaba encaje negro. Sillas musicales. Nosotros dos los últimos. El destino. Detrás de ella. El destino. Alrededor y alrededor lentamente. Rápido rodeo. Nosotros dos. Todos miraban alto. Ella se sentó. Todos los perdedores miraban. Labios riendo. Rodillas amarillas.

—*Encantó mis ojos...*

Cantando. *Esperando* cantó ella. Yo daba vuelta las páginas. Voz llena de perfume que perfume la tuya lilas. Vi los senos, ambos llenos, la garganta gorjeando. Lo primero que vi. Ella me agradeció. ¿Por qué ella a mí? Destino. Ojos españolados. Bajo un peral solitario patio a esta hora en el viejo Madrid un lado en sombra Dolores elladolores. A mí. Tentando. ¡Ah, tentadora!

—¡*Martha*! ¡*Ah, Martha*!

Abandonando toda languidez Lionel gritó su dolor en un grito de pasión dominante al amor que vuelva con profundos y elevados acordes armónicos. En grito de Lionel soledad para que ella supiera, tiene que sentir Marta. Él la esperaba solamente a ella. ¿Dónde? Aquí allí prueba allí aquí todos prueban adónde. En alguna parte.

—¡*Ve-en, tú perdida*!
¡*Ve-en, tú adorada*!

Solo. Un amor. Una esperanza. Un consuelo para mí. Marta, nota de pecho, vuelve.

—¡*Ven*!

Se remontó, un pájaro, mantuvo su vuelo, un grito puro veloz, remonta orbe de plata saltó sereno, apresurándose, sostenido, que venga, no la prolongues demasiado tiempo, largo aliento él alienta larga vida, remontándose alto, alto, resplandeciente, encendido, coronado, alto en la simbólica fulguración, alto, del etéreo seno, alto, de la alta vasta irradiación por todas partes toda remontándose toda alrededor por el todo, la sinfinidadadad...

—¡*A mí*!
¡Siopold!
Consumado.

Ven. Bien cantado. Todos aplaudieron. Ella tendría que. Ven. A mí, a él, a ella, usted también, a mí, a nosotros.

—¡Bravo! Clapclap. Valiente, Simón. Clappyclapclap. ¡Encore! Clapclipclap. Suena como una campana. ¡Bravo, Simón! Clapclopclap. Encore, queclap, decían, gritaban, aplaudían todos, Ben Dollard, Lydia Douce, George Lidwell, Pat, Mina, dos caballeros con los chopes, Cowley, primer caballe con cho y bronce la señorita Douce y oro la señorita Mina.

Los elegantes zapatos de color de Blazes Boylan crujieron sobre el piso del bar, dicho antes. Tintín al lado de los monumentos de sir John Gray, de Horacio manco Nelson, del reverendo padre Theobald Matthew, llanteando como se dijo antes recién ahora. Al trote en calor, cálidamente sentado. *Cloche. Sonnez la. Cloche. Sonnez la.* Más despacio la yegua subió la colina por la Rotunda, Rutland Square. Demasiado lento para Boylan, impaciencia Boylan, se movía con sacudidas suaves la yegua.

Un rezagado sonido metálico de los acordes de Cowley se disipó, murió en el aire enriquecido.

Y Richie Goulding bebió su Power y Leopoldo Bloom su sidra bebió, Lidwell su Guinnes, segundo caballero dijo que ellos participarían de dos chopes si ella no tenía inconveniente. La señorita Kennedy melindroneó, malsirviendo, labios de coral, al primero, al segundo. Ella no tenía inconveniente.

—Siete días en la cárcel a pan y agua —dijo Ben Dollard—. Entonces cantarías como un zorzal de jardín, Simón.

Lionel Simón, cantor, rió. El padre Bob Cowley tocó. Mina Kennedy sirvió. El segundo caballero pagó. Tomás Kernan entró pavoneándose. Lydia admiró, admirada. Pero Bloom cantó mudo.

Admirando.

Richie, admirando, discurrió acerca de la magnífica voz de ese hombre. Se acordaba de una noche, mucho tiempo atrás. Nunca olvidaría esa noche. Sí cantó *Fué el rango y la fama:* fué en lo de Eduardo Lambert. Buen Dios él nunca escuchó en toda su vida una nota como ésa él nunca *entonces falso mejor es que nos separemos* tan claro tan Dios él nunca escuchó *ya que el amor no vive* voz cortante pregúntele a Lambert él le puede decir también.

Goulding, un sonrojo luchando en su pálido, contó al señor Bloom, rostro de la noche. Si en lo de Eduardo Lambert, casa de Dedalus, cantó *Fué el rango y la fama* en su, casa de Eduardo Lambert.

Cuñados: parientes. Nunca nos hablamos cuando nos cruzamos. Grieta en el cemento me parece. Lo trata con desdén. Ahí está. Él lo admira todavía tanto más. La noche que Sí cantó. La voz humana, dos minúsculas cuerdas de seda. Maravillosas, más que todas las otras.

Esa voz era una lamentación. Más calmo ahora. Es en silencio que se siente que se escucha. Vibraciones. Ahora el aire está silencioso.

Bloom desanudó sus manos entrelazadas y con flojos dedos estiró la delgada tira de catgut. Tiró y estiró. La cuerda zumbó, sonó vibrante. Mientras Goulding hablaba del volumen de voz de Barraclough, mientras Tomás Kernan, volviendo sobre el asunto en una especie de arreglo retrospectivo, hablaba al atento padre Cowley que improvisaba, órgano, que asentía con la cabeza mientras tocaba. Mientras el gran Ben Dollard hablaba con Simón Dedalus que encendía, que asentía con la cabeza mientras fumaba, quien fumaba.

Tú perdida. Todas las canciones sobre ese tema. Todavía más Bloom estiraba su cuerda. Cruel parece. Dejar que la gente se encariñe uno del otro: tentarlos. Luego separarlos uno del otro. Muerte.

Explos. Golpe en la cabeza. Afueraaldiablomándesemudar. Vida humana. Dignam. ¡Uf, la cola de esa rata se está meneando! Los cinco chelines que di. *Corpus paradisum.* Graznador de tipitoste: el vientre como un perrito envenenado. Ido. Ellos cantan. Olvidados. Yo también. Y un día ella con. Dejarla: cansarse. Sufrirá entonces. Lloriqueos. Grandes ojos españolados mirando saltones a la nada. Su ondeadorrevuelonpesadodeado cabello des pei:'nado.

Sin embargo demasiada felicidad aburre. Él estiró más, más. ¿No eres feliz en tu? ¡Tuang! Estalló.

Retintín en la calle Dorset.

La señorita Douce retiró su brazo satinado, reprochando complacida.

—No se tome tanta libertad hasta que nos conozcamos más —dijo ella.

George Lidwell le dijo a ella que realmente y que verdaderamente él: pero ella no le creía nada.

El primer caballero dijo a Mina que así era. Ella le preguntó si era así. Y el segundo chop le dijo a ella así. Que eso era así.

La señorita Douce, la señorita Lydia, no creía: la señorita Kennedy, Mina, no creía: George Lidwell, no: la señorita Dou no lo: el primero, el primero: caballe con el cho: crea, no, no: no lo, señorita Kenn: Lidlydiawell: el cho.

Mejor escribirla aquí. Las plumas en la oficina de correo mordidas y torcidas.

A una señal se acercó el pelado Pat. Una pluma y tinta. Él fué. Un secante. Él fué. Un secante para secar. Él oyó, sordo Pat.

—Sí —dijo el señor Bloom, atormentando el ensortijado catgut—. Ciertamente es. Bastará con unas líneas. Mi presente. Toda esa florida música italiana es. ¿Quién es el que escribió? Saber el nombre es conocer mejor. Sacar una hoja de papel de carta, sobre: indiferente. Es tan característico.

—El número más grandioso de toda la ópera —dijo Goulding.

—Así es —afirmó Bloom.

Es números. Toda la música cuando uno se pone a pensar. Dos multiplicado por dos dividido por la mitad es dos veces uno. Vibraciones: ésos son acordes. Uno plus dos plus seis es siete. Se puede hacer lo que se quiere con la prestidigitación de cifras. Siempre se encuentra esto igual a aquello, simetría bajo una pared de cementerio. Él no ve mi luto. Endurecido: todo para su propia tripa. Musamatemáticas. Y tú crees que estás escuchando al etéreo. Pero supongamos que uno lo dice como: Marta, siete veces nueve menos x es treinta y cinco mil. Se iría completamente abajo. Es por los sonidos que es.

Por ejemplo está tocando ahora. Improvisando. Puede ser lo que uno quiera hasta que uno escucha las palabras. Hay que escuchar muy bien. Difícil. Empieza bien: luego se escuchan acordes un poco desentonados: se siente un poco perdido. Entrando y saliendo de bolsas sobre barriles, a través de cercos de alambre, carrera de obstáculos. El momento hace al tono. Cuestión de cómo uno se siente. Sin embargo siempre agradable de escuchar. Excepto escalas ascendentes y descendentes, niñas aprendiendo. Dos a la vez las vecinas de al lado. Tendrían que inventar pianos mudos para eso. *Blumenlied* lo compré para ella. El nombre. Tocando despacio, una niña, la noche que viene a casa, la niña. La puerta de los establos cerca de Cecilia Street. Milly no tiene gusto. Raro porque nosotros dos quiero decir.

El pelado y sordo Pat trajo secante completamente chato tinta. Pat colocó con la tinta la pluma y el secante completamente chato. Pat tomó plato fuente cuchillo tenedor. Pat se fué.

Era el único lenguaje dijo a Ben el señor Dedalus. Él los escuchó siendo niño en Ringabella, Crosshaven, Ringabella, cantando sus barcarolas. El puerto de Queenstown lleno de barcos italianos. Caminando, sabes, Ben, a la luz de la luna con esos sombreros de terremoto. Confundiendo sus voces. Dios, qué música. Ben. La escuché siendo niño. Cross Ringabella haven lunacarola.

Alejando la agria pipa colocó la mano haciendo pantalla al lado de sus labios que arrullaban un llamado nocturno de luz de luna claro desde cerca un llamado desde lejos devuelto por el eco.

Borde abajo de su batuta de *Hombrelibre* vagaban tu otro ojo de Bloom escudriñando por dónde es que vi eso. Callan, Coleman, Dignam Patricio. ¡Aigua! ¡Aiyou! Fawcett. ¡Ajá! Justamente estaba mirando...

Espero no esté mirando, astuto como rata. Sostuvo desplegado su *Hombre Libre.* No puede ver ahora. No olvidarse de escribir las i griegas. Bloom mojó, Bloo murm: estimado señor. Querido Enrique escribió: querida Mady. Recibí tu car y flo. ¿Demonio la puse? En un bolsi u otro. Es completa imposi. Subraya *imposi.* Escribir hoy.

Aburre esto. Aburrido Bloom tamborileando suavemente con estoy solamente reflexionando los dedos sobre el chato secante que trajo Pat.

Adelante. Sabes lo que quiero decir. No, cambia esa i. Acepta mi pobrecito rega incluí. No le pidas contes. Sigue. Cinco Dig. Dos por aquí. Penique las gaviotas. Elías vie: Siete en lo de Davy Byrne. Cerca de las ocho. Digamos media corona. Mi pobrecito rega: franqueo dos chelines seis peniques. Escríbeme una larga. ¿Desprecias? Tintín ¿tienes el? Tan emocionado. ¿Por qué me llamas píca? ¿Tú también eres pícara? ¡Oh!, Mairy perdió el alfiler de su. Dios por hoy. Sí, sí, te lo contaremos. Quiero. Para conservarlo. Llámame ese otro. Otro mundo escribió ella. Mi paciencia está exhausta. Para conservarlo. Tienes que creer. Creer. El cho. Eso. Es. Cierto.

¿Es una tontería que esté escribiendo? Los esposos no lo hacen. Eso es lo que hace el matrimonio, sus esposas. Porque estoy alejado de. Supongamos. ¿Pero cómo? Ella tiene que. Conservarse joven. Si ella supiera. Tarjeta en mi nombre de alta calidad. No, no decir todo. Sufrimiento inútil. Si ellas no ven. Mujeres. Salsa para el ganso.

Un coche de alquiler número trescientos veinticuatro, conductor Barton, James de Harmony Avenue número uno, Donnybrook, en el que estaba sentado un pasajero elegante, vestido con un traje de sarga azul índigo hecho por George Robert Mesias, sastre y cortador, de Eden Quay número cinco, y llevando un sombrero de paja muy vistoso comprado a John Plasto de Great Brunswick Street número uno, sombrerero. ¿Eh? Éste es el tintín que se sacudía y tintineaba. Pasando por los brillantes tubos de Agendath de la chanchería de Dlugacz trotaba una yegua de galante anca.

—¿Contestando un aviso? —preguntaron a Bloom los penetrantes ojos de Richie.

—Sí —dijo el señor Bloom—. Viajante de ciudad. Nada que hacer, supongo.

Bloom murm: óptimas referencias. Pero Henry escribió: me excitará. Ahora sabes. Apurado. Henry. I griega. Mejor agregar posdata. ¿Qué toca él ahora? Improvisando intermezzo. P. S. La ram tam tam. ¿Cómo me vas a cast? ¿Me vas a castigar? La torcida pollera meciéndose, golpeaba. Dime yo quiero. Saber. ¡Oh! (O) Naturalmente, si yo no lo hubiera hecho no lo preguntaría. La la la rii. Se va perdiendo allí tristemente en menor. ¿Por qué triste menor? Firma H. Les gusta una terminación triste al final. P. P. D. La la larii, Me siento tan triste hoy. La rii. Tan solo. Dii.

Secó rápido sobre el secante de Pat. Sob. Dirección. Simplemente copia del diario. Murmuró: Señores Callan, Coleman y Cía., limitada. Henry escribió:

> *Señorita Marta Clifford*
> *Poste restante*
> *Dolphin's barn lane*
> *Dublin*

Seca sobre el mismo sitio para que así él no pueda leer. Bien. Idea para el premio del *Titbits*. Algo que el detective leyó de un secante. Pagan a razón de una guinea por column. Matcham a menudo piensa que la riente hechicera. Pobre señora Purefoy. E. L.: Estás Listo.

Demasiado poético eso de la tristeza. La música tiene la culpa. Encantos ha la música, dijo Shakespeare. Citas todos los días del año. Ser o no ser. Dicen los sabios...

En el rosedal de Gerard, Fetter lane, él pasea, griscastaño. Una vida es todo. Un cuerpo. Haz. Pero haz.

Hecho de cualquier manera. Orden postal estampilla. La oficina de correos más abajo. Camina ahora. Bastante. Prometí encontrarme con ellos en lo de Barney. Kiernan. No me gusta ese trabajo. Casa de duelo. Camina. ¡Pat! No oye. Sordo como una tapia.

El coche cerca ahora. Habla. Habla. ¡Pat! No escucha. Arreglando esas servilletas. Debe cubrir una buena superficie de terreno al cabo del día. Pintarle una cara detrás de él entonces sería dos. Quisiera que cantaran más. Me distrae.

El pelado Pat que está molesto mitraba las servilletas. Pat es un mozo duro de oído. Pat es un mozo que espera mientras usted espera. Jii jii jii jii. Él espera mientras usted espera. Jii jii. Un mozo es él. Jii jii jii jii. Él espera mientras usted espera. Mientras usted espera si usted espera él esperará mientras usted espera. Jii jii jii jii. Jo. Espera mientras usted espera.

Douce ahora. Douce Lydia. Bronce y rosa.

Ella había pasado unos días magníficos, lo que se dice magníficos. Y mire la concha adorable que ella trajo.

Hasta el fondo del bar para él ella llevó airosamente el erizado y espiralado caracol para que él, George Lidwell, procurador, pudiera oír.

—¡Escuche! —le rogó.

Bajo las palabras cálidas de gin de Tomás Kernan el acompañante tejía lenta música. Un hecho consumado. Como Gualterio Bapty perdió su voz. Bueno, señor, el esposo lo agarró por la garganta. *Bribón*, dijo él. *No has de cantar más canciones de amor*. Lo hizo, señor Tomás. Bob Cowley tejía. Los tenores consiguen muj. Cowley se echó hacia atrás.

¡Ah!, ahora él oía, ella sosteniéndoselo junto al oído. ¡Escuche! Él escuchaba. Maravilloso. Ella lo sostuvo junto al suyo y a través de la tamizada luz el pálido oro en contraste se deslizaba. Para oír.

Tap.

A través de la puerta del bar Bloom vió una concha sostenida junto a sus oídos. Él oyó más tenuemente que el que ellos escuchaban, cada uno para ella sola, luego cada uno para el otro, oyendo el chapoteo de las olas, ruidosamente, un silencioso rugido.

Bronce y oro aburrido, cerca, lejos, ellos escuchaban.

La oreja de ella también es una concha, el lóbulo que asoma allí. Ha estado a orillas del mar. Hermosas bañistas. La piel quemada hasta despellejarse. Tendría que haberse aplicado coldcream primero, la pone morocha. Tostada enmantecada. ¡Oh!, y esa loción no tengo que olvidarme. Fiebre cerca de su boca. Tu cabeza está simplemente. El cabello trenzado por arriba: concha con alga marina. ¿Por qué se esconden las orejas con cabello alga marina? Y las turcas su boca, ¿por qué? Sus ojos sobre la sábana, un velo de musulmanas. Encuentra el camino de entrada. Una cueva. No se permite la entrada excepto por negocios.

Creen que oyen el mar. Cantando. Un rugido. Es la sangre. A veces suena en los oídos. Bueno, es un mar. Las islas corpúsculos.

Maravilloso realmente. Tan claro. Otra vez. George Lidwell retuvo su murmullo, escuchando: luego la dejó a un lado, suavemente.

—¿Qué dicen las olas salvajes? —le preguntó a ella sonriente.

Encantadora, mårsonriendo y nocontestando Lydia sonrió a Lidwell.

Tap.

Hacia lo de Larry O'Rourke, hacia Larry, audaz Larry O', Boylan se ladeó y Boylan se volvió.

Desde su abandonada concha la señorita Mina se deslizó a su chop que esperaba. No, ella no estaba tan sola, traviesamente hizo saber al señor Lidwell la cabeza de la señorita Douce. Paseos a la luz de la luna a orillas del mar. No, no sola. ¿Con quién? Ella noblemente contestó con un caballero amigo.

Los ágiles dedos de Bob Cowley tocaban otra vez en sobreagudo. El casero tiene la prioridad. Un poco de tiempo. Largo Juan. Grande Ben. Ligeramente tocó un alegre brillante compás saltarín para damas burlonas, pícaras y sonrientes, y para sus galantes caballeros amigos. Uno: uno, uno, uno: dos, uno, tres, cuatro.

Mar, viento, hojas, trueno, aguas, vacas mugiendo, el mercado de ganado, gallos, las gallinas no cacarean, las víboras ssssilban. Hay mú-

sica en todas partes. La puerta de Ruttledge: ii crujiendo. No, eso
es ruido. Minué de *Don Giovanni* está tocando ahora. Trajes de corte de todas clases bailando en salones de castillos. Miseria. Los campesinos afuera. Verdes rostros hambrientos comiendo yuyos. Lindo
es eso. Mira: mira, mira, mira, mira, mira: tú míranos a nosotros.
 Me doy cuenta de que eso es alegre. Nunca lo escribí. ¿Por qué?
Mi alegría es otra alegría. Pero ambas son alegrías. Sí, alegría debe
de ser. El simple hecho de la música demuestra que uno lo está. A menudo pensé que ella estaba de mal humor hasta que empezaba a cantar
alegremente. Entonces se sabe.
 La valija de M'Coy. Mi esposa y tu esposa. Gata chilladora. Como
rasgando seda. Cuando ella habla como el palmoteo de un fuelle. No
saben llevar los intervalos de los hombres. También el vacío en sus
voces. Lléname. Estoy cálida, oscura, abierta. Maruja en *quis est
homo: Mercadante*. Mi oído contra la pared para escuchar. Se necesita una mujer que pueda cumplir su cometido.
 Troc trocotó el coche se paró. El lechuguino zapato de color del
lechuguino Boylan calcetines a cuadros azul celeste tocaron tierra
ligeros.
 ¡Oh, mira somos tan! Música de cámara. Podría hacer una especie
de juego de palabras sobre eso. Es una clase de música en la que
pensé a menudo cuando ella. Eso es acústica. Percusión. Los vasos
vacíos son los que hacen más ruido. Debido a la acústica la resonancia cambia según el peso del agua es igual a la ley del agua que cae.
Como esas rapsodias húngaras de Liszt, de ojos de gitana. Perlas.
Gotas. Lluvia. Cliclic; cliclic, clicloc, clocloc, Jiss. Hiss. Ahora.
Quizá ahora. Antes.
 Uno golpeó sobre una puerta, uno golpeteó con un golpe, toc toc
llamó Paul de Kock con un ruidoso golpeador orgulloso, con un
gallo carracarracarra cock. Cockcock.
 Tap.
 —*Qui sdegno*, Ben —dijo el padre Cowley.
 —No, Ben —intervino Tomás Kernan—. *El joven Revoltoso*. Nues-
tro dórico nativo.
 —Sí, cántalo, Ben —dijo el señor Dedalus—. Hombres buenos y
leales.
 —Cántalo, cántalo —rogaron todos a una.
 Me voy. Vamos, Pat, vuelve. Ven. Él vino, él vino, él no se
quedó. A mí. ¿Cuánto?
 —¿Qué tono? ¿Seis sostenidos?
 —Fa sostenido mayor —dijo Ben Dollard.
 La garra extendida de Bob Cowley agarró los negros acordes de
grave sonido.
 Tengo que irme príncipe Bloom dijo a Richie príncipe. No, dijo
Richie. Sí, tengo. Conseguir dinero en alguna parte. Se va a una
parranda de borrachera dolor de espalda. ¿Cuánto? Él oyescucha
lenguajedelabios. Uno y nueve. Un penique para usted. Ahí. Dale
una propina de dos peniques. Sordo, molesto. Pero quizá él tiene esposa y familia esperando, esperando que Patty llegue a casa. Jii jii
jii jii. El sordo hace de mozoesperador mientras ellos esperan.

Pero esperemos. Pero escuchemos. Sombríos acordes. Lúgugugubres. Bajo. En una cueva del oscuro centro de la tierra. Mineral en agraz. Música en bruto.

Voz de oscura edad, del desamor, la fatiga de la tierra hecha llegando grave y dolorosa, viniendo de lejos, de canosas montañas, visitó a los hombres buenos y leales. Es al sacerdote que buscaba, con él hablaría unas palabras.

Tap.

La voz barriltonante de bajo de Ben Dollard. Haciendo todo lo que puede para cumplir. Croar de vasto pantano sin nombre sin luna sin lunmujer. Otro revés de fortuna. Hacía antes grandes negocios de navegación. Recuerdo: sogas resinosas, linternas de barcos. Una quiebra de diez mil libras. Ahora en el asilo Iveagh. Cubil número tanto. El bajo número uno lo hizo por él.

El sacerdote está en casa. Un criado de un falso sacerdote le dió la bienvenida. Entra. El padre santo. Rastros ganchudos de los acordes.

Los arruina. Les destroza la vida. Luego les construye cubiles para que terminen allí sus días. Arrorró. Arrullo. Muere, perro. Perrito, muere.

La voz de alerta, solemne alerta, les advirtió que el joven había entrado en un vestíbulo solitario, les refirió cuán solemnes eran allí sus pasos, les describió la oscura cámara, el sacerdote con la estola, sentado para recibir la confesión.

Alma honesta. Un poco inservible ahora. Cree que va a salir ganador en el rompecabezas poético de las *Respuestas*. Le entregamos un billete flamante de cinco libras. Pájaro empollando en un nido. Creyó que era la incubación del último trovador. G dos espacios o, ¿qué animal doméstico? D tres espacios e, marino prócer valiente. Todavía tiene buena voz. Ningún eunuco aún con todas sus cosas.

Escucha. Bloom escuchaba. Richie Goulding escuchaba. Y al lado de la puerta el sordo Pat, el pelado Pat, Pat propinas, escuchaba.

Los acordes se hacían más lentos.

La voz dolorida y penitente llegó despacio, embellecida, trémula. La barba contrita de Ben confesaba: *innomine Domini* en el nombre de Dios. Él se arrodilló. Se golpeó el pecho, confesando: *mea culpa*.

Latín otra vez. Eso los agarra como pegapega. Sacerdote con el cuerpo de la comunión para esas mujeres. El tipo en el funerario ataúd o essaud *corpusnomine*. Dónde andará la rata ahora. Rasca.

Tap.

Ellos escuchaban: chopes y la señorita Kennedy, George Lidwell párpado bien expresivo, satén lleno de busto. Kernan, Si.

La suspirante voz pesarosa cantaba. Sus pecados. Desde Pascua había dicho blasfemando tres veces. Tú, hijo de puta. Y una vez a la hora de misa se había ido a jugar. Una vez había pasado por el cementerio y no había rezado por el descanso de su madre. Un muchacho. Un muchacho rebelde.

Bronce, escuchando al lado de la bomba de cerveza, miraba a lo lejos. Desde el alma. No sabe ni a medias que estoy. La gran perspicacia de Maruja cuando ve a alguien mirándola.

Bronce miraba a lo lejos de soslayo. Espejo allí. ¿Es ése el mejor lado de su cara? Ellas siempre lo saben. Golpe a la puerta. Último golpecito para emperejilarse.

Cockcarracarra.

¿Qué piensan cuando escuchan música? La manera de cazar serpientes cascabel. La noche que Michael Gunn nos dió la caja. Afinando. Eso le gustaba más que nada al sha de Persia. Le hacía recordar el hogar dulce hogar. También se limpiaba la nariz en los cortinados. Costumbre de su país quizá. Eso es música también. No es tan malo como parece. Tararí. Bronces rebuznando burros a través de trompas. Bajos dobles, indefensos, cuchilladas en los costados. Vientos del bosque vacas mugientes. Cocodrilo semigrande abierto música tiene mandíbulas. Viento del bosque como el nombre de Goodwin.

Ella estaba bien. Llevaba su vestido azafrán, escotado, lo suyo a la vista. Su aliento era siempre perfumado en el teatro cuando se inclinaba para hacer una pregunta. Le conté lo que dice Spinoza en ese libro del pobre papá. Hipnotizada, escuchando. Ojos así. Ella se agachaba. El tipo de la galería, mirando dentro de ella con sus gemelos con toda el alma. La belleza de la música hay que escuchar dos veces. Naturaleza mujer media mirada. Dios hizo al país, el hombre la melodía. Meten si cosas. Filosofía. ¡Bagatelas!

Todo desaparecido. Todo caído. En el sitio de Ross su padre, en Gorey todos sus hermanos cayeron. En Wexford, somos los muchachos de Wexford, él lo haría. Último de su nombre y de su raza.

Yo también, último de mi raza. Milly joven estudiante. Bueno, culpa mía tal vez. Ningún hijo. Rudy. Demasiado tarde ahora. ¿Y si no? ¿Si no? ¿Si todavía?

Él no guardaba odios.

Odio. Amor. Ésas son palabras. Rudy. Pronto soy viejo.

El gran Ben desdobló su voz. Gran voz, dijo Richie Goulding, un sonrojo luchando en su palidez, a Bloom, pronto viejo pero cuando era joven.

Irlanda viene ahora. Mi país sobre el rey. Ella escucha. ¿Quién tiene miedo de hablar de mil novecientos cuatro? Es hora de largarse. Mirado bastante.

—*Bendígame, padre* —gritó Dollard el rebelde—. Bendígame y déjeme ir.

Tap.

Bloom procuró, sin bendición, retirarse. Se levantó para matar: a dieciocho chelines por semana. Siempre hay qué descascarar. Hay que tener abiertos los ojosdetiempo. Esas chicas, esas hermosas. Sobre las olas tristes del mar. Novela de corista. Cartas leídas por incumplimiento de promesa. Al dulcepoldito de su cariacontecidobombón. Risas en el auditorio. Henry. Yo nunca la firmé. Hermoso nombre que tú.

La música descendió, aire y palabras. Luego se apresuró. El falso sacerdote manifestándose soldado dentro de su sotana crujiente. Un capitán alabardero. Se lo saben todo de memoria. La emoción que ansían. Gorra de alabardero.

Tap. Tap.

Ella escuchaba emocionada, inclinándose con simpatía para oír mejor.

Rostro en blanco. Virgen diría: o manoseada solamente. Escribe algo encima: página. ¿Si no qué les pasa? Declinación, desesperación. Las conserva jóvenes. Hasta se admiran a sí mismas. Ve. Juega sobre ella. Soplar de labio. Cuerpo de mujer blanca, una flauta viva. Sopla suave. Fuerte. Tres agujeros todas las mujeres. La diosa no vi. Ellas lo quieren: no demasiada cortesía. Por eso es que él las consigue. Oro en tu bolsillo, bronce en tu cara. Los ojos en los ojos: canciones sin palabras. Maruja con ese muchacho gaitero. Ella sabía que él quería decir que el mono estaba enfermo. O porque tan propio de los españoles. Entienden a los animales también en esa forma. Salomón lo hizo. Don de la naturaleza.

Ventrilocuizar. Mis labios cerrados. Pensar en mi estóm. ¿Qué? ¿Lo harás? ¿Tú? Yo. Quiero. Tú. A.

Con ronca furia ruda el alabardero maldecía. Hinchándose en apoplético hijo de puta. Un buen pensamiento, muchacho, el de venir. Una hora es tu tiempo para vivir, tu última hora.

Tap. Tap.

Ahora emoción. Sienten lástima. Enjugarse una lágrima por los mártires. Para todas las cosas que mueren, que quieren, muriéndose de ganas de morir. Por eso todas las cosas nacen. Pobre señora Purefoy. Espero que haya terminado. Porque sus vientres.

Una pupila mojada de líquido de vientre de mujer miraba desde una cerca de pestañas, calmosamente, escuchando. Se ve la verdadera belleza del ojo cuando ella no habla. Allá en el lejano río. A cada lenta ondulación satinada palpitante del seno (su palpitante redondez) la roja rosa se elevaba lentamente, se hundía la roja rosa. Su aliento compás del corazón: aliento que es vida. Y todos los diminutos oropeles de helecho temblaban de cabello de doncella.

Pero mira. Las brillantes estrellas palidecen. ¡Oh, rosa! Castilla. El alba. ¡Ah!, Lidwell. Por él, entonces no para. Infatuado. ¿Soy así yo? Verla desde aquí sin embargo. Corchos saltados, salpicaduras de espuma de cerveza, montones de vacíos.

Sobre la suavemente combada bomba de cerveza yacía la mano de Lydia suavemente, regordetamente, déjalo en mis manos. Toda perdida en compasión por el rebelde. Adelante, atrás: adelante atrás. Sobre la manija lustrada (ella siente los ojos de él, mis ojos, los ojos de ella) su pulgar y su índice pasaban piadosos; pasaban, repasaban y, tocando suavemente, se deslizaban luego tan suavemente, lentamente hacia abajo, un fresco y firme bastón de blanco esmalte sobresaliendo a través de su deslizante anillo.

Con un gallo con un carra.

Tap. Tap. Tap.

Soy el dueño de esta casa. Amén. Rechinó los dientes con furia. Los traidores se bambolean.

Los acordes consintieron. Una cosa muy triste. Pero tenía que ser.

Salir antes del final. Gracias, eso fué celestial. Dónde está mi sombrero. Pasar al lado de ella. Puedo dejar ese *Hombre Libre*. La carta la tengo. ¿Si ella fuera la? No. Camina, camina, camina. Como Cashel

Boylo Connoro Coylo Tisdall Maurice Esonoestodo Farrell. Caaaaaamina.

Bueno, yo tengo que. ¿Se va usted? Hayqudcradiós. Blmslvanta. Sobre azul de centeno alto. Bloom se puso de pie. Ou. El jabón se siente más bien pegajoso detrás. Debo de haber sudado: música. Esa loción, acuérdate. Bueno, hasta pronto.

Alta calidad. La tarjeta adentro, sí.

Al lado del pelado Pat en la puerta, forzando el oído, pasó Bloom.

En la barraca de Geneva ese joven murió. En Passage fué su cuerpo sepultado. ¡Dolor! ¡Oh, él dolores! La voz del chantre plañidero invitaba a la dolorosa oración.

Por delante de la rosa, el seno de raso, la mano acariciante, por delante de los líquidos derramados, las botellas vacías, los corchos saltados, saludando al irse, dejando atrás ojos y cabellodedoncella, bronce y pálido oro en profundasombrademar, se iba Bloom blando Bloom, me siento tan solo Bloom.

Tap. Tap. Tap.

Ruega por él, rogaba el bajo de Dollard. Ustedes que escuchan en paz. Murmuren una oración, derramen una lágrima, buenos hombres buena gente. Él fué muchacho rebelde.

Espantando fisgoneadores botas el rebelde muchacho de botas Bloom en el vestíbulo del Ormond oyó gruñir y bramar los bravos, grueso palmear de espaldas, sus botas todas caminando, botas no las botas el muchacho. Coro general por una borrachera para celebrarlo. Me alegro que evité.

—Vamos, Ben —dijo Simón Dedalus—. Por Dios, has estado mejor que nunca.

—Superior —dijo Tomgin Kernan—. La más mordaz interpretación de esa balada, por mi alma y por mi honor.

—Lablache —dijo el padre Cowley.

Ben Dollard, voluminosamente empachado de gloria, todo grande y rosado, se dirigió hacia el bar sobre pesados pies, sus gotosos dedos convertidos en sonoras castagnettes.

Grande Benaben Dollard. Gran Benben. Gran Benben.

Rrr.

Y todos profundamente conmovidos, Simón trompeteando su enternecimiento desde su nariz de sirena, todos riendo, lo llevaron adelante a Ben Dollard, haciéndole justo alboroto y alegría.

—Estás reluciente —dijo George Lidwell.

La señorita Douce arregló su rosa para servir.

—*Ben machree* —dijo el señor Dedalus, palmeando el grueso omoplato de Ben. Afinado como un violín, a pesar de la cantidad de tejido adiposo desparramado por toda su persona.

Rrrrrsss.

—La gordura de la muerte, Simón —gruñó Ben Dollard.

Richie, la grieta en el laúd, sentado solo: Goulding, Collis, Ward. Inciertamente él esperaba. Pat sin pagar también.

Tap. Tap. Tap. Tap.

La señorita Kennedy llevó sus labios cerca de la oreja del chop uno.

—Señor Dollard —ellos murmuraron bajo.

—Dollard —murmuró el chop.

El chop uno creía: la señorita Kenn cuando ella: que doll era él: ella doll: el chop.

Él murmuró que conocía el nombre. El nombre le era como quien dice familiar. Es decir que él había oído el nombre de Dollard, ¿era así? Dollard, sí.

Sí, dijeron los labios de ella más fuerte, señor Dollard. Él cantó esa canción encantadoramente, murmuró Mina. Y *La última rosa de verano* era una hermosa canción. Mina amaba esa canción. Chop amaba la canción que Mina.

Es la última rosa del verano dollard dejó Bloom sintió un viento arremolinársele adentro.

Gaseosa esa sidra: constipadora también. Espera. La oficina de correos cerca de lo de Reuben J. un chelín y ocho peniques también. Terminar con eso. Escabúllete por Greek Street. Quisiera no haber prometido encontrar. Más libre en el aire. La música. Ataca los nervios. La bomba de cerveza. La mano de ella que mece la cuna gobierna él. Ben Howth. Que gobierna al mundo.

Lejos. Lejos. Lejos. Lejos.

Tap. Tap. Tap. Tap.

Muelle arriba iba Lionellopoldo, pícaro Henry con la carta para Mady, con las dulzuras del pecado con adornos para Raúl con meten si cosas iba adelante Poldito.

Tap ciego caminaba golpeteando por la tap el cordón de la vereda golpeteando tap por tap. Cowley, se aturde con él: especie de borrachera. Mejor dar paso solamente medio paso en el camino un hombre con una doncella. Por ejemplo los entusiastas. Todo orejas. No pierden una fusa. Los ojos cerrados. La cabeza llevando el compás. Chiflados. Uno no se atreve a moverse. Pensar estrictamente prohibido. Siempre hablando lo mismo. Desatino sobre notas.

Toda una especie de intento para hablar. Desagradable cuando se detiene porque uno nunca sabe exac. El órgano en la Gardiner Street. El viejo Glyn cincuenta libras por año. Raro allá arriba en el desván solo con los tubos, los registros y las claves. Sentado todo el día delante del órgano. Refunfuñando durante horas, hablando consigo mismo o con el otro individuo accionando los fuelles. Gruñir enojado, luego chillar maldiciendo (debe de tener algodón o algo en su no no lo haga ella gritó), luego en un suave repentino chiquitito pequeño chiquitito pequeño céfiro de son de flauta.

¡Fui! Un pequeño chiquito céfiro piaba iiii. En el pequeño chiquito de Bloom.

—¿Era él? —dijo el señor Dedalus, volviendo con la pipa en orden—. Estuve con él esta mañana en el entierro del pobrecito Paddy Dignam...

—¡Ah, sí! El señor se apiade de él.

—Entre paréntesis, hay un diapasón allí dentro sobre el...

Tap. Tap. Tap. Tap.

—La esposa tiene una hermosa voz. O tenía. ¿Qué? —preguntó Lidwell.

—¡Oh, debe de ser el afinador! —dijo Lydia a Simonlionel primero que vi, lo olvidó cuando estuvo aquí.

Era ciego, dijo ella a George Lidwell segundo que vi. Y tocaba tan exquisitamente, era un deleite escucharlo. Exquisito contraste: broncelid minador.

—¡Avisa! —gritó Ben Dollard, vertiendo—. ¡Canta!
—¡Ahí va! —gritó el padre Cowley.
Rrrrrr.
Siento que necesito...
Tap. Tap. Tap. Tap. Tap.
—Mucho —dijo el señor Dedalus, mirando fijo a una sardina sin cabeza.

Bajo la campana de Sandwich yacía sobre un catafalco de pan una última, una solitaria, última sardina de verano. Bloom solo.

—Mucho —él miraba fijo—. Con preferencia el registro más bajo.
Tap. Tap. Tap. Tap. Tap. Tap. Tap. Tap.

Bloom pasó por lo de Barry. Quisiera poder. Veamos. Ese fabricante de prodigios si yo tuviera. Veinticuatro procuradores en esa sola casa. Litigio. Amaos los unos a los otros. Montones de pergamino. Los señores Pick y Pocket poseen poder de procuración. Goulding, Collis, Ward.

Pero por ejemplo el tipo que zurra el bombo. Su vocación: la banda de Micky Rooney. Quisiera saber cómo se le ocurrió por primera vez. Sentado en casa después de una mejilla de cerdo y repollo acariciando a su esposa en el sillón. Ensayando su parte. Pum. Patapum. Encantador para la esposa. Pieles de asno. Las azotan durante toda la vida, luego las zurran después de muerto. Pum. Zurra. Parece ser lo que se llama velo de musulmana o sea hado. Destino.

Tap. Tap. Un joven ciego, con un bastón que golpetea pasó tap tapatap por la vidriera de Daly donde una sirena, el cabello todo flotante (pero él no podía ver), soplaba bocanadas de ondina (el ciego no podía), ondina la bocanada más fresca de todas.

Los instrumentos. Una brizna de hierba, las manos de ella en concha, luego soplar. Aun con peine y papel de seda uno puede sacar una melodía. Maruja en camisa en Lombard Street oeste, el cabello suelto. Supongo que cada clase de comercio hizo la suya, ¿no ve? Cazador con un cuerno. Jou. Tienes la *Cloche, Sonnez la!* El pastor su caramillo. El policía un silbato. ¡Cerraduras y llaves! ¡Ojo! ¡Las cuatro han dado y sereno! ¡Dormid! Todo está perdido ahora.

¿Bombo? Patapum. Espera, yo sé. Pregonero, alguacil. El largo Juan. Despiertan a los muertos. Bum. Dignam. Pobrecito *nomedamine*. Bum. Es la música, quiero decir naturalmente es todo pum pum pum muy mucho lo que ellos llaman *da capo*. Sin embargo uno puede oír. Mientras marchamos, marchamos, marchamos. Bum.

Tengo precisamente que. Fff. Y si yo hiciera eso en un banquete. Nada más que cuestión de costumbre el sha de Persia. Murmura una plegaria, vierte una lágrima. A pesar de todo él tiene que haber sido un poco idiota para no ver que era un gorro de alabardero. Encapotado. Quién sería ese sujeto en la sepultura con el imper marrón. ¡Oh, la prostituta del callejón!

Una desaliñada prostituta con un sombrero marinero de paja negra inclinado venía vidriosamente a la luz del día por el muelle hacia el señor Bloom. Primero cuando él vió esa forma cariñosa. Sí, es. Me siento tan solo. Noche lluviosa en la callejuela. Bocina. ¿Quién tenía la? Eltien. Ellavió. Fuera de lugar aquí. ¿Qué está ella? Espero que ella. ¡Psst! Me daría su lavado. Conocía a Maruja. Me tenía acorralado. Robusta dama se las entiende con uno en el traje marrón. Lo saca a uno de quicio. Esa cita que hicimos. Sabiendo que nunca íbamos, bueno casi seguro que nunca. Demasiado riesgo demasiado cerca del hogar dulce hogar. Me ve, ¿no? Es espantosa de día. La cara como vela de sebo chorreada. ¡Que se vaya al diablo! ¡Oh!, bueno, ella tiene que vivir como el resto. Mira aquí.

En la vidriera del negocio de antigüedades de Lionel Marks el arrogante Henry Lionel Leopoldo querido Henry Flower ansiosamente el señor Leopoldo Bloom contempló candelero, melodeón manando agusanados escapes de aire. Oportunidad: seis chelines. Podría aprender a tocar. Barato. Déjala que pase. Naturalmente, todo es caro si uno no lo desea. Eso es lo que pasa con un buen vendedor. Le hace comprar a uno lo que él quiere vender. El tipo que me vendió la navaja suiza con que él me afeitó. Quería cobrarme por la asentada que le dió. Ella está pasando ahora. Seis chelines.

Debe de ser la sidra o tal vez el borgoña.

Cerca del bronce desde cerca cerca del oro desde lejos ellos hacían resonar sus retintineantes vasos todos, con los ojos brillantes y galantes, delante de la tentadora última rosa de verano, rosa de Castilla, de la Lydia de bronce. Primera Lid, De, Cow, Ker, Doll, un quinto: Lidwell, Si Dedalus, Bob Cowley, Kernan y el gran Ben Dollard

Tap. Un joven entró en un solitario vestíbulo Ormond.

Bloom examinó un galante héroe pintado en la vidriera de Lionel Marks. Las últimas palabras de Roberto Emmet. Siete últimas palabras. De Meyerbeer es eso.

—Hombres leales como ustedes.

—Sí, sí, Ben.

Levantarás tu copa con nosotros.

Ellos levantaron.

Tchic. Tchuc.

Tip. Un joven no vidente estaba en la puerta. No veía bronce. No veía oro. Ni Ben ni Bob ni Tomás ni Si ni Jorge ni los chopes ni Richie ni Pat. Eél, eél, eél, eél. No veía él.

Marbloom, Grasosobloom contemplaba las últimas palabras. Con suavidad.

Cuando mi país ocupe su lugar entre.

Prrprr.

Debe de ser el bor.

Fff. Oo. Rprp.

Naciones de la tierra. Nadie atrás. Ella ya pasó. *Entonces y no hasta entonces.* Tranvía. Kran, kran, kran. Buena opor. Viene Krandlkrankran. Estoy seguro de que es el borgoña. Sí. Uno, dos. *Que mi epitafio sea.* Karaaaaaaaa. "Escrito. Yo he."

Pprrppffrrppfff.

Hecho.

Yo estaba matando el tiempo en el viejo Troy del D. M. P. en la esquina de Arbour Hill y al demonio si no pasa un mierda de deshollinador y casi me mete sus herramientas en el ojo. Me di vuelta para largarle cuatro frescas cuando a quién iba a ser que veo escabulléndose por Stony Batter sino a Joe Hynes.
—¡Eh, Joe! —digo yo—. ¿Cómo va eso? ¿Viste a ese maldito rascachimeneas que casi me saca un ojo con su cepillo?
—Hollín, eso trae suerte —dice Joe—. ¿Quién es ese viejo pelma al que estabas hablando?
—El viejo Troy —digo yo— estaba en la policía. Ando con ganas de hacer detener a ese tipo por obstruir la vía pública con sus escaleras y escobillones.
—¿Qué andas haciendo por estos lados? —dice Joe.
—...¡Que lo parió! —digo yo— hay un cretino zorro de ladrón grandote cerca de la iglesia de la guarnición en la esquina de Chicken Lane —el viejo Troy me estaba dando justamente unos datos acerca de él— se llevó lo que Dios quiso de Dios de té y azúcar a pagar tres chelines por semana dijo que tenía una granja en el condado de Down a un proyecto de hombre llamado Herzog por ahí cerca de Heytesbury Street.
—¡Circunciso! —dice Joe.
—¡Ahá! —digo yo—. Un poquito mal de la coronilla. Un viejo plomero llamado Geraghty. Hace quince días que ando pegado a sus pantalones no puedo sacarle un penique.
—¿Es ése tu rebusque ahora? —dice Joe.
—Sí —digo yo—. ¡Cómo se han venido abajo los poderosos! Cobrador de malas deudas dudosas. Pero ése es el canalla ladrón más notable que uno encontraría caminando todo un día, y tiene una cara picada de viruelas como si lo hubiera agarrado una tormenta de granizo.
—*Dígale*, dice él, *Que yo lo desafío*, dice él, *Y lo requetedesafío a que lo mande a usted por aquí otra vez o si él lo hace*, dice él, *lo voy a hacer citar ante los tribunales, así como lo digo, por comerciar sin patente*. ¡Y después él llenándose hasta que está por reventar! Jesús, tuve que reírme del judiíto tirándose los pelos. *Él me toma mis tés. Él me come mis azúcares. ¿Por qué no me paga él mis dineros?*

Por mercaderías no perecederas compradas a Moisés Herzog, de Saint Kelvin Parade 13, distrito del muelle Wood, comerciante, en adelante llamado el vendedor, y vendidos y entregados a Michael E. Geraghty, Esquire, de Arbour Hill 29 en la ciudad de Dublin, distrito del muelle de Arran, caballero, en adelante llamado el comprador, a saber, cinco libras avoirdupois de té de primera calidad a tres chelines por libra avoirdupois y tres cuarenta y dos libras avoirdupois de azúcar, cristal molida, a tres peniques por libra avoirdupois, el dicho comprador deudor al dicho vendedor de una libra cinco chelines y seis peniques esterlina por valor recibido cuya suma será pagada por dicho comprador a dicho vendedor en cuotas semanales cada siete días de calendario de tres chelines y ningún penique esterlina: y las dichas mercaderías no perecederas no serán empeñadas ni dadas en prenda ni vendidas ni en ninguna otra forma enajenadas por el dicho comprador sino que estarán y permanecerán y serán tenidas como la sola y exclusiva propiedad del dicho vendedor para que él disponga de ellas a su propia buena voluntad y placer hasta que la dicha suma haya sido debidamente pagada por el dicho comprador al dicho vendedor en la forma aquí indicada en el día de la fecha por la presente convenido entre el dicho vendedor, sus herederos, sucesores, síndicos y apoderados de una parte y el comprador, sus herederos, sucesores, síndicos y apoderados de la otra parte.

—¿Eres un abstemio estricto? —dice Joe.

—No tomo nada entre bebidas —digo yo.

—¿Qué hay de presentar nuestros respetos a nuestro amigo? —dice Joe.

—¿Quién? —digo yo—. Seguro, está en el Juan de Dios mal de la cabeza, pobre hombre.

—¿Bebe su propio material?

—¡Ahá! —digo yo—. Whisky y agua sobre el cerebro.

—Vamos a lo de Barney Keernan —dice Joe—. Necesito ver al ciudadano.

—Que sea el viejo sarmiento de Barney —digo yo—. ¿Algo extraño o maravilloso, Joe?

—Ni una palabra —dice Joe—. Estuve en esa reunión en el City Arms.

—¿Qué fué eso, Joe? —digo yo.

—Comerciantes de ganado —dice Joe— acerca de la aftosa. Quiero decirle unas cuantas al ciudadano acerca de eso.

Entonces fuimos por las barracas de Linenhall y la parte de atrás de los tribunales hablando de esto y aquello. Tipo decente Joe cuando tiene pero seguro como esto que él nunca tiene. Jesús, yo no podía olvidarme de ese astuto cretino de Geraghty, ladrón descarado. Por comerciar sin permiso, dice él.

En Inisfail la hermosa hay una tierra, la tierra del santo Michan. Allí se levanta una atalaya visible desde lejos. Allí duermen los poderosos muertos como durmieron en vida, guerreros y príncipes de alto renombre. A la verdad una tierra agradable, de murmurantes aguas, corrientes llenas de peces donde juegan el salmonete, la platija, el escarcho, el hipogloso, el róbalo castrado, el salmón, el mero, el lenguado, los peces comunes en general y otros ciudadanos del reino acuático demasiado numerosos para ser enumerados. En las apacibles brisas del oeste y del este los árboles altaneros agitan en diferentes direcciones sus primorosos follajes, el fluctuante sicomoro, el cedro del Líbano, el esbelto plátano, el eugenésico eucalipto y otros ornamentos del mundo vegetal que pululan en esa región. Hermosas doncellas se sientan cabe las raíces de los encantadores árboles cantando las más encantadoras canciones mientras juegan con toda clase de encantadores objetos; como por ejemplo oro en lingotes, peces de plata, barriles de arenques, redadas de anguilas, bacalaos, cestos de curadillos, purpúreas gemas marinas y juguetones insectos. Y los héroes viajan desde lejos para cortejarlas, desde Elbana a Slievemargy, los incomparables príncipes de los libres Munster y de Connacht el justo y del suave zalamero Leinster y de la tierra de Cruachan y de Armagh el espléndido y del noble distrito de Boyle, príncipes, hijos de reyes.

Y allí se levanta un resplandeciente palacio cuyo rutilante techo de cristal es visible para los marineros que recorren el extenso mar en esquifes expresamente construídos para tal propósito y hacia allá vienen todos los rebaños y ceboncillos y primicias porque O'Connor Fitzsimon les cobra peaje, caudillo descendiente de caudillos. Hacia allí los gigantescos carromatos llevan la abundancia de los campos: cestas de coliflores, volquetes de espinaca, porciones de ananás, habas de Rangún, cajones de tomates, barrilitos de higos, ristras de nabos suecos, papas esféricas y variedad de iridiscentes colzas. York y Savoy y bandejas de cebollas, perlas de la tierra, y canastillas de hongos, de calabazas, algarrobas, cebada y colza y nabo silvestre y rojas verdes amarillas marrones bermejas dulces grandes amargas maduras apomeladas manzanas y pilas de frutillas y canastos de grosellas carnosas y frutillas dignas de príncipes y frambuesas con sus ramas.

Lo desafió, dice él, y lo requetedesafió. ¡Sal de aquí, Geraghty, desaforado ladrón salteador de valles y montañas!

Y por ese camino se encaminan los rebaños innumerables de mansas y cebadas ovejas, y carneros de primera esquila y corderos y gansos de rastrojo y novillos jóvenes y bramadoras yeguas y terneros descornados y ovejas de largas lanas en abundancia y la flor de los saltadores y escogidos de Cuffe y marranas y cerdos de tocino y las variedades más diversamente variadas de puercos y vaquillonas Angus y cabezones bueyes de inmaculado pedigree junto con premiadas vacas de leche flor y ganado: y allí siempre se escucha un continuo pisotear, cloquear, rugir, mugir, balar, berrear, alborotar, gruñir, mascarmordisquear, masticar de ovejas y cerdos y vacas de pesados cascos de las praderas de Lush y Rush y Carrickmines y de los valles surcados de arroyos de Thomond, de los vahos del inaccesible M'Gillicuddy y el señorial Shannon el insondable, y de los suaves declives del lugar de la raza de Kiar, sus ubres distendidas con superabundancia de leche y barricas de manteca y cuajos de queso y cuñetes y pechos de cordero y medidas de cereales y huevos oblongos, a millares, varios en tamaño, el ágata con el bruno.

Entonces entramos en lo de Barney Kiernan y por cierto que allí estaba el ciudadano en su rincón manteniendo una gran confab consigo mismo y con ese asqueroso sarnoso mestizo, Garryowen, y él esperando lo que el cielo le dejara caer en forma de bebida.

—Allí está —digo yo— en su agujero de gloria, con su jarrita y su carga de papeles, trabajando por la causa.

El maldito mestizo largó un gruñido que le haría poner a uno carne de gallina. Sería un trabajo corporal de misericordia si alguien le sacara el resuello del cuerpo a ese asqueroso perro. Me han asegurado que le comió una buena parte de los pantalones a uno de los alguaciles de Santry que vino una vez con un papel azul acerca de un permiso.

—Párese y entregue —dice él.

—Está bien ciudadano —dice Joe—. Amigos aquí.

—Pasen, amigos —dice él.

Entonces se frota el ojo con la mano.

—¿Qué opina de cómo van las cosas?

Haciéndose el ladrón y el Rory de la Montaña. Pero que Dios me confunda, Joe estuvo a la altura de las circunstancias.

—Creo que los mercados están subiendo —dice él, deslizándose la mano entre las piernas.

Entonces, Dios me confunda, el ciudadano golpea su zarpa sobre su rodilla y dice:

—Las guerras extranjeras tienen la culpa.

Y dice Joe, metiéndose el pulgar en el bolsillo:

—Son los rusos que quieren tiranizar.

—¡Quia!, déjate de joder, Joe —digo yo—; tengo una sed encima que no vendería por media corona.

—Dale un nombre, ciudadano —dice Joe.

—Vino del país —dice él.

—¿Qué tomas tú? —dice Joe.

—Ditto MacAnaspey —digo yo.

—Tres pintas, Terry —dice Joe—. ¿Y cómo está ese viejo corazón, ciudadano? —dice él.

—Nunca estuvo mejor, *a chara* —dice él—. ¿Qué Garry? ¿Vamos a ganar? ¿Eh?

Y diciendo eso se mandó el vinagrillo por el cogote y, por Jesús, casi se atora.

La figura sentada sobre un gran canto rodado al pie de una torre redonda era la de un héroe de anchas espaldas vasto pecho robustos miembros ojos francos rojos cabellos abundantes pecas hirsuta barba ancha boca gran nariz larga cabeza profunda voz desnudas rodillas membrudas manos velludas piernas rubicundo rostro, robustos brazos. De hombro a hombro él media varias anas y sus rocosas rodillas montañosas estaban cubiertas, como así también el resto de su cuerpo dondequiera era visible, con un fuerte crecimiento de un moreno cabello espinoso similar en matiz y rigidez al argomón de montaña (*Ulex Europeus*). Las ventanillas de la nariz de amplias aletas, de las que cerdas del mismo matiz moreno se proyectaban, eran de tal capacidad que dentro de su cavernosa obscuridad la alondra podría haber colocado fácilmente su nido. Los ojos en que una lágrima y una sonrisa luchan siempre por el dominio eran de las dimensiones de una coliflor de buen tamaño. Una poderosa corriente de cálido aliento brotaba a intervalos regulares de la profunda cavidad de su boca mientras en rítmica resonancia las ruidosas y fuertes repercusiones de su formidable corazón tronaban retumbando, haciendo que el suelo, la cúspide de la elevada torre y las todavía más elevadas paredes de la caverna vibraran y temblaran.

Llevaba una larga vestidura sin mangas de cuero de buey recién desollado que le llegaba a las rodillas en una floja falda y que estaba sujeta alrededor de su cintura por un cinturón de paja y juncos trenzados. Por debajo llevaba calzas de piel de venado, toscamente cosidas con tripas. Sus extremidades inferiores estaban embutidas en altos borceguíes de Balbriggan teñidos de liquen purpúreo, calzando los pies con abarcas de cuero salado de vaca, atados con la tráquea de la misma bestia. De su cinturón colgaba una hilera de guijarros que se bamboleaban a cada movimiento de su portentosa estructura y sobre éstos estaban grabadas con rudo pero sin embargo sorprendente arte las imágenes de la tribu de muchos héroes y heroínas irlandeses de la antigüedad: Cuchulin, Conn de cien batallas, Nial de nueve rehenes, Brian de Kincora, los Ardri Malachi, Art MacMurrah, Shane O'Neill, Padre John Murphy, Owen Roe, Patrick Sarsfield, Red Hugh O'Donnell, Red Jim MacDermott, Soggarth Eoghan O'Growney, Michael Dwyer, Frany Higgins, Henry Joy M'Craken, Goliath, Horace Wheatley, Thomas Conneff, Peg Woffington, el Herrero de la Aldea, el Capitán Claro de Luna, el Capitán Boycott, Dante Alighieri, Christopher Columbus, S. Fursa, S. Brendan, el Mariscal MacMahon, Carlomagno, Theobald Wolfe Tone, La Madre de los Macabeos, el Último de los Mohicanos, La Rosa de Castilla, el Hombre por Galway, el Hombre que quebró la banca en Montecarlo, el Hombre en la Brecha, la Mujer que No, Benjamín Franklin, Napoleón Bonaparte, John L. Sullivan, Cleopatra, Savournee Deelish, Julio César, Paracelso, sir Thomas Lipton, Guillermo Tell, Miguel Ángel, Hayes Mahomet, la Novia de Lammermoor, Pedro el Ermitaño, Pedro el Prevaricador, La Morena Rosalinda, Patrick W. Shakespeare, Brian Confucio, Murtagh Gutenberg, Patricio Velázquez, Capitán Nemo, Tristán e Isolda, el primer Príncipe de Gales, Thomas Cook e hijo, el Hijo del Soldado Calvo, Arrah na Pogue, Dick Turpin, Ludwig Beethoven, la niña del Cabello de Lino, Waddler Healy, Angus el Culde, Dolly Mount, Sidney Parade, Ben Howth, Valentine Greatrakes, Adán y Eva, Arthur Wellesley, Boss Croker, Herodoto, Jack el Matador de Gigantes, Gautama Buddha, Lady Godiva, el Lirio de Killarney, Balor del Mal Ojo, la Reina de Sabá, Acky Nable, Joe Nagle, Alejandro Volta, Jermiah O'Donovan Rossa, Don Philip O'Sullivan Beare. Una lanza acostada de granito terminado en punta descansaba a su lado mientras a sus pies reposaba un salvaje ejemplar de la tribu canina cuyas estentóreas boqueadas anunciaban que estaba sumido en un intranquilo sueño, suposición confirmada por los roncos gruñidos y movimientos espasmódicos que su amo reprimía de tiempo en tiempo con golpes tranquilizadores de un poderoso garrote hecho con piedra paleolítica mal pulida.

Sea como sea Terry trajo las tres pintas Joe estaba de pie y que lo parió casi pierdo la vista de mis ojos cuando hizo aparecer una libra. ¡Oh!, tan cierto como se lo digo. Un señor soberano de verdad.

—Y hay más ahí de donde viene éste —dice él.

—¿Asaltaste el banco de los pobres, Joe? —digo yo.

—El sudor de mi frente —dice Joe—. Fué el prudente socio que me pasó el soplo.

—Lo vi antes de encontrarte —digo yo— abriendo la boca por Pill Lane y Greek Street con su ojo de bacalao contando todas las tripas del pescado.

¿Quién viene a través de la tierra de Michan, ataviado con negra armadura? O'Bloom, el hijo de Rory, es él. Impermeable al miedo es el hijo de Rory: el del alma prudente.

—Para la vieja de la calle Prince —dice el ciudadano— el órgano subvencionado. El grupo rehén en la cámara. Y miren a este maldito harapo. Miren esto, dice él, *El Irlandés Independiente*, si usted me hace el favor, fundado por Parnell para ser el amigo del trabajador. Presten atención a los nacimientos y fallecimientos en *El Irlandés todo para la Irlanda Independiente* y yo se lo agradeceré y los casamientos:

Y él empieza a leerlos en voz alta:

—Gordon, Barnfield Crescent, Exeter; Redmayne de Iffley, Saint Anne's on Sea, la esposa de William T. Redmayne, de un hijo. ¿Qué tal eso, eh? Wright y Flint, Vincent y Gillett con Roht Marion hija de Rosa y el extinto George Alfred Gillett, 179 Clapham Road, Stockwell, Playwood y Ridsdale en Saint Jude's Kensington por el muy reverendo Dr. Forrest, deán de Worcester, ¿eh? Fallecimientos, Bristow en Whitehall Lane, London: Carr, Stoke Newington de gastritis y enfermedad del corazón: Cockburn, en la casa Moat Chepstow...

—Conozco a ese tipo —dice Joe— por amarga experiencia.

—Cockburn, Dimsey, esposa de David Dimsey, el difunto del almirantazgo: Miller, Tottneham, de 85 años de edad: Welsh, June 12, en 35 Canning Street, Liverpool, Isabella Helen. ¿Qué tal eso tratándose de una prensa nacionalista, eh, mi moreno hijo? ¿Qué tal eso para Martín Murphy, el traficante de Bantry?

—¡Ah, bueno! —dice Joe pasando la botella—. Gracias sean dadas a Dios que salieron antes que nosotros. Bebe eso, ciudadano.

—De mil amores —dice él, honorable persona.

—A la salud, Joe —digo yo—. Y todo por el cuerpo abajo.

¡Ah! ¡Ou! ¡No me diga! Ya estaba hecho una porquería por falta de esa pinta. Declaro ante Dios que se podía oírla tocar el fondo de mi estómago con un ruidito.

Y mirad, mientras ellos bebían su copa de alegría, un mensajero como un dios entró velozmente, radiante como el ojo del cielo, un joven gentil y detrás de él pasó un anciano, de noble porte y continente, llevando los pergaminos sagrados de la ley, y con él su señora esposa, una dama de incomparable linaje, la más hermosa de su raza.

El pequeño Alf Bergan entró de sopetón por la puerta y se escondió detrás del bulto de Barney, estrujado por la risa y quién estaba sentado en el rincón que yo no había visto roncando borracho, fuera de este mundo, sino Bob Doran. Yo no sabía qué pasaba y Alf seguía haciendo señas afuera de la puerta. Y que lo parió si no era más que ese mierda de viejo arlequín de Denis Breen en sus babuchas de baño con dos malditos libracos metidos bajo las alas y la mujer a la carrera detrás de él, desgraciada mujer infortunada trotando como un perro de lanas. Yo creí que Alf iba a reventar.

—Mírenlo —dice él—. Breen. Anda por todo Dublin con una postal que alguien le mandó: E. L.: listo para hacer una deman...

Y se doblaba en dos.

—¿Hacer una qué? —digo yo.

—Demanda por difamación —dice él— por diez mil libras.

—¡Joder! —digo yo.

Viendo que algo pasaba el asqueroso mestizo empezó a gruñir en tal forma que a uno le metía el miedo de Dios en el cuerpo, pero el ciudadano le dió una patada en las costillas.

—*Bi i dho husht* —dice él.

—¿Quién? —dice Joe.

—Breen —dice Alf—. Estuvo en lo de Juan Enrique Menton y luego se fué a lo de Collis y Ward y después lo encontró Tomás Rochford y lo mandó a lo del subcomisario para tomarle el pelo. ¡Oh, Dios mío, cómo me duele la barriga de reírme! E. L.: Estás Listo. El tío largo le mandó una mirada como una orden de prisión y ahora el estúpido viejo loco se ha ido a la calle Green para buscar a uno de investigaciones.

—¿Cuándo lo va a colgar el largo Juan a ese tipo en Mountjoy? —dice Joe.

—Bergan —dice Bob Doran, despertándose—. ¿Es ése Alf Bergan?

—Sí —dice Alf—. ¿Ahorcar? Espera que te enseñe. Vamos, Terry, danos una copita por aquí. ¡Este estúpido viejo reblandecido! Diez mil libras. Ustedes tendrían que haber visto qué plato la mirada del largo Juan. E. L....

Y se empezó a reír.

—¿De qué te estás riendo? —dice Bob Doran—. ¿De Bergan?

—Metéle, Terry —dice Alf.

Terence O'Ryan lo escuchó y le trajo inmediatamente una copa de cristal llena de la espumosa cerveza negra que los nobles hermanos mellizos Bungiveagh y Bungardilaun elaboran siempre en sus divinas cubas, astutos como los hijos de la inmortal Leda. Porque ellos almacenan las suculentas bayas del lúpulo y las amasan y las tamizan y las machacan y las elaboran y las mezclan con jugos agrios y traen el mosto al fuego sagrado y no cesan en su faena ni de día ni de noche, esos astutos hermanos, señores del tanque.

Entonces tú, caballeresco Terence, entregaste, como bien nacido para ello, ese brebaje ambrosíaco y ofreciste la copa de cristal al que estaba sediento, ejemplo de la caballerosidad, semejante en belleza a los inmortales.

Pero él, joven jefe de los O'Bergan, mal podía tolerar ser superado en actos generosos, y así con gracioso gesto os hizo don de un testón del más costoso bronce. Sobre él, estampada de relieve en excelente trabajo de forjador, estaba la imagen de una reina de regio porte, vástago de la casa de Brunswick, Victoria de nombre, Su Excelentísima Majestad, por la gracia de mares, reina, defensora de la fe, Emperatriz de la India, inmutable ella la misma coronada, vencedora sobre muchos pueblos; la bienamada, porque la conocían y la amaban desde la salida del sol hasta que el sol se ponía, el blanco, el negro, el rojo y el etíope.

—¿Qué está haciendo ese puerco de francmasón rondando de arriba abajo ahí afuera?

—¿Qué es eso?—dice Joe.

—¿Estamos? —dice Alf, cloqueando con la nariz—. Hablando de ahorcar. Les voy a mostrar algo que nunca han visto. Cartas de verdugos. Miren aquí.

Entonces sacó un manojo de pedazos de cartas y sobres de su bolsillo:

—¿Nos tomas el pelo? —digo yo.

—Palabra que sí —dice Alf—. Léanlas.

Entonces Joe tomó las cartas.

—¿De qué se ríen? —dice Bob Doran.

Entonces yo vi que iba a haber un poquito de bronca. Bob es un tipo raro cuando se le sube la cerveza: entonces, digo yo, nada más que para decir algo:

—¿Cómo anda Willy Murray ahora, Alf?

—No sé —dice Alf—. Lo acabo de ver en la calle Capel con Paddy Dignam. Pero yo estaba corriendo detrás de ese...

—¿Estabas qué? —dice Joe, tirando las cartas—. ¿Con quién?

—Con Dignam —dice Alf.

—¿Paddy? —dice Joe.

—Sí —dice Alf—. ¿Por qué?

—¿No sabes que se murió? —dice Joe.

—¿Paddy Dignam muerto? —dice Alf.

—¡Ahá! —dice Joe.

—Que me caiga muerto si no lo acabo de ver hace cinco minutos —dice Alf— tan claro como la luz que me alumbra.

—¿Quién se murió? —dice Bob Doran.

—Entonces viste su espectro —dice Joe—. Que Dios nos proteja.

—¿Qué? —dice Alf—. Buen Cristo, solamente cinco: ¿Qué? y Willy Murray con él, ellos dos allí cerca de lodecomolollaman... ¿Qué? ¿Murió Dignam?

—¿Qué hay de Dignam? —dice Bob Doran—. ¿Quién está hablando de...?

—¡Muerto! —dice Alf—. Está tan muerto como ustedes.

—Tal vez sea así —dice Joe—, De todos modos ellos se tomaron la libertad de enterrarlo esta mañana.

—¿Paddy? —dice Alf.

—¡Ahá! —dice Joe—. Él pagó la deuda de la naturaleza, Dios tenga piedad de él.

—¡Buen Cristo! —dice Alf.

Que lo parió, se quedó lo que se dice frío.

En la oscuridad se sentía agitarse la mano de los espíritus, y cuando la oración según los tantras había sido dirigida al lugar adecuado una luminosidad carmesí débil pero creciente se hacía gradualmente visible, siendo particularmente natural la aparición de un doble etérico debido a la descarga de rayos jívicos que fluían del vértice de la cabeza y el rostro. La comunicación se efectuaba por intermedio del cuerpo pituitario y también por medio de los rayos escarlata y violentamente anaranjados que emanaban de la región sacra y del plexo solar. Interrogado por su nombre terreno respecto a su paradero en el mundo celestial él declaró que estaba ahora en el sendero del pralaya o camino del retorno pero todavía sometido a pruebas en manos de ciertas entidades sanguinarias de los planos astrales inferiores. Respondiendo a la pregunta relativa a sus primeras sensaciones en el gran deslinde del más allá declaró que previamente él había visto oscuramente como en un espejo pero que aquellos que habían pasado tenían abiertas ante ellos extraordinarias posibilidades de perfeccionamiento átmico. Interrogado respecto a si la vida allí se parecía a nuestra experiencia corporal declaró que había oído de seres actualmente más favorecidos en el espíritu cuyas moradas están equipadas con toda clase de comodidades del hogar moderno, tales como talafana, alavatar, hatakalda, wataklasat y que los adeptos más evolucionados estaban sumergidos en olas de voluptuosidad de la más pura naturaleza. Habiendo solicitado un cuarto de galón de suero de manteca éste le fué traído y evidentemente le proporcionó gran alivio. Preguntado si tenía algún mensaje para los vivos exhortó a todos los que aún están del lado malo de Maya a que admitan el verdadero sendero porque se había informado en los círculos devánicos que Marte y Júpiter andaban haciendo travesuras por el ángulo oriental donde el carnero tiene poder. Fué luego interrogado acerca de si había algunos deseos especiales de parte de los difuntos y la respuesta fué: *Os saludamos, amigos de la tierra, que habitáis todavía en el cuerpo. Tened cuidado de que C. K. no os apile.* Se determinó que la alusión se dirigía al señor Cornelius Kelleher, gerente del popular establecimiento fúnebre de los señores H. J. O'Neill, amigo personal del difunto, que tomó la responsabilidad de todo lo relativo al entierro. Antes de desaparecer solicitó que se dijera a su querido hijo Patsy que el otro botín que él había estado buscando se encontraba actualmente bajo la cómoda de la habitación del medio de la escalera y que el par debía enviarse a lo de Cullen para echarles solamente medias suelas ya que los tacos todavía estaban buenos. Declaró que esto había perturbado grandemente su paz de espíritu en la otra región y suplicó encarecidamente que se diera a conocer su deseo.

    Se le dieron seguridades de que el asunto sería atendido y dió a entender que esto le proporcionaba honda satisfacción.

    Cesaron sus apariciones mortales: O'Dignam sol de nuestra mañana.
    Leve era su pie sobre los helechos: Patricio de la frente radiante.
Gime, Banba, con tu viento: y gime, ¡oh mar!, con tu torbellino.
    —Allí está otra vez —dice el ciudadano, clavando los ojos afuera.
    —¿Quién? —digo yo.
    —Bloom —dice él—. Está haciendo la ronda de arriba abajo desde hace diez minutos.
    Y, que lo parió, vi a su cara echar una ojeada adentro y después

escurrirse otra vez.

El pequeño Alf estaba como abombado. Te doy mi palabra.
—¡Buen Cristo! —dice él—. Habría jurado que era él.

Y dice Bob Doran, el pillo más redomado de Dublin cuando está bajo la influencia, con el sombrero volcado sobre la nuca:
—¿Quién dice que Cristo es bueno?
—Disculpe, fué sin querer —dice Alf.
—¿Es bueno Cristo —dice Bob Doran— llevándose al pobrecito de Willy Dignam?
—¡Ah, bueno! —dice Alf, tratando de conformarlo—. Se le acabaron los líos.

Pero Bob Doran se pone a gritar.
—Es un mierda de rufián —digo yo—, llevarse al pobrecito de Willy Dignam.

Terry bajó y le hizo un guiño para que se modere, porque no se puede tolerar esa clase de conversación en un establecimiento respetable y autorizado. Y Bob Doran empieza a soltar el trapo, llorando a moco tendido por Paddy Dignam, tan cierto como se lo digo.
—El hombre más bueno que he conocido —dice él, lloriqueando—, una verdadera alma de Dios.

Se te salen las puñeteras lágrimas a los ojos. Hablando a través de su puñetero sombrero. Mejor sería para él que se fuera a su casa con la pequeña ramera sonámbula con que se casó, Mooney, la hija del alguacil. La madre tenía una amueblada en la calle Hardwicke y acostumbraba atorrantear por los desembarcaderos. Bantam Lyons me dijo que andaba atajando allí a las dos de la mañana sin una puntada encima, exponiendo su persona, abierta a todos los que quisieran, campo despejado y sin preferencias.
—El más noble, el más leal —dice él—. Y se ha ido, pobrecito Willy, pobrecito Paddy Dignam.

Y con el corazón destrozado, lleno de pesar, lloró la extinción de ese destello del cielo.

El viejo Garryowen empezó a gruñir otra vez a Bloom que estaba escurriéndose por la puerta.
—Entra, vamos, no te va a comer —dice el ciudadano.

Entonces Bloom entra de soslayo con sus ojos de bacalao sobre el perro, y pregunta a Terry si Martín Cunningham estaba allí.
—¡Oh, Cristo M'Keown! —dice Joe, leyendo una de las cartas—. Escuchen esto, ¿quieren?

Y empieza a leer una en voz alta.

7, Hunter Street, Liverpool

Al Alto Comisario de Dublin, Dublin

Honorable señor yo deseo ofrecermisserviciosenelarribamencionado penoso caso yo ahorqué a Joe Gann en la cárcel de Bootle el 12 de febrero de 1900 y ahorqué...

—Déjanos ver, Joe —digo yo.

—*... al asistente Arthur Chace por muerte violenta de Jessie Tilsit en la prisión de Pentonville y le di una mano cuando...*

—Jesús —digo yo.
—...*Billington ejecutó al terrible asesino Toad Smith*...
El ciudadano dió un manotón a la carta.
—Agárrate fuerte —dice Joe— *tengo un especial antojo de ponerle el nudo una vez adentro él no puede salir esperando ser favorecido quedo de usted, honorable señor, mi precio es el de cinco guineas.*

H. Rumbold
Maestro barbero

—También él es un barbárico puñetero bárbaro —dice el ciudadano.
—Y el sucio garabatear del miserable —dice Joe—. Vamos, dice él, llévatelas al diablo lejos de mi vista, Alf. ¡Hola, Bloom! —dice él—, ¿qué tomamos?
Entonces ellos empezaron a discutir acerca del asunto, Bloom diciendo que él no lo haría y no podía y que lo disculparan y que no se ofendieran y qué sé yo y entonces él dijo bueno iba a aceptar solamente un cigarro. Dios, es un tío prudente, con toda seguridad.
—Danos uno de tus apestosos de primera, Terry —dice Joe.
Y Alf nos estaba contando que había un tipo que mandó una tarjeta de luto con un borde negro alrededor.
—Son todos barberos —dice él— del país negro que colgarían a sus propios padres por cinco libras al contado y gastos de viaje.
Y nos estaba contando que hay dos sujetos esperando abajo para tirarles de los talones cuando lo largan y lo estrangulan debidamente y después ellos cortan la soga y venden los pedacitos por unos pocos chelines por cabeza.
En la oscura tierra moran ellos, los vengativos caballeros de la navaja.
Ellos agarran su rollo mortal: ciertamente y así conducen al Erebo a cualquier tipo que haya cometido un hecho de sangre porque de ningún modo lo toleraré, así dice el Señor.
Entonces empezaron a hablar de la pena capital y naturalmente Bloom sale con el porqué y el por cuánto y toda la codología de la cuestión y el perro viejo olfateándolo todo el tiempo me han dicho que esos judíos tienen de verdad una especie de olor raro saliéndoles para los perros acerca de no sé qué efecto preventivo y etcétera etcétera.
—Hay una cosa sobre la que no tiene un efecto preventivo —dice Alf.
—¿Qué cosa es? —dice Joe.
—La herramienta del pobre diablo que acaba de ser ahorcado —dice Alf.
—¿De veras? —dice Joe.
—Verdad de Dios —dice Alf—. Lo escuché del guardia principal que estaba en Kilmanham cuando ahorcaron a Joe Brady, el inven-

cible. Me dijo que cuando iban a cortar la soga después del colgamiento para bajarlo, tenía el asunto parado, delante de la cara de ellos como un atizador.

—La pasión predominante fuerte todavía en la muerte —dice Joe— como alguien dijo.

—Eso puede ser explicado por la ciencia —dice Bloom—. No es más que un fenómeno natural, porque debido a...

Y entonces empieza con sus destrabalenguas impronunciables acerca de los fenómenos y la ciencia y este fenómeno aquí y el otro fenómeno de más allá.

El distinguido hombre de ciencia Herr Professor Luitpold Blumenduft presentó evidencia médica en el sentido de que la fractura instantánea de la vértebra cervical y la consecuente escisión de la médula espinal debería, de acuerdo con las mejores tradiciones aprobadas por la ciencia médica, producir inevitablemente en el sujeto humano un violento estímulo ganglionar en los centros nerviosos, haciendo que los poros del *corpora cavernosa* se dilaten rápidamente en forma tal como para facilitar instantáneamente la afluencia de la sangre a esa parte de la anatomía humana conocida como pene o miembro viril, resultando en el fenómeno que ha sido denominado por la facultad como una mórbida erección filoprogenerativa hacia arriba y hacia afuera *in articulo mortis per diminutionem capitis*.

Como es natural el ciudadano que no estaba esperando más que la ocasión de tomar el guiño de la palabra empieza a desprender gas acerca de los invencibles y la vieja guardia y los hombres del sesenta y siete y quién tiene miedo de hablar del noventa y ocho y Joe con él se despacha acerca de todos los pobres diablos que fueron ahorcados, arrastrados y desterrados por la causa, juzgados y condenados por consejo de guerra de emergencia y una nueva Irlanda y esto y lo de más allá. Hablando acerca de la nueva Irlanda él tendría que ir y conseguirse un perro nuevo eso es lo que tendría. Sarnosa bestia famélica olfateando y estornudando para todos lados y rascándose la roña y dando vueltas se acerca a Bob Doran que estaba pagando a Alf un medio lamiéndolo por lo que podría conseguir. Entonces naturalmente Bob Doran empieza a hacerse el puñetero estúpido con él:

—¡La patita! ¡La patita, perrito! ¡Lindo viejito! ¡Aquí la patita! ¡La patita!

A la mierda con la pata de mierda que él quería y Alf tratando de que no se diera vuelta el puñetero banquillo encima del puñetero perro viejo, y él diciendo toda clase de gansadas acerca de enseñar por la bondad y que era un perro de pura raza y que era un perro inteligente: hasta darle a uno propiamente en el forro. Entonces empieza a juntar unos pedacitos de galleta vieja del fondo de una lata de Jacob que le dijo a Terry que le trajera. ¡Joder! se lo mandó como si fueran botines viejos y su lengua colgándole una yarda de largo pidiendo más. Casi se come la lata y todo, puñetero mestizo hambriento.

Y el ciudadano y Bloom discutiendo sobre el asunto, y luego los hermanos Sheares y Wolfe Tone más allá sobre Arbour Hill y Robert Emmet y morir por la patria, el toque llorón de Tommy Moore acerca de Sara Curran y ella está lejos de la patria. Y Bloom naturalmente, con su cigarro que voltea haciéndose el gracioso con su cara grasosa. ¡Fenómeno! El montón gordo con que se casó es un lindo fenómeno viejo con un trasero que tiene una zanja como cancha de pelota. Cuando estaban parando en el "City Arms" Pisser Burke me contó que había una vieja allí con un chiflado calavera de sobrino y Bloom tratando de ganarle el lado flaco haciéndose el marica jugando a los naipes para conseguirse una parte de su testamento y quedándose sin comer carne los viernes porque la vieja estaba siempre golpeándose el buche y llevándose al badulaque de paseo. Y una vez se lo llevó a correrla por Dublin, y por el santo labrador que no paró hasta que se lo trajo a casa tan borracho como una lechuza hervida, y por los arenques si las tres mujeres casi no lo asan, es un cuento raro, la vieja, la mujer de Bloom y la O'Dowd que manejaba el hotel. Jesús, tuve que reírme de Pisser Burke sacándolas mascando la gordura y Bloom con sus *¿pero no ven?* y *pero por otro lado*. Y todavía, como si fuera poco, me dijeron que el badulaque iba después a lo de Power, la borrachería de la calle Cope, volviendo a casa en coche, hecho un estropajo, cinco veces por semana después de haber estado bebiendo de todas las muestras del bendito establecimiento. ¡Fenómeno!

—A la memoria del muerto —dice el ciudadano levantando su vaso de pinta y dirigiendo una mirada furibunda a Bloom.

—¡Ahá!, ¡ahá! —dice Joe.

—Ustedes no me entienden —dice Bloom—. Lo que quiero decir es...

—*Sinn Fein!* —dice el ciudadano—. *Sinn fein amhain!* Los amigos que amamos están a nuestro lado y los enemigos que odiamos a nuestro frente.

La última despedida fué conmovedora en extremo. De los campanarios cercanos y lejanos la fúnebre campana de muerte doblada incesantemente mientras que por todo el recinto sombrío redoblaba el aviso de cien tambores fúnebres de siniestro sonido puntuado por el hueco estampido de piezas de artillería. Los ensordecedores golpes de trueno y los deslumbrantes destellos de relámpagos que iluminaban la horrible escena testimoniaban que la artillería del cielo había prestado su pompa sobrenatural al ya horripilante espectáculo. Una lluvia torrencial caía de las compuertas de los irritados cielos sobre las cabezas descubiertas de la multitud reunida que ascendía, calculando por lo más bajo, a quinientas mil personas. Un pelotón de la policía metropolitana de Dublín, dirigida por el alto comisionado en persona, mantenía el orden en la vasta turba, a la cual la banda de bronce y viento de la calle York entretenía mientras tanto ejecutando admirablemente en sus instrumentos tapizados de negro la incomparable melodía de la quejumbrosa musa de Speranza, que nos es querida desde la cuna. Rápidos trenes especiales de excursión y faetones tapizados habían sido provistos para comodidad de nuestros primos provincianos, de los que había grandes contingentes. Los célebres cantores favoritos de las calles de Dublín, L-n-h-n y M-ll-g-n divirtieron y causaron la hilaridad general cantando *La noche antes de que Larry fuera estirado* en su acostumbrada desopilante manera. Nuestros dos inimitables bufones hicieron un negocio magnífico vendiendo sus palabras y su música entre los amantes de la diversión, y nadie que tenga en el fondo de su corazón un poco de apego al verdadero chiste irlandés sin vulgaridad les va a escatimar sus bien ganados peniques. Los chicos de la Casa de Expósitos para ambos sexos, que atestaban las ventanas mejor situadas para dominar la escena, estaban encantados con esta inesperada adición al entretenimiento del día y las Hermanitas de los Pobres se merecen una palabra de encomio por su excelente idea de proporcionar a los pobres niños sin padre ni madre un solaz genuinamente instructivo. Los invitados del virrey que incluían a muchas damas bien conocidas fueron acompañados a los lugares mejor situados del gran estrado, mientras la pintoresca delegación extranjera conocida como los Amigos de la Isla de Esmeralda fué acomodada en una tribuna de enfrente. La delegación, presente en pleno, comprendía al Comendador Bacibaci Beninobenone (el semiparalítico decano del grupo que tuvo que ser ayudado a sentarse por medio de una poderosa grúa a vapor), Monsieur Pierrepaul Petitépatant, el Granchistós Vladimiro Bolsipañueloff, el Archichistós Leopoldo Rodolfo von Schwansenbad-Hodenthaler, Condesa Marha Virága Kisászony Putrápesthi, Hiram. Y. Boomboost, Conde Ataanatos Karamelopulis, Alí Babá Backsheesh Rahat Lokum Effendi, Señor Hidalgo Caballero Don Pecadillo y Palabras y Paternoster de la Malora de la Malaria, Hokopoko Harakiri, Hi Hung Chang, Olaf Kobberkeddelsen, Mynheer Trik van Trumps, Pan Poleaxe Paddyrisky, Goosepond Prhklstr Kratchinabritchisitch, Herr Hurhausdirektorpräsident Hans Chuechli-Steuerli, National-gymnasiummuseumsanatoriummandsuspensoriumsordinaryprivatdocentgeneralhistoryspecialprofessordoctor Kriegfried Ueberallgemein. Todos los delegados sin excepción se expresaron en los término heterogéneos más violentos posibles respecto a la barbaridad sin nombre que habían sido llamados a presenciar. Un animado altercado (en el que todos tomaron parte) se originó entre los A. D. L. I. D. E. respecto a si el ocho o el nueve de marzo era la fecha correcta del nacimiento del santo patrono de Irlanda. En el transcurso del debate se echó mano a las balas de cañón, cimitarras, boomerangs, trabucos, bombas asfixiantes, picadores de carne, paraguas, catapultas, puños de hierro, sacos de arena, pedazos de hierro en lingotes fueron puestos en juego y los golpes se cambiaron libremente. El niño policía, condestable MacFadden, llamado por correo especial de Booterstown, rápidamente restableció el orden y con prontitud de relámpago propuso el día 17 del mes como una solución igualmente honorable para cada una de las dos partes contendientes. La sugestión del vivillo de nueve pies sedujo a todos en seguida y fué unánimemente aceptada. El Condestable MacFadden fué sinceramente felicitado por todos los A. D. L. I. D E., varios de los cuales estaban sangrando profusamente. Habiéndose desenredado al Comendador Beninobenone de debajo del sillón presidencial, su consejero legal Avvocato Pagamini explicó que los varios objetos escondidos en sus treinta y dos bolsillos habían sido substraídos por él durante la riña de los bolsillos de sus colegas menores con la esperanza de hacerlos entrar en razón. Los objetos (que incluían varios centenares de relojes de oro y plata de damas y caballeros) fueron prontamente restituídos a sus respectivos dueños y la armonía general reinó suprema.

Calmo y modesto Rumbold ascendió al patíbulo en impecable traje de mañana llevando su flor favorita, el *Gladiolus Cruentus*. Anunció su presencia por esa suave tos rumboldiana que tantos han tratado (sin éxito) de imitar —breve, cuidadosa y tan característica en él. La llegada del mundialmente famoso verdugo fué saludada por un rugido de aclamación de la inmensa concurrencia, mientras las damas de la corte del virrey agitaban sus pañuelos excitadas y los todavía más excitables delegados extranjeros vitoreaban vocingleramente en una mescolanza de gritos, *Hoch, banzai, eljen, zivio, chinchin, polla kronia, Hiphip, vive, Allah*, entre los cuales el resonante *evviva* del delegado de la tierra del canto (un agudo doble Fa que recordaba aquellas penetrantemente hermosas notas con las que el eunuco Catalani hechizó a nuestras tataratatarabuelas) era fácilmente distinguible. Eran exactamente las diecisiete. La señal de oración fué dada al punto por el megáfono y en un instante todas las cabezas se descubrieron; el patriarcal sombrero del Comendador, que ha estado en poder de su familia desde la revolución de Rienzi, le fué sacado por su médico privado, el Doctor Pipí. El docto prelado que administraba los últimos consuelos de la santa religión al héroe mártir en trance de pagar su deuda se arrodilló con el más cristiano recogimiento en un charco de agua de lluvia, la sotana sobre su canosa cabeza, y elevó fervientes oraciones de súplica delante del trono de misericordia. Tiesa al lado del patíbulo estaba la torva figura del verdugo, su semblante oculto en una olla de diez galones con dos aberturas circulares perforadas a través de las cuales sus ojos brillaban furiosamente. Mientras esperaba la señal fatal probó el filo de su arma asentándola en su musculoso antebrazo o decapitando en rápida sucesión un rebaño de ovejas que le habían sido proporcionadas por los admiradores de su cruel pero necesario oficio. Sobre una hermosa mesa de caoba, cerca de él, estaban cuidadosamente dispuestos el cuchillo de descuartizar, los varios instrumentos finamente templados destinados al destripamiento (suministrados especialmente por la mundialmente famosa firma de cuchilleros señores John Round e Hijos, Sheffield), una cacerola de terracota para la recepción del duodeno, colon, intestino ciego y apéndice, etc., extraídos con buen éxito, y dos cómodas jarras lecheras para recibir la muy preciosa sangre de la muy preciosa víctima. El mayordomo del asilo amalgamado de perros y gatos aguardaba para llevarse los recipientes a esa benéfica institución cuando estuvieran llenos. Una excelente merienda consistente en lonjas de jamón y huevos, bife frito con cebollas, cocido en su punto, deliciosos panecillos, exquisitos y crocantes, y un vigorizante té, había sido abundantemente provista por las autoridades para el consumo de la figura central de la tragedia, que se hallaba en un excelente estado de ánimo cuando fué preparada para morir y evidenció el más agudo interés por los procedimientos desde el principio hasta el fin; porque él, con una abnegación rara en estos tiempos nuestros, se elevó noblemente a la altura de las circunstancias y expresó su último deseo (inmediatamente aceptado) de que la comida fuera dividida en partes alícuotas entre los miembros de la asociación de los caseros enfermos e indigentes como una prueba de su consideración y estima. El *nec* y *plus ultra* de la emoción fueron alcanzados cuando la ruborosa novia seleccionada se abrió camino entre las apretadas filas de espectadores y se arrojó sobre el musculoso pecho del que estaba por ser botado a la eternidad, por su causa. El héroe abrazó su esbelta silueta en un amoroso abrazo murmurando tiernamente *Sheila, mi Sheila*. Alentada por esta mención de su nombre de pila ella besó apasionadamente todas las varias apropiadas superficies de su persona que las decencias de la vestidura de prisión permitían alcanzar a su ardor. Ella le juró mientras confundían las saladas corrientes de sus lágrimas que acariciaría su recuerdo, que ella nunca olvidaría a su muchacho, héroe que marchó a la muerte con una canción en los labios, como si no se tratara más que de asistir a un partido de futbol en el parque Clontunk. Ella evocó los felices días de su dichosa infancia sobre los bancos de Anna Liffey, en que ambos se habían entregado a los inocentes pasatiempos propios de los jóvenes, y olvidados del espantoso presente, ambos rieron sinceramente, y todos los espectadores, incluyendo el venerable pastor, tomaron parte del regocijo general. La asamblea monstruo se moría de risa. Pero a poco fueron vencidos por el dolor y se estrecharon las manos por la última vez. Un nuevo torrente de lágrimas estalló de sus conductos lacrimales y el vasto concurso de personas, afectadas hasta lo más íntimo, rompió en desgarradores sollozos, no siendo el menos afectado el mismo anciano prebendario. Grandes hombres fuertes, funcionarios de la paz y afables gigantes de la real guardia civil irlandesa hacían decidido uso de sus pañuelos y puede decirse que no había un ojo seco en esa reunión extraordinaria. El más romántico incidente se produjo cuando un hermoso joven graduado en Oxford, célebre por su caballerosidad hacia el bello sexo, se adelantó y, presentando su tarjeta de visita, su libreta de banco y su árbol genealógico, solicitó la mano de la infortunada joven lady, rogándole fijara el día, y fué aceptado en el acto. Cada una de las damas del auditorio fué obsequiada con un regalo de buen gusto en recuerdo del acto, un broche en forma de cráneo y tibias cruzadas, atención oportuna y generosa que provocó un nuevo arranque de emoción: y cuando el galante joven oxoniano (portador, dicho sea de paso, de uno de los más tradicionales apellidos en la historia de Albión) colocó en el dedo de su ruborosa "fiancée" un costoso anillo de compromiso con esmeraldas engarzadas en forma de un trébol de cuatro hojas, la excitación no tuvo límites. Tanto, que hasta el torvo mariscal preboste teniente coronel Tompkin-Maxwell Frenchmullan Tomlinson que presidía la triste ceremonia y que había hecho reventar un considerable número de cipayos soplándolos sin titubeos desde la boca del cañón, no podía contener su natural emoción. Con su manopla de hierro enjugó una furtiva lágrima y llegó a ser oído por aquellos privilegiados ciudadanos que se encontraban en su inmediato contorno cuando murmuraba para sí mismo en voz baja y balbuceante:

—Dios me confunda si no me resulta pateadora esa levadura agria de sanguijuela encantadora. Que me confunda si no me extrae un poco de llanto, sin vuelta; por su culpa, cuando la veo, me tengo que acordar de mi vieja cuba de batir cerveza, que me espera mimosa allá abajo en Limehouse.

Entonces el ciudadano empieza a hablar del lenguaje irlandés y de la reunión corporativa y de todo eso y de los inglesantes que no saben hablar su propio idioma y Joe metiéndose en el medio porque se la dió a uno por una libra y Bloom metiendo su vieja cháchara con un desafío de dos peniques que él le ganó a Joe, y hablando de la liga Gaélica y de la liga para dejarle el muerto a otro y rajar sin pagar, y de la curda, la maldición de Irlanda. Antilampeo sí que está bueno. Hijo de su madre... lo dejaría a uno que le vertiera toda clase de bebida por la garganta hasta que lo llamaran para comer antes de que se le ocurriera pagar una vuelta. Y una noche yo entré con un tipo en una de sus veladas musicales, canto y baile y que ella podía subirse en un haz de heno podría mi Maureen echarse y había un tipo con un distintivo de abstemio de cinta azul que se despachaba en irlandés y una cantidad de chicas rubias andando por ahí con brebajes de templanza y vendiendo medallas y naranjas y limonadas y unos pocos bollos viejos secos, joder, no me hable de esa diversión, Irlanda sobria es Irlanda libre. Y entonces un viejo empieza a soplar en su gaita y todos los poligrillos sacándole viruta al piso al son de que se les murió la vaca vieja. Y uno o dos buscacielos cuidando de que no hubiera cosas con las mujeres golpeando debajo del cinturón.

Y así y así, como iba diciendo, el perro viejo viendo que la lata estaba vacía empieza a husmear por donde estábamos Joe y yo. Yo lo amaestraría por las buenas si fuera mío el perro. Darle un lindo puntapié entusiasta de vez en cuando donde no lo dejara ciego.

—¿Tienes miedo que te muerda? —dice el ciudadano con desprecio.

—No —digo yo—. Pero podría tomar mi pierna por un poste de alumbrado.

Entonces él llama al viejo perro.

—¿Qué te pasa, Garry? —le dice.

Luego se pone a tironear y aporrear y a hablarle en irlandés y el viejo cascajo gruñendo, sin largar prenda, como en un dúo de ópera. Nunca se escucharon gruñidos semejantes a los que soltaron entre los dos. Alguien que no tenga otra cosa mejor que hacer tendría que escribir una carta *pro bono publico* a los diarios acerca de una ley que obligue a amordazar a los perros como ése. Gruñendo y chacharando y su ojo todo inyectado de sangre porque tiene la sequía y la hidrofobia cayéndole de las fauces.

Todos aquellos que están interesados en la difusión de la cultura humana entre los animales más bajos (y su número es legión) no tendrían que perderse la exhibición realmente maravillosa de synanthropía dada por el famoso viejo rojo perrolobo perdiguero irlandés antiguamente conocido por el *sobriquet* de Garryowen y recientemente rebautizado por su gran círculo de amigos y conocidos con el de Owen Garry. La exhibición que es el resultado de años de adiestramiento por un sistema dietético minuciosamente meditado, comprende, entre otras realizaciones, la recitación de versos. Nuestro más grande experto viviente en fonética (¡caballos salvajes no nos lo arrancarán!) no ha dejado piedra sin mover en sus esfuerzos para dilucidar y comparar el verso recitado y ha encontrado que ofrece un *chocante* (las itálicas son nuestras) parecido con las runas de los antiguos bardos célticos. No hablamos tanto de esos deliciosos cantos de amor con los que el escritor que oculta su identidad bajo el gracioso seudónimo de Ramita Dulce familiar al mundo amante de los libros sino más bien (como un colaborador D. O. C. lo señala en una interesante comunicación publicada por un contemporáneo de la noche) de la más tosca y personal nota que se encuentra en las efusiones satíricas del famoso Raftery y de Donald MacConsidine para no mencionar a un lírico más moderno actualmente muy presente en la atención del público. Damos más abajo un espécimen que ha sido vertido al inglés por un eminente hombre de letras cuyo nombre por el momento no estamos autorizados a revelar aunque creemos que nuestros lectores encontrarán que la alusión topográfica es algo más que una simple indicación. El sistema métrico del original canino, que recuerda las intrincadas reglas aliterativas e isosilábicas del englyn galés es infinitamente más complicado pero creemos que nuestros lectores estarán de acuerdo en que el espíritu del poema ha sido bien captado. Quizá habría que agregar que el efecto se aumenta considerablemente si los versos de Owen son recitados algo lenta e indistintamente en un tono que sugiera rencor contenido.

> *La flor de mis blasfemias*
> *Siete días cada día*
> *Y siete secos jueves*
> *Sobre ti, Barney Kiernan,*
> *No hay agua que sirva*
> *Para enfriar mi coraje*
> *Y mis tripas rojas rugen*
> *Detrás de tus luces, Lowry.*

Entonces él le dijo a Terry que le trajera un poco de agua para el perro y, que lo parió, se podía escucharlo lamiéndola desde una milla. Y Joe le preguntó si se iba a servir otro.

—Cómo no —dice él—, *a chara*, para demostrar que no hay resentimiento.

Que lo emplumen, no está tan crudo como parecía. Coloca el culo de uno a otro boliche, echándolas a la salud de los demás con el perro del viejo Giltrap y alimentándose a costa de los contribuyentes y corporativistas. Diversión para el hombre y la bestia. Y dice Joe:

—¿Podrías hacer un agujero en otra pinta?

—¿Podría nadar un pato? —digo yo.

—Lo mismo otra vez, Terry —dice Joe—. ¿Está seguro de que no se va a servir nada en forma de refresco líquido? —dice él.

—No, gracias —dice Bloom—. En realidad entré solamente para ver si encontraba a Martín Cunningham, por este seguro del pobre Dignam. Martín me pidió que fuera a la casa. Saben, él, Dignam quiero decir, no presentó a la Compañía ningún aviso respecto al beneficiario en el momento de hacer la hipoteca y de acuerdo con la ley el acreedor hipotecario no tiene derechos sobre la póliza.

—¡Lindo enredo! —exclamó Joe riendo—; esa sí que es buena si recurren al viejo Shylock. Quiere decir, entonces, que la esposa primero, ¿no?

—Bueno, ése es un asunto para los admiradores de la esposa —dice Bloom.

—¿Los admiradores de quién? —dice Joe.

—Quiero decir los consejeros de la esposa —dice Bloom.

Entonces empieza todo confundido emporcándose acerca de que el deudor hipotecario de acuerdo con la ley como un presidente de juzgado declarando en el tribunal y para el beneficio de la esposa y que un crédito es creado pero por el otro lado que Dignam debía a Bridgeman el dinero y si ahora la esposa o la viuda discutía el derecho del acreedor hipotecario hasta que casi me dejó la cabeza podrida con su deudor hipotecario de acuerdo con la ley. Él estaba enmierdadamente seguro que a él no lo encerraron también de acuerdo con la ley esa vez por pordiosero y vagabundo solamente porque él tenía un amigo en los tribunales. Vendiendo billetes de bazar o como lo llaman lotería real Húngara privilegiada. Tan cierto como que usted está ahí. ¡Oh, que me recomienden a un israelita! Real y privilegiado calote vivo a la Húngara.

Entonces Bob Doran viene contoneándose pidiendo a Bloom que le diga a la señora Dignam que lamentaba su desgracia y que lamentaba mucho lo del funeral y que le dijera que él decía y todos los que lo conocían decían que nunca había habido uno más leal, más bueno que el pobrecito de Willy que está muerto que le dijera. Ahogándose con puñeteras tonterías. Y estrechando la mano de Bloom haciéndose el trágico para que le dijera a ella eso. Dame la mano, hermano. Eres un pordiosero y yo soy otro.

—Permítame —dijo él— esta libertad que me tomo abusando de nuestras relaciones, las cuales, a pesar de lo superficiales que puedan parecer si se juzga por el simple tiempo, están fundadas, como espero y creo, sobre un sentimiento de mutua estima, como para solicitarle este favor. Pero, si hubiera yo traspasado los límites de la reserva, que la sinceridad de mis sentimientos sea la excusa por mi osadía.

—No —replicó el otro—. Aprecio plenamente los motivos que impulsan su conducta y cumpliré la misión que usted me confía consolado por la reflexión de que, aunque el mensaje sea doloroso, esta prueba de su confianza dulcifica en alguna medida el cáliz de la amargura.

—Permítame entonces que le estreche la mano —dijo él—; la bondad de su corazón, estoy seguro, le dictará mejor que mis inadecuadas palabras las expresiones más apropiadas para transmitir una emoción cuya acerbidad, si yo diera rienda suelta a mis sentimientos, llegaría hasta a privarme del habla.

Y afuera con él y saliendo tratando de caminar derecho. Borracho a las cinco. La noche que casi se queda atrás si no fuera porque Paddy Leonard conocía al gobiernito, el 14 A. Ciego al mundo metido en una taberna de la calle Bride después de la hora de cerrar, fornicando con dos cochinas y un rufián de guardia, tomando cerveza en tazas de té. Y haciéndose pasar por franchute delante de las marranas, Joseph Manuo, y hablando contra la religión católica él que ayudó a misa en lo de Adán y Eva cuando era joven con los ojos cerrados y quién escribió el nuevo testamento y el viejo testamento y abrazando y afanando. Y las dos barraganas muertas de risa, robándole los bolsillos al puñetero tonto y él derramando la cerveza por toda la cama y las dos bellacas chillando riéndose la una de la otra. *¿Cómo está tu testamento? ¿Tienes un viejo testamento?* Solamente Paddy era capaz de pasar por allí. No te digo nada. Después véanlo un domingo con su concubinita de esposa, y ella meneando su cola por la nave de la capilla, con sus botas de charol, nada menos, y sus violetas, linda como un pastel, haciéndose la damita. La hermana de Jack Mooney. Y la viejita prostituta de la madre alcahueteando piezas para las parejas de la calle. Que lo parió, Joe lo hizo marchar de línea. Le dijo que si no se sosegaba lo iba a cagar a patadas.

Entonces Terry trajo las tres pintas.

—A la salud —dice Joe, haciendo los honores—. Toma, ciudadano,

—*Slant leat* —dice él.

—Salud, Joe —dice yo—. A vuestra salud, ciudadano.

Que lo parió, ya se había mandado medio vaso a la bodega. Se necesitaría una pequeña fortuna para darle de beber.

—¿Quién es ese tipo largo que suena como candidato para la alcaldía, Alf? —dice Joe.

—Un amigo tuyo —dice Alf.

—¿Nennan? —dice Joe—. ¿El despechado?

—No quiero nombrar a nadie —dice Alf.

—Ya me parecía —dice Joe—. Lo vi recién en esa reunión con William Field, M. P., la reunión de los comerciantes de ganado.

—El peludo Iopas —dice el ciudadano—, ese volcán en erupción, predilecto de todos los países y el ídolo del propio.

Entonces Joe empieza a contar al ciudadano acerca de la aftosa y de los comerciantes de ganado y de tomar medidas en el asunto y el ciudadano mandándolos a bañarse a todos y Bloom saliendo con su insecticida para la costra de los carneros y su purgante para los terneros con tos y el remedio garantizado para la glositis bovina Y todo eso porque estuvo una vez en un matadero de caballos viejos. Compadreando con su libreta de apuntes y su lápiz, con la cabeza estirada y las piernas abiertas, si bien Joe Cuffe le reconoció la orden de la patada por haberse insolentado con un criador. Señor Sábelotodo. Le enseñaría a tu abuela cómo ordeñar patos. Pisser Burke me contaba que en el hotel a veces la mujer nadaba en ríos de lágrimas con la señora O'Dowd, hasta que se le caían los ojos de tanto llorar, cargada con sus ocho pulgadas de gordura. No podía aflojar las tiras reventonas de su corsé, pero el viejo de ojos de bacalao andaba valsando alrededor de ella explicándole cómo tenía que hacerlo. ¿Cuál es el programa para hoy? ¡Ahá! Sea compasivo con los animales. Porque los pobres animales sufren y los expertos dicen y el mejor remedio conocido que no causa dolor al animal y sobre el lugar de la lastimadura aplicar suavemente. ¡Que lo parió!, debe de ser muy suave cuando pasa la mano debajo de una pollita.

Co co co codé. Nuestra gallina es la Negra Liz. Pone huevos para nosotros. Está lo más contenta cuando pone sus huevos. Codé. Coc coc coc coc. Entonces viene el buen tío Leo. Pone la mano debajo de la Negra Liz y toma el huevo fresquito. Co co co codé. Coc coc coc coc.

—De cualquier manera —dice Joe—, Fiel y Nannetti van esta noche a Londres para plantear el asunto en la Cámara de los Comunes.

—Está seguro —dice Bloom— que el consejero irá. Casualmente quería verlo, lo que son las cosas.

—Bueno; va con el barco correo esta noche —dice Joe.

—¡Qué macana! —dice Bloom—. Tenía que verlo sin falta. A lo mejor va solamente el señor Fiel. No podría hablar por teléfono. No. ¿Está seguro?

—Nannan también va —dice Joe—. La liga le encargó que mañana hiciera una interpelación respecto a la prohibición del comisario de policía que impide los juegos irlandeses en el parque. ¿Qué piensas de eso, ciudadano? *The Sluagh na h - Eireann.* Señor Vaco Conacre (Multifarnham. Nat): Respecto a la moción de mi honorable amigo, el miembro por Shillelagh, ¿puedo preguntar al muy honorable caballero si el Gobierno ha dado órdenes de que estos animales sean sacrificados aun cuando no exista un informe veterinario en lo que se refiere a su estado patológico?

Señor Cuatro patas (Tamosthant. Con): Los honorables miembros están ya en posesión de la prueba presentada a la comisión de la cámara. Creo que no puedo añadir a eso nada que sea de utilidad. La respuesta a la pregunta del honorable miembro es en consecuencia por la afirmativa.

Señor Orelli (Montenotte. Nat): ¿Se han dado órdenes similares para la matanza de animales humanos que se atreven a jugar juegos irlandeses en el parque Phoenix? Señor Cuatropatas: La respuesta es por la negativa.

Señor Vaco Conacre: ¿Ha inspirado el famoso telegrama de Mitchelstown del muy honorable caballero la política de los caballeros del tribunal del tesoro? (¡Oh! ¡Oh!) Señor Cuatropatas: Tengo que hacer informe No se me ha notificado de que iba a hacerse esa pregunta.

Señor Staylewit (Buncombe. Ind): No vacile en tirar.

(Irónicos aplausos de la oposición.)

El Presidente: ¡Orden! ¡Orden!

(La cámara se levanta. Aplausos.)

—Ahí está el hombre que hizo revivir los deportes gaélicos —dice Joe—. Allí está sentado. El hombre que hizo disparar a James Stephens. El campeón de toda Irlanda para el lanzamiento de las dieciséis libras. ¿Cuál fué tu mejor tiro, ciudadano?

—*Na bacleis* —dice el ciudadano, haciéndose el modesto—. De cualquier modo, hubo un tiempo en que yo era tan bueno como el mejor.

—Déjate de historias, ciudadano —dice Joe—. Eras con mucho el gran espectáculo.

—¿Es realmente cierto eso? —dice Alf.
—Sí —dice Blom—. Eso es bien sabido. ¿No lo sabían?
Entonces empezaron acerca del deporte irlandés y juegos de inglesotes como el tenis y acerca del futbol irlandés y poniendo la piedra y la raza del suelo y construyendo una nación otra vez y todo lo que sigue. Y naturalmente Bloom tenía que meterse también acerca de que si a un tipo le fallaba el corazón el ejercicio violento le hacía mal. Apuesto por todos los demonios que si uno levanta una paja del puñetero suelo y le dice a Bloom: *Mira, Bloom. ¿Ves esta paja? Esto es una paja,* declaro por la salud de mi tía que hablaría acerca de ella por una hora, tal como lo digo, y todavía le quedaría algo que decir.

Una discusión muy interesante tuvo lugar en la antigua sala de *Brian O'Giarnian* en *Sraid na Bretaine Bheag,* bajo los auspicios de *Slaugh na h - Eireann* sobre el renacimiento de los antiguos deportes gaélicos y la importancia de la cultura física, como se entendía en la antigua Grecia y la antigua Roma y la antigua Irlanda, para el perfeccionamiento de la raza. El venerable presidente de esta noble orden presidía y la asistencia era numerosa. Después de un instructivo discurso del presidente, oratoria magnífica, elocuente y enérgica, empezó una discusión muy interesante e instructiva acerca del acostumbrado tema del elevado nivel de superación y siguió respecto a la conveniencia de la restauración de los antiguos juegos y deportes de nuestros primeros antepasados. El bien conocido y altamente respetado luchador por la causa de nuestra vieja lengua, señor Joseph M'Carthy Hynes hizo un elocuente llamado por la resurrección de los antiguos deportes y pasatiempos gaélicos, practicados mañana y tarde por Finn MacDool, con el objeto de revivir las mejores tradiciones de la fuerza y poderes varoniles que nos han sido legados desde antiguas edades. L. Bloom, que fué recibido con una ovación mixta de aplausos y silbidos al abogar por la negativa, el presidente cantor puso fin a la discusión accediendo a los repetidos pedidos y sinceras aclamaciones, que le llegaban desde todos los sectores de una sala colmada, mediante una interpretación digna de mencionarse de los versos siempre jóvenes del inmortal Thomas Davis (felizmente demasiado familiares para que haya que recordarlos aquí) *Una nación una vez más* en la ejecución de los cuales puede decirse sin temor a contradicción que el veterano campeón patriota se superó holgadamente a sí mismo. El Caruso-Garibaldi irlandés estuvo superlativamente en forma y sus notas estentóreas fueron escuchadas con máximo efecto en el himno tradicional cantado como solamente nuestro conciudadano es capaz de cantarlo. Su soberbia vocalización que por su supercalidad acrecentó grandemente su ya internacional reputación, fué aplaudida desaforadamente por la gran concurrencia entre la que se notaba a muchos prominentes miembros del clero como así también representantes de la prensa y el foro y las demás ilustradas profesiones. Luego terminaron las actuaciones.

Entre el clero presente estaban el muy rev. William Delany, Sociedad de Jesús, Doctor en Letras; el muy rev. Geral Molloy, Doctor en Teología; el reverendo P. J. Kavanagh, de la Comunidad del Santo

Espíritu; el reverendo T. Waters, Prete Católico; el reverendo John M. Ivers, Prete Parroquial; el rev. P. J. Cleary, de la orden de San Francisco; el rev. L. J. Hickey, de la Orden de los Predicadores; el muy rev. Fr. Nicholas, de la Orden de San Francisco; el muy rev. B. Gorman, de la Orden de las Carmelitas Descalzas; el rev. T. Maher, Sociedad de Jesús; el muy reverendo Hames Murphy, Sociedad de Jesús; el rev. John Lavery, de los Padres de San Vicente; el muy rev. William Doherty, Doctor en Teología; el rev. Peter Fagan, de la Orden de los Maristas; el rev. T. Brangan, de la Orden de San Agustín; el rev. J. Flavin, Prete Católico; el rev. M. A. Hackett, Prete Católico; el rev. W. Hurley, Prete Católico; el muy rev. Monseñor M'Manus, Vicario General; el rev. B. R. Slattery, de la Orden de María Inmaculada; el muy rev. M. D. Scally, Prete Parroquial; el rev. F. T. Purcell, de la Orden de los Predicadores; el muy rev. Timothy canónigo Gorman, Prete Parroquial; el rev. J. Flanagan, Prete Católico. Los legos incluían a P. Fay, T. Quirke, etc.

—Hablando de ejercicio violento —dice Alf—, ¿estuvieron en ese partido Keogh-Bennet?

—No —dice Joe.

—Oí decir que Fulano de Tal se levantó un lindo centenar de libras ahí.

—¿Quién? ¿Blazes? —dice Joe.

Y dice Bloom:

—Lo que quise decir del tenis, por ejemplo, es la agilidad y el entrenamiento de la vista.

—¡Ahá!, Blazes —dice Alf—. Hizo correr la voz de que Myler iba a jugar mamado, y en vez de eso el otro se estuvo entrenando todo el tiempo.

—Nosotros lo conocemos —dice el ciudadano—. El hijo de un traidor. Nosotros sabemos cómo se puso oro inglés en el bolsillo.

—Tienes razón —dice Joe.

Y Bloom que se viene a meter otra vez con el tenis y la circulación de la sangre, y le pregunta a Alf:

—¿No te parece, Bergan?

—Myler limpió el piso con él —dice Alf. Heenan— y Sayers quedó como un globo desinflado. Le dió una paliza de padre y señor mío. Había que verlo al besugo que no le llega ni al ombligo y el grandote golpeando en el aire. Dios, le dió por último un mamporro en el vacío, con reglas de Queensberry y todo, que le hizo vomitar lo que él nunca comió.

Fué una histórica y violenta pelea la de Myler y Percy, que fueron enfrentados para medir guantes por una bolsa de cincuenta soberanos. Con la desventaja que tenía por falta de peso, el cordero preferido de Dublin la reemplazó con su superlativa habilidad en el dominio del ring. El último encuentro de fuegos artificiales fué un desbarajuste para ambos campeones. El sargento mayor, peso liviano, le había estado dando jarabe en el entrevero anterior durante el cual Keogh estuvo recibiendo un buen castigo de zurdas y derechas, el artillero haciendo un buen trabajo sobre la nariz del favorito, y cuando salió Myler parecía groggy. El soldado, tomando la ofensiva, entró en acción con un poderoso corto de izquierda, al que el atleta irlandés replicó con un directo a la mandíbula de Bennett. El chaqueta colorada se esquivó agachándose, pero el dublinense lo levantó con un gancho de izquierda y un buen impacto en el cuerpo. Los hombres se trenzaron. Myler precipitó sus golpes consiguiendo dominar al adversario, terminando el round con el hombre más corpulento sobre las cuerdas, y Myler castigándolo. El inglés, cuyo ojo derecho estaba casi cerrado, se fué a su rincón, donde lo empaparon con abundante agua, y cuando sonó el gong salió lleno de bríos y coraje confiando sacar de combate al pugilista eblanita en menos que canta un gallo. Fué una pelea con todas las de la ley y ganó el hombre mejor. Pelearon como tigres los dos y la excitación del público llegó al paroxismo. El referee llamó dos veces la atención a Pucking Percy por prenderse, pero el favorito era mañero y su juego de piernas una fiesta que valía la pena mirar. Después de un rápido intercambio de cortesías durante el cual un hábil uppercut del militar hizo manar sangre en abundancia de la boca de su adversario, el cordero de repente se tiró todo sobre su adversario y colocó una escalofriante izquierda en el estómago de Battling Bennett, haciéndolo caer a plomo. Fué un knockout técnico limpio. En medio de intensa expectativa le estaban contando al púgil de Portobello cuando el segundo de Bennett Ole Pfotts Wettstein arrojó la toalla al ring y el muchacho de Santry fué declarado vencedor ante los frenéticos vítores del público que irrumpió a través de las cuerdas del ring y se lo llevó por delante en un verdadero delirio.

—Él sabe de qué lado le aprieta el zapato —dice Alf—. He oído decir que ahora está organizando una gira de conciertos por el norte.
—Así es —dice Joe—. ¿No es cierto?
—¿Quién? —dice Bloom—. ¡Ah, sí! Es cierto. Sí, una especie de gira de verano, saben. Solamente unas vacaciones.
—La señora B. es la primera figura, ¿no es cierto? —dice Joe.
—¿Mi esposa? —dice Bloom—. Ella canta, sí. Creo que será un éxito también. Es un hombre excelente para organizar. Excelente.

Que lo parió al cornudo, me digo yo, digo. Eso explica la leche en el coco y la ausencia de pelo en el pecho del animal. Blazes se manda su linda tocada de flauta. Gira de conciertos. Hijo del cochino tramposo Dan de Island Bridge que vendió los mismos caballos para pelear con los boers dos veces al gobierno. Viejo Quequé. Lo he venido a ver por el impuesto de los pobres y del agua. Señor Boylan. ¿Usted quequé? Ese buen mozo la va a organizar a ella, te lo aseguro. Entre yo y tú Caddereesh.

Orgullo del monte rocoso de Calpe, la hija de Tweedy, de los cabellos negros como el ala del cuervo. Allí creció ella en incomparable belleza donde el caqui y el almendro perfuman el aire. Los jardines de Alameda conocían su paso: los huertos de olivos sabían y se inclinaban. Ella es la casta esposa de Leopoldo: Marion de los senos generosos.

Y mirad, ahí entró uno de los de la tribu de los O'Molloys, apuesto héroe de blanco rostro y sin embargo algo rubicundo, el consejero de su majestad versado en la ley, y con él el príncipe y heredero de la noble rama de los Lambert.

—¡Hola, Eduardo!
—¡Hola, Alf!
—¡Hola, Jack!
—¡Hola, Joe!
—Dios te salve —dice el ciudadano.
—Que te tenga en su santa gloria —dice J. J.—. ¿Qué tomarás, Eduardo?
—Un medio —dice Eduardo.
Entonces J. J. ordenó las bebidas.
—¿Estuviste por el tribunal? —dice Joe.
—Sí —dice J. J.—. Él va a arreglar eso, Eduardo, dice él.
—Así lo espero —dice Eduardo.

¿En qué andaban esos dos? J. J. lo borra de la lista del gran jurado y el otro le da una mano para ayudarlo. Con su nombre en lo de Stubb. Jugando a los naipes empinando el codo calaveras de elegantes lentes baldosa en el ojo, bebiendo champaña y él medio asfixiado entre decretos judiciales y notificaciones. Empeñando su reloj de oro en lo de Cummins de la calle Francis donde creía que nadie lo conocía en la oficina privada cuando yo estaba allí con Pisser que iba a desenganchar sus botines del clavo. ¿Cómo se llama, señor? Bastán, dice él. ¡Ahá!, y bastan... te metido, digo yo. ¡Que te parió!, te vas a encontrar entre rejas uno de estos días, me parece.

—¿Viste a ese puñetero loco de Breen por ahí? —dice Alf—. E. L. Listo.
—Sí —dice J. J.—. Buscaba un detective privado.
—¡Ahá! —dice Eduardo—, y quería a toda costa dirigirse al juez directamente. Corny Kelleher lo persuadió de que primero hiciera un peritaje de la escritura.
—Diez mil libras —dice Alf riendo—. Dios, daría cualquier cosa por escucharlo delante de un juez y delante del jurado.
—¿Fuiste tú, Alf? —dice Joe—. La verdad, toda la verdad y nada más que la verdad, con la ayuda de Jimmy Johnson.
—¿Yo? —dice Alf—. No arrojes tu insidia sobre mi reputación.
—Cualquier cosa que usted diga —dice Joe— será tomada como prueba en contra de usted.
—Naturalmente que cabría una acción —dice J. J.—. Implica que él no es *compos mentis*. E. L. Listo.
—¡El *compos* de tu abuela! —dice Alf, riendo—. ¿No saben que está colo? Mírenle la cabeza. ¿No ven que algunas mañanas tiene que ponerse el sombrero con un calzador?
—Sí —dice J. J.—; pero la verdad de una difamación no es defensa en una acusación ante la ley por hacerlo público.
—¡Ja!, ¡ja!, Alf —dice Joe.
—Sin embargo —dice Bloom—, por la pobre mujer, quiero decir su esposa.
—Compasión para ella —dice el ciudadano— o para cualquier otra que se casa con un mitad y mitad.
—¿Cómo mitad y mitad? —dice Bloom—. Usted quiere decir que él...

—Mitad y mitad quiero decir —dice el ciudadano—. Un tipo que no es ni pescado ni arenque.

—Ni un buen arenque ahumado —dice Joe.

—Eso es lo que quiero decir —dice el ciudadano—. Un renacuajo, si ustedes saben lo que es eso.

Que lo parió, yo vi que iba a haber lío. Y Bloom explicó que él quiso decir que era cruel para la esposa tener que resignarse a ir detrás del viejo tonto tartamudo. Es una crueldad hacia los animales dejar a ese puñetero desgraciado de Breen mandarse mudar, con una barba capaz de hacer llover llegándole a las rodillas. Y ella dándose corte por haberse casado con él porque un primo de su viejo era ujier del papa. Su retrato con grandes mostachos de viejo celta colgaba de la pared. El signor Brini de Summerhill, el tanito zuavo pontificio del Padre Santo, que ha dejado el muelle y se ha ido a establecer en la calle Moss. ¿Y quién era él, quiere decirme? Un Don Nadie, viviendo en un fondo de patio a siete chelines la semana, y el pecho cubierto de latas desafiando al mundo.

—Y además —dice J. J.— una tarjeta postal equivale a una publicación. Fué considerada como suficiente prueba de difamación en el juicio Sadgrove v. Hole. Opino que podría haber motivo para una demanda.

Seis chelines ocho peniques, por favor. ¿Quién le ha pedido parecer? Bebamos nuestras copas en paz. Que los parió, ni siquiera nos van a dejar hacer eso.

—Bueno, salud, Jack —dice Eduardo.

—Salud —dice J. J.

—Ahí está otra vez —dice Joe.

—¿Dónde? —dice Alf.

Y que lo parió, ahí pasaba delante de la puerta con sus libros bajo el ala, con la esposa al lado y Corny Kelleher, que miró con el rabo del ojo al interior mientras pasaban, hablándole como un padre, tratando de venderle un ataúd de segunda mano.

—¿Cómo resultó ese caso de estafa del Canadá? —dice Joe.

—Traslado —dice J. J.

Uno de la fraternidad de los nariz ganchuda conocido con el nombre de James Wought alias Saphiro alias Spark y Spiro, puso un aviso en el diario diciendo que daría un pasaje al Canadá por veinte chelines. ¿Qué? ¿Te das cuenta de la combinación? Naturalmente que no era sino un puñetero cuento. ¿Qué? Los estafó a todos, incautos y destripaterrones del condado de Meath, sí, y también entraron algunos de su raza. J. J. nos contaba que había un viejo hebreo Zaretsky o algo así, llorando en el banquillo de los testigos con el sombrero puesto, jurando por el santo Moisés que lo habían clavado en dos libras.

—¿Quién juzgó la causa? —dice Joe.

—El juez en lo criminal —dice Eduardo.

—Pobre viejo sir Frederick —dice Alf—; se le puede confiar cualquier cosa.

—Es un pedazo de pan —dice Eduardo—. Cuéntale una historia de miserias acerca de atrasos de alquiler y de una esposa enferma y un

regimiento de chicos y, palabra, se disolverá en lágrimas en su sillón.
—Así es —dice Alf—. Reuben J. tuvo una suerte bárbara de que no lo agarró a golpes en la barra el otro día por demandarlo al pobrecito Guley que está cuidando las piedras de la corporación cerca del puente Butt.

Y se pone a imitar al viejo juez haciendo pucheros:
—¡Habráse visto cosa más escandalosa! ¡Este pobre trabajador! ¿Cuántos hijos? ¿Diez, dijo usted?
—Sí, usía. ¡Y mi esposa tiene la tifoidea!
—¡Y una esposa con fiebre tifoidea! ¡Escandaloso! Deje el tribunal inmediatamente, señor. No, señor. No daré ninguna orden de embargo. ¡Cómo se atreve, señor, a presentarse ante mí y pedirme que extienda esa orden! ¡Un pobre trabajador que se gana el pan con el sudor de la frente! No hago lugar a la demanda.

Y por cuanto el día dieciséis del mes de la diosa de ojos de vaca y en la tercera semana después de la fiesta de la Santa e Indivisa Trinidad, la hija de los cielos, la luna virgen, estando entonces en su primer cuarto, sucedió que esos jueces eruditos acudieron a las salas de la ley. Allí el maestro Courtenay, sentado en su propia cámara, daba su audiencia y el magistrado juez Andrews sentado sin jurado en el tribunal de pruebas, examinaba y consideraba la demanda del primer acusador sobre la propiedad en el asunto del testamento en litigio y la disposición testamentaria final *in re* bienes raíces y personales del extinto lamentado Jacob Halliday, vinatero, fallecido, contra Livingstone, un menor, falto de juicio, y otro. Y al solemne tribunal de la calle Green llegó sir Frederick el halconero. Y se sentó allí a las cinco para administrar la ley de los *brehons* a la comisión para todas y cada una de las partes comprendidas en el condado de la ciudad de Dublín. Y se sentó con él el alto sanedrín de las doce tribus de Iar, por cada tribu un hombre, de la tribu de Patrick y de la tribu de Hugh de la tribu de Owen y de la tribu de Conn y de la tribu de Oscar y de la tribu de Fergus y de la tribu de Finn y de la tribu de Dermot y de la tribu de Cormac y de la tribu de Kevin y de la tribu de Caolte y de la tribu de Ossian siendo en total doce hombres sin miedo y sin tacha. Y los conjuró por Él, que murió en la cruz, para que juzgaran con equidad y con conciencia y para que se pronunciaran de acuerdo con lo que fuera justicia, en el punto en litigio entre su soberano señor el rey y el prisionero aquí presente y dieran veredicto justo conforme a las pruebas para lo cual Dios los ilumine y besen los libros. Y se levantaron de sus asientos, esos doce de Iar, y juraron por el nombre de Él, que es en la eternidad, que ellos obedecerían a Su justa sabiduría. Y de inmediato los esbirros de la ley trajeron de su encierro a uno a quien los sabuesos de la policía secreta de la justicia habían prendido a raíz de denuncias formuladas. Y lo encadenaron de pies y manos y no quisieron aceptar ni fianza ni receso, sino que prefirieron acusarlo porque era un malhechor.

—Esto está bueno —dice el ciudadano—: venir a Irlanda a llenar el país de chinches.

Entonces Bloom se hace el que no oyó nada y empieza a conversar con Joe, diciéndole que no tenía por qué preocuparse por ese asuntito hasta el primero, pero que si él dijera solamente una palabra al señor Crawford. Y entonces Joe juró y rejuró por esto y por aquello que iba a remover cielo y tierra.

—Porque usted sabe —dice Bloom—, para un aviso hay que tener repetición. Ése es todo el secreto.

—Tenga confianza en mí —dice Joe.

—Estafando a los campesinos y a los pobres de Irlanda —dice el ciudadano—. No queremos más extraños en nuestra casa.

—¡Oh, estoy seguro de que estará bien, Hynes! —dice Bloom—. Se trata de ese Llavs, sabe.

—Considérelo hecho —dice Joe.

—Es usted muy amable —dice Bloom.

—Los extraños —dice el ciudadano—. Tenemos la culpa nosotros. Los dejamos entrar. Los trajimos. La adúltera y su amante trajeron aquí a los ladrones sajones.

—Decreto *nisi* —dice J. J.

Y Bloom haciendo ver que estaba interesado nada más que en una tela de araña detrás del barril, y el ciudadano enfurruñándose detrás de él y el perro viejo a sus pies observando para averiguar a quién tenía que morder y cuándo.

—Una esposa deshonrada —dice el ciudadano—: he ahí la causa de todas nuestras desgracias.

—Y aquí está ella en pie de guerra —dice Alf, que se estaba burlando riendo disimuladamente con Terry en el mostrador, mirando la *Gaceta Policial*.

—Déjanos echarle una ojeada —digo yo.

Y qué era sino solamente una de las obscenas fotografías yanquis que Terry le pide prestadas a Corny Keller. Secretos para agrandar sus partes privadas. Mala conducta de una bella de la sociedad. Norman W. Tupper, rico contratista de Chicago, encuentra a su bella pero infiel esposa sobre las rodillas del oficial Taylor. La hermosa en calzones portándose mal y su antojo haciéndole cosquillas y Norman W. Tupper entrando violentamente con su cerbatana justo a tiempo para llegar tarde después que ella había hecho la vuelta carnero con el oficial Taylor.

—¡Oh, Jenny, querida! —dice Joe—. ¡Qué corta es tu camisa!

—Hay pelo, Joe —digo yo—. Se sacaría una buena tajada de cecina de esas nalgas, ¿verdad?

Bueno, entonces entró Juan Wyse Nolan, y con él Lenehan con la cara larga como desayuno tardío.

—Bueno —dice el ciudadano—, ¿cuáles son las últimas noticias del teatro de operaciones? ¿Qué es lo que decidieron esos chapuceros de la Municipalidad en su junta secreta acerca de la lengua irlandesa?

O'Nolan, revestido de luciente armadura, inclinándose profundamente se sometió al pujante, alto y poderoso jefe de toda Eirin y le informó de lo que había acontecido, cómo los graves patriarcas de la muy obediente ciudad, segunda del reino, se habían encontrado bajo la cúpula, y allí, después de las debidas oraciones a los dioses que moran en el éter altísimo, habían tomado solemnemente consejo acerca de si podían, si así podía ser, traer otra vez honrada entre los hombres mortales el habla alada del gaélico dividido por los mares.

—Está en marcha —dice el ciudadano—. Al diablo con los malditos sajones brutales y su "patois".

Entonces J. J. entró a tallar mandándose su parte acerca de que una historia era buena hasta que uno escuchaba otra y los hechos que desorientan y la política de Nelson poniendo el ojo ciego en el telescopio y dictando una ley de proscripción para poner en tela de juicio a toda una nación y Bloom tratando de apoyarlo con moderación y con incordiación y sus colonias y su civilización.

—Su sifilización, querrá decir usted —dice el ciudadano—. ¡Al diablo con ellos! La maldición de un inservible Dios los ilumine de costado a esos puñeteros hijos de puta. Ni música ni arte ni literatura que merezca ese nombre. Cualquier poco de civilización que tengan nos lo robaron a nosotros. Hijos con frenillo de fantasmas de bastardos.

—La familia europea —dice J. J.

—No son europeos —dice el ciudadano—. Estuve en Europa con Kevin Egan de París. No se veía ni rastro de ellas ni de su lenguaje en parte alguna de Europa excepto en un *cabinet d'aisance*.

Y dice Juan Wyse:

—Más de una flor nace para florecer oculta.

Y dice Lenehan que conoce un poquito la jerga:

—*Conspuez les Anglais! Perfide Albion!*

Dijo, y después levantó con sus grandes y rudas manos membrudas y poderosas el cuerno de oscura cerveza fuerte y espumosa y, lanzando el grito de combate de su tribu *Lamh Dearg Abu*, bebió por la destrucción de sus enemigos, una raza de formidables héroes valerosos, dominadores de las olas, que se sientan en tronos de alabastro silenciosos como los dioses inmortales.

—¿Qué te pasa? —digo yo a Lenehan—. Pareces un tipo que perdió la plata y se encontró una cartera vacía.

—La copa de oro —dice él.

—¿Quién ganó, señor Lenehan? —dice Terry.

—*Billete* —dice él— veinte a uno. Un intruso fétido. Y el resto por ninguna parte.

—¿Y la yegua de Bass? —dice Terry.

—Todavía corre —dice él—. Estamos todos en la palmera. Boylan metió dos libras en mi dato *Cetro* para él y para una amiga.

—Yo tenía media corona —dice Terry— en Zinfandel, que me dió el señor Flynn. El dato venía de lord Howard de Walden.

—Veinte a uno —dice Lenehan—. Así es la vida a la intemperie. *Billete*, dice él. Toma el bizcocho y habla de juanetes. Fragilidad, tu nombre es *Cetro*.

Entonces se dirigió a la lata de bizcochos que dejó Bob Doran para ver si quedaba algo que pudiera llevarse, el viejo perro de mala ralea detrás de él, respaldando su suerte con el hocico sarnoso levantado. El viejo mamá Hubbard fué al aparador.

—Allí no, hijo mío —dice él.

—Cierra el pico —dice Joe—. Ella habría ganado el dinero si no hubiera sido por el otro perro.

Y J. J. y el ciudadano discutiendo de ley y de historia y Bloom metiendo alguna que otra palabra.

—Algunas personas —dice Bloom— pueden ver la paja en el ojo ajeno pero no pueden ver la viga en el propio.

—*Raimeis* —dice el ciudadano—. No hay peor sordo que el que no quiere oír, si usted sabe lo que eso quiere decir. ¿Dónde están nuestros veinte millones de irlandeses que faltan, si estuvieran hoy aquí en vez de cuatro, nuestras tribus perdidas? Y nuestras alfarerías y textiles, ¡los mejores de todo el mundo! Y nuestra lana que se vendía en Roma en tiempos de Juvenal y nuestro lino y nuestro damasco de los telares de Antrin y nuestro encaje de Limerick, nuestras curtidurías y nuestras cristalerías allá abajo en Ballybough y nuestro poplin que tenemos desde Jacquard de Lyon y nuestra seda tejida y nuestros paños de Oxford y nuestro punto en relieve de marfil del convento Carmelita en New Ross, ¡no hay nada semejante en todo el mundo! ¿Dónde están los mercaderes griegos que venían por las columnas de Hércules, el Gibraltar ahora en poder del enemigo de la humanidad, con oro y púrpura de Tiro para vender en Wexfor, en la feria de Carmen? Lean a Tácito y a Ptolomeo y aun a Giraldus Cambrensis. El vino, las pieles, el mármol de Connemara, la plata de Tiperary, que no cedía a ninguna otra, nuestros caballos aún hoy famosos, las jacas irlandesas, y el rey Felipe de España ofreciendo pagar derechos para poder pescar en nuestras aguas? ¿Cuánto nos deben los rubios johnies de Anglia por nuestro comercio y nuestros hogares arruinados? Y los lechos del Barrow y del Shannon con millones de acres de pantano y fangal, que dejan sin sanear, para hacernos morir a todos de tuberculosis.

—Dentro de poco tendremos menos árboles que Portugal —dice Juan Wyse— o que Heligoland con su árbol único, si no se hace algo para repoblar de árboles el país. Los alerces, los abetos, todos los árboles de la familia de las coníferas están desapareciendo rápidamente. Estuve leyendo un informe de lord Castletown...

—Sálvenlos —dice el ciudadano— al gigante fresno de Galway y al rey de los olmos de Kildare, con un tronco de cuarenta pies y un acre de follaje. Salven los árboles de Irlanda para los futuros hombres de Irlanda sobre las famosas colinas de Eirie. ¡Oh!

—Europa tiene los ojos puestos en ti —dice Lenehan.

El mundo internacional de moda acudió *en masse* esta tarde a la boda del caballero Jean Wyse de Neaulan, gran guardamaestre de bosque de la Forestal Nacional Irlandesa, con la señorita Abeto Conífera del Valle de los Pinos, Lady Delasombra del Olmo Silvestre, la señora Bárbara Abedul de Amor, la señora Fresno de Cabeza, la señora Alegres Plantíos de Avellanos, la señorita Dafnis del Laurel, la señorita Dorotea del Cañaveral, la señora Clyde Doceárboles, la señora Fresno Verde, la señora Helena Vago de Vino, la señorita Virgilia Enredadera, la señorita Gladys de Haya, la señorita Olivia del Cerco, la señorita Blanca Arce, la señora Maud Caoba, la señorita Mira Mirto, la señorita Priscilla Saúco, la señorita Abeja Chupamiel, la señorita Gracia Álamo, la señorita O'Mimosa San, la señorita Raquel Fronda de Cedro, las señoritas Lilian y Viola Lila, la señorita

Modesta Sensitiva, la señora Musgo de Rocío, la señorita Espino de Mayo, la señora Palma de Gloria, la señora Liana del Bosque, la señora Anabella Selvanegra y la señora Norma Roble Alegre del Robledal Real, que honraron la ceremonia con su presencia. La novia, que fué llevada al altar por su padre el Caballero M'Conífero de las Bellotas, estaba exquisitamente encantadora en una creación realizada en seda mercerizada verde, modelada sobre un viso gris de crepúsculo vespertino, ceñido con un amplio canesú esmeralda y terminada con un triple frunce de color más oscuro, conjunto realzado por breteles y motivos de bronce bellota bordados sobre las caderas. Las damas de honor, señorita Alerce Conífero y señorita Spruce Conífero, hermanas de la novia, llevaban vestidos muy sentadores en el mismo tono, habiéndose aplicado en las tablas un elegante *motif* de rosa de plumas a punta de alfiler, repetido caprichosamente en las tocas verde jade en forma de plumas de herón coral pálido. El *Senhor Enrique Flor* presidía en el órgano con su reconocida maestría y, además de los números acostumbrados en la misa nupcial, ejecutó un nuevo y notable arreglo de *"Leñador, deja ese árbol"*, al final del servicio de la ceremonia. Al abandonar la iglesia de Saint Fiacre *in Horto*, después de la bendición papal, la feliz pareja estuvo expuesta a un alegre fuego graneado de avellanas, nueces de haya, hojas de laurel, amentos de sauce, ramos de hiedra, bayas de acebo, ramitas de muérdago y disparos acelerados. El señor y la señora Wyse Conífero Neaulan irán a pasar una tranquila luna de miel en la Selva Negra.

—Y nuestros ojos están en Europa —dice el ciudadano—. Hacíamos nuestro comercio con España y los franceses y los flamencos antes de que esos mestizos fueran paridos, zumo de España en Galway, la barca del vino en el río oscuro como el vino.

—Lo haremos otra vez —dice Joe.

—Con la ayuda de la santa madre de Dios lo haremos otra vez —dice el ciudadano golpeándose el muslo—. Nuestros puertos, que están vacíos, se llenarán. Queenstown, Kinsale, Galway, Blacksod Bay, Ventry en el reino de Kerry, Killybegs, el tercer puerto del mundo con una flota de mástiles de los Lynches de Galway y los Cavan O'Reillys y los O'Kennedys de Dublin cuando el conde de Desmond pudo hacer un tratado con el emperador Carlos V en persona. Y lo tendremos otra vez —dice él— cuando el primer acorazado de combate de Irlanda aparezca cortando las aguas con nuestra propia bandera a proa, nada de vuestros pabellones de Enrique Tudor con sus arpas; no, la bandera más antigua estará a flote, la bandera de la provincia de Desmond y Thomond, tres coronas en campo de azur, los tres hijos de Milesius.

Y tomó el último trago de la pinta, Moya. Todo viento y pis como un gato de curtiduría. Las vacas de Connacht tienen largos cuernos. Que tenga el coraje de exponer su puñetera vida dirigiéndose con palabras altisonantes a la multitud reunida en Shanagolden, donde no se atreve a mostrar la nariz a los Molly Maguires que andan buscándolo para hacerle pasar la luz del día a través del cuerpo por haber agarrado lo que pertenecía a un inquilino desalojado.

—Oigan, oigan eso —dice Juan Wyse—. ¿Qué van a servirse?

—Un cuerpo de guardia imperial —dice Lenehan—, para celebrar las circunstancias.

—Un medio —dice Juan Wyse—. Y arriba esas copas. ¡Terry! ¿Duermes?

—Sí, señor —dice Terry—. Whisky chico y botella de Allsop. Muy bien, señor.

Ocupado con Alf buscando cosas excitantes en el puñetero diario en vez de preocuparse de los clientes. La fotografía representa una lucha a cabezazos, una pareja empeñada en partirse los puñeteros cráneos, un tipo buscando al otro con la cabeza baja, como un toro frente a una barrera. Y otra: *Bestia negra quemada en Omaha, Ga.* Una banda de pistoleros del desierto con los sombreros gachos, tirando a un negro atado a un árbol con la lengua afuera y una linda hoguera debajo. ¡Lo tiró!... tendrían que ahogarlo además en el mar y electrocutarlo y crucificarlo por las dudas.

—¿Pero qué hay de la aguerrida armada que mantiene a raya a nuestros enemigos? —dice Eduardo.

—Yo te diré qué hay de eso —dice el ciudadano—. Eso es el infierno sobre la tierra. Lee noticias que hay en los diarios acerca de los castigos corporales de Portsmouth en los buques-escuela. Hay uno que escribe y se firma *Un Disgustado.*

Entonces empieza a hablarnos de los castigos corporales y de la tripulación de marineros y oficiales y contraalmirantes en formación con sus sombreros de dos picos y del cura con su Biblia protestante para presenciar el castigo y de un muchachito arrastrado sobre cubierta llamando a gritos a su mamá y que lo atan a la culata de un cañón.

—Una docena en las nalgas —dice el ciudadano—, así le llamaba a eso el viejo rufián de sir John Beresford, pero el moderno inglés de Dios lo llama hoy una azotaina en la culata.

—Es un hábito al que se le hace más honor en la infracción que en la aplicación.

Después nos contaba que el maestro de armas viene con un largo bastón y azota el puñetero trasero del pobre muchacho hasta destrozárselo y hasta que le hacen gritar asesinos, criminales.

—Ésa es tu gloriosa armada británica que gobierna la tierra —dice el ciudadano—. Los tipos que nunca serán esclavos, con la única cámara hereditaria a la vista en este mundo de Dios y con sus tierras en manos de una docena de cerdos especuladores y de barones de la bala de algodón. Ése es el gran imperio de gandules y siervos azotados de que se enorgullecen ellos.

—Sobre el que jamás se levanta el sol —dice Joe.

—Y la tragedia de eso —dice el ciudadano— es que ellos se lo creen. Los desgraciados yahoos se lo creen.

Ellos creen en el azote, el castigo todopoderoso, creador del infierno en la tierra y en Jacky Tar, el hijo de perra que fué concebido por un espíritu vano y que nació de una formidable armada, sufrió bajo una docena en las nalgas, fué escarificado, desollado y zurrado, gritó como un puñetero demonio, se levantó de la cama al tercer día, se dirigió al puerto, está sentado en mala postura hasta nueva orden y vendrá a ganarse la vida con el sudor de su frente por lo que le den.

—Pero —dice Bloom—, ¿no es igual la disciplina en todas partes? Quiero decir: ¿no sería igual aquí si se organizara la fuerza para combatir?

¿No les dije? Tan cierto como que estoy bebiendo esta cerveza que si él estuviera por largar el último suspiro trataría de demostrar que morir era vivir.

—Opondremos la fuerza a la fuerza —dice el ciudadano—. Tendremos nuestra gran Irlanda de ultramar. Los sacaron de su casa y de su país en el sombrío 47. Sus chozas de barro y sus cabañas a la orilla del camino fueron deshechas por el ariete, y el TIMES se frotó las manos y dijo a los sajones de hígado blanco que pronto habría tan pocos irlandeses en Irlanda como pieles rojas en América. Hasta el gran Turco nos envió sus piastras. Pero el sajón quería que el país muriera de hambre mientras la tierra daba espléndidas cosechas que las hienas británicas levantaban y vendían en Río de Janeiro. Sí, hicieron salir a los campesinos a bandadas. Veinte mil de ellos murieron en los barcos-ataúdes. Pero los que llegaron a tierras de libertad recuerdan la tierra esclavizada. Y volverán con su venganza, ni cobardes ni perezosos, los hijos de Granuaile, los campeones de Kathleen ni Houlihan.

—Perfectamente cierto —dice Bloom—. Pero lo que quería decir era...

—Hace mucho tiempo que estamos esperando ese día, ciudadano —dice Eduardo—. Desde que la pobre vieja nos dijo que los franceses estaban en el mar y desembarcaban en Killala.

—Sí —dice Juan Wyse—. Peleamos por los reales Eduardos que renegaron de nosotros y los guillermistas que nos traicionaron. Recuerden a Limerick y la piedra rota del tratado. Gansos silvestres, dimos nuestra mejor sangre a Francia y España. Fontenoy ¿eh? Y Sarsfield y O'Donnell, duque de Tetuán en España, y Ulises Browne de Camus, que fué mariscal de campo de María Teresa. ¿Pero qué hemos ganado jamás con eso?

—¡Los franceses! —dice el ciudadano—. ¡Cuerpo de maestros de baile! ¿Saben lo que son? Nunca han valido un pedo asado para Irlanda. ¿No están tratando ahora de hacer una *Entente cordiale* en el banquete de Tay Pay con la pérfida Albión? Nunca han sido otra cosa que los incendiarios de Europa.

—*Conspuez les français* —dice Lenehan atrapando su cerveza.

—Y si hablamos de los prusianos y hannoverianos —dice Joe—, ¿no hemos tenido suficientes de esos bastardos comedores de salchicha en el trono desde Jorge el elector hasta el consorte alemán y la pedosa vieja ramera que se murió?

Jesús, tuve que reírme con todo eso que sacó acerca de la vieja con el tic que le hacía guiñar los ojos, borracha perdida en su palacio real todas las noches de Dios, la vieja Vic, con su panzada de rocío de la montaña y su cochero acarreando su cuerpazo y sus huesos para meterla en la cama, y ella tirándole de las patillas y cantándole trozos de canciones antiguas acerca de *Ehren del Rhin*, y vamos a donde el trago es más barato.

—¡Bueno! —dice J. J.—. Tenemos ahora a Eduardo el pacificador.

—Cuéntaselo a los zonzos —dice el ciudadano—. Hay mucho más pus que paz en ese punto.

¡Eduardo de Guelph-Wettin!

—¿Y qué piensas de los santos muchachos —dice Joe— y los prestes y obispos de Irlanda pintando su habitación en Maynooth con los colores deportivos de Su Majestad Satánica, y pegando figuras con todos los caballos que corrían sus jockeys? El conde de Dublin, nada menos.

—Tendrían que haber pegado también todas las mujeres que montó él mismo —dice el pequeño Alf.

Y dice J. J.:

—En la decisión de sus señorías influyeron razones de espacio.

—¿Te le atreves a otro, ciudadano? —dice Joe.

—¡Ahá!, sí, señor —dice él—. ¡Cómo no!

—¿Y tú? —dice Joe.

—Muy agradecido —digo yo—. Que tu sombra no se achique nunca.

—Otra vuelta —dice Joe.

Bloom estaba hablando y hablando con Juan Wyse y completamente excitado con su cara pardapicuda color de barro y sus viejos ojos ciruela girando por ahí.

—Persecución —dice él—, la historia del mundo está llena de eso. Perpetuando el odio nacional entre las naciones.

—¿Pero sabe usted lo que significa una nación? —dice Juan Wyse.

—Sí —dice Bloom.

—¿Qué es? —dice Juan Wyse.

—¿Una nación? —dice Bloom—. Una nación es toda la gente que vive en un mismo lugar.

—¡Caramba! —dice Eduardo riendo—. Entonces yo soy una nación, porque vivo en el mismo lugar desde hace cinco años.

Como es natural, todos se rieron de Bloom, que dice, tratando de salir del atolladero:

—O también viviendo en diferentes sitios.

—Ése es mi caso entonces —dice Joe.

—¿Cuál es su nación, si puedo preguntar? —dice el ciudadano.

—Irlanda —dice Bloom—. Yo nací aquí, Irlanda.

El ciudadano no dijo nada; no hizo más que desocuparse la garganta y ¡que lo parió!, se mandó una señora ostra de Red Bank que fué a parar justito en el rincón.

—Pollo que no canta... Joe —dice él sacando el pañuelo para secarse.

—Cierto, ciudadano —dice Joe—. Toma esto en tu mano derecha y repite después de mí las palabras siguientes:

El muy estimable tesoro, el antiguo sudario irlandés intrincadamente bordado, atribuído a Solomon de Droma y a Manus Tomaltack de MacDonogh, autores del Libro de Ballymote, fué entonces cuidadosamente desplegado y suscitó prolongada admiración. No hay necesidad de detenerse hablando de la legendaria belleza de sus cuatro puntas, la más alta expresión del arte, donde uno puede distinguir claramente a cada uno de los cuatro evangelistas presentando por turno a cada uno de los cuatro maestros su símbolo evangélico representado por un cetro de encina fósil, un puma norteamericano (un rey de los animales mucho más noble que el artículo británico, dicho sea de paso), un ternero Kerry y un águila dorada de Carrantuohill. Las escenas representadas en el campo pituitario mostrando nuestras antiguas dunas fortificadas, nuestros monumentos megalíticos y grianauns, asientos de la sabiduría, y nuestras piedras malditas, son tan maravillosamente hermosos, y los pigmentos tan delicados, como cuando los iluminadores de Sligo daban rienda suelta a su fantasía artística en los lejanos tiempos de los Barmacides, Clendalough, los hermosos lagos de Killarney, las ruinas de Clonmacnois, la Abadía de Cong, Glen Inagh y los Twelve Pins, el Ojo de Irlanda, las Colinas de Esmeralda de Tallaght, Croagh Patrick, la cervecería de los señores Arthur Guinnes, Hijo y Compañía (Limitada), las márgenes de Lough Neagh, la cañada de Ovoca, la torre de Isolda, el obelisco de Mapas, el hospital de sir Patrick Dun, el cabo Clear, las landas de Aherlow, el castillo de Lynch, la Casa Escocesa, el hospicio Rathdown Union en Loughlinstown, la cárcel de Tullamore, los rápidos de Castleconnel, Kilballymacshonakill, la cruz en Monasterboice, el Hotel Jury's, el Purgatorio de San Patricio, el Salto del Salmón, el refectorio del Colegio Maynooth, la cueva de Curley, los tres lugares de nacimiento del primer duque de Wellington, la roca de Cashel, el pantano de Allen, el almacén de la calle Henry, la Gruta de Fingal — todos estos lugares saturados de emoción son aún visibles para nosotros, superándose en su belleza por el flujo del dolor que ha pasado sobre ellos y el realce que le prestan las ricas incrustaciones del tiempo.

—Alcánzanos la bebida —digo yo—. A cada uno la suya.

—Ésa es la mía —dice Joe—, como dijo el diablo al policía muerto.

—Y yo pertenezco a una raza también odiada y perseguida —dice Bloom—. Todavía ahora. En este mismo momento. En este preciso instante.

Que lo tiró, casi se quema los dedos con la colilla del cigarro.

—Robada —dice él—. Saqueada. Insultada. Perseguida. Se nos quita lo que por derecho nos pertenece. En este preciso momento —dice él levantando el puño— vendidos como esclavos o bestias en las ferias de Marruecos.

—¿Está hablando de la nueva Jerusalén? —dice el ciudadano.

—Hablo de la injusticia —dice Bloom.

—Muy bien —dice Juan Wyse—. Enderécense como hombres entonces.

Ésa sí que es una lámina de almanaque. Lindo blanco para una bala dumdum. Viejo caragrasosa parado frente a la boca de un cañón. Que lo parió, adornaría macanudamente el mango de un plumero nada más que poniéndole un delantal por delante, palabra de honor. Entonces se vendría abajo de repente, dándose vuelta del revés, pobre coso, como un trapo mojado.

—Pero es inútil —dice él—. La fuerza, el odio, la historia, todo. Eso no es vida para los hombres y las mujeres, el insulto y el odio. Y todos saben que eso es precisamente opuesto a lo que es realmente vida.

—¿Qué? —dice Alf.

—El amor —dice Bloom—. Vale decir lo opuesto al odio. Tengo que irme ahora —dice a Juan Wyse—. Voy de un salto hasta el tribunal para ver si Martín está allí. Si viene díganle no más que estaré de vuelta en un segundo. En un momento.

¿Quién te lo impide? Y sale saltando como relámpago engrasado.

—Un nuevo apóstol para los gentiles —dice el ciudadano—. El amor universal.

tu prójimo.

—Bueno —dice Juan Wyse—, ¿no es eso lo que nos enseñan? Ama a

—¿Ese tío? —dice el ciudadano—. Su lema es desplumar al vecino. ¡Amor, Moya! Es un lindo ejemplar de Romeo y Julieta.

El amor ama al amor. La nodriza ama al nuevo químico. El alguacil 14 ama a Mary Kelly. Gerty MacDowell ama al muchacho que tiene la bicicleta. M. B. ama a un rubio caballero. Li Chi Han ama a la besadora Cha Pu Chow. Jumbo, el elefante, ama a Alicia, la elefanta. El viejo señor Verschoyle, el de la trompetilla acústica para la oreja, ama a la vieja señora Verschoyle, con el ojo mirando contra el gobierno. El hombre del impermeable marrón ama a una dama que está muerta. Su Majestad el Rey ama a Su Majestad la Reina. La señora Norman W. Tupper ama al oficial Taylor. Usted ama a cierta persona. Y esa persona ama a otra persona, porque todo el mundo ama a alguien, pero Dios ama a todo el mundo.

—Bueno, Joe —digo yo—, a tu buena salud y canción. Más poder, ciudadano.

—¡Hurra!, bien —dice Joe.

—Que la bendición de Dios y María y Patricio sea sobre ti —dice el ciudadano.

Y levanta su pinta para mojarse el silbido.

—Conocemos a esos santurrones —dice él—, dando sermones y metiéndonos la mano en los bolsillos. ¿Qué hay de ese beato de Cromwell y sus sanguinarios veteranos, Ironsides, que pasó a cuchillo a las mujeres y niños de Droheda con el texto bíblico *Dios es amor* pegado en la boca de su cañón? ¡La Biblia! ¿Leyeron ese suelto en el *Irlandés Unido* de hoy acerca del jefe zulú que está visitando a Inglaterra?

—¿De qué se trata? —dice Joe.

Entonces el ciudadano saca sus papeles parafernales y empieza a leer:

—Una delegación de los principales magnates del algodón de Manchester fué presentada ayer a Su Majestad el Alaki de Abeakuta por el jefe de Protocolo, lord Pisahuevos, para ofrecer a Su Majestad el cordial agradecimiento de los comerciantes británicos por las facilidades que se les conceden en sus dominios. La delegación participó de un lunch, al final del cual el cetrino potentado, en el curso de una feliz alocución, libremente traducida por el capellán británico, el reverendo Ananías Creondiós Purohuesos, presentó sus expresivas gracias al señor Pisahuevos y exaltó las cordiales relaciones existentes entre Abeakuta y el Imperio Británico, declarando que consideraba uno de sus más preciados bienes una Biblia iluminada, custodia de la palabra de Dios y secreto de la grandeza de Inglaterra, que le había sido graciosamente obsequiada por la gran jefa blanca, la ilustre squaw Victoria, con una dedicatoria personal de puño y letra de la mano augusta de la Real Donante. El Alaki bebió después en la copa de la amistad un uisquibof de primera, brindando al *Blanco y Negro* en el cráneo de su predecesor inmediato en la dinastía Kakachakachak, apodado Cuarenta Verrugas, después de lo cual visitó la principal fábrica de Cottonopolis y firmó con una cruz en el libro de los visitantes, ejecutando, para terminar, una antigua danza guerrera Abeakutic, en el curso de la cual se tragó varios cuchillos y tenedores, entre regocijados aplausos de las manos de la niña.

—La viuda —dice Eduardo— no lo dudo. Quisiera saber si dió a esa Biblia el uso que le habría dado yo.

—El mismo y algo más —dice Lenehan—. Y desde entonces el mango de amplias hojas floreció extraordinariamente en esa fecunda tierra.

—¿Es de Griffith eso?— dice Juan Wyse.

—No —dice el ciudadano—. No está firmado Shanganagh. Está solamente inicialado: P.

—Una inicial bastante buena también —dice Joe.

—Así es como se hace —dice el ciudadano—. El comercio sigue a la bandera.

—Bueno —dice J. J.—, si en algo son peores a los belgas en el Estado Libre del Congo deben de tener también su historia. ¿Leyeron ese informe por uno que... cómo se llama?

—Casement —dice el ciudadano—. Es un irlandés.

—Sí, ése es el hombre —dice J. J.—. Violando mujeres y niñas y azotando a los nativos en el vientre para sacarles todo el caucho rojo que pueden.

—Yo no sé adónde fué —dice Lenehan, haciendo crujir los dedos.

—¿Quién? —digo yo.

—Bloom —dice él—, el tribunal es un pretexto. Tenía unos chelines a "Billete" y se ha ido a juntar con su platita.

—¿Ese infiel de ojos blancos que nunca apostó a un caballo ni por casualidad?

—Ahí es donde se ha ido —dice Lenehan—. Encontré a Bantam Lyons, que iba a apostar a ese caballo; pero le saqué la idea de la cabeza y me dijo que Bloom le había dado el dato. Te apuesto todo lo que quieras a que tiene cien chelines a cinco. Es el único hombre de Dublin que lo tiene. Un caballo oscuro.

—Él mismo es un puñetero caballo oscuro —dice Joe.

—Cuidado, Joe —digo yo—. Muéstranos la salida.

—En ella estás —dice Terry.

Adiós, Irlanda, me voy a Gort. Entonces pasé al patio, para ir al fondo a hacer pis, y que lo parió (cien chelines a cinco) mientras soltaba mi (Billete veinte a) vaciando mi carga que lo tiró me digo ya sabía que andaba inquieto (dos pintas de Joe y una en lo de Slattery) se estaba saliendo de la vaina por (cien chelines son cinco libras) y cuando estaban en el (caballo oscuro) Pisser Burke me estaba contando del juego de cartas y haciendo ver que la chica estaba enferma (que lo tiró, debe de andar cerca del galón) las nalgas flojas de su mujer hablando por el tubo *ella está mejor* o *ella está* (¡uf!) todo un plan para hacerse humo con el pozo si ganaba o (Jesús, me tenía lleno) dedicándose al comercio sin patente (¡uf!) Irlanda es mi nación dice él (¡joik! ¡fut!) que nunca tengamos que depender de esos puñeteros (sería lo último) cucos (¡ah!) de Jerusalén.

Lo que puedo decir es que cuando volví estaban ahí chacharando, Juan Wyse diciendo que fué Bloom el que dió la idea de Sinn Fein para que Griffith pusiera en su diario toda clase de burradas, soborno de jurados y estafa de impuestos al gobierno y nombrando cónsules por todo el mundo para andar por ahí vendiendo los productos de las industrias irlandesas. Robando a Pedro para pagar a Pablo. ¡Que lo tiró!, estamos apañados si el viejo ojos sucios se mete a emporcar nuestros asuntos. Que se nos proporcione una puñetera oportunidad. Dios salve a Irlanda de ese bicharraco y de sus semejantes. El señor Bloom y su argot tártaro. Y su viejo antes que él cometiendo fraudes, el viejo Matusalén Bloom, el buhonero ladrón que se envenenó con ácido prúsico después que estuvo infectando el país con sus chucherías y sus diamantes de un penique. Préstamos por correo con facilidades. Cualquier cantidad de dinero se adelanta mediante pagaré. La distancia no es un inconveniente. Sin garantía. Que lo tiró, es como la cabra de Lanty MacHale que estaba dispuesta a recorrer un trecho del camino con todo el mundo.

—Bueno, es un hecho —dice Juan Wyse—; ahí está el hombre que lo contará, Martín Cunningham.

Y así era el auto del castillo, subió con Martín adentro y Jack Power con él y un tipo llamado Crofter o Crofton, un pensionado del recaudador general, un orangista que Blackburn tiene anotado en el registro y él cobrando su dinero o Crawford atorranteando por todo el país a costa del rey.

Nuestros viajeros llegaron al rústico mesón y descendieron de sus palafrenes.

—¡Eh, lacayo! —gritó el que por su porte parecía el jefe de la partida—. ¡Bribón insolente! ¡A nos!

Así diciendo golpeó ruidosamente con el puño de su espada contra el postigo abierto.

El buen posadero acudió al llamado, ciñendo su tabardo.

—Bien venidos a mi albergue, mis señores —dijo con una obsequiosa reverencia.

—¡Muévete, bribón! —gritó el que había golpeado—. Atiende a nuestros corceles. Y a nosotros nos darás lo mejor que tengas porque a fe que lo necesitamos.

—Mal día, buenos señores —dice el posadero—; mi pobre casa sólo tiene una despensa vacía. No sé qué ofrecer a sus señorías.

—¿Qué es eso, buen hombre? —gritó el segundo de la partida, persona de agradable aspecto—. ¿Así sirves a los mensajeros del rey, Maestro Pipón?

Un cambio instantáneo se operó en las facciones del huésped.

—Misericordia, caballeros —dijo humildemente—. Si sois los mensajeros del rey (¡Dios guarde a Su Majestad!) no os faltará nada. Los amigos del rey (¡Dios bendiga a Su Majestad!) no saldrán en ayunas de mi casa, lo garantizo.

—¡Muévete entonces! —gritó el viajero que no había hablado, robusto comensal por su aspecto—. ¿No tienes nada para darnos?

El buen posadero se inclinó otra vez al contestar:

—¿Qué decís, mis buenos señores, de un pastel de pichón de paloma, algunas tajadas de carne de venado, un lomo de ternera, de una cerceta con tocino de cerdo tostado, una cabeza de verraco con pistachos, un tasón de alegre flan, unos balsámicos nísperos y un porrón de viejo vino del Rin?

—¡Voto al chápiro verde! —gritó el que había hablado último—. Eso me gusta. ¡Pistachos!

—¡Ahá! —gritó el de agradable aspecto—. ¡Una pobre casa y una despensa vacía, tunante! Eres una buena pieza.

Entonces entra Martín preguntando dónde estaba Bloom.

—¿Dónde está? —dice Lenehan—. Defraudando a las viudas y los huérfanos.

—¿No es verdad —dice Juan Wyse— lo que yo estaba diciendo al ciudadano sobre Bloom y el Sinn Fein?

—Así es —dice Martín—. O así lo afirman.

—¿Quién alega eso? —dice Alf.

—Yo —dice Joe—. Yo soy el alegador.

—Y después de todo —dice Juan Wyse—, ¿por qué no puede un judío amar a su país como cualquier otra persona?

—¿Por qué no? —dice J. J.—. Cuando él está bien seguro de qué país es.

—¿Es un judío, un gentil, un santo romano, un metodista o qué demonios es? —dice Eduardo—. ¿O quién es? No te ofendas, Crofton.

—Nosotros no lo queremos —dice Drofter el orangista o presbiteriano.

—¿Quién es Junius? —dice J. J.

—Él es un judío renegado —dice Martín—, proveniente de un sitio de Hungría, y él fué el que trazó todos los planes conforme al sistema húngaro. En el Castillo sabemos eso.

—¿No es primo de Blom el dentista? —dice Jack Power.

—En absoluto —dice Martín—. Solamente tocayos. Se llamaba Marimach. El nombre del padre que se envenenó. Lo cambió por decreto; no él, sino el padre.

—¡Ése es el nuevo Mesías de Irlanda! —dice el ciudadano—. ¡La isla de los santos y los sabios!

—Sí, todavía están esperando a su redentor —dice Martín—. En resumen, lo mismo que nosotros.

—Sí —dice J. J.—, y cada varón que nace creen que puede ser su Mesías. Y cada judío está en un alto grado de excitación, creo, hasta que sabe si es padre o si es madre.

—Esperando a cada momento que sea el que sigue —dice Lenehan.

—¡Oh, por Dios! —dice Eduardo—, tendrían que haber visto a Bloom antes de que le naciera ese hijo que se le murió. Lo encontré un día en los mercados del sud de la ciudad comprando una lata de fosfatina seis semanas antes de que su mujer diera a luz.

—*En ventre sa mère* —dice J. J.

—¿Llamas hombre a eso? —dice el ciudadano.

—Quisiera saber si lo pudo hacer desaparecer alguna vez —dice Joe.

—Bueno, de cualquier modo, nacieron dos chicos —dice Jack Power.
—¿Y de quién sospecha él? —dice el ciudadano.
Que lo tiró, más de una verdad se dice en broma. Es uno de esos medio mezclados. Se acostaba en el hotel Pisser, me contaba, una vez por mes con dolor de cabeza como una jovencita con sus reglas. ¿Entiendes lo que te digo? Sería una acción de Dios agarrar a un tipo como ése y tirarlo al puñetero mar. Sería un homicidio justificable. Y después escabulléndose con sus cinco libras sin pagar una copa de algo como hacen los hombres. ¡Bendícenos, señor! Ni siquiera lo que cabe en un dedal.
—Hay que ser caritativo con el prójimo —dice Martín—. ¿Pero dónde está? No podemos esperar.
—Es lobo con piel de oveja —dice el ciudadano—. Eso es lo que es. ¡Marimach de Hungría! Ahasvero lo llamo. Maldito de Dios.
—¿Tienes tiempo para una breve libación, Martín? —dice Eduardo.
—Sólo una —dice Martín—. Tenemos que apurarnos. J. J. y S.
—¿Tú, Jack? ¿Crofton? Tres medios, Terry.
—San Patricio tendría que desembarcar otra vez en Ballykinlar y convertirnos —dice el ciudadano— después de permitir que cosas como ésa contaminen nuestras costas.
—Bueno —dice Martín golpeando para que lo sirvieran—. Ruego porque Dios nos bendiga a todos los que estamos aquí.
—Amén —dice el ciudadano.
—Y estoy seguro de que lo hará —dice Joe.
Y al son de la campanilla sagrada precedida por un crucifijo y sus acólitos, turiferarios, conductores de barcos, lectores, ostiarios, diáconos y subdiáconos, se acercó el sagrado cortejo de abates mitrados y priores y guardianes y monjes y frailes; los monjes de Benedicto de Spoleto, Cartujos y Camaldolesi, Cistercienses y Olivetanos, Oratorianos y Vallumbrosianos, y los frailes Agustinos, Brigittinos, Premonstratesianos, Sirvientes, Trinitarios, y los hijos de Pedro Nolasco; y luego del monte Carmelo los hijos del profeta Elías guiados por el obispo Alberto y por Teresa de Ávila, calzados y de la otra manera, y frailes marrones y grises, hijos del pobre Francisco, capuchinos, cordeliers, mínimos y observantes y las hijas de Clara; y los hijos de Domingo, los frailes predicadores, y los hijos de Vicente; y los monjes de S. Wolstan; y de Ignacio los hijos: y la confraternidad de los hermanos cristianos conducidos por el reverendo hermano Edmundo Ignacio Rice. Y después venían todos los santos y mártires, vírgenes y confesores: S. Cyr y S. Isidro Labrador y S. Jaime el menor y S. Phocas de Sinope y S. Julián el Hospitalario y S. Félix de Cantalicio y S. Simeón Estilita y S. Esteban Protomártir y S. Juan de Dios y S. Ferreol y S. Leugarde y S. Teodoro y S. Vulmar y S. Ricardo y S. Vicente de Paúl y S. Martín de Todi y S. Martín de Tours y S. Alfredo y S. José y S. Denis y S. Cornelio y S. Leopoldo y S. Bernardo y S. Terencio y S. Eduardo y S. Owen Canícula y S. Anónimo y S. Epónimo y S. Seudónimo y S. Homónimo y S. Parónimo y S. Sinónimo y S. Laurencio O'Toole y S. James de Dingle y Compostela, y S. Columcille y S. Columba y S. Celestina y S. Colman y S. Kevin y S. Brendan y S. Frigidian y S. Senan y S. Fachtna y S. Co-

lumbano y S. Gall y S. Fursey y S. Fintan y S. Fiacre y S. Juan Nepomuceno y S. Tomás de Aquino y S. Ives de Bretaña y S. Michan y S. Hermán-Joseph y los tres patronos de la santa juventud, S. Luis Gonzaga y S. Estanislao de Kostka y S. Juan Berchmans y los santos Gervasio, Servasio y Bonifacio y S. Bride y S. Kieran y S. Canice de Kilkenny y S. Jarlath de Tuam y S. Finbarr y S. Pappin de Ballymun y el Hermano Aloysius Pacificus y el Hermano Luis Bellicosus y las santas Rosa de Lima y de Viterbo y S. Marta de Betania y S. María de Egipto y S. Lucía y S. Brígida y S. Attracta y S. Dympna y S. Ita y S. Marion Calpensis y la Santa Hermana del Niño Jesús y S. Bárbara y S. Escolástica y S. Úrsula y las once mil vírgenes. Y todos venían con nimbos y aureolas y gloriae, llevando palmas y arpas y espadas y coronas de olivo, en ropajes que tenían tejidos los santos símbolos de sus eficacias, tinteros de bolsillo, flechas, panes, cántaros, grillos, hachas, árboles, puentes, nenes en bañera, conchas, carteras, cizallas, llaves, dragones, lirios, trabucos, barbas, cerdos, lámparas, fuelles, colmenas, cucharones, estrellas, serpientes, yunques, cajas de vaselina, campanas, muletas, fórceps, cuernos de ciervos, botas impermeables, gavilanes, piedras de molino, ojos en un plato, velas de cera, hisopos, unicornios. Y a medida que se dirigían por la columna de Nelson, Henry Street, Mary Street, Capel Street, Little Britain Street, entonando el introito en *Epiphania Domini* que empieza *Surge, illuminare* y después con suma dulzura el gradual *Omnes* que dice *de Sabavenient*, cumplieron milagros surtidos, tales como arrojar a los demonios, volver los muertos a la vida, multiplicar los peces, sanar a los paralíticos y a los ciegos, descubrir diversos objetos perdidos, interpretar y cumplir las escrituras, bendecir y profetizar. Por último, bajo un palio de tela de oro venía el reverendo padre O'Flynn asistido por Malaquías y Patricio. Y cuando los buenos padres hubieron llegado al lugar prefijado, la casa de Bernard Kiernan y Co., limitada, 8, 9 y 10 de la pequeña Britania Street, almaceneros al por mayor, exportadores de vino y brandy, con permiso para vender cerveza, vino y aguardientes para ser consumidos en el local, el celebrante bendijo el edificio e incensó las ventanas divididas por columnas y las aristas y las bodegas y las esquinas y los capiteles y los frontones y las cornisas y los arcos dentados y las agujas y las cúpulas y roció los dinteles de todo eso con agua bendita y rogó a Dios que bendijera esa casa como había bendecido la casa de Abraham y de Isaac y de Jacob e hiciera que habitaran en ella los ángeles de la luz. Y entrando bendijo las viandas y las bebidas y la compañía de todos los benditos respondía a sus oraciones.

—*Adiutorium nostrum in nomine Domini.*
—*Qui fecit coelum et terram.*
—*Dominus vobiscum.*
—*Et cum spiritu tuo.*

Y extendió las manos sobre los benditos y dió las gracias y rogó y todos rogaron con él:

—*Deus, cuius verbo santificantur omnia, benedictionem tuam effunde super creaturas istas: et proesta ut quisquis eis secundum legem et voluntatem tuam cum gratiarum actione usus fuerit per invocatio-*

nem sanctissimi nominis Tui corporis sanitatem et animae tutelam Te auctore precipiat per Christum Dominium nostrum.

—Y así decimos todos nosotros —dice Jack.

—Mil por año, Lambert —dice Crofton o Crawford.

—Cierto —dice Eduardo, levantando su John Jameson—. Y manteca para el pescado.

Yo estaba mirando alrededor para ver a quién se le ocurriría la feliz idea cuando maldito sea pero entra de nuevo como si lo vinieran corriendo.

—Vengo de los tribunales, donde estuve buscándolo —dice él—. Espero que no estoy...

—No —dice Martín—, estamos prontos.

¡Tribunales te voy a dar! y tus bolsillos forrados de oro y plata. Puñetero amarrete rabón. ¿Pagar una copa? Ni que reventemos. ¡Ése sí que es un judío! Primero yo. Simpático como una rata de estercolero. Cien a cinco.

—No se lo digas a nadie —dice el ciudadano.

—¿Cómo dice? —dice él.

—Vamos, muchachos —dice Martín, viendo que el asunto se ponía feo—. Vamos ahora.

—No se lo digas a nadie —dice el ciudadano, pegando un grito—. Es un secreto.

Y el puñetero perro se despertó y largó un gruñido.

—Chao a todos —dice Martín.

Y se los llevó tan rápido como pudo, Jack Power y Crofton o como quiera que se llame, y él en medio de ellos haciendo ver que estaba todo confuso, arriba con ellos en el puñetero coche de excursión.

—Andando —dice Martín al cochero.

El delfín blanco como la leche sacudió la melena y, levantándose en la popa dorada, el timonel extendió la combada vela al viento y se lanzó adelante a todo trapo amuras a babor. Multitud de ninfas hermosas se acercaron a babor y a estribor y, asiéndose a los flancos del noble navío, enlazaron sus formas resplandecientes tal como hace el hábil carretero cuando alrededor del corazón de su rueda pone los rayos equidistantes de manera que cada uno es hermano del otro y los une a todos con un aro externo y presta velocidad a los pies de los hombres para que valiéndose de ellos corran al entrevero o compitan por la sonrisa de las bellezas. Así vinieron ellas y se colocaron, esas complacientes ninfas imperecederas. Y ellas ríen, jugando en su círculo de espumas: y el barco hendía las olas.

Pero ¡que lo parió! apenas tuve tiempo de bajar el vaso cuando vi que el ciudadano se levantaba para navegar hacia la puerta, soplando y resoplando con hidropesía y maldiciéndolo con la maldición de Cromwell, vela, campana y libro en irlandés, escupiendo y manoteando y Joe y el pequeño Alf alrededor de él como sanguijuelas tratando de calmarlo.

—Déjenme solo —dice.

Y que lo parió, llega hasta la puerta y ellos agarrándolo, y grita:

—¡Tres vivas por Israel!

¡Caray!, siéntate del lado parlamentario del culo, por amor de Cristo, y no hagas una exhibición pública de ti mismo. Jesús, siempre hay algún puñetero payaso que arma una puñetera gresca por un puñetero nada. Que lo tiró, es capaz de hacerle pudrir a uno la cerveza en las tripas, palabra.

Y todos los pelafustanes y marranas de la nación delante de la puerta y Martín diciéndole al cochero que siguiera adelante y el ciudadano gritando y Alf y Joe tratando de hacerlo callar y él montando el picaso acerca de los judíos y los holgazanes pidiendo un discurso y Jack Power tratando de hacerlo sentar en el coche y que cierre su puñetera mandíbula y un pelafustán con un parche en el ojo empieza a cantar: *Si el hombre de la luna era judío, judío, judío, y* una marrana que grita:

—¡Eh, señor! ¡Tiene la botica abierta, señor!

Y él dice:

—Mendelssohn era judío y Karl Marx y Mercadante y Spinoza. Y el Salvador era judío y su padre era judío. El Dios de ustedes.

—Él no tenía padre —dice Martín—. Por ahora basta. Sigue adelante.

—¿El Dios de quién? —dice el ciudadano.

—Bueno, su tío era judío —dice él—. El Dios de ustedes era judío. Cristo era judío como yo.

Que lo tiró, el ciudadano se zambulló de nuevo en el negocio.

—Por Dios —dice él—. Le voy a romper la crisma a ese puñetero judío por usar el nombre santo. Por Dios que lo voy a crucificar de veras. Pásame esa lata de bizcochos.

—¡Basta! ¡Basta! —dice Joe.

Una grande y simpática reunión de amigos y conocidos de la metrópoli y sus alrededores se reunió para dar la despedida a Nagyságos uram Lipóti Marimach, últimamente al servicio de los señores Alexander Thom, impresores de Su Majestad, en ocasión de su partida hacia la distante región Százharminczbrojúgulyás-Dugulás (Pradera de las Aguas Murmurantes). La ceremonia que se realizó con gran *éclat* se caracterizó por la más conmovedora cordialidad. Un rollo iluminado de pergamino irlandés, trabajo de artistas irlandeses, fué obsequiado al distinguido fenomenologista en nombre de la mayoría de la asamblea y fué acompañado por el presente de un cofre de plata ejecutado elegantemente en el antiguo estilo ornamental celta, un trabajo que hace gran honor a sus fabricantes, señores Jacobo *agus* Jacobo. El huésped objeto de la despedida fué favorecido con una sincera ovación, hallándose muchos de los presentes visiblemente conmovidos cuando la selecta orquesta de dulzainas irlandesas rompió con los bien conocidos acordes de *Vuelve a Eirin*, seguidos inmediatamente por la *Marcha de Rakoczy*. Se encendieron barriles de alquitrán y fogatas a lo largo de las costas de los cuatro mares sobre las cimas de la Colina de Howth, Three Rock Mountain, el Pan de Azúcar, Bray Head, las montañas de Mourne, los Galtees, los picos de Ox y Donegal y de Sperrin, los Nagles y los Bograghs, las colinas de Connemara, los altiplanos de M'Gillicuddy, Slieve Aughty, Slieve Bernagh y Slieve Bloom. Entre vítores que rasgaban el firmamento, a los que respondían los vítores de una gran concentración de secuaces apostados sobre las distantes colinas Cambrian y Caledonian, el mastodónico barco de recreo se alejó lentamente saludado por un último tributo floral de las representantes del bello sexo que estaban presentes en gran número, y a medida que descendía río abajo, escoltado por una flotilla de barcazas, las banderas de la oficina de Balasto y de la Aduana hacían el saludo así como también las de la estación de energía eléctrica del Palomar. *Visszontlátásra, kedvés barátom! Visszontlátásra!* Ido pero no olvidado. Que lo tiró, el diablo no lo habría podido detener hasta que agarró como pudo la puñetera lata y salió el pequeño Alf colgado a su codo y él gritando como un cerdo acuchillado, eso estaba tan bueno como cualquier puñetero drama en el teatro de la Reina.

—¿Dónde está que lo mato?

Y Eduardo y J. G. paralizados por la risa.

—Malditas guerras —digo yo—. Llegó justamente a la hora de los bifes.

Pero por suerte el cochero consiguió hacer dar vuelta la cabeza de su jaco y se mandó mudar.

—Basta, ciudadano —dice Joe—. ¡Detente!

Que lo parió, revoleó la lata y la arrojó. Gracias a Dios que el sol le daba en los ojos, de lo contrario lo habría dejado listo. Que lo tiró, casi la mandó hasta el condado de Longford. El puñetero jaco se asustó y el viejo mestizo detrás del coche como un demonio y todo el populacho gritando y riendo y la vieja lata repiqueteando por la calle.

La catástrofe fué instantánea y horrorosa en sus efectos. El observatorio de Dunsink registró en total once oscilaciones, todas del quinto grado de la escala de Mercalli, y no hay recuerdo de un movimiento sísmico similar en nuestra isla desde el terremoto de 1534, año de la rebelión de Silken Thomas. El epicentro parece haber sido esa parte de la metrópoli formada por el barrio de Inn's Quay y la parroquia de San Michan cubriendo una superficie de cuarenta y un acres, dos pérticas y una vara cuadrada. Todas las residencias señoriales vecinas al palacio de justicia fueron demolidas, así como ese noble edificio mismo, en el cual tenían lugar importantes debates legales al ocurrir la catástrofe quedando literalmente convertido en un montón de ruinas debajo de las cuales se teme que todos sus ocupantes hayan sido enterrados vivos. Por los relatos de los testigos presenciales se sabe que las ondas sísmicas fueron acompañadas de una violenta perturbación atmosférica de carácter ciclónico. Un adminículo para la cabeza posteriormente reconocido como perteneciente al muy respetado escribano de la Corona señor George Fottrell y un paraguas de seda con mango de oro con las iniciales grabadas, escudo de armas y el domicilio del erudito y venerable presidente de los tribunales trimestrales sir Frederick Falkiner, primer magistrado de Dublín, han sido descubiertos por las partidas de salvamento en partes remotas de la isla, el primero en el tercer cerro basáltico de la calzada de los gigantes, el último hundido hasta la profundidad de un pie y tres pulgadas en la playa arenosa de la bahía de Holeopen cerca del viejo cabo de Kinsale. Otros testigos oculares declaran haber observado un objeto incandescente de enormes proporciones lanzándose a través de la atmósfera a una velocidad escalofriante en una trayectoria del sudoeste hacia el oeste. Mensajes de condolencia y simpatía se reciben cada hora de todas partes de los distintos continentes y el soberano pontífice ha tenido la graciosa benevolencia de decretar que se celebre una *missa pro defunctis* extraordinaria en forma simultánea por los ordinarios de todas y cada una de las iglesias catedrales de todas las diócesis episcopales sujetas a la autoridad espiritual de la Santa Sede en sufragio de las almas de los fieles difuntos que han sido arrebatados en forma tan inesperada de nuestro medio. Los trabajos de salvamento, remoción de *débris*, restos humanos, etc., han sido confiados a los señores Michael Meade e Hijo, Great Brunswick Street 159, y los señores T. C. Martin, North Wall 77, 78, 79 y 80, secundados por los hombres y oficiales de la infantería ligera del Duque de Cronwall, bajo la supervisión general de Su Alteza Real y del muy honorable contralmirante sir Hércules Hannibal Hábeas Corpus Anderson, Caballero de la Orden de la Jarretera, Caballero de la Orden de San Patricio, Caballero de la Orden del Cardo, Consejero Privado, Comendador de la Orden del Baño, Miembro del Parlamento, Juez de Paz, Diplomado de la Facultad de Medicina, Condecorado con la Orden de Servicios Distinguidos, Caballero de Ceremonias, Mestre de Caza, Miembro de la Academia Real de Irlanda, Bachiller en Derecho, Laureado en Música, Miembro del Trinity College de Dublin, Miembro de la Facultad Real de Medicina de Irlanda y Miembro del Colegio Real de Cirugía de Irlanda.

Nunca se vió nada igual en esta puerca vida. Que lo tiró, si recibe ese billete de lotería en un costado del mate con seguridad que no se olvidaría de la copa de oro; pero, que lo parió, el ciudadano habría sido arrestado por agresión a mano armada y Joe por instigador y cómplice. El cochero te salvó la vida por salir rajando la tierra, tan seguro como que Dios hizo a Moisés. ¿Qué? ¡Oh!, Jesús, lo hizo. Y le soltó una descarga de juramentos detrás.

—¿Lo maté? —dice él.— ¿Sí o no? Y sigue gritándole al puñetero perro. —¡Chúmbale, Garry! ¡Chúmbale, muchacho!

Y lo último que vimos fué el puñetero coche dando vuelta a la esquina y el viejo cara de oveja gesticulando y el puñetero mestizo detrás de él largando los puñeteros pulmones a todo lo que daba queriendo hacerlo pedazos. ¡Cien a cinco! Jesús, le sacó las ganas, palabra de honor.

Y entonces he ahí que una brillante luz descendió hasta ellos y vieron cómo la carroza en que Él se hallaba ascendía hacia el cielo. Y lo contemplaron a Él en la carroza, revestido de la gloria de esa claridad, y Sus ropas eran como de sol y Él hermoso como la luna y tan terrible que por temor no se atrevían a mirar a Él. Y una voz que venía del cielo, llamó: ¡Elías! ¡Elías! y Él contestó en un gran grito: *¡Abba! ¡Addonai!* y Lo vieron a Él mismamente Él, ben Bloom Elías, ascender a la gloria entre nubes de ángeles desde la gran luz a un ángulo de cuarenta y cinco grados por encima de lo de Donohoe en Little Green Street como una palada de algo arrojada a lo alto.

EL ATARDECER DE VERANO EMPEZABA A ENVOLVER AL MUNDO EN SU misterioso abrazo. El sol descendía a lo lejos, hacia el oeste, lanzando los últimos destellos de un día fugaz a la verdad, destellos que se detenían amorosamente en el mar y la playa, sobre el orgulloso promontorio del viejo Howth, cuidador siempre cariñoso de las aguas de la bahía, sobre las rocas cubiertas de vegetación que contornean la costa de Sandymount y, ocupando por último un señalado lugar, por encima de la tranquila iglesia desde la cual se derramaba a intervalos la voz de la oración que le iba dirigida entre la quietud, aquella que es un eterno faro para el atribulado corazón del hombre: María, la estrella del mar.

Las tres amigas estaban sentadas sobre las rocas, disfrutando de la hora vespertina y del aire fresco, pero no frío. A menudo solían llegar a ese lugar apartado para mantener una agradable charla cerca de las centelleantes aguas, hablando de las cosas propias de su sexo, Cissy Caffrey y Edy Boardman, con el nene en el cochecito y Tomasito y Juancito Caffrey, dos pequeños niños de cabezas rizadas, vestidos con trajecitos de marinero con gorras haciendo juego y el nombre H. M. S. Belleisle estampado. Porque Tomasito y Juancito Caffrey eran mellizos, de cuatro años escasos y muy bullangueros y malcriados a veces, pero a pesar de todo unos encantadores pequeños cuyos rostros radiantes y cariñosos se hacían querer. Estaban chapoteando en la arena con sus palas y baldes, construyendo castillos como hacen los niños, o jugando con su gran pelota de colores, felices todo el día.. Y Edy Boardman estaba acunando al nene regordete de aquí para allá en el cochecito, mientras el joven caballero se moría de risa. No tenía más que once meses y nueve días, y, aunque todavía era muy chiquitín, empezaba ya a balbucear sus primeras palabras infantiles. Cissy Caffrey se inclinó sobre él para hacerle cosquillas en el cuerpecito regordete y en el exquisito hoyuelo de la barbilla.

—¡Vamos, nene! —dijo Cissy Caffrey—. Di fuerte, fuerte: quiero tomar agua.

Y el nene balbuceó tras ella:

—Quero omar guagua.

Cissy Caffrey abrazó al pequeñín, porque le gustaban muchísimo los niños y era muy paciente con ellos, y a Tomasito Caffrey no podían nunca hacerle tomar aceite de castor a menos que fuera Cissy Caffrey la que le apretara la nariz y le prometiera la coca del pan tostado. ¡Qué poder persuasivo tenía esa niña! Pero a decir verdad el niño valía lo que pesaba en oro, era un verdadero amor con su baberito nuevo de fantasía. Cissy Caffrey no tenía nada de esas bellezas malcriadas de la clase de Flora MacFrívola. Nunca respiró la vida una muchacha de corazón más noble, siempre con una sonrisa en sus ojos de gitana y una palabra juguetona en sus labios rojos de cereza madura, una niña adorable en extremo. Y Edy Boardman se reía también de la prístina belleza del lenguaje de su hermanito.

Pero justamente en ese instante tenía lugar un pequeño altercado entre el joven Tomasito y el joven Juancito. Los chicos son siempre chicos y nuestros dos mellizos no eran una excepción a esta regla universal. La manzana de la discordia era un cierto castillo de arena que el joven Juancito había construído y que el joven Tomasito quería a toda costa que fuera mejorado, el enemigo de lo bueno es lo mejor, con una puerta de entrada como la de la torre Martello. Pero si el joven Tomasito era terco, el joven Juancito también era obstinado, y, fiel al dicho de que cada casa de irlandesito es su castillo, cayó sobre su odiado rival, y en tal forma, que el que iba a ser agresor salió malparado y (¡ay, tener que contarlo!) el codiciado castillo también. No es necesario decir que los gritos del frustrado joven Tomasito atrajeron la atención de las amigas.

—¡Ven aquí, Tomasito! —llamó imperativamente su hermana—. ¡En seguida! Y tú, Juancito, ¡qué vergüenza tirar al pobre Tomasito en la arena sucia! ¡Espera que te agarre!

Con los ojos nublados de lágrimas no derramadas, el joven Tomasito acudió al llamado, porque la palabra de su hermana mayor era ley para los mellizos. Se hallaba en lastimoso estado después de su desgracia. Su sombrerito de marinero de la armada y sus pantalones estaban llenos de arena, pero Cissy era una maestra acabada en el arte de suavizar las pequeñas asperezas de la vida y muy pronto no se veía un granito de arena en su elegante trajecito. Los ojos azules estaban todavía llenos de lágrimas a punto de desbordarse, y entonces ella las hizo desaparecer con sus besos, amenazando con la mano al culpable joven Juancito, y le dijo que iba a ver si lo agarraba, mientras sus ojos brillaban amonestándolo.

—¡Juancito malo y grosero! —gritó ella.

Rodeó con su brazo al marinerito y lo reanimó mimándolo:

—Si el nene se porta bien tendrá su postre también.

—A ver: ¿quién es tu novia? —dijo Edy Boardman—. ¿Es Cissy tu novia?

—Nu —dijo el lloroso Tomasito.

—¿Es Edy Boardman tu novia? —preguntó Cissy.

—Nu —dijo Tomasito.

—Ya sé —dijo Edy Boardman con poca amabilidad y con una mirada maliciosa en sus ojos miopes—. Yo sé quién es la novia de Tomasito: Gerty es la novia de Tomasito.

—Nu —dijo Tommy a punto de llorar.

El agudo instinto maternal de Cissy adivinó lo que pasaba y murmuró por lo bajo a Edy Boardman que lo llevara detrás del cochecito, donde no podían ver los caballeros, y que tuviera cuidado de que no se mojara sus zapatos marrones nuevos.

¿Pero quién era Gerty?

Gerty MacDowell, que estaba sentada cerca de sus compañeras, perdida en sus meditaciones y la mirada vagando en la lejanía, era realmente un simpático ejemplar de joven irlandesa digno de verse. Era considerada bella por todos los que la conocían, aun cuando, como decía a menudo la gente, era más una Giltrap que una MacDowell. Su figura era ligera y graciosa, más bien frágil, pero esas cápsulas de hierro que había estado tomando últimamente le habían hecho la mar de bien, comparado con las píldoras para mujeres de la Viuda de Welch, y estaba mucho mejor de esas pérdidas que solía tener, lo mismo que de esa sensación de cansancio. La palidez de cera de su cara era casi espiritual en su pureza de marfil, mientras que su boca de rosa era un verdadero arco de Cupido, de perfección griega. Sus manos eran de alabastro finamente veteado con afilados dedos y tan blancos como el jugo de limón y la reina de los ungüentos pudieran hacerlos, aunque no era cierto que usara guantes de cabritilla en la cama ni tampoco que tamara baños de pies de leche. Berta Suple le dijo eso una vez a Edy Boardman, una mentira deliberada, cuando estaba hecha una furia con Gerty (las chicas tienen, naturalmente, sus disgustitos de vez en cuando como el resto de los mortales) y le dijo a ella que no dijera hiciera lo que hiciera que era ella la que se lo había contado o de lo contrario nunca más volvería a hablarle. A cada uno lo suyo. Había un refinamiento innato, un lánguido *hauteur* de reina en Gerty que se evidenciaba sin lugar a dudas en sus delicadas manos y pronunciado empeine. Si la suerte hubiera querido que naciera dama de alta sociedad por derecho propio y si hubiera tan sólo recibido los beneficios de la buena educación Gerty MacDowell habría estado fácilmente a la altura de cualquier dama de la tierra y se habría visto exquisitamente vestida con joyas en su frente y pretendientes patricios a sus plantas rivalizando entre sí para rendirle sus homenajes. Puede ser que fuera eso, el amor que pudo haber sido, que prestaba a veces a su dulce rostro una expresión de algo inexpresado que imprimía a sus ojos magníficos un implorante misterio cuyo encanto muy pocos podían resistir. ¿Por qué tienen las mujeres ese sortilegio en los ojos? Los de Gerty eran del más azul de los azules irlandeses, embellecidos por sedosas pestañas y oscuras cejas expresivas. En una época esas cejas no eran tan seductoramente sedosas. Fué Madame Vera Veritas, directora de la página de Belleza Femenina de las Noticias del Gran Mundo, quien le aconsejó por primera vez que probara con cejalene, que daba esa expresión soñadora a los ojos, expresión que sentaba tan bien en las que imponían la moda, y nunca se había arrepentido. Y se indicaba cómo era posible curar científicamente el sonrojo y cómo ser alta, aumente su estatura y usted tiene una hermosa cara, ¿pero su nariz? Eso le vendría bien a la señora Dignam porque tenía una como un botón. Pero la mayor gloria de Gerty era su tesoro de maravilloso cabello. Era castaño oscuro ondeado natural. Se lo había cortado esa misma mañana por la luna nueva y se apiñaba alrededor de su linda cabeza en una profusión de lujuriosos bucles y se había cortado las uñas también. El jueves las enriquece. Y precisamente en ese momento, ante las palabras de Edy, un sonrojo delator, delicado como el más leve florecer de rosa, se le subió a las mejillas y la hizo aparecer tan deliciosa en su dulce timidez de niña, que seguramente no podría encontrarse en la hermosa tierra irlandesa de Dios ninguna otra belleza que pudiera igualársele.

Guardó silencio un instante con los ojos más bien bajos y tristes. Estuvo por contestar, pero algo impidió que las palabras salieran de sus labios. Un impulso la inclinaba a hablar: su dignidad le indicaba que debía guardar silencio. Los hermosos labios insinuaron una pequeña mueca, pero después levantó los ojos y rompió en una alegre risa leve que tenía toda la frescura de una temprana mañana de primavera. Ella sabía muy bien, mejor que nadie, lo que movía a la bizca Edy a decir eso porque él se estaba enfriando en sus atenciones cuando no era más que una simple querella de enamorados. Como siempre, alguien tenía que meter las narices donde no lo llamaban, porque el muchacho de la bicicleta andaba siempre de arriba abajo pasando frente a su ventana. Pero ahora su padre lo retenía de noche estudiando fuerte para conseguir una beca en el Secundario que estaba cursando para entrar en el Trinity College a estudiar de médico como su hermano W. E. Wylie, que estaba corriendo en las carreras de bicicletas de la universidad del Trinity College. Tal vez él se preocupaba muy poco por la dolorosa angustia que ella sentía a veces como un vacío en el corazón que le penetraba hasta lo más hondo. Sin embargo, él era joven y a lo mejor aprendería a amarla con el tiempo. La familia de él era protestante, y, naturalmente, Gerty sabía Quién vino primero y después de Él la Virgen bendita y después San José. Pero él era indiscutiblemente hermoso con su nariz incomparablemente exquisita y era lo que parecía, todo un caballero, también la forma de la cabeza por la parte de atrás sin la gorra puesta que ella conocería en cualquier parte algo fuera de lo común y la manera en que daba vuelta la bicicleta en el farol con las manos fuera del manubrio y también el lindo perfume de esos buenos cigarrillos y además los dos eran del mismo tamaño y por eso Edy Boardman se creía que ella era tan terriblemente inteligente porque él no iba y venía enfrente de su pedacito de jardín.

Gerty iba vestida con sencillez pero con el gusto instintivo de una adoradora de la Señora Moda porque creía que podía haber una probabilidad de que él saliera. Una linda blusa azul eléctrico teñida con azul de lavar porque en el *Lady's Pictorial* se suponía que el azul eléctrico se usaría con una elegante V abriéndose hasta la división de los senos y un bolsillo para el pañuelo (en el que ella siempre llevaba un pedacito de algodón perfumado con su bouquet favorito, porque el pañuelo endurece la línea) y una pollera tres cuartos, de amplitud moderada, que hacía resaltar las graciosas proporciones de su figura. Llevaba un coqueto sombrero de paja negra de ala ancha adornada en contraste con una doble ala de felpilla de azul huevo que era un amor y al costado un moño mariposa del mismo tono. Toda la santa tarde del martes había estado buscando algo que hiciera juego con esa felpilla, hasta que al último encontró lo que quería en los saldos de verano de Clery, exactamente, un poquito averiado pero no se nota, doce de ancho dos chelines y un penique. Lo hizo todo ella misma ¡y qué alegría fué la suya cuando se lo probó, sonriendo a la hermosa imagen que el espejo le devolvía! Y cuando lo puso sobre la jarra del agua para conservar la forma ella sabía que eso le iba a picar a alguna persona que conocía. Sus zapatos eran lo más nuevo en calzado (Edy Boardman se enorgullecía de que era muy *petite*, pero nunca tuvo un pie como Gerty MacDowell, del treinta y cinco, ni lo tendría, ¡ah sí, cómo no!), con punteras de charol y una elegante hebilla sobre el arqueado empeine. Su tobillo bien modelado mostraba perfectas proporciones bajo la pollera y enseñando la cantidad adecuada y nada más de sus bien formadas piernas revestidas de sutiles medias con talones bien ajustados y anchas en la parte de arriba para las ligas. Respecto a la ropa interior, ella constituía la principal preocupación de Gerty, ¿y quién que conozca las aleteantes esperanzas y temores de los dulces diecisiete (aunque Gerty nunca volvería a verlos) puede reprochárselo? Ella tenía cuatro coquetos juegos, con unas costuras muy bonitas, tres piezas y camisones extras, y cada juego con cintas pasadas de diferentes colores, rosa, azul pálido, malva y verde claro, y ella misma los secaba y los azulaba cuando venían a casa lavados y los planchaba y tenía una tejuela para apoyar la plancha porque ella no podía confiar en esas lavanderas que había visto quemar las cosas. Ella tenía puesto el azul para la suerte, esperando contra esperanza su color y el color de suerte también para una novia tener un poquito de azul en alguna parte porque el verde que ella llevaba ese día la semana anterior le trajo pesar porque el padre de él lo hizo entrar para estudiar para la beca intermedia y porque ella pensó que a lo mejor él podría estar afuera porque cuando ella se estaba vistiendo esa mañana casi se puso el par viejo al revés y eso era suerte y reunión de enamorados si uno se ponía esas cosas al revés siempre que no fuera en viernes.

¡Y sin embargo, sin embargo!... ¡Esa expresión preocupada de su rostro! Una pena roedora está presente en todo momento. Su misma alma está en sus ojos y ella daría un mundo por estar en la intimidad de su propia cámara familiar donde, dando curso a las lágrimas, podría llorar a su gusto y aliviarse del peso que oprimía su corazón. Aunque sin exagerar, porque ella sabía cómo se llora moderadamente delante del espejo. Eres hermosa, Gerty, decía el espejo. La pálida luz de la tarde cae sobre un rostro infinitamente triste y pensativo. Gerty MacDowell suspira en vano. Sí, ella había comprendido desde el primer momento que su ilusión de un casamiento que había sido concertado y las campanas de boda tañendo para la señora Reggy Wylie T. C. D. (porque la que se casara con el hermano mayor sería la señora Wylie) y de acuerdo con la moda la señora Gertrudis Wylie llevaba una suntuosa confección de gris adornado de costoso zorro azul no iba a realizarse. Él era demasiado joven para comprender. No podía creer en el amor, ese sentimiento innato en la mujer. La noche de la fiesta hace mucho en lo de Stoer (él todavía llevaba pantalones cortos), cuando estaban solos y él deslizó un brazo alrededor de su cintura y ella se puso blanca hasta los mismos labios. Él la llamó mi chiquita con una voz extrañamente velada y le robó un medio beso (¡el primero!), pero fué solamente en la punta de la nariz y después salió apurado de la habitación diciendo algo de los refrescos. ¡Muchacho impulsivo! La fortaleza de carácter nunca había sido el lado fuerte de Reggy Wylie y el que festejara y conquistara a Gerty MacDowell tendría que ser un hombre entre los hombres. Pero esperando, siempre esperando a que la pidieran y era año bisiesto también y pronto terminaría. Su ideal no es ningún hermoso príncipe encantador que venga a poner a sus plantas un raro y maravilloso amor, sino más bien un hombre varonil con un rostro tranquilo y enérgico que no hubiera encontrado todavía su ideal, quizá con el cabello ligeramente salpicado de gris, y que comprendería, la tomaría en sus brazos protectores, la atraería a él con toda la fuerza de su naturaleza profundamente apasionada y la consolaría con un beso largo, largo. Sería como estar en el cielo. Por un hombre así ella suspira en esta embalsamada tarde de verano. Con todo su corazón ella desea ser su única, su prometida novia en la riqueza, en la pobreza, en la enfermedad, en la salud, hasta que la muerte nos separe, desde ahora para siempre.

Y mientras Edy Boardman estaba con el pequeño Tomasito detrás del cochecito ella pensaba que quizás llegaría alguna vez el día en que sería llamada mi futura mujercita. Entonces podrían hablar de ella hasta que se les pusiera la cara azul. Berta Supple también, y esa bruja de Edy, que cumpliría veintidós en noviembre. Ella cuidaría de él con atenciones de criatura también porque Gerty era poseedora de la femenina sabiduría advertida de que un hombre, sea el que sea, gusta de esa sensación de intimidad de hogar. Sus tortitas bien doradas y el budín de la Reina Ana de deliciosa cremosidad le habían conquistado la reputación entre todos, porque tenía una buena mano también para encender un fuego, batir la masa y conseguir que quede levantada y siempre revolver en el mismo sentido, después desnatar la leche y medir el azúcar y batir bien la clara de los huevos, aunque a ella no le gustaba la parte de comer cuando había cualquier persona que le daba vergüenza y a menudo se preguntaba por qué no se podía comer algo poético como violetas o rosas y tendrían una sala muy bien puesta con cuadros y grabados y la fotografía del hermoso perro Garryowen, que casi hablaba del abuelo Giltrap, era tan humano, y fundas de cretona y esa rejilla para tostadas de plata que estaba en la liquidación de verano de Clery como tienen en las casas ricas. Él sería alto de anchas espaldas (para marido ella siempre había admirado a los hombres altos) con relucientes dientes blancos bajo su bigote cuidadosamente recortado y arrebatador e irían al continente para su luna de miel (¡tres maravillosas semanas!) y después, cuando se instalaran en una linda casita cómoda, cada mañana ellos dos tomarían su desayunito, servido sencillamente, pero delicadamente dispuesto para ellos dos solitos y antes de irse a trabajar él daría un apretado abrazo a su queridita esposa y la miraría por un instante bien adentro en los ojos.

Edy Boardman le preguntó a Tomasito Caffrey si había terminado, y él dijo que sí; entonces ella abrochó los pantaloncitos y le dijo que corriera a jugar con Juancito y que fuera bueno ahora y que no peleara. Pero Tomasito dijo que él quería la pelota y Edy le dijo que no, que el nene estaba jugando con la pelota y que si la agarraba ¡pam!, ¡pam!, pero Tomasito dijo que era suya la pelota y que él quería la pelota y empezó a dar, pataditas en el suelo, cómo le va. ¡El carácter que tiene! ¡Oh!, era un hombre ya el pequeño Tomasito Caffrey desde que dejó los pañales. Edy le dijo que no, que no y basta y que se fuera a jugar y le dijo a Cissy Caffrey que no le hiciera caso.

—Tú no eres mi hermana —dijo el malo de Tomasito—. La pelota es mía.

Pero Cissy Caffrey le dijo al nene Boardman que mirara, que mirara arriba al dedo de ella y le sacó la pelota rápidamente y la tiró en la arena y Tomasito detrás a toda carrera, saliendo con la suya.

—Cualquier cosa con tal de vivir tranquila —se rió Cissy.

Y le hizo cosquillas al pequeñín en las dos mejillas para hacerlo olvidar y jugó con él, aquí está el alcalde, aquí están sus dos caballos, aquí está su coche y aquí viene él, tro, tro, tro, al trote, al trote. Pero Edy estaba que no había por dónde tomarlo, porque él siempre salía con la suya y porque todo el mundo lo mimaba.

—Me gustaría darle algo —dijo—, de veras; dónde no lo voy a decir.

—En el cuculito —rió Cissy alegremente.

Gerty MacDowell bajó la cabeza y el color le subió a las mejillas por la ocurrencia de Cissy de decir en voz alta una cosa tan impropia de una dama, que ella se moriría de vergüenza antes de decirla, sonrojándose con un rojo subido, y Edy Boardman dijo que estaba segura de que el caballero de enfrente había escuchado lo que había dicho. Pero a Cissy no le importaba nada.

—¡A mí qué me importa! —dijo ella con un descarado movimiento de cabeza y un vivo fruncimiento de la nariz—. Y a él también en el mismo lugar sin darle tiempo de respirar.

Esa loca de Cissy con sus rulos de payaso. A veces había que reírse sin ganas de lo que hacía. Por ejemplo, cuando preguntaba si uno quería más té chino y fompota de crambuesa y cuando nombraba los cacharros y las caras de los hombres mirando sus uñas con tinta roja la hacía a una reventarse de risa, o cuando quería ir donde usted sabe ella decía que tenía que ir a visitar a la señorita Blanca. Cyssycums era así. ¡Oh!, y uno nunca se olvidará de la noche en que se vistió con el traje y el sombrero de su padre y el bigote que se pintó con corcho quemado y anduvo por Tritonville Road, fumando un cigarrillo. Nadie como ella para divertirse. Pero la sinceridad en persona, uno de los corazones más valientes y sinceros que el cielo ha hecho, no una de esas cosas de dos caras, demasiado amables para ser honestas.

Y entonces ascendió en el aire el sonido de voces y el insistente motete del órgano. Era el retiro de templanza de los hombres dirigido por el misionero, el reverendo John Hughes S. J., rosario, sermón y bendición del Santísimo Sacramento. Ellos estaban allí reunidos sin distinción de clase social (y era un espectáculo sumamente edificante) en ese sencillo templo al lado de las olas, alejados de las tormentas de este mezquino mundo, arrodillados a los pies de la Inmaculada, recitando la letanía de Nuestra Señora de Loreto, implorándole que intercediera por ellos, las viejas palabras familiares, santa María, santa Virgen de vírgenes. ¡Qué triste para los oídos de la pobre Gerty! Si su padre hubiera evitado caer entre las garras del demonio de la bebida, haciendo votos o tomando esos polvos mencionados en el Suplemento Semanal del Pearson, que curaban el hábito de la bebida, ella podría estar ahora paseándose en su carruaje, sin ser menos que nadie. Muchas veces se había dicho eso a sí misma mientras meditaba al lado del rescoldo agonizante en un estudio sombrío, la lámpara apagada, porque ella odiaba dos luces a la vez, o a menudo mirando ensoñadamente por la ventana hora tras hora cómo caía la lluvia sobre el balde mohoso, pensando. Pero esa vil destilación causa de la ruina de tantos corazones y hogares había proyectado su sombra sobre los días de su infancia. ¡Ay!, si hasta había presenciado en el seno de la familia actos de violencia causados por la intemperancia, y había visto a su propio padre, presa de los vapores de la embriaguez, olvidarse de sí mismo completamente, porque si había una cosa entre todas que Gerty sabía era que el hombre que levanta su mano a una mujer, excepto para acariciarla, merece ser considerado como el ser más bajo de la tierra.

Y las voces seguían cantando suplicantes a la Virgen todopoderosísima, Virgen misericordiosísima. Y Gerty, sumida en sus pensamientos, apenas veía o escuchaba a sus compañeras o a los mellizos en sus infantiles travesuras o al caballero de Sandymount que venía a dar su breve paseo por la playa y que Cissy encontraba tan parecido a él. Nunca se le notaba que hubiera tomado, pero sin embargo a ella no le gustaría como padre, porque era demasiado viejo o qué sé yo o por su cara (era algo indefinido, como dice la canción: no me gustas, doctor Fell) o por su nariz carbunclosa llena de verrugas y su bigote arenoso un poquito blanco debajo de la nariz. ¡Pobre papá! Con todos sus defectos ella lo quería todavía cuando cantaba *Dime, Mary, cómo quieres que te haga el amor* o *Mi amor y mi casita cerca de Rochelle* y tenían coquinas guisadas y lechuga con salsa Lazenby de ensalada para cenar y cuando él cantaba *Salió la luna* con el señor Dignam, que murió de repente y lo enterraron, Dios se apiade de él, de un ataque. Era el cumpleaños de mamá entonces y Charley estaba en casa de vacaciones y Tomás y el señor Dignam y la señora y Patsy y Freddy Dignam iban a sacarles un grupo. Nadie habría pensado que el fin estaba tan cerca. Ahora descansaba en paz. Y su madre le dijo que eso debía de ser una advertencia para él por el resto de sus días y él ni siquiera pudo ir al entierro a causa de la gota y ella tuvo que ir al centro para traerle las cartas y las muestras de la oficina de corcho lino de Catesby, dibujos artísticos standard apropiados para un palacio, tienen excelente duración y siempre claros y alegres en la casa.

Un tesoro de hija era Gerty exactamente como una segunda madre en el hogar, un verdadero ángel tutelar con un corazoncito que valía su peso en oro. Y cuando mamá sufría esos furiosos y terribles dolores de cabeza quién era la que le frotaba la frente con el pan de mentol, sino Gerty, aunque a ella no le gustaba que su madre tomara esas pulgaradas de rapé y eso era el único motivo de discusión que habían tenido nunca: tomar rapé. Todo el mundo la tenía en el mejor de los conceptos por sus modales tan suaves. Era Gerty la que cerraba el medidor del gas todas las noches y era Gerty la que colgaba en la pared donde nunca se olvidaba cada quince días de dar el clorato de cal el almanaque de Navidad del señor Tunney el almacenero el cuadro de tiempo apacible de *halcyon* donde un joven caballero con el traje que acostumbraban llevar entonces con un tricornio que estaba ofreciendo un ramo de flores a su amada con la hidalguía de los viejos tiempos a través de las rejas de su ventana. Se veía que había una historia detrás. Los colores eran pero muy hermosos. Ella estaba de blanco airoso de hermosa caída en una pose estudiada y el caballero de chocolate y parecía un verdadero aristócrata. Ella los miraba a menudo soñadoramente cuando iba allí para algo y se tocaba sus propios brazos que eran blancos y suaves como los de ella con las mangas dadas vuelta y pensaba en esos tiempos porque había encontrado en el diccionario de pronunciación de Walker que había sido del abuelo Giltrap de los días apacibles de *halcyon* lo que querían decir.

Los mellizos estaban jugando ahora en la más fraternal armonía hasta que al final el joven Juancito que realmente era tan descarado como él solo sin ninguna duda dió deliberadamente un puntapié lo más fuerte que pudo a la pelota enviándola hacia las rocas cubiertas de algas marinas. Innecesario decir que el pobre Tomasito no tardó en manifestar de viva voz su consternación pero afortunadamente el caballero de negro que estaba sentado allí espontáneamente vino galantemente en su auxilio e interceptó la pelota. Nuestros dos campeones reclamaban su juguete con vigorosos gritos y para evitar dificultades Cissy Caffrey pidió al caballero que por favor se la tirara a ella. El caballero tomó puntería con la pelota una o dos veces y luego la tiró por la playa hacia Cissy Caffrey, pero aquélla rodó por la pendiente y se detuvo justo debajo de la pollera de Gerty cerca del charquito al lado de la roca. Los mellizos volvieron a clamar por ella y Cissy le dijo que le diera un puntapié y que dejara que ellos se la disputaran y entonces Gerty hizo atrás el pie pero habría preferido que la estúpida pelota no hubiera bajado rodando hasta donde estaba ella y le dió un puntapié pero no acertó y Edy y Cissy se rieron.

—No te des por vencida, prueba de nuevo —dijo Edy Boardman.

Gerty sonrió asintiendo y se mordió el labio. Un tenue rosa subió a sus delicadas mejillas pero estaba decidida a hacerles ver entonces levantó su pollera solamente un poquito pero lo suficiente y apuntó bien y dió a la pelota un buen puntapié y la mandó muy lejos y los dos mellizos corrieron detrás de ella hacia el declive. Puros celos naturalmente no era otra cosa que para llamar la atención a causa de que el caballero de enfrente estaba mirando. Ella sintió el cálido rubor que era siempre señal de peligro en Gerty MacDowell subiendo a sus mejillas. Hasta entonces ellos solamente habían cambiado miradas de lo más casuales pero bajo el ala de su sombrero nuevo ella aventuró una mirada hacia él y el rostro que encontró su mirada en el crepúsculo, pálido y extrañamente cansado, le pareció lo más triste que hubiera visto nunca.

Meciéndose a través de la ventana abierta de la iglesia flotaba el fragante incienso y con él los nombres alados de la que era concebida sin mancha de pecado original, vaso espiritual, ruega por nosotros, honorable vaso, ruega por nosotros, vaso de singular devoción, ruega por nosotros, rosa mística. Y los corazones agobiados por las preocupaciones estaban allí y los trabajadores por el pan de cada día y muchos que habían errado y vagado extraviados, sus ojos húmedos de contrición pero a pesar de todo brillando de esperanza porque el reverendo padre Hugues les había repetido lo que el gran san Bernardo dijo en su famosa plegaria de María, el poder de intercesión de la piadosísima Virgen que no recordaba que aquellos que imploraron su poderosa protección hubieran sido jamás abandonados por ella.

Los mellizos estaban jugando ahora alegremente porque las penas de la infancia duran tanto como los fugaces chaparrones de verano. Cissy jugaba con el nene Boardman hasta que éste gritaba jubiloso, sacudiendo sus manecitas infantiles en el aire. ¡Tata!, gritaba ella detrás de la capota del cochecito y Edy preguntaba dónde se había ido Cissy y entonces Cissy sacaba la cabeza y gritaba ¡ah! y, palabra, ¡cómo le gustaba eso al pequeñín! Y después ella le dijo que dijera papá.

—Di papá, nene. Di pa pa pa pa pa pa.

Y el nene hacía todo lo que podía para decirlo porque era muy inteligente para once meses todos decían y grande para su edad y la imagen de la salud, un perfecto montoncito de amor, y seguramente iba a convertirse en algo grande decían.

—Haha ha ha haja.

Cissy limpiaba su boquita con el babero y quería que él se sentara bien y dijera pa pa pa, pero cuando ella desató la faja gritó bendito Jesús, que estaba hecho una sopa y que había que dar vuelta la media frazada del otro lado debajo de él. Naturalmente su majestad infantil hizo mucho estrépito ante tales formalidades de toilet y consiguió que todo el mundo se enterara de lo que pasaba.

—Habaaa baaaahabaaaa baaa.

Y dos hermosas lágrimas grandotas deslizándose por sus mejillas. Y era inútil tratar de calmarlo diciéndole no, nono, nene, no y contándole del geegee y dónde estaba el puffpuff, pero Cissy, siempre ingeniosa, le puso en la boca el chupete de la mamadera, y el joven bandido se aplacó en seguida.

Gerty habría dado quién sabe lo qué para que se llevaran a casa a su berreador nene en vez de que la hicieran poner nerviosa, no era hora de estar afuera y los mocosos de mellizos. Sus miradas se posaron en el mar distante. Era como las pinturas que ese hombre hacía en el pavimento con todas las tizas de colores y qué lástima también dejarlas allí para que las borraran, el anochecer y las nubes así y el perfume del incienso que quemaban en la iglesia era como una brisa perfumada. Y mientras miraba el corazón le palpitó tacatac. Sí, era a ella que él miraba y había expresión en su mirada. Los ojos de él la quemaban adentro como si la traspasaran de lado a lado y leyeran en el fondo de su alma. Eran ojos maravillosos, magníficamente expresivos, ¿pero podía confiarse en ellos? La gente era tan rara... Ella pudo ver de inmediato por sus ojos oscuros y su pálido rostro de intelectual que era un extranjero, la imagen de la fotografía que ella tenía de Martín Harvey, el ídolo de la matinée, si no fuera por el bigote que ella prefería porque no era una maniática del escenario como Winny Rippingham, que quería que ellas se vistieran siempre igual a causa de una obra, pero no podía ver si tenía nariz aquilina o ligeramente *retroussé* desde donde estaba sentada. Estaba de riguroso luto, ella podía ver eso, y la historia de una pena obsesionante estaba escrita en su cara. Ella habría dado cualquier cosa por saber qué era. Él la miraba tan atentamente, tan quieto y la vió lanzar la pelota y tal vez podía ver las brillantes hebillas de acero de sus zapatos si ella las balanceaba así meditativamente con las puntas hacia abajo. Estaba contenta de que algo le dijo que se pusiera las medias transparentes pensando que Reggy Wylie pudiera estar afuera, pero eso estaba lejos. Aquí estaba lo que ella había soñado con tanta frecuencia. Era él lo que importaba y había alegría en su rostro porque ella lo quería a él porque sentía instintivamente que él no se parecía a nadie. El corazón entero de la mujerniña fué hacia él, el espososoñado, porque se dió cuenta en seguida de que era él. Si él había sufrido, si se había pecado contra él más que pecado él mismo, o hasta, si había sido él un pecador, un mal hombre, a ella no le importaba. Aun si era un protestante o un metodista ella podría convertirlo fácilmente si él la amaba de veras. Había heridas que necesitaban ser curadas con bálsamo del corazón. Ella era una mujer femenina, no como esas otras chicas puro aire, afeminadas que él había conocido, esas ciclistas que mostraban lo que no tenían y ella tan sólo deseaba vivamente saberlo todo, para perdonarlo todo si podía hacerlo, enamorarse de ella, le haría borrar todo recuerdo del pasado. Entonces tal vez él la abrazaría suavemente, como un hombre de verdad, oprimiendo contra él el suave cuerpo de ella, y amarla, su niñita toda para él, para ella solamente.

Refugio de pecadores. Consoladora de los afligidos. *Ora pro nobis.* Bien se ha dicho que quien le ruega con fe y constancia nunca podrá extraviarse o ser repudiado y ella es realmente un abrigo de refugio para los afligidos por los siete dolores que traspasaron su propio corazón. Gerty podía representarse toda la escena en la iglesia, las ventanas de vidrio de color iluminadas, los cirios, las flores y los estandartes azules de los hijos de la Virgen Santísima y el padre Conroy estaba ayudando al padre canónigo O'Hanlon en el altar, llevando y trayendo cosas con los ojos bajos. Él parecía casi un santo y su confesionario era tan tranquilo y limpio y oscuro y sus manos eran como cera blanca y si ella alguna vez se hacía dominicana con su hábito blanco entonces él podría venir al convento para la novena de Santo Domingo. Él le dijo esa vez que ella le dijo eso en confesión enrojeciendo hasta las raíces de su cabello por miedo de que él la viera, que no se afligiera porque eso era solamente la voz de la naturaleza y que todos estamos sujetos a las leyes de la naturaleza, dijo él, en esta vida, y no era pecado porque eso provenía de la naturaleza de la mujer instituída por Dios, dijo él, y que Nuestra Santísima Señora misma dijo al arcángel Gabriel que se cumpla en mí según Tu Palabra. Él era tan bueno y santo y a menudo ella pensaba y pensaba que podría hacerle un cubretetera con encajes y dibujos de flores bordadas para él como regalo o un reloj, pero ellos tenían un reloj, ella lo advirtió sobre la chimenea blanco y oro con un canario que salía de una casita para decir la hora el día que ella fué allí por las flores para la adoración de las cuarenta horas, porque era difícil saber qué clase de regalo hacer, o tal vez un álbum de vistas de Dublin iluminadas o algún lugar.

Los exasperantes mocosos de mellizos empezaron a pelear otra vez y Juancito tiró la pelota hacia el mar y los dos corrieron detrás de ella. Mequetrefes guarangos como agua de zanja. Alguien tendría que agarrarlos y darles una buena paliza para mantenerlos en su lugar, a los dos. Y Cissy y Edy les gritaban que volvieran porque tenían miedo que los agarrara la marea y se ahogaran.

—¡Juancito! ¡Tomasito!

¡Qué esperanza! ¡Eran bien listos! Entonces Cissy dijo que era la última vez que los sacaba. Ella saltó y los llamó y corrió barranca abajo pasando al lado de él, agitando detrás su cabello que era de un color bastante lindo, pero tenía poco y por más que se lo anduviera frotando siempre con todos esos potingues no podría hacerlo crecer porque no era natural de manera que podía despedirse. Corría a grandes zancadas de ganso y era un milagro que no se rompiera la pollera en los costados que le estaba bastante estrecha, porque Cissy Caffrey era una buena machona y una buena pieza cuando tenía oportunidad de exhibirse, porque era una buena corredora, ella corría así para que él pudiera ver el borde de su enagua al correr y lo más posible sus canillas flacas. Le habría estado bien merecido si hubiera tropezado accidentalmente con algo a causa de sus altos tacos franceses torcidos para parecer más alta, dándose un buen porrazo. *Tableau!* Habría sido un lindo espectáculo para que lo tuviera que ver un caballero como ése.

Reina de los ángeles, reina de los patriarcas, reina de los profetas, de todos los santos, rezaban, reina del santísimo rosario y entonces el padre Conroy alcanzaba el incensario al canónigo O'Hanlon y él ponía el incienso e incensaba al Santísimo Sacramento y Cissy Caffrey agarró a los dos mellizos y estaba ardiendo por darles un buen tirón de orejas, pero no lo hizo porque pensó que él podría estar mirando, pero ella nunca estuvo tan equivocada en toda su vida porque Gerty podía ver sin mirar que no le había sacado los ojos de encima a ella, y el canónigo O'Hanlon devolvió el incensario al padre Conroy y se arrodilló con los ojos puestos en el Santísimo Sacramento y el coro empezó a cantar *Tantum ergo* y ella balanceó el pie hacia adentro y hacia afuera a compás a medida que la música se elevaba y descendía al *Tantumer gosa cramen tum.* Tres chelines once peniques había pagado por esas medias en lo de Sparrow de la calle George el martes, no el lunes antes de Pascua y no tenían ni una corrida y eso era lo que él estaba mirando, transparentes, y no las insignificantes de ella, que no tenían forma ni figura (¡qué tupé!), porque él tenía ojos en la cabeza para darse cuenta por sí mismo de la diferencia.

Cissy vino por la playa con los dos mellizos y la pelota, con el sombrero puesto de cualquier manera, ladeado después de su corrida y parecía una bruja trayendo a tirones a los dos chicos, con la insignificante blusa que compró hacía solamente quince días como un trapo en la espalda y un pedazo de la enagua colgando como una caricatura. Gerty se sacó el sombrero por un momento solamente para arreglarse el cabello y nunca se vió sobre los hombros de una niña una cabeza de trenzas color avellana más bonita, más exquisita, una radiante pequeña visión, en verdad, casi enloquecedora en su dulzura. Habría que caminar mucho antes de encontrar una cabellera como esa. Ella casi pudo ver el rápido destello de admiración con que le respondieron sus ojos que le hizo vibrar cada uno de sus nervios. Se puso el sombrero para poder ver por debajo del ala y agitó más rápido su zapato con hebilla, porque se le cortó la respiración al advertir la expresión de sus ojos. Él la estaba contemplando como una serpiente mira su presa. Su instinto de mujer le dijo que había despertado el demonio en él y al pensarlo un escarlata ardiente la cubrió de la garganta a la frente hasta que el hermoso color de su rostro se convirtió en un glorioso rosa.

Edy Boardman lo notó también porque estaba guiñándole el ojo a Gerty, semisonriendo, con sus anteojos, como una solterona, haciendo como que atendía al nene. Era como una mosca pegajosa y siempre lo sería y por eso era que nadie podía andar bien con ella, metiendo siempre la nariz donde no la llamaban. Y ella le dijo a Gerty:

—Daría algo por saber lo que estás pensando.

—¿Qué? —replicó Gerty con una sonrisa iluminada por los blanquísimos dientes—. Me preguntaba solamente si ya no sería tarde.

Porque ella deseaba vivamente que se llevaran a casa a los mocosos de mellizos y al nene, menos bulto más claridad, es que hizo esa suave insinuación acerca de lo tarde. Y cuando Cissy vino Edy le preguntó la hora y la señorita Cissy, tan suelta de lengua como siempre, dijo que había pasado media hora de la hora de los besos y que era hora de besar otra vez. Pero Edy quería saber por qué les habían dicho que volvieran temprano.

—Espera —dijo Cissy—, le voy a preguntar a mi tío Pedro, allí presente, qué hora es en su tachómetro.

Entonces allí se fué y cuando él la vió venir ella podía verlo sacar la mano del bolsillo, ponerse nervioso y empezar a jugar con la cadena de su reloj, mirando a la iglesia. Gerty podía ver que a pesar de su naturaleza apasionada tenía un enorme control sobre sí mismo. Un momento antes había estado allí, fascinado por una hermosura que lo extasiaba y al momento siguiente era un tranquilo caballero de grave aspecto, con el dominio de sí mismo expresado en cada línea del distinguido exterior de su figura.

Cissy dijo que la disculpara si tendría inconveniente en decirle qué hora era y Gerty pudo verlo sacar el reloj y escucharlo levantando los ojos y aclarándose la garganta y luego dijo que lo sentía mucho, que su reloj estaba parado, pero que creía que debían ser las ocho pasadas porque se había puesto el sol. Su voz tenía un sonido cultivado y aunque hablaba en tonos mesurados había la sospecha de un temblor en los suaves tonos. Cissy dijo gracias y volvió con la lengua afuera y dijo que el tío decía que sus instalaciones de abastecimiento de agua estaban descompuestas.

Entonces cantaron el segundo verso del *Tantum ergo* y el canónigo O'Hanlon se incorporó otra vez e incensó el Santísimo Sacramento y se arrodilló y le dijo al padre Conroy que uno de los cirios iba a quemar las flores y el padre Conroy se levantó y lo arregló y ella podía ver al caballero dando cuerda a su reloj y escuchando su funcionamiento y ella balanceó más su pierna hacia adentro y hacia afuera a compás. Se estaba haciendo más oscuro pero él podía verla y él estuvo mirando todo el tiempo mientras daba cuerda al reloj o lo que estuviera haciendo con él y lo guardó y volvió a ponerse las manos en los bolsillos. Ella sintió una especie de sensación por todo el cuerpo y ella sabía por lo que sentía en el cuero cabelludo y esa irritación contra su corsé que eso debía de estar viniendo porque la última vez también fué así cuando se cortó el cabello por la luna. Sus ojos oscuros se fijaron otra vez en ella, bebiendo cada una de las líneas de su cuerpo, adorándole literalmente como ante un altar. Si hubo alguna vez muda admiración no disimulada en la mirada de un hombre, ella estaba presente en las facciones de ese hombre. Es para ti, Gertrudis MacDowell, y tú lo sabes.

Edy empezó a prepararse para la partida y ya era hora para ella y Gerty notó que esa pequeña insinuación que había hecho había tenido el efecto deseado porque tendrían que recorrer un largo trecho por la playa hasta llegar al lugar por donde podía pasar el cochecito y Cissy sacó las gorras de los mellizos y les arregló el cabello para hacerse la interesante naturalmente y el canónigo O'Hanlon se irguió con la capa pluvial saliéndosele en el cuello y el padre Conroy le alcanzó la tarjeta para leer y él leyó *Panem de coelo prœtitisti eis* y Edy y Cissy estaban hablando hacía una hora de la hora y preguntándole a ella pero Gerty podía pagarles con la misma moneda y contestó con dañina cortesía cuando Edy le preguntó si tenía el corazón partido porque su novio la dejaba de lado. Gerty se sintió profundamente afectada. Una breve mirada fría brilló en sus ojos que expresaron inconmensurable desdén. Dolía. ¡Oh, sí!, hería hondamente, porque Edy tenía su tranquila manera personal de decir cosas como ésa que ella sabía que iban a lastimar como una maldita gatita que era. Los labios de Gerty se abrieron rápidamente para formar la palabra pero tuvo que rechazar un sollozo que le venía a la garganta, tan delicada, tan pura, tan hermósamente moldeada que parecía el sueño de un gran artista. Ella lo había amado más de lo que él podía imaginarse. Simulador de corazón inconstante, como todos los de su sexo nunca comprendería él lo que había significado para ella y por un instante hubo en los ojos azules un ligero temblor de lágrimas. Los ojos de las otras la estaban penetrando despiadadamente; pero ella, con un esfuerzo heroico, los hizo brillar llenos de gozo al mirar a su nueva conquista para que ellas se enteraran.

—¡Oh! —respondió Gerty rápida como un relámpago, riendo, y la orgullosa cabeza se irguió—. Puedo arrojar mi gorra a quienquiera que sea porque estamos en año bisiesto.

Sus palabras sonaron con claridad de cristal, más musicales que el arrullo de la paloma torcaz, pero cortaron el silencio heladamente. Había un dejo en su joven voz que daba bien a entender que no era una de esas con las que se puede jugar. Respecto al señor Reggy con su elegancia y su poquito de dinero ella podía echarlo a un lado como cualquier porquería y nunca más le dedicaría el más pequeño pensamiento y rompería su tonta postal en una docena de pedazos. Y si alguna vez se atrevía a ser audaz con ella le replicaría con una mirada de medido desdén que lo dejaría helado en el sitio. El semblante de la mezquina pequeña Edy registró el impacto en no pequeña medida y Gerty pudo observar al verla más negra que un cielo de tormenta que la rabia la comía viva aunque lo disimulara, la pequeña envenenada, porque esa flecha había dado en el blanco de su despreciable envidia pues ambas sabían que ella era algo elevado, perteneciente a otra esfera, que no era como ellas y había alguien más que también lo sabía y lo veía, de modo que ellas podían poner eso en una pipa y fumárselo.

Edy acomodó al nene Boardman alistándose para irse y Cissy acondicionó la pelota y las palas y los baldes y ya era hora porque el hombre de la bolsa estaba por venir a buscar al señorito Boardman y Cissy le dijo también que iba a venir el viejo de la barba y que el nene tenía que ir a nonó y que el nene estaba hecho un verdadero encanto riendo con sus ojos brillando de alegría, y Cissy lo golpeó así como para jugar en su pequeña barriguita gorda y el nene sin decir siquiera con su permiso envió sus regalos sobre su babero nuevecito.

—¡Ay, por Dios! ¡Cochino de mamita! —protestó Cissy—. Se ha puesto el babero a la miseria.

El ligero *contretemps* reclamó su atención pero en un abrir y cerrar de ojos dejó el asunto arreglado.

Gerty sofocó una exclamación tosiendo nerviosamente y Edy le preguntó qué le pasaba y ella estaba ya por contestarle que lo agarrara mientras volaba; pero, como ella siempre sería una dama en su comportamiento, lo pasó simplemente por alto con consumado tacto, diciendo que eso era la bendición, porque precisamente en ese momento sonó la campana en el campanario sobre la tranquila playa, porque el canónigo O'Hanlon estaba en el altar con el velo que el padre Conroy le puso encima de los hombros, dando la bendición con el Santísimo Sacramento en las manos.

Qué conmovedora la escena, con las sombras del crepúsculo acumulándose, esa visión suprema de Eirin esfumándose, el impresionante repique de las campanas de la tarde, y al mismo tiempo un murciélago voló desde el campanario cubierto de hiedra a través del crepúsculo vespertino, hacia aquí, hacia allá, con leves gritos perdiéndose. Y ella podía ver a lo lejos las luces de los faros tan pintorescos a ella le habría gustado hacerlo con su caja de pinturas porque era más fácil que hacer un hombre y pronto el farolero estaría haciendo sus rondas por los terrenos de la iglesia presbiteriana y por la sombreada avenida Tritonville donde caminaban las parejas y encendiendo la lámpara cerca de su ventana frente a la cual Reggy Wylie acostumbraba dar vueltas con su rueda libre como ella leyó en ese libro *El Farolero* de la señorita Cummins, autora de *Mabel Vaughan* y otros cuentos. Porque Gerty tenía sus sueños que nadie conocía. A ella le gustaba mucho leer poesías y cuando recibió como regalo de Berta Supple ese hermoso álbum de confesión con la tapa color rosa coral para escribir ahí sus pensamientos lo colocó en el cajón de su mesa toilet allí donde guardaba sus tesoros de jovencita, las peinetas de carey, su divisa de hija de María, la esencia de rosa blanca, el cejalene, su cajita agujereada para perfumes y las cintas para cambiar cuando venían a casa sus cosas del lavado y había algunos hermosos pensamientos escritos en tinta violeta que compró en lo de Hely de la calle Dame porque ella sentía que ella también podría escribir poesía si tan sólo supiera expresarse como esa poesía que le gustaba tanto que había copiado del diario que encontró una tarde con las hortalizas *¿Eres real, mi ideal?* se llamaba por Louis J. Walsh, Magherafelt, y después había algo así como *¿Será alguna vez crepúsculo?* y a menudo la belleza de la poesía, tan triste en su fugitiva hermosura, había humedecido sus ojos con lágrimas silenciosas que los años se le fueran pasando, uno a uno, y excepto por ese defecto ella sabía que no tenía por qué temer la competencia y eso fué un accidente bajando la colina Dalkey y ella siempre trataba de ocultarlo. Pero sentía que eso debía terminar. Habiendo visto esa mágica atracción en sus ojos nada habría que la detuviera. El amor se ríe de los cerrajeros. Ella haría el gran sacrificio. Todo su esfuerzo sería compartir sus pensamientos. Más querida que nada en el mundo sería ella para él y por ella él no conocería más que días felices. Pero había la importantísima pregunta y ella se moría por saber si era casado o viudo que había perdido a su esposa o alguna tragedia como la del noble con nombre extranjero de la tierra del canto que tuvo que ponerla en un manicomio, cruel únicamente por bondad. Pero aun si, ¿aun qué? ¿Haría eso gran diferencia? Su natural refinado repudiaba con disgusto cualquier cosa que no fuera de buena crianza. Ella despreciaba a esa clase de personas, las mujeres caídas que se pasean a lo largo del Dodder que van con los soldados y los hombres más soeces, sin ningún respeto por el honor de una muchacha, degradando el sexo y yendo a parar a la comisaría. No, no: eso no. Serían tan sólo buenos amigos como un hermano mayor con su hermana sin todo eso a pesar de las convenciones de la Sociedad con ese mayúscula. Tal vez era un antiguo amor por el que él llevaba luto desde días inmemoriales. Ella creía entender. Ella trataría de entenderlo porque los hombres son tan distintos. El antiguo amor estaba esperando, le aguardaba con sus pequeñas manos blancas extendidas, con azules ojos suplicantes. ¡Vida mía! Ella seguiría su sueño de amor, los dictados de su corazón que le decían que él era todo suyo, el único hombre del mundo para ella porque el amor era el único guía. Ninguna otra cosa importaba. Sucediera lo que sucediera, ella sería salvaje, sin trabas, libre.

El canónigo O'Hanlon colocó el Santísimo Sacramento otra vez en el tabernáculo y el coro cantó *Laudate Dominum onmes gentes* y después cerró con llave la puerta del tabernáculo porque la bendición había terminado y el padre Conroy le alcanzó el birrete para cubrirse y esa metida de Edy preguntó si no iba pero Juancito Caffrey gritó:

—¡Oh, Cissy, mira!

Y todos miraron como un golpe de luz, pero Tomasito lo vió también por encima de los árboles al lado de la iglesia, azul y después verde y púrpura.

—Son fuegos artificiales —dijo Cissy Caffrey

Y todos corrieron a la desbandada por la playa para ver sobre las casas y la iglesia, Edy con el cochecito en que iba el nene Boardman y Cissy agarrando a Tomasito y a Juancito de la mano para que no se cayeran al correr.

—Vamos, Gerty —llamó Cissy—. Son los fuegos artificiales de la kermesse.

Pero Gerty era inflexible. No tenía ninguna intención de estar a disposición de ellas. Si les gustaba correr como galgos ella podía estar sentada y dijo que podía ver desde donde estaba. Los ojos que estaban clavados en ella hicieron vibrar su pulso. Lo miró un momento, encontrando su mirada, y una luz se encendió en ella. En ese rostro había el frenesí de la pasión, pasión silenciosa como una tumba, y esa pasión la había hecho suya. Por fin los habían dejado solos, sin que espiaran los otros e hicieran comentarios y ella sabía que podía confiar en él hasta la muerte, un hombre de verdad, firme, constante, un hombre de inflexible honor hasta la yema de los dedos. Su rostro y sus manos se movían nerviosamente y un temblor la recorrió. Se echó bien hacia atrás para ver dónde estallaban los fuegos artificiales y se tomó la rodilla con las manos para no caer hacia atrás al mirar para arriba y no había nadie que pudiera ver excepto él y ella cuando ella reveló todas sus graciosas piernas hermosamente formadas, así, esbeltamente suaves y delicadamente redondeadas, y a ella le pareció escuchar el jadear de su corazón de varón, de ronco respirar, porque ella sabía de la pasión de hombres así, de sangre ardiente, porque Berta Supple le contó una vez como secreto profundo y le hizo jurar que nunca acerca del inquilino que estaba con ellas de la Oficina de Descentralización de los Distritos Congestionados que tenía fotografías cortadas de los diarios de esas bailarinas de pollerita y piernas al aire y ella dijo que él acostumbraba hacer algo no muy lindo que se podía imaginar a veces en la cama. Pero esto era enteramente distinto de una cosa así porque ella podía casi sentirlo acercar su cara hacia la suya y el primer rápido y ardiente contacto de sus hermosos labios. Además había absolución mientras uno no hiciera eso otro antes de casarse y debería haber mujeres confesores que entendieran sin que uno lo dijera y Cissy Caffrey también a veces tenía esa vaga especie de soñadora mirada en los ojos de manera que ella también, querida, y Winny Rippingham tan loca por las fotografías de actores y además era por esa otra cosa viniendo como venía.

Y Juancito Caffrey gritó que miraran, que había otro, y ella se echó hacia atrás, y las ligas eran azules para hacer juego a causa de lo transparente, y todos vieron y gritaron miren, miren, que allí estaba, y ella se echó todavía más atrás para ver los fuegos artificiales y algo raro estaba volando por el aire, una cosa suave de aquí para allá, oscura. Y ella vió una larga candela romana subiendo por sobre los árboles, alto, alto, y, en el apretado silencio, todos estaban sin respiración por la excitación mientras aquello subía más alto y más alto y ella tuvo que echarse más atrás y más para mirar arriba, alto, alto, casi fuera del alcance de la vista, y su rostro estaba bañado de un rubor divino, encantador por estar tirada hacia atrás y él podía ver sus otras cosas también, sus culotes de nansú, la tela que acaricia la piel, mejor que esos otros calzones enagua, verdes, cuatro chelines once, por ser blancos, y ella lo dejó y vió que él veía y entonces fué tan alto que se dejó de ver un momento y ella estaba temblando con cada miembro por estar tan inclinada hacia atrás él tuvo una vista completa muy arriba de su rodilla donde nadie nunca ni siquiera en la hamaca o vadeando y ella no tenía vergüenza y tampoco la tenía él de mirar en esa forma inconveniente porque él no podía resistir al espectáculo de esa maravillosa revelación semiofrecida como esas bailarinas de faldillas portándose tan inconvenientemente delante de los caballeros que están mirando y él seguía mirando, mirando. De buena gana ella le habría gritado ahogadamente, extendiendo sus delicados brazos blancos como la nieve para que viniera, para sentir sus labios sobre su blanca frente el grito del amor de una joven, un pequeño grito estrangulado, arrancado de ella, ese grito que ha venido resonando a través de las edades. Y entonces un cohete saltó y bang estalló a ciegas y ¡Oh! entonces la candela romana estalló y era como un suspiro de ¡Oh! y todos gritaron ¡Oh! ¡Oh! embelesados y se derramó un torrente de lluvia de hebras de cabello de oro y ellas vertían y ¡ah! eran todas gotas de rocío verde de estrellas cayendo con otras de oro. ¡Oh, tan hermoso! ¡Oh, tan suave, dulce, suave!

Después todo se deshizo como rocío en el aire gris: todo quedó en silencio. ¡Ah! Ella lo miró al inclinarse hacia adelante rápidamente, una emocionada y corta mirada de tierna protesta, un tímido reproche bajo el cual él enrojeció como una niña. Estaba recostado contra la roca. Leopoldo Bloom (porque es él) está silencioso, con la cabeza inclinada bajo esos jóvenes ojos inocentes. ¡Qué bruto había sido! ¿Otra vez a las andadas? Una hermosa alma inmaculada lo había llamado y, desgraciado de él, ¿cómo había respondido? ¡Había sido un perfecto guarango! ¡Él entre todos los hombres! Pero había un infinito tesoro de misericordia en esos ojos, y una absolución que lo perdonaba aunque había errado y había pecado y se había extraviado. ¿Debe una niña decir? No, mil veces no. Ese era el secreto de ellos, solamente de ellos, solos en la encubridora penumbra y nadie sabía ni diría nada, excepto el pequeño murciélago que voló tan suavemente en la oscuridad de aquí para allí y los pequeños murciélagos no son indiscretos.

Cissy Caffrey silbó, imitando a los muchachos en la cancha de futbol, para mostrar qué gran persona era ella, y después gritó:

—¡Gerty! ¡Gerty! Nos vamos. Vamos. Podremos ver desde más lejos.

Gerty tuvo una idea, una de las pequeñas artimañas del amor. Deslizó una mano en su bolsillo y sacó el algodón que llevaba en vez de pañuelo y lo agitó como respuesta naturalmente, sin dejar que él y luego lo volvió a poner en su lugar. ¿Estará demasiado lejos para? Ella se levantó. ¿Era eso un adiós? No. Ella tenía que irse pero se volverían a encontrar, allí, y ella soñaría con eso hasta entonces, mañana, en su sueño de la tarde de ayer. Se levantó irguiéndose con toda su talla. Sus almas se mezclaron en una última mirada prolongada y los ojos que le habían llegado al corazón, llenos de una extraña luminosidad, prendieron arrobados en el dulce rostro delicado como una flor. Ella le sonrió levemente, pálidamente, una sonrisa inefable de perdón, una sonrisa rayana en las lágrimas, y luego se separaron.

Lentamente sin volver el rostro descendió por la despareja playa hacia Cissy, hacia Edy, hacia Juancito y Tomasito Caffrey, hacia el pequeño Boardman. Estaba más oscuro ahora y había piedras y pedazos de madera en la playa y resbalosas algas. Caminaba con cierta quieta dignidad característica de ella pero con cuidado y muy lentamente, porque Gerty MacDowell era...

¿Zapatos muy ajustados? No. ¡Es cojá! ¡Oh!

El señor Bloom la observaba al alejarse cojeando. ¡Pobre niña! Por eso la dejaron de lado y los otros salieron a la carrera. Me parecía que había algo anormal en ella. Belleza malograda. Un defecto es diez veces peor en una mujer. Pero las hace corteses. Me alegro de no haberlo sabido cuando estaba en exhibición. Ardiente diablito a pesar de todo. No le importaría. Curiosidad como con una monja o una negra o una chica con anteojos. La bizca es delicada. Cerca de sus reglas, supongo, las hace sentirse cosquillosas. Tengo un dolor de cabeza tan fuerte hoy... ¿Dónde puse la carta? Sí, está bien. Toda clase de deseos raros. Lamer monedas. Esa chica en el convento de Tranquilla que la monja me contó que le gustaba oler petróleo. Las vírgenes se vuelven locas al final supongo. ¿Hermana? ¿Cuántas mujeres las tienen hoy en Dublin? Marta, ella. Algo en el aire. Eso es la luna. ¿Pero entonces por qué no menstruan todas las mujeres al mismo tiempo, con la misma luna quiero decir? Depende de cuándo nacieron, supongo. O todas empiezan igual y después pierden el compás. A veces Maruja y Milly juntas. De cualquier manera yo saqué la mejor parte de eso. Bien contento de que no lo hice en el baño esta mañana sobre ella tonto te voy a castigar carta. Me resarce de ese guarda de tranvía de esta mañana. Ese pavote de M'Coy parándome para no decirme nada. Y el compromiso de su esposa en la valija del campo, voz de zapapico. Agradecido por pequeños favores. Barato también. El trabajo de pedirlo. Porque ellas mismas lo quieren. Su deseo natural. Multitud de ellas derramándose de las oficinas todas las tardes. Mejor ser reservado. Mostrándose indiferente van atrás de uno. Agárralas vivas. ¡Oh! Es una lástima que no se puedan ver a sí mismas. Un sueño de bajos bien llenados. ¿Dónde era eso? ¡Ah, sí! Vistas de mutoscopio en la Capel Street para hombres solamente. Tomás el vichador. El sombrero de Willy y lo que las chicas hacían con él. ¿Sacan instantáneas de esas chicas o no se trata más que de un truco? Lo hace el *lingerie*. Palpó las curvas debajo de su *deshabillé*. Las excita a ellas también cuando están. Estoy toda limpia ven y ensúciame. Y les gusta vestirse una a otra para el sacrificio. Milly encantada con la blusa nueva de Maruja. Al principio. Se las ponen todas encima para sacárselas todas. Por eso le compré las ligas violetas. Nosotros lo mismo: la corbata que él llevaba, sus hermosos calcetines y sus pantalones arremangados. Él llevaba un par de polainas la noche en que nos encontramos por primera vez. Su hermosa camisa estaba brillando debajo de su ¿qué? de azabache. Dicen que una mujer pierde su encanto con cada alfiler que se quita. Prendidas con alfileres. ¡Oh!, María perdió el alfiler de su. Vestida de punta en blanco para alguien. La moda forma parte de su seducción. Cambia simplemente cuando uno empieza a acostumbrarse. Excepto en Oriente: María Marta: ahora como entonces. No se rehusa ninguna oferta razonable. Ella tampoco estaba apurada. Siempre listas para un tipo cuando ellas están. Nunca olvidan una cita. Probablemente salen a buscar fortuna. Creen en la casualidad porque es como ellas. Y las otras inclinadas a darles una mano. Amigas en la escuela, una con los brazos alrededor del cuello de la otra o con los diez dedos entrelazados, besándose y cuchicheando secretos acerca de nada en el jardín del convento. Monjas con caras de blanco lavado, tocas frescas y rosarios subiendo y bajando, vengativas también por lo que no pueden conseguir. Alambre de púas. No te olvides de escribirme. Y yo te escribiré. ¿No me olvidarás? Maruja y Josie Powell. Hasta que aparece el príncipe azul y entonces se encuentran una vez cada muerte de obispo. *Tableau!* ¡Oh, mira quién es, por el amor de Dios! ¿Cómo te va? ¿Qué has estado haciendo? Beso y encantada de, beso, verte. Cada una buscándole defectos a la otra. Estás espléndida. Almas hermanas mostrándose los dientes. ¿Cuántos te quedan? No se prestarían un grano de sal.

¡Ah!

Son demonios cuando les está por venir eso. Oscuro sentimiento diabólico, Maruja a menudo me dijo que sienten las cosas una tonelada de pesadas. Ráscame la planta del pie. ¡Oh, así! ¡Oh, eso es exquisito! Lo siento yo también. Es bueno descansar de vez en cuando. Quisiera saber si es malo ir con ellas entonces. Seguro desde un punto de vista. Corta la leche, hace romper las cuerdas de violín. Algo de hacer marchitar las plantas leí en un jardín. Dicen además que si la flor que lleva se marchita es una coqueta. Todas lo son. Me atrevería a sentir que ella sintió que yo. Cuando uno se siente así a menudo se encuentra con lo que se siente. ¿Le gusté o qué? Miran cómo anda vestido uno. Siempre se dan cuenta cuando uno les anda arrastrando el ala: cuellos y puños. Bueno los gallos y los leones hacen lo mismo y los ciervos. Al mismo tiempo podrían preferir una corbata deshecha o algo así. ¿Los pantalones? ¿Y si yo cuando estaba? No. Hay que hacerlo suavemente. Les disgusta lo áspero y las caídas. Un beso en la oscuridad y nunca lo cuentan. Vió algo en mí. Quisiera saber qué. Me preferiría a uno de esos pegajosos poetas engominados robacorazones impecables. Para ayudar a caballero en su litera...tura. A mi edad tendría que prestar atención a mi aspecto. No le dejé ver mi perfil. Sin embargo, nunca se sabe. Chicas lindas y hombres feos que se casan. La belleza y la bestia. Además no puede ser así ya que

Maruja. Se sacó el sombrero para mostrar el cabello. Ala ancha comprada para esconder la cara, encontrando a alguien que pudiera conocerla, inclinándose o llevando un ramo de flores para zambullir la nariz. El cabello fuerte durante el celo. Diez chelines saqué por las peinetas de Maruja cuando estábamos en la mala en Hiles Street. ¿Por qué no? Supongamos que le dió dinero. ¿Por qué no? Todo un prejuicio. Ella vale diez chelines, quince, también una libra. ¿Qué? Claro que sí. Todo para nada. Escritura descarada. La señora Marion. Me olvidé de escribir la dirección en esa carta como la postal que mandé a Flynn. Y el día que fuí a lo de Drimmie sin corbata. La disputa con Maruja fué lo que me sacó de quicio. No, me acuerdo de Richie Goulding. Ése es otro. Eso le quedó grabado. Raro que mi reloj se paró a las cuatro y media. Polvo. Para limpiarlo usan aceite de hígado de tiburón, lo podría hacer yo mismo. Ahorrar. ¿Habrá sido justamente cuando él, ella?

¡Oh!, él lo hizo. Dentro de ella. Ella hizo. Hecho.

¡Ah!

El señor Bloom se arregló cuidadosamente con la mano su camisa húmeda. ¡Oh, Señor!, ese pequeño diablo cojo. Empieza a sentirse frío y pegajoso. Después el efecto no es muy agradable. Sin embargo hay que librarse de eso de alguna manera. A ellas no les disgusta. Quizá las halaga. Van a casa a comer la papita y rezan las oraciones de la noche con los nenes. Bueno, no son unas. Verla como es lo echa todo a perder. Se requiere el escenario apropiado, el rouge, traje, posición, música. El hombre también. *Amours* de actrices. Nell Gwynn, la señora Bracegirdle, Maud Branscombe. Arriba el telón. Efulgencia plateada de luz lunar. Aparece una doncella de pensativo seno. Ven corazoncito y bésame. Sin embargo siento. La fuerza que da eso a un hombre. Ése es el secreto. Menos mal que me aliviané allá atrás al salir de lo de Dignam. Fué la sidra. De otra manera no habría podido. Después a uno le dan ganas de cantar. *Lacaus esant taratara*. Supongamos que le hubiera hablado. ¿De qué? Mal negocio si no se sabe cómo terminar la conversación. Hágales una pregunta y ellas le hacen otra. Es una buena idea cuando uno anda cargado. Es maravilloso si uno dice: buenas noches y uno ve que ella sigue: buenas noches. ¡Oh!, pero esa noche oscura en la vía Apia que casi le hablé a la señora Clinch. ¡Oh!, pensando que ella era una. ¡Fiu! La chica de la calle Meach esa noche. Todas las cosas sucias que le hice decir las estropeaba naturalmente. Mis ancas le llamaba a eso. Es tan difícil encontrar una que. ¡Ahá! Si uno no contesta cuando ellas piden debe resultarles horrible hasta que se endurecen. Y besó mi mano cuando le di los dos chelines extras. Loros. Aprieta el botón y el pájaro chillará. Querría que no me hubiera llamado señor. ¡Oh, su boca en la oscuridad! ¡Y usted un hombre casado con una chica soltera! Eso es lo que les gusta. Sacarle el hombre a otra mujer. O siquiera escucharlo. Yo no soy así. Prefiero alejarme de la mujer de otro. Comida recalentada. El sujeto de hoy en el Burton escupiendo cartílago gomoso masticado. El preservativo todavía en mi cartera. Causa de la mitad del lío. Pero podría suceder alguna vez, no lo creo. Entra. Todo está preparado. Yo soñé. ¿Qué? Empieza lo peor. Cómo saben cambiar de tema cuando no les gusta. Le preguntan a uno si le gustan los hongos porque ella una vez conoció a un caballero que. O le preguntan a uno lo que alguien iba a decir cuando cambió de parecer y se detuvo. Sin embargo si llegara al límite, por ejemplo: quiero, algo así. Porque yo quise. Ella también. Ofenderlas. Luego hacer las paces. Simular desear muchísimo algo, después rehusar llorando por ella. Las halaga. Ella debe de haber estado pensando en algún otro todo el tiempo. ¿Qué mal hay? Desde que tuvo edad de razonar debe de haber habido él, él y él. El primer beso es el que da el impulso. El momento propicio. Algo que se suelta dentro de ellas. Se ablandan, se les ve en la mirada, a hurtadillas: Los primeros pensamientos son los mejores. Se acuerdan de eso hasta el día de su muerte. Maruja, el teniente Mulvey que la besó bajo la pared Morisca al lado de los jardines. Tenía quince años me dijo. Pero sus pechos estaban desarrollados. Se sintió con sueño entonces. Después de la comida de Glencret fué cuando íbamos a casa en coche la Montaña Almohada. Rechinaba los dientes en sueños. El alcalde le había puesto el ojo también. Val Dillon. Apoplético.

Allí está con los otros tras los fuegos artificiales. Mis fuegos artificiales. Arriba como un cohete, abajo como un bastón. Y los chicos, deben de ser mellizos, esperando que pase algo. Quieren ser grandes. Vistiéndose con la ropa de mamá. Bastante tiempo para comprender todas las cosas del mundo. Y la morocha con los mechones y la boca de negro. Yo sabía que ella podía silbar. Una boca hecha para eso. Como Maruja. ¿Por qué esa prostituta fina en lo de Jammet llevaba su velo solamente hasta la nariz? ¿Por favor me puede decir la hora? Yo te daría la hora en una calle oscura. Di prunos y prismas cuarenta veces cada mañana, cura para labios gruesos. Acariciadora también con el pequeño. Los espectadores ven mejor el fuego. Es natural que ellas entiendan a los pájaros, a los animales, a los nenes. Está dentro de su especialidad.

No miró hacia atrás cuando bajaba por la playa. No quiso dar esa satisfacción. Esas niñas, esas niñas, esas niñas a orillas del mar. Tenía ojos hermosos, claros. Es el blanco del ojo lo que hace resaltar eso, más que la pupila. ¿Sabía ella lo que yo? Naturalmente. Como un gato que está fuera del alcance del perro. Las mujeres nunca encuentran a uno como ese Wilkins de la escuela secundaria que hacía un dibujo de Venus con todas sus cosas a la vista. ¿Llaman a eso inocencia? ¡Pobre idiota! Su esposa tiene el trabajo listo para ella. Nunca se los ve sentarse en un banco donde diga *Recién Pintado*. Son puro ojos. Buscan hasta lo que no hay debajo de la cama. Desean llevarse el susto de su vida. Andan afiladas como agujas. Cuando le dije a Maruja que el hombre de la esquina de la calle Cuffe era bien parecido, pensé que a ella le podría gustar; pero replicó en seguida que tenía un brazo postizo. Y lo tenía. ¿Cómo sacan eso? La dactilógrafa de lo de Roger Greene subiendo las escaleras de a dos escalones a la vez para mostrar no sé si me explico. Pasado del padre a la madre, quiero decir a la hija. Lo traen en la sangre. Milly, por ejemplo, que seca su pañuelo en el espejo para ahorrarse el planchado. El mejor lugar para que las mujeres lean un aviso es un espejo. Y cuando la mandé a lo de Prescott a buscar el chal de Paisley de Maruja, entre paréntesis tengo que ese aviso, trajo el vuelto a casa en la media. ¡Lista la chiquilla! Yo nunca se lo enseñé. Tiene también una linda manera de llevar paquetes. Ese bicharraco atrae a los hombres. Levantaba las manos, las agitaba, cuando las tenía rojas, para que la sangre descendiera. ¿Quién te enseñó eso? Nadie. Me lo enseñó la nodriza. ¡Oh!, ¿qué no saben ésas? A los tres años ya andaba delante del tocador de Molly justamente antes de que dejáramos Lombard Street West. Yo tiene linda cara. Mullingar. ¿Quién sabe? Así es el mundo. Joven estudiante. Sea como sea derecha sobre sus piernas no como la otra. Sin embargo ella tiene lo suyo. Señor, estoy mojado. Eres un demonio. La turgencia de su pantorrilla. Medias transparentes a punto de romperse. No como esa vieja regañona de hoy. A. E. Medias arrugadas. O la de Grafton Street. Blancas. ¡Fúa! Pata maceta.

Un cohete de bengalas reventó, deshaciéndose en innumerables petardos de colores. Zrads y zrads, zrads, zrads. Y Cissy y Tomasito corrieron para ver y Edy detrás con el coche y después Gerty más atrás en la vuelta de las rocas. ¿Mirará? ¡Observa! ¡Observa! ¡Mira! Se dió vuelta. Olió algo. Querida, vi tu. Vi todo.

¡Señor!

Me hizo bien a pesar de todo. Después de Kiernan y Dignam no andaba muy bien. Por este alivio muchas gracias. En *Hamlet* es eso. ¡Señor! Eran todas esas cosas combinadas. La excitación. Cuando se echó hacia atrás sentí un dolor en la punta de la lengua. Nos hacen perder la cabeza. Tiene razón. Sin embargo podría haber sido más tonto todavía. En vez de hablar pavadas. Entonces te contaré todo. Pese a ello, hubo una especie de lenguaje entre nosotros. ¿No podría ser? No, Gerty la llamaron. Podría ser un nombre falso, sin embargo, como el mío, y la dirección del granero de Dolphin un engaño.

Su nombre de soltera Jemima Brown
y vivía con su madre en Irishtown.

El lugar me hizo pensar en eso supongo. Todas cortadas por la misma tijera. Secan las plumas en las medias. Pero la pelota rodó hacia ella como si comprendiera. Cada bala tiene su agujero. Naturalmente nunca pude tirar nada derecho en la escuela. Torcido como cuerno de carnero. Triste sin embargo porque dura solamente unos pocos años hasta que se ponen a lavar las ollas y los pantalones de papá pronto le vendrán bien a Willy y talco para el nene cuando lo sacan para que haga a a. No es nada liviano el trabajo. Eso las salva. Las libra del mal. La naturaleza. Lavar a un chico, lavar a un cadáver. Dignam. Las manos de los chicos siempre prendidas a ellas. Cráneos de coco, monos, ni siquiera cerrados al principio, leche agria en los pañales y coágulos de color. No deberían haberle dado a ese chico una teta vacía para chupar. Lo llena de aire. La señora Beaufoy. Purefoy. Tengo que pasar por el hospital. Quisiera saber si la enfermera Callan está allí todavía. Acostumbraba venir algunas veces cuando Maruja estaba en el Coffee Palace. La vi cepillándole el saco a ese joven doctor O'Hare. Y la señora Breen y la señora Dignam también fueron así una vez, casaderas. Lo peor de todo me lo dijo el señor Duggan en el City Arms por la noche. El esposo borracho perdido, oliendo a cantina como un cochino. Tener eso contra la nariz en la oscuridad, como la bocanada de una botella de vino agrio. Luego preguntan por la mañana: ¿estaba borracho anoche? Pero no hay derecho sin embargo de echarle la culpa al marido. Los pollitos vuelven a casa para cobijarse. Se juntan unos a otros como si tuvieran pegapega. Quizá por culpa de las mujeres también. Ahí es donde Maruja no admite competencia. Es la sangre del sud. Moruna. También la forma, la silueta. Las manos palparon las opulentas. No hay más que comparar por ejemplo con esas otras. La esposa encerrada en casa como un esqueleto archivado. Permítame presentarle a mi. Entonces se convierten en algo indescriptible para uno, no se sabría qué nombre darle. La mujer es siempre el punto débil de un tipo. Sin embargo es el destino, el metejón. Tienen sus propios secretos entre ellos. Algunos se vendrían abajo si alguna mujer no se ocupara de. Y esas mujeres altas como cinco de queso con maridos peso piojo. Dios los cría y ellos se juntan. A veces los chicos salen bastante bien. Dos ceros hacen un uno. O un viejo de setenta y una novia ruborosa. Casamiento en primavera arrepentimiento en invierno. Esta humedad es muy desagradable. Pegoteado. El prepucio quedó amontonado. Mejor separarlo.

¡Ou!

Por otro lado un grandote con una fémina que le llega al bolsillo del reloj. Lo largo y lo corto. Grande él y pequeña ella. Muy raro lo de mi reloj. Los relojes de pulsera siempre andan mal. Habrá alguna influencia magnética entre la persona porque ésa era más o menos la hora en que él. Sí, supongo que en seguida. Cuando el gato no está las ratas bailan. Recuerdo haber mirado en Pill Lane. También eso es magnetismo. Detrás de todo hay magnetismo. La tierra por ejemplo que arrastra y es arrastrada. Eso causa el movimiento. ¿Y el tiempo? Bueno eso es el tiempo que emplea el movimiento. Entonces si algo se detuviera todo el asunto se detendría poquito a poco. Porque va de acuerdo. La aguja magnética indica lo que sucede en el sol, en las estrellas. Un pedacito de acero. Cuando uno presenta el imán. Ven. Ven. ¡Zas! Eso es la mujer y el hombre. El imán y el acero. Maruja, él. Se visten y miran y sugieren y dejan ver y ver más y te desafían si eres un hombre a que mires eso, y te viene como un estornudo, piernas, mira, mira; y si no estás vacío, ¡zas! Hay que dejarlo ir.

Quisiera saber qué siente ella en esa parte. La vergüenza es cuando hay un tercero. La contraría más cuando descubre un agujero en la media. Maruja que en la exposición de caballos crispó la boca y volvió la cabeza cuando vió al estanciero con las botas de montar y las espuelas. Y cuando estaban los pintores en Lombard Street West. Hermosa voz tenía ese tipo. Así empezó Guglini. El perfume que hice, como flores. Y lo eran. Violetas. Venía probablemente de la trementina en la pintura. Sacan provecho de todo. Al mismo tiempo que lo hacía rascaba el piso con su chinela para que no la oyeran. Pero creo que muchas no pueden terminar. Quedan en suspenso durante horas. Es como algo que me anduviera por todas partes y un poco más en medio de la espalda.

Espera. ¡Hum! ¡Hum! Sí. Ése es su perfume. Es por eso que agitó la mano. Te dejo esto para que pienses en mí cuando yo esté lejos, acostada. ¿Qué es? ¿Heliotropo? No. ¿Jacinto? ¡Hum! Rosas, me parece. Es la clase de perfume que le debe de gustar. Dulce y barato: pronto se pone agrio. Por eso a Maruja le gusta el opopónaco. Le sienta bien, mezclado con un poco de jazmín. Sus notas altas y sus notas bajas. Lo encontró la noche del baile, danza de las horas. El calor se lo hacía brotar. Ella tenía puesto el negro, todavía con el perfume de la vez anterior. ¿Es buen conductor? ¿O malo? La luz también. Supongo que hay alguna relación. Por ejemplo si uno entra en un sótano que esté oscuro. Cosa misteriosa también. ¿Por qué lo sentí recién ahora? Se tomó su tiempo para venir, como ella, lenta pero segura. Deben de ser muchos millones de granos diminutos volando como un soplo. Sí, eso es. Porque esas islas de las especies, las Cingalesas de esta mañana, se las huele a leguas de distancia. Voy a decirte lo que es. Como un fino velo o una telaraña que tienen por toda la piel, tenue como lo que se llama cabello de la virgen que siempre se estuviera tejiendo y simpre surgiendo como un arco iris del que no nos diéramos cuenta. Se aferra a todo lo que ella ha llevado. El pie de la media. El zapato todavía caliente. Su corsé. Sus pantalones: un corto puntapié, sacándolos. Chao hasta la próxima vez. También al gato le gusta olfatear su ropa interior sobre la cama. Conozco su olor entre mil. El agua del baño también. Me recuerda las frutillas con crema. Dónde se ubica eso realmente. Debajo de los sobacos o bajo el cuello. Porque uno lo encuentra por todos los agujeros y rincones. El perfume de jacinto se hace de aceite etéreo o no sé qué. Rata almizclera. Una bolsa debajo de la cola y un granito esparce el olor durante años. Los perros uno detrás del otro. Buenas tardes. Tardes. ¿Cómo hueles? ¡Hum! ¡Hum! Muy bien, gracias. Los animales se arreglan así. Sí, ahora veámoslo de esa manera. Somos igual. Algunas mujeres por ejemplo lo ponen a uno sobre aviso cuando tienen el período. Acércateles. Te van a servir con una linda peste para rato. ¿A qué se parece eso? Huele a bacalao echado a perder. ¡Uf! Ni me hagas acordar.

Quizá ellas nos sienten olor a hombre. ¿Cómo será? Los guantes impregnados de tabaco que Juan el Largo tenía sobre el escritorio. ¿El aliento? Proviene de lo que uno bebe y come. No. Me refiero al olor a hombre propiamente dicho. Debe de tener que ver con eso, porque los sacerdotes se supone que no son diferentes. Las mujeres les zumban alrededor como moscas al queso. Se amontonan a las barandillas del altar para arrimárseles a costa de cualquier cosa. El árbol prohibido del sacerdote. ¡Oh!, padre, ¿quiere usted? Déjame ser la primera en. Eso se difunde por todo el cuerpo, se sale por los poros. Fuente de vida y olor sumamente curioso. Ensalada de apio. Veamos.

El señor Bloom metió la nariz. ¡Hum! Dentro de. ¡Hum! La abertura de su chaleco. Almendras o. No. Es de limón. ¡Ah, no, eso es

el jabón!
¡Oh!, entre paréntesis, esa loción. Yo sabía que tenía que acordarme de algo. No volví y el jabón sin pagar. No me gusta llevar botellas como esa bruja de esta mañana. Hynes podría haberme pagado esos tres chelines. Podría haber mencionado a Meagher, únicamente para que él se acordara. Sin embargo si hace ese párrafo. Dos chelines y nueve. Él va a tener una mala opinión de mí. Iré mañana. ¿Cuánto le debo? ¿Tres chelines y nueve peniques? Dos chelines y nueve, señor. ¡Ah! Podría rehusarme el crédito en otra ocasión. Así se pierden los clientes a veces. Es lo que pasa en los bodegones. Los tipos dejan subir la cuenta en la pizarra y luego no pasan más por esa calle y van a tomar a otra parte.

Ahí está ese noble que pasó antes por aquí. El viento de la bahía lo ha traído de vuelta. No ha hecho más que ir y volver. Siempre en casa a la hora de comer. Parece bastante gastado: habrá hecho su parte. Ahora disfruta de la naturaleza. Un poco de ejercicio después de las comidas. Después de la cena camine una milla. Seguro que tiene su cuentita en algún banco, un calienta sillas. Si ahora caminara detrás de él se sentiría molesto, como me sentía yo con esos canillitas esta mañana. Sin embargo se aprende algo. Verse como nos ven los otros. Mientras no sean las mujeres las que se burlan, ¿qué importa? Ésa es la manera de descubrir. Preguntarse a uno mismo quién es él. *El Hombre Misterioso de la Playa,* cuento premiado del señor Leopoldo Bloom. Se paga a razón de una guinea por columna. Y ese tipo de hoy al lado de la sepultura con el impermeable marrón. Callos en su horóscopo. Saludable tal vez absorber todo el. Dicen que silbar atrae la lluvia. Debe de haber algo en alguna parte. La sal en el Ormond estaba húmeda. El cuerpo siente la atmósfera. Las coyunturas de la vieja Betty están en el potro. La profecía de la Madre Shipton que se refiere a los barcos que dan la vuelta completa en un centelleo. No. Son signos de lluvia. El libro infantil. Y las colinas distantes parecen acercarse.

Howth. La luz de Bailey. Dos, cuatro, seis, ocho, nueve. Mira. Tiene que cambiar, si no creerían que es una casa. Naufragadores. Gracias querida. La gente tiene miedo a la oscuridad. También luciérnagas, ciclistas: hora de encender luces. Los diamantes de las joyas brillan mejor. La luz es algo como seguridad. No vamos a hacerle daño. Naturalmente que ahora es mejor que en otros tiempos. Caminos del campo. Lo destripaban a uno por un quítame allá esas pajas. Sin embargo hay dos tipos a los que saludamos. El gruñón o el sonriente. ¡Perdón! No es nada. También es la mejor hora para regar las plantas en la sombra después que se ha ido el sol. Un poco de luz todavía. Los rayos rojos son los más largos. Roygbiv Vance nos lo enseñó: rojo, anaranjado, amarillo, verde, azul, índigo, violeta. Veo una estrella. ¿Venus? No puedo decir todavía. Dos, cuando son tres es de noche. ¿Estaban ya allí esas nubes nocturnas? Parecen un buque fantasma. No. Espera. ¿Son árboles? Una ilusión óptica. Miraje. País del sol poniente. El sol de Home Rule se pone al sudeste. Mi tierra natal, buenas noches.

Cae el sereno. Es malo para ti, querida, estar sentada en esa piedra.

Produce flujos blancos. Nunca tendrías bebito a menos que fuera grande y fuerte para abrirse camino. Podrían salirme hemorroides también. Se pegan como un resfrío de verano, la boca dolorida. Tajos de hierba o de papel, son los peores. Fricción por la postura. Me gustaría ser esa roca en que ella se sentó. ¡Oh, dulce pequeña, no sabes qué linda estabas! Me empiezan a gustar de esa edad. Manzanas verdes. Se prenden de todo lo que se presenta. Creo que es la edad en que cruzamos las piernas al sentarnos. También la biblioteca hoy: esas niñas graduadas. Felices las sillas debajo de ellas. Pero es la influencia del anochecer. Todas sienten eso. Se abren como las flores, conocen sus horas, girasoles, cotufas, en los salones de baile, arañas de luces, avenidas bajo las lámparas. Las damas de noche en el jardín de Mat Dillon donde le besé el hombro. Me gustaría tener un cuadro al óleo tamaño natural de ella en ese momento. También estábamos en junio cuando le hacía el amor. El año vuelve. La historia se repite. ¡Oh, despeñaderos y picos!, estoy con vosotros otra vez. La vida, el amor, el viaje alrededor del pequeño mundo de uno mismo. ¿Y ahora? Naturalmente, lamento que sea coja, pero hay que estar alerta para no enternecerse demasiado. Ellas se propasan.

Ahora todo está tranquilo en Howth. Las colinas distantes parecen. Donde los rododendros. Tal vez soy un tonto. Él consigue las ciruelas y yo los carozos. ¡Qué papel hago yo! Todo lo que ha visto esa vieja colina. Cambian los nombres: eso es todo. Amantes: yum yum.

Me siento cansado ahora. ¿Me pondré de pie? ¡Oh!, espera. La desgraciadita me ha dejado vacío. Ella me besó. Mi juventud. Nunca volverá. Solamente viene una vez. O la de ella. Tomar el tren allí mañana. No. No es lo mismo volver. Como chicos la segunda visita a una casa. Quiero lo nuevo. Nada nuevo bajo el sol. Al cuidado de P. O. Dolphin's Barn. ¿No eres feliz en tu? Querido travieso. En Dolphin's Bar charadas en casa de Luje Doyle. Mat Dillon y su enjambre de hijas: Tiny, Atty, Floey, Mamy, Louy, Hetty. Maruja también. Era el ochenta y siete. El año antes que nosotros. Y el viejo comandante apegado a su trago de alcohol. Curioso ella una hija única, yo un hijo único. Así vuelve. Uno cree que está escapando y se encuentra de manos a boca con uno mismo. El camino más largo es el más corto para llegar a casa. Y justamente cuando él y ella. El caballo del circo caminando en círculo. Hacíamos el Rip van Winkle. Rip: rompiendo el sobretodo de Henny Doyle. Van: el furgón del panadero. Winkle: moluscos y conchillas. Después yo hacía de Rip van Winkle que volvía. Ella se apoyaba sobre el aparador, mirando. Ojos moriscos. Veinte años dormida en la Gruta del Sueño. Todo cambiado. Olvidado. Los jóvenes son viejos. El rocío oxidó su fusil.

Mur. ¿Qué es eso que anda volando? ¿Una golondrina? Murciélago probablemente. Cree que soy un árbol, tan ciego. ¿No tienen olfato los pájaros? Metempsicosis. Creen que la pena puede convertirlo en un árbol a uno. Sauce llorón. Mur. Ahí va. Animalito raro. ¿Dónde debe vivir? Campanario allá arriba. Muy probable. Colgando de los talones en olor de santidad. La campana lo hizo salir, supongo.

La misa parece haber terminado. Pude escucharlos a todos. Ruega por nosotros. Y ruega por nosotros. Y ruega por nosotros. Buena idea la repetición. Lo mismo con los avisos. Cómprenos a nosotros. Y cómprenos a nosotros. Sí, allí está la luz en la casa del cura. Su frugal comida. Recuerdo el error en la valuación cuando estaba en lo de Thom. Veintiocho es. Tienen dos casas. El hermano de Gabriel Conroy es vicario. Mur. Otra vez. ¿Por qué saldrán de noche como los ratones? Son de raza híbrida. Los pájaros son como ratones que saltan. ¿Qué los asusta, la luz o el ruido? Mejor quedarme quieto. Todo instinto como el pájaro sediento que hizo salir agua de la jarra echando guijarros adentro. Se parece a un hombrecito metido en una capa con manos chiquitas. Huesos diminutos. Casi podemos verlos lucir una especie de blanco azulado. Los colores dependen de la luz que se ve. Por ejemplo, mirando fijo al sol como el águila después mirar un zapato se ve una mancha burbujeante amarillenta. Quiere poner su marca de fábrica en todas las cosas. Por ejemplo, ese gato esta mañana en la escalera. Color de turba marrón. Dicen que nunca se los ve con tres colores! No es cierto. Esa gata atigrada: blanca, amarillo y negro, en el *City Arms* con la letra M sobre la frente. El cuerpo de cincuenta colores distintos. El Howth hace un momento era color amatista. El vidrio lanzando destellos. Es así que ese sabio cómo se llamaba y sus espejos incendiarios. Y los campos que se incendian. No puede ser a causa de los fósforos de los turistas. ¿Entonces qué? Tal vez las briznas secas que se frotan debido al viento y les da el sol. O algunas botellas rotas cuyos fragmentos actúan como espejos ustorios al sol. Arquímedes. ¡Lo encontré! Mi memoria no es tan mala.

Mur. ¿Quién sabe para qué andarán siempre volando? ¿Insectos? Esa abeja que entró en la pieza la semana pasada y que jugaba con su sombra contra el techo. Bien podría ser la misma que me picó, que vuelve para ver. Igual que los pájaros, vaya uno a saber lo que dicen. Chismosos como nosotros. Y ella dice y él dice. El coraje que tienen para volar sobre el océano y volver. Muchos deben ser muertos en las tormentas, cables telegráficos. También los marineros pasan una vida horrorosa. Grandes transatlánticos brutales que tropiezan en la oscuridad, mugiendo como vacas marinas. *Faugh a ballagh*. Afuera, maldito seas. Otros en bajeles, la vela como un pedacito de pañuelo, saltando de aquí para allá sobre las ondas cuando soplan los vientos borrascosos. Los hay también casados. A veces navegando por el fin del mundo durante años, en alguna parte extremadamente lejos. No andan por el fin del mundo en realidad, porque la tierra es redonda. Una esposa en cada puerto dicen. Lindo trabajo tiene la mujer si se aflige por eso hasta que Johnny vuelva a casa otra vez. Si es que vuelve. Husmeando por las callejuelas de los puertos. ¿Cómo puede gustarles el mar? Sin embargo les gusta. Se leva anclas. Y allá sale él con un escapulario o una medalla encima para que le dé suerte. ¿Por qué no? Y el *tephilim* no cómo es que lo llaman a eso que el padre del pobre papá tenía sobre la puerta y que tocábamos. Eso que nos sacó de la tierra de Egipto y nos llevó al cautiverio. Algo debe de haber en todas esas supersticiones porque cuando uno sale nunca sabe qué peligros. Pegado a un tablón o a la deriva sobre una planchada por toda una horrenda vida, el salvavidas alrededor del cuerpo, tragando agua, y recién terminan sus penas cuando los tiburones dan cuenta de él. ¿Se marearán los peces?

Después viene la calma magnífica, sin una nube, mar tranquilo, plácido, la tripulación y el cargamento hechos añicos en la gaveta del viejo océano. La luna mira hacia abajo. No es culpa mía, viejo destrozón.

Una larga candela perdida vagaba cielo arriba desde la kermesse de Mirus, en busca de fondos para el hospital Mercer y se rompió, inclinándose; y derramó un racimo de estrellas violetas a excepción de una blanca. Flotaron, cayeron: desvaneciéndose. La hora del pastor: la hora de la posesión, hora de la cita. De casa en casa, dando su doble golpe siempre bien recibido, iba el diarero de las nueve, brillando la lámpara luciérnaga en su cinturón aquí y allí a través de los cercos de laurel. Y entre los cinco árboles jóvenes un encendedor izado encendía la lámpara en la terraza de Leahy. Por las persianas iluminadas de las ventanas, por los jardines iguales, una voz chillona gritaba, perdiéndose: *¡El Telégrafo de la Noche, edición extraordinaria! ¡Resultados de la carrera por la Copa de Oro!*, y de la puerta de la casa de Dignam salió un muchacho corriendo y llamó. Inquietando la noche, de un lado al otro, volaba el murciélago. Lejos sobre las arenas la marea trepaba creciente, gris. El Howth se disponía al sueño, cansado de largos días, de rododendros yumyum (envejecía) y sentía complacido la caricia de la naciente brisa nocturna, que venía a rizar el vello de los helechos. Reposaba sin dormir, abierto un ojo profundamente rojo, respirando lentamente, pero despierto. Y allá lejos, sobre el banco de Kisch, el faro flotante titilaba desde el ancla, enviando guiños al señor Bloom.

La vida que deben llevar esos tíos allá fuera, fijados en el mismo sitio. Dirección de Faros de Irlanda. Penitencia por sus pecados. Los guardacostas también. Cohetes, salvavidas y lanchas de salvamento. El día que salimos en viaje de excursión en el Rey de Eirin, arrojándoles la bolsa de papeles viejos. Osos en el zoológico. Cochina excursión. Los borrachos vomitando el hígado. Lanzando por la borda para alimentar a los arenques. Náuseas. Y las mujeres, temor de Dios en sus caras. Milly, ninguna señal de mareo. Reía, con el echarpe azul suelto. A esa edad no saben lo que es la muerte. Y además sus estómagos están limpios. Pero tienen miedo cuando andan extraviados. Aquella vez que nos escondimos detrás del árbol en Crumlin. Yo no quería. ¡Mamá! ¡Mamá! Los niños en el bosque. También asustarlos con caretas. Arrojarlos en el aire para agarrarlos. Te voy a matar. ¿Se hace sólo para divertirse? O los chicos jugando a la guerra. Con gran entusiasmo. ¿Cómo pueden los hombres apuntarse con fusiles unos a otros? A veces disparan. Pobres chicos. Los únicos contratiempos son el sarpullido y la urticaria. Para eso le conseguí a ella purga calomel. Después mejoró durmiendo con Maruja. Ella tiene los mismos dientes. ¿Qué es lo que aman? ¿Otro yo? Pero la mañana que la corrió con el paraguas. Tal vez sin intención de lastimarla. Le tomé el pulso. Tic tac. Era una mano pequeña: ahora grande. Querido Papli. ¡Cuánto dice una mano cuando se la toca! Le gustaba contar los botones de mi chaleco. Recuerdo su primer corsé. Me hacía reír. Pequeños senos nacientes. El izquierdo es más sensible creo. El mío también. Más cerca del corazón. Se ponen relleno si la gordura está de moda. Sus dolores del desarrollo de noche, llamando, despertándome. Estaba bien asustada cuando desarrolló, la primera vez. ¡Pobrecita! Es un momento raro también para la madre. Es como si volviera a su tiempo de muchacha. Gibraltar. Mirando desde Buena Vista. La Torre de O'Hara. Las aves marinas chillando. El viejo mono Barbary que engulló a toda su familia. Al ponerse el sol, los cañones disparando para que los hombres se retiren. Ella me lo dijo mirando al mar. Un atardecer como éste, pero claro, sin nubes. Siempre pensé que me casaría con un lord o un caballero con un yate privado. *Buenas noches, señorita. El hombre ama a la muchacha hermosa.* ¿Por qué yo? Porque eras tan distinto a los otros.

Mejor que no me quede aquí toda la noche como un molusco. Este tiempo lo embrutece a uno. Por la luz deben de ser cerca de las nueve. A casa. Demasiado tarde para *Lea, Lily de Killarney.* No. Podría estar todavía levantada. Llamar al hospital para ver. Espero que ella ya haya terminado. He tenido un largo día. Marta, el baño, el entierro, la casa de Llavs, el museo y las diosas. La canción de Dedalus. Después ese energúmeno en lo de Barney Kiernan. Llegué a la hora de los bifes allí. Energúmenos borrachos. Lo que dije de Dios lo hizo retroceder. Es un error devolver golpe por golpe. ¿O? No. Tendrían que ir a casa y reírse de ellos mismos. Quieren estar siempre en patota cuando se emborrachan. Tienen miedo de estar solos como si fueran pibes de dos años. Supongamos que me hubiera pegado. Vamos a mirarlo desde su punto de vista. Entonces no parece tan malo. Tal vez no tenía intención de hacerme daño. Tres vivas por Israel. Tres vivas por la cuñada, con tres colmillos en la boca que él pregona por todas partes. El mismo estilo de belleza. Encantadora reunión para tomar una taza de té. La hermana de la esposa del hombre salvaje de Borneo acaba de llegar a la ciudad. Imagínense eso de cerca por la mañana temprano. Sobre gustos no hay nada escrito, como dijo Morris cuando besó a la vaca. Pero Dignam le puso los botines encima. Las casas de duelo son tan deprimentes porque uno nunca sabe. De cualquier manera ella necesita el dinero. Tengo que visitar a esas viudas escocesas como prometí. Nombre raro. Dan por sentado que vamos a morirnos primero. Esa viuda que me miró cerca de lo de Cramer creo que fué el lunes. Enterró al pobre marido pero sigue adelante bastante bien gracias al seguro. Dinero de viuda. ¿Qué hay con eso? ¿Qué quieren que haga? Tiene que arreglarse para seguir tirando. Lo que no me gusta es ver a un viudo. Parece tan desamparado. Pobre hombre O'Connor la mujer y cinco hijos envenenados con mejillones. Los desagües. Desahuciado. Alguna buena matrona con una buena cofia de cocina para cuidarlo. Que lo llevara a remolque, con cara de fuente y un gran delantal. Calzones de franeleta gris para señora, a tres chelines el par, sorprendente ocasión. Simple y querida, querida para siempre, dicen. Fea: ninguna mujer cree serlo. Amor, mintamos y seamos hermosas, que mañana moriremos. A veces lo veo dando vueltas por ahí, tratando de descubrir quién le hizo la mala jugada. E. L.: Listo. Es el destino. Él, no yo. También se nota a menudo en un negocio. Parece perseguirlo la mala suerte. ¿Soñé anoche? Espera. Algo confuso. Ella tenía chinelas rojas. Turca. Llevaba pantalones. Supongo que ella los lleva. ¿Me gustaría ella en piyama? Muy difícil de contestar. Nanetti se fué. Barco correo. Cerca de Holyhead a esta hora. Tengo que sacar ese aviso de Llavs. Trabajar a Hynes y a Crawford. Enaguas para Maruja. Ella tiene algo para poner dentro de ellas. ¿Qué es eso? Podría ser dinero.

El señor Bloom se detuvo y dió vuelta un pedazo de papel sobre la playa. Se lo acercó a los ojos tratando de leer. ¿Carta? No. No puedo leer. Mejor es que me vaya. Mejor. Estoy cansado para moverme. La página de un cuaderno viejo. Todos esos agujeros y guijarros. ¿Quién podría contarlos? Nunca se sabe lo que se puede encontrar. Una botella con la historia de un tesoro adentro arrojada desde un buque naufragando. Servicio de encomiendas postales. Los chicos siempre quieren tirar cosas al mar. ¿Creen? Pan arrojado a las aguas. ¿Qué es esto? Un pedazo de bastón.

¡Oh! Me ha dejado exhausto esa hembra. No soy tan joven ya. ¿Vendrá aquí mañana? Esperarla en algún sitio para siempre. Tiene que volver. Como hacen los asesinos. ¿Vendré yo?

El señor Bloom golpeaba suavemente la arena a sus plantas con el bastón. Escribir un mensaje para ella. Puede ser que no se borre. ¿Qué?

Yo.

Algún pie despreocupado lo pisaría por la mañana. Inútil. Borrado. La marea viene aquí. El pie de ella dejó un charco cerca del agua. Inclinarme, ver mi cara allí, espejo oscuro, soplar encima, se agita. Todas estas rocas con rayas y cicatrices y letras. ¡Oh esas transparentes! Además ellas no saben. ¿Qué significa ese otro mundo? Te llamé muchacho travieso porque no me gustas.

Soy. S.

No hay lugar. Déjalo.

El señor Bloom borró las letras con su lento pie. Cosa desesperante la arena. Nada crece allí. Todo se borra. No hay peligro de que vengan grandes embarcaciones por aquí. Excepto las barcazas de Guinness. La vuelta del Kish en ochenta días. Hecho a medias a propósito.

Arrojó su pluma de madera. El palo cayó sobre la arena cenagosa y quedó clavado. Bueno, ahora podrías intentar eso hasta el día del juicio sin conseguirlo. Casualidad. Nunca nos volveremos a encontrar. Pero fué encantador. Adiós, querida. Gracias. Me hizo sentir tan joven.

Si ahora pudiera echarme un sueñito. Deben de ser cerca de las nueve. El barco de Liverpool hace mucho que se fué. Ni siquiera el humo. Y ella puede hacer lo otro. Lo hizo. Y Belfast. No iré. Correr hasta allí, y de vuelta a Ennis. Déjalo. Solamente cerrar los ojos un momento. No voy a dormir, sin embargo. Semisoñando. Nunca vuelve igual. El murciélago otra vez. Es inofensivo. Sólo unos pocos.

¡Oh! linda querida vi toda tu blancurita de niña hasta arriba la cochinita liga de la faja me hizo venir amor pegajoso nosotros dos tontuelos. Gracia querida ella a él y media la cama meten si cosas adornos para Raúl para perfumar tu esposa, cabello negro palpitando bajo redond *señorita* jóvenes ojos Mulvey rolliza años sueños vuelven callejuelas Agendath desvanecido encant me mostró su el año que viene en piyama vuelve que viene en su que viene su viene.

Un murciélago voló. Aquí. Allá. Aquí. Lejos en lo gris una campana repicó. El señor Bloom con la pierna abierta, su pie izquierdo hundido de costado en la arena, apoyado, respiraba. Solamente por unos pocos.

Cucú.
Cucú.
Cucú.

El reloj sobre la repisa de la chimenea en casa del sacerdote arrulló mientras el canónigo O'Hanlon y el padre Conroy y el reverendo John Hughes S. J. estaban tomando té con pan y manteca y costillas de carnero fritas con salsa de setas y hablando de

Cucú.
Cucú.
Cucú.

Porque era un pequeño canario nario que salía de su casita para decir la hora que Gerty MacDowell notó la vez que ella estuvo allí porque ella era rápida como nadie para una cosa como ésa, era Gerty MacDowell, y ella notó en seguida que ese caballero extranjero sentado sobre las rocas mirando estaba

Cucú.
Cucú.
Cucú.

DESHILL HOLLES EAMUS. DESHIL HOLLES EAMUS. DESHIL HOLLES
eamus. Envíanos, ¡oh brillante!, ¡oh veloz!, Horhorn, fecundación y
fruto de vientre. Envíanos, ¡oh brillante!, ¡oh veloz!, Horhorn, fecundación y fruto de vientre.

¡Hoopsa, varonunvarón, hoopsa! ¡Hoopsa, varonunvarón, hoopsa!
¡Hoopsa, varonunvarón, hoopsa!

Se considera universalmente obtuso el intelecto del individuo atinente a cualquiera de esos asuntos considerados como los más provechosos de estudiar entre los mortales dotados de sapiencia que restan ignorantes de aquello que los más eruditos en la doctrina y con seguridad en razón de ese ornamento intrínseco de su espíritu elevado dignos de veneración que han mantenido constantemente en lo que respecta a la humanidad ellos afirman que todas las cosas iguales en lo exterior por algún esplendor la prosperidad de una nación no se afirma más eficazmente que en la medida de la amplitud de la progresión del tributo de su solicitud por esa proliferante continuidad que es el origen de todos los males cuando se vuelve defectuoso de constitución cuando por ventura presenta los síntomas seguros de la bienhechora incorrupta todopoderosa naturaleza. Porque ¿quién hay que haya aprehendido alguna cosa de significación que no sea consciente de que ese esplendor exterior pueda ser lo que recubre una descendente realidad lutelente o por el contrario existe alguno tan sumido entre sombras como para no percibir que como ningún don de la naturaleza puede luchar contra la abundancia de la multiplicación lo mismo corresponde que todo ciudadano consciente de sus deberes se convierta en el exhortador y amonestador de sus semejantes y tiemble no sea que lo que fué en el pasado tan excelentemente comenzado por la nación no sea cumplido en lo por venir con una excelencia similar si prácticas inmodestas pervirtieran gradualmente las respetables costumbres trasmitidas por los antepasados a tal grado de bajeza que sería excesiva la audacia de quien tuviera la temeridad de levantar la voz para afirmar que no puede haber ofensa más odiosa para nadie que la de condenar al olvido ese evangelio simultáneamente mandamiento y promesa de abundancia o con amenaza de disminución que exaltó la función reiteradamente procreadora que jamás fuera irrevocablemente ordenada?

Es por eso que no hay razón para admirarse, como dicen los mejores historiadores, de que entre los celtas, que no admiraron nada que no fuese admirable de por sí en su naturaleza admirable, el arte de la medicina haya sido tenido en tan alto concepto. Sin entrar a considerar sus hospitales, sus lazaretos y sus fosas mortuorias durante las epidemias, sus más grandes doctores, los O'Shiel, los O'Hickey, los O'Lee, han establecido cuidadosamente los diversos métodos por los cuales se consigue que los enfermos y los que sufren recaídas vuelvan a recuperar la salud, ya se trate de enfermos del mal de San Vito o de víctimas del flujo juvenil. Por cierto que toda obra social que se caracterice por sus proyecciones debe ser objeto de una preparación proporcionada a su importancia, y es por esa razón que ellos adoptaron un plan (ya sea por haber jugado un papel importante la previsión o por la madurez de la experiencia es difícil decirlo puesto que para dilucidar este punto las opiniones dispares de los investigadores no se han puesto de acuerdo hasta el presente) por el que la maternidad fué puesta a cubierto de toda eventualidad accidental a tal punto que los cuidados que reclamaba la paciente en esa hora la más crítica de la mujer y no sólo para los más copiosamente opulentos sino también para los que no estando provistos de los suficientes recursos y a menudo ni siquiera en condiciones de subsistir valientemente y mediante un emolumento poco considerable se les daba asistencia.

Ya entonces y desde entonces nada era susceptible de serle molesto en cualquier forma que fuera porque principalmente esto es lo que sentían todos los ciudadanos excepto con las madres prolíficas prosperidad a todas no puede ser y como ellas habían recibido de los dioses inmortales generación de mortales para ser digno de su espectáculo, cuando el caso venía a producirse la parturienta en el vehículo hacia allí llevando deseo inmenso entre todos una a otra iban empujándose para ser recibidas en ese domicilio. ¡Oh!, hechos de nación prudente no solamente dignos de alabanzas por ser vistos sino por ser contados porque ellos con anticipación en ella veían la madre en aquello que ella sentía de pronto a punto de empezar a convertirse en el objeto de su solicitud.

El bebé aun no nacido tenía felicidad. Dentro del vientre ya era objeto de culto. Se hacía cualquier cosa que en ese caso significara comodidad. Una cama atendida por parteras con alimento sano reposo limpísimos pañales como si lo a venir fuera ya un hecho y por sabia previsión arreglado: sin contar las drogas de que hay necesidad e implementos quirúrgicos adecuados para el caso no omitiendo el aspecto de espectáculos todos muy atrayentes ofrecidos en las distintas latitudes de nuestro orbe terrestre junto con imágenes, divinas y humanas, la reflexión de las cuales por las mujeres internadas es favorable a la dilatación o facilita la expulsión en el alto y bien construído hogar resplandeciente como el sol de las madres cuando, ostensiblemente ya en trance de alumbrar, les llega el momento de dar a luz, habiendo expirado su período.

Un hombre que iba viajando estaba a la puerta de la casa al anochecer. Ese hombre que había vagado mucho sobre la tierra era de la raza de Israel. Nada más que por compasión humana su vagar solitario lo guió hasta esa casa.

De esa casa A. Horne es el señor. Setenta camas mantiene él allí donde las madres parturientas vienen a acostarse y a sufrir para poner en el mundo robustos niños como el ángel del Señor anunció a María. Guardianes circulan allí, en forma de blancas hermanas de guardia desveladas. Ellas suavizan los dolores y calman las fiebres: en doce lunas tres veces cien. Son verdaderas guardianas de los lechos de dolor, porque Horne tiene en ellas celosas servidoras.

Con su oído cauteloso la cuidadora oyó venir a ese hombre de buen corazón y en seguida levantándose su cuello bajo la cofia le abrió resueltamente la puerta grande. ¡Y he aquí que un relampagueo repentino iluminó el cielo de Eirin en el poniente! Grande fué el temor que ella sintió de que el Dios Vengador destruyera a toda la humanidad por medio del agua por sus perversos pecados. Trazó la cruz de Cristo sobre su esternón y lo hizo entrar rápidamente bajo su techo. Ese que sabía su deseo entró con respeto en la casa de Horne.

Temiendo molestar estaba el mendicante con su sombrero en el hall de Horne. En el mismo rincón que ella vivió él anteriormente con su esposa querida y su hermosa hija él que por tierra y mar durante nueve años había andado. Una vez la encontró en un puerto de pequeña ciudad y él a su saludo no había correspondido. Ahora le imploraba el perdón con fundamentos que ella aceptó porque la cara entrevista de él, a ella le había parecido tan joven. Sus ojos se inflamaron con una luz veloz, y su palabra floreció de sonrojos conquistados.

Cuando sus ojos percibieron el luto riguroso ella temió una desgracia. Luego se reconfortó, la que acababa de temer. A ella preguntó él si había noticias del doctor O'Hara enviadas desde lejanas playas y ella con un doliente suspiro contestó que el doctor O'Hara estaba en el cielo. Al escuchar esas palabras el hombre se apesadumbró sintiendo que el pesar le prendía en las entrañas misericordiosamente. Y allí le relató todo, la muerte lamentable de un amigo tan joven todavía y a pesar de su profunda pena no osó ella poner en tela de juicio la sabiduría de Dios. Y ella refirió cómo la muerte fué dulce para él por la bondad de Dios que puso a su vera un sacerdote para la confesión, la santa eucaristía y los óleos santos para sus miembros. Y ansioso por saber el hombre preguntó a la monja de qué muerte había muerto el muerto y la monja contestó y le dijo que había muerto en la isla Mona de cáncer al vientre tres años haría para Navidad y ella rogaba a Dios Todomisericordioso que tuviera a su querida alma en vida eterna. Él escuchó sus tristes palabras, el sombrero en su mano, triste la mirada. Así estuvieron ellos dos un instante en perdida esperanza, doliéndose uno del otro.

Entonces quienquiera que seas, mira a ese extremo final que es tu muerte y al polvo que prende sobre todo hombre nacido de mujer, porque así desnudo como vino del vientre de su madre así volverá desnudo a su hora para irse como ha venido.

El hombre que había llegado a la casa habló con la enfermera preguntándole cómo estaba la mujer que yacía allí en trance de parto. Ella le contestó diciéndole que esa mujer estaba con dolores desde hacía tres días completos y que sería un parto peligroso difícil de sobrellevar pero que dentro de poco todo habría terminado. Ella dijo además que había visto muchos partos de mujeres pero ninguno tan difícil como el parto de esa mujer. Entonces ella le explicó todo a él que tiempo atrás había vivido cerca de esa casa. El hombre escuchaba con atención sus palabras porque se sorprendía atónito de la magnitud del dolor de las mujeres en medio de los dolores del parto y se maravillaba al ver la cara de ella que era un rostro joven como para llamar la atención de cualquier hombre y sin embargo después de largos años era todavía una enfermera. Nueve veces doce flujos de sangre increpándola de ser estéril.

Y en tanto que ellos hablaban abrióse la puerta del castillo y llególes gran ruido como de muchos que estuvieran sentados comiendo. Y allí llegó al lugar que ocupaban un jovenzuelo caballero bachiller que Dixon era nombrado. Y Leopoldo el viajero hubo noticias desde que tal había acontecido que dificultades habían ellos tenido en la casa de misericordia donde este jovenzuelo practicante estaba por causa de que el viajero Leopoldo llegóse allí para ser curado visto que andaba malferido del pecho por un dardo con que un horrible y espantable dragón lo afligiera se lo destinó a él por lo que buscó la forma y manera de hacerle un ungüento con sal volátil y crisma tanto como necesario fuese. Y propuso que él debería entrar ya en ese castillo para alegrarse con los que allí estaban. Y Leopoldo el viajero dijo que él tendría que ir por otros caminos porque era un hombre cauteloso y astuto. También la dama era de su parecer y reprochó al caballero practicante aunque bien creía que lo que el viajero había dicho era falso por su astucia. Pero el caballero practicante no quería ni oír ni obedecer el mandato de ella ni reconocer nada contrario a su deseo y les dijo cuán maravilloso era ese castillo. Y el viajero Leopoldo entró en el castillo para descansar por un espacio corto pues estaba dolorido de los miembros después de muchas marchas recorriendo diversas tierras y practicando a veces el arte de montería.

Y en el castillo había colocada una mesa que era de abedul de Finlandia y estaba sostenida por cuatro enanos de ese país pero ellos no podían moverse debido a un encantamiento. Y sobre esta mesa había terribles espadas y cuchillos que son hechos en una gran caverna por afanosos demonios de llamas blancas que ellos fijan en los cuernos de búfalo y ciervos que allí abundan maravillosamente. Y había vasijas que son traídas mágicamente de Mahon que son hechas de aire y arena de mar por un brujo con su aliento que él arroja dentro de ellas como burbujas. Y manjares tan ricos y en abundancia había sobre la mesa que nadie podría imaginarlos más abundantes o ricos. Y había un cubo de plata que no podía abrirse sino por sortilegio en el cual había extraños peces sin cabezas aun cuando hombres incrédulos nieguen que eso sea posible cosa que ellos no han visto y que no obsta para que así sean. Y estos peces están en un agua aceitosa traída allí de tierras de Portugal porque la gordura que allí hay es como los jugos de la prensa de aceitunas. Y también maravillaba ver en ese castillo cómo por arte de magia ellos hacen un compuesto con trigo candeal de Caldea que con el auxilio de ciertos espíritus malignos que ellos le introducen se hincha milagrosamente hasta parecer una vasta montaña. Y ellos enseñan a las serpientes a entrelazarse en largos bastones que salen de la tierra y de las escamas de estas serpientes fabrican un brebaje de hidromiel.

Y el caballero practicante vertió para Childe Leopoldo en un cacharro mientras todos los que allí estaban bebieron cada cual el suyo. Y Childe Leopoldo levantó su babera para complacerlos y tomó de buen grado un poco en señal de amistad porque él nunca bebía ninguna clase de hidromiel la cual entonces dejó de lado y a poco secretamente vertió la mayor parte en el vaso de su vecino y su vecino no se percató del ardid. Y se sentó en ese castillo con ellos para descansar allí un instante. Loado sea Dios Todopoderoso.

En el ínterin esta buena hermana estaba al lado de la puerta y les rogó por reverencia a Jesús nuestro señor suspender sus orgías porque había arriba una gentil dama que estaba por dar a luz, cuyo momento era inminente. Sir Leopoldo escuchó en el piso de arriba un fuerte grito y se preguntó si ese grito era de varón o de mujer y me pregunto, dijo él, si no habrá venido o ahora. Paréceme que dura demasiado. Y avistó y vió a un huésped de nombre Lenehan a este lado de la mesa que era más viejo que cualquiera de los otros y como ellos dos eran caballeros virtuosos empeñados en la misma empresa y a duras penas porque él era mayor en edad le habló muy amablemente. Así, dijo él, antes de que pase mucho ella dará a luz por la gran Bondad de Dios y disfrutará de su maternidad con júbilo porque ha tardado maravillosamente mucho. Y el huésped que acababa de beber dijo: esperando que cada momento fuera el siguiente. También él tomó la copa que estaba delante de él porque él nunca necesitaba que nadie le pidiera o le deseara que bebiera y, ahora bebamos dijo él, plenamente con deleite, y bebió tanto como pudo a la salud de ambos porque era un hombre eminentemente fuerte en su lozanía. Y sir Leopoldo que era el mejor huésped que jamás se haya sentado en una sala de letrados y era el hombre más manso y el más amable que jamás haya colocado mano marital bajo gallina y que era el caballero más justo del mundo que haya prestado servicios de criado a una dama suave le rogó cortésmente en la copa. El infortunio de la mujer meditativamente cavilando.

Hablemos ahora de esa sociedad que estaba allí con el propósito de embriagarse tanto como pudieran. Había una especie de letrados a lo largo de cada lado de la mesa, a saber: Dixon llamado hijo de santa María la Misericordiosa con sus otros compañeros Lynch y Madden, letrados de medicina, y el alto huésped Lenehan y uno de Alba Longa, un Crotthers y el joven Esteban que tenía aires de novicio que estaba a la cabecera de la mesa y Costello a quien llaman Punch Costello por su maestría que fuera un poco antes alabada (y de todos ellos, el discreto joven Esteban era el más borracho, el que más hidromiel demandaba) y a su costado el apacible sir Leopoldo. Pero confiaban en que el joven Malaquías vendría tal como lo prometiera, y algunos que no le tenían inclinación afirmaban que había dejado de cumplir con la palabra empeñada. Y sir Leopoldo se sentó con ellos porque lo ligaba profunda amistad con sir Simón y con este joven Esteban su hijo y así halló calma para su postración después del muy largo errar puesto que en ese momento ellos lo festejaban muy honorablemente. El celo lo llamaba, el amor despertaba su voluntad para peregrinar, mas se sentía al par poco dispuesto a partir.

Porque eran estudiantes de muy penetrante erudición. Y él oía sus razones unas enfrentando a otras en cuanto se refiere a linaje y rectitud, el joven Madden afirmando que llegado el caso de que la esposa muriera (porque así había acontecido algunos años atrás con una mujer de Eblana en la casa de Horne que ahora había abandonado este mundo y la propia noche anterior a su muerte todos los médicos y farmacéuticos habían tenido consulta respecto a su caso). Y ellos dijeron ulteriormente que ella debía vivir porque al principio dijeron la mujer debía dar a luz con dolor y por lo cual los que eran de esta imaginación afirmaron que el joven Madden había dicho verdad porque él tenía remordimiento de dejarla morir. Y no pocos y entre éstos el joven Lynch dudaban de si el mundo al presente estaría mal gobernado como nunca lo había sido aun cuando la gente vil pensara de otra manera pero ni la ley ni los jueces proporcionaban remedio alguno. Dios otorgaba una reparación. Apenas se acababa de decir esto que todos gritaron a una que no, por nuestra Virgen Madre, la esposa debía vivir y el niño perecer. Y de lo cual acaloradamente se encolerizaron violentamente sobre esa cabeza quien con argumentos y quien por la bebida pero el huésped Lenehan estaba pronto al lado de cada uno para servirles cerveza de manera que por lo menos así no faltó regocijo. Entonces el joven Madden les descubrió todo el asunto y cuando él dijo cómo que ella estaba muerta y cómo que por amor a la religión por consejo de peregrino y mendicante y cómo por un voto que él había hecho a San Ultan de Arbraccan su señor esposo no podría soportar su muerte lo cual los tenía a todos en grande aflicción. A quienes el joven Esteban pronunció estas palabras a continuación: la murmuración, señores, se estila con frecuencia entre la gente baja. Tanto el niño como la madre glorifican ahora a su Creador, uno en las tinieblas del limbo, la otra primero en el fuego del purgatorio. Pero, muchas gracias, ¿qué hay de esas Diosposibles a'mas que nosotros todas las noches imposibilitamos, qué es el pecado contra el Espíritu Santo, Verdadero Dios, Señor y Dador de Vida? Porque, señores, él dijo, nuestro holgar es breve. Somos medios para esas pequeñas criaturas dentro de nosotros y la naturaleza tiene otros fines que los nuestros. Entonces dijo Dixon joven a Punch Costello que él sabía qué fines. Mas él había bebido más de la medida y la mejor palabra que podía tener de él fué que él siempre deshonraría a quienquiera fuera esposa o doncella o amante si así lo considerare oportuno para ser aliviado de la tristeza de su concupiscencia. A lo que Crotthers de Alba Longa entonó la alabanza que el joven Malaquías hizo de esa bestia del unicornio cómo una vez cada mil años él tira de su cuerno todo lo otro, mientras tan aguijoneado con sus cuchufletas con lo cual ellos lo maliciaron de veras tomando testimonio todos y cada uno por san Foutinus sus máquinas que él podía hacer todo lo que está en la naturaleza de un hombre hacer. A lo que todos rieron muy alegremente fuera del joven Esteban y sir Leopoldo que nunca ríe demasiado abiertamente en razón de un humor singular que él no deseaba traicionar y también porque él se lamentaba por la que traía su fruto quienquiera que fuese o donde fuere. Entonces habló el joven Esteban orgullosamente de la madre Iglesia que lo arrojaría de su seno, de la ley Canónica, de Lilith, patrona de los abortos, de la preñez forjada por el viento de semillas de esplendor o por la potencia de vampiros boca a boca o, como dice Virgilio, por la influencia del occidente o por el vaho de la flor de la Cabra o al acostarse ella con una mujer con la que acaba de echarse su hombre, *effectu secuto*, o por ventura en su baño de acuerdo con las opiniones de Averroes y Moisés Maimónides. Él dijo también cómo al final del segundo mes se infundía un alma humana y cómo en todo nuestra santa madre abrazaba siempre almas para mayor gloria de Dios mientras esa madre terrenal que no era más que una hembra de cría para dar a luz bestialmente debía morir por el canon porque así dice él que él tiene el sello del pecador, hasta ese bendito Pedro sobre cuya roca fué la santa iglesia para todos los tiempos edificaba. Todos esos solteros preguntaron entonces a sir Leopoldo si él en un caso similar expondría a la persona de ella al riesgo de la vida para salvar la vida. Cautelosa palabra él querría responder como conveniente para todos y, poniendo la mano en la mandíbula, él dijo fingiendo, como tenía por costumbre, que por lo que se le había informado, que siempre había amado el arte de la medicina como podía hacerlo un lego, y que de acuerdo también con su experiencia que tan rara vez le tocó ver un accidente era bueno para la Madre Iglesia que quizá de un golpe tenía nacimiento y muerte dinero y en tal forma hábilmente escapó a sus preguntas. Eso es cierto, a la verdad, dijo Dixon, y, o si no me equivoco, es una palabra preñante. Oyendo lo cual el joven Esteban fué un hombre maravillosamente contento y afirmó que el que robaba al pobre prestaba al Señor porque estaba de un humor salvaje cuando borracho y que se hallaba ahora de esa manera que era evidente.

Pero sir Leopoldo dejó pasar inadvertidas sus palabras porque todavía estaba compadeciéndose del aterrador chillido de las penetrantes mujeres en su parto y estaba recordando a su buena lady Marion que le había dado un solo hijo varón que en su undécimo día de vida había muerto y ningún hombre del arte lo pudo salvar tan triste es el destino. Y ella estuvo singularmente apesadumbrada del corazón por ese desgraciado suceso y para su entierro lo colocó en un hermoso corselete de lana de cordero, la flor de la majada, por miedo de que pereciera completamente y yaciera helado (porque era entonces a mediados del invierno) y ahora sir Leopoldo que no tenía de su cuerpo un hijo varón por heredero consideró al que era el hijo de su amigo y entró en cerrada congoja por su perdida felicidad y tan triste como estaba de que le faltara un hijo de tal gentil coraje (porque lo tenía por dotado de grandes virtudes) se lamentó aún en no menor medida por el joven Esteban porque él vivía tan desenfrenadamente con esos desperdicios y asesinaba sus bienes con prostitutas.

En ese momento el joven Esteban llenó todas las copas que estaban vacías de manera que quedaba apenas un poco más si los más prudentes no hubieran espiado el acercamiento del que todavía se ocupaba de ello con tanta diligencia y quien, rogando por las intenciones del soberano pontífice, les dió a ellos como brindis el vicario de Cristo que también como él dijo es vicario de Bray. Bebamos ahora hidromiel invitó él, de esta escudilla y bebed vosotros esta hidromiel que no es en verdad parte de mi cuerpo sino envoltura de mi alma. Dejad fracción de pan para los que viven del pan solamente. No temáis tampoco que os falte nada porque esto confortará más que lo otro faltará. Ved aquí. Y les mostró relucientes monedas del tributo y billetes de orfebre por valor de dos libras diecinueve chelines que él tenía, dijo, por un poema que había escrito. Todos se admiraron de ver las antedichas riquezas de dinero allí donde antes hubo tal escasez de pecunia. Sus palabras fueron entonces como las que siguen: Sabed todos los hombres, dijo, que las ruinas del tiempo construyen las mansiones de la eternidad. ¿Qué quiere decir esto? El viento del deseo seca el espino pero después se convierte de una zarza en una rosa en el crucifijo del tiempo. Atendedme ahora. En el vientre de la mujer el verbo se hace carne pero en el espíritu del creador toda la carne que pasa se convierte en la palabra que no pasará. Esto es la postcreación *Omnis caro ad te veniet*. No se duda de la pujanza del nombre de aquella que tuvo en el vientre el cuerpo de nuestro Redentor. Sanador y Rebaño, nuestra poderosa madre y madre venerabilísima y Bernardo dijo con perspicacia que ella tiene un *omnipotentiam deiparæ suplicem*, o sea una omnipotencia de petición porque ella es la segunda Eva y ella nos salvó, dice también Agustín, mientras esa otra, nuestra abuela, a la que estamos unidos por sucesivas anastomosis de cordón umbilical nos vendió a todos, semilla, raza y generación, por una manzana de un penique. Pero ahora viene la cuestión. O ella lo conocía, la segunda quiero decir, y no era más que criatura de su criatura, *vergine madre figlia di tuo figlio* o no lo conocía y entonces se coloca en la misma negación o ignorancia que Pedro el Pescador que vive en la casa que construyó Jack con José el carpintero patrono de la feliz disolución de todos los matrimonios infelices *parce que M. Léo Táxil nous a dit qui l'avait mise dans cette fichue position c'était le sacré pigeon, ventre de Dieu! Entweder* transubstancialidad *oder* consubstancialidad pero en ningún caso substancialidad. Y todos gritaron al escucharla considerándola palabra muy vil. Una preñez sin goce, dijo él, un nacimiento sin ansias, un cuerpo sin mácula, un vientre sin hinchazón. Que los lascivos la reverencien con fe y fervor. Con voluntad resistiremos, insistiremos.

A esto Punch Costello golpeó con el puño sobre la mesa y quiso cantar un refrán obsceno *Staboo Stabella* acerca de una moza que fué hinchada por un alegre matasiete de Alemania el que atacó incontinenti: *Los tres primeros meses ella no estaba bien, Staboo* cuando he aquí que la enfermera Quigley desde la puerta airadamente les chistó que se callaran deberían tener vergüenza ni era cosa apropiada como ella les recordó siendo su intención tener todo en orden no fuese que viniera lord Andrew porque ella estaba celosa de que ningún alboroto horrible pudiera menguar el honor de su guardia. Era una vieja y triste matrona de sosegada mirada y cristiano caminar, en pardo hábito adecuado a su semblante arrugado de jaqueca, ni fué su exhortación en vano, porque incontinentemente Punch Costello fué de todos ellos atacado y reclamaron al palurdo con civil aspereza algunos y con blandura de halagos otros mientras todos lo increpaban, que le agarre una morriña al bobalicón, qué diablos quería hacer, gruñón, aborto, mala entraña, desperdicio, imbécil, feto mal parido, bastardo de traidor, flor de resumidero, que cese su baba borracha, mono maldición de Dios; el buen sir Leopoldo que tenía como divisa la flor de la quietud, la mejorana gentil, observando que la ocasión era especialmente sagrada en ese momento y sumamente merecedora de ser sumamente sagrada. En la casa Horne la paz debería reinar.

Para ser breve este pasaje había pasado apenas cuando el maestro Dixon de María en Eccles, atrayentemente sonriendo con burla, preguntó al joven Esteban cuál era la razón por la que él no había pronunciado los votos de fraile y él le contestó obediencia en el vientre, castidad en la tumba pero pobreza involuntaria todos sus días. El maestro Lenehan respondió a esto que él había oído hablar de esos nefandos hechos y cómo, al oír hablar acerca de esto, él había manchado la virtud de lirio de una confiada mujer lo que era corrupción de menores y todos ellos intervinieron también, poniéndose alegres y haciendo brindis a su paternidad. Pero él dijo que era exactamente lo contrario a lo que suponían porque él era el eterno hijo y el siempre virgen. A lo que aumentó en ellos todavía más el regocijo y le recordaron su curioso rito del himeneo que consiste en desnudar y desflorar esposas, como usan los sacerdotes en la isla de Madagascar, la desposada se viste de blanco y azafrán, su novio de blanco y grana, quemando nardo y cirios sobre una cama nupcial mientras los clérigos cantan kyries y la antífona *Ut novetur sexus omnis corporis mysterium* hasta que ella era allí desdoncellada. Él les brindó entonces un breve canto de himeneo muy admirable de los delicados poetas Maestro Juan Fletcher y Maestro Francisco Beaumont que figura en su *Tragedia de la doncella* que fué escrita para un análogo apareamiento de amantes: *A la cama, a la cama* era su estribillo que debía ejecutarse en apropiado tono sobre las virginales. Un exquisito dulce epitalamio de la más molificante eficacia para juveniles amantes a quienes las odoríferas antorchas de los paraninfos han escoltado al cuadrupedal proscenio de la comunión connubial. Bien apareados estaban, dijo el maestro Dixon, regocijado, pero oíd bien, joven señor, mejor sería que los llamaran Bello Monte y Lascivo porque, a decir verdad, de tal mescolanza mucho podía resultar. El joven Esteban dijo a la verdad si mal no recordaba ellos no tenían sino una hembra para todos y ella era la de los burdeles apta para sacar buen partido de los deleites amorosos porque no se ataban perros con longaniza en esos días y las costumbres del país lo permitían. Mayor amor que éste, él dijo, no tiene ningún hombre que un hombre que deja su mujer a su amigo. Ve tú y hazlo así. Así, o con palabras semejantes, lo dijo Zaratustra en una época regio profesor de letras francesas de la universidad de Oxtail ni respiró jamás hombre alguno a quien la humanidad estuviera más obligada. Trae un extraño dentro de tu torre será difícil pero tendrás la mejor cama de segundo orden. *Orate fratres, pro memetip-*

so. Y todas las gentes dirán, amén. Recuerda, Eirin, tus generaciones y tus días antiguos, cómo me tenías en poco y despreciabas mi palabra y trajiste a mis puertas a un extraño para cometer fornicación a mi vista y para ponerte gorda y patalear como Jeshurum. Por esto has pecado contra la luz y me haz hecho a mí, tu señor, esclavo de los criados. Vuelve, vuelve, Clan Milly: no me olvides, ¡oh, Milesiana! ¿Por qué has cometido esta abominación delante de mí, despreciándome por un comerciante de jalapa, y me negaste a los romanos y a los indios de oscuro lenguaje con quienes tus hijas se acostaron lujuriosamente? Contempla ahora ante tus ojos a mi pueblo, sobre la tierra de promisión desde Horeb y de Nebo y de Pisgah y de los Cuernos de Hatten hacia una tierra que mana leche y dinero. Pero tú me has amamantado con una leche amarga: mi luna y mi sol has extinguido para siempre. Y me has dejado solo para siempre en los oscuros caminos de mi amargura: y con un beso de cenizas has besado mi boca. Esta cerrazón del interior, prosiguió diciendo, no ha sido iluminada por el ingenio de los Setenta ni siquiera mencionado porque ese Oriente que viene de lo alto y quebró las puertas del infierno visitó las tinieblas preestablecidas. La frecuentación aminora las atrocidades (como dijo Tulio de sus queridos estoicos) y de Hamlet el padre no mostró al príncipe ampolla alguna de combustión. Lo adiáfano en el mediodía de la vida es una plaga de Egipto que en las noches de prenatividad y postmortalidad es su más apropiado *ubi* y *quomodo*. Y así como los fines y términos de todas las cosas están de acuerdo en alguna forma y medida con sus principios y orígenes, esa misma múltiple concordancia que guía adelante el crecimiento desde el nacimiento cumpliendo por una metamorfosis regresiva esa disminución y ablación hacia el final que es grato a la naturaleza así sucede con nuestro ser subsolar. Las viejas hermanas nos traen a la vida: gemimos, engordamos, gozamos, abrazamos, ceñimos, dejamos, decaemos, morimos: sobre nosotros, muertos, ellas se inclinan. Primero salvado del agua del viejo Nilo, entre juncos, un lecho de zarzos fajados: por último la cavidad de una montaña, un sepulcro oculto entre el clamor del gato montés y el quebrantahuesos. Y así como ningún hombre sabe la ubicación de su túmulo ni a través de qué transformaciones iremos a parar allí, ya sea a Tophet o a Edenville, en la misma forma estará todo oculto cuando miremos hacia atrás para ver desde qué región de remotidad de quéidad de quiénidad o de dóndeidad.

A lo que Punch Costello rugió a plena voz *Etienne chanson* pero ruidosamente los instó mirad, la sabiduría se ha construido a sí misma una casa, esta vasta majestuosa cripta secular, palacio de cristal del Creador en todo su orden perfecto, un penique para el que encuentre el guisante.

> *En el vivac del circo, junto al del pelo lacio,*
> *De Jack el cauteloso contemplad el palacio;*
> *Ved, desborda cebada, y es por falta de espacio.*

Un negro estallido de ruido en la calle, ¡ay!, gritó, percutió. Ruidosamente a la izquierda Tor tronó: en ira horrorosa el lanzador de martillo. He ahí la tormenta que hizo estallar su corazón. Y el maestro Lynch le recomendó que se cuidara de burlarse y de blasfemar, ya que el mismo dios estaba encolerizado por su charla endiablada y pagana. Y aquel que tan arrogantemente había lanzado su desafío se puso pálido de tal modo que todos pudieron notarlo y se estremecieron juntos y su desplante de soberbia que había llegado tan alto se desmoronó de golpe y su corazón tembló dentro de la prisión de su pecho mientras gustaba el rumor de esa tormenta. Después hizo un poco de burla y un poco de befa y Punch Costello arremetió de nuevo a su cerveza y el maestro Lenehan afirmó que haría otro tanto y uniendo la acción a la palabra lo hizo así sin que fuera preciso rogárselo. Pero el matasiete fanfarrón gritó que un viejo Papanadie estaba medio alegre que le era bastante indiferente y que no se iba a dejar ganar de mano. Pero esto no era más que para disimular su desesperación mientras se hundía acobardado en la gran sala de Horne. Y bebió de un solo trago para reconfortar su ánimo de alguna manera porque por todos los ámbitos del cielo retumbaba la voz del trueno, de tal modo que el maestro Madden, devoto ocasionalmente, le golpeó en las costillas con motivo de ese estallido de juicio final, y el maestro Bloom, que se hallaba al lado del matasiete, le dijo sedantes palabras para adormecer sus grandes temores explicándole que no se trataba más que del grande alboroto que se oía producido por la descarga del flúido desprendiéndose desde la cabeza del trueno, mira, habiéndose producido, todo no se aparta de ser un fenómeno natural.

¿Consiguieron las palabras de Calmador vencer el temor de Fanfarrón?

No, porque él llevaba clavado en su seno un dardo llamado Amargura, que las palabras no pueden arrancar. ¿No tenía él entonces ni la calma del uno ni la piedad del otro? No tenía lo uno ni lo otro en la medida que le habría gustado tener lo uno y lo otro. Pero, ¿no podría él haberse esforzado para hallar de nuevo, como en su juventud, la beatífica botella a cuyo influjo había convivido? No, a la verdad, porque faltaba el estado de gracia que le permitiera dar con esa botella. ¿Había entonces oído él en ese estallido la voz del dios Paridor o lo que Calmador había denominado Fenómeno? ¿Oyó? Vaya, no pudo evitar oír, a menos que se hubiera obstruído el conducto Entendimiento (cosa que él no había hecho). Porque gracias a ese conducto él sabía que se hallaba en la tierra del Fenómeno que tendría que abandonar un día ya que, como los demás, no era otra cosa que una efímera apariencia. ¿Y no aceptaría él morir como el resto y desaparecer? De ninguna manera lo haría ni haría además esas efímeras apariencias que los hombres suelen hacer con sus esposas, y que Fenómeno les había ordenado hacer por el libro de la Ley. ¿Entonces no tenía conocimiento de esa otra tierra que se llama Cree-en-Mí, que es la tierra de promisión que corresponde al rey Delicioso y estará para siempre allí donde no hay muerte ni nacimiento, ni desposorios ni maternidad, a la que entrarán tantos como crean en ella? Sí, Piadoso le había hablado de esa tierra y Casto le había enseñado el camino pero el hecho era que en el camino tropezó con una prostituta de un exterior grato a la vista, cuyo nombre, dijo ella, es Pájaro-en-Mano y lo sedujo alejándolo del buen camino con halagos que le prodigaba y, conduciéndolo por senderos extraviados, decíale cosas como: ¡Eh, tú, lindo hombre!, vuélvete hacia acá y te mostraré un lugar encantador, y se presentó ante él tan arrobadoramente que lo atrajo a su gruta que se llama Dos-lo-hacen o, como dicen algunos doctos, Concupiscencia Carnal.

En esto estaba toda la compañía reunida en comunidad en la Morada de las Madres codiciando concupiscentemente y si ellos se encontraran con esta prostituta Pájaro-en-Mano (que lleva dentro de sí todas las plagas pestilentes, monstruos y un demonio perverso) agotarían todos los recursos, pero llegarían a ella y la conocerían. Porque respecto a Cree-en-Mí ellos decían que no era otra cosa que una idea y no podían concebirlo ni pensar en eso porque: primero, Dos-lo-hacen, hacia donde ella los arrastraba, era la gruta más hermosa que hay, y en ella había cuatro almohadas sobre las que podían verse cuatro rótulos con estas palabras escritas: Alajineta, Alrevés, Vergonzoso y Mejilla con Quijada; y, segundo, de esa pestilente peste Todopústula y de los monstruos no les importaba de ellos, porque Preservativo les había dado un fuerte escudo de tripa de buey; y, tercero, que no podían recibir daño tampoco de Progenitura, que era un demonio perverso, por virtud de ese mismo escudo llamado Matachicos. Así estaban todos en su ciega fantasía, el señor Cavilación, el señor A-Veces-Piadoso, el señor Mono-borracho-de-cerveza, el señor Falso-huésped, el señor Melindre-Dixon, Joven-fanfarrón y el señor Cauto-Calmador. En lo que, ¡oh pervertida compañía!, todos estabais engañados, porque ésa era la voz del dios sumido en el frenesí de la ira terrible, tal que su brazo estaba pronto a levantarse y a desparramar vuestras almas en el polvo por vuestros abusos y por los desparramamientos hechos por vosotros contrariamente a su palabra que ordena procrear.

Entonces el jueves 16 de junio Pat Dignam fué puesto bajo tierra a raíz de una apoplejía y después de una dura sequía, gracias a Dios, llovió, un barquero viniendo por agua unas cincuenta millas o algo así con turba, diciendo que la semilla no brotaba, los campos sedientos, de muy triste color y hedían muchísimo los huertos y viviendas también. Difícil respirar y todos los retoños completamente consumidos sin riego durante este largo tiempo atrás como ningún hombre recordaba haber estado privado. Los rosados pimpollos empardecidos y requemados y sobre las colinas nada más que espadaña seca y gavillas a punto para prenderles fuego. Todo el mundo diciendo, porque algo sabían, que el gran viento hizo un año en febrero pasado que de veras hizo estragos en la tierra tan lamentablemente era una cosa pequeña al lado de esta esterilidad. Pero pronto, como se dijo, esta noche después de la puesta del sol, el viento que viene del oeste, grandes nubes hinchadas se vieron a medida que la noche aumentaba y los baquianos en pronosticar mudanzas del tiempo las escudriñaban y al principio algunos refucilos y después, pasadas las diez en el reloj, el gran estallido de un trueno durador y en un santiamén todos huyen atropelladamente a cobijarse por el humeante chaparrón, los hombres protegiendo sus sombreros de paja con un trapo o un pañuelo, las mujeres saltando con los mantos recogidos tan pronto como vino el diluvio. En Ely Place, Baggot Street, Duke's Lane desde allí a través del Merrion Green arriba hasta la Holles Street, corría un torrente de agua donde antes estaba seco como hueso y ni una silla ni coche ni fiacre se veía por ahí pero ningún otro estallido después de ese primero. Más allá contra la puerta del muy honorable juez Fitzgibbon (que va a sentarse con el señor Healy el abogado respecto a las tierras del Colegio) Mal. Mulligan un caballero de caballeros que acababa de venir de lo del señor Moore el escritor (que era papista, pero que ahora, dice la gente, es un buen williamita) se encontró casualmente con Alec. Bannon de melena cortada (que ahora están de moda con las capas de baile de verde Kendal) que recién llegaba a la ciudad desde Mullingar en el ómnibus donde su prima y el hermano de Mal. M. permanecerán un mes todavía hasta San Swithin y le pregunta qué diablos está haciendo allí, uno camino a casa y uno a lo de Andrés Horne con la intención de chocar con una copa de vino, así dijo él, pero le hablaría de una vaquillona retozona grande para su edad con pata maceta mientras todo esto diluviados con lluvia y los dos juntos entonces a lo de Horne. Allí Leop. Bloom, del periódico de Crawfor sentado cómodamente con una banda de bromistas probablemente pendencieros, Dixon joven, estudiante de mi señora de la Merced, Vin. Lynch, un tipo de Escocia, Will Madden, T. Lenehan muy triste por un caballo de carrera que le gustó y Esteban D. Leop. Bloom allí por una languidez que tenía pero ahora estaba mejor, habiendo soñado él esta noche una extraña fantasía de su dama la señora Maruj con babuchas rojas puestas en un par de bombachas turcas que creen los que saben que es signo de mutación la señora Purefoy allí, que entró alegando el estado de su vientre, y ahora sobre el lecho de dolor, pobre cuerpo, dos días pasado el término, las parteras penosamente empeñadas y no puede dar a luz, ella propensa a las náuseas por un vaso de agua de arroz que es un agudo desecador de las entrañas y su respiración muy pesada más de lo que es bueno y debería ser un magnífico chico por los golpes, dicen, mas Dios la desembarace pronto. Es el noveno angelito que lanza a la vida, he oído decir, y el día de la Anunciación mordía las uñas de su último niño que tenía entonces doce meses y que junto con otros tres todos de pecho figura difunto está inscripto con hermosa letra en el libro de familia. Su mari de cincuenta y tantos y metodista pero recibe el Sacramento y se lo ve los buenos domingos con un par de sus chicos en el puente de Bullock tirando el anzuelo en el Canal con su caña de trinquete de pesado fresno o en una batea que él tiene siguiendo la pista de lenguados y abadejos y consigue un hermoso saco, he oído decir. En suma, una infinitamente gran caída de lluvia y todo refrescado y aumentará mucho la cosecha y sin embargo los doctos dicen que después del viento y la lluvia vendrá el fuego según un pronóstico del almanaque de Malaquías (y he oído decir que el señor Russell ha hecho un oráculo profético de la misma familia del Hindustano para su gaceta del agricultor) porque no hay dos sin tres pero esto es una mera suposición sin base razonable para viejas arrugadas y para niños aunque a veces lleguen a acertar con sus cosas estrafalarias no se puede explicar cómo.

Con esto vino Lenehan al pie de la mesa para decir cómo la carta apareció en la gaceta de la noche e hizo el simulacro de encontrársela encima (pues juró con una blasfemia que se había preocupado por el asunto) pero persuadido por Esteban abandonó la búsqueda e invitado a tomar asiento cerca lo hizo rápidamente. Era una suerte de caballero bromista que gustaba de bufonadas o de enredos honestos y en lo que se refiere a mujeres, caballos o algún buen escándalo siempre era materia dispuesta. A decir verdad era pobre de fortuna y la mayor parte del tiempo andaba frecuentando los cafés y tabernuchos en compañía de pequeros, palafreneros, burreros, redobloneros, quinieleros, descuidistas, rateros, damas de burdel y otros bribones por el estilo o se pasaba la noche hasta el amanecer en franca camaradería con gendarmes, recogiendo, entre copa y copa, alguna historia sucia o un chisme suelto. Comía su plato en algún fondín y si conseguía mandarse apenas una porción de malas vituallas o una fuente de tripas con un miserable medio chelín de su cartera, ya estaba en condiciones de darle gusto a la lengua y con algún chisme de cualquier zarrapastrosa o alguna historia obscena conseguía que cualquier hijo de madre se tuviera que agarrar los costados. El otro, es decir, Costello, escuchando esta conversación preguntó si se trataba de cuentos o de poesías. Palabra que no, dice él, Frank (ése era su nombre); se trata de las vacas de Kerry que van a ser carneadas debido a la epidemia. Por mí, dice él con una guiñada, ya las pueden colgar con su magnífica carne y con una pústula encima. Hay en esta lata el mejor pescado que se haya obtenido jamás, y con muy buenos modales se ofreció para gustar algunas sardinetas saladas que allí había y las que estuvo mirando codiciosamente todo el tiempo y vino así a cumplir sus deseos que eran la causa de su presencia ya que la avidez era su punto fuerte. *Mort aux vaches* dice Frank entonces en idioma francés que había estado trabajando con un embarcador de coñac que tenía un depósito de vinos en Burdeos y él hablaba también francés como un caballero. Desde niño este Frank había sido un inservible que su padre, un alcalde de pueblo, apenas pudo conseguir mandarlo a la escuela para que aprendiera a leer y usar los mapas, lo hizo inscribir en la universidad para que estudiara mecánica pero él tomó el freno entre los dientes como un potro salvaje y estaba más familiarizado con el juez y el alguacil de la parroquia que con sus volúmenes. En una época quiso ser actor de teatro, después cantinero y pasador de redoblonas, y luego nada podía alejarlo de las riñas de gallos ni de los atormentaderos de osos, más tarde le dió por el mar océano o por andar a pie con los gitanos por los caminos secuestrando al heredero de algún señor a favor de la luz de la luna o llevándose las ropas tendidas a secar o estrangulando pollos detrás de un cerco. Se había ido de casa tantas veces como vidas tiene un gato y vuelto al lado de su padre con los bolsillos vacíos otras tantas, y el alcalde de pueblo vertía una pinta de lágrimas todas las veces que lo veía llegar. ¿Qué, dice el señor Leopoldo con las manos cruzadas, ansioso por conocer la marcha de los acontecimientos, las van a matar a todas? Afirmo que las vi esta mañana camino de los barcos de Liverpool, dice. No puedo creer que el asunto sea tan grave, dice. Y él tenía cierta experiencia sobre animales de raza y novillos, corderitos grasosos y lana de carneros castrados habiendo sido algunos años atrás apoderado del señor José Cuffe, un importante consignatario de haciendas y rematador de campos de pastoreo al lado del corral del señor Gavin Low en Prussia Street. No estoy de acuerdo con ustedes en eso, dice. Es más probable que sea el hipo o la glositis bovina. El señor Esteban un poco excitado pero con mucha gracia, le dijo no se trata de eso y que tenía correspondencia del Gran Desrabotacolas del Emperador agradeciéndole su hospitalidad, que le enviaba al doctor Quitapostes el más cotizado curabestias de toda Moscovia con uno o dos bolos de remedio para agarrar el toro por los cuernos. Vamos, vamos, dice el señor Vincent, hablemos claro. Él se va a encontrar en los cuernos de un dilema si se mete con un toro irlandés, dice. Irlandés de nombre y de naturaleza, dice el señor Esteban, al mismo tiempo que hacía girar su vaso de cerveza. Un toro irlandés en un bazar inglés de porcelanas. Ya entiendo, dice el señor Dixon. Es el mismo toro que fué enviado a nuestra isla por el estanciero Nicolás, el más honesto criador de ganado de todos con un anillo de esmeralda en la nariz. Dices bien, dice el señor Vincent desde el otro lado de la mesa, eso es dar en el clavo, dice, y jamás ha mandado su estiércol sobre el trébol un toro más rollizo ni más majestuoso. Tenía cuernos de abundancia, pelaje de oro y un dulce aliento humeante saliéndole de las ventanillas de la nariz, de manera que las mujeres de nuestra isla, abandonando sus bolas de pasta y sus rodillos de amasar, siguieron adornando sus atributos con coronas de margaritas. ¿Y qué es lo que ocurre?, dice el señor Dixon, sólo que, antes de que viniera el estanciero Nicolás, que era un eunuco, lo hizo castrar debidamente por un colegio de doctores cuyos componentes no estaban mejor que él. Vete ahora, pues, dice, y haz todo lo que mi primo alemán el lord Harry te dice y toma la bendición de un estanciero labrador, y diciendo esto le cacheteó las nalgas muy ruidosamente. Pero las cachetadas y la bendición le valieron, amigo, dice el señor Vincent, porque para compensar le enseñó una treta que valía por dos, de manera que no hay hasta hoy doncella, esposa, viuda o abadesa que no afirme que prefería en cualquier momento del mes cuchichear en su oído en la oscuridad de un establo o recibir en la nuca una lamida de su larga lengua santa antes que acostarse con el más hermoso mocetón estuprador de los cuatro puntos cardinales de toda Irlanda. Otro agregó entonces su palabra: y lo vistieron, dice, con camisa de encaje y enagua con esclavina y faja y volados en las muñecas y le cortaron la melena y lo frotaron todo con aceite espermático y le levantaron establos en cada recodo del camino con un pesebre de oro lleno cada uno del mejor heno del mercado para que pudiera estirarse y estercolar a su gusto. Mientras tanto el padre de los fieles (porque así le llamaban) se había puesto tan pesado que apenas podía caminar para pastorear. Para remediar lo cual nuestras embaucadoras damas y damiselas le traían el forraje en sus delantales y tan pronto como tenía la barriga llena se alzaba sobre sus cuartos traseros para mostrar a sus señorías el lindo misterio y rugía y bramaba en su idioma de toro y todas detrás de él. ¡Ay!, dice otro, y tan mimado estaba que no toleraba que creciera en todo el país nada más que pasto verde para él (porque ése era el único color de su gusto) y había un tablero colocado sobre una loma en medio de la isla con un aviso impreso, que decía. Por lord Harry verde es el pasto que crece en el suelo. Y, dice el señor Dixon, si sospechaba que algún merodeador de ganado de Roscommon o de los desiertos de Connemara o un granjero de Sligo estaba sembrando nada más que un puñado de mostaza o una bolsa de simiente de nabo silvestre, allí corría poseído por la ira atacando a diestro y siniestro medio país, levantando con sus cuernos las raíces de todo lo que se hubiera plantado y todo por orden de lord Harry. Hubo mucha mala sangre entre ellos al principio, dice el señor Vincent, y lord Harry mandó al labrador Nicolás a todos los diablos y lo llamó maestro de prostitutas, que tenía siete prostitutas en su casa y yo me voy a meter en sus asuntos, dice. Le haré oler el infierno a ese animal, dice, con ayuda de esa buena verga que me dejó mi padre. Pero cierta noche, dice el señor Dixon, en que lord Harry se estaba limpiando el real cuero para ir a comer después de ganar una carrera de botes (él disponía de remos en forma de pala, pero el reglamento de la carrera obligaba a los otros a remar con horquillas para heno) descubrió en sí mismo un parecido maravilloso con un toro y viniendo a dar con un viejo libro de cabecera oscurecido por el rastro grasoso de los dedos que guardaba en la despensa descubrió que efectivamente era un descendiente auténtico por la mano izquierda del famoso toro campeón de los romanos, *Bos Bovum*, que en buen latín de estercolero vale por patrón de la parada. Después de eso, dice el señor Vincent, lord Harry metió su cabeza en una artesa donde beben las vacas en presencia de todos sus cortesanos y volviéndola a sacar les dijo a todos su nuevo nombre. Después, chorreando agua, se metió en una vieja camisa y pollera que habían sido de su abuela y compró una gramática del idioma taurino para estudiarlo, pero nunca pudo aprender una palabra de él, excepto el primer pronombre personal que copió en gran tamaño y aprendió de memoria y si alguna vez salía de paseo se llenaba de tiza los bolsillos para escribirlo sobre lo que se le antojaba, ya fuera al costado de una roca, sobre la mesa de un salón de té, sobre una bala de algodón o sobre un flotador de corcho. En resumen, él y el toro de Irlanda fueron pronto tan íntimos amigos como un trasero y una camisa. Lo eran, dice el señor Esteban, y el final del asunto fué que los hombres de la isla, viendo que no venía ayuda, ya que las ingratas mujeres eran todas del mismo parecer, hicieron una balsa, se embarcaron ellos junto con todos sus enseres, levantaron todos los mástiles, armaron las vergas, soltaron el aparejo, se pusieron de frente, extendieron tres velas al viento, pusieron su proa entre viento y agua, levaron anclas, volvieron la barra a babor, levantaron el pabellón, dieron tres hurras, se dejaron ir de bolina arrastrados por su remolcador y se hicieron a la mar para volver a descubrir América. Lo que dió ocasión, dice el señor Vincent, para que un contramaestre compusiera esta traviesa canción:

*El Papa Pedro no es más que un mea camas.
Un hombre es un hombre por todo eso.*

Nuestro digno conocido, el señor Malaquías Mulligan, apareció ahora en el vano de la puerta, cuando los estudiantes estaban terminando su apólogo, acompañado con un amigo a quien acababa de reencontrar, un joven caballero, de nombre Alec Bannon, que había llegado últimamente a la ciudad, con la intención de conseguir un puesto de insignia o de corneta en el cuerpo de milicianos destinados a la defensa del país y alistarse para la guerra. El señor Mulligan fué lo suficientemente cortés como para expresar cierta aprobación a ello, tanto más porque eso concordaba con su propio proyecto para la cura del perverso mal que se había tratado. A lo que hizo circular entre la compañía un lote de tarjetas de cartón que había hecho imprimir ese día en lo del señor Quinnell, que llevaban esta inscripción impresa en hermosas letras itálicas: *Señor Malaquías Mulligan, fertilizador e incubador, Isla Lambay.* Su proyecto, como procedió a exponer, era el de retirarse del círculo de los placeres ociosos tales como los que forman la principal ocupación de sir Lechuguino Pisaverde y sir Mariquita Curioso en la ciudad y dedicarse a la más noble tarea para que ha sido construído nuestro organismo corpóreo. Bueno, mi amigo, veamos de qué se trata, dijo el señor Dixon. Aseguraría que se trata de puterías. Vamos, siéntense los dos. Es tan barato estar sentado como de pie. El señor Mulligan aceptó la invitación y, extendiéndose sobre su designio, dijo a sus oyentes que lo había llevado a ese pensamiento una consideración de las causas de la esterilidad, tanto la inhibitoria como la prohibitiva, ya fuera la inhibición debida a vejaciones conyugales o a una falta de equilibrio, como si la prohibición procedía de defectos congénitos o de proclividades adquiridas. Le afligía molestamente, dijo, ver el lecho nupcial defraudado de sus más caras prendas; y reflexionar en tantas mujeres agradables con ricos bienes parafernales, que son presas para los más viles bonzos, que ocultan su luz bajo la silla en claustros incompatibles o pierden su lozanía femenina en los abrazos de algún irresponsable oloroso, cuando podrían multiplicar los estuarios de la felicidad, sacrificando la inestimable joya de su sexo, ya que un centenar de lindos tipos estaban a mano para prodigarles sus caricias; esto, les aseguró, hacía llorar su corazón. Para poner fin a este inconveniente (que según las conclusiones a que había llegado se debía a una supresión de calor latente) y después de haber consultado con ciertos consejeros de valía y examinado este asunto, él había resuelto comprar en dominio absoluto a perpetuidad el feudo franco de la isla Lambay a su poseedor, lord Talbot de Malahide, un caballero tory que no gozaba de mucho favor en nuestro poderoso partido. Se proponía establecer allí una granja nacional fertilizadora que se llamaría *Omphalos*, con un obelisco tallado y erigido a la manera egipcia y ofrecer sus respetuosos servicios de concienzudo labrador para la fecundación de cualquier mujer de cualquier categoría de sociedad que allí se dirigiera a él con el deseo de cumplir las funciones de su natural. El dinero no era su objetivo, dijo, ni recibiría un solo penique por sus trabajos. La más pobre fregona, no menos que la más opulenta dama de la alta sociedad, por poco que sus estructuras y sus temperamentos fueran cálidos y persuasivos para apoyar sus peticiones, encontrarían en él su hombre. En lo que respecta a su nutrición, explicó cómo se alimentaría exclusivamente de acuerdo con una dieta compuesta de tubérculos sabrosos, pescados y gazapos de la región, siendo la carne de estos últimos profílicos roedores sumamente recomendada para tal propósito, tanto asada a la parrilla como estofada con una pizca de nuez moscada y uno o dos ajíes picantes. Después de esta homilía que él pronunció con el tono de la más profunda convicción, el señor Mulligan, en un abrir y cerrar de ojos, sacó de su sombrero el pañuelo con que lo había protegido. Ambos, al parecer, habían sido alcanzados por la lluvia y no obstante haber apresurado el paso el agua los había mojado bien, como podía observarse por los calzones de droguete gris del señor Mulligan, que ahora tenían un color indefinido. Su proyecto era muy favorablemente acogido mientras tanto por su auditorio y conquistó sinceros elogios de todos, aunque el señor Dixon de María objetó a él, preguntando con aire melindroso si también se proponía llevar carbón a Newcastle. Sin embargo, el señor Mulligan se congració con los eruditos por medio de una oportuna cita de los clásicos que, tal como la conservaba en su memoria, le pareció que aportaba al debate un argumento sólido y de buen gusto: *Talis ac tanta depravatio hujus seculi, o quirites, ut matres familiarum nostræ lascivas cujuslibet semiviri libici titillationes testibus ponderosis atque excelsis erectionibus centoriunum Romanorum magnopere anteponunt* mientras que para aquellos de más rudo entendimiento explicó su punto de vista mediante analogías del reino animal más de acuerdo para su estómago, el gamo y su hembra del claro del bosque, el pato de corral y la pata.

Sobreestimando no poco la elegancia de su persona, ya que a la verdad estaba bastante pagado de sí mismo, este charlista puso atención a sus vestidos, haciendo observaciones bastante vehementes respecto al repentino capricho de las perturbaciones atmosféricas, mientras la compañía prodigaba sus elogios al proyecto que acababa de exponer. El joven caballero, su amigo, arrebatado de alegría como estaba por un episodio que le había acontecido, no pudo abstenerse de contárselo a su vecino más próximo. El señor Mulligan, percibiendo ahora la mesa, preguntó para quién eran esos panes y peces y, viendo al extraño, le hizo una cortés reverencia y le dijo: Decidme, por favor, señor, ¿os halláis precisado de alguna ayuda profesional que os pudiéramos dar? Quien, al recibir tal ofrecimiento, lo agradeció muy cordialmente, aunque conservando la distancia adecuada y contestó que había venido allí inquiriendo por una dama, residente ahora en la casa de Horne, y que estaba, la pobre dama, en un estado interesante, infortunios de la mujer (y aquí colocó un profundo suspiro), para saber si su felicidad había tenido ya lugar. El señor Dixon, para desquitarse, se puso a preguntar al señor Mulligan si su incipiente ventripotencia, respecto a la que se chanceó, era la señal de una gestación ovular en la utrícula prostática o útero masculino, o si no era más que la evidencia, como en el caso del notable médico señor Austin Meldon, de un lobo en el estómago. A modo de respuesta el señor Mulligan con un ventarrón de risa en sus paños menores, se golpeó valientemente debajo del diafragma, exclamando con una admirable mímica jocosa que recordaba a la madre Grogan (la más excelente criatura de su sexo, aunque es una lástima que sea tan sucia): un vientre que nunca parió un bastardo. Fué ésta una ocurrencia tan feliz que conquistó una salva de aplausos regocijados y produjo la más violenta agitación de delcite en toda la asamblea. La chispeante charla habría seguido con la misma bufonesca animación si no fuera que hubo algo en la antecámara que produjo la alarma.

Aquí el oyente, que no era otro que el estudiante escocés rubio como una estopa, felicitó en la forma más efusiva al joven caballero e, interrumpiendo la narración en un punto notable, expresó al que tenía enfrente, con un cortés ademán, que tuviera la gentileza de pasarle un frasco de aguas cordiales, al mismo tiempo que con una hesitación interrogante y un movimiento de la cabeza (todo un siglo de cortés crianza no habría logrado tan hermoso gesto) al cual se unió un equivalente pero contrario balanceo del dirigente, preguntó al narrador, con tanta claridad y franqueza como jamás se ha hecho con palabras, si podía convidarlo con una copa. *Mais bien sûr*, noble forastero, dijo él alegremente, *et mille compliments*. Podéis hacerlo y muy oportunamente. No necesitaba otra cosa que esta copa para coronar mi felicidad. Pero válgame el cielo si no me quedara yo más que con un mendrugo de pan en mi alforja y una copa de agua del pozo; mi Dios, los aceptaría y de corazón para arrodillarme sobre el santo suelo y dar gracias a las potencias del cielo por la felicidad que me ha sido concedida por el Dispensador de todos los bienes. Con estas palabras acercó la copa a sus labios, apuró un delectable sorbo del licor cordial, se alisó el cabello y, abriendo su pechera, saltó de allí un guardapelo que pendía de una cinta de seda, esa misma miniatura que él había acariciado desde que la mano de ella escribió allí algunas palabras. Contemplando esas facciones con una mirada en que anidaba un mundo de ternura, ¡ah, monsieur, dijo, si la hubierais contemplado como yo tuve ocasión de hacerlo con estos ojos en ese conmovedor instante con su delicado camisolín y su coqueta gorra nueva (un regalo para su día de fiesta como ella me dijo) en tan natural desorden, desnudo de artificio, en tan abandonada ternura, por mi conciencia, aun vos, monsieur, os hubierais sentido arrastrado por vuestra generosa naturaleza a entregaros completamente en las manos de tal enemigo abandonando el campo para siempre! Lo confieso, nunca estuve tan conmovido en toda mi vida. ¡Dios, te doy gracias como Autor de mis días! Tres veces feliz será aquel a quien tan amable criatura bendiga con sus favores. Un suspiro de afecto dió toda su elocuencia a estas palabras, y habiendo vuelto a colocar el relicario en su pecho, se enjugó los ojos y suspiró de nuevo. Benéfico Diseminador de bendiciones a todas Tus criaturas, qué grande y universal debe de ser esa dulzura de Tus tiranías que pueden esclavizar al libre y al cautivo, al sencillo zagal y al refinado mequetrefe, al amante en el apogeo de su temeraria pasión y al esposo de madurados años. Pero en verdad, señor, me aparto del asunto. ¡Qué imperfectos y confundidos son todos nuestros goces sublunares. ¡Maldición! ¡Hubiera querido Dios que la previsión me hubiera hecho acordar de traer mi capa! Al pensar en eso me dan ganas de llorar. Aunque hubieran caído siete chaparrones ninguno de los dos habría estado un penique peor. Pero, mísero de mí, gritó golpeándose la frente, mañana será otro día y, por mil truenos, sé de un *marchand de capotes*, monsieur Poyntz, de quien puedo tener por una *livre* el más confortable capote a la moda francesa que jamás haya preservado a una dama de mojarse. ¡Tate!, grita Le Fécondateur, entrando a tropezones, mi amigo maestro Moore, ese distinguidísimo viajero (acabo de despachar una media botella *avec lui* en compañía de los mejores ingenios de la ciudad), me ha garantizado que en Cape Horn, *ventre biche*, tienen una lluvia que moja a través de cualquier capa, sin exceptuar la más sólida. Un aluvión de tamaña violencia, me dice *sans blague*, ha enviado con harta presteza a más de un tipo infortunado al otro mundo. ¡Bah! ¡Una *livre*!, grita monsieur Lynch. Esas incómodas cosas son caras a un sueldo. Un paraguas, aunque no fuera más grande que un hongo de hadas, vale por diez de esos tapones de emergencia. Ninguna mujer que tenga un poco de talento lo usaría. Mi querida Kitty me dijo hoy que ella bailaría en un diluvio antes que morirse de hambre en tal arca de salvación porque, como ella me lo hizo acordar (sonrojándose encantadoramente y susurrando a mi oído, aun cuando no hubiera nadie que pudiera atrapar sus palabras, excepto algunas aturdidas mariposas), la señora Naturaleza, por una gracia divina, lo ha implantado en nuestros corazones y se ha convertido en algo proverbial que *il y a deux choses* por las que la inocencia de nuestro atavío original, que en otras circunstancias sería una violación de los cánones sociales, es la más adecuada; más, la única vestimenta. Lo primero, dijo ella (y aquí, mi lindo filósofo, cuando yo la ayudaba a subir a su tílburi, para fijar mi atención, suavemente me dió un golpecito con la lengua en la cámara externa de mi oreja), lo primero es un baño... pero en ese momento una campanilla retintineando en el vestíbulo interrumpió un discurso que prometía tanto para el enriquecimiento de nuestro caudal de conocimientos.

En medio de la franca y general alegría de la asamblea sonó una campanilla y, mientras todos estaban conjeturando cuál podría ser la causa, la señorita Callan entró y, habiendo dicho unas pocas palabras en voz baja al joven señor Dixon, se retiró con una profunda reverencia a la compañía. La presencia, aunque más no fuera que por un instante, de una mujer dotada de todas las cualidades de modestia y no menos severa que hermosa en una partida de libertinos, contuvo las salidas jocosas hasta de los más licenciosos, pero su partida fué la señal de un estallido de obscenidades. Me enternece, dijo Costello, tipo ruin enteramente borracho. ¡Un bocadito de carne de vaca monstruosamente hermoso! Apuesto a que se ha citado con usted. ¿Qué, perro? ¿Tienes un modo especial de tratarlas? Pimpollo de Dios. Inmensamente así, dijo el señor Lynch. El estilo al lado de la cama es el que usan en el Mater hospicio. ¡Demonios!, ¿no les hace caricias a las monjas bajo la barba el doctor O'Gárgaras? Por mi salvación, me lo dijo mi Kitty que ha sido mucama de la sala durante estos últimos siete meses. ¡Por piedad, doctor! gritó la sangre joven en el chaleco primaveral, fingiendo una sonrisa tonta de mujer e inmodestas retorceduras de su cuerpo, ¡cómo atormentáis a un cuerpo! ¡Atiza! ¡Válgame Dios, soy un puro temblor! ¡Toma, si eres tan malo como el querido pequeño Padre Puedesbesarlas que eres! Que este pote de cuatro medio me ahogue, gritó Costello, si no está embarazada. Conozco a una mujer que lleva gato encerrado apenas le pongo los ojos encima. El joven cirujano, sin embargo, se levantó y rogó a la compañía disculpar su retirada, puesto que la enfermera acababa de informarle que lo necesitaban en la sala. La misericordiosa providencia había tenido la bondad de poner término a los sufrimientos de la dama que estaba *enceinte* los que ella había sobrellevado con laudable fortaleza y había dado a luz un robusto muchacho. Pido tolerancia, dijo, para aquellos que, sin talento para vivificar o sin ciencia para instruir, denigran una ennoblecedora profesión que, salvo la reverencia debida a la Deidad, es el mayor poder generador de felicidad sobre la tierra. Soy categórico cuando digo que si necesario fuera yo podría producir una nube de testigos de la excelencia de sus nobles funciones, las que, lejos de ser objeto de burla, deberían ser un glorioso incentivo para el pecho humano. No puedo soportarlos. ¿Qué? Miserable ese que es capaz de calumniar a la amable señorita Callan, quien es honor para su sexo y asombro del nuestro en el instante más trascendental que puede vivir una mezquina criatura de barro. ¡Perezca tal pensamiento! Me estremezco al pensar en el futuro de una raza donde han sido sembradas las semillas de semejante malicia y donde no se rinde la reverencia debida a la madre y a la doncella en la casa de Horne. Habiéndose desembarazado de ese reproche saludó a los allí presentes al pasar y se dirigió a la puerta. Un unánime murmullo de aprobación se levantó y algunos estaban por expulsar al vil borrachín sin más rodeos, designio que hubiera sido llevado a efecto y él no habría recibido más que su justo merecido si no hubiera aminorado su transgresión, afirmando con una horrible imprecación (porque blasfemaba a diestro y siniestro) que era tan buen hijo del rebaño como el que jamás haya alentado bajo el sol. Que se interrumpa mi vida, dijo, si ésos no fueron siempre los sentimientos del honrado Frank Costello que fuí criado muy especialmente para honrar a tu padre y a tu madre que tenía la mejor mano para preparar un budín o una papilla que jamás hayáis visto a la que siempre recuerdo con tierna veneración.

Para volver al señor Bloom, que, después de su primera entrada, había sido consciente de algunas burlas impúdicas, las que él, sin embargo, había sobrellevado como los frutos de esa edad a la que comúnmente se acusa de no conocer la piedad. Los jóvenes petimetres, es verdad, estaban tan llenos de extravagancias como niños grandullones; las palabras de sus tumultuosas discusiones se entendían difícilmente y no siempre eran delicadas; su quisquillosidad y desaforados *mots* eran tales que sus intelectos los esquivaban, ni eran ellos escrupulosamente sensibles de las conveniencias aunque su fondo de espíritus de animales fuertes hablaba por ellos. Pero las palabras del señor Costello eran un idioma desagradable para él porque le producía náuseas el miserable que le parecía una criatura desorejada de deformada giba nacido de un connubio clandestino y arrojado como un jorobado con dientes y los pies primero dentro del mundo, a quien la abolladura de las tenacillas del cirujano en su cráneo daba en verdad un color, tal como hacerle pensar en ese eslabón perdido de la cadena de la creación deseado por el extinto ingenioso señor Darwin. Andaban ya ahora pasando más allá de la mitad de los años que nos son concedidos que había pasado a través de los miles de vicisitudes de la existencia y, siendo de raza prudente y él mismo hombre de rara previsión, había prescrito a su corazón refrenar todos los síntomas de naciente cólera y, mientras los interceptaba con la más concienzuda precaución, nutría dentro de su corazón esa plenitud de sufrimiento de que se burlan los bajos espíritus, los jueces incompetentes desprecian y todos los demás encuentran tolerable y nada más que tolerable. A los que alardean de ingeniosos a costa de la delicadeza femenina (desviación de espíritu que nunca mereció su aprobación), a ellos no les permitiría llamarse hombres ni heredar la tradición de una crianza apropiada; mientras para aquellos que, habiendo perdido toda noción de tolerancia, ya más no pueden perder, quedaba el agudo antídoto de la experiencia para obligar a los muy insolentes a batirse en precipitada retirada ignominiosa. No es que él no pudiera comprender el valor contenido en la fogosidad de la juventud capaz de menospreciar las mojigaterías de los viejos impotentes y los regaños de los puritanos y que está siempre dispuesta (como lo expresa la casta imaginación del Santo Escritor) a comer del árbol prohibido, sin ir nunca tan lejos como para aceptar la falta de humanidad, de cualquier condición que sea, hacia una dama que está cumpliendo los legítimos deberes de su cargo. Para terminar, aun cuando, por las palabras de la hermana había podido preverse un rápido alumbramiento, debemos reconocer, por lo demás, que no era para él pequeño alivio el saber que el nacimiento así auspiciado, después de una tal resistencia, venía ahora a demostrar, una vez más, la misericordia y la magnanimidad del Ser Supremo.

En consecuencia expuso sus pensamientos a su vecino, diciéndole que, para expresar sus ideas al respecto, su opinión (que a decir verdad no debería exponerse a emitirla) era que es preciso tener un temperamento frío y una cabeza muy en su sitio para no sentirse gozoso por estas noticias novísimas de la fruición de su parto, ya que ella había tenido que sufrir tales dolores sin que fuese culpable. El acicalado joven calavera dijo que era su marido quien la puso en ese trance de expectativa, o que por lo menos así debería ser, salvo que ella no fuese más que otra matrona de Efeso. Debo informaros, dijo el señor Crotthers golpeando sobre la mesa para provocar un resonante y enfático comentario, que el glorioso viejo Allelujerum estuvo hoy otra vez aquí, un hombre de edad madura y taciturno, emitiendo una petición a través de su nariz para tener noticias de Guillermina, mi vida, como él la llamaba. Le recomendé que estuviera preparado, porque el suceso estallaría pronto. Son cosas de la vida, me quedaré por aquí con usted. No puedo menos que admirar la pujanza viril del viejo cabrón que todavía fué capaz de hacerle otro chico. Todos dieron en expresar su admiración, cada cual a su manera, si bien es cierto que el joven calavera se mantuvo en su primer punto de vista de que algún otro que no sería el cónyuge debía de haber sido el hombre de la brecha: un hombre de iglesia, un portaantorcha o un vendedor ambulante de artículos necesarios para el hogar. Singular, se dijo a sí mismo el invitado, la prodigiosa facultad de metempsicosis que poseen, a tal punto que el dormitorio puerperal y el anfiteatro de disección pudieran ser el gimnasio de tal frivolidad, que el simple título académico sería suficiente para transformar en una pizca de tiempo a estos adoradores de la ligereza en ejemplares practicadores de un arte que la mayor parte de los hombres a todas luces eminentes han estimado como el más noble. Pero, agregó después, acaso se trate de que ellos procuran aliviarse de sus sentimientos, porque he podido observar más de una vez que los pájaros de igual plumaje saben reír mejor si ríen juntos.

Pero preguntémonos: ¿Con qué finalidad del noble señor, su protector, se ha constituido este extranjero, a quien la concesión de un gracioso príncipe ha admitido a los derechos civiles, en supremo administrador, por sí mismo, de nuestra política interna? ¿Dónde está ahora esa gratitud que la lealtad debería haber aconsejado? Durante la reciente guerra cuando quiera que el enemigo tenía una ventaja temporaria con sus granados ¿no se aprovechaba este traidor a su clase de ese momento para descargar su arma contra el imperio del cual no es más un inquilino tolerado mientras temblaba por la seguridad de sus dividendos? ¿Se ha olvidado de esto como ha olvidado todos los beneficios recibidos? ¿O es que a fuerza de embaucar a los demás se ha convertido por fin en su propio embaucado, ya que, si no lo calumnian los informes, es él su mismo y único objeto de placer? Sería delito de lesa delicadeza violar la alcoba de una respetable dama, la hija de un valiente comandante, o arrojar las más lejanas reflexiones sobre su virtud, pero si él atrae la atención hacia ese punto (cosa que le habría interesado muchísimo no haber hecho) sea entonces así. Mujer infortunada, le han sido negadas demasiado tiempo y con harta persistencia sus legítimas prerrogativas para atender las amonestaciones de ese hombre con otro sentimiento que no fuese el de escarnio del desesperado. Eso dice ese moralista, un verdadero pelícano en su piedad, que no tuvo escrúpulos, olvidando los lazos naturales, en buscar relaciones ilícitas con una doméstica salida de la más baja capa de la sociedad. ¡Ah, si la escoba de esa buena pieza no hubiera sido su ángel tutelar le hubiera ido tan mal como a Agar, la Egipcia! En la cuestión de los campos de pastoreo su malhumorada aspereza es notoria y en la audiencia del señor Cuffe se atrajo, de parte de un ganadero indignado, una réplica mordaz expresada en términos tan rectos como bucólicos. Le queda mal predicar ese evangelio. ¿Acaso no tiene él al alcance de la mano una tierra de pan llevar que queda abandonada, en barbecho, por falta de una reja de arado? Un hábito represible en la pubertad se convierte en una segunda naturaleza y en un oprobio en la edad madura. Si necesita disponer de su bálsamo de Judea en forma de medicinas secretas o apotegmas de dudoso gusto para volver a la salud a una generación de jóvenes libertinos, que sus prácticas estén más en armonía con las doctrinas que ahora lo absorben. Su pecho marital es el receptáculo de secretos que el decoro se niega a sacar a luz. Las lascivas sugestiones de alguna marchita belleza pueden consolarle de una consorte desdeñada y pervertida, pero ese nuevo exponente de la moral y curador de las plagas sociales no es más que un árbol exótico que, arraigado en su oriente nativo, prosperó y floreció y abundó en bálsamo; pero, trasplantado a un clima más benigno, ha perdido el antiguo valor de sus raíces, mientras que la sustancia que sale de él es estancada, ácida e ineficaz.

La noticia fué comunicada con una circunspección que recordaba las ceremonias al uso de la Sublime Puerta por la segunda enfermera al oficial médico segundo de servicio, quien a su vez anunció a la delegación que había nacido un heredero. Cuando él se hubo trasladado al departamento de las mujeres, para asistir a la ceremonia prescripta de las secundinas en presencia del secretario de Estado para el interior y los miembros del consejo privado, silenciosos en unánime agotamiento y aprobación, los delegados, irritados por la duración y solemnidad de su vigilia, y confiando en que el feliz acontecimiento excusaría una licencia que la ausencia simultánea de doncella y oficial hacían tanto más fácil, se lanzaron súbitamente a una contienda de discursos. Se oyó en vano la voz del señor Solicitador Bloom esforzándose por exhortar, molificar, reprimir. El momento era demasiado propicio para el despliegue de una argumentación que parecía el único nexo de unión entre dos temperamentos tan divergentes. Cada aspecto de la cuestión fué desentrañado por turno: la repugnancia prenatal de los hermanos uterinos, la operación cesárea, los nacimientos póstumos con relación al padre, y esa forma rara con relación a la madre, el fratricidio conocido como el crimen de Childs y que se hizo célebre por la apasionada defensa del abogado Bushe, que logró la absolución del acusado inocente; los derechos de primogenitura y prioridad real respecto a mellizos y trillizos, abortos e infanticidios, simulados y disimulados, *fœtus in fœtu* acardíacos, aprosopia resultante de una congestión, la agnacia de ciertos chinos sin barba (citados por el candidato señor Mulligan) a consecuencia de una unión defectuosa de las protuberancias maxilares a lo largo de la línea media, a tal punto que (dijo él) una oreja podía oír lo que salía de la otra; los beneficios de la anestesia o sueño crepuscular; la prolongación de los dolores del parto en la preñez avanzada a consecuencia de la presión sobre la vena; la pérdida prematura del flúido amniótico (tal como en el caso presente), cuya consecuencia es el peligro inminente de sepsis a la matriz; la fecundación artificial por medio de jeringas; la involución de la matriz como consecuencia de la menopausia, el problema de la perpetuación de las especies en los casos de fecundación por estupro delincuente; esa angustiosa forma de alumbramiento llamada *Sturzgeburt* por los brandeburgueses; los casos que se han registrado de nacimientos multigeminados, bispermáticos y monstruosos, debidos a la concepción durante el período menstrual o por uniones entre consanguíneos; en una palabra, todos los casos anormales en el nacimiento humano que Aristóteles ha clasificado en su obra maestra con cromolitográfica ilustración. Los más graves problemas de la medicina obstétrica y forense fueron examinados con tanta animación como las creencias populares sobre el estado de embarazo, tales como la prohibición a una mujer en estado de embarazo de subir escaleras por temor de que sus movimientos puedan provocar el estrangulamiento de la criatura por el cordón umbilical y la recomendación en el caso de un deseo ardientemente acariciado y no satisfecho, de poner la mano sobre esa parte de la persona que una usanza inmemorial ha consagrado como lugar de los castigos corporales. Las anormalidades de labios leporinos, marcas de nacimiento, dedos supernumerarios, manchas de frutilla y manchas de oporto, fueron alegados por alguien como una explicación *prima facie* y natural de los niños con cabeza de cerdo (el caso de madame Grissel Steevens no fué olvidado), o de pelo de perro que nacen ocasionalmente. La hipótesis de una memoria plásmica, sustentada por el enviado de Celedonia y digna de las tradiciones metafísicas del país que representaba, insinuó que veía en esos casos la detención del desarrollo embrionario en una etapa precedente a la humana. Un delegado tan extraño como exótico sostuvo contra ambas opiniones, con tanto calor que casi llegaba a convencer, la teoría de cópulas entre mujeres y animales machos, basando la autoridad de sus asertos en fábulas como la del minotauro, que el genio del elegante poeta latino nos ha transmitido en las páginas de sus Metamorfosis. La impresión producida de inmediato por sus palabras fué evidente, pero duró poco. La eclipsaron, con tanta rapidez como surgió, las palabras de la alocución del señor Candidato Mulligan, dichas en ese tono chusco que nadie mejor que él era capaz de emplear con tal maestría, postulando como el supremo objeto de deseo un lindo viejo limpio. Habiéndose suscitado al mismo tiempo un acalorado debate entre el señor Delegado Madden y el señor Candidato Lynch respecto al dilema jurídico y teológico que provoca el fallecimiento de un mellizo siamés quedando el otro vivo, fué referida la dificultad, por nuestro consentimiento, al señor Solicitador Bloom, para ser inmediatamente sometida al señor Diácono Coadjutor Dedalus. Silencioso hasta ese momento, ya sea para poner en evidencia mediante preternatural gravedad esa curiosa dignidad de que estaba investido o por obediencia a una voz interior, enunció brevemente, y según pensaron algunos perfunctoriamente, el precepto eclesiástico que prohibe separar lo que Dios ha juntado.

Pero el relato de Malaquías empezó a penetrarles con su frío horror. Patentizó la escena a sus ojos. El panel secreto de la chimenea se deslizó hacia atrás y en el hueco apareció... ¡Haines! ¿Quién, entre nosotros, no sufrió un escalofrío? Traía en una mano un portafolio repleto de literatura céltica y en la otra un frasco con la palabra *veneno*. La sorpresa, el horror y la repugnancia se retrataban en todos los rostros, mientras él los contemplaba con una horrible sonrisa macabra. Yo esperaba una acogida semejante, comenzó él con una sonrisa demoníaca, de la cual, al parecer, es responsable la historia. Sí, es verdad, soy yo el asesino de Samuel Childs. ¡Y qué castigo el mío! El infierno no me asusta. Eso es lo que se ve en mi aspecto. Cizaña y edades, cómo podría yo descansar, gruñó espesamente, y yo transitando por Dublin durante larguísimo tiempo con mi ración de canciones y él mismo detrás de mí como un súcubo o un babeante dragón. Mi infierno y el de Irlanda están en esta vida. Esto es lo que intenté para borrar mi crimen. Las distracciones, el tiro a la corneja, el léxico Erse (recitó algunas cosas), el láudano (llevó el frasco a sus labios), pasar las noches al raso. ¡En vano! Su espectro me acecha. Doparme es mi única esperanza... ¡Ah! ¡Destrucción! ¡La pantera negra! Desapareció con un grito, y el panel volvió a su sitio. Un instante después su cabeza apareció en la puerta opuesta y dijo: Espérame en la estación de Westland Row a las once y diez. ¡Se fué! Las lágrimas brotaron de los ojos de los libertinos anfitriones. El vidente elevó su mano al cielo, murmurando: ¡La *vendetta* de Mananaan! El filósofo repitió *Lex talionis*. El sentimental es aquel que disfruta sin incurrir en la inmensa deuda por una cosa hecha. Malaquías, vencido por la emoción, se interrumpió. El misterio estaba develado. Haines era el tercer hermano. Su verdadero nombre era Childs. La pantera negra era ella misma el espíritu de su propio padre. Él tomaba drogas para olvidar. Por este alivio muchas gracias. La casa solitaria al lado del cementerio está deshabitada. Alma alguna quiere vivir allí. La araña teje su tela en la soledad. La rata nocturna atisba desde su agujero. Una maldición pesa sobre ella. La habitan los fantasmas. Tierra de asesino.

¿Cuál es la edad del alma del hombre? Así como tiene la virtud del camaleón, para cambiar de color según quien se le aproxime, para estar contenta con los alegres y triste con los abatidos, así también su edad varía de acuerdo con su humor. Mientras se halla ahí sentado, rumiando sus recuerdos, Leopoldo ya no es más ese juicioso agente de publicidad y dueño de una modesta renta. Es el joven Leopoldo, que se contempla a sí mismo retrospectivamente, espejo dentro de un espejo. (¡Eh, presto!) Se ve en esa joven silueta de entonces, precozmente varonil, caminando en una mañana helada desde la casa vieja de la calle Clambrassil a la escuela secundaria, con su cartera de libros en bandolera, y en ella una buena rebanada de pan de trigo, atención cordial de una madre. O bien la misma silueta, cerca de un año después, con su primer sombrero de castor (¡ah, qué día ése!), viajando ya, viajante consumado para la firma de la familia, equipado con un libro de pedidos, un pañuelo perfumado (no solamente para vista), su caja de brillantes chucherías (cosas, ¡ay!, ya del pasado) y un carcaj de complacientes sonrisas para esta o aquella ama de casa semiconvencida de que hace cálculos con los dedos o para una virgen en capullo admitiendo tímidamente (¿mas el corazón? ¡Eh?) sus estudiados besamanos. El perfume, la sonrisa; pero, más que esto, los oscuros ojos y el oleaginoso trato, le permitían traer a casa, a la caída de la tarde, numerosos pedidos al jefe de la firma que, sentado con la pipa de Jacobo después de tareas análogas en el regazo paterno (una comida de tallarines, puede estar seguro, se está calentando), leía a través de sus redondos anteojos de cuerno algún diario de la Europa del mes anterior. Pero, ¡eh, presto!, el espejo se empaña con el aliento y el joven caballero errante retrocede, tiembla, hasta convertirse en un punto minúsculo entre la niebla. Ahora él mismo es paternal y éstos alrededor suyo podrían ser sus hijos. ¿Quién puede decirlo? Prudente el padre que conoce a su propio hijo. Recuerda una noche de llovizna en Hatch Street, cerca de los depósitos, la primera. Juntos (ella es una pobre granuja, hija de la vergüenza, tuya y mía y de todos por un simple chelín y su penique de suerte), juntos escuchan el pesado paso del centinela, mientras dos sombras con gorras impermeables pasan por la nueva universidad real. ¡Bridie! ¡Bridie Kelly! Nunca olvidará ese nombre, siempre recordará esa noche, noche primera, noche de bodas. Están entrelazadas en un abismo de sombras, el sacrificador con el objeto de sus deseos, y en un instante *(fiat!)* la luz inundará el mundo. ¿Latieron los corazones al unísono? No, amable lectora. En un soplo todo fué consumado, pero ¡detente! ¡Atrás! ¡No debe ser! Aterrorizada, la pobre niña huye entre la sombra. Es la novia de las tinieblas, una hija de la noche. No se atreve a afrontar la dorada criatura del día. ¡No, Leopoldo! Que ni el nombre ni la memoria te sirvan de sosiego. Esa juvenil ilusión de tu fuerza te fué quitada y en vano. No tienes a tu lado ningún hijo nacido de ti. Ahora no hay nadie que sea para Leopoldo lo que Leopoldo fué para Rodolfo.

Las voces se desdibujan y se funden en nublado silencio: silencio que es el infinito del espacio: y velozmente, quedamente, el alma es mecida por el aire sobre regiones de ciclos de los ciclos de generaciones que fueron. Una región donde el crepúsculo gris desciende siempre, sin caer nunca, sobre vastos campos de pastoreo color verde de salvia, crepúsculo que vierte su oscuridad, esparciendo perenne rocío de estrellas. Ella sigue a su madre, una yegua que guía a su potranca, con inseguro paso. Sin embargo, ellas son los fantasmas del crepúsculo, moldeadas en profética gracia, esbeltas, caderas en forma de ánfora, flexible y tendinoso cuello, tranquila cabeza recelosa. Se disipan, tristes fantasmas: todo ha sido. Agendath es una tierra yerma, hogar de lechuzas y de la upupa cegada por la arena. La espléndida Netaim no existe más. Y por el camino de las nubes vienen ellos, gruñendo sus truenos de rebelión, los espectros de las bestias. ¡Uhú! ¡Ea! ¡Uhú! El piafante paralaje los escolta, aguijoneándolos con los punzantes relámpagos de su frente de escorpiones. El alce y el yack, los toros de Bashan y Babilonia, el mamut y el mastodonte, vienen en tropel hacia el sumido mar, *Lacus Mortis.* ¡Hueste zodiacal de siniestro augurio clamando venganza! Pasan, remontando nubes, en gemidora y agitada multitud, cuernos y capricornios, trompetas y colmillos, melenas de león, astas gigantes, hocicos y morros, reptantes, roedores, rumiantes y paquidermos asesinos del sol.

Avanzando hacia el Mar Muerto marchan para sorber, insaciables, con horribles tragos, la salobre inagotable agua somnolienta. Y el portento ecuestre crece todavía, magnificándose en los desiertos cielos, llegando a cubrirlos, desmesuradamente, hasta sobrepasar la mansión de Virgo. Y es ella, ¡oh maravilla de la metempsicosis!, es ella, la eterna novia, precursora del lucero del alba, la esposa siempre virgen. Es ella, Marta, perdido bien, Millicent, la joven, la querida, la radiante. ¡Qué serena se eleva ahora, reina entre las Pléyades, en la penúltima hora que precede a la aurora, calzada con sandalias de oro puro, tocada con un velo que se llama cabello de la virgen. Flota, fluye alrededor de su carne estelar y de ella brotan esmeraldas, zafiros, malva y heliotropo, suspendida sobre corrientes de frío viento intersideral, enroscándose, enrollándose, escribiendo en los cielos una misteriosa escritura hasta que después de miríadas de metamorfosis simbólicas se enciende, Alfa, un rubí, un signo triangular sobre la frente de Tauro.

Francis hizo recordar a Esteban los años lejanos que habían pasado juntos en la escuela, en la época de Conmee. Le preguntó por Glauco, Alcibíades, Pisístrato. ¿Dónde estaban ahora? Ninguno de los dos lo sabía. Has hablado del pasado y sus fantasmas, dijo Esteban. ¿Por qué pensar en ellos? ¿Si los llamo a la vida a través de las aguas del Leteo no vendrán los pobres espíritus en tropel a mi llamado? ¿Quién lo supone? Yo, Bous Stephanoumenos, bardo benefactordebueyes, que soy su dueño y el creador de su vida. Rodeó sus cabellos alborotados con una guirnalda de hojas de vid, sonriendo a Vincent. Esa contestación y esas hojas, le dijo Vincent, te adornarán mejor cuando algo más y muchísimo más que un puñado de odas fugitivas pueda llamarte su padre genial. Todos los que te quieren bien te desean eso. Todos quieren verte producir la obra que meditas. Yo deseo de todo corazón que no los defraudes. ¡Oh, no, Vincent —dijo Lenehan, apoyando una mano sobre el hombro que tenía cerca—; no temas! Él no podría dejar huérfana a su madre. El rostro del joven se ensombreció. Todos pudieron ver cuán penoso le era que le recordaran su promesa y su reciente pérdida. Se habría retirado del banquete si el ruido de voces no hubiera apaciguado el ardido dolor. Madden había perdido cinco dracmas sobre Cetro por un antojo, debido al nombre del jockey; Lenehan, otro tanto. Les describió la carrera. La bandera cayó y, ¡uhú!, afuera, largaron, la yegua en gran forma con O. Madden arriba. Iba a la cabeza: todos los corazones palpitaban. Ni Phillis misma podía contenerse. Agitó su echarpe y gritó: ¡Hurra! ¡Cetro gana! Pero en la recta final, cuando todos venían parejos, Billete se puso a la par y luego los pasó. Todo estaba perdido ahora. Phillis guardaba silencio: sus ojos eran tristes anémonas. Juno, gritó, estoy arruinada. Pero su amante la consoló y le trajo un brillante cofrecito dorado en el que había algunos confites ovalados de los que ella participó. Dejó caer una lágrima: una solamente. Es una fusta de primera ese W. Lane, dijo Lenehan. Cuatro ganadores ayer y tres hoy. ¿Qué jockey podría comparársele? Móntenlo sobre un camello o sobre un turbulento búfalo y alcanzará la victoria viniendo al trote. Pero sobrellevémoslo como se estilaba antiguamente. ¡Misericordia para los infortunados! ¡Pobre Cetro!, dijo él con un ligero suspiro. No es la potranca de antes. Nunca, por mi cabeza, contemplaremos otra semejante. Voto a bríos, señor, era una verdadera reina. ¿Te acuerdas de ella, Vincent? Quisiera que hubieras visto a mi reina hoy, dijo Vincent, qué joven y radiante estaba (Lalage habría visto palidecer su hermosura a su lado), con sus zapatos amarillos y su vestido de muselina, no sé cómo se llama. Los castaños que nos daban sombra estaban en flor; el aire descendía con su persuasivo aroma y con el polen flotando alrededor de nosotros. En las manchas de sol, sobre las piedras, podía haberse puesto fácilmente a cocer una buena hornada de esos bollos rellenos de fruta de Corinto que Periplepomemos vende en su garita cerca del puente. Pero ella no tenía, para sus dientes, otra cosa que el brazo con que yo la sostenía y que mordisqueó perversamente cuando la apreté demasiado. Hace una semana estaba enferma, pasó cuatro días en el lecho, pero hoy andaba libre, flexible, burlándose del peligro. Estaba más seductora entonces. ¡Sus flores también! Muchacha loca, cuántas cogió mientras estábamos reclinados juntos. Y aquí, entre nosotros, mi amigo, ¿a que no adivinas quién nos encontró cuando dejábamos el campo? ¡Conmee en persona! Andaba a la vera del seto, leyendo, creo que un breviario con, ¿a qué dudarlo?, una ingeniosa carta de Glycera o de Chloe para señalar la página. La dulce criatura se puso de todos colores en su confusión, fingiendo acomodar alguna cosa en sus ropas: una ramita del cerco se adhirió a su vestido, porque hasta los mismos árboles la adoran. Cuando Conmee hubo pasado, ella miró su hermoso doble en el espejito que lleva consigo. Pero él fué bondadoso. Al pasar nos bendijo. Los dioses son también bondadosos siempre, dijo Lenehan. Si tuve mala suerte con la yegua de Bass, quizá este trago del suyo me sea más propicio. Esto diciendo apoyaba su mano sobre una jarra de vino: Malaquías la vió y detuvo su gesto, señalando al extraño y a la etiqueta escarlata. Astutamente susurró Malaquías: observa un silencio de druida. Su alma está lejos. Es quizá tan doloroso ser despertado de una visión como nacer. Cualquier objeto, contemplado intensamente, puede ser una puerta de acceso al incorruptible eón de los dioses. ¿No lo crees así, Esteban? Me lo enseñó Theosophos, contestó Esteban, quien fué iniciado en la ley cármica por unos sacerdotes egipcios en una existencia anterior. Los señores de la luna, me dijo Theosophos, un ígneo cargamento naranja vivo del planeta Alfa de la cadena lunar, no se amalgamaron con los dobles etéricos, y éstos, en consecuencia, fueron encarnados por los egos escarlata de la segunda constelación.

Sin embargo, tomando aún como punto de partida acerca de él la prepóstera conjetura de alguna u otra clase de zona de calmas ecuatoriales o mesmerizadas, lo que se debía enteramente a un concepto erróneo del más bajo carácter, no era ése el caso de ningún modo. El individuo cuyos órganos visuales estaban, mientras lo mencionado estaba sucediendo, comenzando a exhibir síntomas de animación en esta ocasión, era tan astuto, si no más astuto, que cualquier hombre viviente, y cualquiera que conjeturara lo contrario se habría encontrado con bastante rapidez en el casillero equivocado. Durante los últimos cuatro minutos aproximadamente él había estado mirando fijo a cierta cantidad de Bass número uno embotellado por los señores Bass y Cía. en Burton del Trent, que se hallaban por azar entre una cantidad de otras en el lado opuesto al que él ocupaba y que aparecían como para atraer la atención de cualquiera debido a su exterior escarlata. Él estaba pura y simplemente, como se evidenció subsiguientemente por razones que él solo conocía, lo que daba un carácter enteramente distinto a las actuaciones después de las observaciones precedentes acerca de los días de adolescencia y las carreras, al recordar dos o tres transacciones privativas de ellos de las que los otros dos eran tan mutuamente inocentes como el niño antes de nacer. Eventualmente, sin embargo, las miradas de ambos se encontraron y, apenas empezó a caer en la cuenta de que el otro estaba tratando de servirse, él involuntariamente se decidió a servirse a sí mismo, y entonces, obrando de acuerdo, se apoderó del recipiente de tamaño mediano que contenía el flúido buscado e hizo un espacioso vacío en él, haciendo salir una buena cantidad del mismo y prestando, sin embargo, también considerable grado de atención, a fin de no volcar por el suelo nada de la cerveza que había adentro.

El debate que siguió fué en su alcance y desarrollo un epítome del curso de la vida. Ni el lugar ni la asamblea carecían de dignidad. Los polemistas eran los más sutiles del país, el tema que trataban el más elevado y vital. La sala de alto techo de Horne no había visto jamás una asamblea tan representativa y variada ni habían escuchado los viejos cabríos de ese establecimiento un lenguaje tan enciclopédico. Ésa era en verdad una escena soberbia. Allí estaba, frente a la mesa, con su llamativo vestido de highlander, Crotthers, el rostro resplandeciente por los marinos aires del Mull de Galloway. Al lado opuesto estaba también Lynch, cuyo continente llevaba ya el estigma de la temprana depravación y la prematura sabiduría. Siguiendo al escocés venía el lugar asignado a Costello el excéntrico, mientras que a su lado se sentaba en estólido reposo la rechoncha figura de Madden. La silla del Maestro de Ceremonias estaba en verdad vacante delante del hogar, pero a ambos flancos de la misma la figura de Bonnon con equipo de explorador de pantalones cortos de tweed y abarcas de cuero crudo de vaca contrastaban vivamente con la elegancia primaveral y las maneras de ciudadano de Malaquías Rolando San Juan Mulligan. Por último, a la cabecera de la mesa estaba el joven poeta que encontraba un descanso a sus tareas pedagógicas y de investigación metafísica en la atmósfera acogedora de la discusión socrática, mientras que a su derecha e izquierda estaban acomodados el petulante pronosticador, recién venido del hipódromo, y ese vigilante errabundo, sucio del polvo del viaje y el combate y manchado por el lodo de un deshonor indeleble, pero de cuyo inmutable y constante corazón ninguna tentación o peligro o amenaza o degradación podía borrar jamás la imagen de la voluptuosa hermosura que el inspirado lápiz de Lafayette ha delineado para las edades venideras.

Es mejor dejar constancia aquí, ahora desde el principio, que el pervertido trascendentalismo al que las contenciones del señor E. Dedalus (Div. Escep.) parecerían demostrar bastante adicto va directamente en contra de los métodos científicos aceptados. La ciencia, nunca se lo repetirá con demasiada frecuencia, tiene que ver con los fenómenos tangibles. El hombre de ciencia lo mismo que el hombre de la calle tiene que enfrentar los hechos prosaicos que no puedan ser eludidos y explicarlos lo mejor que pueda. Puede haber, es cierto, algunas preguntas a las que la ciencia no puede contestar —en el presente—, tal como el primer problema presentado por el señor L. Bloom (Sol. Pub.) respecto a la futura determinación del sexo. ¿Debemos aceptar el criterio de Empédocles de Trinacria de que el ovario derecho (el período postmenstrual, afirman otros) es responsable del nacimiento de los varones o son los demasiado tiempo descuidados espermatozoides o nemaspermas los factores diferenciadores, o debe atribuirse, como la mayoría de los embriólogos, entre ellos Culpepper, Spallanzani, Blumenbach, Lusk, Hertwig, Leopoldo y Valenti, se inclinan a opinar, a una mezcla de ambos? Este sería equivalente a una cooperación (uno de los procedimientos favoritos de la naturaleza) entre el *nisus formativus* del nemasperma por un lado y por el otro una bien elegida posición, *succubitus felix* del elemento pasivo. El otro problema presentado por el mismo investigador es apenas menos vital: la mortalidad infantil. Es interesante porque, como él pertinentemente hace notar, todos nacemos de la misma manera, pero todos morimos de maneras distintas. El señor Mulligan (Hig. y Eug.) se pronuncia contra las condiciones sanitarias por las que nuestros ciudadanos de pulmones grises contraen adenoides, dolencias pulmonares, etc., al inhalar las bacterias que se esconden en el polvo. Estos factores, alega, y los repugnantes espectáculos que ofrecen nuestras calles, horrorosos carteles de publicidad, ministros religiosos de todas las denominaciones, soldados y marinos mutilados, conductores de vehículos que evidencian el escorbuto, los esqueletos colgados de animales muertos, solteros paranoicos y dueñas infecundas —allí, dijo, están los responsables de todas y cada una de las causas de la decadencia en el calibre de la raza. Profetizó que la calipedia sería pronto adoptada en forma general, y todas las gracias de la vida: la música genuinamente buena, la literatura recreativa, la filosofía ligera, los cuadros instructivos, las reproducciones de estatuas clásicas tales como Venus y Apolo, fotografías artísticamente coloreadas de bebés premiados, todas estas pequeñas atenciones permitirían a las señoras que se hallaran en estado interesante pasar los meses intermedios del modo más delicioso. El señor J. Crotthers (Disc. Bac.) atribuye algunos de estos fallecimientos a traumatismo abdominal en el caso de mujeres obreras sometidas a pesadas tareas en el taller y sujetas a la disciplina marital en el hogar; pero, con mucho, en su gran mayoría, a la negligencia, privada u oficial, que culmina en el abandono de los niños recién nacidos, la práctica criminal del aborto o el crimen atroz del infanticidio. Aunque lo primero (nos referimos a la negligencia) sea a todas luces demasiado cierto, el caso por él citado de enfermeras que se olvidan de contar las esponjas en la cavidad peritoneal es demasiado raro para que pueda servir de norma. En realidad, cuando uno se pone a pensarlo, lo maravilloso es que tantas preñeces y alumbramientos salgan tan bien como salen, considerando todas las cosas y a pesar de nuestras deficiencias humanas que a menudo obstaculizan a la naturaleza en sus intenciones. Una ingeniosa sugestión es la expresada por el señor V. Lynch (Bac. Arit.) de que tanto la natalidad como la mortalidad, así como todos los otros fenómenos de evolución, movimiento de las mareas, fases lunares, temperaturas de la sangre, enfermedades en general, todo, en resumen, en el vasto taller de la naturaleza, desde la extinción de algún remoto sol hasta el florecimiento de una de las innumerables flores que embellecen nuestros parques públicos, está sometido a una ley de número no determinada aún. Sin embargo, el interrogante concreto de por qué un hijo de padres normalmente sanos y aparentemente sano él mismo y convenientemente atendido sucumbe inexplicablemente en la temprana niñez (aunque no suceda lo mismo con otros hijos del mismo matrimonio), por cierto debe, según las palabras del poeta, hacernos meditar. Podemos estar seguros de que la naturaleza tiene sus buenas y convincentes razones, razones propias para todo lo que hace, y según todas las probabilidades tales muertes se deben a alguna ley de anticipación por la cual los organismos en que los gérmenes morbosos se han asentado (la ciencia moderna ha demostrado concluyentemente que sólo la sustancia plásmica puede ser considerada inmortal) tienden a desaparecer en una etapa cada vez más temprana de desarrollo, disposición que aun cuando lastime nuestros sentimientos (notablemente el maternal) es si embargo, según pensamos algunos de nosotros, beneficiosa a la larga para la raza en general, ya que asegura por ese medio la supervivencia de los más aptos. La observación del señor Dedalus (Div. Escep.) —¿o debería denominársela una interrupción?— de que un ser omnívoro que puede masticar, deglutir, digerir y aparentemente hacer pasar a través del canal ordinario con imperturbabilidad pluscuamperfecta alimentos tan diversos como hembras cancerosas extenuadas por el parto, corpulentos caballeros profesionales, para no hablar de políticos ictéricos y monjas cloróticas, podría encontrar algún alivio gástrico en una inocente merienda de filet de vagido, revela, como no podría revelarlo ninguna otro cosa, y a una luz repugnante, la tendencia a la que antes se aludió. Para instrucción de los que no están tan íntimamente familiarizados con las minucias del matadero municipal como se enorgullece de estarlo este mórbido esteta y filósofo en embrión que, a pesar de todo su presuntuoso engreimiento en las cosas científicas, apenas puede distinguir un ácido de un álcali, debería tal vez aclararse que un filet de vagido significa en la parla vil de nuestros licenciosos proveedores de la clase más baja, la comestible y acondicionable carne de un ternero recién parido del vientre de su madre. En una reciente controversia pública con el señor L. Bloom (Sol. Pub.) que tuvo lugar en el salón de actos del Hospital Nacional de Maternidad, calle Holles 29, 30 y 31, del que, como se sabe bien, el Dr. A. Horne (médico partero, miembro de la Facultad de Medicina de Irlanda) es el capacitado y popular director, informan testigos oculares que él declaró que una vez que una mujer ha dejado entrar el gato en la bolsa (una alusión estética, presumiblemente, respecto a uno de los procesos más complicados y maravillosos de la naturaleza, el acto del congreso sexual) ella debe dejarlo salir de nuevo o darle vida, como él se expresó, para salvar la suya. A riesgo de la suya, fué la notable réplica de su interlocutor, no menos efectiva por el tono moderado y medido en que fué pronunciada.

    Mientras tanto la habilidad y paciencia del médico habían producido un feliz *accouchement*. Había sido un tedioso intervalo tanto para la paciente como para el doctor. Todo lo que la habilidad quirúrgica podía hacer, fué hecho, y la valiente mujer ayudó virilmente. Ayudó de verdad. Hizo una buena pelea y ahora era muy pero muy feliz. Aquellos que ya lo han pasado, que han tenido prioridad, son

felices también al contemplar y sonreír ante la conmovedora escena.
La contemplan reverentemente mientras ella se reclina con luz de madre en los ojos, ese ardiente anhelo de dedos de niño (hermosa escena digna de verse) en el primer florecer de su nueva maternidad, mientras exhala una silenciosa plegaria de agradecimiento al que está en lo alto, el Esposo Universal. Y mientras sus amantes ojos contemplan al niño ella desea solamente una bendición más, tener a su querido Doady allí con ella para compartir su alegría, poner en sus brazos esa pizca de arcilla de Dios, fruto de sus legítimos abrazos. Ha envejecido ahora (usted y yo podemos susurrarlo) y está un poco cargado de hombros; pero, sin embargo, en la turbamulta de los años, una grave dignidad ha sobrevenido al consciente segundo contador del banco de Ulster, agencia del College Green. ¡Oh Doady, viejo amado, fiel compañero en el presente, ya nunca será de nuevo ese lejano tiempo de las rosas! Con el sacudimiento familiar de su linda cabeza ella recuerda los viejos días. ¡Dios, qué hermosos ahora a través de la niebla de los años! Pero sus hijos se agrupan en su imaginación al lado de la cama, de ella y de él: Carlos, María Alicia, Federico Alberto (si hubiera vivido), Mamy, Budgy (Victoria Francisca), Tomás, Violeta Constancia Luisa, queridita Bobsy (a quien dimos ese nombre por nuestro famoso héroe de la guerra sudafricana, lord Bobs de Waterford y Candahar) y ahora esta última prenda de su unión, un Purefoy como ninguno, con la verdadera nariz Purefoy. El joven vástago será llamado Mortimer Eduardo, por el influyente primo tercero del señor Purefoy, de la Oficina del Tesoro, Castillo de Dublin. Y así pasa el tiempo; pero el padre Cronos ha influido poco aquí. No, que ningún suspiro brote de ese pecho, querida Mina gentil. Y tú, Doady, sacude las cenizas de tu pipa, el sazonado agavanzo que añorarás todavía cuando el toque de queda suene para ti (¡que esté lejos ese día!), y extingue la luz a la que lees en el libro sagrado, porque el aceite también ha descendido y así, con un corazón tranquilo, vete a la cama a descansar. Él sabe y llamará cuando Él lo crea conveniente. Tú también has hecho una buena pelea y has desempeñado lealmente tu papel de hombre. Señor, a ti mi mano. ¡Bien hecho, siervo bueno y fiel!

Hay pecados o (llamémoslos como los llama el mundo) recuerdos aciagos que son escondidos por el hombre en los rincones más oscuros de su corazón, pero ellos hacen allí su morada y esperan. Él puede dejar que su recuerdo se oscurezca, que sean como si no hubieran sido, y hasta llegar casi a persuadirse de que no fueron o de que, por lo menos, fueron de otra manera. Sin embargo una palabra fortuita los hace surgir de repente y se levantan para enfrentársele en las más variadas circunstancias, una visión o un sueño, o mientras el adufe y el arpa adormecen sus sentidos o en medio de la fresca paz argentada de la noche o en el banquete de medianoche cuando él esté lleno de vino. La visión no ha de venir sobre él para cubrirlo de oprobio como a uno que hubiera incurrido en su ira, no por venganza para sacarlo de entre los vivos, sino amortajado con la piadosa vestimenta del pasado, silenciosa, remota, reproche mismo.

El extraño advertía aún en el rostro que estaba delante de él un lento retroceso de esa calma falsa impuesta, como parecía, por el hábito o alguna estudiada artimaña, ante palabras tan amargas como para denotar en quien las pronunciaba una morbosidad, una predilección por las cosas más crudas de la vida. Una escena surge en la memoria del observador, evocada, al parecer, por una palabra de tan natural simpleza como si esos días estuvieran realmente presentes allí (como algunos pensaban), con sus placeres inmediatos. Un rasurado trozo de prado en una suave noche de mayo, la bien presente alameda de lilas en Roundtown, púrpura y blanco, fragantes espectadores delicados del juego pero con mucho interés verdadero por las pelotillas al correr ellas lentamente hacia adelante sobre el césped o tropezar y detenerse, una al lado de otra, con un breve golpe alerto. Y más allá alrededor de esa fuente gris donde a veces el agua se mueve en meditabundo riego se veía otra hermandad igualmente fragante, Floey, Atty, Tiny y su amiga más oscura, con un no sé qué de arrebatador en su pose entonces, Nuestra Señora de las Cerezas, con un hermoso manojo de ellas pendiente de una oreja, y cuyo cálido tinte exótico de la piel la hace destacarse tan elegantemente contra la fruta fresca y ardiente. Un muchacho de cuatro o cinco años, en ropa de bombasí (época de florecer, pero habrá regocijo en el amable corazón cuando dentro de poco las fuentes se recojan y guarden), está de pie sobre la fuente, sostenido por ese círculo de cariñosas manos de niñas. Él arruga un poco el entrecejo, justamente como este joven está haciendo ahora, con goce tal vez demasiado consciente del peligro, pero tiene que mirar de tanto en tanto hacia el lugar desde el cual su madre lo observa, la plazoleta que da al parterre, con una ligera sombra de lejanía o de reproche *(alles vergängliche)* en su alegre mirada.

Ten en cuenta esto más adelante y recuerda. El fin viene de improviso. Penetra en esa antecámara del nacimiento donde los estudiosos están reunidos y observa sus rostros. Nada, al parecer, hay allí de temerario o violento. Más bien quietud de custodia, concordante con su situación en esa casa, la vigilante guardia de pastores y ángeles al lado de una cuna en Belén de Judá, hace mucho tiempo. Pero así como antes del relámpago las apretadas nubes de tormenta, pesadas con su preponderante exceso de humedad, abarcan cielo y tierra en hinchadas masas túrgidamente distendidas, en un vasto sopor, pendientes sobre campos agostados y soñolientos bueyes y marchitos crecimientos de arbustos y verduras hasta que en un instante un resplandor hiende sus centros y con la reverberación del trueno el chaparrón vierte su torrente, así y no de otro modo se operó la transformación, violenta e instantánea, al pronunciarse la Palabra.

¡A lo de Burke! Afuera se lanza mi señor Esteban, en pos del grito, y la turba de todos ellos detrás: el gallipollo, el mequetrefe, el gaélico, el doctor en píldoras y el puntual Bloom sobre sus talones con un arrebatar universal de sombreros, varas de fresno, tizonas, panamás y vainas, bastones de Zermatt y de qué no. Un laberinto de vigorosa juventud, cada uno con su azul en la sangre. La nurse Callan tomada de sorpresa en el pasillo no puede detenerlos ni tampoco el sonriente cirujano que baja las escaleras con la noticia de la expulsión de la placenta, una buena libra, ni un miligramo menos. ¡Ea! le gritan. ¡La puerta! ¿Está abierta? ¡Ah! Salen tumultuosamente, lanzados a plena carrera, convertidos en puras piernas, teniendo como objetivo la casa de Burke en Denzeville y Holles. Dixon los sigue, hablándoles mordazmente, pero profiere un juramento, él también, y adelante. Bloom se detiene un poco con la enfermera para enviar una palabra amable a la feliz madre y al niño de pecho que están ahí arriba. El doctor Dieta y el doctor Quietud. ¿No parece ella ahora también otra? Las noches en vela en la casa de Horne han dejado asimismo sus huellas en esa lavada palidez. Habiéndose ido todos los demás e inspirado por una mirada maternal, él murmura muy de cerca al irse: Señora, ¿cuándo os visitará la cigüeña?

El aire de afuera está impregnado de húmedo rocío pluvial, esencia de vida celestial brillando sobre las piedras de Dublin bajo el *cœlum* refulgente de estrellas. El aire de Dios, aire del Padre Universal, centelleante diáfano aire del circumambiente. Aspíralo profundamente. ¡Por el cielo, Teodoro Purefoy, te has portado en forma y sin componendas! A fe mía que eres el más notable progenitor, sin excluir a ninguno en esta regateadora farraginosísima crónica que todo lo incluye. ¡Asombroso! En ella anida una posibilidad previamente formada y dada a imagen de Dios, que tú has fructificado en una porción de trabajo humano. ¡Penetra en ella! ¡Sirve! Sigue trabajando, trabaja como un verdadero mastín y deja que se ahorquen los eruditos y todos los maltusianos. Eres el papá de todos, Teodoro. ¿Estás agobiado bajo tu carga, abrumado por las cuentas del carnicero a domicilio y los lingotes (¡no tuyos!) de la banca? ¡Arriba la cabeza! Por cada recién nacido recogerás tu medida de trigo maduro. Mira, tu vellón está empapado. ¿Envidias a ese Darby Dullman con su Joan? Un grajo hipócrita y un perro reumático son toda su progenie. ¡Bah, yo te digo! Él es un nulo, un gasterópodo muerto, sin energía ni vigor, que no vale un cobre rajado. ¡Copulación sin población! ¡No, digo yo! La matanza de los inocentes a lo Herodes sería el nombre más exacto. ¡Legumbres, ciertamente, y contubernio estéril! Dale bifes a ella, rojos, crudos, sangrantes! Ella es un canoso pandemónium de males, glándulas agrandadas, paperas, anginas, juanetes, fiebre del heno, llagas de cama, empeines, riñón flotante, bocio, verrugas, ataques biliosos, cálculos biliares, pies fríos, venas varicosas. Una tregua para los lamentos, cantos fúnebres y jeremiadas y toda esa música congenital de difuntos. Veinte años de eso, no los lamentes. No te pasó a ti lo que a muchos que desean y quisieran y esperan y nunca lo hacen. Tú viste tu América, la tarea de tu vida, y te lanzaste a cubrirla como el bisonte transpontino. ¿Cómo dice Zaratustra? *Deine Kuh Truebsal melkest Du. Nun trinkst Du die suesse Milch des Euters.* ¡Mira! Ella estalla en abundancia para ti. ¡Bebe, hombre, toda una ubre! Leche de madre, Purefoy, la leche del linaje humano, leche también de esas retoñantes estrellas de allá arriba, rutilantes en tenue vapor de lluvia, leche de energía, tal como esos libertinos van a beber en sus lupanares, leche de locura, la leche de miel de la tierra de Canaán. ¿Qué? ¿La teta de tu vaca estaba dura? ¡Ay!, pero su leche es caliente, dulce y nutritiva. No tenemos cerveza, sino espesa y cre-

mosa leche. ¡A ella, viejo patriarca! ¡La teta! *Per deam Partulam et Pertundam nunc est bibendum!*
Todos en busca de maravillas, remando con los brazos, gritaban calle abajo. Bonafides. ¿Dónde dormiste anoche? Timoteo del vapuleado sermón. ¡Compro cosas viejas! ¿Hay paraguas o botines de goma para vender? ¿Dónde diablos están los cirujanos y las botas viejas de Henry Nevil? ¡La pucha!, no sé nada. ¡Vive allí, Dix! Adelante el contador de cinta. ¿Dónde está Punch? Todo sereno. Burro, ¿no ves al ministro borracho saliendo del hospital de maternidad? *Benedicat vos omnipotent Deus, Pater et Filius.* Una moneda, señor. Los chicos de la Denzille Lane. ¡Al infierno, malditos sean! Eso va. Muy bien, Isaac, hazlos desapareçer de la maldita vista. ¿Venís con nosotros, querido señor? Nada de meterse con la vida de uno. Ya somos un lindo montón, buen hombre. Todos iguales en este grupo. *En avant, mes enfants!* El cañón número uno: fuego. ¡A lo de Burke! Desde allí avanzaron cinco parasangas. Adelante ya por esta ruta. ¿Dónde está ese puñetero guía? Pastor Esteban, ¡credo de apóstatas! No, no. ¡Mulligan! ¡A popa ahí! Adelante. Vigilen el cuadrante. Es hora de salir cacareando. ¡Mullee! ¿Qué te pasa? *Ma mère m'a mariée.* ¡Beatitudes británicas! *Retamplan Digidi Boum Boum.* ¡Ah sí, ya lo tengo! Para ser impreso y encuadernado en la imprenta de Druiddrum por dos hembras astutas. Tapas de becerro verde meado. Última palabra en tonos artísticos. El más hermoso libro salido de Irlanda en mi tiempo. *Silentium!* Hagan fuerza. Tención. Sigan a la cantina más próxima y anexen almacenaje de licores allí. ¡Marchen! Tramp, tramp, tramp los muchachos están (¡alinearse!) ardiendo. Cerveza, bife, negocio, biblias, bulldogs, acorazados, cirujas y obispos. Aunque sea en lo alto del andamio. Bifescerveza pisoteando biblias. Cuando por la Irlanda querida. Pisa los pisadores. ¡Tronación! Conserven el maldito paso militar. Caemos. La borrachería de los obispos. ¡Alto! De frente. Scrum. Adentro. Nada de patadas. ¡Ay, mis callos! ¿Le hice mal? ¡Lo siento fantásticamente!
Vamos a ver. ¿Quién levanta esto? Orgulloso poseedor de al demonio todos. Declaro miseria. Contra las cuerdas. No tengo ni medio. No he visto la colorada en toda la semana. ¿Qué se va a servir? Aguamiel de nuestros padres para el *Ubermensch.* Idem. Cinco número uno. ¿Usted, señor? Cordial de jengibre. Persígueme, cordial de cochero. Estimula el calórico. Cuerda de su reloj. Se paró para siempre cuando el viejo. Absenta para mí, ¿comprendes? ¡Caramba! Sírvase una yema de huevo o una ostra de la llanura. ¿Enemigo? Mi reloj anda en el empeño. Menos diez. Muy agradecido. No hay de qué. ¿Tienes traumatismo pectoral, eh, Dix? Pos fact. Lo pigó una abisba gando esdaba entado urmendo en gardinito. Escarba cerca de la Mater. Está bien metido. ¿Conoces a su dona? Yup, ciertamente la conozco. Llena de mercadería. La vi en deshabillé. Impresionante de veras. Como para rechuparse los dedos. Nada por el estilo de tu flaca clase. Baja la cortina, amor. Dos guineas. Lo mismo aquí. Parece resbaloso. Si te caes no esperes para levantarte. Cinco, siete, nueve. ¡Muy bien! Tiene un par de pasteles de carne de primera, sin broma. Y ella me lleva a descansar y a su base de

apoyo. Hay que ver para creer. Tus ojos hambrientos y tu cuello revocado me robaron el corazón, ¡oh, tarro de cola! ¿Señor? ¿Vuelve a pinchar el reuma? Todo farsa, discúlpeme que se lo diga. Para el lorito. Cuando más ti uso unas fajas di lanas. ¿Y, doctor? ¿De vuelta de Lamelandia? ¿Se va avivando en forma vuestra corporosidad? ¿Cómo están las indias y los indiecitos? ¿Cuerpo de mujer después de andar por la paja? Párate y afloja. Contraseña. Hay cabello. A nosotros la muerte blanca y el rojo nacimiento. ¡Eh! Escupe en tu propio ojo, jefe. Alambre de máscaras. Sacado de la cuna de Meredith. ¡Jesusificado orquideizado policímico jesuíta! Mi tiíta está escribiendo a papá Kinch. El malitomalo de Esteban llevó por mal camino al buenitobueno de Malaquías.

¡Hurroo! Toma la pelota, jovencito. Pasa a los disprivinidos. Aquí tienes, la tisana de avena de Jock el vravuo Hielentman. ¡Que tu chimenea humee y tu olla de berzas hierva largo tiempo! Mi bebida. *Merci.* A la nuestra. ¿Cómo es eso? La pierna delante del postigo. No me manches los pantalones nuevecitos. Danos un poco de pimienta, ¡eh, tú! Agarra. Semilla de alcaravea que en el camino se vea. ¿Ramita? Chillidos del silencio. Cada bestia a la muerte de su clase. Venus. Pandemos. *Les petites femmes.* Descarada niña mala de la ciudad de Mullingar. Dile que yo le andaba atrás. Persiguiendo a Sara por el vientre. En el camino a Malahide. ¿Yo? Si fué ella la que me sedujo no me dejó más que el nombre. ¿Qué quieres por nueve peniques? Machree, Macruiskeen. La indecente Maruj para una sacudida en el colchón. Y un tirón todo junto. *Ex!*

¿Esperando, gobernor? Decididísimamente. Te apuesto tus botines. Pasmado al ver que no viene ninguna moneda de oro. ¿Hay algún tropiezo? Él tenemos el dinero *ad lib.* La semilla cerca de una libra libre la onza hace poco yo dije que no era suya. Venimos derecho a su invitación, ¿ve? Como quieras, camarada. Afuera con el peso. Dos barras y un ala. ¿Aprendiste eso de esos estafadores franceses? No te la vas a llevar de arriba aquí. El nenito lo siente mucho. Es el color más lindo que haya venido aquí. Verdad de Dios, Carlitos. Somos vecinos. Somos vecinos. Au reservoir, Mossoo. Gracias.

Seguramente. ¿Qué decir? En la taberna. Borracho. Yo lo feo, señor, Bantam, dos días titi. Traga más nada que vino clarete. ¡Demonio! Dale una pasada, por favor. Además, estoy deslastrado. Y había estado en lo del barbero. Demasiado lleno para hablar. Con un plato del hotel. ¿Cómo te pasó eso? ¿La ópera le gustaría a él? Guillermo Tell. Guillermo Hotel. ¡Policía! Un poco de H^2O para un señor que se desmayó. Mira las flores de Bantam. Gemini, está por sonar. La niña rubia, mi niña rubia. ¡Oh, cázalo! Cierra su maldito horno holandés con mano firme. Tenía el ganador hasta que le soplé uno infalible. El rufián se birla lo de Esteban. Para qué me habrá dado ese burro de antes. Él golpea a un mensajero de esa telegrafía al gran chinche de Bass al depósito. Le alcanza una moneda y se vuela. Yegua en forma orden caliente. Guinea para un pedo. Dícelo de un atracón, eso. Verdad del Evangelio. ¿Diversión criminal? Creo que sí. Seguro. Lo pondría en un aprieto si el esposo de vuelta copara el juego. Madden de vuelta. Madden está enloquecedoramente de vuelta. ¡Oh, lujuria, nuestro refugio y nuestra fortaleza! Tomando las de Villadiego. ¿Tienes que irte? A lo de mamá. Un momento. Esconda alguien mis sonrojos. A la miércoles si me ve. Camina para casa, nuestro Bantam. O revuar mon vie. No se olvidó las mallas para ella. Cuéntame. ¿Quién te dió ese resfrío? Entre amigos. Jannock. De Juan Tomás, su esposo. Nada de patrañas, viejo Leo. Palabra. Que tiemblen mis miembros si yo hubiera. He ahí un grande gran fraile santo. ¿Por qué no mi cointas? Boino, si ése no istá jadíos qui brilla, boino, yo istoi misha mishínguini. Por Dios nuestro Señor. Amén.

¿Haces una moción? Esteban, hijo, estás empinándola un poco. ¿Más bebestibles del dimonios? ¿Permitirá el esplendiferacísimo pagador que un favorecido de extremísima pobreza y una grandiosa sed de tamaño grande termine una costosamente inaugurada libación? Danos un respiro. Posadero, posadero, ¿tienes buen vino? ¡Sus! Vamos, hombre, venimos a emborracharnos. Corta y vuelve otra vez. ¡Bien Bonifacio! Absenta a todos. *Nos omnes biberimus viridum toxicum diabolus capiat postcrioria nostria.* Hora de cerrar, señores. ¿Eh? Trago de Roma para el tosco Bloom. ¿Le oí decir cebollas? ¿Bloo? ¿Avisos de Cadges? Papi de la foto bueno eso es magnífico. Toca despacio, compañero. Escapa. *Bonsoir la compagnie.* Y trampas de la arpía pustulenta. ¿Dónde está Buck, el ambrosíaco? ¿Dejó sólo el olor? ¿Se hizo humo sin pagar? ¡Ah!, stá bueno, a estas horas anderá lejos. Jaque mate. Rey a la torre. Buen cristiano querrás ayudar al joven cuyo amigo tomó la llave del bungalow para encontrar un sitio donde poner la corona de su cabeza esta noche. ¡Mecachis!, estoy hecho. Eternamente el perro se va a mis canillas, si ésta ha sido la mejor y más larga pausa hasta ahora. Item, mozo un par de masitas para este chico. ¡A la cama y a dormir, no! ¿Ni un pedacito de queso? Manda la sífilis al infierno y con ella a esos otros espíritus licenciosos. Hay que cerrar. Quienes vagan por el mundo. Salud a todos. *A la votre!*

Prrá, ¿qué suerte de pacifista aquel tipo del impermeable? Rhodes polvoriento. Pega una mirada a sus prendas. ¡Mi Dios! ¿Qué es lo que tiene? Carnero de jubileo. Bovril, por Jaime. Lo necesita de verdad. ¿Puedes usar medias? ¿Viste al tunante en el Richmond? ¡Pesado! Creí que tenía un depósito de plomo en el pene. Locura del fraude. Costra de pan lo llamamos. Ése, señor, era una vez un ciudadano próspero. Hombre todo andrajoso y roto que casó con una doncella toda desamparada. Tiró su anzuelo, ella lo hizo. Ved aquí, amor perdido. Impermeable andante del desfiladero solitario. Recoge y mete adentro. Tiempo de horario. Nix para los cornudos. ¿Cómo dice? ¿Lo vió hoy en un lepesio? ¿Un compinche suyo pasó sus fichas? ¡Cachvache! ¡Pobres negritos! No me digas eso pelad. veg.! ¿Gimotearon lágrimas grandotas porque al amigo Padney lo llevaron en una bolsa negra? De todos los negros Massa Pat era el mejor. Nunca vi cosa igual desde que nací. *Tiens, tiens,* pero es bien triste eso, palabra, sí. ¡Oh!, toma, vuelve, ambula una de cada nueve. Las calzadas para ejes motores están empapadas. Te apuesto dos contra uno que Jenatzy lo vence al rojizo achatado. ¿Japonesitos? Levar la mira, fuego, gua! Hundidos por especiales de guerra. Sería peor para él, dice él, ni cualquier ruso. Es hora de que todos. Hay once de ellos. Váyanse. ¡Adelante, borrachos tambaleantes! Noches. Noches. Que Alá, el Excelente, tu alma esta noche para siempre tremendamente conserve.

¡Atención! Somos vecinos. La policía de Leith nos echó. Nos echa, el hecho está hecho. Somos halcones para el tipo que está vomitando. Indispuesto en sus abominables regiones. Guac. Noches. Mona, mi verdadero amor. Guac. Mona, mi amor. Gua.

¡Atención! Cierren sus estrepitosos. ¡Flap! ¡Flap! Sigue ardiendo. Allí va ella. ¡Brigada! Al encuentro del barco. Tomen la calle Mount. ¡Corten. ¡Flap! ¡Sus, ea! ¿No vienes? Corran, refugio, carrera. ¡Flaaap!

¡Lynch! ¿Eh? Sigan a remolque mío. Por este lado Denzille Lane. Doblar ahí para el prostíbulo. Nosotros dos, dijo ella, buscaremos el sitio donde está la parda María. Muy bien, cuando quieras. *Laetabuntur in cubilibus suis*. ¿Vienes? Susurra, ¿quién es en el tiznado infierno el johnny de los trapos negros? ¡Chito! Pecó contra la luz y aun ahora que está próximo el día en que él vendrá a juzgar el mundo por el fuego. ¡Flaap! *Ut implerentur scripturoe*. Ataquen con una balada. Entonces habló el médico Dick a su camarada el médico Davy. Cristiclo, ¿quién es este excremento amarillo de evangelista en el Merion Hall? Viene Elías. Lavado on la sangre del Cordero. ¡Venid, vosotros, pellejos de vino, quemadores de gin, sedientas vidas borrachas! ¡Venid, demonio, existencias de cuello de buey, frentes de imbécil, quijadas de cerdo, descargas de inodoro, sesos de maní, ojos de comadreja, falsas alarmas y polizontes sobrantes! ¡Venid vosotros, extracto triple de infamia! Soy yo, Alejandro J. Cristo Dowie, que ha llevado a la gloria de un tirón a más de la mitad de este planeta, desde la playa de San Francisco hasta Vladivostok. La Divinidad no es una exposición de moda en la que se entra con unas monedas. Te apuesto a que está en la plaza y que es un negociante de primera. Él es lo más grande hasta ahora y no lo olvides. Grita salvación en el rey Jesús. Tendrás que levantarte preciosamente temprano, tú, pecador, si quieres meterle la mula al Dios Todopoderoso. ¡Flaap! Ni medio. Él tiene para ti, en el bolsillo trasero, una mezcla para la tos con un ponche adentro. Pruébalo nomás.

(La entrada a la ciudad nocturna por Mabbot Street, delante de la cual se extiende la parrilla de los desvíos de los tranvías, fuegos fatuos rojos y verdes y señales de peligro. Hileras de casas endebles con las puertas abiertas. Raras lámparas con tenues pantallas de arco iris. Alrededor de la detenida góndola de sorbetes de Rabaiotti, hombres y mujeres raquíticos riñen. Agarran barquillos entre los cuales hay trozos acuñados de carbón y nieve de cobre. Chupando, se dispersan lentamente. Niños. La cresta de cisne de la góndola izada en lo alto avanza lentamente a través de la penumbra, blanco y azul bajo un faro. Silbatos llaman y contestan.)

Las Llamadas

Espera, mi amor, y estaré contigo.

Las Respuestas

Atrás del establo.

(Un idiota sordomudo de ojos saltones, su boca informe goteando, pasa brincando sacudido por el baile de San Vito. Lo aprisiona una cadena de manos de niños.)

Los Niños

¡Zurdo! Saluda.

El Idiota

(Levanta el brazo izquierdo paralítico y murmura.) ¡Grhahute!

Los Niños

¿Dónde está la gran luz?

El Idiota

(Cloqueando.) Ghaghahest.

(Lo sueltan. Se va brincando. Una mujer pigmea se hamaca sobre una soga tendida entre unas rejas, contando. Una forma deslizándose contra un cajón de basuras y embozada con su brazo y su sombrero se mueve, gime, gruñe rechinando los dientes y ronca de nuevo. Sobre un escalón un gnomo escudriña en un montoncito de desperdicios y se agacha para llevarse a los hombros una bolsa de trapos y huesos. Una vieja arrugada que está al lado con una humeante lámpara de aceite mete una última botella en el buche de su bolsa. Él levanta su botín, se hunde inclinada de un tirón la gorra puntiaguda y se aleja cojeando sin decir nada. La vieja arrugada vuelve a su cubil balanceando su lámpara. Un chico patizambo, acurrucado sobre el umbral de la puerta, teniendo un volante de papel, se arrastra a los tirones detrás de ella, se agarra a su pollera, se levanta. Un peón borracho sujeta con ambas manos las rejas de un patio, balanceándose pesadamente. En una esquina dos serenos, con esclavinas y las manos sobre su portabastón, se destacan altos. Un plato se rompe; una mujer grita; un niño gime. Los juramentos de un hombre rugen, gruñen, cesan. Algunas figuras vagan, espían, atisban desde sus madrigueras. En una habitación alumbrada con una vela metida en el cuello de una botella, una puerca saca con el peine los piojos del cabello de un niño escrofuloso. La voz todavía fresca de Cissy Caffrey canta aguda desde una callejuela.)

Cissy Caffrey

Se la di a Maruja
Porque ella era divertida
La pata del pato
La pata del pato

(El soldado Carr y el soldado Compton, con sus bastones debajo del brazo bien apretado avanzan con poca decisión, dan media vuelta y los dos a una envían una andanada de pedos con la boca. Risas de hombres desde la callejuela. Un ronco marimacho replica.)

El Marimacho

Señales para ti, culo peludo. Tiene más fuerza la chica Cavan.

Cissy Caffrey

Más suerte para mí. Cavan Cootehill y Belturbet. *(Canta.)*

Se la di a Nelly
Para que se la metiera en la barriga

La pata del pato
La pata del pato

(El soldado Carr y el soldado Compton se dan vuelta y contrainjurian, con sus túnicas brillando en rojo sangre al rayo de la luz de un farol y sus gorras negros cubos sobre rubias cabezas de cobre claro. Esteban Dedalus y Lynch pasan a través de la multitud al lado de los túnicas rojas.)

SOLDADO COMPTON

(Sacude el dedo.) Paso al pastor.

SOLDADO CARR

(Se da vuelta y exclama.) ¡Hola, el pastor!

CISSY CAFFREY

(Cuya voz se agudiza.)

Ella lo tiene, ella lo consiguió
Dondequiera puso
La pata del pato.

(Esteban floreando la vara de fresno en su mano izquierda, canta con gozo el introit de pascua. Lynch, con su gorro de jockey volcado sobre los ojos, lo sigue con un gesto sarcástico arrugando su rostro.)

ESTEBAN

Vidi acquam egredientem de templo a latere dextro. Alleluia.

(La jeta de foca famélica de una alcahueta vieja sobresale del vano de una puerta.)

LA ALCAHUETA

(Su voz susurrando sordamente). ¡Psit! Ven aquí te digo. Virginidad adentro. Psit.

ESTEBAN

(Altius aliquantulum.) Et omnes ad quos pervenit aqua ista.

LA ALCAHUETA

(Escupe su chorro de veneno detrás de ellos.) Médicos del Trinity. Trompas de Falopio. Todo aguijón y nada de dinero.

(Edy Boardman, olfateando, agachada, con Berta Sup-

ple, le tapa la nariz con su chal.)

Edy Boardman

(Agriamente.) Y dice el uno: te he visto en la plaza Faithful con tu macho, el engrasador del ferrocarril, con su sombrero de vamosalacama. ¿De veras? digo yo. No te toca a ti decirlo, digo yo. Nunca me has visto a mí en la ratonera con un montañés de Escocia casado, digo yo. ¡Con la pinta de ella! Machito ella. ¡Terca como una mula! Y paseando con dos tipos a la vez. Kilbride el maquinista y el cabo Oliphant.

Estéban

(Triumphaliter.) Salvi facti i sunt.

(Florea su vara de fresno haciendo temblar la imagen de la lámpara, desmenuzando la luz sobre el mundo. Un podenco morado y blanco que anda rondando se le escurre detrás, gruñendo. Lynch lo asusta con un puntapié.)

Lynch

¿Entonces?

Estéban

(Mira hacia atrás.) Entonces el gesto, no la música ni los olores, sería el lenguaje universal, el don de lenguas haciendo visible no el sentido vulgar sino la primera entelequia, el ritmo estructural.

Lynch

Filoteología pronosófica. ¡Metafísica en Mecklenburg Street!

Estéban

Tenemos a Shakespeare dominado por una arpía y al gurrumino de Sócrates. Hasta el sapientísimo estagirita fué frenado, embridado y montado por una luz de amor.

Lynch

¡Bah!

Estéban

De cualquier manera, ¿quién necesita dos gestos para ilustrar una hogaza y un cántaro? Este movimiento simboliza la hogaza de pan y el vino en Omar. Ten mi bastón.

Lynch

Al diablo con tu bastón amarillo. ¿Adónde vamos?

ESTEBAN

Lince libidinoso a *la belle dame sans merci*, Georgina Johnson, *ad deum qui lœtificat juventutem meam.*

>   (*Esteban le arroja el garrote amarillo y extiende lentamente las manos, echando hacia atrás la cabeza hasta que ambas manos están a un palmo de su pecho, vueltas hacia abajo en planos que se interceptan, los dedos próximos a separarse, estando la izquierda más arriba.*)

LYNCH

¿Cuál es el cántaro de pan? No importa. Eso o la aduana. Ilustra tú. Toma tu muleta y anda.

>   (*Pasan. Tomasito Caffrey gatea hacia un farol de gas y abrazándose a él, trepa a sacudones. Desde el último saliente se deja caer resbalando. Juancito Caffrey se abraza para trepar. El peón se sacude contra el farol. Los mellizos echan a correr en la oscuridad. El peón, tambaleándose, aprieta un dedo índice contra una aleta de la nariz y arroja por la otra un largo chorro de moco líquido. Echándose el farol a la espalda se aleja zigzagueando a través de la multitud, con su resplandeciente carga.*)
>   (*Culebras de niebla del río trepan rampando lentamente. De los desagües, grietas, pozos negros, estercoleros, de todos lados, se levantan espesas emanaciones. Una luminosidad brinca hacia el sud, más allá de donde el río llega al mar. El peón, adelantándose tambaleante, penetra en la multitud y se dirige sacudiéndose hacia los desvíos del tranvía. Por el otro lado, bajo el puente del ferrocarril, Bloom aparece encendido, jadeante, atiborrando de pan y chocolate un bolsillo lateral. Desde la vidriera de Gillen, el peluquero, un retrato compuesto le muestra la imagen del gallardo Nelson. Un espejo cóncavo a un costado le presenta al huérfano de amor añorador perdido lúgubre Blooloohoom. El grave Gladstone lo ve cara a cara, Bloom para Bloom. Él pasa, golpeando por la mirada fija del truculento Wellington, pero en el espejo convexo sonríen sarcásticamente plácidos los bonachones ojos y las regordetas mejillas de Alegrepoldito el rixidoldito.*
>   *En la puerta de Antonio Rabaiotti, Bloon se detiene sudoroso bajo las brillantes lámparas de arco. Desaparece. Al instante reaparece y se va de prisa.*)

BLOOM

Pescado y papas. N. S. ¡Ah!

(Desaparece en lo de Olhousen el carnicero de cerdo, bajo la cortina metálica que desciende. Unos pocos instantes después emerge por debajo del postigo el resoplador Poldito, el soplador Bloohoom. En cada mano sostiene un paquete, uno conteniendo una tibia pata de chancho, el otro una pata fría de oveja, salpicada de pimienta en grano. Jadea enderezándose. Después inclinándose a un costado aprieta uno de los paquetes contra su costilla y gime.)

BLOOM

Puntada al costado. ¿Para qué habré corrido?

(Toma aliento cuidadosamente y sigue caminando con lentitud hacia las luces del apostadero. La luminosidad brinca otra vez.)

BLOOM

¿Qué es eso? ¿Un intermitente? Reflector.

(Se detiene en la esquina de Cormack observando.)

BLOOM

¿Una *aurora borealis* o una fundición de acero? ¡Ah!, la brigada, naturalmente. De cualquier modo del lado del sud. Gran hoguera. Podría ser su causa. En algún lado hay fuego. Estamos en salvo. *(Tararea alegremente.)* ¡Londres arde, Londres arde! ¡Se quema! *(Divisa al peón zigzagueando entre la multitud al final de Tolbot Street.)* Lo voy a perder. Corre. Rápido. Mejor cruzar aquí.

(Se lanza a cruzar el camino. Unos pilletes gritan.)

LOS PILLETES

¡Cuidado, diga!

(Dos ciclistas con linternas de papel que danzan, relucen rozándolo, sonando sus campanillas.)

LAS CAMPANILLAS

Haltyaltyaltyall.

Bloom

(Se detiene crispado por la impresión.) ¡Ay!

(Mira a su alrededor, se lanza hacia adelante de repente. A través de la niebla que asciende un dragón espolvoreador de arena, transitando con cautela, se le viene encima pesadamente, guiñando su gigantesca luz roja, silbando su trole contra el cable. El motorman hace sonar la campana con el pie.)

La Campana

Bang Bang Bla Bak Blud Bugg Bloo.

(El freno cruje violentamente. Bloom, levantando una mano enguantada de blanco de policía, hace desatinos con las piernas rígidas, fuera de las vías. El motorman, inclinado hacia adelante, ñato sobre el volante, grita desaforadamente al pasar deslizándose sobre cadenas y llaves.)

El Motorman

¡Eh!, pantalones de mierda, ¿estás haciendo la prueba del sombrero?

Bloom

(Bloom sube de un saltito al cordón de la vereda y se detiene otra vez. Se saca un pedacito de barro de la mejilla con una mano empaquetizada.)

Calle cerrada. Me la libré raspando, pero se me fué la puntada. Tengo que empezar los ejercicios con el Sandow. Manos abajo. Asegurarme también contra accidentes callejeros. Providencia. *(Se palpa el bolsillo del pantalón.)* El talismán de la pobre mamá. El taco se encaja fácilmente en las vías o se enreda el cordón del zapato en una rueda. El día que la rueda de la negra María me peló el zapato en la esquina de Leonard. La tercera es la vencida. La prueba del zapato. Motorman insolente, tendría que denunciarlo. La tensión los pone nerviosos. A lo mejor es el tipo que esta mañana me escamoteó la amazona. El mismo estilo de belleza. Maniobró rápido a pesar de todo. Por andar envarado. La verdad dicha en broma. Ese espantoso calambre en Lad Lane. Algo que comí me intoxicó. Señal de suerte. ¿Por qué? Probablemente hacienda baguala. La marca de la bestia. *(Cierra los ojos un instante.)* Un poco mareado. La jaqueca mensual o efecto de lo otro. Encéfalobrumalgina. Esa sensación de cansancio. Es demasiado para mí ahora. ¡Ay!

(Una figura siniestra se apoya sobre sus piernas plegadas contra la pared de O'Beirne, rostro desconocido, in-

yectado de sombrío mercurio. Debajo de un sombrero de anchas alas la figura lo observa con mirada perversa.)

Bloom

Buenas noches, señorita Blancha, ¿qué calle es ésta? ([1]).

La Figura

(Impasible, levanta un brazo, señala.) Contraseña. Straid Mabbot.

Bloom

¡Ahá! Merci. Esperanto. *Slam leath. (Habla entre dientes.)* Una espía de la sociedad gaélica, enviada por ese tragafuegos.

(Se adelanta. Un trapero con la bolsa a cuestas le obstruye el paso. Da un paso a la izquierda, el trapero lo mismo.)

Bloom

Con permiso.

(Se desvía, sesguea, se hace a un lado, pasa deslizándose y sigue.)

Bloom

Conserve su derecha, derecha, derecha. Si hay un poste indicador colocado por el Touring Club en Stepaside, ¿a quién se debe esa bendición pública? A mí, que perdí mi camino e hice insertar en las columnas del *Ciclista Irlandés* la carta titulada *En el oscurísimo Stepaside.* Conserve, conserve, conserve su derecha. Trapos y huesos, a medianoche. Un reducidor de objetos robados, probablemente. El primer sitio a donde recurre un asesino. Allí se lavan los pecados del mundo.

(Juancito Caffrey, perseguido por Tomasito Caffrey, se precipita entre las piernas de Bloom.)

Bloom

¡Oh!

(Espantado, con las nalgas flojas, se detiene. Tomasito y Juancito desaparecen por allí, por allá. Bloom palpa con sus manos empaquetizadas el reloj, la faltriquera del reloj, el bolsillo de portamonedas, la dulzura del pecado, el jabón, la papa.)

---

[1] En castellano en el original.

BLOOM

Cuidado con los carteristas. Es un truco conocido de estos señores. Chocan. Entonces le arrebatan a uno la cartera.

(El sabueso se acerca olfateando, la nariz en el suelo. Una forma despatarrada estornuda. Una figura barbuda encorvada aparece vestida con el largo caftán de un anciano de Sión y un gorro de fumar con borlas color magenta. Rayas amarillas de veneno sobre el rostro desolado.)

RODOLFO

Segunda media corona que malgastas hoy. Te dije que no anduvieras nunca con un goy borracho. Así que. Pierdes plata.

BLOOM

(Esconde la pata de cerdo y la de carnero detrás de él y, cabizbajo, siente calor y frío de carnepata.) Ja, ich weiss, papachi.

RODOLFO

¿Qué estás haciendo por este sitio? ¿No tienes alma? *(Con temblorosas garras de buitre palpa el inexpresivo rostro de Bloom.)* ¿No eres tú mi hijo Leopoldo, el nieto de Leopoldo? ¿No eres tú mi querido hijo Leopoldo que abandonó la casa de su padre y abandonó el dios de sus padres Abraham y Jacob?

BLOOM

(Con prudencia.) Supongo que sí, papá. Mosethal. Todo lo que queda de él.

RODOLFO

(Severamente.) Una noche te traen a casa borracho como un perro después de haber gastado tu buen dinero. ¿Cómo llamas a esos sujetos que corren?

BLOOM

(Con las estrechas espaldas en un elegante traje azul Oxford, chaleco de ribete blanco, sombrero marrón de alpinista, llevando reloj de caballero de genuina plata de Waterbury sin llave y doble cadena Albert y dije de sello. Un costado de su persona está recubierto de barro que toma consistencia.) Apestilladores, papá. Nada más que esa vez.

Rodolfo

¡Una vez! Barro de la cabeza a los pies. Te abren la mano de un tajo. Tétano. Te hacen *kaput*, *Leopoldleben*. Ten cuidado con ellos.

Bloom

(Débilmente.) Me desafiaron a correr una carrera. Había barro. Me resbalé.

Rodolfo

(Con desprecio.) *Goim nachez.* ¡Lindos espectáculos para tu pobre madre!

Bloom

¡Mamá!

Elena Bloom

(Llevando cofia de cintas de dama de pantomima, miriñaque y polizón, blusa Twankey de viuda, con mangas jamón abotonadas atrás, mitones grises y broche de camafeo, su cabello rizado en una red, aparece sobre el pasamanos de la escalera, con un candelero inclinado en la mano y gritando alarmada con voz aguda.) ¡Oh, bendito Redentor, qué le han hecho! ¡Mis sales! *(Alza la pollera y hurga la bolsa de su enagua cruda a rayas. Una redoma, un Agnus Dei, una papa marchita y una muñeca de celuloide caen afuera.)* ¡Sagrado Corazón de María! ¿Dónde has estado, dónde, dónde?

(Bloom refunfuñando entre dientes con los ojos bajos, intenta entregar los paquetes de sus abultados bolsillos, pero desiste.)

Una Voz.

(Con fuerza.) ¡Poldito!

Bloom

¿Quién? *(Se agacha y ataja torpemente un golpe.)* Mande.

(Mira hacia arriba. Al lado de un espejismo de palmeras una hermosa mujer en traje turco está de pie delante de él. Opulentas curvas llenan sus pantalones escarlata y su chaqueta con vetas doradas. Una ancha faja amarilla la ciñe. Un velo blanco de musulmana violáceo en la noche cubre su rostro, dejando al descubierto sólo los grandes ojos oscuros y el lustroso cabello de ébano.)

Bloom

¿Maruja?

Marion

¿Sipi? A partir de ahora seré la señora Marion, mi estimado señor, cuando se dirija a mí. *(Satíricamente.)* ¿Se le enfriaron los pies de tanto esperar al pobre mariditos?

Bloom

(Cambia de uno a otro pie.) No, no. Ni un poquito.

(Respira con profunda agitación, aspirando grandes bocanadas de aire, es que ella, espera que ella, patas de cerdo para la cena de ella, cosas para contarle, excusas desea que, encantado. Una moneda brilla en la frente de ella. Sobre sus pies hay piedras preciosas. Sus tobillos están unidos por una ligera cadena de grillos. Al lado de ella un camello, encapuchado con un turbante en forma de torre, espera. Una escalera de seda de innumerables peldaños sube hasta su movedizo castillo. Ambla cerca con enfadadas ancas. Ella golpea su grupa encolerizándose sus ajorcas de las muñecas bordadas de oro, reprendiéndolo en morisco.)

Marion

¡Nebrakada! Feminimum.

(El camello, levantando una pata delantera, arranca de un árbol un gran mango, lo ofrece a su ama, parpadeando, con su pata hendida, después baja la cabeza y refunfuñando, con el cuello erguido, manotea para arrodillarse. Bloom agacha la espalda para cachurra salta la burra.)

Bloom

Yo puedo darle... Quiero decir como su empresario comercial... Señora Marion... si usted.

Marion

¿Así que notas algún cambio? *(Pasando sus manos lentamente sobre su peto con dijes. Una lenta burla amistosa en sus ojos.)* ¡Oh, Poldito, eres un pobre viejo zoquete! Anda a ver la vida. Vete a conocer el ancho mundo.

Bloom

Estaba justamente volviendo a buscar esa loción, cera blanca y agua de azahar. El comercio cierra temprano los jueves. Pero mañana a primera hora. *(Toquetea diversos bolsillos.)* Este riñón flotante. ¡Ah!

(Señala al sud, después al este. Una pastilla de jabón de limón, nueva y reluciente, difundiendo luz y perfume.)

El Jabón

Leo Bloom y yo formamos pareja de admirar:
Él la tierra ilumina, yo el cielo hago brillar.

(El rostro pecoso de Sweny, el boticario, aparece en el disco del sol de jabón.)

Sweny

Tres chelines y un penique, por favor.

Bloom

Sí. Para mi esposa, la señora Marion. Receta especial.

Marion

(Suavemente.) ¡Poldito!

Bloom

¿Sí, señora?

Marion

Te trema un poco il cuore?

(Ella se aleja desdeñosamente, rolliza como una paloma bien alimentada, canturreando el dúo de Don Giovanni.)

Bloom

¿Estás segura de ese *Voglio*? Me refiero a la pronuncia...

(Él la sigue, seguido a su vez por el terrier husmeador. La vieja alcahueta le tira de la manga, mientras relucen las cerdas de su lunar en la barbilla.)

La Alcahueta

Diez chelines una virgen. Fresquita, nunca fué tocada. Quince. No hay nadie adentro, excepto su viejo padre que está borracho perdido.

(Señala. En el hueco de su oscuro cuchitril, furtiva, desaliñada, está Bridie Kelly.)

Bridie

Hatch Street. ¿Vamos, querido?

>*(Con un chillido agita su chal de murciélago y corre. Un matón corpulento la persigue con embotinadas zancadas. Tropieza en los escalones, se levanta, se sumerge en las sombras. Se escuchan débiles chillidos de risa, cada vez más débiles.)*

La Alcahueta

(Brillándole sus ojos de lobo.) Él se está dando el gusto. No conseguirás una virgen en las casas autorizadas. Diez chelines. No te quedes pensando toda la noche, hasta que nos vean los canas de particular. El sesenta y siete es una ramera.

>*(Mirando de soslayo, Gerty MacDowell se adelanta cojeando. Se saca de atrás, mirando recelosa, y muestra con timidez su paño ensangrentado.)*

Gerty

Te hago don de todos mis bienes terrenales. *(Murmura.)* Usted hizo esto. Lo odio.

Bloom

¿Yo? ¿Cuándo? ¿Usted está soñando. Nunca la he visto.

La Alcahueta

Deja en paz al caballero, tramposa. Escribiéndole cartas falsas. Haciendo el yiro y levantando viajes. Sería mejor que tu madre te azotara atada a la cama, buena pieza.

Gerty

(A Bloom.) Usted que vió todos los secretos hasta la conejera. *(Manosea su manga, gimoteando.)* ¡Cochino hombre casado! Lo amo por haberme hecho eso.

>*(Se aleja deslizándose picarescamente. La señora Breen, en un sobretodo de frisa masculino con bolsillos de fuelle flojos, está de pie en la acera, sus picarescos ojos abiertos de par en par, sonriendo con todos sus herbívoros dientes de conejo afuera.)*

La señora Breen

Señor...

BLOOM

(Tose gravemente.) Cuando tuvimos por última vez este placer según su atenta de fecha dieciséis del corriente...

LA SEÑORA BREEN

¡Señor Bloom! ¡Usted aquí, en las guaridas del pecado! ¡Lo pesqué in fraganti! ¡Bribón!

BLOOM

(Precipitadamente.) No tan alto mi nombre. ¿Qué se cree usted que soy yo? No me delate. Las paredes tienen oídos. ¿Cómo le va? Hace tanto tiempo que. Está espléndida. Fantástica. Hermoso tiempo tenemos a esta altura del año. El negro refracta el calor. Por aquí el camino a casa es más corto. Barrio pintoresco. El asilo Magdalena es la salvación de las mujeres caídas... Yo soy el secretario.

LA SEÑORA BREEN

(Levanta un dedo.) ¡No me venga con cuentos ahora! Conozco a alguien que no le va a gustar nada eso. ¡Espere un poco que la vea a Mariquita! *(Persuasivamente.)* ¡Explíquese ahora mismo o le irá mal!

BLOOM

(Mira hacia atrás.) Ella decía a menudo que le gustaría ver. Recorrer los barrios bajos. Lo exótico, sabe. Si fuera rica ella tendría criados negros de librea. Otelo, negro brutal. Eugenia Stratton. Hasta el tocador de castañuelas y el compadre en la revista negra de la troupe Livermore. Los Hermanos Bohee. Hasta llegar al deshollinador.

(Tomás y Samuel Bohee, negros teñidos en trajes de brin blanco, calcetines escarlata, corbatines almidonados Sambo y grandes asteres escarlata saltando en sus ojales. Cada uno de ellos tiene su banjo en cabestrillo. Sus manos negroides, más pálidas y pequeñas, hacen resonar las tuingtuang cuerdas. Revolcando blancos ojos y sus hileras de dientes de cafre baten ruidosamente un zapateado en groseros chanclos, aparcándose, cantando, espalda con espalda, punta taco, taco punta, con chasqueantegruesorrestallantes labios de negro.)

TOM Y SAM

Hay alguien en la casa con Dina
Hay alguien en la casa, lo sé.
Hay alguien en la casa con Dina
Tocando en el viejo banjo.

(Se quitan bruscamente las máscaras negras que cubrían sus rostros infantiles, luego se alejan bailando un cakewalk, cloqueando, roncando, brincando y punteando las cuerdas.)

Bloom

(Con una tierna sonrisa agridulce.) ¿Un poco frívolo, diremos, si así le parece bien? ¿Le gustaría tal vez que la abrazara durante la fracción de un segundo solamente?

La señora Breen

(Grita alegremente.) ¡Oh, bribón! Tendrías que verte a ti mismo.

Bloom

En recuerdo de los viejos tiempos. Sólo quise decir una partida de cuadro, una mezcla mezclada de matrimonios de nuestros distintos conyugalitos. Sabes que tenía un rinconcito tierno para ti. *(Lúgubremente.)* Fuí yo quien te envió esa valentine de la querida gacela.

La señora Breen

Por el amor de Dios, ¡sí que tienes una linda facha! Como para morirse. *(Extiende su mano inquisitivamente.)* ¿Qué escondes detrás de ti? Vamos, sé buenito...

Bloom

(Se apodera de su muñeca con la mano libre.) Eras Josie Powell, la más linda chica de Dublin. ¡Cómo pasa el tiempo! ¿Te acuerdas, retrocediendo en orden retrospectivo, la fiesta de Georgina Simpson al estrenar su casa en una noche de Navidad, mientras ellos jugaban al juego de Irving Bishop, buscando al alfiler con los ojos vendados y adivinando el pensamiento? Pregunta, ¿qué hay en esta tabaquera?

La señora Breen

Fuiste el héroe de la noche con tu recitado tragicómico y representabas bien tu papel. Siempre fuiste el favorito de las damas.

Bloom

(Acompañante de damas, en smoking con solapas de seda, distintivo masónico azul en el ojal, corbata negra y botones de nácar, una prismática copa inclinada de champaña en la mano.) Señoras y señores, brindo por Irlanda, el hogar y la belleza.

La señora Breen

Divinos días del tiempo que no volverá. La vieja y dulce canción del amor.

Bloom

(Bajando significativamente la voz.) Confieso que estoy hecho una tetera de curiosidad por saber si cierta cosa de cierta persona es actualmente una teterita.

La señora Breen

(Tirándose a fondo.) ¡Tremenda tetera! La tetera de Londres y me siento toda yo convertida en una tetera.
(Se frotan ambos costado contra costado.) Después de los juegos de misterio del salón y los triquitraques del árbol nos sentamos en la otomana de la escalera. Debajo del muérdago. Soledad de dos en compañía.

Bloom

(Llevando puesto un sombrero púrpura de Napoleón con una media luna de ámbar, pasando sus dedos y pulgares lentamente por la suave y húmeda palma carnosa que ella le abandona suavemente.) El sortilegio de la hora nocturna. Yo quité la espina de esta mano, dulcemente, con cuidado. *(Con ternura, mientras desliza en el dedo de ella un anillo de rubí.)* Là ci darem la mano.

La señora Breen

(En un traje de noche azul claro de luna, de una sola pieza, una diadema de sílfide sobre la frente, con su carnet de baile caído al lado de su chinela de raso azul lunar, vuelve la mano suavemente, respirando agitada.) Voglio e non. ¡Ardes! ¡Estás quemando! La mano izquierda, la más próxima al corazón.

Bloom

Cuando elegiste marido se habló de la bella y la bestia. Nunca podré perdonártelo. *(Se lleva el puño cerrado a la frente.)* Piensa en lo que significa. Todo lo que entonces representabas para mí. *(La voz ronca.)* ¡Mujer, eso me está destrozando!

(Denis Breen, con alto sombrero blanco, hombre sandwich de Sabiduría Hely, pasa delante de ellos arrastrando unas chinelas de tapiz, su oscura barba hacia afuera, refunfuñando a derecha e izquierda. El pequeño Alf Bergan, envuelto en el manto del as de espadas, lo acosa, a la derecha, a la izquierda, doblándose de risa.)

Alf Bergan

(Señala con burla el anuncio del tablero.) E. L. Listo.

La señora Breen

(A Bloom.) Las que hemos hecho allá abajo. *(Lo mira con ojos*

escurridizos.) ¿Por qué no besaste el sitio para hacerlo bien! Tenías ganas.

Bloom

(Escandalizado.) ¡La mejor amiga de Maruja! ¿Cómo podías?

La señora Breen

(La carnosa lengua entre los labios, le ofrece un beso de paloma.) Hnhn. La respuesta es un limón. ¿Tienes ahí algún regalito para mí?

Bloom

(Improvisando.) Kosher. Un bocado para la cena. Casa sin carne envasada es incompleta. Estuve en *Leah*. La señora Brandman Palmer. Mordaz intérprete de Shakespeare. Desgraciadamente tiré el programa. Por aquí hay un sitio macanudo para patas de cerdo. Toca.

(Richie Goulding, con tres sombreros de mujer prendidos sobre la cabeza, aparece doblándose a un costado por el peso de la negra cartera legal de Collis y Ward, sobre la que están pintados con cal blanca un cráneo y tibias cruzadas. La abre y la muestra llena de pasta de cerdo, arenques ahumados, lubina de Findon y píldoras muy bien empaquetadas.)

Richie

Lo que más vale de Dub.

(El calvo Pat, imbécil aburrido, está parado en el cordón de la vereda, doblando su servilleta, esperando para atender.)

Pat

(Se adelanta con una fuente inclinada goteandogoteante de salsa.) Bife y riñón. Botella de cerveza: ¡Ji, ji, ji! Esperen, ya los voy a atender.

Richie

Buen Dios. Yonun cacomí entoda...

(Con la cabeza gacha avanza obstinado. El peón, tambaleándose por ahí, lo trinca con su horquilla de dos puntas enrojecidas al fuego.)

Richie

(Con un grito de dolor, llevándose la mano al traste.) ¡Ay! ¡Ra-

yos y centellas!

BLOOM

(Señala al peón.) Un espía. Es mejor no llamar la atención. Odio a las multitudes estúpidas. No estoy en tren de divertirme. Estoy en un grave aprieto.

LA SEÑORA BREEN

Como de costumbre, engañando a la gente con cuentos chinos.

BLOOM

Quiero confiarte un secretito acerca de cómo vine a parar aquí. Pero no debes contarlo a nadie. Ni siquiera a Mariquita. Tengo un motivo muy especial.

LA SEÑORA BREEN

(Anhelante.) ¡Oh, no, por nada del mundo!

BLOOM

Sigamos andando. ¿Quieres?

LA SEÑORA BREEN

Vamos.

(La alcahueta hace una señal en vano. Bloom se va con la señora Breen. El terrier sigue, quejándose lastimeramente, meneando la cola.)

LA ALCAHUETA

¡Desperdicio de judío!

BLOOM

(En un traje de deporte color avena, una ramita de madreselva en la solapa, camisa aristocrática de moda color naranja, corbata escocesa a cuadros con la cruz de San Andrés, polainas blancas, guardapolvo color cervatillo al brazo, abarcas rojo tostado, anteojos de larga vista en bandolera y un sombrero hongo de color gris.) ¿Te acuerdas tiempo atrás, hace muchos años, justamente después que Milly, Marionette la llamábamos, fué destetada cuando fuimos todos juntos a las carreras de Fairyhouse, era ahí, no?

LA SEÑORA BREEN

(En elegante traje azul verdoso, sombrero de velour blanco y velo ilusión.) En Leopardstown.

BLOOM

Eso quise decir, Leopardstown. Y Mariquita ganó siete chelines con un caballo de tres años llamado Nolodigas y volviendo a casa por Foxrock, en ese viejo carricoche de cinco asientos; tú estabas en tu apogeo entonces, y tenías puesto ese sombrero blanco con un ribete de piel de topo que la señora Haynes te aconsejó comprar porque estaba rebajado a diecinueve chelines once, un pedacito de alambre y un trapo viejo de pana, y te apuesto lo que quieras a que lo hizo a propósito.

LA SEÑORA BREEN

Seguro que sí, ¡la gata! ¡No me digas! ¡Linda consejera!

BLOOM

Porque no te sentaba ni por asomos tan bien como la otra coquetona toquita con el ala de ave del paraíso, que me gustaba tanto como te quedaba, y tú honestamente estabas hasta demasiado atrayente con ella, aunque fué una lástima matarla; tú, criatura cruel, una cosita tan pequeña, con el corazón del tamaño de un punto.

LA SEÑORA BREEN

(Le estruja el brazo, sonríe tontamente.) Yo era perversamente cruel.

BLOOM

(Bajo, en secreto, cada vez más ligero.) Y Mariquita estaba comiendo un sandwich de bife con especias de la canasta del señor Joe Gallaher. Francamente, aunque ella tenía sus consejeros o admiradores, nunca me gustó mucho su estilo. Era...

LA SEÑORA BREEN

Demasiado...

BLOOM

Sí. Y Maruja se reía porque Rogers y Maggot O'Reilly estaban imitando al gallo mientras pasábamos por una granja, y Marcus Tertius Moisés, el comerciante de té, pasó delante de nosotros en birlocho con u hija, Dancer Moisés se llamaba, y el perro de lanas de su regazo se irguió, y tú me preguntaste si yo alguna vez había oído o leído o sabido o encontrado...

LA SEÑORA BREEN

(Ansiosamente.) Sí, sí, sí, sí, sí, sí, sí, sí.

(Ella se desvanece de su lado. Seguido por el perro que-

jumbroso, él se encamina hacia las puertas del infierno. Bajo una portada una mujer parada, inclinada hacia adelante, los pies separados, orina como una vaca. Frente a una taberna con las cortinas bajas, un grupo de vagabundos escucha un cuento que un vejete de morros rotos les relata con ronca locuacidad. Dos ganapanes sin brazos se agitan trabados en grosera lucha.)*

El Vejete

(Se agacha, con una voz que le sale retorcida del hocico.) Y cuando Cairns bajó del andamio de Beaver Street, adónde vino a meterse si no dentro del cubo de cerveza que estaba sobre las virutas esperando a los yeseros de Derwan.

Los Vagabundos

(Risotadas de sus paladares agrietados.) ¡La gran siete!

(Sus sombreros salpicados de pintura se sacuden. Manchados con cola y cal de sus casas, brincan, sin miembros, alrededor de él.)

Bloom

Coincidencia también. Les parece gracioso. Maldita la gracia. A pleno día. Tratando de caminar. Menos mal que no hay ninguna mujer.

Los Vagabundos

La pucha, está formidable. Sal inglesa. La madona, en la cerveza de los cosos.

(Bloom pasa. Prostitutas baratas, solas, en parejas, con chales, desgreñadas, llaman desde las callejuelas, las puertas, los rincones.)

Las Prostitutas

¿Vas lejos, bicho raro?
¿Cómo está tu pierna del medio?
¿Tienes un fósforo?
¡Eh!, ven aquí a que te la ponga dura.

(Se abre paso a través de su resumidero hacia la calle iluminada de más allá. Detrás de la comba de las cortinas de una ventana un gramófono alza su trompa descascarada de latón. En la sombra, una celestina regatea con el peón y los dos soldados.)

El Peón

(Eructando.) ¿Dónde está la maldita casa?

La Cantinera

Calle Purdon. Un chelín la botella de stout. Mujer respetable.

El Peón

(Agarrándose a los dos capotes rojos, se adelanta tambaleando con ellos.) ¡Vamos, Ejército Británico!

Soldado Carr

(Detrás de su espalda.) Éste no está medio.

Soldado Compton

(Ríe.) ¡Qué esperanza!

Soldado Carr

(Al peón.) La cantina de los cuarteles de Portobello. Preguntas por Carr. Nada más que Carr.

El Peón

(Grita.) Somos los muchachos. De Wexford.

Soldado Compton

¡Dime! ¿Cuánto vale el sargento mayor?

Soldado Carr

¿Bennett? Es mi amigo. Lo quiero al viejo Bennett.

El Peón

(Grita.)

La cadena infamante.
Y libertemos a nuestra patria.

(Se adelanta tambaleando, arrastrándolos consigo. Bloom se detiene, perplejo. El perro se acerca, la lengua colgando, jadeante.)

Bloom

Esto es una cacería de gansos silvestres. Casas de lenocinio. El señor sabe dónde se han metido. Los borrachos cubren la distancia con doble rapidez. Linda mezcolanza. Esa comedia de Westland Row. Después saltan en primera clase con boleto de tercera. Después se pasan. Tren con la locomotora detrás. Podría haberme ido a Mala-

hide o a un desvío a pasar la noche o a una colisión. Eso lo trae la
segunda vuelta. Una vuelta es una dosis. ¿Para qué lo estoy siguiendo?
Sin embargo es el mejor de ese grupo. Si no me hubiera enterado de
lo de la señora Beaufoy Purefoy no habría-ido y no me habría encontrado. El hado. Va a perder ese dinero. Oficina de relevo. Los mer-
cachifles y los tocadores de órgano hacen su negocio por aquí. ¿Qué
necesitáis? Lo que pronto se consigue, pronto se va. Pude haber perdido la vida también con ese jaganatacampanhombrevíatrole si no
hubiera sido por la presencia de ánimo. Pero eso no siempre puede
salvarlo a uno, sin embargo. Si hubiera pasado por la ventana de
Truelock ese día dos minutos más tarde me recibía el tiro. Ausencia
del cuerpo. Sin embargo si la bala no hubiera hecho más que atra-
vesarme el saco habría recibido una indemnización por conmoción,
quinientas libras. ¿Qué era él? Un dandy del club de Kildare Street.
Que Dios ayude a su guardabosque.

*(Mira hacia adelante y lee sobre la pared una leyenda
garabateada con tiza "Sueño húmedo" y un dibujo fálico.)*

¡Raro! Mariquita dibujando sobre el cristal helado del carruaje
en Kingstown. ¿A qué se parece eso? *(Llamativas mujeres se apo-
yan en las puertas iluminadas, en el alféizar de las ventanas, fumando cigarrillos Birdseye. Un olor dulzón de hierba flota hacia él
en lentas guirnaldas redondas y ovaladas.)*

Las Guirnaldas

Dulces son los dulces. Las dulzuras del pecado.

Bloom

Mi espinazo está un poco flojo. ¿Sigo o pego la vuelta? ¿Y esta
comida? Si uno lo come se pone todo pegajoso de cerdo. Soy un
estúpido. Dinero mal gastado. Un chelín y ocho peniques de más.
*(El sabueso aplica un hocico frío y baboso contra su mano, me-
neando la cola.)* Es raro cómo me siguen. Hasta ese bruto de hoy.
Mejor hablarles primero. Como a las mujeres, a ellos les gustan los
rencontres. Apesta como una mierda. *Chacun son goût.* Podría estar hidrófobo. Fido. Inseguro en sus movimientos. ¡Pichicho!
¡Garryowen! *(El perro lobo se despatarra sobre el lomo contorsio-
nándose obscenamente con suplicantes garras, con su larga lengua
negra colgándole afuera.)* Influencia del medio. Dáselo y desembarázate de él de una vez. Con tal que nadie. *(Pronunciando palabras
alentadoras retrocede, vacilando con paso de cazador furtivo, perseguido por el perdiguero hacia un oscuro rincón hediondo de orina.
Desenvuelve un paquete y, a punto de dejar caer suavemente la pata
de cerdo, se detiene y palpa la pata de carnero.)* Bien despachada
por tres peniques. Pero la tengo en mi mano izquierda. Requiere
más esfuerzo. ¿Por qué? Más pequeña por falta de uso. ¡Oh!, que

resbale. Dos chelines seis.

(Pesaroso, deja resbalar las desempaquetadas pata de cerdo y pata de carnero. El mastín aporrea el envoltorio groseramente y se sacia con gruñidora gula tascando los huesos. Dos guardias con gorras impermeables se aproximan, silenciosos, vigilantes. Murmuran juntos.)

El Guardia

Bloom. De Bloom. Para Bloom. Bloom.

(Cada uno de ellos deja caer una mano sobre el hombro de Bloom.)

Guardia Primero

Cogido in fraganti. Está prohibido arrojar basuras.

Bloom

(Tartamudea.) Estoy haciendo bien a los demas.

(Una bandada de gaviotas, petreles de tormenta, se levanta hambrientamente del cieno del Liffey con tortitas de Banburry en sus picos.)

Las Gaviotas

Teremos tortitas te tanturri.

Bloom

El amigo del hombre. Amaestrado con la bondad.

(Señala. Bob Doran, dejándose caer desde un alto taburete de bar, se bambolea sobre el mascador perro de aguas.)

Bob Doran

Pichicho. La patita. La patita.

(El bulldog gruñe, enderezando la nuca, un bocado de coyuntura de cerdo entre sus molares, a través de los cuales gotea una espumosa saliva de rabia. Bob Doran cae silenciosamente dentro de un patio.)

Guardia Segundo

Sea compasivo con los animales.

Bloom

(*Entusiastamente.*) ¡Noble institución! Yo reprendí a ese conductor de tranvía en el cruce del puente Harold por maltratar al pobre caballo que tenía una peladura bajo la pechera. Fuí suciamente insultado por mi comedimiento. Claro que helaba y que era el último tranvía. Todos los cuentos de la vida de circo son decididamente desmoralizadores.

(El signor Maffei, pálido de cólera, en traje de domador de leones, con botones de diamante en la pechera de su camisa, se adelanta sosteniendo en la mano un aro de circo de papel, un serpenteante látigo de carruaje y un revólver con el que cubre al mastín engullidor.)

Signor Maffei

(*Con una sonrisa siniestra.*) Señoras y señores, mi lebrel amaestrado. Yo soy el que montó el indomable potro Ajax con mi silla de montar claveteada, patentada para carnívoros. Azotar debajo del vientre con una correa de nudos. El cepo estrangulador a poleas, y vuestro león os seguirá como un perro, por reacio que sea, inclusive el *Leo ferox* aquí presente, antropófago de Libia. Una barra de hierro calentada al rojo y la frotación de cierto linimento sobre la parte quemada produjo a Fritz de Amsterdam, la hiena que piensa. (*Sus ojos relucen.*) Yo poseo el poder indio. Obtengo el brillo de mi mirada con estos diamantes de la pechera. (*Con una sonrisa encantadora.*) Ahora les presento a Mademoiselle Rubí, el orgullo de la pista.

Guardia Primero

Vamos. Nombre y domicilio.

Bloom

Se me olvidó en este momento. ¡Ah, sí! (*Se saca el sombrero de alta calidad y saluda.*) Doctor Bloom, Leopoldo, cirujano dental. Habréis oído hablar del Bajá von Bloom. Innumerables millones. *Donnerwetter!* Es dueño de media Austria. Egipto. Es mi primo.

Guardia Primero

Documentos.

(Una tarjeta cae del interior de la banda de cuero del sombrero de Bloom.)

Bloom

(*Con fez rojo, traje de cadí con ancha faja verde, llevando un distintivo falso de la Legión de Honor, levanta la tarjeta apresuradamente y la ofrece.*) Permítame. Mi club es el de los jóvenes Oficiales de Mar y Tierra. Abogados: los señores Juan Enrique Menton, 27 Bachelor's Walk.

Guardia Primero

Una coartada. Está notificado.

Bloom

(Saca del bolsillo del lado del corazón una ajada flor amarilla.) He aquí la flor en cuestión. Me la dió un hombre cuyo nombre ignoro. *(Plausiblemente.)* Ustedes conocen ese viejo chiste, el país de los hoteles. Bloom: florece. El cambio de nombre: Marimach. *(Murmura bajo y confidencialmente.)* Estamos comprometidos, sabes, sargento. Hay una dama en el asunto. Enredo amoroso. *(Codea confidencialmente al segundo guardia.)* Bórrenlo todo. Es el sistema que usamos los galanteadores en la Marina. Así lo quiere el uniforme. *(Se vuelve gravemente hacia el guardia primero.)* Sin embargo, uno se encuentra a veces con su Waterloo. Venid una noche de estas a tomar un vaso de viejo borgoña. *(Al segundo guardia, alegremente.)* Os presentaré, inspector. Ella es cosa hecha. Lo hará en menos que canta un gallo.

(Aparece una sombría faz mercurializada, precediendo a una velada figura.)

El Mercurio Sombrío

Lo buscan del Castillo. Fué degradado y expulsado del ejército.

Marta

(Bajo un espeso velo, con una cuerda carmesí alrededor del cuello, un ejemplar del Irish Times *en la mano, en tono de reproche, señalando.)* ¡Enrique! Leopoldo! Lionel, ¡oh tú, perdido! ¡Reivindica mi nombre!

Guardia Primero

(Severamente.) Vamos a la comisaría.

Bloom

(Asustado, se pone el sombrero, retrocede después, y con la mano sobre el corazón, levantando el antebrazo derecho en escuadra, hace la señal de defensa y confraternidad de la logia.) No, de ninguna manera, venerable maestro, luz de amor. Identidad equivocada. El correo de Lyon. Lesurques y Dubosc. Recordáis el caso de fratricidio Childs. Nosotros los médicos. Dándole muerte de un golpe de hacha. Estoy acusado erróneamente. Vale más dejar escapar a un culpable que condenar a noventa y nueve inocentes.

MARTA

(*Sollozando detrás de su velo.*) Violación de promesa. Mi verdadero nombre es Peggy Griffin. Me escribió que era desdichado. Se lo voy a contar a mi hermano, el robusto fullback de Bective, seductor sin corazón.

BLOOM

(*Tapándose la boca con la mano.*) Está borracha. Esta mujer está ebria. (*Murmura vagamente la palabra clave de Efraín.*) Esun'abuscacam orra.

GUARDIA SEGUNDO

(*Con lágrimas en los ojos, a Bloom.*) Tendría que morirse de vergüenza.

BLOOM

Señores del jurado, dejen que me explique. No se trata más que de un mal entendido. Soy un hombre incomprendido. Me convierten en víctima propiciatoria. Soy un honorable hombre casado, con una reputación sin tacha. Vivo en la calle Eccles. Mi esposa, soy la hija de un distinguidísimo comandante, un valiente caballero de alto prestigio, cómo se llama, mariscal de campo Brian Tweedy, uno de los aguerridos combatientes británicos que ayudaron a ganar nuestras batallas. Recibió su grado de comandante por su heroica defensa de Rorke's Drift.

GUARDIA PRIMERO

Regimiento.

BLOOM

(*Se vuelve hacia la galería.*) El Real de Dublin, muchachos, la sal de la tierra, famoso en el mundo entero. Al verlos a ustedes me parece estar entre viejos camaradas de armas. Fusileros Reales de Dublin. Con nuestra propia policía Metropolitana, guardianes de nuestros hogares, los muchachos más animosos y físicamente el más hermoso cuerpo de hombres al servicio de nuestro soberano.

UNA VOZ

¡Renegado! ¡Arriba los Boers! ¿Quién hace mofa de Joe Chamberlain?

BLOOM

(*Poniendo la mano en el hombro del guardia primero.*) Mi viejo papá fué también juez de paz. Soy tan buen británico como usted, señor. Luché bajo la misma bandera por el rey y por la patria en la guerra de los pipiolos badulaques bajo las órdenes del general Gough en el parque de artillería, fuí puesto fuera de combate en

Spion Kop y en Bloemfontein y fuí mencionado en los comunicados. Hice todo lo que podía hacer un hombre blanco. *(Con calmo sentimiento.)* Jim Bludso. Contra viento y marea.

Guardia Primero

Profesión u oficio.

Bloom

Bueno, me ocupo en literatura. Autor-periodista. Para ser más preciso, estamos por publicar ahora una colección de cuentos premiados de mi invención, algo que todavía no se ha hecho nunca. Estoy vinculado al periodismo británico e irlandés. Si quieren telefonear...

(Myles Crawford aparece dando zancadas y saltando, una pluma entre los dientes. Su pico escarlata resplandece en la aureola de su sombrero de paja. Sacude en una mano un rosario de cebollas españolas y sostiene con la otra el tubo de un receptor telefónico junto a su oreja.)

Myles Crawford

(Meneando sus barbas de gallo.) ¡Hola! setentaisiete ochocuatro. ¡Hola! Está hablando con el Urinario Hombre Libre y el Semanario Limpiaculos. Paralicen Europa. ¿Quién habla? ¿Bludobloom? ¿Quién escribe? ¿Bloom es?

(El señor Felipe Beaufoy, con el rostro pálido, está de pie en el banco de los testigos, en impecable traje de mañana, enseñando la punta del pañuelo en el bolsillo sobre el pecho, pantalones lavanda con la raya bien marcada y botines de charol. Lleva una gran cartera rotulada. Golpes Maestros de Matcham.)

Beaufoy

(Arrastrando las palabras.) No, usted no lo es, ni por asomo que yo sepa. No lo veo, eso es todo. Ningún caballero bien nacido, nadie que posea los más rudimentarios impulsos de caballero se rebajaría a tan escandalosamente asquerosa conducta. Uno de esos, señor Presidente. Un plagiario. Un pegajoso sujeto ruin disfrazándose de literato. Es perfectamente obvio que con la más inherente bajeza ha plagiado alguno de mis libros de éxito, material realmente magnífico, una perfecta joya, cuyos pasajes amorosos están por debajo de toda sospecha. Los libros de amor y de la alta sociedad de Beaufoy, con los que su señoría está sin duda familiarizado, gozan de una reconocida popularidad en todo el reino.

Bloom

(Murmura con mansedumbre perruna.) Acerca de ese trozo de la riente hechicera, la mano en la mano, debo objetar; si se me permite...

Beaufoy

(Frunciendo los labios, pasea por la sala su arrogante sonrisa.) ¡Tú, ridículo asno, tú! ¡Eres demasiado bestialmente horrorosamente horripilante para ser descripto! No creo que te valga la pena que te tomes ninguna molestia a ese respecto. Mi agente literario, el señor J. B. Pinker, se está ocupando. Espero, señor Presidente, que recibiremos los honorarios usuales de los testigos, ¿no es así? Estamos considerablemente mal de dinero por este maldito johnny de prensista, este grajo de Reims, que ni siquiera ha estado en una Universidad.

Bloom

(Indistintamente.) La Universidad de la vida. Mala literatura.

Beaufoy

(Grita.) ¡Es una infame inmunda mentira que evidencia la podredumbre moral de ese hombre! *(Extiende su carpeta.)* Tenemos aquí evidencia condenatoria, el *corpus delicti*, señor Presidente; un espécimen de mi trabajo más logrado desfigurado por la marca de la bestia.

Una Voz de la Galería

Con los diarios, Moisés, rey de judíos,
se limpió el culo, ya cansado de líos.

Bloom

(Valientemente.) Fuera de lugar la cuestión.

Beaufoy

¡Calla, infeliz! ¡Merecerías un escarmiento, bribón! *(Al tribunal.)* ¡Basta revisar la vida privada del hombre! ¡Llevando una existencia cuádruple! Un ángel en la calle y un demonio en el hogar. Su nombre no es digno de pronunciarse en una reunión. El más insignificante intrigante de la época.

Bloom

(Al tribunal.) Y cómo es que él, siendo soltero...

Guardia Primero

El Rey versus Bloom. Que pase la mujer Driscoll.

El Pregonero

¡María Driscoll, fregona!

> *(María Driscoll, una sirvienta desaseada, en chancletas, se aproxima. Sostiene un balde con el brazo plegado y trae un cepillo de fregar en la mano.)*

Guardia Segundo

¡Otra! ¿Eres de la vida?

María Driscoll

(Con indignación.) No soy mala. Tengo buena reputación y estuve cuatro meses en mi último empleo. Estaba bien allí, seis libras al año, las gratificaciones y los viernes libres, y tuve que dejarlo debido a sus intrigas.

Guardia Primero

¿De qué lo acusas?

María Driscoll

Me hizo proposiciones; pero, aunque una sea pobre, tiene su decencia.

Bloom

(En chaqueta de entrecasa de cebellina, pantalones de franela, babuchas, sin afeitar, y con el cabello ligeramente despeinado.) Tuve atenciones contigo. Te di algunos recuerdos, elegantes ligas esmeralda muy superiores a tu condición. Incautamente tomé tu defensa cuando fuiste acusada de ratería. Todas las cosas tienen un límite. Ahora tienes que jugar limpio.

María Driscoll

(Vehementemente.) ¡Tan cierto como que Dios me mira esta noche, nunca puse la mano sobre esas ostras!

Guardia Primero

¿De qué ofensa se queja? ¿Ocurrió algo?

María Driscoll

Me sorprendió en los fondos de la casa, mi Presidente, una mañana que la señora había salido de compras, pidiéndome un alfiler de gancho. Me agarró, y el resultado fueron unos moretones en cuatro sitios. Y por dos veces me puso las manos debajo de la ropa.

Ella contraatacó.

María Driscoll

(Desdeñosamente.) Tuve más respeto por el cepillo de limpieza, eso es lo que tuve. Lo reconvine, su señoría, y él dijo: No se lo digas a nadie.

(Risa general.)

Georges Fottrell

(Oficial de la audiencia, con voz tonante.) ¡Orden en la sala! El acusado hará ahora una falsa declaración.

(Bloom, declarándose inocente y sosteniendo un nenúfar completamente abierto, comienza un largo discurso ininteligible. Ellos oirían lo que el abogado iba a decir en su conmovedora alocución dirigida al jurado. Estaba vencido y descartado; pero, aunque marcado como oveja negra, si así podía decirlo, se proponía reformarse, limpiar el recuerdo del pasado viviendo con la castidad de una hermana, y volver a la naturaleza como un animal puramente doméstico. Nacido sietemesino, había sido cuidadosamente criado y educado por un padre de edad postrado en cama. Puede ser que hubiera en su vida lapsos de padre descarriado, pero deseaba dar vuelta la hoja, enmendarse, después de tanto, y, teniendo a la vista el poste de la flagelación, llevar una vida doméstica en el atardecer de sus días, confortado por las afectuosas proximidades del palpitante seno de la familia. Británico naturalizado, había visto, en esa tarde de un día de verano, desde la plataforma del maquinista de una locomotora del ferrocarril de circunvalación, mientras la lluvia se hacía desear después del buen tiempo, por decirlo así, a través de las ventanas de las familias amorosas de la ciudad de Dublín y distrito urbano, escenas realmente bucólicas de felicidad de la mejor tierra, con empapelados de Dockrell a un chelín y nueve peniques la docena, inocentes niños, británicos de nacimiento, balbuceando plegarias al Sagrado Infante, juveniles estudiantes garabateando sus penitencias, jovencitas modelo luchando con el pianoforte o en seguida todos recitando con fervor el rosario de la familia alrededor del crujiente leño de Navidad, mientras en las callejuelas y los verdes senderos las jóvenes se paseaban con sus galanes a los acordes del acordeón Britania con tonos de órgano, con sus cuatro registros en acción y sus fuelles de doce pliegues, una verdadera oportunidad, la gran pichincha...)

(Risas prolongadas. Él murmura palabras incoherentes. Los reporteros se quejan de que no pueden oír.)

Taquígrafo y Calígrafo

(Sin levantar la vista de sus anotadores.) Aflójenle los botines.

Profesor Machugh

(Desde la mesa de la prensa, tose y grita.) ¡Escúpelo, hombre! Sácalo en pedacitos.

(El interrogatorio prosigue respecto a Bloom y el balde. Un gran balde. Bloom en persona. Dolor de barriga. En la calle Beaver. Cólico, sí. Muy malo. Un balde de yesero. Por andar con las piernas duras. Sufrió indecible dolor. Agonía mortal. Cerca del mediodía. Amor o borgoña. Sí, un poco de espinaca. Momento decisivo. No miró en el balde. Nadie. Más bien un revoltijo. No completamente. Un número atrasado de "Titbits".)

(Gritos y silbidos. Bloom con una levita destrozada manchada de cal, abollado sombrero de copa atravesado sobre la cabeza, una tira de tafetán sobre la nariz, habla inaudiblemente.)

J. J. O'Molloy

(Con peluca gris de abogado y toga de paño, hablando con una voz de apenada protesta.) Éste no es un lugar para diversiones indecentes a expensas de un pecador mortal embriagado de licor. No estamos en un atormentadero de osos ni en una batahola de Oxford ni es ésta una parodia de justicia. Mi cliente es un niño, un pobre inmigrante extranjero que empezó de la nada, vino como polizón y ahora está tratando de ganarse la vida honradamente. El supuesto delito fué debido a una aberración hereditaria momentánea, provocada por una alucinación, siendo estas familiaridades, tales como las declaradas acciones culpables, completamente lícitas en la patria de mi cliente, la tierra de los Faraones. Prima facie, dejo constancia de que no hubo intento de comercio carnal. La intimidad no tuvo lugar y la ofensa de que se queja la demandante Driscoll, de que se atentó contra su virtud, no se repitió.

Yo lo atribuiría especialmente al atavismo. Ha habido casos de naufragios y de sonambulismo en la familia de mi cliente. Si el acusado pudiera hablar nos revelaría uno de los más extraños relatos que jamás hayan sido narrados entre las tapas de un libro. Él mismo, señor presidente, es una ruina física, tisis al pecho de los zapateros. Su defensa se basa en que es de ascendencia mogólica e irresponsable de sus actos. En pocas palabras, se trata de un insano.

Bloom

(Descalzo, el pecho deformado por el raquitismo, en chaleco y pantalones de láscar, los apologéticos dedos de los pies vueltos hacia adentro, abre sus diminutos ojos de topo y mira aturdidamente alrededor de él, pasándose lentamente la mano por la frente. Después se levanta el cinturón a la manera de los marineros y con un encogimiento de hombros de obediencia oriental saluda al jurado y levanta un pulgar hacia el cielo.) Él hace mucho para lindo noche. *(Empieza a cantar tontamente.)*

>El poble chiquilín,
>Tlae pata le chancho cala noche.
>Le cuelta dos chelín...

(Lo echan a gritos.)

J. J. O'Molloy

(Al populacho, vehementemente.) Ésta es una lucha desigual. Por los infiernos, no voy a tolerar que se haga callar a ningún cliente mío ni que sea molestado de esta manera por una caterva de hombres viles y de hienas reidoras. El código mosaico ha substituído a la ley de la jungla. Lo digo y lo repito enfáticamente, sin querer ni por un momento trabar la acción de la justicia, que no hubo premeditación en el acusado y que la acusadora no fué importunada. La joven persona fué tratada por el acusado como si fuera su propia hija. *(Bloom toma la mano de J. J. O'Molly y la lleva a sus labios.)* Aportaré pruebas terminantes para refutar el cargo y probar, tan claro como que dos y dos son cuatro, que las intrigas subterráneas están otra vez jugando su viejo papel. Cuando se dude, persígase a Bloom. Mi cliente, que sufre de congénita timidez, sería el último hombre del mundo capaz de hacer una cosa indigna de un caballero, contra la que pudiera rebelarse la modestia ofendida, o de arrojar una piedra a una joven que tomó por el mal camino cuando algún cobarde, responsable de su estado, hubo hecho con ella lo que mejor le vino en gana. Él quiere marchar derecho. Lo considero el hombre más irreprochable que conozco. Está en la mala actualmente debido a la hipoteca que pesa sobre sus vastas propiedades de Agendath Netaim, en la lejana Asia Menor, de las cuales serán proyectadas a continuación algunas vistas panorámicas. *(A Bloom.)* Le aconsejo que tenga usted ese hermoso gesto.

Bloom

Un penique por libra.

(El miraje del lago de Kinnereth con su borroso ganado paciendo en medio de una niebla de plata se proyecta sobre la pared. Moisés Duglacz, albino de ojos de hurón, en pantalones azules de calicó, se levanta entre el audi-

torio, sosteniendo en cada mano un limón y un riñón de cerdo.)

Duglacz

(*Roncamente.*) Bleibtreustrasse, Berlín, W, 13.

(*J. J. O'Molloy se para sobre un plinto bajo y toma con solemnidad la solapa de su saco. Su cara se alarga, se pone pálida y barbuda, con los ojos hundidos, mostrando las ronchas de la tisis y los héticos pómulos de Juan F. Taylor. Se lleva el pañuelo a los labios y observa el flujo galopante de la sangre rosácea.*)

J. J. O'Molloy

(*Casi afónico.*) Discúlpeme, estoy sufriendo un severo enfriamiento, acabo de levantarme de la cama. Unas pocas palabras bien escogidas. (*Asume cabeza de pájaro, bigote rojizo y la protuberante elocuencia de Seymour Bushe.*) Cuando se haya de abrir el libro del ángel, si algo de transfigurado en el alma y transfigurador del alma que el seno pensativo ha inaugurado merece vivir, yo digo que acuerden al prisionero del tribunal el sagrado beneficio de la duda. (*Un papel con algo escrito es alcanzado a los jurados.*)

Bloom

(*Con traje de corte.*) Puedo dar las mejores referencias. Los señores Callan, Coleman, Sabiduría Hely, J. P., mi antiguo jefe Joe Cufee, el señor V. B. Dillon, ex alcalde de Dublin. He actuado dentro del círculo encantador de las altas esferas... Las reinas de la sociedad de Dublin. (*Con negligencia.*) Justamente estuve charlando esta tarde en la residencia del virrey con mis viejos camaradas sir Robert y lady Ball, el astrónomo real, en la recepción. Sir Bob, dije yo...

La Señora Yelverton Barry

(*En traje de baile ópalo escotado y guantes de marfil hasta el codo, llevando un dolman ladrillo acolchado guarnecido de cebellina, una peineta de brillantes y un penacho de águila osífraga en el cabello.*) Arréstelo, alguacil. Me escribió una carta anónima con una escritura intencionadamente contrahecha mientras mi esposo estaba en el Distrito Norte de Tipperary, en el circuito Munster, firmada Jaime Amordeabedul. Decía que había visto desde el paraíso mis incomparables esferas mientras yo estaba sentada en un palco en una representación de gala de *La Cigale.* Yo lo enardecí profundamente, dijo. Me hizo proposiciones inconvenientes para que faltara a mis deberes a las cuatro y media p. m. del jueves siguiente, hora de Dunsink. Me ofreció enviarme por correo una novela de Monsieur Paul de Kock, titulada *La joven con los tres pares de corsés.*

LA SEÑORA BELLINGHAM

(Con gorro y manta de conejo foca, embozada hasta la nariz, desciende de su brougham y escudriña a través de sus impertinentes de carey, que saca de su enorme manguito de zarigüeya.) También a mí. Sí; creo que es la misma reprobable persona. Porque él cerró la puerta de mi carruaje delante de lo de sir Thornley Stoker un día de cellisca de invierno durante el corto período de frío de febrero del noventa y tres cuando hasta la reja del tubo de desagüe y el tapón esférico de mi cisterna de baño estaban helados. Más tarde me envió bajo sobre una flor de edelweiss recogida en las cimas, como me dijo, en mi honor. La hice examinar por un experto en botánica y suministró el informe de que era una flor de planta de papa doméstica, hurtada de un invernáculo de la granja modelo.

LA SEÑORA YELVERTON BARRY

¡Qué vergüenza!

(Se adelanta una turba de mujerzuelas y galopines.)

LAS MUJERZUELAS Y LOS GALOPINES

(Chillando.) ¡Detengan al ladrón! ¡A él, el Barbazul! ¡Tres vivas por Isaac Moi!

GUARDIA SEGUNDO

(Saca las esposas.) Aquí están las esposas.

LA SEÑORA BELLINGHAM

Se dirigió a mí en varias caligrafías diferentes con galanterías de extrema indecencia, calificándome de Venus en cueros y alegando profunda lástima por mi helado cochero Balmer, mientras que a un mismo tiempo se declaraba envidioso de sus orejeras y lanudas pieles de cordero y de su dichosa proximidad a mi persona, cuando está parado detrás de mi asiento llevando mi librea y los emblemas heráldicos del escudo de armas de Bellingham, blasón en campo negro y una cabeza de gamo grabada en oro. Elogió casi extravagantemente las extremidades de mis miembros inferiores, mis turgentes pantorrillas con medias de seda estiradas a punto de estallar, y elogió de un modo vehemente mis otros tesoros ocultos entre sublimes encajes, los que, dijo, podía evocar. Me instigó, declarando que sentía ser ésa su misión en la vida: profanar la cama matrimonial, cometer adulterio en la más pronta oportunidad posible.

LA HONORABLE SEÑORA MERVYN TALBOYS

(En traje de amazona, sombrero duro, botas recias con espolones, chaleco vermellón, guanteletes de mosquetero color ciervo con embocaduras bordadas en realce, larga cola levantada y látigo de caza con el cual golpea incesantemente su ruedo.) También a mí. Porque me vió en el campo de polo del Phoenix Park en el partido Toda Irlanda versus el Resto de Irlanda. Mis ojos, lo sé, brillaban divinamente mientras miraba al Capitán Slogger Dennehy de los Inniskillings ganar el último golpe en su cob favorito Centauro. Este plebeyo donjuán me observó desde atrás de un coche de alquiler y me envió una fotografía obscena bajo doble sobre, de esas que venden de noche en los bulevares de París, insultantes para una dama. Todavía la tengo. Representa una *señorita* ([1]) parcialmente desnuda, frágil y hermosa *(su esposa, como él solemnemente me aseguró, sacada por él del natural)*, practicando coito ilícito con un musculoso *torero* ([2]), evidentemente un pillo. Me incitó a hacer lo mismo, a portarme mal, a pecar con oficiales de la guarnición. Me imploró ensuciar su carta de una manera execrable, a castigarlo tan abundantemente como se lo merece, a montarlo a horcajadas y cabalgarlo de la manera más depravada que fuese posible.

LA SEÑORA BELLINGHAM

A mí también.

LA SEÑORA YELVERTON BARRY

A mí también.

(Varias damas altamente respetables de Dublin muestran cartas inconvenientes recibidas de Bloom.)

LA HONORABLE SEÑORA MERVYN TALBOYS

(Golpea sus tintineantes espuelas en un repentino paroxismo de repentina furia.) Lo haré, por el Dios que está en lo alto. Voy a azotar al cobarde perro ruin tanto como pueda resistir sobre él. Lo voy a desollar vivo.

BLOOM

(Cerrándosele los ojos, se acurruca ante la expectativa.) ¿Aquí? *(Se retuerce.)* ¡Otra vez! *(Jadea agachándose.)* Amo el peligro.

LA HONORABLE SEÑORA MERVYN TALBOYS

¡Muchísimo! Te lo voy a calentar. Te voy a hacer bailar Jack Latten por eso.

([1]) y ([2]) En castellano en el original.

La Señora Bellingham

¡Zúrrenle bien las nalgas, al presuntuoso! ¡Escríbanle las listas y las estrellas encima!

La Señora Yelverton Barry

¡Es vergonzoso! ¡No tiene disculpa! ¡Un hombre casado!

Bloom

Toda esta gente. Yo quise decir solamente la paliza. Un cálido calor retintineador sin efusión. Una tanda de vergazos refinados para estimular la circulación.

La Honorable Señora Mervyn Talboys

(Ríe burlonamente.) ¡Oh!, ¿de veras, mi encanto? Bueno, pongo a Dios por testigo que vas a recibir la sorpresa de tu vida, créeme, la más despiadada paliza que jamás le haya tocado en suerte a un hombre. Has azotado hasta enfurecerla a la tigresa latente en mi naturaleza.

La Señora Bellingham

(Agita vengativamente su manguito e impertinentes.) Hazle escocer, querida Hanna. Dale jengibre. Azota al mestizo hasta que le falte una pulgada para morirse. El gato de nueve colas. Cástralo. Viviseccionalo.

Bloom

(Temblando, encogiéndose, junta las manos con aire de perro ahorcado.) ¡Oh, tengo frío! ¡Oh, estoy tembloroso! Fué por culpa de tu ambrosíaca belleza. Olvida, perdona. Es el destino. Suéltenme por esta vez. *(Ofrece la otra mejilla.)*

La Señora Yelverton Barry

(Severamente.) ¡No lo haga de ninguna manera, señora Talboys! ¡Debe ser firmemente zurrado!

La Honorable Señora Mervyn Talboys

(Desabrochando violentamente su guantelete.) Esté tranquila. ¡Inmundo perro, siempre lo fué desde que lo parieron! ¡Atreverse a dirigirse a mí! ¡Lo azotaré en la vía pública hasta dejarlo negro y azul! ¡Le hundiré mis espuelas hasta que no se vea la rodaja! Es un cornudo bien conocido. *(Blande furiosamente en el aire su látigo de caza.)* ¡Bájese los pantalones sin perder tiempo! ¡Venga aquí, señor! ¡Rápido! ¿Listo?

BLOOM

(Temblando, empezando a obedecer.) Ha hecho tanto calor...

(Davy Stephens, con la cabeza rizada, pasa con una bandada de canillitas descalzos.)

DAVY STEPHENS

El Mensajero del Sagrado Corazón y El Telégrafo de la Noche con el Suplemento de la fiesta de San Patricio. Conteniendo los cambios de domicilio de todos los cornudos de Dublin.

(El muy reverendo canónigo O'Hanlon, con ropa clerical, capa pluvial de oro, eleva y exhibe un reloj de mármol. Delante de él el padre Conroy y el reverendo Juan Hughes S. J. se inclinan profundamente.)

EL RELOJ

(Abriéndose.)

    Cornú
    Cornú
    Cornú

(Se oyen tintinear los discos de bronce de una cama.)

LOS DISCOS

Yigyag. Yigayiga. Yigyag.

(Un panel de niebla se enrolla de pronto, revelando repentinamente, en la tribuna del jurado, las caras de Martín Cunningham, presidente, en sombrero de copa; Juancito Power, Simón Dedalus, Tomás Kernan, Eduardito Lambert, Juan Enrique Menton, Myles Crawford, Lenehan, Paddy Leonard, Nosey Flynn, M'Coy y el rostro sin rasgos de Uno sin Nombre.)

UNO SIN NOMBRE

Montado en pelo. Peso por edad. Que lo parió, él la organizó.

LOS JURADOS

(Todas las cabezas vueltas en su dirección.) ¿De veras?

UNO SIN NOMBRE

(Gruñe.) El culo sobre el tajo. Cien chelines a cinco.

Los Jurados

(Todas sus cabezas inclinadas asintiendo.) Así opina la mayoría de nosotros.

Guardia Primero

Está prontuariado. Otra joven con la trenza cortada. Se busca a Jack el Destripador. Mil libras de recompensa.

Guardia Segundo

(Aterrado, cuchichea.) Y de negro. Es un mormón. Un anarquista.

El Pregonero

(En voz alta.) Por cuanto Leopoldo Bloom, sin domicilio fijo, es un conocido dinamitero, falsario, bígamo, alcahuete y cornudo y un flagelo público para los ciudadanos de Dublin y por cuanto en estos tribunales el honorabilísimo...

(Su Honorabilidad, sir Federico Falkiner, primer magistrado de Dublin, en vestimenta judicial de piedra gris, con barba de piedra, se levanta de su banca. Lleva en sus brazos un cetro en forma de paraguas. De su frente se levantan, rígidos, los cuernos mosaicos de carnero.)

El Primer Magistrado

Pondré fin a esta trata de blancas y libraré a Dublin de esta odiosa plaga. ¡Escandaloso! *(Se cala la toca negra.)* Señor subcomisario: que se lo saque de la barra donde se encuentra ahora y que sea detenido en custodia en la cárcel de Mountjoy durante el tiempo que plazca a Su Majestad, y colgado allí del cuello hasta que esté muerto y que así se cumpla a riesgo de vuestra vida o que Dios se apiade de vuestra alma. Llevadlo. *(Un casquete negro desciende sobre su cabeza.)*

(El largo Juan Fanning, subcomisario, aparece, fumando un acre Henry Clay.)

El Largo Juan Fanning

(Con gesto agrio y gritando con sonora pronunciación quebrada.) ¿Quién ahorcará a Judas Iscariote?

(H. Rumbold, maestro barbero, con un chaquetón de color sangre y delantal de curtidor, una soga arrollada a la espalda, sube al patíbulo. Lleva metidos en el cinturón un salvavidas y un garrote claveteado. Se frota amenazadoramente sus manos en forma de garras, armadas de puños de hierro.)

Rumbold

(Al primer magistrado, con familiaridad siniestra.) Enrique el verdugo, Vuestra Majestad, el terror de Mersey. Cinco guineas por yugular. Precio por cuello.

(Las campanas de la iglesia de San Jorge tañen lentamente, hierro* de sombría sonoridad.)

Las Campanas

¡Ay, oh! ¡Ay, oh!

Bloom

(Desesperadamente.) Esperad. Deteneos. Las gaviotas. Tengo buen corazón. Yo la vi. La inocencia. La niña ante la jaula de los monos. El Zoo. Los lascivos chimpancés. *(Sin aliento.)* Cavidad pélvica. Su sonrojo cándido me desarmó. *(Vencido por la emoción.)* Abandoné el recinto. *(Se vuelve hacia una figura en la multitud, suplicante.)* Hynes, ¿puedo hablarte? Tú me conoces. Te puedes guardar esos tres chelines. Si quieres algo más...

Hynes

(Fríamente.) Usted es un perfecto desconocido.

Guardia Primero

(Señalando al rincón.) La bomba está allí.

Guardia Segundo

Una máquina infernal con un fusible de tiempo.

Bloom

No, no. Son patas de chancho. Yo estuve en un entierro.

Guardia Primero

(Saca su cachiporra.) ¡Mentiroso!

(El sabueso levanta su hocico, mostrando la cara gris y escorbútica de Paddy Dignam. Está todo roído. Exhala un pútrido aliento de devorador de carroña. Crece hasta alcanzar el tamaño y la forma humanos. Su pelaje de sabueso se convierte en un pardo hábito mortuorio. Su ojo verde relampaguea inyectado de sangre. Media oreja, toda la nariz y ambos pulgares han sido comidos por un vampiro.)

PADDY DIGNAM

(Con voz cavernosa.) Es cierto. Era mi entierro. El doctor Minucias certificó la extinción de mi vida cuando sucumbí a la enfermedad por causas naturales. *(Levanta su mutilada cara cenicienta hacia la luna y aúlla lúgubremente.)*

BLOOM

(Triunfalmente.) ¿Oís?

PADDY DIGNAM

Bloom, yo soy el espíritu de Paddy Dignam. ¡Escucha, escucha, oh escucha!

BLOOM

Esa es la voz de Esaud.

GUARDIA SEGUNDO

(Se persigna.) ¿Cómo puede ser eso?

GUARDIA PRIMERO

Eso no está en el catecismo de un par

PADDY DIGNAM

Por la metempsicosis. Fantasmas.

UNA VOZ

¡Bah!, macanas.

PADDY DIGNAM

(Ansiosamente.) En un tiempo estuve empleado con el señor J. H. Menton, abogado, comisionista para juramentos y declaraciones escritas, de 27, Bachelor's Walk. Ahora soy un difunto, la pared del corazón hipertrofiada. Mala suerte. Mi pobre mujer ha quedado muy afligida. ¿Cómo lo soporta? Mantenedla alejada de esa botella de jerez. *(Mira alrededor de él.)* Una lámpara. Tengo que satisfacer una necesidad natural. Ese suero de leche no me sentó bien.

(La figura majestuosa de Juan O'Connell, guardián, se presenta sosteniendo un manojo de llaves atadas con un crespón. Al lado de él está el Padre Esaud, capellán, con vientre de sapo y con tortícolis, con sobrepelliz y gorro de dormir de madrás, sosteniendo con sueño un báculo de amapolas entrelazadas.)

Padre Esaud

(Bosteza, después salmodia con un ronco croar.) Namine. Jacobs Vobiscuits. Amen.

Juan O'Connell

(Grita tempestuosamente con voz de sirena a través de su megáfono.) Dignam, Patricio T., finado.

Paddy Dignam

(Respinga con las orejas cubiertas.) Armónicos. *(Se adelanta retorciéndose; apoya una oreja en el suelo.)* ¡La voz de mi amo!

Juan O'Connell

Ficha de orden para entierro número E. L. ochenta y cinco mil. Manzana diecisiete. Casa de las Llaves. Lote número ciento uno.

(Pat Dignam escucha con esfuerzo visible, pensando, la cola rígidamente parada, las orejas erguidas.)

Paddy Dignam

Rogad por el descanso de su alma.

(Se introduce como un gusano a través de una boca de carbón, arrastrando las ataduras de su hábito pardo sobre crujientes guijarros. Detrás de él hace pinitos una obesa rata abuela, sobre garras de hongo de tortuga bajo un carapacho gris. Se oye aullar bajo tierra la voz apagada de Dignam: Dignam está muerto y enterrado. Tomás Rocheford, con peto rojo de petirrojo, en gorra y bombachas, salta desde su máquina de dos columnas.)

Tomás Rocheford

(Hace una reverencia con una mano sobre el esternón.) Reuben J. Un florín a que lo encuentro. *(Ubica la boca de carbón de una resuelta ojeada.)* Ahora me toca a mí. Síganme hasta Carlow.

(Ejecuta un atrevido salto de salmón en el aire y es engullido por la boca de carbón. Dos discos bambolean ojos de cero sobre las columnas. Todo se esfuma. Bloom se adelanta de nuevo trabajosamente. Se detiene delante de una casa iluminada, escuchando. Los besos, aleteando desde sus refugios vuelan alrededor de él, gorjeando, trinando, arrullando.)

Los Besos

(Trinando.) ¡Leo! *(Gorjeando.)* ¡Túpidos flúidos mullidos mojados para Leo! *(Arrullando.)* ¡Cor cornuuu! ¡Yummyumm guomguom! *(Trinando.)* ¡Grande bien grande! ¡Pirueta! ¡Pirueta! ¡Leopoldo! *(Gorjeado.)* ¡Leolí! *(Trinando.)* ¡Oh, Leo!

(Susurran, revolotean sobre sus ropas, se posan, brillantes puntos vertiginosos, lentejuelas plateadas.)

BLOOM

Tacto masculino. Música triste. Música de iglesia. Quizás aquí.

(Zoe Higgins, una joven prostituta con una bata zafiro cerrada con tres hebillas de bronce, la garganta rodeada por una delgada cinta de terciopelo negro, le hace señas con la cabeza, desciende ágilmente los escalones y se le acerca.)

ZOE

¿Buscas a alguien? Está adentro con su amigo.

BLOOM

¿Vive aquí la señora Mack?

ZOE

No, en el ochenta y uno. Aquí vive la señora Cohen. Podrías ir más lejos y pasarlo peor. La madre Zapatinzapatón. *(Familiarmente.)* Está también trabajando esta noche con el veterinario, su datero, que le da todos los ganadores y paga por su hijo en Oxford. Trabajando horas extras pero hoy le volvió la suerte. *(Sospechosamente.)* ¿No eres su padre, verdad?

BLOOM

¡Seguro que no!

ZOE

Como los dos andan de negro... ¿Tiene picazón mi ratoncito esta noche?

(Su piel, sobreexcitada, siente acercarse el contacto de sus dedos. Una mano se desliza sobre su muslo izquierdo.)

ZOE

¿Cómo están las guindas?

BLOOM

Fuera de colocación. Es raro pero están a la derecha. Seguramente debido al peso. Mesías, mi sastre, dice que se da un caso en un millón.

ZOE

(Repentinamente alarmada.) Tienes un chancro duro.

BLOOM

¡Qué esperanza!

ZOE

Lo siento.

(Su mano se desliza en el bolsillo izquierdo de su pantalón y saca una papa negra dura arrugada. Con los labios húmedos contempla a Bloom y a la papa.)

BLOOM

Talismán. Una herencia.

ZOE

¿Es para Zoe? ¿Para que se la guarde? ¿Por ser tan buenita, eh?

(Se apresura a ponerse la papa en un bolsillo, después le engancha un brazo con el de ella, frotándose contra él con suave calor. Él sonríe azorado. Se oye tocar lentamente, nota por nota, música oriental. Clava la mirada en el moreno cristal de los ojos de ella, circundados de kohol. Su sonrisa se hace amable.)

ZOE

Vendrás a buscarme la próxima vez.

BLOOM

(Desamparadamente.) Nunca amé a una tierna gacela, pero me parece que...

(Las gacelas brincan pastando en las montañas, hay lagos cerca. Alrededor de sus orillas se ven en hilera las sombras negras de plantaciones de cedros. Se levanta un aroma, una fuerte fragancia eflorescente de resina. El oriente, cielo de zafiro, arde, hendido por el vuelo de bronce de las águilas. Debajo yace la femineidad, desnuda, blanca, quieta, fresca, lujuriosa. Una fuente murmura entre rosas de damasco. Gigantescas vides rosas murmuran

vides escarlatas. Un vino de vergüenza, de lujuria y de sangre exuda, murmurando extrañamente.)

Zoe

(Murmurando una melopea al ritmo de la música, sus labios de odalisca melosamente untados con ungüento de grasa de cerdo y agua de rosas.)

Schorach ani wenowwacj, benoith Hierushaloim.

Bloom

(Fascinado.) Pensé que eras de buena estirpe por tu pronunciación.

Zoe

No hay que precipitarse.

(Le muerde suavemente la oreja con pequeños dientes obturados de oro, mandándole un empalagoso aliento de ajo rancio. Las rosas se separan, descubren un sepulcro del oro de los reyes y sus huesos convirtiéndose en polvo.)

Bloom

(Con un movimiento de retroceso acaricia mecánicamente su protuberancia derecha con una torpe mano plana.) ¿Eres una chica de Dublin?

Zoe

(Agarra hábilmente un cabello suelto y lo enrolla en su moño.) No tengas miedo. Soy inglesa. ¿Tienes una caña fumatélica?

Bloom

(Como antes.) Raramente fumo, querida. Un cigarro de vez en cuando. Es un recurso infantil. (Lascivamente.) La boca puede estar mejor ocupada que con un tubo de yuyo fétido.

Zoe

Sigue. Haz un discurso político con eso.

Bloom

(En overall azul de obrero, tricota negra con roja corbata flotante y gorra de apache.) La humanidad es incorregible. Sir Walter Raleigh trajo del nuevo mundo esa papa y ese yuyo, la una desintoxicadora por absorción, el otro un veneno para los oídos, la vista, el corazón, el entendimiento, la memoria, la voluntad, la inteligencia, todo. Es decir, trajo el veneno cien años antes que otra persona cuyo nombre olvido trajera el alimento. El suicidio. Las mentiras. Todos nuestros hábitos. ¡Basta con observar nuestras costumbres políticas!

(Tañidos de medianoche desde distantes campanarios.)

Los Tañidos

¡Vuelve otra vez, Leopoldo! ¡Alcalde de Dublin!

Bloom

(Con traje y cadena de regidor.) Electores de Arran Quay, de Inns Quay, de Rotunda, de Mountjoy y de North Dock: mejor tender una línea de tranvías, digo yo, desde el mercado de ganados hasta el río. Esa es la música del futuro. He ahí mi programa. *Cui bono?* Pero nuestros filibusteros Vanderdeckens en su buque fantasma de finanzas...

Un Elector

¡Tres veces tres por nuestro futuro primer magistrado!

(La aurora borealis de la procesión de antorchas brinca.)

Los Portaantorchas

¡Hurra!

(Varios burgueses conocidos, magnates y ciudadanos de la ciudad se estrechan manos con Bloom y lo felicitan. Timothy Harrington, tres veces alcalde de Dublin, imponente en su escarlata de alcalde, cadena de oro y corbata de seda blanca, conferencia con el consejero Lorcan Sherlock, locum tenens. Ambos aprueban vigorosamente con la cabeza.)

El alcalde Harrington

(En manto escarlata, con la maza, la cadena de oro de alcalde y la gran corbata de seda blanca.) Que el discurso del regidor sir Bloom sea impreso a costa de los contribuyentes. Que la casa donde nació sea ornada con una placa conmemorativa y que la vía pública conocida hasta ahora con el nombre de Locutorio de la Vaca, próxima a Cork Street, sea designada en adelante Bulevar Bloom.

El consejero Lorcan Sherlock

Aprobado por unanimidad.

Bloom

(Vehementemente.) ¿De qué se ocupan estos mentirosos holande-

ses voladores mientras se reclinan en sus tapizadas popas, tirando los dados? Máquinas es su grito, su quimera, su panacea. Aparatos que ahorran trabajo, suplantadores, dragones infernales, monstruos manufacturados para el asesinato mutuo, odiosos engendros forjados por una horda de capitalistas degenerados que se ciernen sobre nuestras prostituídas clases obreras. El pobre muere de hambre mientras ellos engordan a sus ciervos de las montañas reales o se entretienen en cazar faisanes y perdices en medio de su pompa enceguecida por las riquezas mal habidas y el poder discrecional. Pero su reino ha terminado para siempre jamás y jamás y jam...

(Aplausos prolongados. Mástiles venecianos, arcos de triunfo y gallardetes surgen por doquier. Un estandarte con las leyendas: Cead Mile Failte *y* Mah Ttob Melek Israel *atraviesa la calle. Todas las ventanas están atestadas de espectadores, especialmente damas. A lo largo del camino los regimientos de los Fusileros Reales de Dublin, el regimiento escocés del Rey, los Cameron Highlanders y los Fusileros Galeses, en perfecta formación, contienen a la multitud. Los muchachos de la escuela secundaria están trepados a los postes de alumbrado, los postes de telégrafo, los marcos de las ventanas, las cornisas, los tubos de las chimeneas, las rejas y las gárgolas, silbando y vitoreando. Aparece la columna de la multitud. A lo lejos se oye una banda de pífanos y tambores tocando el Kol Nidrei. Los batidores se acercan enarbolando águilas imperiales, pendones flotantes y ondulantes palmas orientales. El estandarte criselefantino sobresale, rodeado por los pendones de las banderas cívicas. Aparece la vanguardia de la procesión encabezada por Juan Howard Parnell, Preboste de la ciudad, con un tabardo de tablero de ajedrez, el Atholone Poursuivant y Rey de Armas del Ulster. Siguen el Honorabilísimo José Hutchinson, Alcalde de Dublin; el Alcalde de Cork, Sus Excelencias los Alcaldes de Limerick, Galway, Sligo y Waterford, veintiocho pares representantes de Irlanda, Sirdars, nobles y marajaes llevando el traje de su condición, el Cuerpo Metropolitano de Bomberos de Dublin, el capítulo de los santos de la finanza en su plutocrático orden de precedencia; el obispo de Down y Connor; Su Eminencia Michael, cardenal Logue, arzobispo de Armagh, primado de Irlanda; Su Gracia el reverendísimo doctor Guillermo Alexander, arzobispo de Armagh, primado de Irlanda; el Sumo Rabino, el presidente presbiteriano, los jefes de las capillas baptista, anabaptista, metodista y morava y el secretario honorario de la sociedad de los amigos. Detrás de ellos las sociedades, los gremios y las bandas de milicias con las banderas desplegadas: los toneleros, los criadores de aves, los construc-*

tores de molinos, los solicitadores de avisos de los diarios, los escribanos de la ley, los masajistas, los taberneros, los fabricantes de vigas, los deshollinadores de chimeneas, los refinadores de manteca de cerdo, los tejedores de tabinete y poplín, los herreros, los almaceneros italianos, los decoradores de iglesias, los fabricantes de calzadores, los empresarios de pompas fúnebres, los merceros de sedas, los lapidarios, los maestros vendedores, los taponeros, los inspectores de seguros, los tintoreros y limpiadores, los embotelladores de cerveza para la exportación, los peleteros, los impresores de rótulos, los grabadores de sellos heráldicos, los braceros de los repositorios de caballos, los cambistas de metales preciosos en barras, los abastecedores de cricquet y ballestería, los fabricantes de cribas, los consignatarios de papas y huevos, los boneteros y guanteros, los contratistas de plomería. Detrás de ellos marchan los caballeros de la Alcoba, de la Vara Negra, los diputados de la Jarretera, el bastón de oro, el caballerizo mayor, el gran camarero mayor, el gran mariscal, el Alto condestable llevando la espada del Estado, la corona de hierro de San Esteban, el cáliz y la Biblia. Cuatro infantes trompeteros lanzan un llamado de aviso. Los alabarderos contestan, tocando clarines de bienvenida. Bajo un arco de triunfo aparece Bloom con la cabeza descubierta, llevando el cayado de San Eduardo, la esfera y el cetro con la paloma y la curtana. Monta un caballo blanco como la leche, con larga cola flotante carmesí, ricamente enjaezado, con cabezada de oro. Entusiasmo delirante. Las damas arrojan pétalos de rosa desde sus balcones. El aire está perfumado de esencias. Los hombres aclaman. Los pajes de Bloom corren en medio de los circunstantes con ramas de oxiacanto y retama.)*

LOS MUCHACHOS DE BLOOM

Abadejo, abadejo,
Rey de todos los pájaros
En la fiesta de San Esteban, su día,
Fué cogido en la retama.

UN HERRERO

(Murmura.) ¡Por la gloria de Dios! ¿Y ése es Bloom? Representa apenas treinta y uno.

UN EMPEDRADOR Y COLOCADOR DE LAJAS

Ése es el famoso Bloom, el reformador más grande del mundo. ¡A descubrirse!

(Todos descubren sus cabezas. Las mujeres parlotean agitadamente.)

Una Millonaria

(Ricamente.) ¿No es realmente maravilloso?

Una Noble

(Noblemente.) ¡Todo lo que ha visto ese hombre!

Una Feminista

(Masculinamente.) ¡Y hecho!

Un Colocador de Lámparas

¡Un rostro clásico! Tiene la frente de un pensador.

(Tiempo bloomoso. Un estallido de sol aparece en el noroeste.)

El obispo de Down y Connor

Os presento aquí a vuestro auténtico presidente emperador y presidente rey, el serenísimo y poderosísimo y muy pujante gobernante de este reino. ¡Dios guarde a Leopoldo primero!

Todos

¡Dios guarde a Leopoldo primero!

Bloom

(En dalmática y manto púrpura, al obispo de Down y Connor, con dignidad.) Gracias, casi eminente señor.

Guillermo, arzobispo de Armagh

(Con corbatín púrpura y sombrero de teja.) ¿Procederás, en la medida de tus fuerzas, de manera que la justicia y la clemencia inspiren todos tus actos en Irlanda y en los territorios que le pertenecen?

Bloom

(Poniéndose la mano derecha sobre los testículos, jura.) Que Dios me lo demande si no lo hiciera. Todo eso prometo.

Miguel, arzobispo de Armagh

(Vierte brillantina de una alcuza sobre la cabeza de Bloom.) Caudium magnum annuntio vobis. Habemus carneficem. Leopoldo, Patricio, Andrés, David, Jorge, ¡sé ungido!

(Bloom inviste un manto de tela de oro y se pone un anillo de rubí. Asciende y se para sobre la piedra del destino. Los pares representantes se ponen al mismo tiempo sus veintiocho coronas. Las campanas de júbilo tañen en la iglesia de Cristo, en la de san Patricio, en la de Jorge y en la alegre Malahide. Los fuegos artificiales de la kermesse de Mirus suben en todas direcciones con dibujos falopirotécnicos simbólicos. Los pares rinden homenaje, uno a uno, acercándose y haciendo genuflexiones.)

Los Pares

Me convierto en tu vasallo por vida y me comprometo a serte fiel y leal.

(Bloom levanta su mano derecha en la que centellea el diamante Koh-i-Noor. Su palafrén relincha. Silencio repentino. Los transmisores intercontinentales e interplanetarios de radio son aprestados para la recepción del mensaje.)

Bloom

¡Súbditos! Por la presente nombramos a nuestro fiel caballo de batalla Copula Felix Gran Visir hereditario y anunciamos que hemos repudiado en este día a nuestra antigua esposa y hemos otorgado nuestra mano real a la princesa Selene, el esplendor de la noche.

(La antigua esposa morganática de Bloom es conducida precipitadamente al coche celular. La princesa Selene, con atavíos azul lunar y una media luna de plata en la cabeza, desciende de una silla de manos conducida por los gigantes. Explosión de aplausos.)

Juan Howard Parnell

(Levanta el estandarte real.) ¡Ilustre Bloom! ¡Sucesor de mi famoso hermano!

Bloom

(Abraza a Juan Howard Parnell.) Os agradecemos de todo corazón, Juan, por esta recepción verdaderamente real a la verde Erín, la tierra prometida a nuestros comunes antecesores.

(Las franquicias de la ciudad le son presentadas en forma de carta constitucional. Se le entregan las llaves de Dublín, cruzadas sobre una almohadilla carmesí. Hace ver a todos que lleva puestas medias color verde.)

Tomás Kernan

Bien os lo merecéis, vuestra señoría.

Bloom

En este día de hoy hace veinte años que vencimos al enemigo hereditario en Ladysmith. Nuestros obuses y nuestros cañones ligeros sobre camellos castigaron sus posiciones con notable eficacia. ¡Avanzamos media legua! ¡Ellos cargan! ¡Todo parece estar perdido! ¿Nos rendimos acaso? ¡No! ¡Los batimos en retirada! ¡Mirad! ¡Atacamos! Desplegada hacia la izquierda, nuestra caballería ligera voló a través de las alturas de Plevna y, lanzando su grito de guerra, *Bonafide Sabaoth*, pasó a cuchillo a los fusileros sarracenos, sin dejar uno vivo.

Los Tipógrafos del Hombre Libre

¡Oíd! ¡Oíd!

Juan Wyse Nolan

Allí está el hombre que hizo escapar a Jaime Stephens.

Un Niño del Asilo en Saco Azul.

¡Bravo!

Un Antiguo Residente

Usted es un crédito para su país, señor; eso es lo que usted es.

Una Vendedora de Manzanas

Es el hombre que necesita Irlanda.

Bloom

Mis amados súbditos, está por empezar una nueva era. Yo, Bloom, os digo que está en verdad cerca, ahora mismo. Con toda certeza os digo, bajo palabra de un Bloom, que vosotros estaréis muy pronto en la ciudad de oro que surgirá en la nueva Bloomusalem, en la Nova Hibernia del futuro.

(Treinta y dos obreros llevando escarapelas, que vienen de todos los condados de Irlanda, bajo la dirección de Derwan el constructor, edifican la nueva Bloomusalem. Es un colosal edificio, con techo de cristal, que afecta la forma de gigantesco riñón de cerdo y que contiene cuarenta mil habitaciones. En el curso de su expansión son demolidos varios edificios y monumentos. Las dependencias del gobierno se trasladan provisionalmente a los co-

bertizos del ferrocarril. Numerosas casas son arrasadas al nivel del suelo. Los habitantes son alojados en barriles y cajas, todos marcados con las letras L. B. en rojo. Varios indigentes caen de una escalera. Una parte de los muros de Dublin, atestados de espectadores leales, se derrumba.)

Los Espectadores

(Al morir.) Morituri te salutant. *(Mueren.)*

(Un hombre de impermeable marrón salta de un escotillón. Su figura alargada señala a Bloom.)

El Hombre del Impermeable

No le crean una palabra. Ese hombre es Leopoldo M'Eable, el célebre incendiario. Su verdadero nombre es Higgins.

Bloom

¡Fusílenlo! ¡Perro cristiano! ¡Eso es todo en cuanto a M'Eable!

(Un disparo de cañón. El hombre del impermeable desaparece. Bloom aplasta amapolas con su cetro. Se anuncia la muerte instantánea de enemigos poderosos, ganaderos, miembros del Parlamento, miembros de comités permanentes. Los guardias de corps de Bloom distribuyen limosnas de Semana Santa, medallas conmemorativas, panes y pescados, distintivos de temperancia, costosos cigarros Henry Clay, huesos de vaca gratis para la sopa, preservativos de goma en sobres sellados atados con hilo de oro, caramelos, helados de ananá, billets doux en forma de sombreros de tres picos, trajes listos para vestir, escudillas de carne, botellas de flúido desinfectante de Jeyes, vales para compras, indulgencias de 40 días, monedas falsas, salchichas de cerdo alimentado en tambo, pases para teatros, abonos válidos para todas las líneas de tranvías, cupones de la lotería real y privilegiada húngara, fichas para comidas de un penique, reimpresiones baratas de los 12 peores libros del mundo: Froggy y Fritz (política), Cuidado del Bebe (infantílico), 50 Comidas por Siete Chelines Seis Peniques (culinárico), ¿Fué Jesús un Mito Solar? (histórico), Arroje ese Dolor (médico), El Universo Abreviado para Niños (cósmico), Vamos a Reír (hilárico), Vademécum del Solicitador de Avisos (periodístico), Cartas de Amor de la Madre Asistente (erótico), ¿Quién es Quién en el Espacio? (ástrico), Canciones que nos Llegaron al Corazón (melódico), El Arte de Hacer Millones Ahorrando (parsimónico), Atropello y Contienda Gene-

ral. Las mujeres se empujan para tocar el ruedo de la túnica de Bloom. Lady Gwendolen Delbidet se abre paso a través de la multitud, salta sobre su caballo y lo besa en ambas mejillas en medio de la aclamación general. Golpe de magnesio. Le son tendidos bebes y niños de pecho.)

Las Mujeres

¡Padrecito! ¡Padrecito!

Los Bebes y Niños de Pecho

Golpea las manos, que venga Poldito;
Trae en los bolsillos dulces para Leo.

(Bloom, inclinándose, golpea suavemente al bebe Boardman en el estómago.)

Bebe Boardman

(Hipando suelta por la boca la leche cuajada.) Ajojojo.

Bloom

(Estrechando las manos a un joven ciego.) ¡Mi más que hermano!

(Colocando sus brazos alrededor de los hombros de una pareja de viejos.) ¡Queridos viejos amigos! *(Juega a las esquinitas con andrajosos niños y niñas.)* ¡Pip! ¡Pipip! *(Empuja el cochecito de unos mellizos.)* Undostrés elquequeda manchaés. *(Ejecuta suertes de prestidigitador, sacándose de la boca pañuelos de seda rojos, anaranjados, amarillos, verdes, índigo y azul.)* Roybiv 32 pies por segundo. *(Consuela a una viuda.)* La ausencia rejuvenece el corazón. *(Baila la giga escocesa con grotescas cabriolas.)* ¡Moved las piernas, demonios! *(Besa las llagas producidas por la cama a un veterano paralítico.)* ¡Honorables heridas! *(Le hace la zancadilla a un policía gordo.)* E. L.: estás listo. E. L.: estás listo. *(Murmura en el oído de una ruborosa camarera y ríe bonachonamente.)* ¡Ah, pícara, pícara! *(Come un nabo crudo que le ofrece Mauricio Butterly, agricultor.)* ¡Muy bueno! ¡Espléndido! *(Rehusa aceptar tres chelines que le ofrece José Hynes, periodista.)* ¡Mi querido amigo, de ninguna manera! *(Entrega su saco a un mendigo.)* Le ruego aceptarlo. *(Toma parte en una carrera de barrigas en la que intervienen viejos tullidos de ambos sexos.)* ¡Fuerza, muchachos! ¡Adelante, chicas!

El Ciudadano

(Ahogado por la emoción, se enjuga una lágrima con su bufanda esmeralda.) ¡Que el buen Dios lo bendiga!

(Los cuernos de carnero resuenan imponiendo silencio. Es izado el estandarte de Sión.)

BLOOM

(Se quita la capa con majestuoso gesto, poniendo al descubierto su obesidad; desenrolla un papel y lee solemnemente.) Aleph Beth Ghimel Daleth Hagadath Tephilim Kosher Yom Kippur Hanukah Roschaschana Beni Brith Bar Mitzvah Mazzoth Askenazim Meshuggah Talith.

(Jacobo Henry, subsecretario de Ayuntamiento, lee la traducción oficial.)

JACOBO HENRY

El Tribunal de Justicia está abierto. Su Muy Católica Majestad administrará ahora justicia al aire libre. Consultas médicas y legales gratuitas, solución de jeroglíficos y otros problemas. Queda invitado cordialmente todo el mundo. Dado en esta nuestra leal ciudad de Dublin en el año I de la Era Paradisíaca.

PADDY LEONARD

¿Qué debo hacer con mis contribuciones e impuestos?

BLOOM

Pagarlos, mi amigo.

PADDY LEONARD

Gracias.

NOSEY FLYNN

¿Puedo hipotecar mi póliza de incendio?

BLOOM

(Inflexible.) Caballeros, observad que en virtud de la ley de agravios estáis obligados por sobreseimiento bajo caución durante seis meses en la suma de cinco libras.

J. J. O'MOLLOY

¿Un Daniel, dije? ¡Qué esperanza! ¡Un Pedro O'Brien!

NOSEY FLYNN

¿De dónde saco las cinco libras?

PISSER BURKE

¿Para mal de vejiga?

Bloom

Acid. nit. hidroclor., 20 gotas.
Tint. mix. vom., 4 gotas.
Extr. tarax. lig., 30 gotas.
Ag. dest. ter in die.

Chris Callinan

¿Cuál es el paralaje de la eclíptica subsolar de Aldebarán?

Bloom

Tanto gusto en verlo bueno, Chris. K. II.

Joe Hynes

¿Por qué no está usted de uniforme?

Bloom

Cuando mi progenitor de sagrada memoria llevaba el uniforme del déspota austríaco en una húmeda prisión, ¿dónde estaba el suyo?

Ben Dollard

¿Los pensamientos?

Bloom

Embellecen (hermosean) los jardines suburbanos.

Ben Dollard

¿Cuándo llegan mellizos?

Bloom

El padre (pater, tata) empieza a pensar.

Larry O'Rourke

Un permiso de ocho días para mi nuevo local. ¿Se acuerda de mí, sir Leo, cuando usted estaba en el número siete? Le mandaré una docena de botellas de cerveza para la patrona.

Bloom

(Fríamente.) Está muy equivocado. Lady Bloom no acepta regalos.

Crofton

Esto es una fiesta de veras.

BLOOM

(*Solemnemente.*) Usted lo llama una fiesta, pero yo lo llamo un sacramento.

ALEJANDRO LLAVS

¿Cuándo vamos a tener nuestra propia casa de llaves?

BLOOM

Yo preconizo la reforma de la moral cívica y la aplicación simple y natural de los diez mandamientos. Un mundo nuevo reemplazando el viejo. La unión de todos: judíos, musulmanes y gentiles. Tres acres y una vaca para todo hijo de la naturaleza. Coches fúnebres pullman a motor. Trabajo manual obligatorio para todos. Todos los parques abiertos al público día y noche. Lavaplatos eléctricos. La tuberculosis, la locura, la guerra y la mendicidad deben eliminarse. Amnistía general, carnaval semanalmente, con permiso de careta, gratificaciones para todos, confraternidad universal mediante el esperanto. Basta de patriotismo de esponjas de bar e impostores hidrópicos. Dinero para todos, amor libre y una iglesia libre y laica en un estado laico y libre.

O'MADDEN BURKE

El zorro libre en un gallinero libre.

DAVY BYRNE

(*Bostezando.*) ¡Iiiiiiiiiiiiiiaaaaaaaach!

BLOOM

Mezcla de razas y matrimonio mezclado.

LENEHAN

¿Qué tal baños mixtos?

(*Bloom explica a los que están cerca de él sus proyectos para la regeneración social. Todos concuerdan con él. Aparece el cuidador del museo de Kildare Street, arrastrando una zorra, sobre la que tiemblan las estatuas de varias diosas desnudas: Venus Callipyge, Venus Pandemos, Venus metempsicosis; y figuras de yeso, también desnudas, representando las nueve musas nuevas: el Comercio, la Música de Ópera, el Amor, la Publicidad, la Manufactura, la Libertad de Expresión, el Voto Universal, la Gastronomía, la Higiene Individual, los Conciertos Entertainments en las Playas, el Parto sin Dolor y la Astronomía Popular.*)

Padre Farley

Es un episcopal, un agnóstico, un cualquiercosario que trata de derribar nuestra fe santa.

La señora Riordan

(Rompe su testamento.) ¡Me has desengañado! ¡Mal hombre!

Madre Gorgan

(Se saca el botín para tirárselo a Bloom.) ¡Bestia! ¡Abominable persona!

Nosey Flynn

Danos una tonada, Bloom. Una de nuestras queridas canciones viejas.

Bloom

(Con irresistible buen humor.)

Juré que nunca la abandonaría,
Pero resultó ser una cruel impostora.
Con mi turulum turulum turulum.

Hoppy Holohan

¡Bloom viejo y peludo! No hay nadie que se le pueda comparar.

Paddy Leonard

¡Irlandés de sainete!

Bloom

¿Cuál es el país que tiene más hoteles? Suiza, porque es la patria de Guillerm... o Tel. *(Risas.)*

Lenehan

¡Plagiario! ¡Abajo Bloom!

La Sibila Velada

(Entusiastamente.) Soy bloomista y me precio de ello. Creo en él a pesar de todo. Daría mi vida por él, el hombre más bromista de la tierra.

Bloom

(Guiña el ojo a los circunstantes.) Apuesto a que es una linda muchachita.

Teodoro Purefoy

(Con gorra de pescar y chaqueta encerada.) Utiliza recursos mecánicos para frustrar los fines sagrados de la naturaleza.

La Sibila Velada

(Se apuñalea.) ¡Mi héroe dios! *(Muere.)*

> *(Muchas atrayentísimas y entusiastiquísimas mujeres también se suicidan apuñalándose, ahogándose, bebiendo ácido prúsico, acónito, arsénico; abriéndose las venas; rehusando todo alimento; lanzándose debajo de rodillos a vapor; arrojándose desde la punta de la Columna de Nelson; dentro del gran tanque de la cervecería Guinness; asfixiándose colocando sus cabezas en hornos de gas; ahorcándose con elegantes ligas; saltando desde ventanas de diferentes pisos.)*

Alexander J. Dowie

(Violentamente.) Compañeros cristianos y antibloomistas: el hombre llamado Bloom ha salido de las entrañas del infierno, y es una desgracia para los hombres cristianos. Este cabrón apestoso de Mendes dió señales de corrupción infantil desde sus primeros años y su perverso libertinaje hace recordar las ciudades malditas, de abuelas disolutas. Este vil hipócrita, que segrega infamia por todos sus poros, es el toro blanco del Apocalipsis. Es un adorador de la Mujer Escarlata y el aliento mismo que sale de sus narices respira la intriga. Los leños del verdugo y la caldera de aceite hirviente le están destinados. ¡Calibán!

La Turba

¡Linchadlo! ¡Asadlo! ¡Es tan malo como Parnell! ¡Señor Zorro!

> *(La madre Grogan arroja su botín a Bloom. Varios tenderos de la calle Dorset, superior e inferior, le arrojan objetos de poco o ningún valor comercial: huesos de jamón, latas vacías de leche condensada, repollos invendibles, pan viejo, colas de ovejas, pedazos de grasa.)*

Bloom

(Muy excitado.) Esto es una locura de verano, alguna horrible broma otra vez. ¡Por el cielo, soy tan inocente como la nieve no tocada por el sol! Se trata de mi hermano Enrique. Es mi sosias. Vive en el número 2 de Dolphin's Barn. La calumnia, esa víbora, me acusa injustamente. Compatriotas, *sgenl inn ban bata coisde gan capall*. Pido a mi viejo amigo, el doctor Malaquías Mulligan, especialista del sexo, que aporte testimonio médico a mi favor.

Dr. Mulligan

(Con chaquetón de automovilista, antiparras verdes sobre la frente.) El doctor Bloom es bisexualmente anormal. Se ha escapado recientemente del asilo privado del doctor Eustace para caballeros dementes. Hijo natural, es víctima de epilepsia hereditaria, consecuencia de desenfrenada lujuria. Entre sus ascendientes se han hallado rastros de elefantiasis. Presenta también marcados síntomas de exhibicionismo crónico. Está latente además el ambidextrismo. Está prematuramente calvo debido a sus maniobras solitarias, que lo han convertido en un perverso idealista y en un libertino reformado, y tiene dientes de metal. A consecuencia de un complejo familiar ha perdido temporariamente la memoria y yo creo que se ha pecado más contra él de lo que él ha pecado. He hecho un examen intravaginal, y después de aplicar un reactivo ácido a 5427 pelos anales, axilares, pectorales y púbicos, lo declaro *virgo intacta.*

(Bloom coloca su sombrero de alta calidad sobre sus órganos genitales.)

Dr. Maden

También se señala la hypsospadia. En interés de las generaciones venideras, sugiero que las partes afectadas sean conservadas en espíritu de vino en el museo teratológico nacional.

Dr. Crotthers

He examinado la orina del paciente. Es albuminoidea. La salivación es insuficiente, el reflejo rotular intermitente.

Dr. Punch Costello

El *fetor judaicus* es sumamente perceptible.

Dr. Dixon

(Lee un certificado de salud.) El profesor Bloom es un ejemplo acabado del nuevo hombre femenino. Su naturaleza moral es sencilla y amable. Muchos lo han encontrado un hombre excelente, una persona querida. Es un tipo de más bien prístina belleza en conjunto, tímido aunque no irresoluto en el sentido médico. Ha escrito una carta realmente hermosa, un verdadero poema, al delegado judicial de la Sociedad para la Protección de los Sacerdotes Reformados, que lo aclara todo. Él es prácticamente un abstemio total, y puedo afirmar que duerme sobre una parihuela de paja y come el alimento más espartano: arvejas frías secas talcomovienen. Lleva un cilicio en invierno y en verano, y se flagela cada sábado. Era en una época, según tengo entendido, un reo de delito menor de primera clase en el reformatorio de Glencree. Otro informe señala que fué un hijo muy póstumo. Imploro clemencia en nombre de las más sagradas palabras que jamás se haya obligado a pronunciar a nuestros órganos vocales: está a punto de ser madre

(*Estupor y compasión general. Las mujeres se desmayan. Un rico americano hace una colecta callejera pro Bloom. Monedas de oro y plata, cheques en blanco, billetes de banco, joyas, títulos del Tesoro, letras de cambio sin vencer, cheques a la orden, sortijas matrimoniales, cadenas de reloj, guardapelos, pulseras y collares son rápidamente recogidos.*)

Bloom

¡Oh, deseo tanto ser madre!...

La señora Thornton

(*Con traje de enfermera.*) Abrázame fuerte, querido. Pronto habrá pasado. Fuerte, querido.

(*Bloom la abraza fuertemente y da a luz ocho niños varones amarillos y blancos. Aparecen sobre una escalera alfombrada de rojo y ornada de costosas plantas. Todos son hermosos, con valiosos rostros metálicos, bien hechos, respetablemente vestidos y de buena conducta, hablan flúidamente cinco idiomas modernos y están interesados en varias artes y ciencias. Cada uno lleva su nombre impreso en letras legibles sobre la camisa: Nasodoro, Dedodeoro, Chrysostomos, Maindorée, Sonrisadeplata, Silberselber, Vifargent, Panargyros. Son inmediatamente designados para puestos públicos de gran espectabilidad en varios países diferentes: directores de bancos, directores de tráfico de ferrocarriles, presidentes de compañías de responsabilidad limitada, vicepresidentes de sindicatos hoteleros.*)

Una Voz

Bloom, ¿eres el Mesías ben Joseph o ben David?

Bloom

(*Sombríamente.*) Tú lo has dicho.

Los Hermanos Zumbones

Entonces realiza un milagro.

Bantam Lyons

Profetiza quién ganará el premio Saint Leger.

(*Bloom camina sobre una red, cubre su ojo izquierdo con su oreja izquierda, pasa a través de varias paredes, trepa a la Columna de Nelson, se cuelga de la cornisa superior por los párpados, come doce docenas de ostras (conchas incluidas), sana a varias víctimas de la escrófula, contrae su rostro para parecerse a muchos personajes históricos: Lord Beaconsfield, Lord Byron, Wat Tyler, Moisés de Egipto, Moisés Maimónides, Moisés Mendelssohn, Enrique Irving, Rip Wan Winkle, Kossuth, Jean Jacques Rousseau, Robinsón Crusoé, Sherlock Holmes, Pasteur; tuerce cada pie simultáneamente en diferentes direcciones ordena a la marea que retroceda, eclipsa al sol extendiendo su dedo meñique.)*

Brini, Nuncio Papal

(Con uniforme de zuavo papal, armadura incluyendo peto de acero, adarga, brazal, quijote, rodillera y canillera; grandes mostachos profanos y mitra de papel de estraza.)

Leopoldi autem generatio. Moisés engendró a Noé y Noé engendró a Eunuch y Eunuch engendró a O'Halloran y O'Halloran engendró a Guggenheim y Guggenheim engendró a Agendath y Agendath engendró a Netaim y Netaim engendró a Le Hirsch y Le Hirsch engendró a Jesurum y Jesurum engendró a MacKay y MacKay engendró a Ostrolopsky y Ostrolopsky engendró a Smerdoz y Smerdoz engendró a Weiss y Weiss engendró a Schwartz y Schwartz engendró a Adrianopoli y Adrianopoli engendró a Aranjuez y Aranjuez engendró a Lewy Lawson y Lewy Lawson engendró a Ichabudonosor e Ichabudonosor engendró a O'Donnel Magnus y O'Donnel Magnus engendró a Christbaum y Christbaum engendró a ben Maimun y ben Maimun engendró a Dusty Rhodes y Dusty Rhodes engendró a Benamor y Benamor engendró a Jones-Smith y Jones-Smith engendró a Savorgnanovich y Savorgnanovich engendró a Yasperstone y Yasperstone engendró a Vingtetunième y Vingtetunième engendró a Szombathely y Szombathely engendró a Marimach y Marimach engendró a Bloom *et vocabitur nomen eius Emmanuel.*

Una Mano Muerta

(Escribe en la pared.) Bloom es un bacalao.

Un Cangrejo

(Con avíos de bandolero.) ¿Qué hacías en los corrales detrás de Kilbarrack?

Una Nena

(Sacude un sonajero.) ¿Y debajo del puente Ballybough?

Un Acebo

¿Y en el vallecito del diablo?

BLOOM

(Enrojece furiosamente todo entero desde la cara hasta las nalgas. Y tres lágrimas caen de su ojo izquierdo.) No toquen mi pasado.

LOS INQUILINOS IRLANDESES DESALOJADOS

(Con sacos ajustados y calzones cortos, llevando cachiporras de la feria de Donnybrook.) ¡Azotadlo!

(Bloom, con orejas de burro, se sienta en la picota, los brazos en cruz, los pies sobresaliendo..Silba Don Giovanni a cenar teco. *Los Huérfanos de Artane, tomándose de las manos, cabriolean alrededor de él. Las niñas de la Prison Gate Mission, tomándose de las manos, cabriolean en dirección contraria.)*

LOS HUÉRFANOS DE ARTANE

Puerco, puerco, perro sucio.
Crees que las damas te aman.

LAS NIÑAS DE LA PRISON GATE

Si ves a Llavs
De parte mía
Dile que puede
Verte en la sopa.

TROMPETERO

(Con vestimenta y gorra de cazador anuncia.) Y él llevará los pecados del pueblo a Azazel, el espíritu que está en el desierto, y a Lolith, la bruja de la noche. Y lo apedrearán y lo emporcarán, sí; todos, desde Agendath Netaim y desde Mizraim, tierra de Ham.

(Todo el mundo arroja livianas piedras de cartón a Bloom. Muchos viajantes de buena fe y perros sin dueño se le acercan y lo empuercan. Mastiansky y Citron se aproximan vestidos de gabardina, con largos aladares. Menean sus barbas ante Bloom.)

MASTIANSKY Y CITRON

¡Belial! ¡Laemliein de Instria, falso Mesías! ¡Abufalia!

(Jorge S. Mesías, sastre de Bloom, aparece, con una plancha de sastre bajo el brazo, presentando una cuenta.)

MESÍAS

Por arreglo de un par de pantalones, once chelines.

Bloom

(Se frota las manos alegremente.) Igual que en los viejos tiempos. ¡Pobre Bloom! *(Reuben J. Dodd, barbinegro Iscariote, mal pastor, llevando sobre sus hombros el cuerpo ahogado de su hijo, se aproxima al cepo.)*

Reuben J.

(Susurra roncamente.) Han soplado. Le han pasado el dato a los mentecatos. Agarra al primer soplón.

Los Bomberos

¡Flaap!

Los Hermanos Zumbones

(Invisten a Bloom de un hábito amarillo con bordado de llamas pintadas y alto sombrero puntiagudo. Colocan una bolsa de pólvora alrededor de su cuello y lo entregan a la fuerza civil, diciendo.) Perdónenle sus transgresiones.

(El teniente Myers, de la Brigada de Bomberos de Dublin, prende fuego a Bloom a pedido general. Lamentaciones.)

El Ciudadano

¡Gracias al cielo!

Bloom

(En una vestidura inconsútil marcada I. H. S., se mantiene erguido, fénix entre las llamas.) No lloréis por mí, ¡oh, hijas de Erín!

(Muestra a los reporteros de Dublin los rastros de las quemaduras. Las hijas de Erín, vestidas de negro, con grandes devocionarios y largas velas encendidas en las manos, se arrodillan y rezan.)

Las Hijas de Erín

Riñón de Bloom, ruega por nosotros.
Flor del Baño, ruega por nosotros.
Mentor de Menton, ruega por nosotros.
Solicitador del Hombre Libre, ruega por nosotros.
Caritativo masón, ruega por nosotros.
Jabón errante, ruega por nosotros.
Dulzura del pecado, ruega por nosotros.
Música sin palabras, ruega por nosotros.

Censor del ciudadano, ruega por nosotros.
Amigo de todos los perendengues, ruega por nosotros.
Partera misericordiosísima, ruega por nosotros.
Papa preservativa contra la Plaga y la Pestilencia, ruega por nosotros.

(*Un coro de seiscientas voces dirigido por el señor Vicente O'Brien, canta el coro del Aleluya, acompañado en el órgano por José Glynn. Bloom se pone mudo, encogido, carbonizado.*)

ZOE

Sigue charlando hasta que se te ponga negra la cara.

BLOOM

(*Con sombrero alicaído, pipa de arcilla metida en la faja, abarcas polvorientas, un atado de ropa envuelta en un pañuelo rojo de emigrante, llevando un cordel de paja en la mano con el que tira de un cerdo negro de lignita de encina, con una sonrisa en la mirada.*) Déjame ir ahora, patrona, pues por todas las cabras de Connemara que acabo de pasar una batida de órdago. (*Con una lágrima en los ojos.*) Todo es locura. El patriotismo, la pena por los muertos, la música, el porvenir de la raza. Ser o no ser. El sueño de la vida ha terminado. Terminarlo en paz. Ellos pueden seguir viviendo. (*Mira tristemente a lo lejos.*) Estoy arruinado. Unas pastillas de acónito. Las cortinas bajas. Una carta. Después acostarse a descansar. (*Respira suavemente.*) No más. He vivido. Ad. Adiós.

ZOE

(*Inflexible, un dedo pasado por su gargantilla.*) ¿De veras? Hasta más ver. (*Con un gesto de burla.*) Te debes de haber levantado con el pie izquierdo o debes de haberte apurado demasiado con tu novia. ¡Oh, puedo leer tus pensamientos!

BLOOM

(*Amargamente.*) El hombre y la mujer, el amor, ¿qué es eso? Un corcho y una botella.

ZOE

(*Fastidiada de pronto.*) No puedo soportar a los hipócritas. Dale una oportunidad a una pobre prostituta del diablo.

BLOOM

(*Con arrepentimiento.*) Soy bien poco amable. Eres un mal necesario. ¿De dónde vienes? ¿Londres?

ZOE

(*Volublemente.*) De Norton de los Cerdos, donde los chanchos tocan los órganos. Nací en Yorkshire. *(Detiene la mano de Bloom que busca tentando su pezón.)* Oye, Tomasito Pajarito, deja eso y empecemos peor. ¿Tienes algo de dinero en efectivo para ir tirando? ¿Diez chelines?

BLOOM

(Sonríe y opina lentamente con la cabeza.) Más, hurí, más.

ZOE

¿Y la madre de más? *(Lo acaricia de repente sin reserva, con zarpas de terciopelo.)* ¿Vienes a la sala de música a ver nuestra pianola nueva? Ven y me descascararé.

BLOOM

(Palpando su occipucio dubitativamente con la sin igual perplejidad de un perseguido mendigo estimando la simetría de las peras peladas.) Alguien estaría horriblemente celosa si supiera. El monstruo de ojos verdes. *(Con animación.)* Tú sabes que es un asunto bravo. No necesito decírtelo.

ZOE

(Lisonjeada.) Ojos que no ven corazón que no siente. *(Lo acaricia.)* Ven.

BLOOM

¿Riente hechicera? La mano que mece la cuna.

ZOE

¡Nene!

BLOOM

(Con ropa blanca de bebe y pelliza, cabezón con una redecilla de cabello negro, fija grandes ojos sobre su flúida bata y cuenta las hebillas de bronce con un dedo regordete, la lengua húmeda colgando y balbuceando.) Una dos tles: tle lo ulno.

LAS HEBILLAS

Me quiere. No me quiere. Me quiere.

ZOE

Quien calla otorga.

(Con pequeñas garras separadas toma su mano, su dedo índice dando a su palma la contraseña de monitor secreto, tentándolo a la perdición.) Manos calientes molleja fría.

(Él vacila entre esencias, música, tentaciones. Ella lo conduce hacia los escalones, arrastrándolo con el olor de sus sobacos, el vicio de sus ojos pintados, el susurro de su bata, en cuyos pliegues sinuosos se esconde el vaho de león de todos los brutos machos que la han poseído.)

Los Brutos Machos

(Exhalando sulfuro de celo y de estiércol, y brincando en su holgado establo, rugiendo débilmente, sus narcotizadas cabezas oscilando.) ¡Qué macanudo!

(Zoe y Bloom llegan al vano de la puerta donde dos hermanas prostitutas están sentadas. Lo examinan curiosamente desde el alero de sus cejas de lápiz y sonríen a su apresurada reverencia. Él tropieza torpemente.)

Zoe

(Su mano oportuna lo socorre a tiempo.) ¡Upa! No te caigas escaleras arriba.

Bloom

El justo cae siete veces. *(Se hace a un lado en el umbral.)* Después de usted, como la gente educada.

Zoe

Primero las damas, después los caballeros.

(Ella cruza el umbral. Él titubea. Ella se vuelve y, extendiendo las manos, lo arrastra. Él salta. Sobre la percha de astas del vestíbulo cuelgan el sombrero y el impermeable de un hombre. Bloom se descubre; pero, viéndolos, arruga el entrecejo; luego sonríe, preocupado. Una puerta del descansillo se abre de golpe. Un hombre en camisa púrpura y pantalones grises, calcetines marrones, pasa con andar de gorila, la cabeza pelada y la barba en punta erguida, llevando una jarra llena de agua, las dos colas negras de los tiradores columpiándose sobre los talones. Desviando rápidamente la cara, Bloom se inclina para examinar sobre la mesa del vestíbulo los ojos de perro de aguas de un zorro corriendo; después, con la cabeza levantada, y husmeando, sigue a Zoe dentro de la sala de música. Una pantalla de papel de seda malva vela la luz del candelero. Girando alrededor una polilla vuela, choca, escapa. El piso está cubierto con un hule encerado, mosaico de romboides de jade, zur y cinabrio. Las huellas de los pasos están marcadas sobre él en todas direcciones: talón con talón, talón contra arco, punta con punta, pies en-

trelazados, una danza morisca de fantasmas de pies arrastrándose sin cuerpo, todo en una arrebatiña confusa. Las paredes están tapizadas con un papel de frondas de tejo y claridades pálidas. En la chimenea se despliega una mampara de plumas de pavo real. Lynch está en cuclillas con las piernas cruzadas sobre un felpudo con la visera de su gorra sobre la nuca. Con una batuta marca el compás lentamente. Kitty Ricketts, una huesuda prostituta pálida en traje azul, con sus guantes de piel de gamo arrollados, dejando al descubierto una pulsera de coral, y con un bolso de mallas en la mano, está encaramada en el borde de la mesa balanceando una pierna y contemplándose en el espejo dorado que aparece sobre la repisa de la chimenea. Una punta del cordón de su corsé cuelga ligeramente debajo de su chaqueta. Lynch señala con gesto de burla la pareja que está al piano.)

Kitty

(Tose en la mano.) Es un poco zonza. (Hace señas con el índice.) Prapra. (Lynch le levanta la pollera y la enagua blanca con la batuta. Ella se las baja rápidamente.) Un poco de respeto. (Hipa, luego inclina rápidamente su gorro de marinero bajo el cual resplandece su cabello, enrojecido de alheña.) ¡Oh, disculpe!

Zoe

Más a la luz, Carlitos. (Se dirige a la araña y abre completamente el pico de gas.)

Kitty

(Echando una ojeada a la llama del gas.) ¿Qué le pasa esta noche?—

Lynch

(Con voz de bajo.) Entraron el espíritu y los duendes.

Zoe

Una palmada en la espalda para Zoe.

(La batuta que Lynch tiene en la mano relampaguea: es un atizador de bronce. Esteban se halla de pie cerca de la pianola, sobre la que se desparraman su sombrero y su garrote de fresno. Repite una vez más con dos dedos una serie de quintos vacíos. Flora Talbot, una prostituta rubia y floja de adiposidad de ganso, vestida con una chamarreta andrajosa color de fresa mohosa, está recostada despatarradamente en un rincón del sofá, con un flojo *antebrazo pendiente sobre el almohadón, escuchando. Un pesado orzuelo cuelga de su soñoliento párpado.)*

Kitty

(Hipa otra vez, lanzando un puntapié con su pierna colgante.) ¡Oh, disculpe!

Zoe

(Bruscamente.) Tu enamorado está pensando en ti. Hazte un nudo en la camisa.

(Kitty Ricketts inclina la cabeza. Su boa se desenrolla, resbala, se le desliza sobre el hombro, la espalda, el brazo, la silla y va al suelo. Lynch levanta la sinuosa oruga sobre su batuta. Se culebrea el cuello con ella, mimosamente. Esteban mira detrás de él a la figura en cuclillas con la gorra puesta al revés.)

Esteban

En realidad, no tiene mucha importancia que Benedetto Marcelo lo haya encontrado o lo haya hecho. El rito es el reposo del poeta. Puede ser un viejo himno a Deméter o puede servir también para acompañar el *enarrant gloriam Domini*. Es susceptible de nodos o modos tan distantes como el hyperphrygian y el mixolydian y de textos tan dispares como los de los sacerdotes que hacen sus agachadas alrededor del comoledicen de David, quiero decir de Circe o qué estoy diciendo de Ceres y la punta de David desde el establo directamente a su primer bajo tocante a su omnipotencia. *Mais, nom de nom,* ése es otro par de pantalones. *Jetez la gourme. Faut que Jeunesse se passe. (Se detiene, señala la gorra de Lynch, sonríe, ríe.)* ¿De qué lado está tu protuberancia del conocimiento?

La Gorra

(Con saturniano esplín.) ¡Bah! Es así porque es así. Razón de mujer. Un judío griego es un griego judío. Los extremos se tocan. La muerte es la forma más elevada de la vida.

Esteban

Recuerdas con bastante exactitud todos mis errores, jactancias, equivocaciones. ¿Cuánto tiempo seguiré cerrando mis ojos a la deslealtad? ¡Piedra de afilar!

La Gorra

¡Bah!

Esteban

Ahí va otra para ti. *(Arruga la frente.)* La razón es que lo fundamental y lo dominante están separados por el mayor intervalo posible que...

La Gorra

¿Qué? Termina. No puedes.

Esteban

(Con un esfuerzo.) Intervalo que. Es la mayor elipse posible. El que concuerde con. El retorno final. La octava. Lo que.

La Gorra

¿Lo qué?

(Afuera un gramófono comienza a trompetear "La Ciudad Santa".)

Esteban

(Bruscamente.) Lo que siguió hasta el fin del mundo para no negarse a sí mismo. Dios, el sol, Shakespeare, un viajante comercial, habiéndose él mismo negado en la realidad misma, se convierta en eso mismo. Espera un momento. Espera un segundo. Maldito sea el ruido de ese tipo en la calle. Lo mismo en que él mismo estaba ineluctablemente precondicionado a convertirse. *Ecco!*

Lynch

(Con un burlón relincho de risa hace una mueca sarcástica hacia Bloom y Zoe Higgins.) Qué discurso más erudito, ¿eh?

Zoe

(Vivamente.) Que Dios salve tu cabeza, él sabe más de lo que tú has olvidado.

(Con obesa estupidez Flora Talbot contempla a Esteban.)

Flora

Dicen que el fin del mundo viene este verano.

Kitty

¡No!

Zoe

(Estalla de risa.) ¡Gran Dios injusto!

Flora

(Ofendida.) Bueno, estaba en los diarios refiriéndose al Anticristo. ¡Oh, el pie me hace cosquillas!

(Unos andrajosos canillitas descalzos, sacudiendo un barrilete aguzanieve, pasan pateando, vociferando.)

Los Canillitas

Última edición de la prensa. Resultado de las carreras de caballos de madera. Serpiente marina en el canal real. Feliz llegada del Anticristo.

(Esteban se vuelve y ve a Bloom.)

Esteban

Un tiempo, tiempos y medio tiempo.

(Reuben J. Anticristo, judío errante, con una mano de garra abierta sobre el espinazo, se adelanta a tropezones. Lleva cruzada a la espalda una alforja de peregrino, de la que sobresalen pagarés y cuentas rechazadas. Sobre un hombro tiene una larga pértiga bichero, de la cual pende, enganchada por los fondillos de los pantalones, la carga informe y chorreante de su hijo único, salvado de las aguas del Liffey. Un duende a la imagen de Punch Costello, cojo, jorobado, hidrocefálico, prognático, con frente hacia atrás y nariz a lo Ally Sloper, cae dando saltos mortales en la creciente oscuridad.)

Todos

¿Qué?

El Duende

(Castañeteándole las mandíbulas, hace cabriolas por todas partes, abriendo desmesuradamente los ojos, chillando, saltando como los canguros, los brazos extendidos como garras, y luego, repentinamente, se mete el rostro sin labios en la horqueta que forman sus muslos.) Il vient! C'est moi! L'homme qui rit! L'homme primigène! *(Gira girando y ululando con alaridos de derviche.)* Sieurs et dames, faites vos jeux! *(Se acuclilla haciendo suertes de prestidigitación. Pequeños planetas de ruleta vuelan de sus manos.)* Le jeux sont faits! *(Los planetas se precipitan juntos, despidiendo crepitantes crujidos.)* Rien n'va plus. *(Los planetas, como globos saltarines, se hinchan, ascienden y se alejan. Él salta hacia el vacío.)*

Flora

(Sumiéndose en letargo, se santigua a escondidas.) ¡El fin del mundo!

(Un tibio efluvio templado escapa de ella. Una nebulosa oscuridad llena el espacio. A través de la flotante niebla de afuera el gramófono vocifera y sobrepasa el murmullo de toses y arrastramientos de pies.)

El Gramófono

¡Jerusalén!
Abre tus puertas y canta
Hosanna...

(Un cohete escala el cielo y estalla. Cae una estrella blanca, proclamando la consumación de todas las cosas y el segundo advenimiento de Elías. A lo largo de una cuerda tensa, infinita e invisible, tendida de cenit a nadir, el Fin del Mundo, un pulpo de dos cabezas con enagüillas de picador escocés, gorra de húsar y polleras escocesas de tartán, gira en la oscuridad, con la cabeza sobre los pies, bajo la forma de las Tres Piernas del Hombre.)

El fin del mundo

(Con acento escocés.) ¿Quieren bailar el rigodón, el rigodón, el rigodón?

(Dominando el ruido de la corriente que fluye y los accesos asfixiantes de tos, la voz de Elías, áspera como el graznido del cuervo, vibra en lo alto. Transpirando en una floja sobrepelliz de linón con mangas en forma de embudo, él se muestra, con cara de alguacil, sobre una tribuna alrededor de la cual está colocada en pliegues la bandera de la vieja gloria. Golpea el parapeto con el puño.)

Elías

Nada de ladridos en esta perrera, si me hacen el servicio. Jake Crane, Creole Sue, Dave Campbell, Abe Kirschner: tosan con las bocas cerradas. Ojo, que estoy dirigiendo toda esta línea troncal. Aprovechen ahora, muchachos. Son las 12.25, hora de Dios. Díganle a mamá que llegarán a tiempo. Activen su pedido y sacarán un lindo as. ¡Júntense aquí mismo en seguida! Reserven directo para el cruce de la eternidad, marcha sin escalas. Solamente una palabra más. ¿Es usted un dios o un terrón de porquería? Si llegara a Coney Island el segundo advenimiento, ¿estamos preparados? Flora Cristo, Esteban Cristo, Zoe Cristo, Bloom Cristo, Kitty Cristo, Lynch Cristo: a ustedes les toca registrar esa fuerza cósmica. ¿Tenemos miedo del cosmos? No. Pónganse del lado de los ángeles. Sean prismas. Ustedes tienen ese algo adentro, ese yo superior. Pueden codearse con un Jesús, un Gautama, un Ingersoll. ¿Están todos ustedes en esta vibración? Yo opino que sí. Una vez que hayan trincado eso, congéneres, una excursión al paraíso se convierte en un juego de niños. ¿Me interpretan? Da

brillo a la vida, garantido. No existió nunca cosa más ardientemente
reconfortante. Es todo el pastel con el relleno de dulce adentro. Es
la realización más conseguida. Es inmenso, supersuntuoso. Restablece.
Vibra. Lo sé y soy un buen vibrador. Dejemos las bromas a un lado
y vamos a lo concreto. A. J. Cristo Dowie y su filosofía armonial
¿entendieron eso? Aprobado. El número setenta y siete de la. calle
sesenta y nueve oeste. ¿Me explico? Eso es. Llámenme por soléfono
en cualquier momento. Ahórrense las estampillas, poligrillos. *(Grita.)*
Ahora nuestro canto de gloria. Todos a coro cantando de corazón.
(Canta.) Jeru...

El Gramófono

(Ahogando su voz.)

Putnostodosentiendtualtezchanchajjjj... *(El disco raspa rechinando contra la aguja.)*

Las Tres Prostitutas

(Tapándose los oídos, graznan.) ¡Ahhkkk!

Elías

(En arrolladas mangas de camisa, la cara negra y los brazos en alto, grita con toda su voz.) Gran hermano nuestro que estás allá arriba, señor Presidente, oíste lo que te acabo de decir. Seguramente que creo en ti, señor Presidente. Estoy pensando por cierto que la señorita Higgins y la señorita Ricketts tienen la religión muy adentro. Por cierto que me parece que nunca he visto una mujer más asustada que usted, señorita Flora. Señor Presidente, ven y ayúdame a salvar a nuestras hermanas queridas. *(Guiña el ojo a los asistentes.)* Nuestro señor Presidente entiende todo y no dice nada.

Kitty-Kate

Me olvidé de mí. En un momento de debilidad pequé e hice lo que hice en la colina Constitución. Fuí confirmada por el obispo. La hermana de mi madre se casó con un Montmorency. Fué un obrero plomero el que causó mi ruina cuando yo era pura.

Zoe-Fanny

Yo lo dejé que me la tundiera por gusto.

Flora-Teresa

Fué a consecuencia de una bebida de oporto encima de las tres estrellas de Hennessy. Yo fuí culpable con Whelan cuando él se metió en la cama.

Esteban

Al principio fué el verbo, al final el mundo sin fin. Benditas sean las ocho bienaventuranzas.

> *(Las bienaventuranzas: Dizon, Madden, Crotthers, Costello, Lenehan, Bannon, Mulligan y Lynch, con trajes blancos de estudiantes de cirugía, de a cuatro en fondo, con paso de ganso, pasan pisando rápido en ruidosa marcha.)*

Las Bienaventuranzas

(Incoherentemente.) Cerveza bife perro de batalla copratoro negocio negocium retumbantum sodomitum obispo.

Lyster

(En calzones cortos grises de cuáquero y sombrero de ala ancha, discretamente.) Es nuestro amigo. No tengo por qué mencionar nombres. Busca tú la luz.

> *(Pasa danzando. Orden entra con indumentaria de peinador, resplandecientemente trajeado, sus rulos en papelitos de rizar. Conduce a Juan Eglinton, que trae un quimono de mandarín amarillo nanquín rotulado con lagartos y un alto sombrero pagoda.)*

Orden

(Sonriendo, levanta el sombrero y exhibe una cabeza rasurada en cuya coronilla se eriza un jopo de coleta atado con un moño alto anaranjado.) Estaba justamente embelleciéndolo, saben. Una cosa de belleza, saben. Yeats dice; quiero decir, Keats dice.

Juan Eglinton

(Saca una linterna sorda con funda verde y la dirige hacia un rincón; con acento mordaz.) Las estéticas y los cosméticos son para el tocador. Yo ando en busca de la verdad. La franca verdad para el hombre franco. Tanderagee quiere hechos y se propone conseguirlos.

> *(En el cono del proyector, detrás del balde del carbón, el sabio de Irlanda, de ojos santos y barbuda figura, Manaam MacLir, cavila, con el mentón sobre las rodillas. Se levanta lentamente. Un frío viento de mar sopla de su capa de druida. Alrededor de su cabeza se retuercen anguilas y congrios. Está incrustado de yuyos y conchas. Su mano derecha sostiene un inflador de bicicleta. Su mano izquierda agarra un enorme bogavante por sus dos pinzas.)*

(Con voz de olas.) Aum Hek! Wal! Lub! Mor! Blancos yogas de los dioses. Oculto poemander de Hermes Trismegisto. *(Con una voz de silbante viento de mar.)* Punarjanam patsypunjaub! No voy a permitir que me tomen el pelo. Ha sido dicho por uno: euidado con la izquierda, el culto de Shakti. *(Con un grito de petrel.)* ¡Shakti, Shiva! ¡Oculto Padre Sombrío! *(Golpea con su inflador de bicicleta al bogavante de su mano izquierda. Sobre su cuadrante cooperativo resplandecen los 12 signos del zodíaco. Gime con la vehemencia del océano.)* Aun! Baum! Pyjaum! Yo soy la luz de la heredad, yo soy la soñadora manteca cremosa.

(Una esquelética mano de judas ahoga la luz, que se degrada de verde a malva. La llama de gas silba gimiendo.)

La Llama del Gas

¡Fuua! ¡Fuiiii!

(Zoe corre hacia la lámpara y, encorvando la pierna, arregla la caperuza.)

Zoe

¿Quién me alcanza un pitillo?

Lynch

(Tirando un cigarrillo sobre la mesa.) Toma.

Zoe

(La cabeza inclinada hacia un lado con orgullo fingido.) ¿Es ésa la manera de alcanzarle la escupidera a una dama? *(Se estira para encender el cigarrillo en la llama, haciéndolo girar lentamente y mostrando los mechones de sus sobacos. Lynch levanta descaradamente un costado de su bata con el atizador. Desnuda ligas arriba, su carne aparece de un verde nixie bajo el zafiro. Ella fuma tranquilamente su cigarrillo.)* ¿Alcanzas a ver el lunar de belleza de mi trasero?

Lynch

No estoy mirando.

Zoe

(Con una mirada de carnero degollado.) ¿No? Tú no harías semejante cosa. ¿Chuparías un limón?

(Mira de soslayo con falsa vergüenza a Bloom, después se dirige contoneándose hacia él, librándose de su

bata con un tirón del atizador. El flúido azul mana otra vez sobre su carne. Bloom está parado, sonriendo de deseo, retorciéndose los pulgares. Kitty Ricketts moja con saliva su dedo del corazón y mirándose al espejo se alisa ambas cejas. Lipoti Marimach, basilicogrammate, se desliza rápidamente por el caño de la chimenea y se contonea dando dos pasos a la izquierda sobre zancos de payaso rosados. Está embutido dentro de varios sobretodos y trae un impermeable marrón bajo el cual sostiene un rollo de pergamino. En su ojo izquierdo centellea el monóculo de Cashel Boyle O'Connor Fitzmaurice Tisdall Farrell. Sobre su cabeza posa un pshent egipcio. Dos plumas se proyectan sobre sus orejas.)

Marimach

(Juntando los talones, hace una reverencia.) Mi nombre es Marimach Lipoti, de Szombathely. *(Tose pensativamente, secamente.)* La promiscuidad nudista está muy en evidencia por aquí, ¿eh? Inadvertidamente su revisión reveló el hecho de que ella no lleva esas prendas más bien íntimas de las que eres particular devoto. ¿Habrás percibido, así lo espero, la marca de la inyección sobre el muslo?

Bloom

Granpapachi. Pero...

Marimach

La número dos por otro lado, la del colorete cereza y tocado blanco, cuyos cabellos deben no poco al elixir de madera de ciprés de nuestra tribu, está en traje de paseo y ajustadamente encorcetada en las posaderas, yo opinaría. Espinazo en el frente, por así decirlo. Puede ser que me equivoque, pero siempre entendí que el acto así realizado por los alocados humanos con lucimientos de lencería te atraía por virtud de su exhibicionisticidad. En una palabra. Hipogrifo. ¿Tengo razón?

Bloom

Más bien la encuentro flaca.

Marimach

(No desagradablemente.) ¡Absolutamente! Bien observada, con esos bolsillos de canastón de la pollera y su ligero efecto de peonza, sugiere nudosidad de cadera. Una nueva compra en alguna liquidación monstruo después de haber desplumado a algún palomo. Atavíos de meretriz para engañar la vista. Observa la minuciosidad de los detalles. Nunca te pongas mañana lo que puedes usar hoy. ¡Paralaje! *(Con una contracción nerviosa de la cabeza.)* ¿Oíste el estallido de mi cerebro? ¡Polisilabaje!

Bloom

(El codo reposando en una mano, el dedo índice contra la mejilla.) Parece triste ella.

Marimach

(Muestra cínicamente sus dientes amarillos de comadreja desnudos, se hace bajar su ojo izquierdo con el dedo y ladra roncamente.) ¡Engaño! ¡Cuidado con la niña y su falsa melancolía! El lirio de la calleja cortada. Todas poseen el botón de oro descubierto por Rualdus Colombus. Voltéala. Apalómala. Camaleón. *(Más cordialmente.)* Bueno, entonces, permíteme llamarte la atención sobre el artículo número tres. Hay mucho de ella visible a simple vista. Observa el montón de sustancia vegetal oxigenada sobre el cráneo. ¡Hola! ¡Así que topetea! El patito feo de la partida, mal balanceado y pesado de quilla.

Bloom

(Apesadumbrado.) Cuando uno sale sin fusil.

Marimach

Podemos ofrecerte todas las calidades: suaves, regulares y fuertes. Paga y elige. Cuán feliz podrías ser con cualquiera de ellas...

Bloom

¿Con...?

Marimach

(Poniendo la lengua puntiaguda.) ¡Lyum! Mira. Está bien despachada. La recubre una capa formidable de grasa. No se puede pedir más que un mamífero como éste; como puedes ver, presenta una respetable proa, con dos protuberancias de muy respetables dimensiones, inclinadas y a punto de caer en el plato de sopa del mediodía; mientras que en la parte trasera inferior aparecen otras dos protuberancias adicionales, de gran potencia rectal, tumescentes, que invitan a palpar y que no dejan nada que desear, excepto la compacidad. Esas partes carnosas son el producto de una cuidadosa nutrición. Cuando son cebadas bajo techo su hígado alcanza un volumen elefantino. Píldoras de pan fresco con fenogreco y benjuí, ingurgitadas con ayuda de un brebaje de té verde, las dotan, durante su breve existencia, de almohadones naturales de grasa colosales como los de una ballena. ¿Eso concuerda con tu libro, eh? Marmitas calientes de Egipto que hacen agua la boca. Revolcarse en ese cieno. Licopodio. *(Su garganta se contrae.)* ¡Pimpum! Ahí va otra vez.

Bloom

El orzuelo no me gusta.

MARIMACH

(Enarca las cejas.) Tocar con un anillo de oro, como dicen. *Argumentum ad feminam,* que decíamos en la vieja Roma y en la antigua Grecia bajo el consulado de Diplodocus y de Ichtyosaurus. Por lo demás, el remedio soberano de Eva. No se vende. Se alquila solamente. Hugonote. *(Se contrae.)* Tiene un sonido raro. *(Tose alentadoramente.)* Pero tal vez no sea más que una verruga. ¿Supongo que recuerdas lo que te he enseñado bajo ese título? Harina de trigo con miel y nuez moscada.

BLOOM

(Reflexionando.) Harina de trigo con licopodio y syllabax. Esta tortura de la búsqueda. Ha sido un día inusitadamente fatigoso, una seguidilla de accidentes. Espera. Creo que dijiste que la sangre de verrugas contagia las verrugas...

MARIMACH

(Severamente, la nariz bien enarcada, mirando de reojo y guiñando.) Deja de retorcerte los pulgares y piensa en algo práctico. Ya ves, te has olvidado. Ejercita tu mnemotecnia. *La causa é santa.* Tara. Tara. *(Aparte.)* Seguramente lo recordará.

BLOOM

También entendí que citabas el romero, o el poder de la voluntad sobre los tejidos parasíticos. Entonces no, no es eso, lo vislumbro. Es el rozamiento de una mano muerta lo que cura. ¿Mnemo?

MARIMACH

(Excitado.) Así es. Así es. Eso mismo. Técnico. *(Golpea su pergamino enérgicamente.)* Este libro indica la forma de operar, con todos los detalles descriptivos. Para el miedo delirante del acónito, para la melancolía del ácido muriático, para la pulsatilla priápica. Marimach va a hablar sobre la amputación. Nuestro viejo amigo cáustico. Tienen que padecer hambre. Hay que hacerles saltar de un golpe, con una crin de caballo, la base fistulosa. Pero, para cambiar el debate al búlgaro y al vascuence, ¿has decidido si te gustan o no las mujeres con ropa masculina? *(Con una risita seca.)* Pensabas consagrar todo un año al estudio del problema religioso, y los meses del verano de mil ochocientos ochenta y dos a encontrar la cuadratura del círculo y a ganarte ese millón. ¡Zanahoria! De lo sublime a lo ridículo no hay más que un paso. ¿En piyama, por ejemplo? ¿O calzones de jersey con refuerzos, cerrados? O, pongamos por caso, esas complicadas combinaciones, camisa-calzón? *(Cacarea burlonamente.)* ¡Kiikiiiriikii!

(Bloom examina indeciso a las tres prostitutas, luego fija la mirada en la velada luz malva, escuchando a la

polilla que sigue siempre volando.)

BLOOM

Me gustaría haber terminado ya entonces. El camisón no fué nunca. De ahí esto. Pero mañana es otro día será. Pasado era es hoy. Lo que ahora es será entonces mañana como ahora es pasado ayer.

MARIMACH

(Le sopla en el oído con cuchicheo de cerdo.) Los insectos del día pasan su breve existencia en reiterado coito, atraídos por el tufo de la inferiormente pulcritudinosa hembra pudiciosamente poseída extendificadamente recalentada en la región dorsal. ¡Linda cotorrita! *(Su amarillo pico de loro cotorrea nasalmente.)* Tenían un proverbio en los Cárpatos en o alrededor del año cinco mil quinientos cincuenta de nuestra era. Una cucharada de miel atraerá más al amigo Oso que media docena de barriles de vinagre de malta de primera selección. El zumbido del oso molesta a las abejas. Pero dejemos esto aparte. En otro momento podemos reanudarlo. Tuvimos mucho jaleo, nosotros otros. *(Tose inclinando la frente, se frota pensativamente la nariz con una mano ahuecada.)* Observarás que estos insectos nocturnos buscan la luz. Una ilusión porque recuerda su complejo inadaptable ojo. Para todos estos intrincados puntos consulta el libro décimoséptimo de mis Fundamentos de Sexología o El Amor Pasión que el doctor L. A. dice que es el libro sensacional del año. Hay algunos, por ejemplo, cuyos movimientos son automáticos. Date cuenta. Ése es su sol apropiado. Pájaro nocturno, sol nocturno, ciudad nocturna. ¡Persígueme, Carlitos! ¡Bzzz!

BLOOM

Abeja o moscardón también el otro día embistiendo a la sombra en la pared se mareó después se me vino encima mareada por la camisa menos mal que yo...

MARIMACH

(Ríe con un rico tono femenino su rostro impasible.) ¡Espléndido! Cantárida en su braguete o sinapismo de mostaza sobre su almocafre. *(Charla glotonamente con barbas de pavo.)* ¡Tirulí, tirulá! ¿Dónde estamos? ¡Sésamo ábrete! ¡Aparece! *(Desenrolla su pergamino rápidamente y lee, su nariz de luciérnaga corriendo hacia atrás sobre las letras que araña.)* Aguarda, mi buen amigo. Te traigo tu respuesta. Las ostras de Redbank pronto estarán listas para nosotros. Soy el mejor de los cocineros. Esas suculentas bivalvas pueden ayudarnos y las trufas de Perigord, tubérculos desalojados por el señor omnívoro porquero resultaron excelentes en casos de debilidad nerviosa o marimachonería. Aunque hieden pueden *(Menea la cabeza con chacharoso parloteo.)* Jocoso. Con mi monóculo en mi ocular.

Bloom

(Distraídamente.) Ocularmente el caso bivalvo de la mujer es peor. Sésamo siempre abierto. El sexo hendido. Por qué temen a las sabandijas, a las cosas que se arrastran. Sin embargo, Eva y la serpiente se contradicen. No es un hecho histórico. Analogía obvia con mi idea. Las serpientes son también glotonas por la leche de mujer. Serpean kilómetros de foresta para chupsuculentar sus pechos hasta secarlos. Como esas tiruliruleras matronas romanas acerca de las cuales se lee en el Elephantuliasis.

Marimach

(Su boca sobresaliendo en duras arrugas, los ojos pétreamente olvidadamente cerrados, salmodia exóticamente monótona.) Que las vacas con esas sus ubres distendidas de las que se sabe que iban...

Bloom

Voy a gritar. Discúlpame. ¿Ah? Entonces. *(Recita.)* Espontáneamente a buscar el cubil del saurio para confiar sus pezones a la ávida succión. La hormiga ordeña al pulgón. *(Profundamente.)* El instinto gobierna al mundo. En la vida. En la muerte.

Marimach

(La cabeza inclinada, arquea la espalda y los jorobados hombros alados, atisba a la polilla con legañosos ojos saltones, señala con un gancho en forma de media luna y grita.) ¿Quién es Ger Ger? ¿Quién es el querido Geraldo? ¡Oh, mucho me temo que va a ser terriblemente quemado! ¿No impedirá ahora alguna amabellla persona tal catástrofe mit agitación de servilleta de primera clase? *(Maúlla.)* ¡Luss puss puss puss! *(Suspira, se endereza y mira de soslayo hacia abajo con colgante mandíbula inferior.)* Bueno, bueno. Descansa en seguida.

> Soy una cosa frágil, ligera;
> Ando volando en la primavera,
> Girando siempre en mi propia esfera.
> Hace ya mucho que yo un rey era,
> ¡Y hoy hago esto, de tal manera,
> Que del ala soy viajera!
> ¡Fuera!

(Se precipita contra la pantalla malva batiendo alas ruidosamente.) Lindas lindas lindas lindas lindas lindas enaguas.

(Viniendo de la entrada del fondo a la izquierda, y marcando dos pasos resbaladizos, Enrique Flower se adelanta hacia el centro, costado izquierdo. Trae capa oscura y sombrero sobre el cual se inclina una pluma. Tiene un dulcémele con incrustaciones y una pipa de Jacob con larga caña de bambú, cuyo hornillo de arcilla está mode-

lado como una cabeza de mujer. Viste medias de terciopelo oscuro y escarpines con hebilla de plata. En su romántica cara de Cristo, enciladrada de flotantes rizos, aparecen barba rala y bigotes. Zanquivano, sus pies de gorrión son los del tenor Mario, príncipe de Candia. Arregla sus rizados volados y humedece sus labios con una pasada de su amorosa lengua.)

Enrique

(En voz baja, dulzona, tocando las cuerdas de su guitarra.) Hay una flor que florece.

(Marimach, truculento, la quijada endurecida, clava la vista en la lámpara. El grave Bloom contempla el cuello de Zoe. Enrique, galante, vuelve su colgante papada hacia el piano.)

Esteban

(Aparte.) Toca con los ojos cerrados. Imita a pa. Me lleno la barriga con desperdicios de cerdo. Ya tengo suficiente de esto. Voy a levantarme y me iré a mi. Creo que es lo. Te veo en el mal camino, Esteban. Debo visitar al viejo Deasy o telegrafiarle. Nuestra entrevista de esta mañana me ha impresionado profundamente. A pesar de nuestras edades. Escribiré ampliamente mañana. Dicho sea de paso, estoy un poco borracho. (Toca las teclas otra vez.) Ahora viene un acorde menor. Sí. No mucho sin embargo.

(Almidano Artifoni extiende su rollo de música en forma de batuta con un vigoroso movimiento de mostachos.)

Artifoni

Ci rifletta. Lei rovina tutto.

Flora

Cántanos algo. La dulce vieja canción de amor.

Esteban

No tengo voz. Soy un artista enteramente acabado. Linch, ¿te mostré la carta acerca del laúd?

Flora

(Sonriendo estúpidamente.) El pájaro que puede y no quiere cantar.

(Los hermanos siameses, Felipe Borracho y Felipe Sobrio, dos profesores de Oxford con rodillos de cortar *césped, aparecen en el alféizar de la ventana. Ambos están enmascarados con la cara de Matthew Arnold.)*

Felipe Sobrio

Sigue el consejo de un tonto. Algo anda mal. Toma un pucho de lápiz y echa tus cuentas, joven idiota. Recibiste tres libras doce, dos billetes, un soberano, dos coronas, si la juventud tan sólo supiera. Monney's en ville, Mooney's sur mer, el Moira, el hospital de Larchet de la calle Holles. Lo de Burke. ¿Eh? Te estoy observando.

Felipe Borracho

(Impacientemente.) ¡Ah!, pavadas, hombre. ¡Vete al diablo! Yo pagué mi parte. Tan sólo con que pudiera aclarar lo de las octavas. Reduplicación de la personalidad. ¿Quién fué que me dijo su nombre? *(Su rodillo de cortar césped empieza a ronronear.)* ¡Ah, sí! *Zoe mou sas agapo.* Tengo como una idea de que ya estuve aquí antes. Cuando fué no Atkinson su tarjeta la tengo en alguna parte. Mac Alguien. Mac...anas, la tengo. Él me habló de eso, Sosegáte, Swinburne, era, ¿no?

Flora

¿Y la canción?

Esteban

El espíritu está pronto pero la carne es débil.

Flora

¿Vienes del Maynooth? Te pareces a alguien que conocí una vez.

Esteban

De ahí vengo. *(Aparte.)* Ingenioso.

Felipe Borracho y Felipe Sobrio

(Sus rodillos de cortar césped ronroneando en un rigodón de rastrojos.) Siempre ingenioso. Vienes. Vienes. De paso, ¿tienes el libro, la cosa, el garrote de fresno? Sí, ahí está, sí. Siempre ingenioso. De ahí vengo. Manténte en forma. Haz como nosotros.

Zoe

Hace dos noches estuvo aquí un sacerdote que vino a cumplir con su asunto: traía el sombrero metido hasta las orejas. No tienes por qué esconderte, le digo. Ya sé que tienes la tonsura.

Marimach

Perfectamente lógico desde su punto de vista. Caída del hombre. *(Roncamente, las pupilas dilatadas.)* ¡Al infierno con el papa! Nada nuevo bajo el sol. Yo soy el Marimach que descubrió los secretos sexuales de monjas y novicias. Por qué dejé la Iglesia de Roma. Sean el Cura, la Mujer y el Confesionario. Penrose. Bamboleador Pringoso. *(Se menea.)* La mujer desata con dulce pudor su cinturón de juncos, ofrece su yoni todo húmedo al lingam del hombre. Poco después el hombre obsequia a la mujer trozos de carne de jungla. La mujer demuestra su alegría y se cubre con pieles emplumadas. El hombre ama fieramente a su yoni con su gran lingam, el duro. *(Grita.)* *Coactus volui.* Después la veleidosa mujer quiere andar por ahí. El hombre fuerte agarra a la mujer por la muñeca. La mujer chilla, muerde, reniega. El hombre, furiosamente enojado ahora, golpea el gordo yadgana de la mujer. *(Corre detrás de la cola de ella.)* ¡Piff paff! ¡Popo! *(Se detiene, estornuda.)* ¡Pchip! *(Se toquetea la punta.)* ¡Prrrrrht!

LYNCH

Espero que le habrás dado una penitencia al buen padre. Nueve glorias por dispararle a un obispo.

ZOE

(Arroja humo de morsa por las ventanas de la nariz.) No pudo entrar en contacto. Sólo una sensación, saben. Un torrente seco.

BLOOM

¡Pobre hombre!

ZOE

(Livianamente.) Sólo por lo que le sucedió.

BLOOM

¿Cómo?

MARIMACH

(Un rictus diabólico de sombría luminosidad contrae sus facciones, estira su descarnado cuello hacia adelante. Levanta un hocico de monstruo y aúlla.) Verfluchte Goim! Tuvo un padre, cuarenta padres. Nunca existió. ¡Dios cochino! Tenía dos pies izquierdos. Era un Judas Iscariote, un eunuco de Libia, el bastardo del papa. *(Se apoya sobre las torturadas patas delanteras, con los codos doblados rígidamente, su mirada agonizando en su chato cuello cráneo y gañe sobre el mudo mundo.)* El hijo de una prostituta. Apocalipsis.

KITTY

Y María Shortall, que estuvo en el hospital con la peste que se agarró con Jimmy Pidgeon el de las manchas azules; tuvo de él un hijo que no podía tragar y que se asfixió entre convulsiones en el colchón, y todas nos suscribimos para el entierro.

Felipe Borracho

(Gravemente.) Qui vous a mis dans cette fichue position, Philippe?

Felipe Sobrio

(Alegremente.) C'etait le sacré pigeon, Philippe.

> *(Kitty quita los alfileres del sombrero y lo posa tranquilamente, palmeándose sus cabellos de alheña. Y nunca se vió una cabeza más hermosa, más elegante y de más atrayentes rulos sobre los hombros de una prostituta. Lynch se pone el sombrero. Ella se lo arrebata.)*

Lynch

(Ríe.) Y pensar que a tales encantos Metchnikoff ha inoculado monos antropoides.

Flora

(Asiente con la cabeza.) Ataxia locomotriz.

Zoe

(Alegremente.) ¡Oh, mi diccionario!

Lynch

Tres vírgenes prudentes.

Marimach

(Sacudido por la calentura, con los labios resecados de epiléptico recubiertos de espumosas huevas amarillentas.) Ella vendía filtros de amor. Cirio blanco, flor de naranjo. Panther, el centurión romano, la deshonró con sus genitorios. *(Saca una flameante y fosforescente lengua de escorpión, la mano sobre su horqueta.)* ¡Mesías! Le reventó el tímpano. *(Con farfullantes gritos de mandril sacude sus caderas en el cínico espasmo.)* ¡Hik! ¡Hek! ¡Hak! ¡Hok! ¡Huk! ¡Kok! ¡Kuk!

> *(Ben Jumbo Dollard, rubicundo, musculoso, las ventanas de la nariz peludas, barbudo, con orejas de repollo, pecho peludo, greñuda melena y gordas tetillas se adelanta, sus ijares y órganos genitales mal cubiertos por un par de burdos calzones negros de baño.)*

Ben Dollard

(Haciendo entrechocar huesos a guisa de castañuelas en sus enor-

mes garras almohadilladas, canta jovialmente a lo tirolés en bajo barríltono.) Cuando el amor absorbe mi ardiente alma.

> *(Las vírgenes, enfermera Callan y enfermera Quigley, se precipitan entre los guardianes y las sogas del ring y lo atropellan con los brazos abiertos.)*

Las Vírgenes

(Delirantemente.) ¡Gran Big Ben! ¡Ben MacChree!

Una Voz

Agarren a ese tipo que anda con los pantalones del finado.

Ben Dollard

(Se golpea el muslo mientras ríe abundantemente.) ¡Atájenlo!

Enrique

(Acariciando sobre su pecho una cabeza de mujer decapitada, murmura.) Tu corazón, mi amor. *(Pulsa las cuerdas de su laúd.)* Cuando vi por vez primera...

Marimach

(Mudando sus pieles, dispersando su multitudinario plumaje.) ¡Ratas! *(Bosteza, mostrando una garganta negra como el carbón, y cierra sus mandíbulas con un empujón de su rollo de pergamino.)* Después de haber dicho lo cual me despido. Adiós. Que te vaya bien. *Dreck!*

> *(Enrique Flower se peina rápidamente los mostachos y la barba con un peine de bolsillo y se alisa los cabellos con los dedos untados de saliva. Con su espadín por delante, se escurre hacia la puerta con la extravagante arpa cruzada sobre las espaldas. Marimach alcanza la puerta en dos torpes desgarbadas zancadas, con la cola levantada, y hábilmente adosa a la pared una mariposa de papel color amarillo pus, que afirma con un golpe dado con la cabeza.)*

La Mariposa de Papel

K. II. Prohibido fijar carteles. Estrictamente confidencial. Dr. Hy Franks.

Enrique

Todo está perdido ahora.

> *(Marimach se destornilla la cabeza en un abrir y cerrar*

de ojos y se la pone bajo el brazo.)

La Cabeza de Marimach

¡Cuak! *(Vanse separadamente.)*

Esteban

(Volviendo la cabeza hacia Zoe.) Tú hubieras preferido el cura combatiente que fundó el error protestante. Pero desconfía de Antístenes el perro sabio, y del fin que hizo Arius Heresiarchus. La agonía en el retrete.

Lynch

Todos son uno y el mismo Dios para ella.

Esteban

(Devotamente.) Y Soberano Señor de todas las cosas.

Flora

(A Esteban.) Estoy segura de que eres un sacerdote echado a perder. O un monje.

Lynch

Lo es. Es hijo de cardenal.

Esteban

Pecado cardinal. Monjes de la rosca.

(Su Eminencia, Simón Esteban Cardenal Dedalus, Primado de toda Irlanda, aparece en el vano de la puerta, en sotana, sandalias y calcetines rojos. Siete acólitos simios enanos, también de rojo, los pecados cardinales, sostienen su cola, atisbando por debajo de ella. Lleva un estropeado sombrero de copa inclinado sobre la cabeza. Trae los pulgares metidos en las axilas y las palmas extendidas. Alrededor del cuello pende un rosario de corchos terminando en una cruz de tirabuzón sobre el pecho. Sacando los pulgares de las axilas, invoca la gracia de lo alto con grandes gestos ondulados, y proclama con abotagada pompa.)

El Cardenal

En profundo calabozo
Cautivo yace Conservio,
Esposado y soportando
Tres mil kilos de cadenas.

(Los mira a todos por un momento, con el ojo derecho cerrado herméticamente, la mejilla izquierda inflada. Después, incapaz de reprimir su júbilo, se balancea hacia los costados con los brazos en jarras, y poniéndose a cantar con exuberante humor.)

Un tipito ¡pobrecillo!
Piernas de amar-ma-marillo,
Agilidad de culebra y de grasa un envoltorio.
De un sal salvaje la fuerza
Nutrió su blanco de berza.
Le asesinó a Nell Flaherty el dulce pato amatorio.

(Una multitud de moscardones pulula sobre sus ropas. Se rasca las costillas con los brazos cruzados, haciendo muecas, y exclama.)

Sufro como un condenado. Estoy sufriendo la agonía de los malditos. Me hacen tocar el maldito violín; gracias a Dios que estos fantásticos bichitos no son unánimes. Si lo fueran ya me habrían despachado de este maldito mundo.

(Con la cabeza inclinada, bendice brevemente con el dedo índice y el del medio, imparte el beso pascual y se va arrastrando los pies cómicamente, balanceando su sombrero de lado a lado, encogiéndose rápidamente hasta el tamaño de sus caudatorios. Los acólitos enanos, a las risitas, espiando, codeándose, mirando de soslayo, dando besos pascuales, zigzaguean detrás de él. Su voz se oye a la distancia, misericordiosa, masculina, melodiosa.)

Llevará mi corazón a ti,
Llevará mi corazón a ti,
Y el aliento de la noche embalsamada
Llevará mi corazón a ti.

(El pomo de la puerta gira por arte de magia.)

El Pomo de la Puerta

Tiiiii.

Zoe

El diablo anda en esa puerta.

(Una forma masculina pasa bajando la crujiente escalera y se oye cómo saca el impermeable y el sombrero de la percha. Bloom empieza a adelantarse involuntariamente y, cerrando a medias la puerta al pasar, saca chocolate de

su bolsillo y lo ofrece tímidamente a Zoe.)

Zoe

(Le olfatea los cabellos con animación.) ¡Hum! Dale las gracias a tu madre por los conejos. Soy muy aficionada a lo que me gusta.

Bloom

(Oyendo una voz masculina que conversa con las prostitutas en el escalón de la puerta de calle, aguza las orejas.) ¿Si fuera él? ¿Después? ¿O por qué no? ¿O el doble acontecimiento?

Zoe

(Rompe el papel plateado.) Los dedos fueron hechos antes que los tenedores. *(Lo rompe y mordisquea un pedazo, da otro pedazo a Kitty Ricketts y se vuelve hacia Lynch felizmente.)* ¿Gusta pastillas francesas? *(Él asiente. Ella lo provoca.)* ¿Lo quieres ahora o esperarás a conseguirlo? *(Él abre la boca ladeando la cabeza. Ella hace girar la presa describiendo círculos hacia la izquierda. La cabeza sigue el movimiento. Ella describe círculos hacia la derecha. Él la mira.)* Atrápalo.

(Le arroja un pedazo. Con un movimiento ágil, él lo caza y lo muerde con un crujido.)

Kitty

(Masticando.) El ingeniero con quien estuve en el bazar sí que los tiene lindos. Llenos de los mejores licores. Y el Virrey, que estaba allí con su dama. Lo que tomamos sobre los caballitos de madera de Toft. Todavía estoy mareada.

Bloom

(Con sobretodo de pieles de svengali, de brazos cruzados y quedeja napoleónica, arruga el ceño en ventriloquial exorcismo y lanza una penetrante mirada de águila hacia la puerta. Después, rígido, con el pie izquierdo adelante, hace un pase veloz con enérgicos dedos y traza el signo del maestro masón, dejando caer su brazo derecho desde su hombro izquierdo.) Vete, vete, vete, te conjuro, quienquiera que seas.

(Una tos masculina y unos pasos se alejan entre la neblina exterior. Se aflojan las facciones de Bloom. Pasa calmosamente con una mano en el chaleco. Zoe le ofrece chocolate.)

Bloom

(Solemnemente.) Gracias.

ZOE

Haz lo que te mandan. Toma.

(Se oye un firme taconeo sobre las escaleras.)

BLOOM

(Toma el chocolate.) ¿Un afrodisíaco? Pero yo creí que. ¿La vainilla calma o? Mnemo. La luz confusa confunde la memoria. El rojo influye sobre el lupus. Los colores influyen sobre los hábitos de las mujeres, cualesquiera que sean sus costumbres. Este negro me pone triste. Come y alégrate, porque mañana. *(Come.)* El malva tiene también su influencia sobre el gusto. Pero hace tanto que yo. Parece nuevo. Afro. Ese Cura. Tiene que venir. Mejor tarde que nunca. Pruebe las trufas en lo de Andrés.

(La puerta se abre. Bella Cohen, una maciza regenta, entra. Viene vestida con ropa color marfil tres cuartos orlado alrededor del ruedo con un borde de borlas, y se refresca agitando un abanico negro de asta como Minnie Hauck en Carmen. *En la mano izquierda lleva un anillo de alianza y un cintillo. Los ojos están copiosamente rodeados de maquillaje negro. Tiene un bigote naciente. Su rostro color aceituna es grosero, suda ligeramente y la nariz es abundante, con las ventanillas manchadas de anaranjado. De sus grandes aros penden piedras de agua marina.)*

BELLA

¡Palabra de honor! Estoy toda sudada.

(Echa una ojeada a las parejas, alrededor de ella. Sus ojos se detienen luego en Bloom con dura insistencia. Su gran abanico envía el aire hacia su encendido rostro, su cuello y su redondez. Sus ojos de halcón centellean.)

EL ABANICO

(Se mueve con rapidez, luego lentamente.) Casado, por lo que veo.

BLOOM

Sí. En cierto modo, me he extraviado...

EL ABANICO

(Medio se abre, después se cierra.) Y la doña es la patrona. El gobierno de las faldas.

BLOOM

(Baja los ojos, haciendo una mueca de pudor.) Así es.

El Abanico

(Plegándose, descansa sobre los aros.) ¿Te has olvidado de mí?

Bloom

Ni. So.

El Abanico

(Plegado en jarras contra la cintura.) ¿Es a mí a ella lo que soñaste antes que era a ti? ¿Era ella entonces el él tú yo luego conocido? ¿Soy todos ellos y el mismo nosotros ahora?

(Bella se le acerca y lo golpea suavemente con el abanico.)

Bloom

(Estremeciéndose.) Poderosa criatura. Lee en mis ojos esa languidez que las mujeres aman.

El Abanico

(Golpeando.) Nos hemos encontrado. Eres mío. Es el destino.

Bloom

(Intimidado.) Hembra exuberante. Deseo enormemente tu dominación. Estoy exhausto, abandonado, sin ser ya joven. Estoy, por así decirlo, con una carta sin despachar, que tiene franqueo extra de acuerdo con el reglamento, delante de la estafeta para envíos fuera de hora de la oficina central de correos de la vida humana. La puerta y ventana abiertas en ángulo recto producen una corriente de treinta y dos pies por segundo conforme a la ley de la caída de los cuerpos. Acabo de sentir en este instante una punzada de ciática en el músculo de mi nalga izquierda. Es de familia. Mi pobre papá querido, viudo, era un verdadero barómetro en ese sentido. Creía en el calor animal. Una piel de tabí forraba su chaleco de invierno. Cerca del fin, recordando al rey David y a la Sulamita compartía su lecho con Athos, fiel después de la muerte. La saliva de un perro, como probablemente tú... *(Se estremece.)* ¡Ah!

Richie Goulding

(Cargado con su cartera, pasa la puerta.) El que se burla cae. Lo mejor de Dub. Apropiado para el hígado y el riñón de un rey.

El Abanico

(Golpeando.) Todas las cosas terminan. Sé mío. **Ahora.**

Bloom

(Indeciso.) ¿En seguida? No debería de haberme separado de mi talismán. Lluvia, exposición a la caída del rocío sobre las rocas del mar, un pecadillo a mi altura de la vida. Todo fenómeno tiene una causa natural.

El Abanico

(Señala hacia abajo lentamente.) Puedes.

Bloom

(Mira hacia el suelo y advierte el cordón de lazo deshecho de su zapato.) Nos observan.

El Abanico

(Señala hacia abajo con rapidez.) Debes hacerlo.

Bloom

(Que lo desea, pero se aguanta.) Puedo hacer el verdadero nudo negro. Lo aprendí cuando cumplía mi condena trabajando en el servicio de expedición para lo de Keller. Mano experimentada. Cada nudo dice mucho. Permítame. Por cortesía. Hoy ya me arrodillé una vez. ¡Ah!

(Bella levanta ligeramente sus ropas y, habiendo conseguido el equilibrio, coloca en el borde de una silla su pata regordeta calzada con borceguíes que remata sus jamones metidos en medias de seda. Bloom, con las piernas rígidas, envejeciendo, se apoya sobre la pata y hace entrar y salir los cordones del borceguí con suaves dedos.)

Bloom

(Murmura amorosamente.) Ser probador de zapatos en lo de Mansfield era el sueño de mi juventud; la ebriedad gozosa de abotonar dulcemente, pasar los cordones entrecruzados del elegante calzado tan increíblemente pequeño de cabritilla forrada de raso hasta la rodilla, de las damas de Clyde Road. Hasta llegaba a visitar diariamente el modelo Raymunda de cera, para admirar su malla de tela de araña a la moda de París, y su pierna rosada y tersa como una rama de ruibarbo.

La Pata

Huele mi caliente cuero de cabra. Siente mi peso majestuoso.

Bloom

(Cruzando el cordón.) ¿Demasiado apretado?

La Pata

Si chapuceas, galán, te voy a dar una patada en el futbol.

Bloom

No hay que enchufar en el ojalillo equivocado, como hice la noche del baile de caridad. Trae mala suerte. Le erré el agujero a... la persona que usted mencionó. Esa noche ella encontró... ¡Ahora!

(*Ata el lazo. Bella apoya el pie en el suelo. Bloom levanta la cabeza. Recibió en plena frente el impacto de los ojos y el rostro de ella. Los ojos de Bloom se velan, se obscurecen y se le hacen bolsitas debajo de los párpados. Su nariz se hincha.*)

BLOOM

(*Refunfuña.*) Esperando sus nuevas órdenes, nos repetimos, señores...

BELLO

(*Con dura mirada fija de basilisco, con voz de barítono.*) ¡Podenco impúdico!

BLOOM

(*Extasiado.*) ¡Emperatriz!

BELLO

(*Sus pesadas mejillas combándose.*) ¡Adorador del trasero adúltero!

BLOOM

(*Lastimeramente.*) ¡Vastedad!

BELLO

¡Devorador de estiércol!

BLOOM

(*A punto de hincarse.*) ¡Magnificencia!

BELLO

¡Al suelo! (*Él la golpea en el hombro con su abanico.*) ¡Los pies hacia adelante! ¡Desliza el pie izquierdo un paso atrás! ¡Te vas a caer! ¡Te estás cayendo! ¡Sobre las manos!

BLOOM

(*Los ojos de mujer vueltos hacia arriba, en señal de admiración, cerrándose.*) ¡Trufas!

(*Con un penetrante grito epiléptico ella se precipita sobre las cuatro patas, gruñendo, olfateando, escarbando a los pies de Bello; después resta como muerta con los ojos herméticamente cerrados, trémulos párpados, inclinada sobre el piso en la actitud de excelentísimo dueño.)*

Bello

(Con el cabello corto, papadas purpúreas, gruesos círculos de mostachos alrededor de su boca rasurada, trazos de montañés, saco verde con botones de plata, camisa de sport y sombrero de alpinista con pluma de cerceta, las manos profundamente metidas en los bolsillos de los pantalones. Se pone el taco sobre la nuca y se lo refriega.) Prueba todo mi peso. Inclínate, siervo esclavo, bajo los gloriosos tacos de tu déspota, cuyo trono resplandece en orgullosa erección.

Bloom

(Balando sojuzgado.) Prometo no desobedecer nunca.

Bello

(Ríe ruidosamente.) ¡Sagrado infeliz! ¡No sabes lo que te espera! ¡Has dado con la horma de tu zapato! ¡Te enderezaré a golpes! ¡Apuesto una vuelta de cocktails de Kentucky para todos a que te hago salir la vergüenza del cuerpo, perro viejo! Te desafío a insubordinarte. Ya tiemblas por anticipado por la disciplina taquística que te será infligida en traje de gimnasio.

(Bloom se arrastra debajo del sofá y atisba a través de los flecos.)

Zoe

(Ensanchando su túnica para ocultarla.) Ella no está aquí.

Bloom

(Cerrando los ojos.) Ella no está aquí.

Flora

(Ocultándola con sus ropas.) No lo hizo a propósito, señor Bello; ella se va a portar bien.

Kitty

No seas demasiado duro con ella, señor Bello. Por favor, señor, señor.

Bello

(Engatusadoramente.) Ven, pichona querida. Quiero decirte una palabrita, querida; sólo para corregirte. Una conversación a mano entre los dos, encanto.

(Bloom asoma una tímida cabeza.) Ella es una nenita buena ahora. *(Bello la agarra violentamente por los cabellos y la arrastra afuera.)* Solamente quiero corregirte para tu propio bien en un lugar seguro. ¿Cómo está ese tierno trasero? ¡Oh!, muy despacito, tesoro. Empieza a prepararte.

Bloom

(Desfalleciendo.) No me rompas el...

Bello

(Salvajemente.) El anillo en la nariz, las tenacillas, los bastones, el suplicio de la cuerda, el azote que te voy a hacer probar mientras tocan las flautas como se hacía antiguamente con el esclavo nubio. Esta vez estás listo. Haré que te acuerdes de mí por el resto de tu vida natural. *(Las venas de la frente se le hinchan, su rostro se congestiona.)* Me sentaré sobre tu otomansillademontar cada mañana después de mi aporreador buen desayuno de lonjas de gordo jamón de Matterson y una botella de cerveza de Guinness. *(Eructa.)* Y chuparé mi requetebuén cigarro Stock Change mientras leo la *Gaceta del Proveedor Licenciado*. Es muy probable que te haga destrozar y abatir en mis establos, y saborearé una rebanada tuya con un crocante chicharrón de la lata de hornear, pringado y horneado como lechoncillo con arroz y limón o salsa de grosella. Te va a arder.

(Le retuerce el brazo. Bloom chilla, dándose vuelta patas arriba.)

Bloom

¡No me hagas nana, niñera! ¡No!

Bello

(Retorciendo.) ¡Otro!

Bloom

(Chilla.) ¡Oh, esto es un infierno! ¡Cada nervio de mi cuerpo me duele bárbaramente!

Bello

(Grita.) ¡Bien, viva la algazara general! Es la mejor noticia que he tenido en las últimas seis semanas. Vamos, no me hagas esperar, maldita seas. *(Le da una bofetada en la cara.)*

Bloom

(Lloriquea.) Te has propuesto golpearme. Se lo voy a contar a...

Bello

Sujétenlo, chicas, mientras monto a caballo sobre él.

Zoe

Sí. ¡Paséate sobre él! A mí me gusta.

Flora

A mí también. ¡No seas acaparadora!

Kitty

No, a mí. ¡Préstenmenlo a mí!

(La cocinera del prostíbulo, madama Keogh, arrugada, de barba gris, con una pechera grasienta, calcetines y abarcas grises y verdes de hombre, sucia de harina, con un palo de amasar pegoteado de masa cruda y los brazos y manos rojas, aparece en la puerta.)

Madama Keogh

(Ferozmente.) ¿Puedo ayudar? *(Sujetan y maniatan a Bloom.)*

Bello

(Se pone en cuclillas, con un gruñido, sobre el rostro vuelto hacia arriba de Bloom, echando humo de cigarro, acariciando una gorda pierna.) Veo que Keating Clay es elegido presidente del Richmond Asylum y de paso que las acciones preferidas de Guinness están a dieciséis tres cuartos. Maldito yo por tonto que no compré ese lote de que me hablaron Craig y Gardner. Es mi suerte infernal, maldita sea. Y ese maldito entremetido de Dios del Billete veinte a uno. *(Irritada, apaga la brasa de su cigarro en la oreja de Bloom.)* ¿Dónde está ese maldito cenicero?

Bloom

(Aguijoneado, asfixiado por las nalgas.) ¡Oh! ¡Oh! ¡Monstruo! ¡Malvada!

Bello

Pide eso cada diez minutos. Suplica, ruega como nunca rogaste antes. *(Le pone en la cara el fétido cigarro y su puño amenazador.)* Toma, besa eso. Los dos. Bésalos. *(Tira a horcajadas una pierna y, apretando con las rodillas como los jinetes, lo fustiga con dura voz.)* ¡Arre! Caballito de juguete hasta el cruce de Banbury. Lo voy a correr para el premio Eclipse. *(Se inclina de costado y estruja rudamente los testículos de su montura, gritando.)* ¡Eh! ¡Larguemos! Te voy a poner en forma. *(Monta el caballito de juguete, saltando en la silla.)* La dama va paso a paso y el cochero al trote, al trote, y el caballero al galope, al galope, al galope.

Flora

(Tironea de Bello.) Déjame subir a mí ahora. Ya anduviste bastante. Lo pedí antes que tú.

Zoe

(Tironeando a Flora.) Yo. Yo. ¿Todavía no has terminado con él, sanguijuela?

Bloom

(Asfixiándose.) No puedo más.

Bello

Bueno, yo sí. Espera. *(Retiene el aliento.)* Toma, maldito. Este tarugo está por estallar. *(Se destapa la parte trasera: luego contrae las facciones por el esfuerzo y lanza ruidosamente un pedo fantástico.)* Agárrate eso. *(Vuelve a taparse.)* Sí, por Dios, dieciséis tres cuartos.

Bloom

(Que empieza a cubrirse de sudor.) No, hombre. *(Se sorbe los mocos.)* Mujer.

Bello

(Se pone de pie.) No más soplar caliente y frío. Lo que anhelabas ya ha pasado. De ahora en adelante no eres más un hombre, sino mi propiedad, una cosa bajo el yugo. Ahora veamos tu traje de penitencia. Vas a desprenderte de tus prendas masculinas —¿entiendes, Ruby Cohen?— y a ponerte la seda tornasolada y crujiente sobre la cabeza y los hombros, y a moverse.

Bloom

(Se encoge.) ¡Seda, dijo el ama! ¡Oh, crujiente! ¡Raspadora! ¿Tendré que tocarla con las uñas?

Bello

(Señala a sus prostitutas.) Como están ellas, así estarás tú, con peluca, chamuscada, rociada de perfume, empolvada, con los sobacos rasurados. Se te tomarán las medidas con cinta métrica sobre la piel. Te meteremos a la fuerza dentro de corsés con terribles ballenas y de suave cotí satinado, que te lleguen hasta la pelvis ataviada con diamantes, absoluto borde externo, mientras que tu figura, más regordeta que estando suelta, será aprisionada por trajes ajustados como malla, lindas enaguas de dos onzas, y flecos y cosas estampadas, naturalmente, con el escudo de mi casa, creaciones de hermosa ropa interior para Alicia deliciosamente perfumada por Alicia. Alicia se sentirá encantada. Marta y María tendrán un poco de frío al principio con tan delicada funda de muslos, pero la escarolada ende-

blez de encaje alrededor de tus rodillas desnudas nos hará recordar que...

BLOOM

(Una encantadora soubrette con las mejillas pintarrajeadas, cabello mostaza y grandes manos y nariz de hombre, boca insinuante.) Me probé las cosas de ella solamente una vez, una pequeña travesura, en Holles Street. Cuando andábamos en apuros, yo las lavaba para evitar la cuenta de la lavandera. Yo daba vuelta mis propias camisas. Era el ahorro más puro.

BELLO

(Se burla.) Trabajitos que le gustan a mamá, ¿eh? Y mostrabas coquetamente, metida en tu dominó, frente al espejo, detrás de las cortinas corridas, tus muslos al descubierto y tus ubres de macho cabrío, en largas poses de abandono, ¿eh? ¡Yo! ¡Yo! ¡Déjame reír! Esa muda de ropa de fin de fiesta, negra, de segunda mano, con los culotes cortos con las costuras reventadas en la última violación, que la señora Miriam Dandrade te vendió en el Hotel Shelbourne, ¿eh?

BLOOM

Miriam. Negra. Demimondaine.

BELLO

(Suelta una risotada.) ¡Cristo Todopoderoso, esto es demasiado chistoso! Hacías una linda Miriam cuando te cortaste los pelos de tu puerta trasera y te desmayabas atravesada en la cama como si fueras la señora Dandrade a punto de ser violada por el teniente Smythe-Smythe; el señor Philip Augustus Blockwell, miembro del Parlamento; el Signor Laci Daremo, el robusto tenor; Bert el de los ojos azules; el muchacho del ascensor, Enrique Fleury, famoso en el Gordon Bennett; Sheridan; el cuarterón Croesus; el remero número ocho del equipo de la vieja Trinity; Ponto, su espléndido Terranova; y por Bobs, duquesa con viudedad de Manorhamilton. *(Vuelve a soltar una risotada.)* Cristo, ¿no haría reír a un gato siamés?

BLOOM

(Moviendo nerviosamente las manos y las facciones.) Fué Gerardo quien me convirtió en un verdadero adorador del corsé cuando yo hacía el papel de mujer en la representación de la pieza *Viceversa*, en la escuela secundaria. Fué el querido Gerardo. A fuerza de mirar, se agarró el corsé de su hermana; le había dado esa chifladura. Ahora, el bienamado Gerardo usa colorete y se dora los párpados. Culto de la hermosura.

BELLO

(Con júbilo maligno.) ¡Hermosura! ¡Déjame respirar! Y cuando

tomas asiento con femenino cuidado, levantando tus ondulantes frunces sobre el desgastado trono.

Bloom

Ciencia. Para comparar los diferentes goces que podemos gozar. *(Encarecidamente.)* Y realmente es mejor la posición... porque a menudo yo solía mojar...

Bello

(Severamente.) Nada de insubordinación. Ahí tienes aserrín en el rincón. Te di instrucciones precisas, ¿no es así? ¡Hágalo de pie, señor! Te voy a enseñar a comportarte como un jinkleman. Si te pesco una huella en los pañales. ¡Ahá! Por el asno de Dorans, descubrirás que soy una buena disciplinaria. Los pecados del pasado se levantan contra ti. Son muchos. Centenares.

Los Pecados del Pasado

(En una mezcla de voces.) Contrajo una suerte de matrimonio clandestino por lo menos con una mujer en la sombra de la Iglesia Negra. Execrables, atroces mensajes. Telefoneó mentalmente execrables mensajes a la señorita Dunn, a una dirección de la calle d'Olier, mientras se presentaba indecentemente al instrumento de la casilla telefónica. Alentó de palabra y de hecho a una ramera nocturna para que depositara materia fecal y de otra clase en una dependencia anexa a locales vacíos no habilitada para el caso. En cinco mingitorios públicos escribió mensajes con tiza, ofreciendo su legítima esposa a todos los machos bien armados. ¿Y no se pasaba noche tras noche cerca de las malolientes fábricas de vitriolo para rozarse con las parejas de enamorados y ver si y qué y cuánto podía ver? ¿Acaso el obsceno verraco no se acostó en la cama deleitándose con un nauseabundo pedazo de bien usado papel higiénico que le regaló una asquerosa ramera, estimulada por pan de jengibre y por una orden postal?

Bello

(Silba fuertemente.) ¡Habla! ¿Cuál ha sido la más repugnante obscenidad de tu criminal carrera? Llega hasta el fin. Vomítalo. Sé sincero por una vez.

(Mudos rostros inhumanos se adelantan amontonándose, insinuándose, desvaneciéndose, farfullando. Blolohoom. Poldito Kock, cordones de zapatos a un penique, la bruja de Cassidy, el joven ciego, Larry Rhinoceros, la niña, la mujer, la prostituta, la otra, la...)

Bloom

No me interrogues: la fe que nos liga, Pleasants Street. No pensé más que la mitad del... Lo juro por lo más sagrado...

BELLO

(Perentoriamente.) ¡Responde! ¡Infeliz repugnante! Insisto en saber. Cuéntame algo para divertirme, una obscenidad o una historia de aparecidos condenadamente buena, o una línea de poesía; ¡rápido, rápido, rápido! ¿Dónde? ¿Cómo? ¿A qué hora? ¿Con cuántos? Te doy solamente tres segundos. ¡A la una! ¡A las dos! ¡A las tr..!

BLOOM

(Obediente, gorgotea.) Me rerereñatonarigué en el rererepugnante...

BELLO

(Imperiosamente.) ¡Oh, vete, zorrino! ¡Sujeta la lengua! Habla cuando te pregunten.

BLOOM

(Se inclina.) ¡Amo! ¡Ama! ¡Amansahombres!

(Levanta los brazos. Sus brazaletes de ajorca caen.)

BELLO

(Satíricamente.) De día remojarás y golpearás nuestras olorosas ropas interiores, lo mismo cuando las damas están indispuestas, y fregarás nuestras letrinas con el vestido recogido y un repasador atado a la cola. ¿No será lindo? *(Le pone un anillo de rubí en el dedo.)* ¡Y ahora toma! Este anillo te hace mío. Di: gracias, ama.

BLOOM

Gracias, ama.

BELLO

Harás las camas, prepararás mi baño, vaciarás las escupideras de los diferentes cuartos, incluyendo la de la vieja señora Keogh, la cocinera, muy arenosa. ¡Ah!, y las enjuagarás bien siempre, siempre, y debes lamerlas como si tuvieran champaña. Bébeme hirviendo. ¡Hop! Tendrás que avivarte o te voy a cantar la cartilla sobre tus fechorías, señorita Ruby, y tendrás que golpearte los pies desnudos en forma, señorita, con el cepillo del cabello. Se te recordarán los errores de tu comportamiento. De noche tus bien encremadas manos con brazaletes llevarán guantes de cuarenta botones, recién empolvados con talco y delicadamente perfumados en las yemas de los dedos. Por tales favores los caballeros de antaño daban su vida. *(Cloquea.)* Mis muchachos estarán indescriptiblemente encantados de verte tan como una dama, el coronel sobre todo. Cuando ellos vengan aquí la noche antes de la boda para acariciar mi nueva atracción con tacos dorados. Pero antes me voy a mandar un viaje contigo. Un hombre que yo conozco del hipódromo, llamado Carlos Alberta Marsh (acabo de estar en la cama con él y con otro caballero de la oficina de Valores y Pequeña Bolsa), necesita con urgencia una criada para todo trabajo. ¡Saca pecho! Sonríe. Baja los hombros. ¿Hay ofertas? *(Sañala.)* Por este lote, amaestrado por su dueño para llevar y traer, con la canasta en la boca. *(Descubre su brazo y lo mete hasta el codo en la vulva de Bloom.)* ¡Ahí tienen una hermosa profundidad! ¿Qué, muchachos? ¿Eso lo hace levantar? *(Empuja el brazo en la cara de un postor.)* Ahí tiene, ¡a mojar y a remover!

Un Postor

¡Un florín!

(El lacayo de Dillon toca la campanilla.)

Una Voz

Un penique y dieciocho más.

El lacayo

¡Tiling!

Carlos Alberta Marsh

Tiene que ser vigen. Buen aliento. Limpia.

Bello

(Golpea con el martillo.) La mitad vale eso. Es tirado. Catorce manos de alto. Toquen y examinen la mercadería. Revísenlo. Esta piel suave, estos músculos suaves, esta carne tierna. ¡Si tuviera aquí mi taladro de oro!... Y muy fácil de ordeñar. Tres galones frescos por día. Una reproductora de cabaña, pura raza, lista para poner dentro de la hora. El record de leche de su padre fué de seiscientos galones de leche integral en cuarenta semanas. ¡Sus, mi joya! ¡Suplica! ¡Sus! *(Marca la inicial C sobre el anca de Bloom.)* ¡Así! ¡Cohen garantido! ¡Caballeros, hagan sus ofertas sobre dos bolas!

Un Hombre de Rostro Oscuro

(Con acento desfigurado.) Siyen libres esderlinos.

Voces

(En voz baja.) Es para el Califa Harún-ar-Raschid.

Bello

(Alegremente.) Muy bien. Que vengan todos. La escasa, atrevi-

damente corta pollera, levantándose en la orilla para mostrar un atisbo de calzón blanco, es un arma poderosa, y sus medias transparentes, con ligas esmeralda, de larga costura derecha trepando hasta más allá de la rodilla, despiertan los mejores instintos del hombre de mundo *blasé*. Vean el meloso andar afectado sobre tacos Luis XV de cuatro pulgadas, la inclinación griega de su anca provocadora, los muslos frágiles, las rodillas besándose pudorosamente. Hazles sentir todo tu poder de fascinación. Exacerba sus vicios de Gomorra.

BLOOM

(Mete su rostro ruboroso bajo el sobaco y sonríe bobamente con el índice en la boca.) ¡Oh, ya sé lo que estás insinuando!

BELLO

¿Para qué más crees que sirve una cosa impotente como tú? *(Se agacha y, atisbando, hurga rudamente con su abanico debajo de los gordos pliegues de grasa de las ancas de Bloom.)* ¡Arriba! ¡Arriba! ¡Gato de Manx! ¿Qué tenemos aquí? ¿Adónde fué a parar tu cipote, quién te lo cortó, pipí? Canta, pájaro, canta. Está tan fláccido como el de un chico de seis años haciendo su charquito detrás de un carro. Compra un balde o vende tu bomba. *(En voz alta.)* ¿Puedes hacer el trabajo de un hombre?

BLOOM

Calle Eccles.

BELLO

(Sarcásticamente.) No quisiera ofenderte por nada del mundo, pero hay un hombre de músculos llevar que ocupa tu sitio allí. ¡Las cosas han cambiado, mi alegre jovencito! Él es algo así como un deportista plenamente desarrollado. Sería mejor para ti, torpe, si tuvieras esa arma llena de nudos y bultos y verrugas. ¡Él disparó su flecha, te lo puedo decir! Pie con pie, rodilla con rodilla, barriga con barriga, tetas con pecho. No es un eunuco. Tiene un mechón de pelos rojos saliéndole por detrás como un arbusto de tojo! ¡Espera nueve meses, mi muchachito! ¡Santo ginger, ya está pateando y tosiendo de arriba abajo en sus tripas! ¿Eso te pone violenta, verdad? ¿Toca el punto? *(Escupe despreciativamente.)* ¡Escupidera!

BLOOM

Fuí indecentemente tratada... Yo... informaré a la policía. Cien libras. Incalificable. Yo...

BELLO

Lo harías si pudieras, pato cojo. Un aguacero queremos nosotros, no tu garúa.

Bloom

¡Es como para volverse loco! ¡Maru! ¡Me olvidé! ¡Perdón! ¡Maru! Nosotros... Todavía...

Bello

(Inexorable.) No, Leopoldo Bloom, todo ha cambiado por la voluntad de la mujer desde que te dormiste cuan largo eres en la Cañada del Sueño durante tu noche de veinte años. Vuélvete y mira.

(La vieja Cañada del Sueño llama por encima del bosque.)

Cañada del Sueño

¡Rip Van Winkle! ¡Rip Van Winkle!

Bloom

(En andrajosos mocasines, con una mohosa escopeta, caminando de puntillas, tanteando con la yema de los dedos, atisbando con el rostro huesudo y barbudo a través de sus cristales tallados, grita:) ¡La veo! ¡Es ella! La primera noche en lo de Mat Dillon. ¡Pero ese vestido, el verde! ¡Y su cabello está teñido de oro y él...

Bello

(Ríe burlonamente.) Ésa es tu hija, lechuzón, con un estudiante de Mullingar.

(Milly Bloom, con los cabellos rubios, vestida de verde, sandalias ligeras, echarpe azul flotando donosamente en el viento del mar, se aparta de los brazos de su amante y grita, con los ojos juveniles dilatados de asombro.)

Milly

¡Caramba! ¡Es papito! Pero, ¡oh, papito!, qué viejo te has puesto.

Bello

¿Cambiado, eh? Nuestra rinconera, nuestro escritorio donde nunca escribimos, el sillón de tía Hegarty, nuestras reproducciones de viejos maestros clásicos. Un hombre que vive allí en la abundancia con sus amigos. ¡El Albergue de los Cuchillos! ¿Por qué no? ¿Cuántas mujeres tuviste, a ver? Siguiéndolas por calles oscuras, excitándolas con tus bravuconadas y tus gruñidos ahogados. ¿Qué, prostituto masculino? Señoras honestas con sus paquetes de comestibles. Date vuelta. El que hace lo que no debe... ¡Oh!

Bloom

Ellas... Yo...

BELLO

(*Incisivamente.*) Los tacos de ellos marcarán la alfombra de Bruselas que compraste en el remate de Wren. En sus jaranas con la retozona Marujita para dar con la pulga hambrienta en sus calzones, van a estropear la estatuita que llevaste a casa por tu amor al arte por el arte. Violarán los secretos de tu cajón privado. Para hacer canutos de papel arrancarán las páginas de tu libro de astronomía. Y escupirán en tu guardafuego de bronce que te costó diez chelines en lo de Hampton Leedom.

BLOOM

Diez chelines y seis peniques. Es lo que podía esperarse de esos pícaros ruines. Déjenme ir. Volveré. Voy a comprobar...

UNA VOZ

¡Jura!

(*Bloom se adelanta apretando los puños, arrastrándose con un cuchillo de monte entre los dientes.*)

BELLO

¿Pagarás para que te mantengan o te harás mantener? Demasiado tarde. Has hecho tu cama de segundo orden y los otros se acostarán en ella. Tu epitafio está escrito. Estás fuera de combate, y no debes de olvidarlo, pasa vieja.

BLOOM

¡Justicia! Toda Irlanda versus uno. ¿No hay alguien que...?

(*Se muerde el pulgar.*)

BELLO

Muérete y maldito seas si aún te queda un vestigio de decencia encima. Te puedo obsequiar con un buen vino viejo que te envíe al infierno de ida y vuelta. Firma testamento y déjanos cualquier moneda que tengas. Y si no tienes nada mira de joderte para conseguirlo; ¡húrtalo, róbalo! Te enterraremos en nuestra letrina llena de arbustos donde estarás muerto y sucio en compañía del viejo Cuck Cohen, mi sobrinastro con quien me casé, el puñetero viejo procurador y gotoso sodomita, con un tortícolis en el cuello, y mis otros diez u once esposos, cualesquiera hayan sido los nombres de esos cretinos, asfixiados todos en el mismo pozo negro. (*Estalla en ruidosa risa flemosa.*) Te vamos a estercolar, señor Flower. (*Chilla destempladamente, escarneciendo.*) ¡Adiós, Poldito! ¡Adiós, Papito!

BLOOM

(*Agarrándose la cabeza.*) ¡Mi fuerza de voluntad! ¡Mi pasado!

¡He pecado! He sufr...

(*Llora sin lágrimas.*)

BELLO

(*Hace un gesto de desprecio.*) ¡Llora, nenito! ¡Lágrimas de cocodrilo!

(*Bloom, roto, cuidadosamente velado para el sacrificio, solloza, su rostro sobre la tierra. Se oye el toque de difuntos. Vestidas de arpillera y cenizas, las altas figuras negras de los circuncisos aparecen de pie frente al muro de los lamentos. M. Shulomowitz, Joseph Goldwater, Moisés Herzog, Harris Rosenberg, M. Moisel, J. Citron, Minie Watchman, O. Matiansky, el Reverendo Leopoldo Abramovitz, Chazen. Se lamentan en espíritu sobre Bloom el apóstata.*)

LOS CIRCUNCISOS

(*Cantan guturalmente sombríos salmos mientras le arrojan, en vez de flores, frutos del Mar Muerto.*) Shema Israel Adonai Elohenu Adonai Echad.

VOCES

(*Suspirando.*) Así que se ha ido. ¡Ah, sí! Sí, a la verdad. ¿Bloom? Nunca oí hablar de él. ¿No? Un tipo raro. Allí está la viuda. ¿Ah, sí? ¡Ah, sí!

(*De la pira de la viuda inmolada asciende la llama de goma alcanforada. El palio de humo de incienso lo oculta y se dispersa. De su marco de roble sale una ninfa con el cabello suelto, ligeramente ataviada en colores artísticos de infusión de té, desciende de su gruta, y pasando bajo ramas de tejos entrelazados, se detiene sobre Bloom.*)

LOS TEJOS

(*Sus hojas murmuran.*) Hermana. Hermana nuestra. Ssh.

LA NINFA

(*Suavemente.*) ¡Mortal! (*Bondadosamente.*) ¡No, no llores!

BLOOM

(*Se adelanta arrastrándose gelatinosamente bajo las ramas, listado por la luz del sol, con dignidad.*) Esta postura. Sentía que se esperaba eso de mí. La fuerza de la costumbre.

La Ninfa

Mortal, me has encontrado en mala compañía: danzadores, verduleros, hacedores de picnics, pugilistas, generales populares, inmorales, muchachos de la pantomima con mallas carne y magníficas bailarinas de shimmy. La Aurora y Karina, pieza musical, la sensación del siglo. Estaba escondida en barato papel rosado que olía a petróleo. Me rodeaba la rancia indecencia de los socios de clubes, cuentos para perturbar a la inexperta juventud, avisos de transparencias, dados cargados y postizos para el pecho, artículos patentados y por qué usar un braguero con testimonio de caballero herniado. Indicaciones útiles para.los casados.

Bloom

(Levanta una cabeza de tortuga hacia su regazo.) Nos hemos encontrado antes. En otra estrella.

La Ninfa

(Tristemente.) Artículos de goma. Irrompibles. La marca que se proporciona a la aristocracia. Corsés para hombre. Curo los ataques o devuelvo el dinero. Testimonios no solicitados para el maravilloso exuberador de pecho del profesor Waldmann. Mi busto se desarrolló cuatro pulgadas en tres semanas, manifiesta la señora Gus Rublin enviando su fotografía.

Bloom

¿Quieres decir *Photo Bits*?

La Ninfa

Sí. Me tomaste, y colocándome en un marco de roble y oropel, me pusiste encima de tu lecho matrimonial. Una noche de verano, cuando nadie te veía, me besaste en cuatro sitios y amorosamente; con un lápiz, sombreaste mis ojos, mis senos y mi vergüenza.

Bloom

(Besa humildemente sus largos cabellos.) Tus curvas clásicas, hermosa inmortal. Me sentía feliz al mirarte y alabar tu belleza, ¡oh, hermosa!; casi te rezaba.

La Ninfa

En las noches oscuras oía tus alabanzas.

Bloom

(Con viveza.) Sí, sí. Quieres decir que yo... El sueño revela el lado peor de cada uno, quizá exceptuando a los niños. Sé que me caí de la cama o más bien que fuí empujado. Dicen que el vino de

quina cura el ronquido. Para lo demás está ese invento inglés, del cual recibí hace unos días un folleto con la dirección equivocada. Ofrece proporcionar una salida silenciosa y sin olor. *(Suspira.)* Siempre fué así. Fragilidad, tu nombre es matrimonio.

La Ninfa

(Con los dedos en los oídos.) Y palabras. No están en mi diccionario.

Bloom

¿Las comprendías?

Los Tejos

Ssh.

La Ninfa

(Se cubre el rostro con las manos.) ¿Qué no he visto en esa alcoba? ¿Qué cosas no hubieron de contemplar mis ojos?

Bloom

(Excusándose.) Ya sé. Ropa interior sucia, puesta cuidadosamente del revés. Los elásticos flojos. Desde Gibraltar por el largo mar, tiempo ha.

La Ninfa

(Inclina la cabeza.) ¡Peor! ¡Peor!

Bloom

(Reflexiona detenidamente.) Ese sillico anticuado. No fué su peso. Ella pesaba solamente setenta kilos. Aumentó cuatro kilos después del destete. Había una rajadura y faltaba cola. ¿Eh? Y ese absurdo utensilio decorado de naranja que tiene una manija sola.

(Se oye el ruido de una caída de agua en alegre cascada.)

La Catarata

Pulafucá Pulafucá
Pulafucá Pulafucá

Los Tejos

(Mezclando sus ramas.) Escucha. Murmura. Nuestra hermana tiene razón. Crecimos al lado de la catarata de Pulafucá. Dimos sombra en los días lánguidos del verano.

Juan Wyse Nolan

(En el fondo, con uniforme de Guardabosque Nacional Irlandés, se quita el sombrero emplumado.) ¡Prosperad! ¡Dad sombra en los días lánguidos, árboles de Irlanda!

Los Tejos

(Murmurando.) ¿Quién vino a Pulafucá con la excursión de la escuela secundaria? ¿Quién dejó a sus condiscípulos buscadores de nueces venir en procura de nuestra sombra?

Bloom

(Pecho deformado por el raquitismo, cargado de espaldas, ropa muy armada con rellenos, en un indescriptible traje juvenil a rayas grises y negras excesivamente ajustado, zapatos blancos de tenis, medias con ribete y los bordes dados vuelta, y una gorra de escolar roja con insignia.) Había pasado los doce, me hallaba en el crecimiento. Necesitaba poco en ese entonces; un coche sacudiéndose, la mezcla de olores del cuarto de vestir y del lavatorio de las damas, el apretujamiento en las escaleras del viejo Royal, porque a ellas les gustan los apretones, instinto del rebaño, y el oscuro teatro oliendo a sexo desenfrenan el vicio. Sólo un catálogo de medias bastaba. Y luego el calor. En ese verano había manchas solares. Final de clases. Y el pastel borracho. El veranillo de San Martín.

(El veranillo de San Martín, muchachos de la escuela secundaria con camisetas y pantalones de futbol en azul y blanco, los jóvenes Donald Turnboll, Abraham Chatterton, Owen Goldberg, Jack Meredith y Percy Apjohn están parados en un claro entre los árboles y gritan llamando al joven Leopoldo Bloom.)

El Veranillo de San Martín

¡Besugo! ¡Vuelve! ¡Hurra! *(Vitorean.)*

Bloom

(Adolescente, con abrigados guantes, mamáabufandado, aturdido por los golpes de las bolas de nieve, lucha por levantarse.) ¡Otra vez! ¡Vuelvo a tener dieciséis años! ¡Qué garufa! Toquemos todas las campanillas de la calle Montague. *(Vitorea débilmente.)* ¡Hurra por el colegio secundario!

El Eco

¡Otario!

Los Tejos

(Susurrando.) Ella tiene razón, nuestra hermana. Murmullo. *(En todo el bosque se escuchan murmullos de besos. Rostros de hama-*

dríades espían desde los troncos y entre las hojas e irrumpen flores floreciendo.) ¿Quién profanó nuestra sombra silenciosa?

La Ninfa

(Tímidamente, a través de sus dedos en abanico.) ¡Allí! ¿Al aire libre?

Los Tejos

(Barriendo con sus ramas.) Sí, hermana. Y sobre nuestro césped virginal.

La Catarata

Pulafucá Pulafucá
Pulafucá Pulafucá

La Ninfa

(Abriendo los dedos.) ¡Oh! ¡Infamia!

Bloom

Yo era precoz. La juventud. Los faunos. Sacrifiqué al dios de la Selva. Las flores que florecen en la primavera. Era el tiempo del amor. La atracción capilar es un fenómeno natural. Lotty Clarke, la de la cabellera de lino; la vi en su tocador nocturno a través de cortinas mal cerradas, gracias a los gemelos de teatro del pobre papá. La pilluela comía pasto ávidamente. Rodó por la colina abajo en el puente Rialto, tentándome con su exuberante juventud animal. Ella subió por el árbol inclinado y yo... un santo no habría podido resistirlo. Me poseyó el demonio. Además, ¿vió alguien?

(Con la cola vacilante, un ternero de cabeza blanca asoma su rumiadora cabeza de húmedas narices a través del follaje.)

El Ternero

Muuu... yo vi...

Bloom

No hacía más que satisfacer una necesidad. Cuando yo iba buscando chicas ninguna quería. Yo era demasiado feo. No querían jugar....

(Por lo alto de Ben Howth, a través de los rododendros, pasa una chiva gordoubreada, colicortona, dejando caer pasas de Corinto.)

La Chiva

(Bala.) ¡Megegaggegg! ¡Chivameee!

Bloom

(Sin sombrero, encendido, cubierto de papos de cardo y argomón.) Compromiso oficial. Las circunstancias alteran los casos. *(Mira atentamente hacia el agua debajo de él.)* Treinta y dos por segundo primero por una cabeza. Pesadilla de prensa. Elías vertiginoso. Cae desde la escollera. Triste fin de un empleado de la imprenta del gobierno. *(A través del plateado aire silencioso de verano el maniquí de Bloom, enrollado como una momia, rueda girando desde la escollera de la Cabeza del León y cae entre las purpúreas aguas que esperan.)*

El Maniquimomia

¿Bbbblllllbbblbodschbg?

(A lo lejos en la bahía, entre las luces de Bailey y Kish, navega el Rey de Irlanda, enviando un penacho de humo de carbón que se agranda desde su chimenea hacia la tierra.)

El Consejero Nannetti

(Solo sobre cubierta, en alpaca oscura, amarillo rostro de milano, declama con la mano metida en la abertura del chaleco.) Cuando mi patria ocupe su sitio entre las naciones de la tierra, entonces, y sólo entonces, que se escriba mi epitafio. He...

Bloom

Hecho. Prff.

La Ninfa

(Altaneramente.) Como viste hoy, nosotros los inmortales no tenemos semejante cosa, ni tampoco pelos allí. Somos pétreamente fríos y puros. Comemos luz eléctrica. *(Arquea su cuerpo en lasciva crispación, metiéndose el dedo índice en la boca.)* Me has hablado. Te oí de atrás. ¿Cómo te atreviste?...

Bloom

(Andando humillado por el erial.) ¡Oh, he sido un perfecto cerdo! También he administrado enemas. Un tercio de pinta de palo de cuasia, a la cual se agregará una cucharada de sal gema. Introducir a fondo. Con la jeringa de Hamilton Long, la amiga de las damas.

La Ninfa

En mi presencia. El cisne de polvos. *(Se ruboriza hincando una rodilla.)* Y lo demás.

Bloom

(Abatido.) ¡Sí, *Peccavi*! He rendido homenaje en ese altar vivo donde el dorso cambia de nombre. *(Con súbito fervor.)* ¿Por qué, entonces, la elegante mano enjoyada y perfumada, la mano que gobierna, debe de...?

(En lento diseño de bosque alrededor de los troncos de los árboles se arremolinan unas figuras, serpenteando y arrullando.)

La Voz de Kitty

(En la espesura.) Muéstranos uno de esos almohadones.

La Voz de Flora

Toma.

(Una pava silvestre aletea pesadamente entre la maleza.)

La Voz de Lynch

(En la espesura.) ¡Cáspita! ¡Está hirviendo!

La Voz de Zoe

(Desde la espesura.) Vino de un lugar caliente.

La Voz de Marimach

(Pájaro guía, veteado de azul, las plumas una panoplia guerrera y armado de azagaya, camina dando grandes zancadas por un crujiente cañaveral sobre hayucos y bellotas.) ¡Caliente! ¡Caliente! ¡Cuidado con el Toro Sentado!

Bloom

Me subyuga. La cálida huella de su forma cálida. Me basta sentarme donde se ha sentado una mujer, especialmente con los muslos separados, como para conceder los supremos favores, y sobre todo si ha levantado los pliegues de sus ropas de satén blanco. Tan femeninamente llenos. Me llena enteramente.

La Catarata

Llenallená Pulafucá,
Pulafucá Pulafucá

Los Tejos

¡Ssh! ¡Habla, hermana!

La Ninfa

(Ciega, con hábito blanco de monja, cofia y enorme toca de alas, suavemente, los ojos lejanamente.) Convento de Tranquilla. La hermana Ágata. El Monte Carmelo, las apariciones de Knock y de Lourdes. No más deseos. *(Reclina la cabeza suspirando.)* Solamente lo etéreo. Donde la soñadora pálida gaviota, sobre las grises aguas flota.

(Bloom se incorpora a medias. El botón trasero de sus pantalones salta.)

El Botón

¡Bip!

(Dos perras del Coombe pasan bailando bajo la lluvia, en sus chales, gritando desafinadamente.)

Las Perras

¡Oh!, Leopoldo perdió el alfiler de sus calzones,
y no sabía qué hacer.
Para que no se le cayeran
Para que no se le cayeran.

Bloom

(Fríamente.) Haz roto el encanto. El golpe de gracia. Si hubiera solamente lo etéreo, ¿dónde estaríais todas vosotras, postulantes y novicias? Tímidas; pero desean, como los asnos que mean.

Los Tejos

(El papel plateado de sus hojas cae, y sus flacos brazos envejecen balanceándose.) ¡Caídamente!

La Ninfa

¡Sacrilegio! ¡Atentar contra mi virtud! *(Una gran mancha húmeda aparece sobre su túnica.)* ¡Mancillar mi inocencia! No eres digno de rozar la vestidura de una mujer pura. *(Se arrebuja en su túnica.)* Espera, Satán. No cantarás más canciones de amor. Amén. Amén. Amén. Amén. *(Saca un puñal y, revestida con la cota de malla de un caballero elegido por los nueve bravos, lo hiere en los lomos.)* ¡Nekum!

Bloom

(Se levanta de un salto y le agarra la mano.) ¡Hola! ¡Nebrakada! ¡Gato de nueve vidas! Juego limpio, señora. Nada de podaderas.

El zorro y las uvas, ¿no? ¿Por qué rodearnos de alambre de púa? ¿El crucifijo no es gastante grueso? *(Atrapa su velo.)* ¿Quieres un santo abad, o a Brophy, el jardinero cojo, o quieres la estatua sin pitón del aguador, o a la buena Madre Alphonsus, eh, zorro?

LA NINFA

(Con un grito, huye de él abandonando el velo, mientras su estructura de yeso cruje rajándose y una nube hedionda sale de las rajaduras.) ¡Poli...!

BLOOM

(Grita tras ella.) Como si ustedes no se lo consiguieran doblemente. Nada de sacudidas y mucosidades múltiples sobre el cuerpo. Yo lo probé. La fuerza de ustedes es la debilidad nuestra. ¿Qué cobramos nosotros? ¿Qué pagan por el clavo? He leído que alquilan bailarines en la Riviera. *(La ninfa fugitiva eleva un lamento.)* ¡Eh!, tengo en mi haber dieciséis años de trabajo de esclavo negro. ¿Acaso daría mañana con un jurado que me asignara una pensión de cinco chelines para vivir, eh? Engaña a otro, no a mí.
(Olfatea.) Pero. Cebollas. Rancio. Azufre. Grasa.

(La figura de Bella Cohen está de pie delante de él.)

BELLA

Me reconocerás la próxima vez.

BLOOM

(Sosegado, la observa.) Passéc. Carnero disfrazado de cordero. Diente largo y pelo crecido. Una cebolla cruda antes de acostarte por la noche sería muy buena para tu cutis. Y haz algún ejercicio para reducir tu doble papada. Tus ojos son tan inexpresivos como los de vidrio de tu zorro embalsamado. Están en estrecha relación con tus demás rasgos, eso es todo. No soy una hélice triple.

BELLA

(Despreciativamente.) Quieres decir que estás fuera de juego en realidad. *(Su cuerpo de marrana ladra.)* ¡Fohratcht!

BLOOM

(Despreciativamente.) Límpiate primero tu dedo del corazón sin uña, tu coraje de matón está chorreando frío de tu moco de pavo. Toma un manojo de paja y límpiate.

BELLA

¡Te conozco, buscador de avisos! ¡Bacalao muerto!

Bloom

¡Yo lo vi, alcahueta de lupanar! ¡Vendedora de pústulas y blenorragias!

Bella

(Se vuelve hacia el piano.) ¿Quién de ustedes estaba tocando la marcha fúnebre de *Saúl*?

Zoe

Yo. Ocúpate de tus acianos. *(Salta hacia el piano y golpea las teclas con los brazos cruzados.)* El gato vaga por la escoria. *(Mira hacia atrás.)* ¿Eh? ¿Quién está haciendo el amor a mis queriditas? *(Salta de vuelta hacia la mesa.)* Lo que es tuyo es mío y lo que es mío es mío.

(Kitty, desconcertada, recubre sus dientes con papel plateado. Bloom se acerca a Zoe.)

Bloom

(Suavemente.) Devuélveme esa papa, ¿quieres?

Zoe

Prenda. Una linda cosa y una superlinda cosa.

Bloom

(Con sentimiento.) No vale nada, pero es una reliquia de la pobre mamá.

Zoe

Quien da una cosa y la vuelve a pedir
A Dios sus cuentas habrá de rendir.
Podrás responderle que no lo sabías,
Mas ha de quemarte al fin de tus días.

Bloom

Es un recuerdo. Me gustaría tenerla.

Esteban

Tener o no tener, ésa es la cuestión.

Zoe

Tómala. *(Levanta una orla de su vestido mostrando el muslo desnudo y desenvuelve la papa de la parte superior de la media.)* Los que guardan encuentran.

Bella

(Arruga el entrecejo.) Vamos. Esto no es un teatro de títeres musicales. Y no destroces ese piano. ¿Quién paga aquí?

(Se dirige a la pianola. Esteban busca a tientas en el bolsillo y, sacando un billete de banco por la punta, se lo da.)

Esteban

(Con exagerada cortesía.) Esta cartera de seda la hice con la oreja de marrana del público. Discúlpeme, señora. Si me permite. *(Indica vagamente a Lynch y a Bloom.)* Todos jugamos a la misma carta, Kinch y Lynch. *Dans ce bordel où tenons nostre état.*

Lynch

(Grita desde la chimenea.) ¡Dedalus! Dale tu bendición en mi nombre.

Esteban

(Le da a Bella una moneda.) De oro. Servida.

Bella

(Mira la moneda, y luego a Zoe, Flora y Kitty.) ¿Quieres tres muchachas? Aquí hay diez chelines.

Esteban

(Divertidamente.) Le pido cien mil disculpas. *(Tantea de nuevo, saca y le tiende dos coronas.)* Permítame, *brevi manu*, ando un poco mal de la vista.

(Bella va hacia la mesa a contar el dinero, mientras Esteban monologa con monosílabos. Zoe salta hacia la mesa. Kitty se cuelga de los hombros de Zoe. Lynch se levanta, se endereza la gorra y, tomando a Kitty por el talle, une su cabeza al grupo.)

Flora

(Tironea para enderezarse.) ¡Ay! Se me ha dormido el pie. *(Se arrima saltando a la mesa. Bloom se acerca.)*

Bella, Zoe, Kitty, Lynch, Bloom

(Charlando y discutiendo.) El caballero... diez chelines... pagando tres... permítame un momento... este caballero paga aparte... ¿quién me toca?... cuidado que me pincha... ¿Se queda toda la noche o un rato?... ¿quién me...? disculpe, está mintiendo... el señor pagó como un caballero... beber... hace rato que eran las once.

Esteban

(A la pianola, haciendo un gesto de horror.) ¡Nada de beber! ¿Qué? ¿Las once? Una adivinanza.

Zoe

(Levantándose la enagua y colocándose medio soberano en la media.) Ganado con el sudor de mi lomo.

Lynch

(Levantando a Kitty de la mesa.) ¡Ven!

Kitty

Espera. *(Agarrando las dos coronas.)*

Flora

¿Y para mí?

Lynch

¡Upa! *(La levanta, la lleva y la tira sobre el sofá.)*

Esteban

El zorro cantó, los gallos volaron,
Las campanas del cielo
Daban las once al vuelo.
Para su pobre alma la hora
De irse ya del cielo.

Bloom

(Silenciosamente coloca un medio soberano sobre la mesa, entre Bella y Flora.) Así. Permítame. *(Toma el billete de una libra.)* Tres veces diez. Estamos a mano.

Bella

(Con admiración.) Eres tan picarón, viejo puerco... Te besaría.

Zoe

(Señala.) ¡Hum! Hondo como un pozo de noria. *(Lynch dobla a Kitty hacia atrás sobre el sofá y la besa. Bloom se dirige a Esteban con el billete de una libra.)*

Bloom

Esto es suyo.

ESTEBAN

¿Cómo dice? *Le distrait* o el mendigo distraído. *(Vuelve a hurgar en el bolsillo y saca un puñado de monedas. Un objeto cae.)* Algo cayó.

BLOOM

(Se agacha, levanta y le entrega una caja de fósforos.) Esto.

ESTEBAN

Lucifer. Gracias.

BLOOM

(Sosegadamente.) Sería mejor que me diera ese dinero para que se lo cuidara. ¿Para qué pagar de más?

ESTEBAN

(Le entrega todas sus monedas.) Sea justo antes que generoso.

BLOOM

Lo haré, ¿pero es prudente? *(Cuenta.)* Uno, siete, once y cinco. Seis. Once. No respondo por lo que usted pueda haber perdido.

ESTEBAN

¿Por qué dan las once? Proparoxyton. El momento antes del siguiente, como dice Lessing. Zorro sediento. *(Ríe ruidosamente.)* Enterrando a su abuela. Probablemente la mató.

BLOOM

Esto hace una libra seis chelines once peniques. Digamos una libra siete chelines.

ESTEBAN

Me importa tres pepinos.

BLOOM

Está bien, pero...

ESTEBAN

(Se acerca a la mesa.) Un cigarrillo, por favor. *(Lynch tira un cigarrillo desde el sofá a la mesa.)* Y entonces Georgina Johnson está muerta y casada. *(Aparece un cigarrillo sobre la mesa. Esteban lo mira.)* Maravilloso. Magia de salón. Casada. Hm. *(Frota un fósforo y se pone a encender el cigarrillo con enigmática melancolía.)*

LYNCH

(*Observándolo.*) Tendrías más probabilidades de encenderlo si acercaras el fósforo.

ESTEBAN

(*Se acerca más el fósforo a los ojos.*) Ojos de lince. Tengo que comprar anteojos. Los rompí ayer. Hace dieciséis años. La distancia. El ojo ve todo chato. (*Aleja el fósforo. Se le apaga.*) La mente piensa. Cerca: lejos. Ineluctable modalidad de lo visible. (*Arruga el entrecejo intrigado.*) Hm. Esfinge. La bestia que tiene dos lomos a medianoche. Casada.

ZOE

Fué un viajante de comercio que se casó con ella y se la llevó.

FLORA

(*Asiente con la cabeza.*) Es el señor Cordero, de Londres.

ESTEBAN

Cordero de Londres que se lleva los pecados de nuestro mundo.

LYNCH

(*Abrazando a Kitty sobre el sofá canta con voz profunda.*) Dona nobis pacem.

(*El cigarrillo se desliza de los dedos de Esteban. Bloom lo levanta y lo arroja a la parrilla del hogar.*)

BLOOM

No fume. Debería comer. Tropecé con el maldito perro. (*A Zoe.*) ¿No tienes nada?

ZOE

¿Tiene hambre?

ESTEBAN

(*Le extiende la mano soriendo y canta al son del juramento de sangre del Crepúsculo de los Dioses.*)

    Hangende Hunger,
    Fragende Frau,
    Macht uns alle kaput.

ZOE

(Trágicamente.) Hamlet, ¡yo soy el punzón de tu padre! *(Le toma la mano.)* Belleza de ojos azules, voy a leerte la mano. *(Señala la frente de él.)* Nada de ingenio, nada de arrugas. *(Cuenta.)* Dos, tres, Marte, eso es coraje. *(Bloom menea la cabeza.)* Nada de bromas.

LYNCH

La señal luminosa del coraje. La juventud que no conoce el miedo. *(A Zoe.)* ¿Quién te enseñó quiromancia?

ZOE

(Se vuelve.) Pregúntaselo a mis nisperoides que no tengo. *(A Esteban.)* Lo veo en tu cara. La mirada, así. *(Arruga el entrecejo con la cabeza gacha.)*

LYNCH

(Riendo, palmea a Kitty en la espalda dos veces.) Así. Palmeta.

(Dos veces cruje ruidosamente una palmeta, el ataúd de la pianola se abre, y la pelada cabecita redonda del padre Dolan salta como un muñeco de resorte.)

EL PADRE DOLAN

¿Hay algún muchacho que quiera que lo azoten? ¿Se le rompieron los anteojos? Pequeño haragán intrigante. Se te ve en los ojos.

(Suave, indulgente, benigna, rectoral, reprobadora, la cabeza de Don Juan Conmee se levanta del ataúd de la pianola.)

DON JUAN CONMEE

¡Vamos, padre Nolan! ¡Vamos! Estoy seguro de que Esteban es un muchachito muy bueno.

ZOE

(Examinando la palma de Esteban.) Mano de mujer.

ESTEBAN

(Murmura.) Continúa. Miente. Agárrame. Acaricia. Nunca pude leer Su escritura excepto la huella de Su pulgar criminal sobre el róbalo.

Zoe

¿En qué día naciste?

Esteban

En jueves. Hoy

Zoe

El hijo del jueves irá lejos. *(Traza líneas sobre su mano.)* La línea del destino. Amigos influyentes.

Flora

(Señalando.) Imaginación.

Zoe

Montaña de la luna. Tendrás un encuentro con... *(Atisba sus manos bruscamente.)* No te diré lo que no te convenga. ¿O quieres saberlo?

Bloom

(Separa los dedos y le ofrece la mano.) Más perjuicio que provecho. Toma. Lee la mía.

Bella

A ver. *(Vuelve hacia arriba la palma de Bloom.)* Ya me parecía. Nudillos nudosos, de mujeriego.

Zoe

(Atisbando la palma de Bloom.) Parrillas. Viajes, pasando el mar y casamiento con dinero.

Bloom

Equivocado.

Zoe

(Rápidamente.) ¡Oh, ya veo! Dedo meñique corto. Gurrumino dominado por la mujer. ¿No es así?

(Elisita la negra, una enorme gallina empollando en un círculo de tiza, se levanta, extiende las alas y cloquea.)

Elisita la Negra

Codec, co co, codec.

(Pasa alrededor de su huevo recién puesto y se va contoneándose.)

Bloom

(Señala su mano.) Esa marca ahí es un accidente. Me caí y me corté hace veintidós años. Tenía dieciséis.

Zoe

Ya veo, dijo un ciego. ¿Nada más?

Esteban

¿Ven? En marcha hacia un gran objetivo. Yo tengo también veintidós años. Hace dieciséis años yo veintidós me caí, veintidós años atrás él dieciséis se cayó de su caballito de juguete. *(Hace muecas.)* Me lastimé la mano en alguna parte. Tengo que ver al dentista. ¿Y el dinero?

(Zoe cuchichea a Flora. Ríen. Bloom saca la mano y escribe despaciosamente sobre la mesa con la zurda, dibujando lentas curvas.)

Flora

¿Qué?

(Un coche de alquiler, número trescientos veinticuatro, con una yegua de hermosas ancas, conducido por James Barthon, Harmony Avenue, Donnybrook, pasa trotando. Blazes Boylan y Lenehan se regodean en el balanceo sobre los asientos laterales. El limpiabotas del Ormond va encogido sobre el eje trasero. Por encima del parabrisas Lydia Douce y Mina Kennedy miran tristemente.)

El Limpiabotas

(Golpeando para llamar la atención, se burla de ellas meneando el pulgar y los demás dedos como si fuesen gusanos.) ¿Es así? ¿No es así? ¿Tienen el cuerno?

(Bronce al lado de oro, cuchichean.)

Zoe

(A Flora.) Cuchichea...

(Cuchichean otra vez.)

(Blazes Boylan, sobre la baca del coche, con el pajizo inclinado y una flor roja en la boca. Lenehan con gorra de marinero y zapatos blancos, retira delicadamente un largo cabello del hombro de Blazes Boylan.)

LENEHAN

¡Hola! ¿Qué es lo que veo? ¿A qué tesoritos anduviste sacándoles telarañas?

BOYLAN

(Sentado, sonríe.) Estuve desplumando a un pavo.

LENEHAN

Un buen trabajo nocturno.

BOYLAN

(Levanta cuatro gruesos dedos de uñas bien recortadas y hace una guiñada.) ¡Blazes Kate! Si no es como la muestra se devuelve el dinero. *(Extiende el índice.)* Huele esto.

LENEHAN

(Huele regocijadamente.) ¡Ah! Langosta y mayonesa. ¡Ah!

ZOE Y FLORA

(Ríen juntas.) ¡Ja ja ja ja!

BOYLAN

(Salta del coche con pie firme y grita bien alto para que todos oigan.) ¡Hola, Bloom! ¿Está todavía levantada la señora Bloom?

BLOOM

(Con saco de lacayo de felpa color ciruela y calzones cortos, medias color de ante y peluca empolvada.) Me temo que no, señor; los últimos toques...

BOYLAN

(Le tira un seis peniques.) Toma, para comprarte una ginebra remojada. *(Cuelga elegantemente su sombrero sobre un asta de la cabeza percha de Bloom.)* Hazme pasar. Tengo un asuntito privado con tu esposa. ¿Comprendes?

BLOOM

Gracias, señor. Sí, señor; la señora Tweedy está en el baño, señor.

MARION

Debería sentirse muy honrado. *(Sale del agua chapoteando y salpicando.)* Raúl, querido, ven y sécame. Estoy en cueros. No tengo más que mi sombrero nuevo y una esponja para carrocería.

Boylan

(Con divertido guiño en la mirada.) ¡Fantástico!

Bella

¿Qué? ¿Qué pasa?

(Zoe le cuchichea.)

Marion

¡Que mire ese guacho! ¡Rufián! ¡Y que se aguante! Le escribiré a una buena prostituta robusta o a Bartholomona, la mujer barbuda, para que le haga salir cardenales de una pulgada de grueso y le haga traerme un recibo firmado y estampillado.

Bella

(Riendo.) ¡Jo jo jo je!

Boylan

(A Bloom, por encima del hombro.) Puedes aplicar el ojo a la cerradura y jugar solo mientras yo la atravieso unas cuantas veces.

Bloom

Gracias, señor. Así lo haré, señor. ¿Puedo traer dos camaradas para presenciar el hecho y sacar una instantánea? *(Sostiene un pote de ungüento.)* ¿Vaselina, señor? ¿Agua de azahar?... ¿Agua tibia?...

Kitty

(Desde el sofá.) Cuéntanos, Flora. Cuéntanos. Qué es lo que...

(Flora le susurra al oído. Susurrantes palabras de amor murmuran susurrantes labios ruidosamente, amapólico derramamiento.)

Minna Kennedy

(Poniendo los ojos en blanco.) ¡Oh, debe de ser como un perfume de geranios y de encantadores duraznos! ¡Oh, él adora cada pedacito del cuerpo de ella! ¡Bien pegaditos el uno al otro! ¡Inundados de besos!

Lydia Douce

(Su boca se abre.) Iumiun. ¡Oh, él la pasea haciendo eso por toda la pieza! Montado en un caballito de juguete. Se los podría oír desde París y Nueva York. Es como si una tuviera la boca llena de crema y frutillas.

Kitty

(Riendo.) ¡Ji ji ji!

La Voz de Boylan

(Dulcemente ronca, saliendo de la boca del estómago.) ¡Ah! ¡Buenbiazearrugdoblrompescracha!

La Voz de Marion

(Roncamente, subiendo dulcemente a su garganta.) ¡Oh! ¡Siabretritbesmipupulapedporpedtchup!

Bloom

(Los ojos salvajemente dilatados, se abraza a sí mismo.) ¡Muestra! ¡Esconde! ¡Muestra! ¡Árala! ¡Más! ¡Dale!

Bella, Zoe, Flora, Kitty

¡Jo jo! ¡Ja ja! ¡Ji ji!

Lynch

(Señala.) El espejo de la naturaleza. *(Ríe.)* ¡Ju ju ju ju ju ju!

(Esteban y Bloom miran el espejo. El rostro de Guillermo Shakespeare, sin barba, aparece allí, rígido en su parálisis facial, coronado por las astas de reno de la percha del vestíbulo que se refractan en el espejo.)

Shakespeare

(Ventriloquiza con dignidad.) En el vigor de la risa se conoce la vacuidad del alma. *(A Bloom.)* Soñabais no ser visible. Contempla. *(Cacarea con risa de capón negro.)* ¡Iagogo! Como mi engendro ahogó a su Flordepasión. ¡Iiagogo!

Bloom

(Sonríe amarillamente a las prostitutas.) ¿Cuándo escucharé el chiste?

Zoe

Antes de que estés casado dos veces y viudo una.

Bloom

Los deslices son condonados. Hasta el gran Napoleón, cuando después de muerto se le tomaron las medidas a flor de piel...

(*La señora Dignam, viuda, la nariz chata y las mejillas arreboladas de lamentaciones fúnebres, de lágrimas y del tostado vino de Jerez de Tunny, pasa de prisa en sus vestiduras de luto, con el sombrero torcido, pintándose y empolvándose las mejillas, los labios y la nariz, la madre cisne detrás de su cría. Debajo de su pollera aparecen los pantalones de todos los días de su difunto esposo y sus botines arremangados del número 45. Tiene en la mano una póliza escocesa de seguro para viudas y un gran paraguas bajo el cual su cría corre con ella: Patsy cojeando sobre un pie corto, el cuello suelto, una ristra de costillas de cerdo colgando, Freddy lloriqueando, Susy con una boca de bacalao llorón, Alicia luchando con el bebe. Los hace seguir a bofetadas, con sus velos ondeando en lo alto.*)

Freddy

¡Ah, ma, me estás arrastrando!

Susy

¡Mamá, el caldo se va por el fuego! Está bullendo.

Shakespeare

(*Con rabia de paralítico.*) Noso buscamosao quelo mató promero.

(*El rostro de Martin Cunningham, barbudo, reproduce las facciones del rostro sin barba de Shakespeare. El paraguas se balancea ebriamente, los chicos se apartan. Bajo el paraguas aparece la señora Cunningham con sombrero y bata quimono de Viuda Alegre. Se desliza haciendo reverencias a uno y otro lado, torciéndose japonesamente.*)

La Señora Cunningham

(*Canta.*)

Y me llaman la joya del Asia.

Martin Cunningham

(*La contempla impasible.*) ¡Fantástico! ¡La más condenada buscona desfachatada!

Esteban

Et exaltabuntur cornua iusti. Las reinas se acuestan con toros premiados. Recuerden a Pasifae por cuya lujuria mi obsceno tatarabuelo hizo el primer confesionario. No olvidemos a la señora Grissel Stevens ni a los vástagos porcinos de la casa de los Lambert. Y Noé estaba ebrio de vino. Y su arca abierta.

Bella

Aquí no tenemos nada de eso. Te has equivocado de negocio.

Lynch

Déjenlo en paz. Regresa de París.

Zoe

(Corre hacia Esteban y lo abraza.) ¡Oh, sigue! Danos un poco de parlevú.

(Esteban se hunde el sombrero en la cabeza de un golpe y salta hacia la chimenea, donde se detiene con los hombros encogidos, con las aletas manos extendidas y una sonrisa estereotipada en la cara.)

Lynch

(Aporreando el sofá.) Rmm Rmm Rmm Rrrrrmmmmmm.

Esteban

(Parlotea con sacudidas de marioneta.) Miles de lugares de diversión para prodigar las noches con hermosas damas vendiendo guantes y otras cosas tal vez su corazón cervecerías perfecta casa de moda muy excéntrica donde muchas *cocottes* hermosamente vestidas como si fueran princesas bailan el cancán y hacen payasadas parisienses extraidiotas para célibes extranjeros las que aun cuando hablan mal inglés hay que ver cuán listas son en las cosas del amor y las sensaciones voluptuosas. Señoritos de lo más selecto porque es un placer deben visitar cielo e infierno mostrarse con cirios mortuorios y llorar lágrimas metálicas lo que ocurre cada noche. Nada escandalosamente muy chocante horrible burla de las cosas religiosas puede verse en el mundo entero. Todas las mujeres elegantonas que llegan llenas de modestia después se desvisten y chillan agudamente para ver al hombre vampiro hacer el amor con una monja bien jovencita con *dessous troublans*. *(Golpea la lengua ruidosamente.)* Ho, la la! Ce pif qu'il a!

Lynch

Vive le vampire!

Las Prostitutas

¡Bravo! ¡Parlevú!

Esteban

(Haciendo muecas, con la cabeza hacia atrás, ríe ruidosamente.

aplaudiéndose a sí mismo.) Gran éxito de risa. Los ángeles muy parecidos a las prostitutas y los santos apóstoles grandes rufianes malditos. *Demimondaines* hermosamente bellas centelleantes de diamantes muy brillantemente vestidas. ¿O les gusta más lo que se refiere a los placeres modernos depravación de los hombres viejos? *(Señala alrededor de él con gestos grotescos, a los que contestan Lynch y las prostitutas.)* Estatuas reversibles de goma en forma de mujeres y virginales desnudeces al tamaño natural muy lesbianas besos de repetición. Pasen caballeros verán en los espejos todas las posiciones trapecios y toda esa maquinaria allí también asimismo si se desea el acto espantosamente bestial del chico carnicero que fornica en carne de ternera caliente o con una tortilla sobre el vientre *piéce de Shakespeare.*

Bella

(Se agarra la barriga y se hunde en el sofá muriéndose de risa.) Una tortilla sobre la... ¡Jo! ¡Jo! ¡Jo! ¡Jo! Tortilla sobre la...

Esteban

(Con afectación.) Yo lo amo, querido, señor. Mí hablar inglés para usted *double entente cordiale*. ¡Oh, sí!, *mon loup*. ¿Cuánto cuesta? Waterloo. Watercloset. *(Se detiene de pronto y levanta el índice.)*

Bella

(Riendo.) Tortilla...

Las Prostitutas

(Riendo.) ¡Bis! ¡Bis!

Esteban

Atiéndanme. Soñé con una sandía.

Zoe

Vete al extranjero y ama a alguna hermosa dama.

Lynch

Recorriendo el mundo por una esposa.

Flora

Los sueños suceden al revés.

Esteban

(Extendiendo los brazos.) Fué aquí. Calle de las rameras. En la Serpentine Avenue Belcebú me mostró una viuda regordeta. ¿Dón-

de está extendida la carpeta roja?

Bloom

(Acercándose a Esteban.) Veamos...

Esteban

No, volé. Tenía a mis enemigos debajo. Y por siempre será. Mundo sin término. *(Grita.)* Pater! ¡Libre!

Bloom

Yo digo, veamos...

Esteban

¿Quiere él romper mi espíritu? *O merde alors! (Grita, sus garras de buitre se afilan.)* ¡Hola! ¡Holaaaa!

(La voz de Simón Dedalus holaaa responde, algo adormilada pero alerta.)

Simón

Está bien. *(Se cierne inciertamente en el aire dando vueltas, lanzando gritos de aliento, con alas poderosas de buharro.)* ¡Ea, muchacho! ¿Vas a ganar? ¡Hup! ¡Pschatt! Al pesebre con esos mestizos. No me fiaría de ellos ni para ir a ver quien viene. ¡Arriba la cabeza! Conserva ondeando nuestra bandera! Águila gules volando extendida en campo de plata. ¡El rey del Ulster a las armas! ¡Ea, hup! *(Imita el llamado del águila haciendo sonar la lengua.)* ¡Bulbul! ¡Burblblbrurblbl! ¡Ea, muchacho!

(Las frondas y espacios del papel de la pared desfilan rápidamente a través de la campaña. Un robusto zorro sacado de su guarida, la cola aguzada, habiendo enterrado a su abuela, corre veloz hacia el claro, con los ojos brillantes, buscando tierra de tejón, bajo las hojas. El hato de sabuesos lo sigue, con la nariz pegada al suelo, olfateando su presa, ladranaullando, vocinglera ralea. Los cazadores y cazadoras de la Ward Union van a la par, ardiendo en la fiebre de matar. Desde Six Mile Point, Flathouse, Nine Mile Stone, una multitud de curiosos sigue a pie la cacería llevando bastones nudosos, harpones, lazos; los reseros vienen armados de látigos y chicanas; los cazadores de osos con sus panderos; los toreros con sus espadines; los negros descoloridos agitando antorchas. La muchedumbre ulula: tiradores de dados, pequeros, vividores, tahures. Buitres, espías, roncos dateros con puntiagudos sombreros de mago, hacen un estrépito infernal.)

La Multitud

Programa de las carreras. ¡Programa oficial!

¡Diez a uno a placé!
¡La fija! ¡La verde!
¡Diez a uno sin omitir ninguno!
¡Prueba tu suerte sobre la veloz Jenny!
¡Diez a uno sin omitir ninguno!
¡Vendan los monos, muchachos! ¡Vendan el mono!
¡Yo daré diez a uno!
¡Diez a uno sin omitir ninguno!

(*Un caballo oscuro sin jinete se lanza como un fantasma pasando por el disco de llegada, la melena espuma de luna, las pupilas estrellas. El pelotón sigue, conjunto de monturas fogosas. Caballos extenuados. Cetro, Maximum Segundo, Zinfandel, Shotover del Duque de Westminster, Repulse, Ceylán del Duque de Beaufort, premio de París. Los cabalgan enanos de mohosas armaduras, saltando, saltando en sus sillas. El último es un puro desperdicio, cabalgando sobre una jaca amarillenta sin resuello. Es Cock del Norte, el favorito, con gorra color de miel, chaqueta verde, mangas anaranjadas, montado por Garret Deasy, que viene sujetando las riendas, con un bastón de hockey pronto a entrar en acción. Su jaca, tropezando sobre sus patas con polainas blancas, va al trote corto por el áspero camino.*)

Las Logias Orange

(*Despectivamente.*) Bájese y empuje, diga. ¡El último empujoncito! ¡Llegarás a casa de noche!

Garrett Deasy

(*Enhiesto, con el rostro rasguñado revocado de estampillas, blande su bastón de hockey, los ojos azules relampagueando en el prisma de la araña de la luz, mientras su cabalgadura pasa a un galope académico.*)

Per vias rectas!

(*Un par de baldes leopardea por encima de él y su jaca rezagada: un torrente de caldo de cordero con monedas bailadoras de zanahorias, cebada, cebollas, nabos, papas.*)

Las Logias Verdes

¡Lindo día, sir John! ¡Buen día, su señoría!

(*El soldado Carr, el soldado Compton y Cissy Caffrey pasan debajo de las ventanas, cantando en disonancia.*)

ESTEBAN

¡Escuchen! ¡Nuestro amigo, ruido en la calle!

ZOE

(Alza la mano.) ¡Paren!

SOLDADO CARR, SOLDADO COMPTON Y CISSY

Sin embargo tengo una especie de
Debilidad por Yorkshire...

ZOE

Ésa soy yo. *(Golpea las manos.)* ¡Bailen! ¡Bailen! *(Corre a la pianola.)* ¿Quién tiene dos peniques?

BLOOM

¿Quién va a...?

LYNCH

(Alcanzándole monedas.) Toma.

ESTEBAN

(Haciendo crujir sus dedos impacientemente.) ¡Rápido! ¡Rápido! ¿Dónde está mi varita mágica de agorero? *(Corre al piano y toma su garrote de fresno, marcando el compás del tripudium con el pie.)*

ZOE

(Da vuelta la manivela.) Ahí tienen.

(Deja caer dos peniques en la ranura. Se encienden luces doradas, rosa y violeta. El cilindro gira ronroneando lentamente un vals titubeante. El profesor Goodwin, con una peluca de lazo, traje de corte bajo una manchada capa ajustada al cuello, doblado en dos por su edad fabulosa, atraviesa la habitación tambaleándose y con las manos temblorosas. Se acurruca sobre el taburete del piano y levanta y deja caer palillos de brazos sin manos sobre el teclado, inclinando la cabeza con gracia de damisela, lo que hace menear el lazo de su peluca.)

ZOE

(Gira alrededor de sí misma, taconeando.) Bailemos. ¿Quién me acompaña? ¿Quién quiere bailar?

(La pianola, con luces cambiantes, toca en tiempo de vals

el preludio de Mi chica es una chica de Yorkshire. *Esteban arroja su garrote de fresno sobre la mesa y toma a Zoe por la cintura. Flora y Bella empujan la mesa hacia la chimenea. Esteban, dando el brazo a Zoe con exagerada gracia, se pone a bailar con ella en la pieza. Su manga, cayendo de sus brazos redondos, deja al descubierto una blanca flor de vacuna. Bloom se queda a un costado. Entre las cortinas aparece una pierna del profesor Maginni, en la punta de cuyo pie gira un sombrero de copa. Con un hábil puntapié, lo envía girando a su coronilla y airosamente ensombrerado entra con paso de patinador. Lleva una levita pizarra con solapas de seda clarete, golilla de tul crema, chaleco verde escotado, alzacuello con corbata blanca, ajustados pantalones lavanda, zapatos de charol y guantes patito. Una dalia en el ojal. Hace el molinete a derecha e izquierda con su bastón ondulado, luego lo calza apretadamente bajo el sobaco. Se pone suavemente una mano sobre el pecho, hace una reverencia y se acaricia la flor y los botones.)*

Maginni

La poesía del movimiento, el arte de la calistenia. No tiene nada que ver con los métodos de la señora Legget Byrne o con los de Levinstone. Se organizan bailes de fantasía. Lecciones de prestancia personal. Los pasos de Katty Lanner. Así. ¡Obsérvenme! Mis terpsicóreas habilidades. *(Avanza marcando tres pasos de minué sobre ágiles pies de abeja.) Tout le monde en avant! Révérence! Tout le monde en place!*

(El preludio cesa. El profesor Goodwin, agitando vagamente los brazos, se contrae, se encoge, yendo su animada capa a caer sobre el taburete. El aire ataca un tiempo de vals más decidido. Esteban y Zoe giran con desenvoltura. Las luces se suceden, brillan, palidecen: rosa, violeta, oro.)

La Pianola

Dos mozos hablaban de sus chicas, chicas, chicas, que habían dejado en su tierra...

(Salen corriendo de un rincón las horas de la mañana, esbeltas, con cabellera dorada y vestiduras azules de doncella, cinturas de avispa y manos inocentes. Bailan ágilmente, haciendo dar vueltas a sus sayas de saltar. Las horas del mediodía las siguen, oro ambarino. Riendo entrelazadas, con las altas peinetas centelleando, levantan los brazos y captan el sol en burlones espejos.)

Maginni

(Entrechoca con rapidez sus silenciosas manos enguantadas.) Carré! Avant deux! ¡Respiren acompasadamente! Balance!

> *(Las horas de la mañana y del mediodía valsan sin mezclarse, girando, avanzando las unas hacia las otras, destacando sus siluetas, reverenciándose al enfrentarse. Detrás de ellas los caballeros, con los brazos arqueados colgando hacia adelante, las acarician con descendentes manos, que levantan hasta la altura de sus hombros.)*

Las Horas

Puedes tocarme mi...

Caballeros

¿Puedo tocar tu?

Las Horas

¡Oh, pero levemente!

Caballeros

¡Oh, tan levemente!

La Pianola

Mi pequeña moza tímida tiene un talle...

> *(Zoe y Esteban se vuelven con desenvoltura, aminorando su balanceo. Las horas crepusculares se adelantan, surgiendo de las sombras alargadas del paisaje, dispersándose, dudando, con las miradas lánguidas, delicadas mejillas de Chipre y falso florecer ligero. Se cubren de grises gasas y sus oscuras mangas de murciélago se agitan en la brisa de la tierra.)*

Maginni

Avant huit! Traversé! Salut! Cours de mains! Croisé!

> *(Las horas nocturnas se deslizan a hurtadillas para ocupar el lugar vacante. Las de la mañana, del mediodía y del crepúsculo retroceden ante ellas. Vienen enmascaradas, con dagas en los cabellos y brazaletes de campanillas opacas. Hastiadas se inclinansaludaninclinansaludan bajo velos.)*

Los Brazaletes

¡Ay oh! ¡Ay oh!

Zoe

(Retorciéndose, con la mano en la frente.) ¡Oh!

Maginni

Les tiroirs! Chaîne de dames! La corbeille! Dos a dos!

(Arabesqueando hastiadamente ellas forman dibujos sobre el piso, tejiendo, destejiendo, haciendo reverencias, retorciéndose, simplemente girando.)

Zoe

La cabeza me da vueltas.

(Se suelta, dejándose caer sobre una silla. Esteban toma a Flora y gira con ella.)

Maginni

Boulangère! Les ronds! Les ponts! Chevaux de bois! Escargots!

(Aparejándose, separándose, con manos intercambiantes, las horas nocturnas se enlazan, todas con los brazos arqueados, en un mosaico de movimiento. Esteban y Flora giran trabajosamente.)

Maginni

Dansez avec vos dames! Changez de dames! Donnez le petit bouquet à votre dame! Remerciez!

La Pianola

La mejor, la mejor de todas,
Baraabum.

Kitty

(Da un salto.) ¡Oh, eso es lo que tocaban en los caballitos de madera del festival de beneficencia de Mirus!

(Corre hacia Esteban. Éste abandona a Flora bruscamente y toma a Kitty. Un áspero silbido discordante de alcaraván rasga el aire. La gemigruñerrezongona calesita de Toft gira fastidiosamente la habitación alrededor de la habitación.)

La Pianola

Mi chica es una chica de Yorkshire.

ZOE

Yorkshire por donde la busquen.

¡Vengan todos!

(*Toma a Flora y valsa con ella.*)

ESTEBAN

Pas seul!

(*Hace girar a Kitty hacia los brazos de Lynch, toma su garrote de fresno de la mesa y se lanza a bailar. Todos viran, reviran, valsan, ruedan, giran. Bloombella, Kittylynch, Florazoe, mujeres mágicas. Esteban, con sombrero garrote de fresno salta como una rana dando zapatetas y patadas en dirección al techo, la boca cerrada, la mano crispada bajo el muslo haciendo resonar, repiquetear, martillar trompeteo cuernos de caza azul verde amarillo centellea. La fastidiosa calesita de Toft gira con jinetes en caballitos de madera iluminados de serpientes columpiándose, fandango de tripas saltadoras rechazadas a puntapiés vivoreando en el suelo marcando pies y prendiéndose a los pies detenidos.*)

LA PIANOLA

Aunque es una mocita de fábrica
y no lleva ropas elegantes.

(*Aprietatrabados veloz velozmente fijosojosviajando deslizándose se lanzadisparazumban quebrantapesando. Barabum.*)

TUTTI

¡Encore! ¡Bis! ¡Bravo! ¡Encore!

SIMÓN

¡Piensa en los parientes de tu madre!

ESTEBAN

La danza de la muerte.

(*Ling nuevo tiling ling de campanilla de pregonero, caballo, jaca, ciervo, lechoncitos. Sobre la muleta del cojo marinero Cristoasnal, Conmee tirasoguea en cruzabrazos barquillamarrando solibailando baila rebaila salta que salta. Barabum. Sobre jacos, cerdos, yeguas madrinas, puercos de Gadara, Corny en el ataúd. Acero tiburón piedra, manco Nelson, dos pícaras Frauenzimmer manchadas de ciruelas desde cochecito de bebe caen chillando. La pucha, es un campeón. Mirada fluyente azul atisba desde barril reverendo Ángelus Amor en fiacre de alquiler Blazes cortina doble escroto ciclistas Dilly con tortas de nieve nada de ropas elegantes. Luego, en último apelotonamiento brujosabilomo subebalumbacae en suenamasijo virrey y virreina ruidobraceando sordamente saborean la rosa porquicondado. ¡Barabum!)*

(Las parejas caen a un costado. Esteban gira vertiginosamente. El cuarto gira en sentido inverso. Con los ojos cerrados, se tambalea. Parrillas rojas espaciovuelan. Estrellas girangiradorasgirando alrededor de soles. Bulliciosas moscas de agua bailan sobre la pared. Él se detiene bruscamente.)

Esteban

¡Eh!

(La madre de Esteban, extenuada, se eleva rígidamente del piso en ropas grises de leproso, con una corona de marchitos azahares y un rasgado velo nupcial, su rostro raído y sin nariz, verde de moho de sepultura. Su cabello es escaso y lacio. Fija las hundidas cuencas de sus ojos bordeadas de azul sobre Esteban y abre la boca sin dientes articulando una palabra silenciosa. Un coro de vírgenes y confesores canta sin voz.)

El Coro

Liliata rutilantium te confessorum...
Iubilantium te virginum...

(Desde lo alto de una torre, Buck Mulligan, con un traje de bufón, medio color marrón y amarillo y gorro de payaso con cascabeles, está parado mirándolo con la boca abierta, un humeante escón enmantecado partido en la mano.)

Buck Mulligan

Está bestialmente muerta. ¡Qué lástima! Mulligan encuentra a la madre afligida. *(Levanta los ojos.)* Mercurial Malaquías.

La Madre

(Con la demente sonrisa sutil de la muerte.) Yo fui en otro tiempo la hermosa May Goulding. Estoy muerta.

ESTEBAN

(Horrorizado.) ¿Quién eres, Lemur? ¿Qué truco espectro es éste?

BUCK MULLIGAN

(Sacude su gorro de campanillas.) ¡Qué burla! Kinch mató su perruno cuerpo de perra. Ella entregó la chapa. *(Lágrimas de manteca derretida caen de sus ojos dentro del escón.)* ¡Nuestra grande dulce madre! *Epi oinopa ponton.*

LA MADRE

(Se acerca más, exhalando suavemente sobre él su aliento de cenizas húmedas.) Todos tienen que pasarlo, Esteban. Hay más mujeres que hombres en el mundo. Tú también. El momento llegará.

ESTEBAN

(Ahogándose de miedo, remordimiento y horror.) Dicen que te maté, madre. Él ofendió tu memoria. Fué el cáncer, no yo. Es el destino.

LA MADRE

(Un verde arroyuelo de bilis escurriéndose de un costado de su boca.) Tú me cantaste esa canción. *El amargo misterio del amor.*

ESTEBAN

(Ardientemente.) Dime la palabra, madre, si la sabes ahora. La palabra que todos los hombres conocen.

LA MADRE

¿Quién te salvó la noche que en Dalkey saltaste al tren con Paddy Lie? ¿Quién se compadeció de ti cuando estabas triste, rodeado de extraños? La oración es todopoderosa. Oraciones para las almas que sufren en el Manual Ursulino y cuarenta días de indulgencia. Arrepiéntete, Esteban.

ESTEBAN

¡Vampiro! ¡Hiena!

LA MADRE

Yo ruego por ti en mi otro mundo. Haz que Dilly te prepare ese arroz hervido todas las noches después de tu trabajo cerebral. Años y años te he amado, ¡oh, hijo mío!, mi primogénito, cuando te llevaba en el vientre.

ZOE

(Abanicándose con la pantalla de la parrilla.) ¡Me estoy derritiendo!

Flora

(Señala a Esteban.) ¡Mira! Está blanco.

Bloom

(Va hacia la ventana para abrirla más.) Es un mareo.

La Madre

(Los ojos como brasas.) ¡Arrepiéntete! ¡Oh, el fuego del infierno!

Esteban

(Jadeando.) ¡La masticadora de cadáveres! ¡Cabeza despellejada y huesos ensangrentados!

La Madre

(Acercando más y más su rostro, despidiendo aliento de ceniza.) ¡Ten cuidado! *(Levanta su ennegrecido, marchitado brazo derecho lentamente hacia el pecho de Esteban con los dedos extendidos.)* ¡Cuidado! ¡La mano de Dios! *(Un cangrejo verde con malignos ojos rojos mete profundamente sus sarcásticas garras en el corazón de Esteban.)*

Esteban

(Estrangulado de rabia.) ¡Mierda! *(Sus facciones se ponen estiradas y viejas.)*

Bloom

(En la ventana.) ¿Qué?

Esteban

Ah, non, par exemple! La imaginación intelectual. Conmigo todo o nada del todo. *Non serviam!*

Flora

Denle un poco de agua fría. Espera. *(Sale corriendo.)*

La Madre

(Se retuerce las manos lentamente, lamentándose con desesperación.) ¡Oh, Sagrado Corazón de Jesús, ten misericordia de él! ¡Sálvalo del infierno, oh divino Sagrado Corazón!

Esteban

¡No! ¡No! ¡No! ¡Quiébrenme el espíritu si pueden! ¡Los pondré a todos en apuros!

La Madre

(En la agonía de su parla de muerte.) ¡Ten piedad de Esteban, Señor, por mí! Inexpresable fué mi angustia al expirar con amor, dolor y agonía sobre el Monte Calvario.

Esteban

Nothung!

(Levanta su garrote de fresno con ambas manos y destroza la araña. La lívida llama final del tiempo salta y, en la oscuridad que sigue, ruina de todo el espacio, vidrios hechos añicos y mampostería que se derrumba.)

La Mecha del Gas

¡Pfungg!

Bloom

¡Detente!

Lynch

(Se precipita y agarra la mano de Esteban.) ¡Vamos! ¡Quieto! ¡No pierdas la chaveta!

Bella

¡Policía!

(Esteban, abandonando su garrote de fresno, la cabeza y los brazos echados hacia atrás rígidamente, se bate en retirada y huye del cuarto rozando a las prostitutas en la puerta.)

Bella

(Grita.) ¡Síganlo!

(Las dos prostitutas se precipitan hacia las puertas del vestíbulo. Lynch y Kitty y Zoe huyen despavoridamente de la habitación. Hablan con excitación. Bloom sigue, vuelve.)

Las Prostitutas

(Apiñadas en la puerta, señalando.) Allí abajo.

Zoe

(Señalando.) Allí. Algo pasa.

Bella

¿Quién paga la lámpara? *(Tira del faldón de Bloom.)* Vamos. Tú estabas con él. La lámpara está rota.

Bloom

(Corre hacia el vestíbulo, se precipita de vuelta.) ¿Qué lámpara, mujer?

Una Prostituta

Se rompió el saco.

Bella

(Sus ojos duros de ira y avaricia, señala.) ¿Quién va a pagar eso? Diez chelines. Eres testigo.

Bloom

(Agarra el garrote de fresno de Esteban.) ¿Yo? ¿Diez chelines? ¿No le has sacado bastante? ¡No pagó él...!

Bella

(Ruidosamente.) Vamos, nada de charla altisonante. Esto no es un lupanar. Una casa de diez chelines.

Bloom

(Con la mano debajo de la lámpara, tira de la cadena. Tirando, el mechero ilumina una aplastada pantalla malva purpúrea. Levanta el garrote de fresno.) Solamente el vidrio está roto. Esto es todo lo que el...

Bella

(Se encoge hacia atrás y grita.) ¡Jesús! ¡No!

Bloom

(Atajándose un golpe.) Es para mostrar como golpeó el papel. El daño no alcanza a seis peniques. ¡Diez chelines!

Flora

(Entra trayendo un vaso de agua.) ¿Dónde está?

Bella

¿Quieres que llame a la policía?

Bloom

¡Oh, ya sé! El perro de guardia está en su sitio. Pero es un estudiante del Trinidad. Los mejores parroquianos de tu establecimiento. Los caballeros que pagan el alquiler. *(Hace un signo masónico.)* ¿Sabes lo que quiero decir? Sobrino del vicecanciller. No desearás un escándalo.

Bella

(Con irritación.) ¡Trinidad! Vienen aquí molestando después de las carreras de botes y no gastan nada. ¿Qué mandas aquí? ¿Dónde está él? Lo denunciaré. Lo deshonraré. *(Grita.)* ¡Zoe! ¡Zoe!

Bloom

(Apurado.) ¡Y si fuera tu propio hijo en Oxford! *(Con tono de advertencia.)* Yo sé.

Bella

(Casi sin voz.) ¿Quién eres de incog?

Zoe

(En la puerta.) Hay una discusión.

Bloom

¿Qué? ¿Dónde? *(Arroja un chelín sobre la mesa y grita.)* Eso es para la chimenea. ¿Dónde? Necesito aire de montaña.

(Sale apresuradamente por el vestíbulo. Las prostitutas señalan. Flora lo sigue, volcando agua de su inclinado vaso. Sobre el umbral de la puerta delantera las prostitutas amontonadas hablan volublemente, señalando hacia la derecha, donde la niebla se ha disipado. Desde la izquierda llega un retintineante coche de alquiler. Disminuye la marcha frente a la casa. Bloom en la puerta del vestíbulo percibe a Corny Kelleher que está por descender del coche con dos libertinos silenciosos. Esquiva la cara. Bella desde adentro del hall estimula a sus prostitutas. Ellas tiran besos aprietalamipegajosos iumium. Corny contesta con una lasciva sonrisa de aparecido. Los libertinos silenciosos se vuelven para pagar al cochero. Zoe y Kitty señalan todavía a la derecha. Bloom, apartándose velozmente de ellas, se ajusta capucha y poncho de califa, y baja apresuradamente los escalones volviendo la cabeza. Harún-ar-Raschid incog se desliza detrás de los libertinos silenciosos y marcha apresurado a lo largo de las rejas con veloz paso de leopardo, esparciendo el rastro detrás de él, en forma de sobres rotos saturados de granos de anís. El garrote de fresno marca el compás de su paso. Conducidos por el

*trompetero del Trinidad, que viene a lo lejos blandiendo
una traílla, con gorra de cazador y un viejo par de pantalones grises, los perros siguen la pista, acercándose, acercándose más, jadeando, perdiendo el rastro por momentos, las
lenguas colgando, mordiéndole los talones, prendiéndose
de los faldones de su levita.*

*Él camina, corre zigzaguea, galopa, las orejas echadas hacia atrás. Es apedreado con cascotes, tronchos de repollo,
latas de bizcochos, huevos, papas, pescados podridos, chinelas de mujer. Detrás de él, recién localizado, huella en
zigzag y somatén galopa en enérgica persecución de sigue
al de adelante: los guardias de ronda 65C y 66C, Juan
Enrique Menton, Sabiduría Hely, V. B. Dillon, el consejero Nannetti, Alejandro Llavs, Larry O'Rourke, Joe Cuffe,
la señora O'Dowd, Pisser Burke, El Sin Nombre, la señora
Riordan, El Ciudadano, Garryowen, Cómoesquesellama,
Rostroextraño, Eltipoqueseparecea, Lohevistoantes, Elsujetocon, Chris Callinan, sir Charles Cameron, Benjamín Dollard, Lenehan, Bartell d'Arcy, Joe Hyne, Murray el rojo,
editor Brayden, T. M. Healy, el juez Fitzgibbon, Juan
Howard Parnell, el reverendo Salmón en Lata, el profesor
Joly, la señora Breen, Denis Breen, Theodore Purefoy,
Mina Purefoy, la encargada de Correos de Westland Row,
C. P. McCoy, amigo de Lyons; Hoppy Holohan, el hombre de la calle, otro hombre de la calle, Botinesdefutbol, el
conductor de nariz respingada, la rica dama protestante,
Davy Byrne, la señora Ellen Mc Guinness, la señora Joe
Gallaher, George Lidwell, Jaime Enrique Purocallos, el
superintendente Laracy, el padre Cowley, Crofton de la
Receptoría General, Dan Dawson, el cirujano dentista
Bloom con sus pinzas, la señora Bob Doran, la señora
Kennefick, la señora Wyse Nolan, Juan Wysse Nolan,
la hermosamujercasadarozadacontranchotraseroeneltranvíadeClonskea, el librero de Dulzuras del Pecado, la señorita Delbidetysidelbided, las señoras Gerald y Stanislaus
Moran de Roebuck, el empleado gerente de Drimmie, el
coronel Hayes, Mastiansky, Citron, Penrose, Aarón Figatner, Moisés Herzog, Michael E. Geraghty, el inspector
Troy, la señora Galbraith, el alguacil de la esquina de
Eccles Street, el viejo doctor Brady con su estetóscopo, el
hombre misterioso de la playa, un perro perdiguero, la
señora Miriam Dandrade y todos sus amantes.)*

El Somatén

(Apestillarrompelofajalorrevolcalosacudiledalenomás.) ¡Es Bloom!
¡Atájenlo a Bloom! ¡Atájenlo a Bloom! ¡Atájenlo al ladrón! ¡Eh!
¡Eh! ¡Atájenlo en la esquina!

(Al volver la esquina de Beaver Street, debajo del an-

damiaje, Bloom se detiene jadeando al borde del estruendoso amasijamiento peleador, un amontonamiento que no sabe ni pizca de ese ¡eh! ¡eh! jalean algazaran alrededor de quiénqué escandalosostodosellos.)

ESTEBAN

(Con gestos estudiados, respirando profunda y lentamente.) Ustedes son mis convidados. Los no invitados. Por virtud del quinto de los Jorges y del séptimo de los Eduardos. La culpa la tiene la historia. Inventado por las madres del recuerdo.

EL SOLDADO CARR

(A Cissy Caffrey.) ¿Te estaba insultando?

ESTEBAN

Me dirigí a ella en vocativo femenino. Probablemente neutro. Ingenitivo.

VOCES

No, él no hizo eso. La chica está mintiendo. Él estaba en lo de la señora Cohen. ¿Qué pasa? Soldados y civiles.

CISSY CAFFREY

Yo estaba en compañía de los soldados y ellos me dejaron para hacer... lo que ustedes saben, y el joven corrió detrás de mí. Pero yo soy fiel al hombre que me invita convidando aunque no soy más que una puta de un chelín.

ESTEBAN

(Alcanza a ver las cabezas de Kitty y de Lynch.) ¡Salud, Sísifo! *(Se señala a sí mismo y señala a los otros.)* Poético. Neopoético.

VOCES

Ella es fiel al hombre.

CISSY CAFFREY

Sí, para ir con él. Y yo con mi soldado amigo.

SOLDADO COMPTON

Se merece que le cierren el hocico, el podrido. Dale una fregada, Harry.

Soldado Carr

(A Cissy.) ¿Te insultó mientras él y yo estábamos haciendo pis?

Lord Tennyson

(Con chaqueta de Union Jack y pantalones de cricquet, la cabeza descubierta, barba flotante.) Ellos no tienen ninguna razón para.

Soldado Compton

Dale una fregada, Harry.

Esteban

(Al soldado Compton.) No sé cómo te llamas, pero tienes mucha razón. El doctor Ewift dice que un hombre con armadura vence a diez en camisa. La camisa es una sinécdoque. Una parte por el todo.

Cissy Caffrey

(A la multitud.) No, yo estaba con el soldado.

Esteban

(Amablemente.) ¿Por qué no? El osado amigo soldado. En mi opinión toda dama por ejemplo...

Soldado Carr

(Con la gorra torcida, avanzando hacia Esteban.) ¡Oiga! ¿Qué pasaría, gobernador, si yo te deshiciera la mandíbula?

Esteban

(Mira hacia el cielo.) ¿Cómo? Muy desagradable. Noble arte de autosimulación. Personalmente, detesto la acción. *(Agita la mano.)* La mano me duele ligeramente. *Enfin, ce son vos oignons.* *(A Cissy Caffrey.)* Algo anda mal por aquí. ¿Qué es, en realidad?

Dolly Gray

(Desde su balcón sacude un pañuelo, dando la señal de la heroína de Jericó.) Rahab. Hijo de cocinero, adiós. Feliz regreso para Dolly. Sueña con la chica que dejaste y ella soñará contigo.

(Los soldados hacen girar sus ojos humedecidos.)

Bloom

(Abriéndose paso con los codos a través de la multitud, tira vigorosamente de la manga de Esteban.) Venga ahora, profesor; el cochero está esperando.

Esteban

(Se vuelve.) ¿Eh? *(Se suelta.)* ¿Por qué no he de hablarle a él o a cualquier otro ser humano que ande verticalmente sobre esta naranja achatada en los polos? *(Señala con el dedo.)* No tengo miedo de lo que puedo decir si tan sólo le veo la mirada. Conservar la perpendicular.

(Se tambalea dando un paso hacia atrás.)

Bloom

(Sosteniéndolo.) Conserve la suya.

Esteban

(Ríe vacíamente.) Mi centro de gravedad se ha desplazado. He olvidado el secreto. Sentémonos en alguna parte y discutamos. La lucha por la vida es la ley de la existencia, pero los modernos *philirenists*, especialmente el zar y el rey de Inglaterra, han inventado el arbitraje. *(Se golpea la frente.)* Pero aquí está escrito que tengo que matar al sacerdote y al rey.

Brigi la Podrida

¿Oyeron lo que dijo el profesor? Es un profesor del colegio.

Catita la Conchuda

Sí. Yo lo oí.

Brigi la Podrida

Se expresa en términos notablemente refinados.

Catita la Conchuda

Sí, por cierto. Y al mismo tiempo de una manera incisiva.

Soldado Carr

(Desembarazándose de los que lo tienen sujeto y avanzando.) ¿Qué es lo que estás diciendo de mi rey?

(Eduardo Séptimo aparece en el pasaje abovedado. Lleva un jersey blanco sobre el que está cosida la imagen del Sagrado Corazón, con la insignia de la Jarretera y el Cardo, el Vellón de Oro, el Elefante de Dinamarca, el caballo del Desollador y de Probyn, parroquiano de la taberna de Lincoln y de la antigua y honorable compañía de artillería

de Massachusetts. *Él chupa un yuyube rojo. Viene vestido como el gran electo perfecto y masón sublime, con paleta y mandil marcados* made in Germany. *En su mano izquierda sostiene un balde de yesero, sobre el que está escrito:* Défense d'uriner. *Un estruendo de bienvenida lo saluda.)*

Eduardo Séptimo

(Lentamente, solemne pero indistintamente.) Paz, haya paz. Para identificación el balde que tengo en la mano. Ánimo, muchachos. *(Se vuelve hacia sus súbditos.)* Hemos venido aquí para presenciar una pelea limpia y justa, y sinceramente deseamos buena suerte a los dos hombres. Mahak makar a back.

(Estrecha la mano al soldado Carr, al soldado Compton, a Esteban, a Bloom y a Lynch. Aplauso general. Eduardo Séptimo levanta el balde agradeciendo graciosamente.)

Soldado Carr

(A Esteban.) Vuélvelo a decir.

Esteban

(Nervioso, amigablemente, conteniéndose.) Comprendo su punto de vista, aunque yo no tengo rey por el momento. Ésta es la edad de los medicamentos patentados. Una discusión es difícil en este sitio. Pero el caso es éste. Usted muere por su patria, supongo. *(Coloca su brazo sobre la manga del soldado Carr.)* No es que se lo desee. Pero yo digo: que mi patria muera por mí. Hasta ahora ella ha hecho eso. Yo no quiero que ella muera. Maldita muerte. ¡Larga vida a la vida!

Eduardo Séptimo

(Se levanta sobre pilas de muertos con la vestidura y halo del Chistoso Jesús, un yuyube blanco en su rostro fosforescente.)

Tengo métodos nuevos que admiran a la gente.
De los ciegos los ojos, arrojándoles polvo, se curan de repente.

Esteban

¡Reyes y unicornios! *(Retrocede un paso.)* Acompáñame a cierto sitio y vamos a... ¿Qué decía esa chica?...

Soldado Compton

¡Eh, Harry!, dale un puntapié en las pelotas. Rompéle el culo de una patada.

Bloom

(A los soldados, suavemente.) No sabe lo que dice. Tomó algo

más de la cuenta. Ajenjo, el monstruo de ojos verdes. Yo lo conozco. Es un caballero, un poeta. No hay que hacerle caso.

ESTEBAN

(Asiente con la cabeza, sonriendo y riendo.) Caballero, patriota, letrado y juez de impostores.

SOLDADO CARR

Me importa un comino lo que es.

SOLDADO COMPTON

Nos importa un comino lo que es.

ESTEBAN

Parece que los molesto. Trapo verde para un toro.

(Kevin Egan de París, con camisa negra a la española, adornada con borlas y sombrero de muchacho carbonario, hace señas a Esteban.)

KEVIN EGAN

¡Hola! *Bonjour! La vieille ogresse* con los *dents jaunes*.

(Patrice Egan espía desde atrás, su rostro de conejo royendo una hoja de membrillo.)

PATRICIO

Socialiste!

DON EMILE PATRICIO FRANZ RUPERT POPE HENNESSY

(En plaquín medieval, dos gansos silvestres volando en su yelmo, con noble indignación apunta una mano enmallada hacia los soldados.) ¡Werf esos ojos a piescorpos, grandes gran porcos de johnymarillos todos cubiertos de salsa!

BLOOM

(A Esteban.) Venga a casa. Se va a meter en un lío.

ESTEBAN

(Balanceándose.) No tengo inconveniente. Insultó a mi inteligencia.

BRIGI LA PODRIDA

Uno observa inmediatamente que es de linaje patricio.

La Marimacho

Verde sobre el rojo, dice él. Wolfe Tone.

La Alcahueta

El rojo es-tan bueno como el verde, y mejor. ¡Vivan los soldados! ¡Viva el rey Eduardo!

Un Pendenciero

(Ríe.) ¡Siempre! ¡Viva De Wett!

El Ciudadano

(Con una enorme bufanda esmeralda y un garrote y grita.)

> Que Dios Altísimo
> nos mande un pichón
> de dientes como navajas
> para cortar el gañote
> de aquellos perros ingleses
> que colgaron a irlandeses.

El Muchacho Rebelde

(Con el lazo corredizo alrededor del cuello, se mete adentro con ambas manos los intestinos que se le salen.)

No hay ningún bicho viviente a quien yo guarde rencor
Mas por encima del rey guardo a mi patria fervor.

Rumbold, Barbero Demonio

(Seguido de dos ayudantes con máscaras negras, se adelanta trayendo una valija liviana, que abre.) Damas y caballeros, una cuchilla comprada por la señora Pearcy para asesinar a Mogg. Un cuchillo con el que Voisin descuartizó a la esposa de uno de sus compatriotas, cuyos restos escondió envueltos en una sábana en el sótano; la garganta de la infortunada mujer fué cortada de oreja a oreja. Un frasco conteniendo arsénico extraído del cuerpo de la señorita Barrow lo que sirvió para mandar a Seddon a la horca.

(Da un tirón a la soga, los ayudantes saltan a las piernas de la víctima y tiran hacia abajo, gruñendo: la lengua del muchacho rebelde sale violentamente.)

El Muchacho Rebelde

Gue oguigué gue guejar go guee guesganjo gue gui gagre.

(Entrega al espíritu. Una violenta erección del ahorca-

do manda gotas de esperma que pasan a través de sus ropas de muerto al pavimento. La señora Bellingham, la señora Yelverton Barry y la honorable señora Mervyn Talboys se precipitan con sus pañuelos para absorberlo.)

RUMBOLD

Lo tengo colgando muy cerca. *(Deshace el lazo corredizo.)* La soga que ahorcó al terrible rebelde. Diez chelines cada uno, como se trató con Su Alteza Real. *(Mete la cabeza en el vientre abierto del ahorcado y la saca pringosa de enroscadas y humeantes entrañas.)* Mi penoso deber está cumplido ahora. ¡Dios salve al Rey!

EDUARDO SÉPTIMO

(Baila solemnemente, con lentitud, haciendo resonar el balde, y canta beatíficamente:)

En el día de la coronación, en el día de la coronación
¡Oh, cómo nos divertiremos,
Bebiendo whisky, cerveza y vino!

SOLDADO CARR

Veamos. ¿Qué estás diciendo de mi rey?

ESTEBAN

(Levanta las manos.) ¡Oh, esto es demasiado monótono! Nada. Necesita mi dinero y mi vida, aun cuando la necesidad debe de ser su vergüenza, para no sé qué maldito imperio. Dinero no tengo. *(Revisa sus bolsillos vagamente.)* Se lo di a alguien.

SOLDADO CARR

¿Quién quiere tu puñetero dinero?

ESTEBAN

(Trata de alejarse.) ¿Podría decirme alguien dónde podría librarme de encontrarme con estos males necesarios? Ça se voit aussi à Paris. No es que yo... ¡Pero por San Patricio!

(Las cabezas de las mujeres se juntan. La vieja Abuelita Pasita, con un sombrero terrón de azúcar, aparece sentada sobre un hongo, la flor de muerte de la papa marchita sobre su pecho.)

ESTEBAN

¡Ajá! ¡Te conozco, abuela! ¡Hamlet, venganza! ¡La puerca vieja que se come su lechón!

La Vieja Abuelita Pasita

(Balanceándose de un lado al otro.) Novia de Irlanda, hija del rey de España, alanna. ¡Forasteros en mi casa, malhaya! *(Se lamenta como un alma en pena.)* ¡Ochone! ¡Ochone! ¡Flor de las vacas! *(Se lamenta.)* Te encontraste con la pobre Irlanda; ¿y cómo está ella?

Esteban

¿Cómo te resisto yo? ¡La trampa del sombrero! ¿Dónde está la tercera persona de la Santísima Trinidad? ¿Soggarth Aroon? El reverendo Cuervo Negro.

Cissy Caffrey

(Aguda.) ¡No los dejen pelear!

Un Pendenciero

Nuestros hombres retrocedieron.

Soldado Carr

(Tirando de su cinturón.) Le voy a torcer el pescuezo a cualquier cabrito que diga una palabra contra mi cabrón de rey.

Bloom

(Aterrorizado.) Él no dijo nada. Ni una palabra. Un simple mal entendido.

El Ciudadano

Erin go bragh!

(El comandante Tweedy y el ciudadano se muestran recíprocamente medallas, condecoraciones, trofeos de guerra, heridas. Se saludan con hostilidad no disimulada.)

Soldado Compton

Dale, Harry. Dásela en un ojo. Está por los boers.

Esteban

¿Quién? ¿Yo? ¿Desde cuándo?

Bloom

(A los casaca roja.) Luchamos por ustedes en Sudáfrica, tropas de choque irlandesas. ¿No es eso historia? Reales Fusileros de Dublin. Honrados por nuestro monarca.

El Peón

(*Pasa tambaleándose.*) ¡Oh, sí! ¡Oh, Dios, sí! ¡Oh, hagan de la guerra una guerra! ¡Oh! ¡Bu!

> (*Encascados alabarderos con armadura hacen salir un tejadillo de puntas de espadas con intestinos. El comandante Tweedy con mostachos como Turco el Terrible, con gorro de piel de oso con penacho de plumas y avíos con charretera, cheurones dorados y vaina de sable, el pecho reluciente de medallas, encabeza el avance. Hace la señal de guerrero peregrino de los caballeros templarios.*)

El Comandante Tweedy

(*Refunfuña ásperamente.*) ¡Rorke's Drift! ¡Arriba, guardias, y a ellos! Mahal shalal hashbaz.

Soldado Carr

Lo voy a...

Soldado Compton

(*Hace señas a la multitud para que retroceda.*) Juego limpio, vamos. Hagan una sangrienta carnicería con el cabrito.

> (*Bandas confundidas trompetean* Garryowen *y* God Save the King.)

Cissy Caffrey

Se van a pelear. Por mí.

Catita la Conchuda

La bravura y la belleza.

Brigi la Podrida

Me parece que aquel caballero de sable va a medirlo como el mejor.

Catita la Conchuda

(*Sonrojándose profundamente.*) Nones, madam. ¡El jubón de gules y el alegre San Jorge para mí!

Esteban

Tejiéndole el sudario a la vieja Irlanda,
Gritando por la calle, la puta anda.

SOLDADO CARR

(Aflojándose el cinturón, grita.) Voy a retorcerle el pescuezo a cualquier conchudo bastardo que diga una palabra contra mi puñetero conchudo rey.

BLOOM

(Sacude los hombros de Cissy Caffrey.) ¡Habla tú! ¿Te has vuelto muda? Eres el eslabón entre naciones y generaciones. ¡Habla, mujer, fuente sagrada de la vida!

CISSY CAFFREY

(Alarmada, toma de la manga al soldado Carr.) ¿No estoy contigo? ¿No soy tu chica? Cissy, tu chica. *(Grita.)* ¡Policía!

ESTEBAN

(Extáticamente, a Cissy Caffrey.)

Blancos tus senos, rojo tu vientre,
Hermosos son tus muslos y armoniosos.

VOCES

¡Policía!

VOCES DISTANTES

¡Dublin se quema! ¡Dublin se quema! ¡Está en llamas, en llamas!

(Surgen llamas de azufre. Pasan rodando nubes densas. Truenan su repiqueteo ametralladoras estruendosas. Pandemónium. Las tropas se despliegan. Galope de los cascos. Artillería. Roncas órdenes. Repican las campanas. Los apostadores gritan. Los borrachos se desgañitan. Chillan las prostitutas. Las sirenas ululan. Gritos de coraje. Lamentos de los agonizantes. Las picas chocan contra las corazas. Los ladrones saquean a los muertos. Las aves de rapiña vuelan viniendo del mar, levantándose de los pantanos, precipitándose desde sus nidos, revolotean gritando: ocas, corvejones, buitres, azores, chochas, trepadoras, migratorios, chachalacas negras, águilas marinas, gaviotas, albatros, barnaclas. El sol de medianoche oscurece. La tierra tiembla. Los muertos de Dublin desde Prospect y Mount Jerome con sobretodos de pieles blancas de cordero y negras capas de pelo de cabra se levantan y se aparecen a muchos. Un abismo se abre en bostezo silencioso. Tom Rochford, ganador con malla de atleta y shorts, llega a la cabeza del handicap nacional de carrera de obstáculos y salta al vacío. Es seguido por un pelotón de corredores y saltadores. En salvajes actitudes saltan

desde el borde. Sus cuerpos se precipitan. Mocitas fabriqueras con elegantes trajes tiran baraabombas de Yorkshire calentadas al rojo. Damas de la sociedad se levantan las polleras sobre la cabeza para protegerse. Brujas reidoras en graciosas camisas rojas cabalgan por el aire sobre palos de escoba. Yesos de Quakerlyster se ampollan. Llueven dientes de dragón. Héroes armados saltan de las zanjas. Intercambian amistosamente el pase de los caballeros de la cruz roja y se baten a duelo con sables de caballería: Wolfe Tone contra Henry Grattan, Smith O'Brien contra Daniel O'Connell, Michael Dawitt contra Isaac Butt, Justin McCarthy contra Parnell, Arthur Griffith contra John Redmond, John O'Leary contra Lear O'Johnny, lord Edward Fitzgerald contra lord Gerald Fitzewarld, el O'Donoghue de los Valles contra los Valles del Donoghue. Sobre una eminencia, centro de la tierra, se levanta el altar de campo de Santa Bárbara. Cirios negros se levantan de su evangelio y la epístola trompetea. Desde las altas troneras de la torre dos dardos de luz caen sobre la piedra del altar con palio de humo. Sobre la piedra del altar la señora Mina Purefoy, diosa de la sinrazón, yace desnuda, esposada, un cáliz descansando sobre su vientre hinchado. El Padre Malaquías O'Flynn, con una larga enagua y casulla del revés, sus dos pies izquierdos de espaldas al frente, celebra misa de campaña. El Reverendo señor Hugh C. Haines Amor, licenciado en artes, con una sotana sencilla y esparavel, la cabeza y el cuello de espaldas al frente, sostiene sobre la cabeza del celebrante un paraguas abierto.)

Padre Malaquías O'Flynn

Introibo ad altare diaboli.

El Reverendo Señor Haines Amor

Al demonio que hizo alegres los días de mi juventud.

Padre Malaquías O'Flynn

(*Toma y eleva del cáliz una hostia goteando sangre.*) Corpus Meum.

El Reverendo Señor Haines Amor

(*Levanta las enaguas del celebrante por detrás, bien altas, poniendo al descubierto sus grises nalgas desnudas y peludas, entre las cuales está metida una zanahoria.*) Mi cuerpo.

La Voz de Todos los Benditos

¡Osoredopodot Soid le enier euq, Ayulela!

(*La voz de Adonai clama desde lo alto.*)

ADONAI

¡Soooooooooooid!

LA VOZ DE TODOS LOS BENDITOS

¡Aleluya, que reine el Dios Todopoderoso!

(La voz de Adonai clama desde lo alto.)

ADONAI

¡Dioooooooooos!

(En estridente disonancia paisanos y ciudadanos de las facciones de Orange y Green cantan Pateen al Papa y Todos los días, diariamente, cantad a María.*)*

SOLDADO CARR

(Articulando ferozmente.) ¡Lo voy a romper, ayúdame, Cristo cabrón! ¡Le voy a retorcer el piojoso maldito gaznate al bastardo cabrón!

LA VIEJA ABUELITA PASITA

(Arroja una daga a la mano de Esteban.) Llévatelo, acushla. A las 8.35 a. m. estarás en el cielo e Irlanda será libre. *(Reza.)* ¡Oh, buen Dios, llévatelo!

BLOOM

(Corre hacia Lynch.) ¿No puedes llevártelo?

LYNCH

Le gusta la dialéctica, el lenguaje universal. ¡Kitty! *(A Bloom.)* Llévatelo tú. A mí no me hará caso.

(Se lleva arrastrando a Kitty.)

ESTEBAN

(Señala.) Exit Judas. Et laqueo se suspendit.

BLOOM

(Corre hacia Esteban.) Ven conmigo ahora, antes de que las cosas se pongan peor. Aquí tienes tu bastón.

ESTEBAN

Bastón. No. Razón. Esta fiesta de la razón pura.

Cissy Caffrey

(Tironeando al soldado Carr.) Vamos, estás borracho. Él me insultó pero yo lo perdono. *(Gritándole al oído.)* Le perdono que me haya insultado.

Bloom

(Por encima del hombro de Esteban.) Sí, váyanse. Ustedes ven que es irresponsable.

Soldado Carr

(Se suelta.) Lo voy a insultar.

(Se precipita hacia Esteban con los puños extendidos, y lo golpea en la cara. Esteban se tambalea, se dobla, cae aturdido. Yace postrado, de cara al cielo, su sombrero rodando hacia la pared. Bloom lo sigue y lo levanta.)

Comandante Tweedy

(Con voz de mando.) ¡Alto el fuego! ¡La carabina en bandolera! ¡Saluden!

El Sabueso

(Ladrando furiosamente.) Iut, iut, iut, iut, iut, iut, iut, iut.

La Multitud

¡Déjenlo que se levante! ¡No lo golpeen en el suelo! ¡Aire! ¿Quién? El soldado lo golpeó. Es un profesor. ¿Está herido? ¡No lo maltraten! ¡Se ha desmayado!

(El sabueso, olfateando alrededor de la multitud, ladra estentóreamente.)

Una Bruja

¿Qué derecho tenía el soldado de golpear al caballero, sobre todo hallándose él bajo la influencia de la bebida? ¡Que vayan y que peleen con los boers!

La Alcahueta

¡Oigan quién habla! ¿No tiene derecho a ir con su chica, el soldado? El otro lo agarró a traición.

(Se tiran de los pelos, se arañan y se escupen.)

El Sabueso

(Ladrando.) Guau, guau, guau.

Bloom

(Echándolas para atrás, gritando.) ¡Retrocedan, quédense atrás!

Soldado Compton

(Arrastrando a su camarada.) Rajemos, Harry. ¡Ahí viene la cana! *(Dos guardias de gorras impermeables, altos, están parados en el grupo.)*

Guardia Primero

¿Qué pasa aquí?

Soldado Compton

Estábamos con esta dama y él nos insultó y atacó a mi compadre. *(El sabueso ladra.)* ¿De quién es este sangre de Cristo de perro?

Cissy Caffrey

(Con fruición.) ¿Sangra?

Un Hombre

(Levantándose después de arrodillarse.) No. Se desmayó. Volverá en sí.

Bloom

(Mirando al hombre incisivamente.) Déjenmelo a mí. Yo puedo fácilmente...

Guardia Segundo

¿Quién es usted? ¿Lo conoce?

Soldado Carr

(Adelantándose hacia el guardia.) Él insultó a mi amigo.

Bloom

(Irritado.) Usted lo golpeó sin provocación. Soy testigo. Alguacil, anote el número.

Guardia Segundo

No necesito sus indicaciones para cumplir con mi deber.

Soldado Compton

(Tirando de su camarada.) Hay que hacerse humo, Harry. O Bennett te va a meter en la jaula.

Soldado Carr

(Tambaleándose mientras es llevado a empujones.) ¡Al carajo con el viejo Bennett! Es un puñetero culo sucio. No me importa una mierda.

Guardia Primero

(Sacando su libreta.) ¿Cómo se llama?

Bloom

(Oteando por encima de las cabezas.) Ahí hay un coche. Si usted me da una mano un segundo, sargento...

Guardia Primero

Nombre y dirección.

> *(Corny Kelleher, con crespones de luto en su sombrero, una corona mortuoria en la mano, aparece entre los curiosos.)*

Bloom

(Rápidamente.) ¡Oh, éste es el hombre! *(Cuchichea.)* El hijo de Simón Dedalus. Un poco alegre. Pida que esos policías hagan circular a estos abribocas.

Guardia Segundo

Noches, señor Kelleher.

Corny Kelleher

(Al guardia, con una mirada de inteligencia.) Está bien. Yo lo conozco. Ganó algo en las carreras. La copa de oro. Billete. *(Ríe.)* Veinte a uno. ¿Me entienden?

Guardia Primero

(Se vuelve hacia la multitud.) Vamos. ¿Qué miran con la boca abierta? Circulen todos.

> *(La multitud se dispersa lentamente, refunfuñando, callejuela abajo.)*

Corny Kelleher

Déjelo por mi cuenta, sargento. Todo se arreglará. *(Se ríe, sacudiendo la cabeza.)* Ya sabemos de qué se trata, todos hemos hecho cosas peores. ¿Qué? ¿Eh, qué?

Guardia Primero

(Ríe.) Así parece.

Corny Kelleher

(Toca con el codo al segundo guardia.) Lo pasado pisado. *(Canta alegremente, meneando la cabeza.)* Con mi turulum, turulum, turulum, turulum. ¿Qué, eh, me entienden?

Guardia Segundo

(Cordialmente.) ¡Ah!, con seguridad que también nosotros hicimos de las nuestras.

Corny Kelleher

(Guiñando.) Los muchachos son los muchachos. Yo tengo un coche por ahí.

Guardia segundo

Muy bien, señor Kelleher. Buenas noches.

Corny Kelleher

Yo me ocuparé de aquello.

Bloom

(Estrecha las manos por turno a los guardias.) Muchas gracias, caballeros, gracias. *(Murmura confidencialmente.)* No queremos escándalo, ustedes entienden. El padre es un ciudadano muy conocido, sumamente respetado. Sólo algunos excesos de la juventud, ustedes entienden.

Guardia Primero

¡Oh!, entiendo, señor.

Guardia Segundo

Está muy bien, señor.

Guardia Primero

No habiendo lesiones... si no, habría tenido que hacer la denuncia en la comisaría.

BLOOM

(*Asiente con apresuramiento.*) Naturalmente. Me parece bien. Hay que cumplir con el deber.

GUARDIA SEGUNDO

Es nuestra obligación.

CORNY KELLEHER

Buenas noches, amigos.

LOS GUARDIAS

(*Saludando juntos.*) Noches, caballeros. (*Se alejan lenta, pesadamente.*)

BLOOM

(*Sopla.*) Su entrada en escena fué providencial. ¿Tiene coche?...

CORNY KELLEHER

(*Ríe y señala con el pulgar por encima del hombro derecho hacia el coche detenido contra la acera.*) Dos viajantes de comercio que nos pagaron champaña en lo de Jammet. Verdaderos príncipes, palabra de honor. Uno de ellos perdió un par de libras en la carrera. Ahogaban su pena y tenían ganas de dar una vuelta con las niñas parranderas. Los cargué en el coche de Behan y los traje al barrio de los burdeles.

BLOOM

Iba hacia casa por Gardiner Street, cuando me...

CORNY KELLEHER

(*Ríe.*) Con seguridad querían que les diera una mano acompañándolos. No, por Dios, digo yo. Eso no es para padrillos viejos como usted y como yo, que ya no estamos para estos trotes. (*Ríe otra vez y hace una guiñada con mortecina mirada.*) Gracias a Dios que lo que necesitamos ya lo tenemos en casa, ¿eh? ¿me entiende? ¡Ja! ¡ja! ¡ja!

BLOOM

(*Tratando de reír.*) ¡Je, je, je! Sí. La verdad es que fuí a visitar por aquí a un viejo amigo mío: Marimach; usted no lo conoce; un pobre hombre que ha estado en cama durante la semana pasada. Tomamos una copita juntos y yo volvía a casa...

(*El caballo relincha.*)

El Caballo

¡Acaaaaaasa! ¡Acaaaaaasa!

Corny Kelleher

En realidad fué Behan, nuestro cochero, quien me dijo, después que dejé a los dos viajantes en lo de la señora Cohen, y le dije se detuviera, y bajé para echar una mirada. *(Ríe.)* Los cocheros sobrios de fúnebre son mi especialidad. ¿Quiere que lo lleve a la casa de él? ¿Dónde tiene el nido? En algún lugar de Cabra, ¿eh?

Bloom

No, en Sandycove, creo, a juzgar por lo que dejó entrever.

(Esteban, postrado, respira hacia las estrellas. Corny Kelleher habla de costado al caballo. Bloom, en la oscuridad, disminuye el tono de voz.)

Corny Kelleher

(Se rasca la nuca.) ¡Sandycove! *(Se inclina y llama a Esteban.)* ¡Eh! *(Grita otra vez.)* De cualquier manera, está cubierto de virutas. Tenga cuidado, no vaya a ser que le hubieran robado algo.

Bloom

No, no, no. Yo tengo su dinero, su sombrero y su bastón aquí.

Corny Kelleher

¡Ah, bueno!; ya se repondrá. Huesos rotos no hay. Bueno, me voy. *(Ríe.)* Tengo una cita por la mañana. Enterrar a los muertos. ¡Que llegue bien a casa!

El Caballo

(Relincha.) ¡Acaaaaaasa!

Bloom

Buenas noches. Yo voy a esperar y lo llevaré dentro de unos...

(Corny Kelleher vuelve al coche y sube. El arnés del caballo tintinea.)

Corny Kelleher

(De pie en el coche.) Noches.

Bloom

Noches.

(El cochero tira de las riendas y levanta su látigo fustigadoramente. Coche y caballo retroceden con lentitud, con torpeza, y dan vuelta. Corny Kelleher, en el asiento lateral, balancea la cabeza de un lado al otro en señal de regocijo ante el atolladero en que se encuentra Bloom. El cochero participa en la muda y divertida pantomima, inclinando la cabeza desde el asiento del otro lado. Bloom agita la cabeza en muda respuesta de goce. Con el pulgar y la palma Corny Kelleher lo tranquiliza respecto a los dos guardias, que no tienen otro remedio que dejar dormir al caído. Con una lenta inclinación de cabeza Bloom expresa su gratitud, pues eso es exactamente lo que Esteban necesita. El coche tintinea turulum al dar vuelta la esquina del callejón turulum. Corny Kelleher lo tranquilirulum de nuevo con la mano. Bloom, con la mano, asegurulum a Corny Kelleher que está reasegurulumtum. Los retintineantes cascos y tintineante arnés se hacen más débiles con su turululumtumtero. Bloom, teniendo en la mano el sombrero festoneado con virutas de Esteban, y el garrote de fresno, está de pie, indeciso. Luego se inclina hacia él y lo sacude por el hombro.)

Bloom

¡Eh! ¡Basta! *(No hay respuesta; se agacha otra vez.)* ¡Señor Dedalus! *(No hay respuesta.)* Llamarlo por su nombre. Sonámbulo. *(Se agacha otra vez y, vacilando, acerca su boca a la oreja del caído.)* ¡Esteban! *(No hay respuesta. Grita de nuevo.)* ¡Esteban!

Esteban

(Gime.) ¿Quién? Pantera negra vampiro. *(Suspira y se estira murmurando espesamente con prolongadas vocales.)*

¿Quién... maneja... Fergus ahora
Y perfora... la entretejida sombra del bosque?

(Se da vuelta sobre el lado izquierdo, suspirando, doblándose.)

Bloom

Poesía. Bien educado. Lástima. *(Se inclina otra vez y desprende los botones del chaleco de Esteban.)* Que respire. *(Quita las virutas de madera de las ropas de Esteban con manos y dedos ligeros.)* Una libra siete. No está lastimado, de todos modos. *(Escucha.)* ¡Qué!

ESTEBAN

(*Murmura.*)

...Sombras... los bosques.
...blanco pecho... oscuro...

(*Estira los brazos, suspira otra vez y enrosca su cuerpo. Bloom, sosteniendo el sombrero y el garrote de fresno, se incorpora. Un perro ladra a la distancia. Bloom aprieta y afloja su apretón sobre el garrote de fresno. Baja la mirada hacia el rostro y el cuerpo de Esteban.*)

BLOOM

(*Conversando con la noche.*) El rostro me recuerda a su pobre madre. En el bosque sombrío. El profundo seno blanco. Me pareció oír. Ferguson. Una chica. Alguna chica. Lo mejor que podría sucederle... (*Murmura.*) ...juro que siempre saludaré, siempre ocultaré, nunca revelaré, ninguna parte o partes, arte o artes. (*Murmura.*) ...en las ásperas arenas del mar... a la distancia de un cable de la playa... donde la marea muere... y retorna...

(*Silencioso, pensativo, alerta, está en guardia, sus dedos en los labios en actitud de maestro del secreto. Sobre el fondo oscuro de la muralla una forma aparece lentamente: un bello muchacho de once años, un niño trocado por otro, transfundido, vistiendo traje de Eton, con zapatos de vidrio y pequeño yelmo de bronce, sosteniendo un libro en la mano. Lee de derecha a izquierda imperceptiblemente, sonriendo y besando la página.*)

BLOOM

(*Atónito, grita lloradamente.*) ¡Rudy!

RUDY

(*Mira sin ver los ojos de Bloom y sigue leyendo, besando, sonriendo. Tiene un delicado rostro malva. Su traje viene con botones de diamantes y rubíes. En su mano izquierda libre, sostiene un delgado bastón de marfil con un lazo violeta anudado. Un corderito blanco atisba desde el bolsillo de su chaleco.*)

III

ANTE todo, el señor Bloom desembarazó a Esteban del grueso de las virutas y le alcanzó el sombrero y el garrote de fresno, reanimándolo, en fin, de acuerdo con la ortodoxia samaritana, de lo cual él tenía gran necesidad. Su mente (la de Esteban) no estaba lo que se dice extraviada, sino un poco insegura, y el señor Bloom, ante su expreso deseo de algo para beber, en vista de la hora y visto que no había bombas de agua de Vartry a mano para sus abluciones, y mucho menos para tomar, sugirió a renglón seguido, sin detenerse, lo adecuado que resultaría utilizar el refugio de los cocheros, como se le llamaba, apenas a un tiro de fusil del lugar, cerca del Butt Bridge, donde podrían dar con algunos bebestibles en forma de leche con soda o agua mineral. Pero la dificultad estaba en llegar hasta allí. Se hallaba algo perplejo, pero como evidentemente recaía sobre él la responsabilidad de lo que se hiciera, antes de determinarse pesaba cuidadosamente el pro y el contra de los arbitrios que tomara, y en el ínterin Esteban bostezaba en constante repetición. Por lo que podía observar, él tenía el rostro más bien pálido, de manera que se le ocurrió como cosa muy aconsejable procurarse algún medio de transporte de cualquier naturaleza que respondiera a sus condiciones actuales, ya que ambos estaban comprometidos, sobre todo Esteban, suponiendo, claro está, que el asunto llegara a descubrirse. Por consiguiente, después de unos cuantos preliminares análogos, y habiéndose olvidado de levantar su algo saponificado pañuelo después de haberlo utilizado a guisa de cepillo para limpiar las virutas, ambos se pusieron en marcha por la calle Beaver; o, más bien dicho, callejuela, hasta la altura de la herrería y la notablemente fétida atmósfera de las caballerizas en la esquina de la calle Montgomery, de donde torcieron hacia la izquierda, desembocando desde allí en la calle Amiens por la esquina de Dan Bergin. Mas, como él lo esperaba, no había en ninguna parte señales de cochero alguno aguardando que lo llamaran para un viaje, excepto una victoria, probablemente ocupada por algunos sujetos que se hallaba esperando a los dichos sujetos delante del North Star Hotel, y no hubo síntomas de que se fuera a menear un solo cuarto de pulgada cuando el señor Bloom, que de todo podía tener menos de silbador profesional, se esforzó en llamarlo emitiendo una cosa parecida a un silbido, con los brazos arqueados encima de su cabeza, dos veces.

Esto era un dilema; pero, poniéndolo bajo la luz del sentido común, evidentemente no había otra cosa que hacer sino poner buena cara al asunto y patitas para qué te quiero, lo que hicieron en debida consecuencia. Dirigiéndose entonces a lo de Mullet y la Cabina de Sencles, que no tardaron en alcanzar, prosiguieron obligadamente en dirección a la estación terminal del ferrocarril de la calle Amiens, hallándose el señor Bloom en desventaja, por la circunstancia de que uno de los botones traseros de sus pantalones se había ido, para variar el tradicional adagio, por el camino de todos los botones, a pesar de lo cual, entrando perfectamente en el espíritu del asunto, él heroicamente hizo a mal tiempo buena cara. Entonces, como ninguno de ellos eventualmente tenía particularmente prisa, y la temperatura había refrescado desde que se despejó el cielo después de la reciente visita de Júpiter Pluvius, ellos se desplazaron pasando delante del vehículo vacío que esperaba sin pasajeros ni cochero. Sucedió que una zorra de arena de la Dublin United Tramways Company volvía casualmente, y el hombre de más edad relataba a su compañero *a propos* del accidente de que se salvó por un pelo milagrosamente por cierto hacía algunos instantes. Pasaron la entrada principal de la estación de ferrocarril Great Northern, el punto de partida para Belfast, donde, naturalmente, el tránsito estaba suspendido a esa hora avanzada, y, pasando por la puerta trasera de la morgue (lugar no muy seductor, por no decir decididamente horripilante, especialmente de noche), llegaron por último a la Dock Tavern y un momento después dieron vuelta la calle Store, famosa por su comisaría de la división D. Entre este punto y los depósitos elevados actualmente a oscuras, de Beresford Places, Esteban pensó en pensar en Ibsen, que se asociaba de alguna manera en su mente con lo de Baird el picapedrero de Talbot Place, el primero doblando a la derecha; mientras que el otro, que estaba actuando como su *fidus Achates*, inhalaba con infernal satisfacción el olor de la panadería de la ciudad, de James Rourke, situada muy cerca de donde ellos se encontraban, aroma realmente apetitoso de nuestro pan de cada día, el primero y más indispensable de los artículos de primera necesidad. Pan, el sostén de la vida, ganarás el pan. ¡Oh!, dime: ¿dónde está el pan de fantasía? En lo de Rourke, el panadero, se ha dicho.

En route el señor Bloom, que, sea como sea, estaba en sus cabales y repugnantemente sobrio, dirigió una amonestación a su taciturno y, para no exagerar, todavía no perfectamente repuesto compañero, señalándole los peligros de la ciudad nocturna, las mujeres de mala vida y los matones de arrabal, lo que, si bien tolerable de vez en cuando, y no como una práctica habitual, constituía una verdadera amenaza para los jóvenes de su edad, especialmente si habían adquirido hábitos de bebida bajo la influencia del licor, a menos que no supiera un poco de jiujitsu para afrontar cualquier contingencia, ya que hasta un sujeto puesto de espaldas en el suelo puede administrar una sorpresiva patada si uno no tiene el ojo avizor. Altamente providencial fué la aparición en escena de Corny Kelleher cuando Esteban estaba completamente inconsciente, pues, de no haber sido por ese hombre que se presentó en el momento crítico, el finis pudo haber sido que él podría haberse convertido en un cliente para la sala de primeros auxilios o, de no ser eso, un candidato ante el tribunal el día siguiente frente al señor Tobías, o, siendo él el acusador, frente al viejo Wall, quiso decir, o Malony, lo que significa una verdadera ruina para un tipo cuando se hace público. La razón por la que él mencionaba el hecho era que muchos de estos policías, a los que detestaba cordialmente, eran reconocidamente inescrupulosos en el servicio de la Corona y que, como dijo el señor Bloom recordando uno o dos casos en la Seccional A de la calle Clanbrassil, están siempre listos para jurar que lo blanco es negro. Nunca están en su lugar cuando se los necesita, sino en las partes tranquilas de la ciudad, Pembroke Road, por ejemplo; no se ve más que a los guardianes de la ley en ellos por la razón obvia de que son pagados para proteger a las clases superiores. Otra cosa sobre la que comentó fué sobre la de equipar a los soldados con armas de fuego o armas blancas de cualquier naturaleza, que podían hacer explosión o entrar en juego en cualquier momento, lo que montaba tanto como a incitarlos contra los civiles si por cualquier casualidad reñían por cualquier cosa. Uno malgastaba, desperdiciaba el tiempo, sostenía muy cuerdamente, y la salud y también la reputación, además de lo cual la manía del derroche de dinero, mujeres disolutas del *demimonde* se escapaban con una cantidad de libras, chelines y peniques en el negocio, y el mayor peligro de todos era con quién se emborrachaba uno, aunque tocando la muy discutida cuestión de estimulantes él gustaba de una copa de vino añejo escogido en sazón como nutritivo y enriquecedor de la sangre y poseyendo virtudes aperitivas (notablemente un buen borgoña del que era un fiel partidario), sin embargo nunca más allá de un cierto punto donde él invariablemente trazaba la raya, ya que simplemente conducía a líos por todas partes, para no decir nada de que uno quedaba prácticamente a la buena o mala merced de los otros. Hizo comentarios especialmente desfavorables con motivo del abandono de Esteban por todos sus *confrères* de francachela de bodegón, excepto uno, y con respecto al deplorable ejemplo de deserción de parte de sus colegas médicos bajo tales círcs.

—Y ése era Judas —dijo Esteban, que hasta ese momento no había dicho ninguna cosa de ninguna clase absolutamente.

Discutiendo estos y otros tópicos análogos, pasaron en línea recta por la parte posterior de la Aduana y cuando llegaban al puente de la Loop Line un brasero de coque ardiendo frente a una garita de centinela, o algo parecido, atrajo sus pasos más bien retardados. Esteban se detuvo espontáneamente sin motivo plausible y se puso a mirar los áridos guijarros amontonados, y a la luz que emanaba del brasero pudo distinguir la figura del sereno de la corporación que se destacaba más oscura entre la penumbra de la garita del centinela. Empezó a recordar que esto había sucedido o había sido mencionado como habiendo sucedido antes, pero no fué sin poco esfuerzo que reconoció en el centinela a un antiguo amigo de su padre: Gumbley. Para evitar un encuentro se arrimó a los pilares del puente del ferrocarril.

—Alguien lo saludó —dijo el señor Bloom.

Una figura de mediana estatura, evidentemente en acecho bajo los arcos, saludó nuevamente gritando: ¡*Noches!* Esteban, como es na-

531

tural, tuvo un pequeño sobresalto, y se detuvo con cierto aturdimiento para devolver el cumplido. El señor Bloom, movido por su inherente delicadeza, y por creer siempre adecuado no inmiscuirse en los asuntos de los otros, se alejó un tanto, permaneciendo no obstante en el *qui vive* con cierta ansiedad, aunque sin sentir el mínimo miedo. Aunque raro en el área de Dublín, él sabía que esa zona no era de manera alguna desconocida por los desesperados que no tenían casi de qué vivir, y que no era imposible que anduvieran acechando y aterrorizando a los pacíficos caminantes colocándoles una pistola en la cabeza, ya que era un sitio apartado, fuera de la ciudad propiamente dicha; hambrientos vagabundos de la categoría de los linyeras del Támesis podían andar rondando por ahí o tratarse simplemente de merodeadores listos para tomar las de Villadiego con cualquier dinero de que pudieran hacerse con la mayor rapidez posible, la bolsa o la vida, dejándolo a uno allí para servir de ejemplo, amordazado y cachiporreado.

En cuanto Esteban tuvo más cerca de él la figura que le había hablado, y aun cuando él mismo no pudiera decirse que se hallara en excesivo estado de sobriedad, reconoció el aliento de Corley, fragante de mosto en descomposición. Lord Juan Corley, algunos lo llamaban, y su genealogía podía establecerse más o menos de la siguiente manera: Era el hijo mayor del inspector Corley, de la División G, recientemente fallecido, que había desposado a una cierta Catalina Brophy, hija de un agricultor de Louth. Su abuelo, Patricio Miguel Corley, de New Ross, se había casado con la viuda de un tabernero, cuyo nombre de soltera había sido Catalina (también) Talbot. Se decía, aunque no lo respaldaran las pruebas, que descendía de la casa de los lores Talbot de Malahide, en cuya mansión, en realidad una incuestionablemente hermosa residencia de su clase y muy digna de ser vista, su madre o tía o alguna parienta había gozado de la distinción de actuar entre la servidumbre. Ésta era, en consecuencia, la razón por la cual el todavía relativamente joven aunque disoluto individuo que acababa de dirigirse a Esteban era distinguido por algunos proclives chistosos como lord Juan Corley.

Llevando a Esteban aparte, empezó con su repertorio de siempre. No tenía siquiera un cuarto de penique para pagar el hospedaje de una noche. Todos sus amigos lo habían abandonado. Además, tuvo una pelea con Lenehan, a quien llamó delante de Esteban vil estropajo de mierda, con el agregado de otras expresiones innecesarias. Estaba sin trabajo e imploraba a Esteban por lo más sagrado y si existía Dios cualquier cosa en que ocuparse. No, lo que ocurría era que la hija de la madre de la lavandera fué hermana de leche del heredero de la casa y entonces los dos estaban emparentados a causa de la madre simultáneamente, produciéndose las dos situaciones al mismo tiempo; veamos si no se trataba más que de una fábula indigna de la cabeza a los pies. De cualquier modo, él se encontraba en un verdadero atolladero.

—Nada te pediría —continuó— si no fuera porque, te lo juro solemnemente ante Dios, estoy realmente en la mala.

—Mañana o pasado mañana habrá una vacante —respondió Esteban—

en una escuela de niños de Dalkey; se trata de un puesto de conserje ayudante en casa del señor Garret Deasy. Haz la prueba. Puedes mencionar mi nombre.

—Por Dios —replicó Corley—, con seguridad que yo no podría enseñar en una escuela, hombre. Nunca fuí uno de los más inteligentes entre ustedes —agregó medio riendo—. Me quedé empantanado dos veces con los Hermanos Cristianos en la secundaria.

—Yo mismo no tengo adónde ir a dormir —le informó Esteban.

De primera intención, Corley estuvo inclinado a pensar que Esteban había sido puesto fuera del nido por haber metido allí a una puerca polla de la calle. Había una peor es nada en la calle Marlborough, la de la señora Maloney, pero era solamente una última instancia llena de indeseables; pero M'Conachie le había dicho que se podía conseguir una cosa bastante decente en la Cabeza de Bronce, allá por la calle Winetavern (lo que sugirió vagamente la figura del fraile Bacon a su interlocutor) por un chelín. También se estaba cayendo de hambre, aun cuando no había dicho una palabra de eso.

La misma historia se repitió aproximadamente cada noche, a pesar de lo cual los sentimientos de Esteban lo inclinaban en cierta forma, aunque él sabía que el último infundio que le contaba difícilmente podía merecer más fe que los demás. Sin embargo *haud ignarus malorum miseris succurrere disco*, etcétera, como afirma el poeta latino, especialmente en este momento en que, queriéndolo así la suerte, él recibía su paga después de cada mediados de mes el dieciséis era la fecha en realidad si bien una buena parte del cumquibus había sido dado de baja. Pero lo más lindo del asunto era que nada podía sacarle a Corley de la cabeza que él estaba viviendo en la abundancia y que no tenía cosa mejor que hacer sino ayudar a los necesitados y en consecuencia. De cualquier manera metió la mano en el bolsillo, no con la idea de encontrar allí alimento alguno sino pensando que podría prestarle algo hasta un chelín de manera que él pudiera hacer la prueba de cualquier modo y conseguir en todo caso lo suficiente para comer. Pero el resultado fue negativo porque, para su disgusto, se encontró con que le faltaba su efectivo. Unos pocos bizcochos rotos fueron el resultado de su investigación. Hizo todo lo posible por recordar al momento si lo había perdido, como bien pudiera haberle sucedido, o dejado, circunstancias en las que las perspectivas no eran muy halagadoras; muy al contrario, en realidad. Estaba demasiado cansado para iniciar una búsqueda minuciosa; aunque trataba de recordar, de los bizcochos se acordaba vagamente. ¿Quién se los había dado exactamente, o dónde fué, o los compró él? Sin embargo, en otro bolsillo encontró lo que en la oscuridad supuso que eran peniques; erróneamente, sin embargo, como resultó ser.

—Ésas son medias coronas, hombre —le hizo ver Corley. Y así en puridad de verdad resultaron ser. Esteban le dió una de ellas.

—Gracias —dijo Corley—. Eres un caballero. Algún día te lo voy a devolver. ¿Quién es el que está contigo? Lo he visto unas cuantas veces en la Bleeding Horse en Camden Street con Boylan el fijador de carteles. Podrías recomendarme para que me tomen allí. Estaría dispuesto a hacer de hombre sandwich; pero la chica de la oficina me dijo que no hay vacantes por lo menos durante las tres próximas semanas. Por Dios, hay que reservar las localidades con anticipación, como si se tratara de Carl Rosa. Sin embargo, no me importaría un carajo hacer cualquier cosa, aunque fuera de barrendero municipal.

Después de lo cual, no sintiéndose ya tan abatido después de haber conseguido dos chelines seis peniques, informó a Esteban acerca de un tipo llamado Bags Comisky, a quien dijo que Esteban conocía bien de lo de Fullam el contador proveedor de la marina que andaba frecuentemente por ahí atrás de lo de Nagle con O'Mara y un coso tartamudo llamado Thigue. De cualquier manera dos noches atrás le habían echado el guante y le encajaron una multa de cinco chelines, por borracho, desorden en la vía pública y desacato a la autoridad.

El señor Bloom entre tanto seguía escabulléndose en la proximidad de los guijarros cerca del brasero de coque frente a la garita de centinela del sereno de la corporación, quien, evidentemente un glotón para el trabajo, se le ocurrió a él, estaba echando un lindo sueñito en realidad por su propia cuenta y riesgo mientras Dublin dormía. De tanto en tanto lanzaba una que otra mirada al interlocutor de Esteban pareciéndole como si hubiera visto a ese noble que tenía de todo menos pulcritud en alguna parte aunque no estaba en condiciones de afirmar exactamente dónde ni tenía la más remota idea de cuándo. Siendo un individuo juicioso que podía dar ciento y raya a no pocos en cuanto a sagacidad de observación, reparó también en su sombrero destartalado y su vestimenta de deplorable calidad y estado, testimonio de crónica falta de pecunia. Probablemente se trataba de uno de esos vividores buscavidas pero en cuanto a la verdad no era más que una cuestión de quién explota a quién y a quien más puede mejor para él por así decirlo y en cuanto al fondo de la cuestión si el pajarraco llegara a encontrarse entre rejas algún día tal vez no sería un caso de opción a multa o sobreseimiento muy *rara avis* por excelencia. De cualquier manera había que ser tipo de audacia para atreverse a detener a la gente a esas horas de la noche o de la mañana. Bastante desvergonzado y audaz por cierto.

La pareja se separó y Esteban volvió a reunirse con el señor Bloom quien con su ojo experimentado no había dejado de percibir que había sucumbido a la blandilocuencia del parásito de marras. Aludiendo al encuentro dijo; esto es, Esteban:

—Anda en la mala. Me pidió que le pidiera a usted que le pidiera a alguien llamado Boylan, un fijador de carteles, que le diera un trabajo como hombre sandwich.

Ante esta noticia, en la que aparentemente evidenciaba poco interés, el señor Bloom miró abstraídamente por el espacio de medio segundo más o menos en dirección a una draga de cangilones, anclada al costado del muelle de la aduana y muy posiblemente descompuesta que detentaba orgullosamente el nombre ilustre de Eblana, después de lo cual observó evasivamente:

—Cada uno recibe su propia ración de suerte, dicen. Ahora que usted lo menciona su rostro me resulta conocido. Pero dejando eso por el momento, ¿cuánto le sacó —indagó él—, si puedo ser curioso?

—Media corona —respondió Esteban—. Me atrevería a decir que lo necesita realmente para ir a dormir a algún sitio.

—Lo necesita —exclamó el señor Bloom, no manifestando la más mínima sorpresa por el informe—, puedo dar buena fe de la aseveración y salir fiador de que invariablemente lo necesita. Cada uno de acuerdo con sus necesidades y cada uno de acuerdo con sus actos. Pero, generalizando la cuestión —agregó con una sonrisa—, ¿dónde dormirá usted? Caminar hasta Sandycove no hay ni que pensarlo, y, aun suponiendo que lo hiciera, no va a entrar después de lo que sucedió en la comisaría de la Westland Row. Sería cansarse al divino botón. No quiero ser indiscreto en el más mínimo grado, pero ¿por qué dejó usted la casa de su padre?

—Para buscar la desgracia —fué la respuesta de Esteban.

—Encontré a su señor padre en una ocasión reciente —replicó el señor Bloom diplomáticamente—. Hoy, en realidad, o para ser debidamente exacto, ayer. ¿Dónde vive actualmente? En el curso de la conversación me enteré de que se había mudado.

—Creo que está en algún sitio de Dublin —contestó Esteban con indiferencia—. ¿Por qué?

—Un hombre notable en más de un sentido —dijo el señor Bloom del señor Dedalus padre—, raconteur nato si los hay. Se enorgullece mucho, muy legítimamente, de usted. Usted podría volver, quizás —aventuró pensando todavía en la muy desagradable escena del terminal de West Row donde fué perfectamente evidente que los otros dos; es decir, Mulligan y ese turista inglés amigo de él, que eventualmente vencieron a su tercer compañero, estaban evidentemente tratando, como si toda la puerca comisaría les perteneciera, de dar el esquinazo a Esteban en la confusión.

La sugestión no obtuvo una respuesta inmediata, pues los ojos del alma de Esteban se hallaban demasiado atareados tratando de recordar la chimenea paterna la última vez que la vió, con su hermana Dilly sentada cerca del hogar, los cabellos sobre la espalda, atendiendo a la infusión de una chirle cascarilla del Trinidad que se hallaba al fuego en una pava cubierta de hollín para que ella y él pudieran beberla con el agua de harina de avena en vez de leche después de los arenques del viernes que habían comido ya a dos por un penique, con un huevo por cabeza para Maggy, Boody y Katey, mientras el gato devoraba, debajo de la calandria de planchar, un revoltijo de cáscaras de huevo, cabezas carbonizadas de pescado y huesos sobre un cuadrado de papel de estraza, cumpliendo con el tercer precepto de la iglesia de ayuno y abstinencia en los días prescriptos, pues era tiempo de cuaresma, témporas o algo así.

—No, señor —repitió el señor Bloom—; personalmente, yo no depositaría ninguna confianza en ese jocoso compañero suyo que se titula guía, filósofo y amigo, ese humorístico doctor Mulligan, si estuviera en su pellejo. Indudablemente sabe darse vuelta, pero creo que nunca ha sabido lo que es carecer de comidas regulares. Usted no se halla, como es natural, en las mismas condiciones que yo para observar con serenidad, pero no me causaría la más mínima sorpresa enterarme de que, con algún propósito determinado, se dejó caer en su bebida alguna pizca de tabaco o narcótico.

Él entendía, sin embargo, por todo lo que había oído, que el Dr. Mulligan era hombre versado y de una general idoneidad, de ningún modo limitado sólo a la medicina, que estaba llegando rápidamente a su objetivo y que, si las cosas se presentaban como era de esperar, tenía la probabilidad de disfrutar, como médico profesional, de una floreciente clientela en un futuro no demasiado lejano, y al obtener suculentos honorarios por sus servicios, en adición a cuyo prestigio profesional debía tenerse en cuenta la salvación de ese hombre ahogado sin remedio que él volvió a la vida mediante la respiración artificial y lo que llaman primeros auxilios en Skerries ¿o era en Malahide? Ése fué, estaba obligado a admitirlo, un acto notablemente arrojado, que no podría alabar nunca demasiado, de manera que con toda franqueza estaba perplejo procurando descubrir qué razón plausible tenía para hacer lo que hacía, excepto que no debiera atribuirlo a perversidad o pura y simplemente a celos.

—Excepto que sólo signifique que se trate de una única cosa, quedando, como se dice, birlándole las ideas —se aventuró a insinuar.

La cautelosa mirada, semisolicitadora, semicuriosa, envuelta en amistad, que dirigió a las facciones de Esteban, de expresión morosa en ese momento, no arrojó ninguna luz, ni nada que se le pareciera, sobre el problema relativo a si él se había dejado embaucar lamentablemente, a juzgar por dos o tres reflexiones de descorazonamiento que había dejado escapar, o si, por el contrario, por una u otra razón que él conocería mejor, dejaba que las cosas... la pobreza demoledora producía ese efecto, y él conjeturaba con exceso que, a pesar de su alta idoneidad profesional, experimentaría no poca dificultad para conciliar los dos extremos.

Adyacente al mingitorio público para hombres advirtió el carrito de un heladero, alrededor del cual un grupo de individuos, al parecer italianos, en acalorado altercado, estaban profiriendo volubles expresiones en su ardiente idioma, de una manera particularmente animada, debatiendo algunas pequeñas diferencias entre las partes.

—*Puttana madonna, che ci dia i quattrini! Ho ragione? Culo rotto!*
—*Intendiamoci. Mezzo sovrano più...*
—*Dice lui, però.*
—*Farabutto! Mortacci sui!*

El señor Bloom y Esteban entraron en el refugio del cochero, una estructura de madera sin pretensiones, donde, antes de entonces, él había estado raramente, si es que alguna vez; habiendo el primero cuchicheado previamente al segundo unas cuantas palabras referentes al encargado de la misma, que se decía era el una vez famoso Fitzharris, Piel-de-Cabrón, el invencible, aunque él no respondería de los hechos, en los que probablemente no había ni un vestigio de verdad. Pocos momentos después se vió a nuestros dos noctámbulos sentados en salvo en un rincón discreto, donde fueron saludados por las miradas de la decididamente heterogénea colección de granujas, atorrantes y otros ejemplares híbridos no descritos del género *homus* ya ubicados allí para comer y beber, diversificados por la conversación, y para quienes ellos resultaban aparentemente objeto de marcada curiosidad.

—Se trata ahora de tomar una taza de café —sugirió atinadamente el señor Bloom para romper el hielo—; se me ocurre que usted debería pedir un alimento sólido, por ejemplo una suerte de panecillo.

En consecuencia, su primer acto fué el de pedir, con la *sangfroid* que lo caracterizaba, con toda tranquilidad esos artículos. Los cocheros, estibadores o lo que fueren, que formaban ese *hoi polloi*, dejaron de mirar después de un examen cuyos resultados no debieron de ser francamente satisfactorios; pero un individuo rojibarbado, de cabellos entrecanos, probablemente un marinero, sostuvo la mirada fija durante un buen rato antes de desviar sus ojos hacia el suelo.

El señor Bloom, valiéndose del derecho a la libertad de palabra, y en razón de su conocimiento de la lengua en que se disputaba, conocimiento que podría servirle para saludarla a la distancia, excepto cierta duda relativa a la justa equivalencia de la palabra, hizo notar a su *protégé*, en un audible tono de voz, *a propos* de la fiera pelea que en la calle bramaba todavía firme y furiosa:

—Hermoso idioma. Quiero decir para cantar. ¿Por qué no escribe sus poesías en ese idioma? *Bella poetria!* es tan melodioso y pleno. *Belladonna voglio.*

Esteban, que hacía grandes esfuerzos para bostezar, presa de una fatiga general, contestó:

—Para regalar el oído de una elefanta. Estaban regateando por dinero.

—¿De veras? —preguntó el señor Bloom—. Naturalmente —añadió pensativamente, respondiendo a la reflexión de que existían más idiomas que los absolutamente indispensables—, quizá sea debido nada más que a ese encanto meridional que lo rodea.

En medio de ese tête-a-tête el encargado del refugio puso sobre la mesa una hirviente taza desbordante de una mezcla escogida denominada café, junto con un espécimen más bien antediluviano de bollo o algo parecido, después de lo cual se batió en retirada en dirección a su mostrador. El señor Bloom proponiéndose pegarle después una buena mirada para que no pareciera que... por cuya razón con los ojos animó a Esteban a empezar, mientras él hacía los honores acercando gradualmente hacia él la taza de lo que momentáneamente se suponía podía ser lo que es llamado café.

—Los sonidos son imposturas —dijo Esteban después de una pequeña pausa—. Lo mismo que los hombres: Cicerón, Podmore, Napoleón, el señor Goodbody, Jesús, el señor Doyle. Los Shakespeare eran tan comunes como los Murphy. ¿Qué hay en un nombre?

—Así es, por cierto —convino el señor Bloom sin afectación—. Naturalmente. Nuestro nombre también fué cambiado —agregó, empujando el así llamado panecillo.

El marinero rojibarbado, que tenía sus ojos barómetro puestos sobre los recién llegados, abordó a Esteban, a quien había escogido como objeto de su atención especial, y le preguntó a boca de jarro:

—¿Y su nombre de usted cómo es?

Instantáneamente el señor Bloom tocó el botín de su compañero; pero Esteban, despreciando aparentemente la cálida presión que no esperaba, contestó: —Dedalus.

El marinero lo contempló pesadamente desde un par de soñolientos ojos bolsudos, abotagados por el uso excesivo de la bebida, preferentemente añejas ginebras con agua.

—¿Conoce usted a Simón Dedalus? —preguntó finalmente.

—He oído hablar de él —contestó Esteban.

El señor Bloom quedó perplejo por un momento, al observar que los demás prestaban atención.

—Es un irlandés —afirmó el atrevido marinero, con la misma expresión en los ojos y asintiendo con la cabeza—. Un verdadero irlandés. De pies a cabeza.

—Y bien irlandés —convino Esteban.

En lo que al señor Bloom se refiere, puede decirse que no daba pie con bola y se preguntaba qué habría detrás de todo eso cuando, espontáneamente, el marinero se volvió hacia los otros ocupantes del refugio con la observación:

—Lo he visto tirar a dos huevos sobre dos botellas a cincuenta yardas sobre su hombro. Zurdo y seguro.

Aun cuando un ligero tartamudeo ocasional le impedía expresarse libremente y sus gestos eran también un tanto inseguros, por así decirlo, hacía todo lo posible por explicarse.

—Digamos que la botella está allí, por ejemplo. Cincuenta yardas justas. Los huevos sobre las botellas. Se echa el fusil a la cara. Apunta.

Volviendo el cuerpo a medias, cerró completamente el ojo derecho; después contrajo sus facciones al sesgo y miró fijamente hacia fuera, taladrando la noche con una expresión desagradable en el semblante.

—¡Pum! —gritó entonces una vez.

Todo el auditorio esperaba, anticipando una detonación adicional, ya que todavía quedaba otro huevo.

—¡Pum! —gritó dos veces.

Ambos huevos evidentemente destruídos, inclinó la cabeza e hizo una guiñada, agregando sedientosanguinariamente:

—Buffalo Bill tira a matar,
Nunca erró ni podrá errar.

Siguió un momento de silencio, hasta que el señor Bloom, para poner una nota de cordialidad, se sintió predispuesto a preguntarle si se trataba de un torneo de puntería a la manera del Bisley.

—¿Cómo dice? —dijo el marinero.

—¿Hace mucho? —continuó el señor Bloom imperturbable.

—Le diré —respondió el marinero, cediendo hasta cierto punto bajo la mágica influencia de que el diamante corta el diamante—, podría ser cosa de diez años. Recorría el mundo con el Circo Real de Hengler. Lo vi hacer eso en Estocolmo.

—Rara coincidencia —deslizó el señor Bloom a Esteban cautelosamente.

—Me llamo Murphy —continuó el marinero—; W. B. Murphy, de Carrigaloe. ¿Sabe dónde está eso?

—Queenstown Harbour —contestó Esteban.

—Así es —dijo el marinero—. Fort Candem y Fort Carlisle. De ahí es de donde vengo. Mi mujercita está allí. Me está esperando, lo sé. *Por Inglaterra, el hogar y la belleza.* Es mi verdadera esposa a la que no he visto desde hace siete años, navegando por ahí.

El señor Bloom podía representarse fácilmente su entrada en escena —la vuelta del marinero a la cabaña, al borde del camino, después de haber burlado al padre Océano— una noche lluviosa de ciega luna. A través del mundo por una esposa. Había un buen número de relatos sobre ese tópico particular de Alice Ben Bolt, Enoch Arden y Rip Van Winkle, y alguien recordará por ahí a Caoc O'Leary, trozo preferido, y dicho sea de paso, de difícil recitación, del pobre John Casey y, dentro de sus límites, un trozo de perfecta poesía. Eso nunca se refiere a la vuelta de la esposa fugitiva, por devoto que se haya sido a la ausente. ¡El rostro en la ventana! Juzgad de su estupor cuando, finalmente, frente a la cinta de llegada, ante él se presenta la espantosa realidad relativa a su amado bien, que ha hecho trizas sus más caros afectos. Ya no me esperabas, pero he vuelto para quedarme y empezar de nuevo. Allí está ella, esa mujer separada de su marido, junto a la mismísima chimenea. Me cree muerto. Mecido en la cuna profunda de la muerte. Y allí se sienta el tío Chubb o Tomkin, según sea el caso, tabernero de la Corona y el Ancla, en mangas de camisa, comiendo bifes con cebolla. No hay silla para papá. ¡Buu! ¡El viento! El último recién llegado está sobre las rodillas de ella, hijo *post mortem*. Arre caballito, vamos a Belén, que mañana es fiesta, pasado también. ¡Oh, inclinarse ante lo inevitable! Sonreír y aguantar. Te saluda con profundo amor tu angustiado esposo. — W. B. Murphy.

El marinero, que escasamente parecía ser un residente de Dublin, se volvió hacia uno de los cocheros preguntando:

—¿Usted no tendría casualmente una chicada que le sobre, verdad?

El cochero a quien se había dirigido no tenía, pero el dueño tomó un trozo de tabaco prensado de su buena chaqueta que colgaba de un clavo, y el objeto deseado pasó de mano en mano.

—Gracias —dijo el marinero.

Introdujo la chicada en su bocaza y, mascando, con algunos lentos tartamudeos, prosiguió:

—Llegamos esta mañana a las once. En el navío de tres mástiles *Resevean* de Bridgwater, con carga de ladrillos. Me embarqué para pasar. Me pagaron esta tarde. Ahí está mi licencia. ¿Ven? W. B. Murphy. Gaviero matriculado.

Confirmando cuya declaración extrajo de un bolsillo interior y alcanzó a sus vecinos un documento doblado de aspecto no muy limpio.

—Usted ha de haber visto buena parte del mundo —observó el tabernero apoyándose en el mostrador.

—Vaya si la he visto —replicó el marinero—, por cierto puedo decir que he circunnavegado un poco desde que me hice a la mar por primera vez. Estuve en el Mar Rojo. Estuve en la China y en la América del Norte y América del Sud. He visto icebergs a montones, gruñidores. Estuve en Estocolmo y en el Mar Negro, en los Dardanelos, bajo las órdenes del capitán Dalton, el mejor majadero que jamás haya dirigido un barco. Visto Rusia. *Gospodi pomilooy*. Así rezan los rusos.

—No me diga; pero usted habrá visto cosas raras —opinó un cochero.

—Vaya si las he visto —dijo el marinero cambiando de lugar su chicada, parcialmente mascada—; he visto cosas raras de veras y de todas clases. He visto a un cocodrilo morder la punta de un ancla lo mismo que como yo mastico esta chicada.

Sacó de su boca la pulposa chicada, y colocándola entre los dientes, la mordió ferozmente.

—¡Craan! Así. Y he visto antropófagos del Perú que comen los cadáveres y el hígado de los caballos. Miren. Aquí están. Me la mandó un amigo.

Sacó a tientas una postal de su bolsillo interno, que parecía una especie de depósito, y la empujó sobre la mesa. Tenía impreso lo siguiente: *Choza de Indios. Beni, Bolivia.*

Todos concentraron su atención sobre la escena reproducida: un grupo de mujeres salvajes con taparrabos rayados, en cuclillas, parpadeando, amamantando, arrugando el entrecejo, durmiendo entre un enjambre de chiquillos (debe de haber habido una buena veintena de ellos) delante de algunas primitivas chozas de sauce.

—Mastican coca todo el día —agregó el comunicativo marinero—. Sus estómagos son como ralladores de pan. Se cortan sus tetonas cuando no pueden tener más hijos. Se los ve en pelotas por ahí comiendo el hígado crudo de algún caballo muerto.

Durante varios minutos, o más, su postal atrajo la atención de los señores abribocas.

—¿Saben cómo se los tiene alejados? —preguntó cordialmente.

Como nadie ofrecía una solución, hizo un guiño, diciendo:

—El vidrio. Eso los hace retroceder. El vidrio.

Sin evidenciar sorpresa, el señor Bloom dió vuelta sin ostentación la tarjeta para examinar la dirección casi borrada y el sello de correos. Decía así: *Tarjeta Postal. Señor A. Boudin, Galería Becche, Santiago. Chile.* Le llamó la atención que no hubiera allí ningún mensaje. Aunque no creía ciegamente en la fantástica narración (ni en el episodio de los huevos consecutivos, a pesar de lo que se cuenta de Guillermo Tell y del Lazarillo Don César de Bazán descripto en *Maritana*, en cuya ocasión la pelota del primero pasó a través del sombrero del segundo), habiendo advertido una discrepancia entre su nombre (dando por aceptado que él fuese la persona que aparentaba ser y que no anduviera navegando con bandera falsa después de afinar el compás en el recogimiento de un lugar apartado) y el destinatario ficticio de la misiva, lo que le hizo alimentar algunas sospechas respecto a la *bona fides* de su amigo, a pesar de lo cual esto le hizo pensar en cierta forma en un plan largamente acariciado que él esperaba realizar un día algún miércoles o sábado de viajar a Londres *via* largo mar, lo que no quiere decir que hubiera viajado nunca lejos en manera alguna, pero en el fondo era un aventurero nato, aun cuando por una ironía del destino no había sido nunca más que un marinero de agua dulce, excepto que se quiera llamar navegación a un viaje hasta Holyhead, que era lo más lejos que había llegado. Martín Cunningham le había prometido con frecuencia conseguirle un pasaje gratuito por intermedio de Egan, pero siempre alguna dificultad surgía para impedirlo, con el resultado de que sus proyectos se esfumaban. Pero aun suponiendo que llegara a hacerlo fastidiando a Boyd, no resultaba tan caro y estaba al alcance de la bolsa con unas pocas guineas, considerando que el pasaje para Mullingan, adonde pensaba ir, no pasaba de un costo de cinco chelines y medio ida y vuelta. El viaje sería beneficioso para la salud debido al bronceador ozono y sería muy agradable en todo sentido, sobre todo para un tipo cuyo hígado estaba a la miseria, y podría ver los distintos lugares a lo largo de la ruta: Plymouth, Falmouth, Southampton y así sucesivamente, culminando en una instructiva gira por los lugares de la gran metrópoli, el espectáculo de nuestra moderna Babilonia, donde indudablemente él sería testigo del mayor progreso, la torre, la abadía, riqueza de Park Lane, con quienes reanudaría las relaciones. Se le ocurrió también como una idea no despreciable que podría andar mirando por ahí para proyectar una gira de conciertos de música de verano que comprendiera los más destacados lugares de placer. Margate con sus baños mixtos y aguas termales, Eastbourne, Scarborough, Margate, etc., el hermoso Bournemouth, las islas del Canal y otros lugares bijou, lo que podría resultar muy remunerativo. Naturalmente, no con una compañía de morondanga o contratando damas locales para probar, al estilo de la señora C. P. M. M'Coy —préstame tu valija y te voy a mandar el boleto por correo. No, algo de primera, elenco de estrellas irlandesas en su totalidad, la compañía de gran ópera Tweedy-Flower, con su propia consorte legal de primera dama, a guisa de protesta contra los Elster Grimes y los Moody Manners, empresa fácilmente realizable, siempre que pudiera manejarse un poco de bombo en los diarios locales disponiendo de un tipo canchero en esas cosas, que supiera mover los títeres y combinar así el negocio con el placer. ¿Pero quién? Ésa era la dificultad.

También, y sin que por eso se pudiera afirmar momentáneamente nada concreto, se le ocurrió que estaba por abrirse un gran campo de acción en el sentido de fijar nuevos rumbos para marchar con los tiempos *a propos* de la ruta Fishguard-Rosslare, la que, después de habérsela discutido tanto, estaba una vez más sobre el *tapis* en los departamentos de circunlocución, con el habitual torrente de expedientes y pérdidas de tiempo, de infructuosa estupidez y de badulaques en general. Sería eso una gran oportunidad para el espíritu de iniciativa y empresa necesarios para responder a las necesidades de viajar del público en general, del hombre común, como por ejemplo, Brown, Robinson y Cía.

Bien mirado, era una cuestión absurda y realmente lamentable, y en no pequeña parte achacable a la culpa de nuestra jactanciosa sociedad, que el hombre de la calle, cuando su organismo necesita ser vigorizado, se vea privado de hacerlo a causa de faltarle un par de miserables libras con las que estaría en condiciones de ver algo más del mundo en que vive, en vez de pasarse la existencia siempre metido en un agujero, desde que mi viejo zoquete me tomó por esposa. Después de todo, qué tanto fastidiar, ellos se han pasado sus once meses o más de aburrimiento, y bien se merecerían un cambio radical de *jurisdicción*, fuera de la opresiva vida de ciudad, sobre todo durante el verano, en que la Madre Naturaleza viste sus galas más espectaculares, lo que constituiría nada menos que una renovación en el contrato de arrendamiento de la vida. Había igualmente excelentes oportunidades para las vacaciones en la isla patria, deliciosos sitios silvánicos para el rejuvenecimiento, que ofrecen cúmulos de atractivos, como asimismo un fortificante tónico para el sistema nervioso, dentro mismo de Dublin y en sus pintorescos alrededores, hasta Pulafucá, servida por un tranvía de vapor, y también, apartándose aún más de la enloquecida multitud, estaba Wicklow, denominada el jardín de Irlanda, una vecindad ideal para ciclistas maduros, siempre que no se venga abajo, y los desiertos de Donegal, donde, si eran exactos los informes, el *Coup d'oeil* era particularmente impresionante, aunque el acceso a esta última localidad no fuese decididamente fácil, por cuya causa no era todavía todo lo que podía llegar a ser, considerando los notables beneficios que podían obtenerse allí, mientras Howth con sus asociaciones históricas y desde otro punto de vista el lujoso Thomas, Grace O'Malley, Jorge IV, con sus rododendros, elevándose varios cientos de pies sobre el nivel del mar, era un lugar favorito para los hombres de toda clase y condición, especialmente en la primavera, en que la fantasía de los jóvenes, aunque tenía su propio prestigio lúgubre de muertes debidas a caídas desde los acantilados, a propósito o por accidente, viniendo a caer, por lo general, dicho sea de paso, sobre la pierna izquierda, y estaba solamente a una distancia de unos tres cuartos de hora desde la columna. Porque salta a la vista que los viajes modernos de turismo están todavía en su infancia, por así decirlo, y los servicios dejan mucho que desear. Resultaba interesante imaginarse, le parecía a él, pura y simplemente por curiosidad, si sería el tránsito el que creaba el camino, o viceversa, o las dos cosas a la vez. Dió vuelta la postal y se la pasó a Esteban.

—He visto a un chino una vez, relataba el jactancioso narrador, que tenía unas pequeñas píldoras como de masilla; las puso en el agua, se abrieron, y de cada píldora salió una cosa diferente. De una brotó un barco, de otra una casa, de otra una flor. Le dan a uno caldo de ratas, agregó con fruición; los chinos hacen eso.

Advirtiendo, sin duda, una expresión de incredulidad en los rostros, el trotamundos prosiguió su discurso buscando impresionar más con sus aventuras.

—Y he visto en Trieste a un hombre muerto por un italiano. El cuchillo en la espalda. Un cuchillo así.

Mientras hablaba sacó una navaja de peligroso aspecto, en completa consonancia con su catadura, y la sostuvo en posición de golpear.

—Ocurrió en un lupanar, a causa de una disputa entre dos contrabandistas. El tipo se escondió detrás de la puerta, salió detrás de él. Así. *Prepárate para ver a tu Dios*, dijo él. ¡Chuck! Se la hundió en la espalda hasta el mango.

Su pesada mirada dió la vuelta a la concurrencia. Como una suerte de desafío a que le formularan nuevas preguntas si había alguien que tuviera ganas de hacerlas. Ése es un buen chiche de acero, repitió, examinando su formidable *stiletto*.

Después de cuyo horripilante *dénouement*, suficiente para espantar al más intrépido, cerró de golpe la hoja y escondió el arma en cuestión otra vez en su cámara de horrores, por otro nombre bolsillo.

—Son fantásticos para el acero frío —dijo, para alivio de todos, alguien que evidentemente estaba a oscuras—. Es por eso que se creyó que los asesinatos de los invencibles habían sido hechos por extranjeros, a causa de que se usaron cuchillos.

A esta observación, hecha obviamente en el espíritu de *donde la ignorancia es una bendición*, el señor Bloom y Esteban, cada uno a su manera particular, cambiaron instintivamente miradas significativas, en un silencio religioso de estricta calidad *entre nous* y hacia donde Piel-de-Cabrón *alias* El Invencible estaba haciendo salir chorros de líquido de su hervidor. Su rostro inescrutable, que era realmente una obra de arte, un estudio perfecto en sí mismo, fuera de toda descripción, tenía toda la apariencia de no entender un ápice de lo que pasaba. Gracioso mucho.

Se produjo entonces una pausa algo prolongada. Un hombre leía sin ton ni son un diario de la noche manchado de café; otro la postal con los indígenas *choza de;* otro, la licencia del marinero. El señor Bloom, en lo que a él personalmente se refería, se hallaba reflexionando pensativamente. Recordaba vívidamente el suceso aludido como si hubiera ocurrido ayer: unos veinte años atrás, en los días de los disturbios agrarios, en que cayó sobre el mundo civilizado como una tromba, figuradamente hablando, a principios del ochenta, el ochenta y uno para más exactitud, cuando él acababa de cumplir los quince.

—¡Ea, patrón! —rompió el silencio el marinero—. Vengan de vuelta esos papeles.

Habiendo sido satisfecho el requerimiento, los agarró con un zarpazo.

—¿Ha visto usted el Peñón de Gibraltar? —inquirió el señor Bloom.

El marinero hizo una mueca, chicando, en una forma que podía ser como sí, puede ser o no.

—¡Ah, ha tocado allí también! —dijo el señor Bloom—, la punta de Europa —pensando que lo había hecho, en la esperanza de que el vagabundo pudiera, tal vez por algunas reminiscencias; pero no lo hizo, dejando simplemente brotar un chorro de saliva contra el aserrín y sacudir la cabeza en una especie de perezoso desdén.

—¿En qué año sería? —interpeló el señor Bloom—. ¿Se puede acordar de los barcos?

Nuestro *soi-disant* marinero chicó pesadamente un rato, hambrientamente, antes de contestar.

—Estoy cansado de todas esas rocas del mar —dijo—; y de botes y barcos. Continua basura salada.

Cansado, sin duda, se detuvo. Su interrogador, comprendiendo que no era probable que lograra sacar nada en limpio de semejante marrullero cliente viejo, dió en divagar sobre la enorme proporción de agua sobre el globo. Baste decir, como lo revela una ligera mirada sobre el mapa, que el agua cubre tres cuartas partes de él, y él comprendía con exactitud, de consiguiente, lo que significaba dominar las olas. En más de una ocasión —una docena por la parte baja—cerca del North Bull en Dollymouth, él había observado a un marinero jubilado, evidentemente sin ocupación, sentado casi siempre sobre el paredón, cerca del no particularmente fragante mar, mirando con fijeza el agua y el agua a él, soñando en frescos bosques y nuevos pastos como alguien canta por alguna parte. Y esto lo dejó cavilando por qué probablemente él había tratado de descubrir el secreto por sí mismo, arrojado de unas antípodas a las otras y demás de tal suerte y arriba y abajo —bueno, no exactamente abajo— desafiando a la suerte. Y las probabilidades eran veinte a nada de que no había absolutamente ningún secreto al respecto. Sin embargo, sin entrar en las *minutiæ* del asunto, quedaba el hecho elocuente de que el mar estaba allí en toda su gloria y en el natural curso de las cosas alguna u otra persona había de navegar sobre él desafiando a la providencia, aunque simplemente eso servía para demostrar cómo la gente generalmente se las ingeniaba para cargar esa especie de responsabilidad sobre el prójimo como la idea del infierno, la lotería y el seguro, que funcionaban idénticamente sobre los mismos métodos, de modo que por esa misma razón, si no por otra, el Domingo de la lancha salvavidas era una institución muy loable a la cual el público sin restricción, no importa donde viva, en el interior o en la costa, como fuera el caso, entendiendo las cosas como es debido, debería también hacer extensiva su gratitud a los capitanes de puerto y al personal del servicio de guardacostas que tenía que tripular los barcos entre los elementos desencadenados cualquiera que fuere la estación, cuando el deber lo exige *Irlanda espera que cada hombre* y etcétera, y a veces tenían un tiempo horrible durante el invierno sin olvidar las boyas irlandesas, la Kish y las otras, propensas a zozobrar en cualquier momento, rodeando las cuales él una vez con su hija había tenido que afrontar un agitado, por no decir tempestuoso tiempo.

—Había un tipo que se embarcó conmigo en el *Pirata* —continuó el lobo de mar, pirata él también—. Desembarcó y tomó un empleo tranquilo como valet de un caballero a seis libras por mes. Estos pantalones que tengo puestos son los suyos y me dió además un impermeable y esa navaja sevillana. Mi especialidad es ese trabajo, afeitar y cepillar. Ahí está mi hijo ahora, Daniel, que se escapó para embarcarse y a quien su madre había conseguido un empleo en lo de un pañero en Cork, donde podría estar ganando dinero fácilmente.

—¿Qué edad tiene? —interrogó un oyente que, entre paréntesis, visto de perfil, tenía un lejano parecido con Enrique Campbell, el secretario del Ayuntamiento, alejado de los engorrosos cuidados de la oficina, sin lavar, naturalmente, en un andrajoso atavío y una notable imitación de pintura de nariz en su apéndice nasal.

—Toma —contestó el marinero con una lenta pronunciación perpleja—. ¿Mi hijo Daniel? Tendrá unos dieciocho ahora, si mis cálculos no fallan.

A todo esto, el padre Skibereen se abrió con ambas manos de un tirón su camisa gris o gris de sucia que estaba y se rascó el pecho, en el que se veía una imagen tatuada en tinta china azul, que tenía la intención de representar un ancla.

—Había piojos en esa tarima de Bridgwater —observó—. Grandes como nueces. Tendré que lavarme mañana o pasado mañana. No puedo soportar a esos negritos. Detesto a esos malditos. A uno le chupan la sangre hasta secarlo, palabra.

Viendo que todos estaban mirándole el pecho, complacientemente se abrió más la camisa, de manera que sobre el tradicional símbolo de la esperanza y descanso del marinero, pudieran ver claramente la cifra 16 y el perfil de un hombre joven, que aparecía más bien ceñudo.

—Tatuaje —explicó el exhibidor—. Esto se hizo cuando nos tomó la calma fuera de Odesa, en el Mar Muerto, con el capitán Dalton. Lo hizo un tipo que se llamaba Antonio. Ese es él, un griego.

—¿Dolía mientras lo hacían? —preguntó uno al marinero.

El personaje, por lo demás, estaba muy atareado en recoger alrededor de alguna manera en su. Estrujando o...

—Miren aquí —dijo, mostrando a Antonio—. Ahí lo tienen maldiciendo al piloto. Y véanlo ahora —agregó estirándose la piel con los dedos, valiéndose de una treta especial—, ahora se ríe de un cuento que acaban de contarle.

Y por cierto que el lívido rostro del joven llamado Antonio parecía sonreír forzadamente, y el curioso efecto excitó la franca admiración de todos, incluso de Piel-de-Cabrón, que esta vez se estiró para ver.

—¡Ay, ay! —suspiró el marinero contemplando su pecho varonil—. Él se fué también. Devorado por los tiburones después. ¡Ay, ay!

Soltó la piel de manera que el perfil volvió a tomar la expresión anterior.

—Lindo trabajito —dijo el primer estibador.

—¿Y para qué es el número? —interrogó el holgazán número dos.

—¿Comido vivo? —preguntó un tercero al marinero.

—¡Ay, ay! —suspiró otra vez este último personaje, más alegremente esta vez, con una especie de media sonrisa, de muy corta duración, que dirigió hacia el que lo interrogaba acerca del número—. Era griego.

Y después agregó, con un humor más bien de malhechor digno de la horca, refiriéndose al fin que atribuyera al otro:

Malo como el viejo Antonio
Quien me dejó con lo mionio.

Un rostro vidrioso y macilento de prostituta, bajo un sombrero de paja negra, atisbó furtivamente desde la puerta del refugio, explorando evidentemente por cuenta propia con el objeto de conseguir molienda para su molino. El señor Bloom, sabiendo apenas de qué lado mirar, se volvió al instante, confundido pero exteriormente calmo, y levantando de la mesa la hoja rosada del diario de la calle Abbey que el cochero, si tal cosa era, había dejado a un lado, lo levantó y miró el rosado papel, ¿aunque por qué rosa? Su razón para hacerlo así fué la de haber reconocido al instante cerca de la puerta el mismo rostro del cual había tenido una fugaz visión esa misma tarde en Ormond Quay, la mujer medio idiota; a saber, la de la callejuela, que conocía a la dama de traje marrón que está con usted (la señora B.) y le pedía encomendarle su lavado. —¿También por qué el lavado, término más bien vago?

Su lavado. Sin embargo, la sinceridad lo obligaba a admitir que él había lavado la ropa interior de su esposa cuando estaba sucia en la calle Holles y las mujeres aceptaban y podían hacerlo con las prendas similares de un hombre inicialadas con la tinta de marcar de Bewley y Draper (las de ella lo estaban, a decir la verdad), si es que realmente lo amaban, eso es. Si me amas ama mi camisa sucia. Sin embargo, sintiéndose molesto en ese momento, más deseaba la ausencia de esa mujer que su compañía, de manera que experimentó un genuino alivio cuando el patrón le hizo una grosera señal para que se fuera. Por encima del *Evening Telegraph* alcanzó a divisar su cara con una especie de demente mueca burlona vidriosa en que se veía que no estaba en sus cabales mirando con evidente regocijo hacia el grupo de mirones que se había juntado alrededor del pecho náutico del navegante Murphy y luego no se la vió más.

—El cañonero —dijo el patrón.

—Me asombra —el señor Bloom confió a Esteban—, hablo desde el punto de vista médico, que una criatura detestable como esa que sale del Hospital de Venéreas resumando infecciones, pueda ser lo suficientemente descarada como para andar buscando, o que hombre alguno en uso de razón, si tiene el mínimo aprecio por su salud. ¡Infortunada criatura! Naturalmente, supongo que algún hombre es responsable, en última instancia, de su estado. Sin embargo, sea cual fuere la causa...

Esteban no la había advertido y se encogió de hombros, observando simplemente:

—En este país la gente vende mucho más de lo que ella ha vendido jamás y hace un excelente negocio. No temas a los que venden el cuerpo careciendo de poder para comprar el alma. Ella es una mala comerciante. Compra caro y vende barato.

El más viejo de los dos, que de ninguna manera tenía nada que lo hiciera parecerse a una solterona o a una mojigata, dijo que no era nada menos que un escándalo atroz con el que había que terminar al *instanter* decir que una mujer de esa estampa (completamente aparte de cualquier remilgo de solterona al respecto), un mal necesario sin duda, no estuviera sujeta a permiso y a ser revisada médicamente por las autoridades adecuadas. Cosa de la cual él podía afirmar con toda sinceridad que como un *pater familias* era un firme defensor desde el principio. Quienquiera que se empeñara en una política de tal naturaleza, dijo, y ventilara el asunto completamente conferiría una duradera dádiva a todos los interesados.

—Usted, como buen católico —observó—, que habla del alma y del cuerpo, cree en el alma. ¿O se refiere usted a la inteligencia, al poder del cerebro en tal sentido, como a algo distinto de todo objeto exterior, la mesa, digamos, esa taza? Yo creo en eso porque ha sido explicado como las circunvoluciones de la materia gris, por hombres competentes. De otro modo nunca hubiéramos tenido inventos como los rayos X, por ejemplo. ¿Qué opina usted?

Acorralado de esta manera, Esteban tuvo que hacer un esfuerzo sobrehumano de memoria para poner en orden sus ideas, concentrarse y recordar antes de poder contestar:

—Me dicen de buena fuente que es una sustancia simple y por lo tanto incorruptible. Creo que sería inmortal, si no fuera porque existe la posibilidad de su aniquilación por su Causa Primera, la cual, por lo que he podido oír, tiene poder para agregarla a la suma de sus evidentes astracanadas, *corruptio per se y corruptio per accidens*, estando ambos exentos de la etiqueta cortesana.

El señor Bloom se adhirió sin reservas, en su aspecto absoluto, a lo sustancial de esto, aun cuando la sutileza espiritual que involucraba escapaba un tanto a su entendimiento sublunar, no obstante lo cual se creyó obligado a dejar constancia de sus puntos de vista con respecto a la expresión de la palabra simple, replicando rápidamente:

—¿Simple? No me atrevería a decir que sea ésa la palabra adecuada. Naturalmente, convengo con usted, para conceder un punto, en que uno tropieza con un espíritu simple en muy raras ocasiones. Pero a lo que me interesaría llegar es a algo; inventar, por ejemplo, los rayos que Röntgen inventó, o el telescopio, como Edison, aunque yo creo que fué antes de su época; Galileo era el hombre a que quería referirme. Lo mismo se aplica a las leyes, por ejemplo, de un trascendental fenómeno natural tal como el de la electricidad, pero es harina de otro costal, es decir que uno cree en la existencia de un Dios sobrenatural.

—¡Oh!, es que eso —postuló Esteban— ha sido probado concluyentemente en varios de los pasajes más conocidos de las Sagradas Escrituras, aparte la evidencia circunstancial.

Al llegar, sin embargo, a este escabroso punto, y debido a ser ambos como dos polos opuestos, tanto en lo que a instrucción se refiere como a todo lo demás, y debido a la diferencia de sus respectivas edades, chocaron.

—¿Lo ha sido? —objetó el más experimentado de los dos, aferrándose a su punto de vista original—. No estoy seguro del todo. Ahí se trata de la opinión de cada cual, y, sin querer entrar en el aspecto sectario del asunto, me permito diferir con usted al respecto *in toto*. Mi opinión es, para decirle la sincera verdad, que esos trozos fueron genuinas falsificaciones metidas allí, muy probablemente, por monjes, o se trata de la misma cuestión de nuestro poeta nacional que se plantea quién es otra vez el que las escribió, como *Hamlet* y Bacon;

pero como usted conoce a su Shakespeare infinitamente mejor que yo, naturalmente no tengo necesidad de decírselo. ¿No puede tomarse ese café, entre paréntesis? Permítame que se lo revuelva y tome un trozo de ese bollo. Es como uno de los ladrillos de nuestro marino disfrazado. Con todo, nadie puede dar lo que no tiene. Pruebe un poco.

—No podría —alcanzó a decir Esteban esforzándose, pues sus órganos mentales se rehusaban por el momento a dictarle más.

Ya que la crítica demostraba ser proverbialmente estéril, el señor Bloom creyó conveniente revolver, o tratar de revolver, el azúcar grumoso del fondo y reflexionó con algo de acritud sobre el Coffee Palace y su temperante (y lucrativo) trabajo. Con seguridad que el objetivo era loable y fuera de toda discusión que hacía un mundo de bien. Refugios como ese en que se encontraban, estaban basados en principios de abstinencia para vagabundos de noche, conciertos, veladas dramáticas y conferencias útiles (entrada libre) por sabios al alcance de la mentalidad popular. Por otra parte, él tenía un recuerdo claro y preciso de la actuación de su esposa Madam Marion Tweedy, y el trato que había recibido cuando ocupó un lugar destacado en cierta época, una remuneración en verdad modesta por atender el piano. En resumen, se sentía muy inclinado a creer, el objetivo era hacer el bien y sacar una buena ganancia, no habiendo competencia de que hablar. Veneno de sulfato de cobre, SO_4, o algo en algunos guisantes viejos de que él recordaba haber leído en un bodegón barato de alguna parte, pero no se podía acordar cuándo o dónde. De cualquier modo, la inspección, inspección médica, de todos los comestibles, le parecía a él más necesaria que nunca, a lo que probablemente se debía la boga de la Vi-Cocoa del Dr. Tibble, teniendo en cuenta el análisis médico involucrado.

—Métale ahora —se aventuró a decir refiriéndose al café que acababa de revolver.

Inducido de este modo a probarlo por lo menos, Esteban levantó el pesado pocillo que contenía un encharcamiento de marrón —que hizo clop al ser levantado— tomándolo por el asa y apuró un sorbo del ofensivo brebaje.

—Sin embargo, es alimento sólido —arguyó su buena voluntad—. Yo soy un adepto del alimento sólido, y no por la única razón de la glotonería en lo más mínimo, sino porque las comidas regulares son el *sine qua non* de cualquier clase de trabajo bien hecho, ya sea mental o manual. Usted tendría que comer más alimentos sólidos. Se sentiría otro hombre.

—Puedo tomar líquidos —dijo Esteban—. Pero hágame el favor de hacer a un lado ese cuchillo. No le puedo mirar la punta. Me recuerda la historia romana.

El señor Bloom procedió en seguida en la forma sugerida y retiró el objeto incriminado, un cuchillo romo ordinario con mango de asta que no tenía nada particularmente romano o antiguo como para llamar la atención, observando, de paso, que la punta era por cierto el punto menos saliente.

—Los cuentos de nuestro común amigo son como él —observó el

señor Bloom a su *confidente sotto vocce a propos* de cuchillos—. ¿Cree usted que son genuinos? Podría contar esos cuentos increíbles toda la noche, durante horas y horas, y quedarse tranquilo como unos botines viejos. Mírelo.

Sin embargo, a pesar de que sus ojos estaban brumosos de sueño y de aire de mar, la vida estaba llena de multitud de cosas y de coincidencias de una naturaleza terrible y aparecía como algo que se hallaba completamente dentro de los límites de lo posible que no se tratara enteramente de una fábula, aunque al primer golpe de vista no había muchas probabilidades inherentes de que todo el resuello que se sacaba del pecho fuese la estricta y palmaria verdad.

Entre tanto había estado haciendo un inventario del individuo que tenía frente a él, Sherlockholmeándolo desde que le puso los ojos encima. Aunque se trataba de un hombre conservado y de gran vigor, si bien un tanto propenso a la calvicie, había algo falso en el corte de su joroba que sugería una salida de la cárcel y no se requería ningún esfuerzo violento de la imaginación para asociar semejante espécimen horripilante con la fraternidad de la estopa y la rueda del lisiado. Él hasta podría haber hecho con este hombre, suponiendo que era su propio caso el que contaba, lo que la gente a menudo hacía con otros; a saber, que él mismo lo hubiera matado y hubiera cumplido sus buenos cuatro o cinco años en una lamentable prisión, para no mencionar a ese personaje llamado Antonio (que nada tiene que ver con el personaje dramático del mismo nombre surgido de la pluma de nuestro poeta nacional) que expió sus crímenes en las melodramáticas circunstancias antes descriptas. Podría ser, por otra parte, que no se tratara más que de desplantes muy perdonables en el presente caso, al hallarse frente a esas caras de badulaques de algunos residentes de Dublin, como esos cocheros que esperan noticias del extranjero, lo que tentaría a cualquier viejo marinero después de haber recorrido los siete mares a exagerar respecto a la goleta *Hesperus* y etcétera. Y dígase lo que se diga, las mentiras que un tipo diga de sí mismo no pueden nunca competir con las más abundantes y fantásticas que otros tipos inventan a su respecto.

—Observe que no estoy diciendo que todo sea pura invención —prosiguió—. A veces, por no decir a menudo, uno se encuentra ante espectáculos como ésos. Existen los gigantes, pero es muy raro tropezar con ellos. Marcela, la reina pigmea. Entre esas figuras de cera de la calle Henry yo mismo vi algunos aztecas, como se los llama, sentados sobre sus talones. No existiría manera de hacerles enderezar las piernas, porque los músculos de aquí, ¿ve? —y al hablar diseñó un breve perfil contra la espalda de las rodillas de su compañero en el lugar que ocupan los tendones—. Esos tendones, nervios, o como usted quiera llamarlos, eran absolutamente impotentes debido al tiempo larguísimo que se pasaron sentados de esa manera y siendo adorados como dioses en esa postura. Éste es un ejemplo más de almas simples.

Sin embargo, volviendo al amigo Simbad y sus horripilantes aventuras (quien le hacía recordar un poquito a Ludwig, *alias* Ledwidge, que ocupaba las carteleras del Gaiety cuando Michael Gunn formaba parte de la dirección en *El Holandés Volador,* éxito estruendoso; y las huestes de admiradores venían en grandes cantidades, rompiéndose para escucharlo, aunque los barcos de cualquier clase, fantasmas o no, tenían generalmente poco éxito sobre el escenario, lo mismo que ocurría con los trenes), no había en el fondo nada que fuese intrínsecamente incompatible en lo fundamental, concedió. Al contrario, la puñalada en la espalda guardaba un perfecto acuerdo característico con los protagonistas italianos, aun cuando sinceramente no había ninguna razón que impidiera admitir que esos heladeros y vendedores de frituras de pescados, para no mencionar los de papas fritas y demás de la Italia chica de allí, cerca del Coombe, eran tipos sobrios, rudos trabajadores y de hábitos de ahorro, excepto quizá un poco dados a la lucrativa cacería del inofensivo ajeno felino, mediante la persecución nocturna, para disponer de un suculento cocido con el ajo *de rigueur* proveniente de él o de ella al siguiente día con todo recatado recogimiento y, agregó, muy económicamente.

—Los españoles, por ejemplo —continuó—, son temperamentos apasionadísimos, impetuosos como el diablo, dados a hacerse justicia por sus propias manos y a darle a uno el golpe de gracia a tambor batiente con esos poignards que llevan en el abdomen. Proviene del gran calor, de su clima en general. Mi esposa es, por así decirlo, española; es decir, a medias. En realidad, ella podría reivindicar su nacionalidad española si lo quisiera, habiendo nacido (técnicamente) en España; o sea, en Gibraltar. Tiene el tipo español. Muy trigueña, una verdadera morocha, de cabellera negra. Yo, por lo menos, creo que el clima explica el carácter. Es por eso que le pregunté a usted si escribía sus poesías en italiano.

—Los temperamentos de la puerta —interrumpió Esteban— estaban muy apasionados por diez chelines, *Roberto ruba roba sua.*

—Así es —convino el señor Bloom.

—Después de todo —dijo Esteban mirando fijo y como si hablara para sí mismo o para algún oyente misterioso que lo anduviera escuchando por ahí—, tenemos la impetuosidad del Dante y el triángulo isósceles, la señorita Portarini, de que él se enamoró; Leonardo y San Tommaso Mastino.

—Está en la sangre —asintió al punto el señor Bloom—. Todos se bañan en la sangre del sol. ¡Qué coincidencia! Casualmente estuve hoy en el Museo de Kildare Street, un poco antes de nuestro encuentro, si así puedo llamarlo, y justamente miraba esas estatuas antiguas que allí se encuentran. Las espléndidas proporciones de las caderas, del pecho. Ciertamente, uno no tropieza con esa clase de mujeres por aquí. Excepcionalmente, alguna. Damos con algunas lindas en cierta forma, tal vez hermosas, pero a lo que yo me refiero es a la forma femenina. Además, la mayoría tiene bien poco gusto para vestirse, y el vestido es lo que puede realzar, a la verdad, la belleza natural de una mujer, dígase lo que se diga. Medias arrugadas —puede ser, probablemente lo sea—, una flaqueza mía; pero, sin embargo, es algo que detesto de todo corazón.

Sin embargo, el interés de la conversación decaía por todas partes, y los otros siguieron hablando de accidentes en el mar, de barcos perdidos en la niebla, de choques con icebergs y demás cosas por el estilo. ¡Ah!, del barco tenía que decir lo suyo. Había doblado el Cabo unas cuantas veces y aguantado un monzón, una suerte de viento, en los mares de la China, y a través de todos estos peligros de las profundidades había una cosa, declaró, que no lo había abandonado o, dicho en otras palabras, poseía una medalla piadosa que lo salvaba siempre.

Luego la conversación anduvo a la deriva hasta que se fijó en el naufragio de la roca de Daunt, el naufragio de esa infortunada barcaza noruega —nadie podía acordarse de su nombre en ese momento—, hasta que el cochero, que verdaderamente se parecía mucho a Henry Campbell, lo recordó: *Palme*, sobre la costa de Booterstown, que fué el tema de las conversaciones de la ciudad ese año (Alberto Guillermo Quill compuso una hermosa pieza de circunstancias con versos de positivos méritos sobre el tema para el *Times* irlandés), las olas rompían sobre ella a la carrera y multitudes y multitudes en la orilla eran presa de una conmoción de petrificado horror. Entonces alguien dijo algo acerca del caso del vapor *Lady Cairns* de Swansea, chocado por el *Mona*, que venía en dirección contraria, entre la niebla, con un tiempo más bien sofocante y que se perdió con todo el equipaje a bordo. No se le prestó auxilio. Su capitán, el del *Mona*, dijo que había temido que su estructura cediera. Pero no alcanzó a hacer agua, parece, en su bodega.

A esta altura tuvo lugar un incidente. Debiendo aflojar un rizo, el marinero abandonó su asiento.

—Déjame cruzar tus proas, piloto —dijo a su vecino, que se estaba abandonando en un pacífico sopor.

Se desplazó con lentitud, pesadamente, con movimiento ensoñado, hacia la puerta; bajó con pesadez el único escalón que había delante del refugio y se alejó por la izquierda. Mientras se detenía buscando de orientarse, el señor Bloom, que había notado, cuando aquél se puso de pie, que llevaba sobresaliendo de sus bolsillos dos botellas de ron destinadas evidentemente a la extinción de su ardiente fuego interior, lo vió sacar una botella y destaparla o descorcharla, y aplicando su gollete a los labios, tomar un buen viejo delicioso trago de ella con un ruido gorgoteante. El incorregible Bloom, que también tenía una solapada sospecha de que el viejo caballo salía de maniobras detrás de la atracción contraria en forma de mujer; la cual, sin embargo, había desaparecido por completo, pudo, esforzándose, percibirlo, habiéndose refrescado debidamente con su ataque a la pipa de ron, mirando hacia la parte alta de los muelles y traviesas del Loop Line, más bien fuera de sus alcances, ya que naturalmente todo había cambiado y mejorado radical y notablemente desde su última visita. Alguna persona o personas invisibles lo dirigieron hacia el mingitorio para hombres que para el servicio de ese radio fuera erigido por el Comité de Limpieza con tal propósito; pero, después de un breve espacio de tiempo, durante el cual el silencio reinó soberano, el marinero, evidentemente apartándose de ese dispositivo, se aligeró muy cerca, y el ruido de su agua de sentina repiqueteó por un poco de subsiguiente tiempo sobre el suelo, despertando evidentemente a un caballo de la fila de coches de alquiler.

Un casco cavó de todos modos buscando nueva posición después del sueño y el arnés tintineó. Ligeramente inquietado en su garita de centinela, al lado del brasero de brasas de coque, el sereno de la corporación, que, aunque arruinado ahora y en franca desintegración, no era otro atendiendo a la triste realidad que el Gumley antes mencionado, que ahora prácticamente dependía de la contribución de la parroquia, debiéndose su empleo a los dictados humanitarios de Pat Tobin, según toda humana probabilidad, quien lo conocía de antes, se revolvió y restregó en su garita antes de inmovilizar otra vez sus miembros en brazos de Morfeo. Una muestra realmente asombrosa de mala suerte en su forma más virulenta contenida en un tipo con las más respetables relaciones y familiarizado con decentes comodidades de hogar toda su vida que había heredado una renta de 100 libras esterlinas contantes y sonantes por año, la cual este soberano asno derrochó a los cuatro vientos. Y allí estaba al final del espinel después de ir de parranda en parranda, sin un miserable cobre encima. Él bebía, no hace falta decirlo, poniendo una vez más en evidencia la moraleja según la cual podría hoy tener el control de grandes empresas —bastante grandes en realidad— si se hubiera sabido curar de su debilidad particular.

Los demás, mientras tanto, se ocupaban en lamentar la mengua de la marina mercante irlandesa, tanto de cabotaje como exterior, lo que era todo uña y carne de la misma cosa. Un solo bote Palgrave Murphy había salido de los astilleros de Alexandre, única botadura de ese año. No faltaban puertos, pero los barcos brillaban por su ausencia.

Había naufragios y más naufragios, dijo el patrón, que evidentemente se hallaba *au fait*.

Lo que le agradaría saber era por qué ese barco había chocado contra la única roca de la Bahía de Galway cuando el proyecto del puerto de Galway fué discutido por un señor Worthington o algo así, ¿eh? Pregúntenle al capitán, les aconsejó, de cuánto fué la untada que le dió el gobierno por el trabajo de ese día. Capitán Juan Lever de la línea Lever.

—¿No tengo razón, Capitán? —inquirió del marinero que ahora volvía después de haber cumplido su trago privado y con el resto de sus diligencias.

Ese benemérito, que alcanzó el discurso por la cola, gruñó una música discutible, pero con gran energía, algo así como una especie de sonsonete en segundos o terceros. Los agudos oídos del señor Bloom le oyeran expectorar probablemente un carozo (lo que fuera), de modo que lo había de haber alojado por un momento en su puño mientras hacía los trabajos de beber y orinar y lo encontró un poco desabrido después del fuego líquido en cuestión. De todos modos, ahí entró después de su feliz libación —*cum*— potación, introduciendo una atmósfera de bebida en la *soirée*, canturreando ruidosamente, como un verdadero hijo de cocinero de mar:

—*Las galletas eran duras como el bronce*

y el bife tan salado como el culo de la mujer de Lot.
¡Oh Johnny Lever!
¡Johnny Lever, oh!

Después de cuya efusión el formidable ejemplar entró decididamente en escena y, recuperando su asiento, se hundió más bien que se sentó sobre el banco destinado a sostenerlo.

Piel-de-Cabrón, dando por sentado que fuera él, estaba pregonando, evidentemente con algún fin interesado, sus motivos de queja en una filípica de violencia afectada tocante a las riquezas naturales de Irlanda, o algo así, la que él describió en su prolongada disertación como el país más rico de la creación, sin excluir a ninguno sobre la faz de la tierra, muy superior en todo a Inglaterra, con sus enormes reservas de carbón, sus seis millones de libras de cerdo exportadas anualmente, sus diez millones de libras entre manteca y huevos y todas las riquezas que le extraía Inglaterra, que la tenía cargada de impuestos y tributos que la gente pobre pagaba en una sangría continua, llevándose y engullendo la mejor carne del mercado, y una corriente continua de riquezas en la misma forma. La conversación a este respecto se generalizó y todos convinieron en la verdad de estos hechos. Todo lo que pueda cultivarse en el mundo prende en el suelo irlandés, afirmó, y ahí estaba el coronel Everard en Cavan cultivando tabaco. ¿Dónde podría encontrarse en parte alguna algo igual al tocino irlandés? Pero un día de rendición de cuentas, afirmó, *crescendo* con no insegura voz —monopolizando completamente toda la conversación—, aguardaba a la poderosa Inglaterra, a pesar de todo el poder de sus riquezas provenientes de sus crímenes. Habría una caída, la mayor caída de la historia. Los alemanes y los japoneses tendrían algo que ver en el asunto. Los boers eran el principio del fin. La brumosa gema de Inglaterra estaba ya viniéndose abajo y su ruina sería Irlanda, su talón de Aquiles, lo que él les explicó acerca del punto vulnerable de Aquiles, el héroe griego; un punto que sus oyentes comprendieron en seguida, ya que él tenía en un puño su atención mostrándoles el tendón a que se hacía referencia sobre su botín. Su consejo a todo irlandés era: permanece en la tierra de tu nacimiento y trabaja para Irlanda y vive para Irlanda. Irlanda, dijo Parnell, no puede prescindir de uno solo de sus hijos.

Un silencio general señaló la terminación de su *finale*. El imperturbable navegante había escuchado estas noticias animosamente.

—Para eso, patrón —respondió un tanto disgustado por la precedente perogrullada ese pedazo de diamante en bruto—, se necesita un poco de acción.

A cuya fría ducha respecto a la caída y demás, el patrón convino; pero, sin embargo, se atuvo a su principal punto de vista.

—¿Quiénes son la mejor tropa del ejército? —interrogó airadamente el viejo veterano tordillo—. ¿Y los mejores saltadores y corredores? ¿Y los mejores almirantes y generales que tenemos? Díganme eso.

—Los irlandeses, sin disputa —replicó el auriga parecido a Campbell, defectos faciales a un lado.

—Así es —corroboró el viejo marinero—. El paisano irlandés católico. Es la columna vertebral de nuestro imperio. ¿Conocen a Jem Mullins?

Aunque tolerándole sus opiniones personales, como se las toleraría a cualquier otro, el patrón añadió que a él no le importaba de ningún imperio, ni nuestro o de él, y no consideraba que valiera el pan que comía cualquier irlandés que lo sirviera. Entonces empezaron a tener unas cuantas palabras coléricas, y se pusieron violentísimos, apelando ambos, de más está decirlo, a la opinión de sus oyentes, que seguían este cruce de comas con interés siempre que no llegaran a las injurias y al terreno de los hechos.

Debido a su información personal recogida durante muchos años, el señor Bloom estaba más bien inclinado a colocar la sugestión en la categoría de estupendo disparate porque, independientemente de los deseos más o menos fervientes de unos u otros, estaba perfectamente al tanto del hecho de que los vecinos del otro lado del canal, a menos de que fueran mucho más tontos de lo que él los consideraba, más bien ocultaban su fuerza antes que alardeaban de ella. Era una idea que corría parejas con la de que en un millón de años los yacimientos de carbón de la isla hermana quedarían agotados, y si en el transcurso del tiempo esa suposición llegara a ser una realidad, lo que él podía decir personalmente al respecto era que una multitud de contingencias igualmente relativas al tema podían ocurrir antes, por lo que era muy aconsejable tratar de sacar en el ínterin el mejor partido de ambos países, aun cuando fuesen antagónicos. Otro pequeño punto interesante, los amores de prostitutas y rufianes, para decirlo en lenguaje corriente, le hacía recordar que los soldados irlandeses habían peleado tan a menudo por Inglaterra como contra ella, más de esta última manera, en realidad. Y ahora, ¿por qué? Así la escena entre el par de ellos, el concesionario del establecimiento, del que se murmuraba que era o había sido Fitzharris, el famoso Invencible, y el otro, evidentemente espurio, le hacía pensar con honda convicción que andaban metidos con las cuatro patas en un arreglo confidencial; es decir, en algo que estuviera previamente convenido, siendo él, espectador, profundo psicólogo del alma humana si los hay, mientras que los demás no estaban en condiciones de ver el juego. Y en lo que respecta al arrendatario o usufructuador, quien con toda probabilidad no era en absoluto la otra persona, él (Bloom) no podía dejar de pensar, con evidente razón, que era mejor dar el esquinazo a gente de esa clase, a menos que uno fuera un alegre pajarón en toda la regla, rehusando tener ninguna relación con ellos, adoptada esa actitud como norma de oro en la vida privada, pues existía siempre la probabilidad de una rendición de cuentas con los traidores y que viniera un Dannymann y presentara evidencia de la reina —o del rey ahora— como Denis o Peter Carey, idea que él repudiaba profundamente. Apartándonos de todo eso, ninguna simpatía le inspiraban esas vocaciones dogmatizadas en la maldad y el crimen como principios. Por otro lado, sin embargo, aun cuando esas tendencias criminales nunca se habían cobijado en su pecho absolutamente en ninguna forma o manera, él sentía en verdad y no lo negaba (a pesar de seguir esencialmente siendo siempre él mismo) una cierta admiración por el hombre que había tenido el coraje de esgrimir un cuchillo, el frío acero, con el fuego de sus convicciones políticas, aunque, personalmente, él nunca sería capaz de semejantes cosas, bien emparentadas con esas *vendettas* de amor meridional —sera mía o habrá puñaladas—, ocurriendo frecuentemente que el marido, después de tener la pareja un intercambio de palabras relativas a las relaciones con el otro afortunado mortal (habiendo el marido organizado su servicio de espionaje), infería heridas mortales a su adorada criatura como resultado de una *liaison* postnupcial hundiendo el cuchillo en el cuerpo de ella, y súbitamente se le ocurrió que Fitz, apodado Piel-de-Cabrón, no había hecho más que conducir simplemente el coche en que viajaban los auténticos perpetradores de la atrocidad, y entonces no era realmente, como había sido informado de fuente fidedigna, parte ejecutiva de la emboscada lo que constituyó, en realidad, la defensa con que alguna lumbrera legal le había salvado el pellejo. En todo caso, eso era ya historia antigua, y en cuanto a nuestro amigo, el scudo Piel-de-etcétera, había sobrevivido evidentemente a su celebridad. Tendría que haber muerto, bien en el patíbulo o bien de muerte natural. Como las actrices, que siempre se presentan por última vez —despedida definitiva, la última representación, y luego vuelven a presentarse sonriendo como si nada. Absolutamente generoso, desbordante de temperamento, sin mezquinarse ni nada por el estilo, dejando siempre su presa en la sombra. De la misma manera tenía la aguda sospecha de que el señor Juancito Lever se había desprendido de algunas £. s. d. en el curso de sus deambulaciones por los muelles en la simpática atmósfera de la taberna *La vieja Irlanda*, vuelve a Eirin, etcétera. Y luego, en cuanto a los otros se refiere, había escuchado no hacía mucho la misma jerga de iguales, idénticas cosas, y relató a Esteban cómo de un modo simple pero eficaz hizo callar a quien lo injuriaba.

—Estaba resentido por alguna causa —declaró esa persona injustamente injuriada, pero en general de apacible temperamento— que debe de habérseme escapado. Me llamó judío de una manera colérica y con tono agresivo. Entonces yo, sin desviarme en lo más mínimo de la verdad de los hechos, le dije que su Dios, quiero decir Cristo, era judío también, y toda su familia, como yo, aunque en realidad yo no lo soy. Eso era precisamente lo que necesitaba. Una respuesta amable ahuyenta la ira. Como todos vieron, nada pudo replicar. ¿No tengo razón?

Volvió una larga tú estás equivocado mirada sobre Esteban, de tímido orgullo oscuro por la suave acusación, contaminada también de un destello de súplica, pues él parecía, a su vez, tener como un lejano relucir de lo que en cierta manera le parecía no ser exactamente...

—*Ex quibus* —gruñó Esteban con acento evasivo; sus dos o cuatro ojos conversando—, *Christus* o Bloom es su nombre, o, después de todo, cualquier otro, *secundum carnem*.

—Naturalmente —procedió a precisar el señor Bloom—, hay que considerar los dos aspectos de la cuestión. Es difícil determinar leyes rígidas y rápidas relativas a lo que está bien y a lo que está mal; pero, indudablemente, hay mucho que hacer para conseguir perfeccionarse, aunque todo país, como dicen, incluída nuestra desgraciada patria, tiene el gobierno que se merece. Pero con un poco de buena voluntad de todas partes. Está muy bien jactarse de mutua superioridad; pero, ¿qué hay de mutua igualdad? La violencia o la intolerancia me exasperan en cualquier forma o manera que se manifiesten. Eso no conduce a nada ni detiene nada. Una revolución debe producirse como en el sistema de pagos por cuotas. Es un absurdo que resalta a ojos vistas odiar a las gentes porque vivan a la vuelta de la esquina y hablan otro idioma vernáculo, por así decirlo.

—La estúpida memorable batalla del puente y la guerra de siete minutos —asintió Esteban—, entre el callejón de Skinner y el mercado de Ormond.

—Sí —convino el señor Bloom avalando incondicionalmente la observación—; eso estaba abrumadoramente bien y todo el mundo abrumadoramente lleno de cosas de esa clase.

—Usted me acaba de sacar las palabras de la boca —dijo—. Un birlibirloque de pruebas antagónicas que sinceramente uno no podría ni remotamente...

En su humilde opinión, todas esas desdichadas peleas despiertan una excitación —desarrollo de una protuberancia combativa o de cierta glándula, erróneamente atribuída a puntillos de honor o de banderas— que a la larga no es más que principalmente un asunto del asunto del dinero que estaba detrás de todo, la codicia y los celos, sin que la gente sepa detenerse nunca.

—Ellos acusan —observó en voz alta. Se alejó de los otros, que probablemente... y habló más cerca de, de modo que el otro... en caso de que ellos...

—Los judíos —depuso suavemente al oído de Esteban en un aparte— son acusados de arruinadores. Puedo afirmar con toda seguridad que en eso no hay nada de verdad. La historia —¿le sorprendería a usted saberlo?— prueba hasta la empuñadura que España decayó cuando la Inquisición lanzó las jaurías contra los judíos e Inglaterra prosperó cuando Cromwell, un rufián excepcionalmente hábil, los importó. ¿Por qué? Porque tienen un excepcional sentido práctico plenamente demostrado. No quiero incurrir en... porque usted conoce todo lo que de cierta importancia se haya escrito al respecto, y además, ortodoxo como es usted... Pero, sin tocar a la religión, soberanía, el sacerdote significa pobreza. Volviendo a España, usted vió durante la guerra que América se le aventaja. En lo que respecta a los turcos, se trata de un dogma. Porque si no fuese porque creen que al morir van derecho al cielo tratarían de comportarse mejor en esta vida —por lo menos así me parece. Ésa es la impostura de que se valen los curas párrocos para levantar atmósfera con falsos pretextos. Yo soy tan buen irlandés —dijo patéticamente— como ese energúmeno de que le hablé al principio y quisiera ver a todo el mundo, incluídas todas las razas y credos a prorrata, disponiendo de una razonable renta, de ninguna manera mezquina, algo que estuviera alrededor de las trescientas libras anuales. Se trata de un problema de vital importancia, y de su resolución derivarían relaciones amistosas y estimulantes entre hombre y hombre. Por lo menos ésa es mi idea, que expongo por lo que vale. A eso es a lo que yo llamo patriotismo. *Ubi patria*, de eso nos dieron un pequeño barniz en la enseñanza de *Alma Mater, vita bene*. Donde se puede vivir bien, el sentido lo dice, si uno trabaja.

Frente a su taza de lamentable proyecto de café intransitable, Esteban escuchaba esta sinopsis heterogénea sin fijar la vista en nada determinado. Podía oír, naturalmente, todas esas palabras cambiantes de color como los cangrejos mañaneros del Ringsend que rápidamente se hunden en todas las gamas de color de la arena donde parecen tener sus casas, por la arena o por debajo de ella. Después levantó la vista y vió los ojos que decían o no decían las palabras de la voz que él oyó que decía: si uno trabaja.

—No cuente conmigo —consiguió señalar, refiriéndose al trabajo.

Los ojos se sorprendieron ante esta observación, porque él, la persona que los poseía *pro tempore*, observó, o más bien, lo hizo hablando su voz: Todos deben trabajar; tienen que hacerlo, juntos.

—Me refiero, naturalmente —el otro se apresuró a afirmar—, al trabajo en su acepción más amplia. También la labor literaria, no simplemente por la gloria. Escribiendo para los diarios, que es el canal más directo hoy en día. Eso es un trabajo también. Trabajo importante. Después de todo, por lo poco que sé de usted, después de todo el dinero gastado en su educación, tiene derecho a desquitarse e imponer su precio. Tanto derecho tiene usted a vivir de su pluma en el ejercicio de la filosofía como por ejemplo el campesino... ¿Qué? Ambos pertenecéis a Irlanda, el cerebro y la fuerza muscular. El uno es tan importante como el otro.

—Usted sospecha —replicó Esteban con una suerte de semirrisa— que yo puedo ser importante porque pertenezco al *faubourg Saint Patrice*, llamado Irlanda para abreviar.

—Yo iría un paso más adelante —insinuó el señor Bloom.

—Pero yo sospecho —interrumpió Esteban— que Irlanda debe de ser importante porque me pertenece.

—¿Qué es lo que le pertenece? —inquirió el señor Bloom inclinándose, imaginando que quizá había entendido mal—. Discúlpeme. Desgraciadamente, no oí la última parte. ¿Qué fué lo que usted...?

Evidentemente molesto, Esteban empujó a un lado su pocillo de café o de lo que se quiera con poca cortesía, agregando:

—No podemos cambiar de país. Cambiemos de tema.

Ante tal sugestión, el señor Bloom, para cambiar de tema, bajó la vista, pero con perplejidad, ya que no habría podido decir qué interpretación debía darse a ese me pertenece que más bien le sonaba como un ex abrupto. Lo que había más claro era algo así como un reproche de alguna clase. No hacía falta decirlo, los vapores de su reciente orgía hablaban en ese momento con alguna aspereza, en una curiosa forma amarga, extraña a su modo de ser hallándose despejado. También podría ser que la vida en el hogar, a la que el señor Bloom atribuía máxima importancia, no hubiera sido para él todo lo que debe ser o que tuviera familiaridad con gente de la clase educada. Con un dejo de inquietud por el joven sentado cerca de él y a quien escrutaba furtivamente con cierto aire de consternación al recordar que acababa de volver de París, cuyos ojos muy particularmente le evocaban tenazmente al padre y a la hermana, fracasando sin embargo en la empresa de arrojar luz sobre el asunto, recordó casos de sujetos cultos que habían hecho abrigar brillantes esperanzas y que habíanse tronchado en pleno brote bajo el prematuro decaimiento, sin que pudiera culparse a nadie más que a ellos mismos. Como ejemplo ahí estaba el caso de O'Callaghan, que era uno de ellos, medio loco, detonante, de buena familia pero escaso de recursos, con sus extravagancias de insano que, convertido ya en un desperdicio y en un verdadero motivo de fastidio para todo el mundo, no encontró nada mejor que ostentar públicamente un traje de papel de embalaje (verídico). Y luego, como *dénouement* obligado, siguiendo a sus descabellados y furiosos desafueros, terminaba en un verdadero desastre y algunos amigos tenían que ir a rescatarlo, después de una reprimenda que caía en el vacío, de parte de Juan Mallon, del Lower Castle Yard, conminándolo a no hacerse pasible de la aplicación del artículo dos de la Ley de Enmienda Criminal, ciertos nombres de esos comparendos siendo mencionados pero no divulgados, por razones que se le ocurren a cualquiera que tenga dos dedos de frente. Para abreviar, cada cosa en su sitio, seis dieciséis, a lo que él categóricamente hacía oídos sordos, Antonio y etcétera, los jockeys, los estetas y el tatuaje que hacían furor alrededor del setenta, llegando hasta la Cámara de los Lores, porque desde temprano en la vida, el ocupante del trono, entonces heredero forzoso, los otros miembros de las clases privilegiadas y otros elevados personajes sin hacer más que seguir las huellas de la cabeza del Estado, él reflexiono respecto a los errores de espectables personajes y testas coronadas en franca contradicción con la moralidad, tal como el caso Cornwall varios años atrás aun cubriendo las apariencias pero en una forma escasamente concordante con los designios de la naturaleza, siendo la respetabilidad la señora Grundy, como lo establece la ley en franca inquina, aunque no por la razón a la que ellos lo atribuían, cualquiera que fuera, excepto las mujeres principalmente, que siempre estaban enredándose unas a otras cual más cual menos, tratándose principalmente de cuestiones de vestidos y todo lo demás. Las damas que gustaban de ropas interiores de estilo personal deberían, y todo hombre elegante tendría que hacerlo, buscando de agrandar la brecha entre ellos por insinuaciones indirectas, buscar la manera de dar un genuino estimulante a los actos indecorosos entre ambos sexos, desabrochando ella el de él y él el de ella desabrigándola, cuidado con el alfiler, mientras los salvajes en las islas de caníbales, digamos a noventa grados a la sombra, no se preocupan un pepino. Sin embargo, volviendo al punto de partida, hay otros que llegaron a la cumbre abriéndose paso a puro músculo. La sola fuerza del genio natural, nada más. Una cuestión de poner a trabajar la sesera, señores.

Por cuya y demás razones sintió que era de su interés y de su deber seguir perseverando y aprovechar aquella ocasión no provocada, aun cuando no estuviera en condiciones de decir por qué, estando, como era la realidad, ya con algunos chelines en desventaja, teniendo, verdaderamente, necesidad de prestarle él mismo para ello. Cultivar, sin embargo, las relaciones con alguien de calibre no común podría suministrarle valiosa materia para la reflexión, lo que compensaría con creces cualquier pequeño... El estímulo intelectual es, pensó, tomándolo de tiempo en tiempo, un tónico de primer orden para la mente. A lo cual se agregaba la coincidencia de su encuentro, la discusión, la danza, la pelea, el viejo lobo de mar del tipo hoy aquí y mañana quién sabe dónde, los merodeadores nocturnos, toda la galaxia de acontecimientos contribuía a mostrarle como en un camafeo una miniatura del mundo en que vivimos especialmente, ya que la vida de los trabajadores que forman las falanges sumergidas; a saber, los mineros de carbón, los buzos, los basureros, etc., que ya en los últimos tiempos se hallaban bajo el microscopio. Para sacar aún mayor partido de esa hora radiante, se preguntaba si no le sería posible encontrarse con algo que en suerte lo hiciera parecerse al señor Felipe Beaufoy tomándolo por escrito. Supongamos que pudiera escribir algo que se saliera de los caminos trillados (como pensaba realmente hacerlo) al precio de una guinea por columna, *mis observaciones*, digamos, *en un refugio de cocheros*.

Quiso el azar que *El Telégrafo*, edición rosa con los resultados completos de las carreras, el papel no se ruboriza, se hallara cerca de su codo, y mientras se devanaba los sesos de nuevo, lejos de darse por satisfecho respecto al enigma de un país que le perteneció y respecto al precedente jeroglífico, el barco venía de Bridgwater y la postal estaba dirigida a A. Boudin, hallar la edad del capitán, sus ojos pasaron distraídamente sobre los diversos encabezamientos que le concernían, particularmente a la abárcalotodo, danos hoy nuestras noticias de cada día. Al principio tuvo un pequeño sobresalto, pero resultó ser solamente algo acerca de alguien llamado H. de Boyes, agente de máquinas de escribir o algo por el estilo. Gran Batalla Tokio. Amores en Irlandés £ 200 de daños y perjuicios. Gordon Bennett. Carta de Su Alteza Guillermo ※. *Billete* en el Ascot recuerda el Derby del 92, en que el caballo *Sir Hugo*, del capitán Marshall, resultó un verdadero batacazo. El Desastre de Nueva York, Miles de Muertos. Aftosa. Exequias del señor Patricio Dignam.

Entonces, para cambiar de tema, leyó acerca de Dignam, R. I. P., lo que, reflexionó, estaba muy lejos de constituir una salida alegre.

—*Esta mañana* (lo puso Hynes, naturalmente), *los restos del extinto señor Patricio Dignam fueron trasladados desde su residencia, Newbridge Avenue Nº 9, Sandymount, para ser inhumados en Glasnevin. El caballero desaparecido era una figura muy popular y simpática de nuestra ciudad, y su fallecimiento, triste desenlace de una breve enfermedad, ha repercutido dolorosamente entre los ciudadanos de todas las esferas sociales, dejando una sombra de inconsolable pesar. Las exequias, en las que estuvieron presentes muchos amigos del extinto, estuvieron a cargo* (seguramente Hynes escribió esto con ayuda de Corny) *de los señores H. J. O'Neill e Hijo, 164 North Strand Road. Asistieron al duelo: Pat Dignam (hijo), Bernardo Corrigan (cuñado), Juan Enrique Menton, procurador; Martín Cunningham, Juan Power, comersobredph* ⅛ *ador dorador dour adora* (debe de ser aquí donde llamó a Monks el padre noticias por el aviso de Llavs), *Tomás Kernan, Simón Dedalus, Esteban Dedalus, B. A., Eduardo J. Lambert, Cornelio Kelleher, José M'C. Hynes, L. Boom, C. P. M'Coy, Impermeable y varios otros.*

Un poco irritado por ese *L. Boom* (como decía incorrectamente) y la línea empastelada, pero divertido simultáneamente por C. P. M' Coy y Esteban Dedalus B. A., que brillaron, es inútil decirlo, por su total ausencia (para no*mencionar a Impermeable), L. Boom, seminervioso, lo señaló a su compañero B. A., ocupado en sofocar otro bostezo, abundando respecto a la chillona cosecha de erratas tipográficas.

—¿Está ahí esa primera epístola a los Hebreos? —preguntó tan pronto se lo permitió su mandíbula inferior—. Texto: abre la boca y mete la pata adentro.

—Sí, por cierto —dijo el señor Bloom (aunque al principio creyó que aludía al arzobispo, hasta que agregó lo de la boca y la pata, con lo que no podría haber relación posible), encantado de poder poner en reposo su espíritu y un poquito pasmado, después de todo, de que Myles Crawford hubiera arreglado las cosas así.

Mientras el otro leía eso en la página dos, Boom (para darle momentáneamente su nuevo nombre equivocado) distraía unos instantes de sosiego mirando el detalle del tercer acontecimiento en Ascot en la página tres, valor colateral de 1.000 soberanos y 3.000 soberanos adicionales en efectivo para potrillos y potrancas; 1. — *Billete* del señor Alexander, cab. bayo por *Billetero*, 5 años, 130 libras, Thrale (por W. Lane) 2. — *Zinfandel*, de Lord Howard de Walden (por M. Cannon) 3. — *Cetro*, del señor W. Bass. Apuestas 5 a 4 sobre *Zinfandel*, 20 a 1 sobre *Billete* (dudoso). *Billete* y *Zinfandel* iban parejos. Nada podía anticiparse cuando el menos jugado del pelotón ganó terreno, tomando gran ventaja a los otros y dejando atrás al potro alazán de lord Howard de Walden y a *Cetro*, la potranca baya del señor W. Bass, sobre un recorrido de dos millas y media. El ganador fué entrenado por Braine, de modo que la versión de Lenehan sobre el acomodo no fué más que pura charla. Se clasificó primero por un cuerpo, 1.000 soberanos y 3.000 en efectivo. También corrió *Maximum II* de J. de Bremond (caballo francés acerca del que Bantam Lyons andaba averiguando datos con mucho interés desde hacía tiempo). Modos distintos de echar abajo una combinación. Son los sinsabores del amor. Aunque ese crudo de Lyons salió como escupida de músico para quedarse mirando la luna. Naturalmente, el juego se prestaba a las mil maravillas para esas combinaciones, aun cuando, por la forma como se presentaron las cosas, el pobre papanatas no tenía por qué alegrarse mucho de su elección, esperanza defraudada. En el fondo, no se trata más que de un juego de adivinanzas.

—Había muchas razones para pensar que ocurriría así —dijo el señor Boom.

—¿Quién? —inquirió el otro, cuya mano, entre paréntesis, estaba lastimada.

—Una mañana uno abrirá el diario —afirmó el cochero— y leerá *Retorno de Parnell*. Les apostaba lo que ellos querían. Un fusilero de Dublin que estuvo una noche en ese refugio dijo que lo había visto en Sudáfrica. Es el orgullo lo que lo mató. Él tendría que haberse eliminado o haber desaparecido por un tiempo después de la Asamblea del Comité N° 15 hasta que se hubiera convertido en el mismo de antes sin que nadie tuviera que señalarlo con el dedo. Entonces todos habrían caído a sus plantas como un solo hombre para pedirle que volviese cuando hubiera recobrado sus sentidos. No estaba muerto. Sencillamente escondido en alguna parte. El ataúd que trajeron estaba lleno de piedras. Había cambiado de nombre y era De Wet, el general boer. Cometió un error al atacar a los curas. Y así sucesivamente y etcétera.

De cualquier manera Bloom (así apellidado en realidad) estaba bastante sorprendido ante los recuerdos de ellos porque en nueve casos de cada diez era un caso de barriles de alquitrán y no casos aislados, sino a millares, y después el olvido completo porque eso se remontaba a veinte y tantos años atrás. Era muy improbable, como es natural, que hubiera la más mínima sombra de verdad en esos cuentos y, aun suponiendo que la hubiera, él consideraba que un retorno sería francamente deplorable, sobre todo teniendo en cuenta todos los aspectos de la cuestión. Evidentemente, había algo que los encolerizaba en esa muerte. Podría ser que hubiera desaparecido demasiado vulgarmente, víctima de una neumonía aguda, dejando a medio terminar sus diversos problemas políticos, o que se evidenciara que su muerte podía deberse a haber descuidado el cambio de los botines y las ropas después de una mojadura, de lo que resultó un enfriamiento, y habiendo dejado de consultar a un especialista, siendo confinado en su habitación hasta que eventualmente murió de resultas de él entre el profundo pesar, llegando a los estertores en menos de una quincena, o muy probablemente también tal vez ellos estuvieran afligidos por haberlos eludido antes de que pudieran ajustarle las cuentas. Naturalmente, no estando nadie al tanto de sus movimientos desde mucho antes, no existió absolutamente ningún indicio respecto a su paradero, que era decididamente parecido al tema de *Alicia: ¿dónde estás?*, lo que venía ya de la época en que él empezara a andar ocultándose bajo varios apodos, tales como Fox y Stewart, de modo que la observación que emanaba del amigo auriga bien podía estar dentro de los límites de lo posible. Se comprende que su espíritu se sintiera agobiado tratándose de un innato conductor de hombres, como indudablemente lo era, y figura dominante, seis pies, o en cualquier caso cinco pies diez u once pulgadas sobre sus pies descalzos, mientras que los señores Fulano y Zutano, quienes aun cuando no fueran ni siquiera una caricatura del hombre anterior, tenían en sus manos el gobernalle, hasta tratándose de personas muy poco recomendables. Esto ponía por cierto en vigor la moraleja del ídolo con pies de barro. Y luego setenta y dos de sus fieles secuaces volviéndose contra él, arrojándose barro recíprocamente. Y lo mismo ocurre con los asesinos. Hay que retornar —esa sensación obsesionante suerte que lo arrastra a uno— para demostrar al titular cómo se tiene el *role*. Él lo vió una vez en la auspiciosa ocasión en que empastelaron los tipos en el *Irreductible* o era *Irlanda Unida*, privilegio que él apreciaba

nera atónito—. Es la primera vez que lo oigo. Es posible, sin embargo; seguramente habrá sido allí, porque ella vivió en España.

Evitando cuidadosamente en su bolsillo el libro *Dulzuras del*, que, entre paréntesis, le hizo recordar otro libro de la biblioteca de Capel Street que tendría que haber devuelto, sacó su portamonedas y, hurgando en su contenido variado, finalmente...

—De paso —dijo eligiendo una fotografía descolorida que puso sobre la mesa—, ¿cree usted que es ése un tipo español?

Esteban, a quien es obvio que dirigía la palabra, bajó la vista a la fotografía en que se mostraba una dama abundante, de encantos carnales ampliamente evidenciados, su madurez femenina en plena florescencia y en un traje de noche ostentosamente escotado con el evidente objeto de ofrecer una liberal visión de los senos; sus carnosos labios entreabiertos y algunos dientes perfectos, de pie con estudiada pose cerca de un piano en el cual se veía la música de la balada *En el viejo Madrid*, hermosa en su categoría, que se hallaba de moda en ese entonces. Sus ojos (los de la dama) grandes y oscuros, miraban a Esteban, a punto de sonreír por algo digno de admirar: Lafayette, de Westmoreland Street, primer artista fotógrafo de Dublin, a quien se debía la estudiada ejecución.

—La señora Bloom, madama Marion Tweedy, mi esposa, la *prima donna* —indicó Bloom—. Obtenida hace unos años. En el noventa y seis o algo así. Muy parecida a ella en ese entonces.

Al lado del joven, él miraba también la fotografía de la dama, ahora su esposa legal, la cual, le confió, era la bien dotada hija del comandante Brian T. Tweedy, que desde muy temprana edad había evidenciado notable habilidad para el canto y había aparecido en público cuando sus años sumaban dieciséis apenas. En lo que se refiere al rostro, era tan parecido como si estuviera hablando, cosa que no podía afirmarse del conjunto de la figura, que llamaba la atención en todas partes y que no había salido favorecida en esa toma. Podía haberse elegido ventajosamente una pose en que luciera mejor el conjunto, sin destacar con tanta preferencia ciertas curvas opulentas de... Se explayó, ya que a ratos perdidos él era un poco artista, respecto al mental desarrollo de la forma femenina en general, porque justamente esa tarde sin ir más lejos había visto esas estatuas griegas en el Museo Nacional, perfectamente desarrolladas como obras de arte. Nada como el mármol para dar el original, hombros, torso, toda la simetría. Lo demás, así es, puritanismo. Lo hace, sin embargo, el soberano de San José... mientras que ninguna fotografía podría, simplemente porque no se trata, en una palabra, de arte.

Conmovido por las sugerencias del tema, le habría gustado seguir el buen ejemplo del marinero, dejando que la figura hablara por sí misma por muy pocos minutos en una defensa propia que él... para que el otro pudiera beber la belleza a su sabor, ya que la presencia de ella en el escenario era, francamente, un verdadero deleite, al que la cámara no podía en modo alguno hacer justicia. Pero eso era escasamente conforme a las reglas sociales, a pesar de esa suerte de agradable cálida noche sin embargo maravillosamente fría para la estación teniendo en cuenta que después de la tormenta viene el buen tiempo... Y sintió entonces una especie de necesidad de obedecer a una voz interior y satisfacer una posible necesidad poniéndose en movimiento. A pesar de eso, esperaba sin decir nada, mirando simplemente la ligeramente sucia fotografía arrugada en el lugar de las opulentas curvas que sin embargo en nada desmerecían por eso, y desvió pensativamente la mirada con la intención de no aumentar más la posible turbación del otro mientras justipreciaba su simetría de palpitante *embonpoint*. En realidad la leve suciedad era sólo un encanto más, como en el caso de la ropa blanca ligeramente sucia, tan agradable como si fuera nueva; mucho mejor, en realidad, al perder el apresto. ¿Si ella se hubiera ido cuando el...? Yo busqué la lámpara que ella me dijo se le ocurrió a él pero simplemente como una quimérica fantasía suya porque él entonces recordó la cama en desorden de la mañana etcétera y el libro acerca de Ruby meten si cosas (sic) en él el cual debe de haber caído en buena hora ciertamente al lado del orinal doméstico con perdón de Lindley Murray.

Por cierto que le resultaba agradable la vecindad de ese joven educado, *distingué* y, de yapa, impulsivo, sin duda alguna lo mejor del conjunto, aun cuando no podría decirse que él... sin embargo podría decirse. Él dijo, además, que el retrato, lo cual, dígase lo que se diga, era así, a pesar de que actualmente fuese manifiestamente más corpulenta. ¿Y por qué no? Mucho de artificioso circulaba respecto a esa especie de cosa que involucraba una ligera mancha en la reputación de toda una vida, con la sucia página de rigor en letras de molde referente al viejo tema del embrollo matrimonial, con revelaciones de comportamiento incorrecto con un golfista profesional o un nuevo favorito del escenario, en lugar de tratar todo el asunto con franqueza y honestidad. Estaba escrito que debían encontrarse y que una unión había de surgir del encuentro de ambos de modo que sus dos nombres aparecieron juntos públicamente, lo que fué declarado en el tribunal con cartas conteniendo expresiones suculentas y comprometedoras como es habitual y no dejando lugar para una escapatoria, demostrándose que cohabitaban abiertamente dos o tres veces por semana en un bien conocido hotel de la ribera y sus relaciones, siguiendo las cosas el curso normal, se hicieron íntimas a su debido tiempo. Luego el juicio fué resuelto *nisi* ante la requisitoria del procurador del Rey y, no pudiendo oponerse, *nisi* se convirtió en definitivo. Pero en cuanto a eso se refiere, hallándose los dos delincuentes absorbidos por su pasión recíproca, podían permitirse ignorarlo, lo que hicieron en realidad hasta que el asunto fué puesto en manos de un procurador, que se presentó en nombre de la parte afectada en el término debido. Él, Bloom, tuvo el privilegio de estar cerca del rey sin corona de Irlanda en persona cuando las cosas derivaron en el histórico *fracas* y los fieles secuaces del líder caído —que se aferró a sus fusiles hasta la última gota aun cuando se hallaba revestido por el manto del adúltero— (del líder caído) en número de diez o doce o probablemente aún más que penetraron en la imprenta del *Irreductible;* o no, era *Irlanda Unida* (un apelativo, entre paréntesis, de ningún modo apropiado) e hicieron pedazos las cajas de tipos con martillos o algo así a causa de las groseras extralimitaciones

él, sin dar, se sobrentiende, un solo cobre, rehusando tomar co..10
artículo de fe los fallos que no tenían ni lógica ni principio, estaba,
de primera intención, y en teoría por lo menos, en completo acuerdo con los derechos de los campesinos a la tierra en aquello que era
fiel expresión de las tendencias modernas de la opinión, parcialidad
de la que, comprendiendo sin embargo su error, él se curaba en parte
de seguir, y llegaron hasta culparlo de ir un paso más allá que Miguel
Davitt en las detonantes teorías que él preconizaba en cierta época
a favor del retorno de la tierra a los que la trabajan, razón suficiente
para que él se resintiera muy especialmente por la insolente insinuación hecha durante la reunión de los clanes en la casa de Barney
Kiernan; de modo que él, tan a menudo y tan inexplicablemente incomprendido y el menos combativo de los mortales, nunca será suficientemente repetido, se apartó de sus hábitos de moderación para
pegarle (metafóricamente hablando) un directo a la barriga, si bien
en lo que se refiere al dominio de la política era muy consciente de
las pérdidas de vidas humanas que resultan invariablemente de tales
campañas y manifestaciones de recíproca animosidad y de la miseria
y los sufrimientos por ellas ocasionados y, como inevitable consecuencia, la masacre de la hermosa juventud, lo que da luego por resultado, en pocas palabras, la destrucción de los más aptos.

De cualquier manera, pesando el pro y el contra, y acercándose,
como era el caso, la una, era hora de retirarse esa noche. El dilema
consistía en que resultaba un poco arriesgado llevarlo a casa, ya que
podrían sobrevenir eventualidades (debido al talante circunstancial
de alguien) y arruinarse el estofado, tal como ocurrió la noche en que
él equivocadamente llevó a casa un perro (de raza desconocida) cojo
de una patita, no porque el caso fuera idéntico o lo inverso, toda
vez que él se había lastimado también la mano en Ontario Terrace,
como recordaba muy distintamente, habiendo estado allí por así decirlo. Por otra parte, era decididamente demasiado tarde para sugerir
Sandymount o Sandycove, de modo que él estaba un tanto perplejo
respecto a cuál de las dos alternativas... Todo indicaba que, bien
consideradas las cosas, lo más indicado era aprovechar plenamente la
oportunidad. Su impresión inicial se lo mostró un poco infatuado o
poco comunicativo, pero en cierta forma eso le gustaba. Podía ser,
así, que la idea no le resultara agradable si se la insinuaba, y la principal causa de preocupación es que no sabía cómo llegar a esa insinuación o decir claramente lo que se proponía; suponiendo que acep-
tara la proposición, sería para él un gran placer personal si le permitía
ayudarlo a conseguir algún dinero o utilizar algún guardarropa si
encontraba en él algo adecuado. De todos modos, llegó, por último, a
la conclusión, eludiendo momentáneamente el precedente problema,
de una taza de cocoa de Epps y una cama improvisada para la noche,
más la utilización de una o dos alfombras, y el sobretodo doblado a
guisa de almohada. Por lo menos estaría en buenas manos y tan
calentito como una tostada al rescoldo. No se le ocurrió que hubiera
en eso ningún gran peligro a condición de que no fuera a armarse
alguna pelotera. Algo había que hacer, porque esa vieja alma feliz, el
marido separado de su mujer de que se trataba, que parecía pegado

con cola a su sitio, no daba muestras de tener ningún apuro por encaminarse a su casa de la tiernamente amada Queenstown y era muy probable que la mejor pista para dar con el paradero de ese sujeto equívoco durante los próximos días fuera algún pegajoso lupanar de bellezas retiradas de Sheriff Street Lower, ocupándose de inquietar sus nervios (los de las sirenas) con anécdotas fantásticas de revólveres de seis tiros, calculadas para helar la sangre en las venas a cualquiera y ocupándose al mismo tiempo en aporrear sus abundantes encantos con groseros manotones acompañados de abundantes libaciones de whisky y la habitual adjudicación de vivezas y baladronadas respecto a sus propias aventuras, porque en cuanto a quién era él es tanto como decir que XX equivalgan a mi verdadero nombre y dirección, como la señora Álgebra lo certifica *passim*. Al mismo tiempo él se reía para sus adentros por su aguda réplica al campeón de sangre y llagas respecto a que su Dios era un judío. Las gentes podían aguantar ser mordidas por un lobo, pero lo que en verdad las encolerizaba era el mosdisco de una oveja. Era también el punto más vulnerable del tierno Aquiles, tu Dios era judío, porque casi todos parecen creer que él salió de Carrick-on-Shannon o algún otro señor del condado de Sligo.

—Propongo —sugirió por fin nuestro héroe, después de madura reflexión, mientras embolsillaba prudentemente la fotografía de ella— que, como hay cierta sofocación aquí, usted venga a casa conmigo y cambiemos ideas. Mi guarida está en muy cercana vecindad. Usted no puede tomar eso. Espere, voy a pagar todo.

Lo mejor era mandarse mudar, lo demás marcharía a pedir de boca; por lo cual, mientras se metía prudentemente la fotografía en el bolsillo, hizo señas al dueño de la casucha, que no parecía...

—Sí, eso es lo mejor —aseguró a Esteban, para quien, en cuanto a eso se refiere, Brazen Head o su casa o cualquier otra parte era todo poco más o menos...

Toda clase de planes utópicos cruzaban como relámpagos por la atareada mente de Bloom. La educación (la auténtica), la literatura, el periodismo, los cuentos premiados, la jerigonza publicitaria, los baños termales y las giras de concierto en los balnearios ingleses plagados de teatros, gastaderos de dinero, dúos en italiano con el acento estrictamente natural, y una cantidad de otras cosas que, por supuesto, no hay necesidad de divulgarlo ni andarlo contando a la señora, y un poquito de suerte. Una oportunidad era todo lo que hacía falta. Porque sospechaba con creces que él tenía la voz del padre para respaldar sus esperanzas sobre lo que estaba en condiciones de aceptar una apuesta; de modo que, viniendo a parar en lo mismo, no se perdía nada con encauzar de paso la conversación derivándola hacia la cuestión; de modo que...

El cochero leyó en el diario de que se había apoderado que aquel antiguo virrey, el conde Cadogan, había presidido la comida de la asociación de los cocheros en alguna parte de Londres. Este emocionante anuncio fué acogido en silencio y con uno o dos bostezos. Entonces el viejo punto que estaba en el rincón, al que parecía quedarle todavía alguna chispa de vitalidad, leyó en voz alta que sir

sombra en la iglesia de los Padres Jesuítas en la Upper Gardiner Street, edificio sagrado que se había colmado hasta el tope de virtuosos o más bien *virtuosi* venidos para escucharla. La opinión unánime fué que no había nadie que estuviera a su altura, bastando decir que tratándose de un lugar de veneración por la música de carácter sagrado se evidenció un deseo unánimemente expresado de que se repitiera. En resumen, aunque inclinándose preferentemente por la ópera ligera del carácter de *Don Juan* y de *Martha*, una joya en su categoría, él tenía un *penchant*, aun cuando sólo con un conocimiento superficial, por la severa escuela clásica tal como la de Mendelssohn. Y hablando de eso, dando por sentado que él estaba perfectamente al tanto de todos los favoritos, mencionó *par excellence* el aria de Lionel en *Martha, M'appari*, el que, caso curioso en realidad, había oído o, para ser más exacto, había alcanzado a oír ayer, privilegio que apreciaba profundamente, de labios del respetado padre de Esteban, cantado a la perfección; una ejecución del trozo que, en realidad, había dejado atrás a todos los demás. Esteban, en respuesta a una pregunta cortésmente formulada, dijo que no; pero se deshizo en elogios de las canciones de Shakespeare, por lo menos de las aproximadamente pertenecientes a ese período del tañedor de laúd Dowland, que vivía en Fetter Lane, cerca de lo de Gerardo el herbario, quien *anno ludendo hausi, Dolandus*, instrumento que tenía intención de comprarle al señor Arnaldo Dolmetsch, a quien Bloom no recordaba muy bien, aunque el nombre ciertamente sonaba familiar, por sesenta y cinco guineas, y Farnaby e hijos con sus conceptos de *dux* y *comes;* y Byrd (Guillermo), que tocaba las espinetas, dijo, en la Capilla de la Reina o en cualquier otro lado que le viniera a la mano y de un cierto Tomkins que hacía improvisaciones y arias y John Bull.

Sobre la calzada a la que se acercaban mientras iban hablando todavía, más allá de la cadena mecánica, un caballo, arrastrando una barredora, se deslizaba por el pavimento levantando una larga faja de cieno, de manera que, con el ruido, Bloom no estaba completamente seguro de haber entendido bien la alusión a las sesenta y cinco guineas y a John Bull. Inquirió si ese John Bull era la celebridad política del mismo nombre, porque le llamaron la atención los dos nombres idénticos, lo que era una sorprendente coincidencia.

El caballo se desvió lentamente a lo largo de las cadenas para dar la vuelta, percibiendo lo cual Bloom, que vigilaba atento como de costumbre, tiró con suavidad la manga del otro, observando burlonamente:

—Nuestras vidas están en peligro esta noche. Cuidado con el rodillo de vapor.

Se detuvieron al punto. Bloom miró la cabeza del caballo que no parecía valer sesenta y cinco guineas, que se destacó repentinamente en la oscuridad, muy cerca, de tal modo que parecía otro, un agrupamiento distinto de huesos y hasta de carne, pues era evidentemente un cuatrocaminador, un meneacaderas, un nalganegra, un sacudecola, un cabezalcolgante, que avanzaba su pata trasera, mientras el señor de su creación se hallaba sentado sobre la percha, ensimismado en sus pensamientos. Pero tan bueno el pobre bestia, le afligía no disponer de un terrón de azúcar; mas, como sabiamente reflexionó, resultaba muy difícil estar siempre a punto para lo que pudiera ocurrir. No se trataba más que de un borrico de caballo nervioso y pusilánime, incapaz de preocuparse por nada del mundo. Pero si un perro, reflexionó, por ejemplo ese mestizo en lo de Barney Kiernan, tuviera el mismo tamaño, resultaría un verdadero terror enfrentarse con él. Pero ningún animal tenía la culpa de ser como era, como el camello, navío del desierto, que destila el jugo de las uvas en su giba, convirtiéndolas en whiskey. Nueve décimos de todos ellos podían ser enjaulados o domesticados, nada estaba fuera del alcance del hombre, excepto las abejas: la ballena con un arpón, el cocodrilo haciéndole cosquillas en la cintura y se muere de risa; el gallo dibujándole un círculo con tiza; el tigre, con mi mirada de lince. Estas reflexiones circunstanciales referentes a los animales de la creación ocupaban su mente, algo distraída de las palabras de Esteban, mientras la barca de la calle maniobraba y Esteban seguía hablando acerca de los interesantísimos viejos...

—¿Qué es lo que estaba diciendo yo? ¡Ah, sí! Mi esposa —declaró, metiéndose *in medias res*— tendría el mayor placer en conocerlo, ya que ella es apasionadamente afecta a la música de cualquier clase.

Miró amistosamente de costado el perfil de Esteban, imagen de su madre, que nada tenía de común con el tipo corriente de bandidos detrás de los cuales ellas anhelan indubitablemente correr, ya que él tal vez no estaba hecho de esa manera.

Con todo, suponiendo que él tuviera el don de su padre, de lo cual estaba casi convencido, eso vendría a abrirle nuevos horizontes a su imaginación, tales como el concierto de las industrias irlandesas de lady Fingall, el lunes precedente, y la aristocracia en general.

Ahora él estaba escribiendo exquisitas variaciones sobre el aire *Aquí termina la juventud* de Jans Pieter Sweelinck, un holandés de Armsterdam, de donde vienen las damas holandesas. Le gustaría aún más una antigua canción alemana de *Johannes Jeep* sobre el claro mar y las voces de las sirenas, dulces asesinas de los hombres, que encandiló un poco a Bloom:

Von der Sirenen Listigkeit
Tun die Poeten dichten.

Tradujo y cantó esos compases iniciales *ex tempore*. Bloom, asintiendo con la cabeza, le dijo que entendía perfectamente y le rogó que siguiera por favor, lo que él hizo.

Una voz de tenor de tan fantástica perfección como ésa, el más rarísimo de los dones, que Bloom justipreció en el mismísimo instante de lanzar la primera nota, podía fácilmente, si se la cultivaba como corresponde por alguna reconocida autoridad en materia de canto, tal como Barraclough, y siendo capaz de leer música por añadidura, imponer su propio precio allí donde los barítonos estaban a dos por cinco y uno de yapa y procurar para su dueño afortunado en un cercano futuro una *entrée* en los salones a la moda de los barrios aristocráticos de los magnates de las finanzas que hacen opera-

¿Qué camino paralelo siguieron a la vuelta Bloom y Esteban?

Partiendo los dos juntos a paso normal desde Beresford Place siguieron en el orden indicado por Lower y Middle Gardiner Street y Mountjoy Square, hacia el oeste: entonces, aflojando el paso y doblando ambos a la derecha, tomaron inadvertidamente por Gardiner's Place hasta el extremo de Temple Street, al norte: después, a paso lento interrumpido por detenciones, tiraron a la derecha por Temple Street, hacia el norte, hasta el Hardwicke Place. Avanzando en lento paseo siguieron, dispares, y cruzaron juntos la plazoleta delante de la iglesia de George diametralmente, siendo la cuerda de una circunferencia inferior siempre al arco que subtiende.

¿De qué deliberó el diunvirato siguiendo su itinerario?

De música, literatura, Irlanda, Dublin, París, amistad, mujeres, prostitución, dieta, la influencia de la luz del gas o la luz de arco y la lámpara incandescente sobre el crecimiento de los árboles paraheliotrópicos contiguos, la exposición de los tachos de basura de emergencia de la corporación, la iglesia católica romana, el celibato eclesiástico, la nación irlandesa, la educación jesuíta, las profesiones, el estudio de la medicina, el día transcurrido, la maléfica influencia del pre sabbath, el colapso de Esteban.

¿Descubrió Bloom factores comunes de similitud entre sus respectivas reacciones semejantes y diferentes ante la experiencia?

Ambos eran sensibles a las impresiones artísticas, a las musicales con preferencia a las plásticas o pictóricas. Ambos preferían la forma de vida continental a la insular, un lugar de residencia cisatlántico a uno transatlántico. Ambos endurecidos por temprano aprendizaje vernáculo y una heredada tenacidad de resistencia heterodoxa, profesaban la incredulidad respecto a muchas religiones ortodoxas, doctrinas nacionales, sociales y éticas. Ambos admitían la alternativa estimulante y embotadora influencia del magnetismo heterosexual.

¿Fueron sus opiniones divergentes respecto a ciertos puntos?

Esteban disentía abiertamente de las opiniones de Bloom sobre la importancia de la dieta medicinal y la autocultura del ciudadano, mientras que Bloom disentía tácitamente de los puntos de vista de Esteban sobre la afirmación eterna del espíritu del hombre en la literatura. Bloom asintió secretamente a la rectificación de Esteban referente al anacronismo que involucra aceptar como fecha de la conversión de la nación irlandesa de los druidas al cristianismo por Patricio, hijo de Calpormes, hijo de Potitus, hijo de Odyssus, enviado por el papa Celestino I del año 432 bajo el reinado de Leary al año 260 más o menos bajo el de Cormac MacArt († 226 E. C.) asfixiado por deglución imperfecta de alimentos en Sletty y enterrado en Rossnaree. El colapso, que Bloom atribuía a inanición gástrica y a ciertos compuestos químicos de variables grados de adulteración y fuerza alcohólica, acelerada por el esfuerzo mental y la velocidad del movimiento circular acelerado en una atmósfera relajante. Esteban lo atribuía a la reaparición de una nube matinal (percibida por ambos desde dos puntos diferentes de observación, Sandycove y Dublin) no mayor al principio que una mano de mujer.

¿Había un punto sobre el cual sus opiniones fueran iguales y negativas?

La influencia de la luz de gas o de la luz eléctrica sobre el crecimiento de los árboles paraheliotrópicos contiguos.

¿Había Bloom discutido temas similares en el pasado durante deambulaciones nocturnas?

De noche en 1884 con Owen Goldberg y Cecil Turnbull en la vía pública entre Longwood Avenue y la esquina de Leonard y de la esquina de Leonard y Synge Street y la Bloomfield Avenue. En 1885 con Percy Apjohn por las tardes, reclinados contra la pared entre la villa Gibraltar y la casa Bloomfield en Crunlin, baronía de Uppercross. En 1886 ocasionalmente con conocidos casuales y presuntos compradores en la puerta de calle, en antesalas, en vagones de ferrocarril de tercera en líneas suburbanas. En 1888 ocasionalmente con el comandante Tweedy y su hija la señorita Marion Tweedy, juntos y separadamente en la antesala de la casa de Matthew Dillon en Roundtown. Una vez en 1892 y otra vez en 1893 con Julio Mastiansky, en ambas ocasiones en la sala de su casa (de Bloom) en Lombard Street, oeste.

¿Qué reflexión concerniente a la secuencia irregular de fechas 1884, 1885, 1886, 1888, 1892, 1893, 1904 hizo Bloom antes de que llegaran a su destino?

Hizo notar que la progresiva extensión del campo del desarrollo y la experiencia individual era regresivamente acompañada por una restricción del dominio revertido de las relaciones interindividuales.

¿De qué modos, por ejemplo?

De la inexistencia a la existencia él venía a los muchos y era recibido como unidad; existencias a existencia él era con cualquiera como cualquiera con cualquiera; ido de la existencia a la noexistencia él sería percibido por todos como nada.

¿Qué acto cumplió Bloom cuando llegaron a su destino?

En los escalones de la casa del 4º de los equidiferentes números impares, calle Eccles número 7, él insertó mecánicamente la mano en el bolsillo trasero de sus pantalones para tomar su llavín.

¿Estaba allí?

Estaba en el bolsillo correspondiente de los pantalones que había llevado no la víspera sino el día precedente.

¿Por qué estaba él doblemente irritado?

Porque lo había olvidado y porque recordaba que se había recomendado a sí mismo dos veces de no olvidarse.

¿Cuáles eran entonces las alternativas para la pareja premeditadamente e inadvertidamente (respectivamente) sin llave?

Entrar o no entrar. Golpear o no golpear.

¿La decisión de Bloom?

Una estratagema. Apoyando sus pies sobre la pared enana, trepó por las rejas del patio, se apretó el sombrero sobre la cabeza, agarró dos puntos en la unión más baja de las rejas y el marco, dejó deslizar gradualmente su cuerpo de cinco pies nueve pulgadas y media de largo hasta dos pies diez pulgadas del pavimento del patio, y dejó que su cuerpo se moviera libre en el espacio separándose de las rejas y agachándose en preparación para el impacto de la caída.

¿Cayó?

Con el peso medida avoirdupois comprobado de su cuerpo ciento cincuenta y ocho libras, como lo certificaba la máquina graduada para pesarse periódicamente en el local de Francisco Froedman, químico farmacéutico del 19 de Frederick Street, Norte, en la última fiesta de la Ascensión, a saber, el duodécimo día de mayo del año bisextil mil novecientos cuatro de la era cristiana (era judía cinco mil seiscientos solar 9, letras dominicales CB, indicación Romana 2, período Juliano 6617, MXMIV).

¿Se levantó ileso del golpe?

Recuperando de nuevo el equilibrio estable se levantó ileso aunque percudido por el impacto, levantó el picaporte de la puerta del patio ejerciendo fuerza en su reborde de libre movimiento y mediante palanca de primera clase aplicada a su punto de apoyo se procuró acceso retardado a la cocina, a través del lavadero subyacente, encendió un fósforo por fricción, puso en libertad gas de carbón inflamable abriendo el pico de salida, encendió una alta llama que, regulándola, redujo a tranquila candescencia y encendió finalmente una candela portátil.

¿Qué discreta sucesión de imágenes percibió Esteban mientras tanto?

Apoyado contra las rejas del patio percibió a través de las transparentes vidrieras de la cocina a un hombre regulando una llama de gas de 14 bujías, a un hombre encendiendo una vela, a un hombre sacándose los botines por turno, a un hombre abandonando la cocina sosteniendo una vela de una bujía.

¿Reapareció el hombre en otra parte?

Después de un lapso de cuatro minutos el trémulo centelleo de su vela era perceptible a través de un semitransparente semicircular abanico sobre la puerta del vestíbulo. La puerta del vestíbulo giró lentamente sobre sus goznes. En el espacio abierto en el vano de la puerta el hombre reapareció sin su sombrero, con su vela.

¿Obedeció Esteban a su señal?

Sí; entrando cautelosamente, ayudando a cerrar y a encadenar la puerta, y siguiendo, sin hacer ruido, a lo largo del corredor, la espalda y los pies enfieltrados del hombre y la vela encendida, cuya luz pasaba por la hendidura iluminada de una puerta a la izquierda, y bajando cuidadosamente una escalera de caracol de más de cinco escalones, para llegar a la cocina de la casa de Bloom.

¿Qué hizo Bloom?

Apagó la vela con una viva espiración de aliento sobre la llama, acercó dos sillas de madera al fogón: una con el respaldo hacia la ventana del patio, para Esteban; la otra para sí mismo cuando fuera necesario; puso una rodilla en tierra, compuso sobre la parrilla una pira de astillas resinosas entrecruzadas, varios papeles coloreados y polígonos irregulares del mejor carbón de Abram a 21 chelines la tonelada del depósito de los señores Flower y M'Donald, de D'Olier Street 14, dió fuego a tres puntas sobresalientes del papel con un fósforo encendido a fricción, y puso así en libertad la energía potencial contenida en el combustible, permitiendo a los elementos de carbono e hidrógeno entrar en libre contacto con el oxígeno del aire.

¿En qué apariciones similares pensaba Esteban?

En otras que, en otras partes y en otros tiempos, arrodilladas sobre una rodilla o dos, habían encendido fuego para él; en el hermano

Miguel, en la enfermería del colegio de la Compañía de Jesús, en Conglowes Wood, Sallins, condado de Kildare; en su padre, Simón Dedalus; en el cuarto sin amueblar de su primera residencia en Dublin, en el número 13 de Fitzgibbon Street; en su madrina la señorita Catalina Morkan, en la casa de su hermana agonizante, la señorita Julia Morkan, en el 15 de Usher's Island; en su madre María, esposa de Simón Dedalus; en la cocina del número doce de North Richmond Street, en la mañana de la fiesta de San Francisco Javier de 1898; en el decano de estudios, padre Butt; en el anfiteatro de física del Colegio de la Universidad, 16 de Stephen's Green, Norte; en su hermana Dilly (Delia), en la casa de su padre en Cabra.

¿Qué vió Esteban al levantar su mirada a la altura de una yarda desde el fuego hacia la pared opuesta?

Bajo una hilera de cinco campanillas de resorte en espiral, extendiéndose desde una grampa en cada extremo, una soga curvilínea a través de la entrada, al lado de la pila de la chimenea, de cuya soga pendían cuatro pañuelos cuadrados de pequeño tamaño doblados sueltos consecutivamente en triángulos adyacentes, y un par de medias grises de señora con los extremos de ligas Lisle y los pies en su posición habitual, sujetos por tres broches erectos de madera, dos en los extremos externos y el tercero en el punto de unión.

¿Qué vió Bloom sobre el hogar?

A la derecha, sobre la hornalla (la más pequeña), una cacerola azul enlozada; sobre la de la izquierda (la más grande), una pava de hierro ennegrecido.

¿Qué hizo Bloom en el hogar?

Pasó la cacerola a la hornalla de la izquierda y, levantándose, llevó la pava de hierro a la pileta con el fin de hacer fluir la corriente de agua abriendo la canilla para dejarla salir.

¿Salió el agua?

Sí. Desde el depósito de Roundwood, condado de Wicklow, de una capacidad cúbica de 2.400 millones de galones, pasando por un acueducto subterráneo de tuberías maestras y dobles construídas a un costo inicial de £ 5 por yarda lineal en la instalación, pasando por Dargle, Rathdown, Glen of the Downs y Callowhill hasta el depósito de 26 acres de Stillorgan, una distancia de 22 millas comprobadas y, desde allí, atravesando un sistema de tanques de contención y una pendiente de 250 pies, a la cintura de la ciudad, al puente de Eustace, Leeson Street Superior; y como, debido a una sequía estival prolongada y a una distribución diaria de 12½ millones de galones, el agua había descendido por debajo del nivel inferior de las esclusas, por esa razón el inspector del distrito e ingeniero de aguas, el señor Spencer Harty, ingeniero civil, siguiendo las instrucciones del comité de aguas, había prohibido el uso del agua municipal para otros fines que no fueran los del consumo doméstico (contemplando la posibilidad de tener que recurrir al agua no potable del Gran Canal y del Canal Real, como en 1893) y especialmente teniendo en cuenta que los cuidadores del South Dublin, a pesar de su ración de 15 galones diarios por día y por hospitalizado, suministrados por un medidor a tubos de 6 pulgadas, habían sido convictos de un consumo de 20.000 galones por noche como pudo leerse en el medidor y como fuera comprobado por el apoderado legal de la corporación, señor Ignacio Rice, abogado, procediendo en consecuencia en detrimento de otra parte del público sometido a los impuestos, solventes y responsables.

¿Qué es lo que admiró Bloom, amante del agua, chupador de agua, aguatero, volviendo al fogón?

Su universalidad; su democrática igualdad y su naturaleza fiel a sí misma que la lleva a buscar su propio nivel; su vastedad oceánica sobre la proyección de Mercator; su insondable profundidad en la fosa de Sundam, en el Pacífico, que excede de las 8.000 brazas; el incansable movimiento de sus olas y partículas de su superficie, que visitan por turno todos los puntos de sus orillas; la independencia de sus unidades componentes; la variabilidad de los estados del mar; su hidrostática calma en tiempo de bonanza; su dilatación hidrokinética en las aguas muertas y en las grandes mareas; su subsistencia siguiendo a sus furias; su esterilidad en los congelados casquetes circumpolares: ártico y antártico; su importancia climática y comercial; su preponderancia de 3 a 1 sobre la tierra del globo; su indiscutible hegemonía que se extiende por leguas cuadradas sobre toda la región por debajo del trópico subecuatorial de Capricornio; la milenaria estabilidad de su fosa primitiva; su lecho fangosoleonado; su capacidad para disolver y mantener en suspensión todas las sustancias solubles incluyendo millones de toneladas de los más preciosos metales; sus lentas erosiones de penínsulas y promontorios tendientes al descenso; sus depósitos de aluvión; su peso, volumen y densidad; su imperturbabilidad en las lagunas y lagos de altitud; sus gradaciones de color en las zonas tórridas, templadas y frías; su vehicular sistema de ramificaciones continentales, cursos de agua que atraviesan lagos, y ríos cuyos cauces crecen por los afluentes en su camino hacia el océano, y corrientes transoceánicas; el Gulfstream, corrientes al norte y al sud del ecuador; su violencia en los maremotos, tifones, pozos artesianos, erupciones, torrentes, turbiones, crecientes, trombas, corrientes subterráneas, líneas de división de las aguas, bajantes de las aguas, geisers, cataratas, worágines, maelstroms, inundaciones, diluvios, lluvias torrenciales; su vasta curva circunterrestre ahorizontal; el misterio de sus saltos, su humedad latente, revelada por instrumentos rabdomantes e higrométricos, evidenciada por la cavidad en el muro de la puerta de Ashton, la saturación del aire, la destilación del rocío; la simplicidad de su composición: dos partes constitutivas de hidrógeno por una parte constitutiva de oxígeno; sus virtudes curativas; la flotabilidad en las aguas del Mar Muerto; su perseverante infiltración en arroyuelos, canales, presas deficientes, vías de agua en los navíos; sus propiedades para limpiar, apagar la sed y el fuego, nutrir la vegetación; su infalibilidad de paradigma y parangón; sus metamorfosis en vapor, bruma, nube, lluvia, cellisca, nieve, granizo; su fuerza en los rígidos diques; su variedad de formas en los lagos y las bahías y los golfos y las caletas y los estrechos y las lagunas y los atolones y los archipiélagos y las profundidades y los fiordos y los estuarios y los brazos de mar; su dureza en los glaciares, icebergs y témpanos flotantes; su docilidad para el trabajo en las máquinas hidráulicas, las ruedas de molino, las turbinas, las dínamos, las usinas de energía eléctrica, los lavaderos, las curtidurías, los establecimientos textiles; su utilidad en los canales, ríos navegables, diques secos y flotantes; su potencialidad comprobable considerando las mareas o los cursos de agua cayendo de nivel en nivel; su fauna y flora submarinas (anacústica y fotófoba), verdaderos habitantes del globo si no por la importancia por el número; su ubicuidad, ya que ella constituye el 90 % del cuerpo humano; lo nocivo de sus flujos lacustres, los pantanos pestilentes, el agua descompuesta de los floreros, los charcos estancados en la luna menguante.

Habiendo colocado la pava a medio llenar sobre los ahora encendidos carbones, ¿por qué volvió a la canilla todavía abierta?

Para lavarse las sucias manos con una tableta de jabón Barrington de limón (adquirido trece horas antes en la suma de cuatro peniques, y aún sin pagar), al cual todavía se hallaba adherido el papel, con un agua fresca y fría, siempre la misma y nunca igual, y secarse la cara y las manos con una larga toalla de gruesa tela de guarda roja pasada en un rodillo giratorio de madera.

¿Qué arguyó Esteban para declinar el ofrecimiento de Bloom?

Que él era hidrófobo, que odiaba el contacto con el agua fría, ya fuera por inmersión o por sumersión completa (su último baño se remontaba al primer mes de otoño del año precedente), que profesaba antipatía a las substancias ácueas de vidrio y cristal y que desconfiaba de las acuosidades del pensamiento y del lenguaje.

¿Qué impidió a Bloom dar a Esteban consejos de higiene y profilaxis, a los que deberían agregarse recomendaciones de practicar una previa mojadura de la cabeza, y la contracción de los músculos, al tiempo que se procura rociar rápidamente la cara, el cuello y las regiones torácica y epigástrica en el caso de baños de mar o de río, siendo las partes del cuerpo humano más sensibles al frío la nuca, el estómago y el tenar o planta del pie?

La incompatibilidad de la acuosidad con la errática originalidad del genio.

¿Qué otras enseñanzas adicionales se abstuvo asimismo de expresar?

Dietéticas: concernientes al porcentaje respectivo de proteína y energía calórica en el tocino, el bacalao salado y la manteca; la ausencia de lo primero en lo último nombrado y la abundancia de lo último en lo primero nombrado.

¿Cuáles parecían ser para el anfitrión las cualidades predominantes de su invitado?

Confianza en sí mismo, una fuerza igual y opuesta de abandono y recuperación.

¿Qué fenómeno concomitante tuvo lugar en la vasija de líquido por la acción del fuego?

El fenómeno de la ebullición. Ventilada por una constante corriente ascendente de aire entre la cocina y el caño de la chimenea, la combustión fué comunicada de los manojos de leña a las masas poliédricas de carbón bituminoso que contenía, en forma mineral comprimida, el fosilizado decidus laminado de primitivas forestas, que a su vez habían derivado su existencia vegetativa del sol, principal fuente de calor (radiante) trasmitido por medio del omnipresente luminoso dietérmano éter. El calor (difundido, un modo de movimiento) desarrollado por tal combustión, era constante y crecientemente trasmitido desde la fuente de calorificación al líquido contenido en la vasija, irradiando a través de la desigual deslustrada oscura superficie del metal hierro, en parte reflejado, en parte absorbido, en parte trasmitido, elevando gradualmente la temperatura del agua del punto normal al de ebullición, un aumento en la temperatura expresable como el resultado de un gasto de 72 unidades termales necesarias para elevar una libra de agua de 50° a 212° Fahrenheit.

¿Qué anunció el cumplimiento de este aumento en la temperatura?

Una doble expulsión de vapor de agua en forma de hoz saliendo simultáneamente de debajo de ambos lados de la tapa de la pava.

¿A qué uso personal podía Bloom aplicar el agua así hervida?

A afeitarse.

¿Qué ventajas traía afeitarse de noche?

Una barba más blanda; una brocha más blanda si intencionalmente se la dejaba permanecer en su espuma aglutinada entre una y otra enjabonada; una piel más suave en caso de encuentros inesperados de relaciones femeninas en lugares remotos a horas desacostumbradas; tranquilas reflexiones en el curso del día, una sensación de más limpieza al despertar después de un sueño más agradable, ya que los ruidos matutinos, precursores y perturbadores, el repiqueteo de tarros de leche, el doble golpe del cartero, un diario leído, vuelto a leer durante el enjabonamiento, el reenjabonamiento del mismo sitio.

un choque, un golpe, con vacío pensar de buscar y nadar en nada podía provocar rapidez, y causar un barbijo tafetán recortar y adherir, eso habría que hacer.

¿Por qué le molestaba a él menos la ausencia de luz que la presencia de ruido?

Debido a la seguridad del sentido del tacto en su firme, amplia, masculina, femenina, pasiva activa mano.

¿Qué cualidad poseía (la mano), pero con qué contrarrestadora influencia?

La cualidad quirúrgica operativa, pero con cierta repugnancia al derramamiento de sangre humana, aun cuando el fin justificara los medios, prefiriendo, en su orden natural, la helioterapia, la psicoterapia, la cirugía osteopática.

¿Qué aparecía sobre los estantes más bajos, intermedios y superiores del aparador de cocina abierto por Bloom?

Sobre el estante más bajo cinco platos verticales, seis platillos de desayuno horizontales sobre los que descansaban tazas invertidas, una de bigote, no invertida, y un platillo de Crown Derby; cuatro hueveras blancas bordeadas de oro, una cartera de gamuza abierta exhibiendo monedas, en su mayor parte cobres, y un frasco de confites aromáticos de violeta. Sobre el estante del medio una huevera cascada conteniendo pimienta, un barrilillo de sal de mesa, cuatro aceitunas negras conglomeradas en un papel oleaginoso, un tarro vacío de carne envasada Ciruelo, una canasta oval de mimbre con fondo de fibra conteniendo una pera de Jersey, una botella por la mitad de oporto blanco para inválidos de William Gilbey & Co., semidespojado de su faja de papel de seda rosa coral, un paquete de cocoa soluble de Epps, cinco onzas de té seleccionado Anne Lynch, a 2 chelines la libra en una bolsita de papel de plomo arrugada; una lata cilíndrica conteniendo la mejor azúcar cristalizada en terrones; dos cebollas: una, la más grande, española, entera; la otra, más pequeña, irlandesa, seccionada en dos partes iguales con mayor superficie y más olorosa; un tarro de crema de la Granja Irlandesa Modelo, una jarra de loza marrón conteniendo dos pintas y cuarto de leche agria adulterada, convertida por el calor en agua, suero agrio y cuajadas semisolidificadas, que, agregada a la cantidad sustraída para los desayunos del señor Bloom y de la señora Fleming, hacían una pinta imperial, la cantidad total originalmente entregada; dos clavos de olor, un medio penique y un platillo conteniendo una tajada de bife de costilla fresco. Sobre el estante superior una batería de tarros de compota de varios tamaños y procedencias.

¿Qué atrajo su atención descansando sobre el mantel del aparador?

Cuatro fragmentos poligonales rotos de dos boletos escarlata de apuestas, numerados 8 87, 8 86.

¿Qué reminiscencias arrugaron momentáneamente su frente?

Reminiscencias de coincidencias, la verdad más sorprendente que la ficción, preindicativa del insípido resultado de la Copa de Oro, cuyo resultado oficial y definitivo había leído en *El Telégrafo de la Noche*, última edición rosa, en el refugio del cochero, en el puente Butt.

¿Dónde había tenido él presentimientos del resultado potencial o ya efectivo anteriormente?

En el local habilitado de Bernardo Kiernan, de Little Britain Street 8, 9 y 10; en el local habilitado de David Byrne, de Duke Street 14; en O'Connell Street Lower; delante de lo de Graham Lemon cuando un hombre moreno le puso en la mano un volante (posteriormente arrojado), anunciando a Elías, restaurador de la iglesia de Sión; en Lincoln Place, delante del local de F. W. Sweny & Co. (Limitada), químicos distribuidores, cuando Federico M. (Bantam) Lyons hubo rápidamente y sucesivamente requerido, recorrido y restituído el número del día de *El Hombre Libre* y *La Prensa Nacional* que Bloom estaba a punto de tirar (posteriormente lo tiró); y cuando él se había dirigido hacia el edificio oriental de los Baños Turcos y Calientes, Leinster Street II, con la luz de la inspiración brillando en su semblante y llevando en sus brazos el secreto de la raza, grabado en el lenguaje de los profetas.

¿Qué consideraciones atenuantes apaciguaron su turbación?

Las dificultades de la interpretación, ya que el significado de cualquier hecho seguía a su ocurrencia tan variablemente como el estruendo acústico a la descarga eléctrica y las de apreciar una verdadera pérdida que podría derivarse de una falsa interpretación de la suma total de las pérdidas posibles procediendo originariamente a una interpretación afortunada.

¿Su estado de ánimo?

Él no había arriesgado, él no esperaba, él no se había visto contrariado, él estaba satisfecho.

¿Qué le satisfacía?

No haber experimentado ninguna pérdida real. Haber procurado una positiva ganancia a otros. Luz para los gentiles.

¿Cómo preparó Bloom una colación para un gentil?

Vertió en dos tazas de té dos cucharadas al ras, cuatro en conjunto, de cocoa soluble de Epps, y procedió de acuerdo con las instrucciones para el uso impresas en la etiqueta, agregando a cada una, después del tiempo suficiente para la infusión, los ingredientes prescriptos para la difusión en la forma y proporción prescriptas.

¿Qué otras demostraciones supererogatorias de especial hospitalidad mostró el anfitrión a su huésped?

Renunciando a su patriarcal derecho a la taza de bigote imitación Crown Derby que le fuera obsequiada por su única hija Millicent (Milly), la sustituyó por una taza idéntica a la de su invitado, y sirvió extraordinariamente a su invitado y, en medida reducida, a sí mismo, la viscosa crema ordinariamente reservada para el desayuno de su esposa Marion (Maruja).

¿Tuvo conciencia su huésped de estos signos de hospitalidad y los agradeció?

El dueño de casa le llamó la atención sobre ellos bromeando, y él los aceptó gravemente al par que bebían en jocososerio silencio el producto en serie de Epps, cocoa vital.

¿Hubo otras demostraciones de hospitalidad en las cuales pensó pero que no llevó a efecto, reservándolas para el otro y para él mismo con el fin de cumplirlas en futuras ocasiones para completar entonces el acto comenzado?

La reparación de una fisura de una pulgada y media de extensión en el lado derecho de la chaqueta de su invitado. El obsequio a su invitado de uno de los cuatro pañuelos de mujer siempre y cuando hubiere verificado que estaban en una condición presentable.

¿Quién bebió más rápidamente?

Bloom, que llevaba la ventaja de diez segundos en la iniciación y que tomaba, de la cóncava superficie de una cuchara, a lo largo de cuyo mango corría una corriente constante de calor, tres sorbos contra uno de su oponente, seis a dos, nueve a tres.

¿Qué cerebración acompañó a su acto intermitente?

La de sacar en conclusión como resultado de su examen pero erróneamente que su silencioso compañero estaba ocupado en la tarea mental que reflexionó sobre los placeres provenientes de la literatura de instrucción más bien que de la diversión, ya que él mismo había acudido a las obras de Guillermo Shakespeare más de una vez en procura de la solución de difíciles problemas en la vida imaginativa o real.

¿Había hallado él su solución?

A pesar de haber leído cuidadosa y repetidamente ciertos pasajes clásicos, auxiliado por un glosario, había obtenido sólo una convicción imperfecta del texto, no siendo las respuestas orientadoras en todos los puntos.

¿Qué versos terminaban su primer trozo de poesía original escrita por él, poeta potencial, a la edad de 11 años en 1877 en ocasión de otorgarse tres premios de 10 chelines, 5 chelines y 2 chelines y medio, respectivamente, por "El Trébol", un diario semanal?

> *Tengo la ambición traviesa*
> *De ver esta poesía impresa*
> *Y así os pido por favor*
> *Que queráis condescender.*
> *Al pie le podéis poner*
> *L. Bloom, un seguro servidor.*

¿Encontró cuatro fuerzas separadoras entre su invitado temporal y él?

El nombre, la edad, la raza, el credo.

¿Qué anagramas había hecho sobre su nombre en la juventud?

Leopoldo Bloom.
Ellpodbomoolo.
Molldopeloobo
Bollopodeoomo
Oldo Ollebo, M. P.

¿Qué acróstico sobre el diminutivo de su primer nombre había él (poeta cinético) enviado a la señorita Marion Tweedy, el 14 de febrero de 1881?

> *Por la divina gracia de tu cabeza*
> *Olvidándome a veces de mi flaqueza*
> *Loco de amor pretendo ser fortaleza*
> *Donde el alma entre cantos se despereza.*
> *Incógnita mujer, mi amor te reza*
> *Tomando de tus ojos luz y fijeza*
> *Ornadas del encanto de tu belleza.*

¿Qué le impidió terminar una canción alusiva (música por R. G. Johnston) sobre los sucesos del pasado, o los programas para el año venidero, intitulada "Si Brian Bour pudiera tan sólo volver y ver al viejo Dublín ahora", encargada por Miguel Gunn, empresario del Gaiety Theatre, South King Street 46, 47, 48 y 49, destinada a ser intercalada en la sexta escena, el valle de los diamantes, de la segunda edición (30 de enero de 1893) de la gran pantomima anual de Navidad "Simbad el Marino" (escrita por Greenleaf Wittier, decorados por Jorge A. Jackson y Cecil Hicks, vestuarios por la señora y señorita Whelan, presentada por R. Shelton el 26 de diciembre de 1892 bajo la supervisión personal de la señora de Miguel Gunn, con Jessie Noir en las danzas y Tomás Otto de arlequín) y cantada por Nélida Bouverist, estrella juvenil?

Ante todo, las alternativas de sucesos de interés imperial y local:

el jubileo de diamante anticipado de la reina Victoria (nacida en 1820, ascendida al trono en 1837) y la pospuesta apertura del nuevo mercado municipal de pescado; en segundo lugar: aprensión de una oposición de los círculos extremistas con motivo de las visitas respectivas de Sus Altezas Reales el duque y la duquesa de York (reales) y de Su Majestad el Rey Brian Born (imaginario); en tercer lugar: un conflicto entre la etiqueta profesional y la emulación profesional, concerniente a las recientes erecciones del Gran Lyric Hall en Burgh Quay y el Teatro Royal en Hawkins Street; en cuarto lugar: distracción resultante de compasión por el semblante intelectual, apolítico, atópico de Nélida Bouverist y de la concupiscencia causada por las revelaciones de artículos blancos de ropa interior inintelectual, apolítica, atópica de Nélida Bouverist, mientras ella (Nélida Bouverist) ocupaba esos artículos; en quinto lugar: las dificultades para la selección de música apropiada y alusiones humorísticas en el *Libro de chistes de todo el mundo* (1000 páginas y 1000 carcajadas); en sexto lugar: las risas homófonas y cacófonas, asociadas con el nombre de nuevo alcalde, Daniel Tallon; el nuevo High Sheriff, Tomás Pile, y el nuevo abogado general de la Corona, Dunblar Plunket Barton.

¿Qué relación existía entre sus edades?

16 años antes, en 1888, cuando Bloom tenía la edad actual de Esteban, éste tenía seis. Dieciséis años después, en 1920, cuando Esteban tuviera la edad actual de Bloom éste tendría 54. En 1936, cuando Bloom tuviera 70 y Esteban 54, sus edades inicialmente en la relación de 16 a 0 serían como 17½ a 13½, aumentando la proporción y disminuyendo la diferencia al paso que se agregaran años futuros, puesto que si la proporción existente en 1883 hubiera continuado inmutable, concibiendo que tal cosa fuese posible, hasta el 1904 actual en que Esteban tenía 22 Bloom tendría 374, y en 1920, en que Esteban tendría 38, como tenía ahora Bloom, éste tendría 646, mientras que en 1952, en que Esteban habría alcanzado la máxima edad postdiluviana de 70 años, Bloom, habiendo vivido 1190 años, habiendo nacido en el año 714, habría sobrepasado en 221 años la máxima edad antediluviana, la de Matusalén, 969 años, mientras que si Esteban continuara viviendo hasta alcanzar esa edad en el 3072 después de Cristo, Bloom se hubiera visto obligado a haber vivido 83.300 años, debiendo haber nacido en el año 81.396 antes de Cristo.

¿Qué acontecimientos podían invalidar estos cálculos?

La cesación de la existencia de ambos o de la de uno de ellos, la instauración de una nueva era o calendario, la aniquilación del mundo y la consiguiente exterminación de las especies humanas, inevitable pero imprevisible.

¿Cuántos encuentros previos probaban sus relaciones preexistentes?

Dos. El primero en el jardín de lilas de la casa de Mateo Dillon,

Medina Villa, Kimmage Road, Roundtown, en 1887, en compañía de la madre de Esteban, teniendo entonces Esteban cinco años de edad y mala disposición para dar la mano saludando. El segundo en el salón de café del hotel de Breslin, un domingo lluvioso de enero de 1892, en compañía del padre de Esteban y el tío abuelo de Esteban, siendo Esteban entonces cinco años mayor.

¿Aceptó entonces Bloom la invitación a comer formulada por el hijo y reiterada después por el padre?

Muy agradecidamente, con agradecido reconocimiento, con sincera apreciativa gratitud, con apreciativamente agradecida sinceridad de pesar, él rehusó.

¿Reveló su conversación sobre el tema de estas reminiscencias un tercer nexo de unión entre ellos?

La señora Riordan, viuda de recursos independientes, había residido en la casa de los padres de Esteban desde el 1º de septiembre de 1888 hasta el 29 de diciembre de 1891, y también había residido durante los años 1892, 1893 y 1894 en el City Arms Hotel de Isabel O'Dowd de Prussia Street 54, donde durante parte de los años 1893 y 1894 ella había sido una informante constante de Bloom, que residía también en el mismo hotel, siendo en ese tiempo empleado de oficina en el escritorio de José Cuffe de Smithfield 5 para la superintendencia de ventas en el adyacente mercado de ganado de Dublin sobre el North Circular Road.

¿Había él cumplido algún trabajo físico especial de misericordia para ella?

Él la había empujado algunas veces, en las noches cálidas de verano, achacosa viuda de independientes, si bien limitados recursos, en su silla de inválida con lentas revoluciones de sus ruedas hasta la esquina de North Circular Road frente a los establecimientos comerciales del señor Gavin Low, donde ella permanecía cierto tiempo escudriñando a través de los anteojos de larga vista binoculares de una sola lente de Bloom a los ciudadanos irreconocibles en los tranvías, bicicletas de excursión equipadas con llantas neumáticas infladas, coches de alquiler, tándems, landós particulares y de alquiler, dogcarts, carruajes de caballos y breaks pasando de la ciudad al Phoenix Park y viceversa.

¿Por qué podía él en ese entonces soportar esa ocupación con la mayor ecuanimidad?

Porque en lo mejor de su juventud él se había sentado a menudo a observar a través de un vidrio de botella bombé y multicolor el espectáculo continuamente cambiante ofrecido en la vía pública: peatones, cuadrúpedos, velocípedos, vehículos, que desfilaban lentamente, rápidamente, con regularidad, girando y girando y girando alrededor del borde de un redondo vertiginoso escarpado globo.

¿Qué diversos recuerdos guardaba cada uno de ellos de ella muerta hacía ahora ocho años?

El más viejo, el de sus mazos de cartas y fichas de naipes, su perro de presa Skye, su supuesta fortuna, los eclipses de su razón y su incipiente sordera catarral; el más joven, su lámpara de aceite de colza delante de la imagen de la Inmaculada Concepción, sus cepillos marrones y verdes en honor de Carlos Stewart Parnell y de Miguel Davitt, sus papeles de seda.

¿No le quedaba todavía a él ningún medio para lograr el rejuvenecimiento que estas reminiscencias reveladas a un compañero más joven hacía tanto más deseable?

Los ejercicios caseros practicados antes intermitentemente, y posteriormente abandonados, recetados en *La fuerza física y los medios para lograrla* de Eugenio Sandow, eran especialmente destinados a los hombres sujetos por sus ocupaciones a trabajos sedentarios, y debían practicarse con concentración mental frente a un espejo con objeto de poner en juego los diversos grupos de músculos y producir sucesivamente una grata distensión y el aun más grato resurgimiento de la agilidad juvenil.

¿Había poseído él alguna agilidad especial en su juventud?

Aunque el levantamiento de pesas había sido superior a sus fuerzas y la vuelta completa en el trapecio superior a su valor, había sobresalido, sin embargo, como alumno de la escuela secundaria, por su dilatada y ajustada ejecución del movimiento de media palanca sobre las barras paralelas debido a sus músculos abdominales anormalmente desarrollados.

¿Aludió alguno de ellos abiertamente a su diferencia racial?

Ninguno.

¿Cuáles eran, reducidos a su forma recíproca más simple, los pensamientos de Bloom sobre los pensamientos de Esteban respecto a Bloom y los pensamientos de Bloom sobre los pensamientos de Esteban respecto a los pensamientos de Bloom respecto a Esteban?

Él pensaba que él pensaba que él era judío mientras que él sabía que él sabía que él sabía que no lo era.

¿Cuáles eran, suprimidas las vallas de la reticencia, sus respectivas ascendencias?

Bloom, único heredero masculino transubstancial nacido de Rodolfo Marimach (subsecuentemente Rodolfo Bloom) de Szombathely, Viena, Budapest, Milán, Londres y Dublin, y de Elena Higgins, hija segunda de Julio Higgins (nacido Karoly) y Paquita Higgins (nacida Hegarty); Esteban, heredero masculino primogénito consubstancial sobreviviente de Simón Dedalus de Cork y Dublin y de María, hija de Ricardo y Cristina Goulding (nacida Grier).

¿Habían sido bautizados Bloom y Esteban, y dónde y por quién, clérigo o seglar?

Bloom (tres veces) por el reverendo Gilmer Johnston M. A., solo, en la iglesia protestante de San Nicolás Extramuros, Coombe; por James O'Connor, Felipe Gilligan y James Fitzpatrick, juntos, bajo una bomba en la aldea de Swords; y por el reverendo Carlos Malone C. C. en la iglesia de los Tres Patronos en Rathgar. Esteban (una vez) por el reverendo Carlos Malone, C. C., solo, en la iglesia de los Tres Patronos Rathgar.

¿Encontraron que sus estudios habían sido similares?

Sustituyendo a Esteban por Bloom, Estoom habría pasado sucesivamente por una escuela primaria y una secundaria. Sustituyendo a Bloom por Esteban, Blesteban habría pasado sucesivamente por los grados preparatorio, intermedio y último del intermedio y, por matriculación, los cursos primero de letras, segundo de letras y graduación en letras de la universidad real.

¿Por qué se abstuvo Bloom de declarar que él había frecuentado la universidad de la vida?

A causa de su incertidumbre que oscilaba entre si esta observación había sido hecha o si no había sido hecha ya por él a Esteban o por Esteban a él.

¿Qué dos temperamentos representaban individualmente?

El científico. El artístico.

¿Qué pruebas adujo Bloom para establecer que su tendencia era hacia la ciencia aplicada más bien que hacia la ciencia pura?

Ciertos posibles inventos en los que había meditado estando recostado en un estado de plenitud supina para ayudar a la digestión, estimulada por su apreciación de la importancia de los inventos ahora comunes pero en una época revolucionarios, tales, por ejemplo, como el paracaídas aeronáutico, el ecuatorial, el sacacorchos espiral, el alfiler de gancho, el sifón de agua mineral, la esclusa de canal a compuertas mecánicas, la bomba aspirante.

¿Fueron estos inventos proyectados principalmente para un plan perfeccionado de Kindergarten?

Sí, relegando cerbatanas anticuadas, vejigas natatorias elásticas, juegos de azar, catapultas. Abarcaban kaleidoscopios astronómicos mostrando las doce constelaciones del Zodíaco, desde Aries a Piscis, planetarios mecánicos en miniatura, pastillas aritméticas de gelatina, galletitas geométricas para hacer juego con las zoológicas, pelotas mapas del globo, muñecas con vestiduras históricas.

¿Qué lo estimulaba también en sus meditaciones?

El éxito financiero alcanzado por Efren Marks y Carlos A. James, el primero por su bazar de 1 penique en George Street 42, Sud; el último en su tienda de 6 ½ peniques y la feria de la fantasía del mundo y exhibicion de figuras de cera en Henry Street 30, entrada 2 peniques, niños 1 penique; y las infinitas posibilidades hasta aquí no explotadas del arte moderno de la propaganda si se condensaba en símbolos triliteral monoidales, verticalmente de máxima visibilidad (adivinado), horizontalmente de máxima legibilidad (descifrado), y de magnetizadora eficacia para atraer la atención involuntaria, para interesar, para convencer, para decidir.

¿Cómo por ejemplo?

K. II Kino's II/-Pantalones
Casa de Llaves. Alejandro J. Llavs.

¿Cómo por ejemplo no?

Mire esa larga vela. Calcule cuándo se consumirá y recibirá gratis un par de nuestros botines legítimos, potencia garantizada de una bujía. Pedidos a: Barclay y Cook, Talbot Street, 18.

Matabacilo (Polvo insecticida)
Lomejor (Betún para botines)
Lehacefalta (Cortaplumas de bolsillo combinado de dos hojas con sacacorchos, lima para uñas y limpiapipa).

¿Cómo por ejemplo nunca?

¿Cómo es el hogar sin Carne Envasada Ciruelo?
Incompleto.
Con ella, una morada de delicias.
Fabricada por Jorge Ciruelo, Merchant's Quay, 23, Dublin, en potes de 4 onzas, e insertado por el Consejero José P. Nannetti, Miembro del Parlamento, Rotunda Ward, Hardwicke Street, 19, bajo los avisos fúnebres y aniversarios de fallecimientos. El nombre de la etiqueta es Ciruelo. Un ciruelo en un pote de carne, marca registrada. Cuidado con las imitaciones. Cotedepaner. Lurice. Condetrepen. Ceraelo.

¿Qué ejemplo adujo para inducir a Esteban a deducir que la originalidad, aunque capaz de producir su propia recompensa, no conduce invariablemente al éxito?

Su propio proyecto ideado y rechazado de un carro de exhibición iluminado tirado por una bestia de carga, en el que dos niñas elegantemente vestidas debían ir sentadas ocupadas en escribir.

¿Qué escena sugerida fué entonces construída por Esteban?

Hotel solitario en un paso de montaña. Otoño. Crepúsculo. Fuego encendido. Joven sentado en rincón oscuro. Mujer joven entra. Agitada. Solitario. Ella se sienta. Ella va a la ventana. Ella se queda de pie. Ella se sienta. Crepúsculo. Ella piensa. Ella escribe en el solitario papel de hotel. Ella piensa. Ella escribe. Ella suspira. Ruedas y cascos. Ella sale de prisa. Él sale de su rincón oscuro. Él toma el papel solitario. Él lo acerca al fuego. Crepúsculo. Él lee. Solitario.

¿Qué?

En escritura vertical e inclinada a la izquierda: Queen's Hotel, Queen's Hotel, Queen's Ho...

¿Qué escena sugerida fué reconstruída entonces por Bloom?

El Queen's Hotel, Ennis, Condado Clare, donde Rodolfo Bloom (Rodolfo Marimach) murió en la noche del 27 de junio de 1886, a una hora no establecida, a consecuencia de una dosis excesiva de napelo (acónito) administrada por sí mismo en forma de linimento para la neuralgia, compuesto de dos partes de linimento de acónito y una de linimento de cloroformo (comprado por él a las 10.20 a. m. de la mañana del 27 de junio de 1886 en la farmacia de Francisco Dennehy, Church Street, 17, Ennis) después de haber, aunque no en consecuencia de haber, comprado a las 3.15 p. m. en la tarde del 27 de junio de 1886 un nuevo sombrero de paja de botero, extraelegante (después de haber, aunque no a consecuencia de haber, comprado a la hora y en el lugar susodicho, la toxina susodicha) en la tienda de paños de James Cullen, Main Street, 4, Ennis.

¿Atribuyó él esta homonimia a información o coincidencia o intuición?

Coincidencia.

¿Describió verbalmente la escena como para que la viera su invitado?

Preferiría ver él el rostro de otro y escuchar las palabras de otro por las que se realizara una narración potencial y se aliviara su temperamento cinético.

¿Vió él solamente una segunda coincidencia en la segunda escena que le fué narrada, descripta por el narrador como "Una vista de Palestina tomada de Pisgah o La Parábola de las ciruelas"?

Ésa, junto con la escena precedente y otras no narradas pero existentes implícitamente, a las que deben agregarse ensayos sobre varios temas o apotegmas morales (p. e. *Mi Héroe favorito* o *La dilación es el ladrón del tiempo*) compuestos durante los años de estudiante, que le parecían contener en sí y en conjunción con la ecuación personal ciertas posibilidades de éxito financiero, social, personal y sexual, ya sea especialmente reunidos y elegidos como temas pedagógicos modelos (de un mérito de ciento por ciento) para el uso de los estudiantes del grado preparatorio y elemental o aportados en forma impresa conforme al precedente de Felipe Beaufoy o el Doctor Dick o los *Estudios en Azul* de Heblon, a una publicación de circulación y solvencia certificada o empleada verbalmente como estimulación intelectual para oyentes simpatizantes, tácitamente apreciadores de la narración afortunada y confiadamente auguradores de feliz éxito, durante las más largas noches de creciente siguiendo gradualmente al solsticio de verano en el día pasado pasado pasado mañana; a saber: el martes 21 de junio (San Luis Gonzaga), salida del sol, 3.33 a. m.; puesta del sol, 8.29 p. m.

¿Qué problema doméstico ocupaba frecuentemente su pensamiento tanto si no más que cualquier otro?

Qué hacer con nuestras esposas.

¿Cuáles habían sido sus hipotéticas singulares soluciones?

Los juegos de salón (dominó, ludo, la pulga, lotería, boliche, brisca, escoba, siete y medio, la oca, damas, ajedrez, billar); los bordados, zurcidos o tejidos para el Socorro de Invierno; los dúos musicales, la guitarra y el bandolín, el piano y la flauta, la guitarra y el piano; el envío de invitaciones o escritura de sobres; las visitas bisemanales y los variados entretenimientos; la actividad comercial como agradable manera de dar órdenes y agradable manera de obedecer a la señora propietaria de una fresca lechería o de una cálida sala de fumar; la clandestina satisfacción de la irritación erótica en los lupanares masculinos, inspeccionados por el Estado y bajo control médico; las visitas sociales a intervalos irregulares de prevista infrecuencia, bajo una cuidadosa supervisión regular, frecuente y preventiva, de y a vinculaciones femeninas de reconocida respetabilidad en la vecindad; cursos de instrucción vespertina programados especialmente con objeto de proporcionar una agradable instrucción general.

¿Qué ejemplos de deficiencias en el desarrollo mental de su esposa lo inclinaban a favor de la solución mencionada en último término (la novena)?

En momentos desocupados ella había cubierto más de una vez una hoja de papel con signos y jeroglíficos que, afirmaba, eran caracteres griegos e irlandeses y hebreos. Constantemente, a intervalos variados, había preguntado cuál era la manera correcta de trazar la mayúscula inicial del nombre de una ciudad del Canadá: Quebec. Entendía poco de las complicaciones políticas, internas, o de equilibrio de potencias, externas. Al calcular las adiciones en las cuentas tenía que recurrir frecuentemente a la ayuda digital. Después de completar la confección de lacónicas composiciones epistolares abandonaba el utensilio de caligrafiar en el cáustico pigmento exponiéndolo a la acción corrosiva de la caparrosa, el vitriolo verde y la agalla. Interpretaba fonéticamente o por falsa analogía, o por ambas a la vez, los polisílabos poco usuales de origen extranjero: metempsicosis (meten si cosas) *alias* (una persona mendaz mencionada en la Sagrada Escritura.)

¿Qué es lo que, en el falso equilibrio de su inteligencia, venía a equilibrar estas y otras deficiencias semejantes de juicio relativas a personas, lugares y cosas?

Un falso paralelismo aparente de todos los fieles perpendiculares de todas las balanzas resultaba exacto por construcción. La compensación de su claridad de juicio respecto a cierta persona, que resultaba exacto al confirmarlo la experiencia.

¿Cómo había tratado él de poner remedio a este estado de relativa ignorancia?

Diversamente. Dejando en un lugar bien visible determinado libro abierto en determinada página; suponiendo en ella, cuando él le daba explicaciones, un conocimiento latente; ridiculizando abiertamente en su presencia los lapsos en que incurriera algún ausente.

¿Con qué éxito había intentado él la instrucción directa?

Ella no lo entendía todo, sino parte del todo; ponía atención con interés, comprendía con sorpresa, repetía con cuidado, recordaba con la mayor dificultad, olvidaba con toda facilidad, volvía a recordar con receloso temor y repetía con error.

¿Qué sistema había resultado más eficaz?

La sugestión indirecta que entrañara un interés directo.

¿Ejemplo?

A ella le disgustaba el paraguas cuando llovía, a él le gustaba la mujer con paraguas; a ella le disgustaba llevar sombrero nuevo cuando llovía, a él le gustaba la mujer con sombrero nuevo; él le compró sombrero nuevo cuando llovía, ella llevó paraguas con sombrero nuevo.

Aceptando la analogía involucrada en la parábola de su invitado, ¿qué ejemplos de eminencia postéxodo adujo él?

Tres investigadores de la verdad pura: Moisés de Egipto, Moisés Maimónides, autor del *More Nebukim* (Guía de los indecisos), y Moisés Mendelssohn, tan eminentes que desde Moisés (de Egipto) hasta Moisés (Mendelssohn) no surgió nadie como Moisés (Maimónides).

¿Qué declaración fué formulada por Bloom, con reservas, respecto a un cuarto investigador de la verdad pura, Aristóteles de nombre, y citado, si no le parece mal, por Esteban?

Que el mencionado investigador había sido alumno de un filósofo rabínico, de nombre incierto.

¿Fueron mencionados otros ilustres hijos anapócrifos de la ley y niños de una raza selecta o despreciada?

Félix Bartholdy Mendelssohn (compositor), Baruch Spinoza (filósofo), Mendoza (pugilista), Fernando Lassalle (reformador, duelista).

¿Qué fragmentos de poesía del antiguo idioma hebreo y del antiguo idioma irlandés fueron citados con modulaciones de voz y traducción de textos por el invitado al anfitrión y por el anfitrión al invitado?

Por Esteban: *suil, suil, suil arun, suil go siocair agus, suil go cuin* (anda, anda, anda tu camino, anda con confianza, anda con cuidado). Por Bloom: *Jifeloch harimon rakatejch m'baad l'zamatejch* (tu sien entre tu cabello es como una raja de granada).

¿Cómo fué hecha una comparación glífica de los símbolos fónicos de ambos idiomas a guisa de substanciación de la comparación oral?

Sobre la penúltima página en blanco de un libro de estilo literario inferior intitulado *Dulzuras del pecado* (presentado por Bloom y manipulado de tal manera que su tapa frontal se puso en contacto con la superficie de la mesa) con un lápiz (suministrado por Esteban) Esteban escribió los caracteres irlandeses correspondientes a ge, e, de, eme, simples y modificados, y Bloom a su vez escribió los caracteres hebreos ghimel, aleph, daleth y (a falta de mem) un goph sustituto, explicando sus valores aritméticos como números ordinales y cardinales; a saber: 3, 1, 4 y 100.

¿Era teórico o práctico el conocimiento que poseían ambos de cada uno de estos idiomas, el uno muerto y el otro resucitado?

Teórico, estando limitado a ciertas reglas gramaticales de accidente y sintaxis y excluyendo prácticamente el vocabulario.

¿Qué puntos de contacto existían entre estos idiomas y entre las personas que los hablaban?

La presencia de sonidos guturales, aspiraciones diacríticas, letras epentéticas y serviles en ambas lenguas; su antigüedad, ya que las dos habían sido enseñadas sobre la llanura de Shinar, 242 años después del Diluvio, en el seminario fundado por Fenius Farsaigh, descendiente de Noé, progenitor de Israel y ascendiente de Heber y Heremon, progenitores de Irlanda; sus literaturas arqueológicas, genealógicas, hagiográficas, exegéticas, homiléticas, toponímicas, históricas y religiosas, abarcando las obras de rabinos y culdees: el Torah, el Talmud (Mischna y Ghemara), el Masora, el Pentateuco, el Libro de la Vaca Parda, el Libro de Ballymote, la Guirnalda de Howth, el Libro de Kells; su dispersión, persecución, supervivencia y renacimiento; el aislamiento de sus ritos sinagógicos y eclesiásticos en el ghetto (Abadía de Santa María) y en la Casa de Dios (la Taberna de Adán y Eva); la proscripción de sus ropas nacionales en las leyes penales y decretos sobre vestimentas judías; la restauración del Reino de David en tierras de Canaán y la posibilidad de la autonomía política irlandesa o devolución.

¿Qué fragmento de antífona cantó Bloom en anticipación de esa irreductible realización étnicamente múltiple?

*Kolod balejwaw pnimah
Nefesch, jehudi, homijah.*

¿Por qué se interrumpió el salmo al final del primer dístico?

A consecuencia de una mnemotecnia defectuosa.

¿Cómo salvó el cantor esta deficiencia?

Con una versión perifrástica del texto general.

¿En qué conclusiones comunes vinieron a fundirse sus mutuas reflexiones?

La creciente simplificación observable desde los jeroglíficos epigráficos de los egipcios hasta los alfabetos griego y romano y la anticipación de los modernos códigos estenográficos y telegráficos en las inscripciones cuneiformes (semíticas) y la escritura ogham virgular y quinquecostal (céltica).

¿Accedió el invitado a un pedido de su anfitrión?

Doblemente, añadiendo su firma en caracteres irlandeses y romanos.

¿Cuál fué la sensación auditiva de Esteban?

Escuchó la acumulación del pasado en una melodía profunda, antigua, masculina, desconocida.

¿Cuál fué la sensación visual de Bloom?

Vió en una figura ágil, joven, masculina, conocida, un futuro predestinado.

¿Cuáles fueron las cuasisimultáneas cuasisensaciones volitivas de secretas identidades de Esteban y Bloom?

Visuales las de Esteban: la figura tradicional de hipóstasis descripta por Johannes Damascenus, Lentulus Romanus y Epiphanius Monachus, leucodérmica, sesquimétrica y de cabellos color oscuro de vino.

Auditivas las de Bloom: el estático acento tradicional de la catástrofe.

¿Qué carreras futuras habían sido posibles para Bloom en el pasado y cuáles habrían podido ser sus modelos?

La iglesia Romana, Anglicana o Disidente; modelos: el muy reverendo Juan Conmee, S. J.; el reverendo T. Salmon, D. D., preboste del Trinity College; el Dr. Alexander J. Dowie. La abogacía, inglesa o irlandesa; modelos: Saymour Bushe, K. C.; Rufus Isaacs, K. C. El teatro, moderno o shakespeariano; modelos: Carlos Wyndham, prestigioso comediante; Osmond Tearle († 1901), intérprete de Shakespeare.

¿Alentó el anfitrión a su invitado para que cantara con voz melodiosa una extraña leyenda relacionada con el asunto?

Tranquilizadamente, pues el sitio en que se hallaban era apartado y nadie podía oírlos; tranquilizado, pues sus brebajes cocidos, excepto algunos sedimentos residuales subsólidos originados por una mezcla mecánica, agua más azúcar más crema más cacao, habían sido consumidos.

Recite la parte primera (mayor) de esa leyenda cantada.

> El pequeño Harry Hughes
> Juega a la pelota con sus amiguitos.
> Al primer tiro la pelota fué a caer
> Al jardín del judío.
> Al segundo tiro la pelota
> Fué a romper los vidrios de la casa del judío.

¿Cómo recibió el hijo de Rodolfo la primera parte?

Sin sentimientos complejos. Sonriendo, judío, escuchó con placer, los ojos sobre los vidrios intactos de la ventana de la cocina.

Recite la segunda parte (menor) de la leyenda.

> *Vestida de verde, la hija del judío*
> *En busca del niño sale al exterior.*
> *"Ven, niñito lindo, ven con tu pelota*
> *De nuevo a jugar."*
>
> *"No quiero, no quiero,*
> *Yo sin mis amigos no quiero jugar.*
> *Lo sabrá el maestro,*
> *Me va a castigar."*
>
> *Le tomó las manos blancas como lirios,*
> *Lo llevó con ella,*
> *Lo condujo adentro:*
> *Desde allí los gritos nadie podrá oír.*
>
> *De un bolsillo ella saca un cuchillito*
> *Y la cabecita le empieza a cortar.*
> *Ya con la pelota no podrá jugar*
> *Porque entre los muertos el niñito está.*

¿Cómo acogió esta segunda parte el padre de Millicent?

Con sentimientos complejos. Sin sonreír, escuchó y vió pasmado una hija de judío, toda vestida de verde.

Resuma el comentario de Esteban.

Uno entre todos, el menor de todos, es la víctima predestinada. Una vez por inadvertencia, dos veces intencionalmente, él provoca su destino. Viene a él cuando está abandonado y lo desafía mientras él duda, y como una aparición de esperanza y juventud lo toma sin que él ofrezca resistencia. Lo lleva a una ignota morada, a un aposento secreto y avieso, y allí, implacable, lo inmola, consintiendo.

¿Por qué el anfitrión (víctima predestinada) estaba triste?

Habría deseado que el relato fuere hecho de un hecho nada más que de un hecho que no fuere su hecho que para él no fuese contado.

¿Por qué el anfitrión (mal dispuesto, sin resistencia) permanecía quieto?

De acuerdo con la ley de la conservación de la energía.

¿Por qué el anfitrión (secreto avieso) permanecía silencioso?

Pesaba las evidencias posibles en favor y en contra del asesinato ritual; la incitación jerárquica, la superstición del populacho, la propagación del rumor en una continua fracción de la veracidad, la envidia de la opulencia, la influencia de la represalia, la reaparición esporádica de la delincuencia atávica, las circunstancias atenuantes del fanatismo, de la sugestión hipnótica y del sonambulismo.

¿De cuál (si de alguno) de estos desórdenes mentales o físicos no estaba él enteramente inmune?

De la sugestión hipnótica: una vez, al despertar, no había reconocido el aposento en que dormía; más de una vez, al despertar, había sido incapaz de moverse o articular palabra durante un tiempo indefinido. Del sonambulismo: una vez, durmiendo, su cuerpo se había levantado, agachado y arrastrádose en la dirección de un fuego sin calor, y, habiendo llegado a su destino, se había echado allí, replegado sobre sí mismo, sin calor, en ropa de dormir, durmiendo.

¿Se había manifestado este último o cualquier otro fenómeno análogo en algún miembro de su familia?

Dos veces, en Holles Street y en la Ontario Terrace, su hija Millicent (Milly), a la edad de 6 y de 8 años había proferido en sueños una exclamación de terror y había contestado a las interrogaciones de dos figuras en bata de noche con una vaga expresión muda.

¿Qué otros recuerdos conservaba él de la infancia de ella?

15 de junio de 1889. Un quejoso infante femenino recién nacido que lloraba congestionándose y para descongestionarse. Una niña apodada Padney Socks sacudiendo a sacudidas su alcancía; contó sus tres monedas botones de un penique uno, dos, tles; desechó una muñeca, un muchacho, un marinero; rubia, nacida de dos morochos, descendientes de rubios, remotos, una violación, Herr Hauptmann Hainan, del ejército austríaco, época reciente, una alucinación, el teniente Mulvey, de la marina británica.

¿Qué características raciales presentaba?

Inversamente, su conformación nasal y frontal derivaba en línea directa de un linaje que, a pesar de las interrupciones, se pondría de manifiesto a intervalos distantes hasta los más espaciados intervalos.

¿Qué recuerdos tenía él de su adolescencia?

Ella había hecho a un lado su aro y su soga de saltar. Ante la solicitación de un visitante inglés en el Duke's Lawn, ella se negó a permitirle obtener y llevarse su imagen fotográfica (objeción no justificada). En el South Circular Road, yendo en compañía de Elsa Potter, había sido seguida por un individuo de aspecto siniestro, llegó hasta mitad de camino por Stamer Street y retrocedió precipitadamente (la razón del cambio no fué justificada). En la vigilia del 15º aniversario de su nacimiento ella escribió una carta desde Mullingar, condado de Westmeath, haciendo una breve alusión a un estudiante local (la facultad y el año no fueron indicados).

¿Lo afligió a él esa primera separación presagio de una segunda división?

Menos de lo que se había imaginado, más de lo que había esperado.

¿Qué segundo alejamiento fué registrado por él al mismo tiempo, similarmente si bien diferentemente?

Un alejamiento momentáneo de su gata.

¿Por qué similarmente, por qué diferentemente?

Similarmente, porque movidas por un móvil secreto, la búsqueda de un nuevo macho (estudiante de Mullingar) o de una hierba curativa (valeriana). Diferentemente, a causa de los diferentes posibles regresos a los habitantes o a la habitación.

¿Eran similares en otros respectos sus diferencias?

En lo que atañe a la pasividad, a la economía, al instinto de la tradición, a lo inesperado.

¿Por ejemplo?

Teniendo en cuenta que, inclinándose, ella sostenía sus rubios cabellos para que él les pasara la cinta (cotéjese, gata arqueando cuello). Además, sobre la libre superficie del lago en el Stephen's Green, su inadvertido salivazo, describiendo círculos concéntricos en el agua entre la reflexión invertida de los árboles, indicaba por la constancia de su permanencia la curva de un soñoliento pez tendido (cotéjese, gata que vigila la laucha). Asimismo, a fin de recordar la fecha, combatientes, resultado y consecuencias de una famosa empresa militar, ella tiró de una trenza de su cabello (cotéjese, gata que se lava la oreja). Otrosí, tonta Milly, soñó haber tenido una conversación sin palabras no recordada con un caballo, cuyo nombre habría sido José, a quien (al que) ella había ofrecido un vaso de limonada, el cual él (José) había parecido haber aceptado (cotéjese, gata soñando al lado del fuego). De ahí que en cuanto a pasividad, a economía, a instinto de tradición, a lo inesperado, sus diferencias eran similares.

¿De qué manera había él utilizado los obsequios: 1) una lechuza,

2) un reloj, regalados como augurios matrimoniales, para interesarla y para instruirla?

Como lecciones objetivas para explicar: 1) la naturaleza y los hábitos de los animales ovíparos, las posibilidades del vuelo aéreo, ciertas anomalías de la visión, el proceso secular del embalsamamiento; 2) el principio del péndulo, ejemplificado por el engranaje de rueda dentada y el regulador, la traslación en términos de regulación humana o social de las varias posiciones, a modo de reloj de agujas movibles sobre un dial fijo; la exactitud de la reaparición por hora de un instante en cada hora, cuando la aguja más larga y la más corta se encontraban en el mismo ángulo de inclinación; a saber, 5 minutos 5/11 más tarde por hora en progresión aritmética.

¿De qué manera correspondió ella?

Ella recordaba: en el 27º aniversario de su nacimiento le regaló una taza de desayuno de porcelana decorada imitación Crown Derby. Ella proveía: al iniciarse el trimestre, o aproximadamente, si o cuando las compras habían sido hechas por él, pero no para ella, ella se mostraba atenta a sus necesidades, anticipándose a sus deseos. Ella admiraba: si un fenómeno natural habiendo sido explicado por él, aunque no para ella, ella expresaba el deseo inmediato de poseer, sin preparación gradual previa, una fracción de su ciencia, la mitad, la cuarta, la milésima parte.

¿Qué propuesta hizo Bloom, diambulista, padre de Milly, sonámbulo, a Esteban noctámbulo?

La de destinar al reposo las horas intermedias entre el jueves (formal) y viernes (normal) en un lecho improvisado en el aposento inmediatamente arriba de la cocina e inmediatamente adyacente al aposento dormitorio de su huésped y huéspeda.

¿Qué diversas ventajas resultarían o podrían haber resultado de una prolongación de semejante improvisación?

Para el invitado: la seguridad de un domicilio y un aislamiento para el estudio. Para el anfitrión: el remozamiento de la inteligencia, la satisfacción por sustitución. Para la huéspeda: la desintegración de la obsesión, la adquisición de una correcta pronunciación italiana.

¿Por qué estas varias contingencias provisionales entre el invitado y la huéspeda no habrían podido necesariamente impedir o ser impedidas por la permanente eventualidad de una unión reconciliadora entre un condiscípulo y la hija de un judío?

Porque el camino que conducía a la hija pasaba por la madre, el que conducía a la madre, por la hija.

¿A qué pregunta polisilábica irreflexiva de su anfitrión dió el invitado una respuesta monosilábica negativa?

A la de si había conocido a la extinta señora Emilia Sinico, muerta accidentalmente en la estación Sydney del ferrocarril, el 14 de octubre de 1903.

¿Qué incoada declaración corolaria fué consecuentemente reprimida por el anfitrión?

Una declaración justificativa de su ausencia en ocasión del entierro de la señora María Dedalus, nacida Goulding, el 26 de junio de 1903, vigilia del aniversario del fallecimiento de Rodolfo Bloom (nacido Marimach).

¿Fué aceptada la oferta de asilo?

Prontamente, inexplicablemente, amigablemente, agradecidamente fué declinada.

¿Qué cambio de dinero tuvo lugar entre el anfitrión y el huésped?

El primero devolvió al segundo, sin interés, una suma de dinero (£ 1. 7 s. 0) una libra siete chelines, adelantados por el último al primero.

¿Qué contrapropuestas fueron alternativamente presentadas, aceptadas, modificadas, declinadas, reformuladas en otros términos, reaceptadas, ratificadas, reconfirmadas?

Inaugurar un curso de instrucción de italiano planeado de antemano, en el lugar de residencia del instruído. Inaugurar un curso de instrucción vocal, en el lugar de residencia de la instructora. Inaugurar una serie de diálogos intelectuales estáticos, semiestáticos y peripatéticos, en el lugar de residencia de ambos locutores (si ambos locutores residieran en el mismo lugar), en el hotel y taberna Ship, en Lower Abbey 6 (W. y E. Connery, propietarios); en la Biblioteca Nacional de Irlanda, en el 10 de Kildare Street; en el Hospital Nacional de Maternidad, Holles Street 29, 30 y 31; en un jardín público, en la vecindad de un lugar de culto, en la conjunción de dos o más vías públicas, en el punto de bisección de una línea recta trazada entre sus residencias (si ambos locutores residieran en sitios diferentes).

¿Qué es lo que hacía problemática para Bloom la realización de estas proposiciones recíprocamente excluyentes?

La irreparabilidad del pasado: una vez, en una función del circo Albert Hengler, en la Rotunda, Rutland Square, Dublin, un payaso multicolor lleno de intuición que buscaba paternidad, abandonando la arena se dirigió al lugar que Bloom ocupaba entre el público, solitario en su asiento, y declaró públicamente a un auditorio alborozado que él (Bloom) era su papá (el del payaso). La imprevisibilidad del futuro: una vez, durante el verano de 1898, él (Bloom) había marcado un florín (2 chelines) con tres muescas sobre el borde acordonado y lo había presentado en pago de una cuenta adeudada y lo habían recibido J. y T. Davy, proveedores de la familia, Charletmon

Mall, 1, Grand Canal, para que circulara por las aguas de las finanzas cívicas, para un posible, tortuoso o directo regreso.

¿Era el payaso hijo de Bloom?

No.

¿Había regresado la moneda de Bloom?

Nunca.

¿Por qué lo deprimiría aún más una nueva decepción?

Porque en ese punto crítico de la existencia humana él desearía mejorar muchas condiciones sociales, producto de la desigualdad, la avaricia y la animosidad internacional.

¿Creía él entonces que la vida humana era susceptible de infinito perfeccionamiento, una vez eliminadas estas condiciones?

Quedaban las condiciones genéricas impuestas por la naturaleza, que eran parte integrante de la humanidad: la necesidad de destruir para procurarse sustento alimenticio; el carácter doloroso de las funciones extremas de la existencia individual, agonías del nacimiento y de la muerte; la fastidiosa menstruación de las hembras simias y (especialmente) humanas, que se prolongaba desde la pubertad hasta la menopausia; los inevitables accidentes en el mar, en las minas y las fábricas; ciertas enfermedades muy penosas y sus consecuentes intervenciones quirúrgicas, la locura congénita y la criminalidad hereditaria; las epidemias diezmadoras; los catastróficos cataclismos que hacen del terror la base de la mentalidad humana; los trastornos sísmicos cuyos epicentros se sitúan en regiones densamente pobladas; el fenómeno del crecimiento vital, por convulsiones de metamorfosis, desde la infancia, pasando por la edad madura, hasta la vejez.

¿Por qué desistió de la especulación?

Porque era una tarea reservada a una inteligencia superior substituir por fenómenos más aceptables los fenómenos menos aceptables que deberían suprimirse.

¿Participaba Esteban de su descorazonamiento?

Afirmó su significación como animal racional consciente, procediendo a pasar silogísticamente desde lo conocido a lo desconocido y como reactivo racional consciente entre un micro y un macrocosmos ineluctablemente construído sobre la incertidumbre del vacío.

¿Fué esta afirmación captada por Bloom?

No verbalmente. Substancialmente.

¿Qué lo reconfortaba de su incomprensión?

Que, privado de llave, y en virtud de su competencia como ciudadano, había pasado enérgicamente desde lo desconocido a lo conocido a través de la incertidumbre del vacío.

¿En qué orden de precedencia, con acompañamiento de qué ceremonia se efectuó el éxodo desde la casa del cautiverio al yermo de la morada?

Vela encendida en un candelabro conducido por

Bloom

Sombrero eclesiástico sobre garrote de fresno conducidos por

Esteban

¿Con la entonación *secreto* de qué salmo conmemorativo?

El 113º; *modus peregrinus; In exitu Israël de Egypto: domus Jacob de populo barbaro.*

¿Qué hizo cada uno en la puerta de egreso?

Bloom colocó el candelero en el piso. Esteban se puso el sombrero en la cabeza.

¿Para qué criatura fué la puerta de egreso una puerta de acceso?

Para una gata.

¿Qué espectáculo presenciaron cuando ellos, primero el anfitrión, luego el invitado, emergieron silenciosamente, doblemente sombríos, desde la oscuridad, por un pasaje desde los fondos de la casa a la penumbra del jardín?

El árbolcielo de las estrellas adornado de húmeda fruta azulnocturno.

¿De qué meditaciones acompañó Bloom la indicación de varias constelaciones a su acompañante?

Meditaciones conscientemente más vastas sobre la evolución; sobre la invisible luna en trance de lunación, aproximándose al perigeo; sobre la pulverización infinitamente titilante de la vía láctea no condensada, visible a pleno día por un observador colocado en el interior de un pozo vertical a una profundidad de 5.000 pies de la superficie hacia el centro de la tierra; sobre Sirio (Alfa en el Can Mayor) a una distancia de diez años luz (57.000.000.000.000 de millas) y cuyo volumen es 900 veces superior al de nuestro planeta; sobre Arcturus; sobre la precesión de los equinoccios; sobre Orión, con su cintura y su séxtuplo sol theta, y su nebulosa en la que podrían caber 100 sistemas solares como el nuestro; sobre estrellas en agonía y en estado naciente, como la Nova de 1901; sobre nuestro sistema precipitándose hacia la constelación de Hércules; del paralaje o paraláctico impulso de las denominadas estrellas fijas, que en realidad se mueven desde inmensurablemente remotos eones hacia infinitamente remotos futuros en comparación a los cuales la edad promedio de setenta años de la vida humana no es más que una fracción infinitesimal.

¿Hubo meditaciones inversas de involución decrecientemente menos vasta?

Sobre los eones de períodos geológicos registrados en las estratificaciones de la tierra; sobre las miríadas de microscópicas existencias orgánicas entomológicas existentes en las cavidades de la tierra, debajo de las piedras que se desplazan, en enjambres y túmulos; microbios, gérmenes, bacterias, bacilos, espermatozoarios; sobre los incalculables trillones de billones de millones de imperceptibles moléculas mantenidas por cohesión de afinidad molecular en el espacio de una cabeza de alfiler; sobre el universo contenido en el suero humano, constelado de cuerpos rojos y blancos, ellos a su vez universos de espacios vacíos constelados de otros cuerpos, estando cada uno, en continuidad, formado por su universo de divisibles cuerpos componentes, de los cuales cada uno a su vez era divisible en divisiones de redivisibles cuerpos componentes, dividendos y divisores disminuyendo continuamente sin división real, en tal forma que si la progresión pudiera continuarse suficientemente lejos, nunca se llegaría a dar con nada.

Porque algunos años antes en 1886 cuando estaba ocupado en el
¿Por qué no elaboró él estos cálculos hasta un resultado más preciso?
problema de la cuadratura del círculo él se había enterado de la existencia de un número calculado en un grado relativo de exactitud de tal magnitud y de tal cantidad de cifras, por ejemplo la 9ª potencia de la 9ª potencia de 9, que, habiéndose obtenido el resultado, 33 volúmenes apretadamente impresos de 1000 páginas cada uno innumerables manos y resmas de papel de seda serían necesarios para contener el relato completo de sus números enteros, unidades, decenas, centenas, millares, decenas de millares, centenas de millares, millones, decenas de millones, centenas de millones, billones, el núcleo de la nebulosa de cada dígito de cada serie conteniendo sucintamente la potencialidad de ser elevado a la extrema cinética elaboración de cualquier potencia de cualquiera de sus potencias.

¿Encontró él que el problema de la inhabitabilidad de los planetas y de sus satélites por una raza, comprendiendo las especies, y el de la posible redención social y moral de dicha raza por un redentor eventual, fueren más fáciles de resolver?

De un diferente orden de dificultad. Consciente de que el organismo humano, apto para soportar normalmente una presión atmosférica de 19 toneladas, sufre, con una intensidad que crece matemáticamente a medida que es elevado a una altura considerable de la atmósfera, según se aproxime a la línea de demarcación entre la troposfera y la estratosfera, de hemorragias nasales, de impedimentos para la respiración y de vértigos, él había conjeturado, al propalar la solución de este problema, un postulado que no podía ser tildado de imposible, relativo a que una raza de seres más adaptables y de una conformación anatómica diferente, podía subsistir de acuerdo con las condiciones suficientes y equivalentes de los marcianos, mercurianos, venusianos, jupiterianos, saturnianos, neptunianos o uranianos, aun cuando una humanidad en su apogeo de seres creados en formas variadas con diferencias limitadas que resultarían similares en el conjunto de los individuos, permanecería probablemente, allí como aquí, inalterable, invariablemente sujeta a sus vanidades, a la vanidad de vanidades y a todo lo que es vanidad.

¿Y el problema de la posible redención?

El menor quedaba demostrado por el mayor.

¿Qué diversas características de las constelaciones fueron consideradas a su turno?

Los varios colores indicativos de los diferentes grados de vitalidad (blanco, amarillo, carmesí, vermellón, cinabrio), sus grados de brillo; sus magnitudes reveladas hasta e inclusive la 7ª magnitud; sus posiciones; la estrella de la Osa Mayor; la vía de Walsingham; la carroza de David; los anillos de Saturno; la condensación en soles de las nebulosas espirales; las revoluciones interdependientes de los soles dobles; los descubrimientos sincrónicos y por separado de Galileo, Simón Marius, Piazzi, Le Verrier, Herschel, Galle; las sistematizaciones intentadas por Bode y Kepler con los cubos de distancias y los cuadrados de los tiempos de la revolución; la casi infinita compresibilidad de los cometas de luminosas cabelleras y sus vastas órbitas elípticas excéntricas de su perihelio a su afelio; el origen sideral de los meteoritos; las inundaciones libianas sobre Marte, hacia la época del nacimiento del astrocopista más joven; la periódica lluvia anual de meteoros por la época de la fiesta de San Lorenzo (mártir, 10 de agosto); el ciclo mensual periódico conocido como el de la luna nueva con la luna vieja entre los brazos; la influencia atribuída a los cuerpos celestes sobre los humanos; la aparición de una estrella (de 1ra. magnitud) y visible día y noche (nuevo sol luminoso producido por la colisión y amalgama incandescente de dos soles extinguidos) alrededor de la fecha del nacimiento de Shakespeare, en el delta de la reclinada nunca declinante constelación de Casiopea, y de una estrella (de 2da. magnitud) de origen similar pero de menor brillo que había aparecido y desaparecido en la constelación de la Corona Septentrional alrededor de la fecha del nacimiento de Leopoldo Bloom, y de otras estrellas de origen similar (se presume) que habían aparecido (en efecto o presumiblemente) y desaparecido en la constelación de Andrómeda alrededor de la fecha de nacimiento de Esteban Dedalus, y en y de la constelación del Auriga algunos años después del nacimiento y muerte de Rodolfo Bloom, hijo, y en y de otras constelaciones algunos años antes o después del nacimiento o muerte de otras personas; los fenómenos complementarios de los eclipses, solares y lunares, desde la inmersión a la emersión, la disminución del viento, el desplazamiento de la sombra, la taciturnidad de las criaturas aladas, la aparición de los animales nocturnos o crepusculares, la persistencia de la luz espectral, la oscuridad de las aguas terrestres, la palidez de los seres humanos.

¿Su conclusión lógica (la de Bloom), después de haber reflexionado acerca del asunto y teniendo en cuenta la posibilidad del error?

Que no era un árbolcielo, no un antrocielo, no una bestiacielo, no un hombrecielo. Que era una Utopía, porque no había ningún método conocido de lo conocido a lo desconocido; un infinito, igualmente interpretable como finito por la supuestamente probable oposición de uno o más cuerpos igualmente de la misma y de diferentes magnitudes; una movilidad de formas ilusorias inmovilizadas en el espacio, removilizadas en el aire; un pasado que probablemente había dejado de existir como presente antes de que sus espectadores futuros hubieran entrado en la realidad de la existencia presente.

¿Estaba él más convencido del valor estético del espectáculo?

Indudablemente, a causa de los ejemplos reiterados de los poetas que, en el delirio del frenesí de la pasión o en la humillación del repudio, invocaron ya la simpatía ardiente de las constelaciones o ya la frigidez del satélite de su planeta.

¿Aceptaba él entonces como artículo de fe la teoría de las influencias astrológicas sobre los desastres sublunares?

Le parecía a él tan susceptible de prueba como de refutación, y la nomenclatura empleada en las cartas selenográficas, tan atribuible a una verificable intuición como a una falaz analogía: el lago de los sueños, el mar de las lluvias, el golfo de los rocíos, el océano de la fecundidad.

¿Qué afinidades particulares le parecía que existían entre la luna y la mujer?

Su antigüedad al preceder y sobrevivir las generaciones telúricas; su predominio nocturno; su satélite dependencia; su luminosa reflexión; su constancia bajo todas sus fases, levantándose y acostándose en las horas indicadas, creciendo y menguando; la obligada invariabilidad de su aspecto; su respuesta indeterminada a las interrogaciones inafirmativas; su influjo sobre las aguas afluentes y refluentes; su poder para enamorar, para mortificar, para conferir belleza, para volver loco, para incitar y ayudar a la delincuencia; la tranquila impenetrabilidad de su rostro; lo terrible de su tétrica aislada dominante implacable esplendente proximidad; sus presagios de tempestad y de calma; la estimulación de su luz, sus movimientos y su presencia; la admonición de sus cráteres, sus mares petrificados, su silencio; su esplendor cuando visible; su atracción cuando invisible.

¿Qué signo visiblemente luminoso atrajo la mirada de Bloom, quién atrajo la mirada de Esteban?

En el segundo piso (fondos) de su casa (de Bioom) la luz de una lámpara de aceite parafinoso con pantalla oblicua proyectada sobre una persiana de arrollar provista por Frank O'Hara, fabricante de persianas para ventanas, implementos para persianas y persianas de arrollar, calle Aungier 16.

¿Cómo dilucidó el misterio de una persona invisible, su esposa Marion (Maruja) Bloom, denotada por una visible señal resplandeciente, una lámpara?

Por alusiones verbales indirectas o directas o afirmaciones; mediante afecto y admiración contenidos; por medio de descripciones; con embarazo; persuasivamente.

¿Quedaron ambos silenciosos luego?

Silenciosos, contemplándose el uno al otro en ambos espejos de carnal reciprocidad de suselsuyonoeldeél afinsemblante.

¿Quedaron ellos indefinidamente inactivos?

A sugestión de Esteban, a instigación de Bloom, ambos; primero Esteban, después Bloom, orinaron en la penumbra, lado a lado, sus órganos de micción vueltos recíprocamente invisibles por la interposición manual; sus miradas, primero la de Bloom, después la de Esteban, elevadas a la luminosa y semiluminosa sombra proyectada.

¿Con similitud?

Las trayectorias de sus, primero sucesivas, luego simultáneas micciones fueron desemejantes; la de Bloom más larga, menos intermitente en la forma incompleta de la bifurcada penúltima letra del alfabeto; él, que en su último año de la escuela secundaria (1880) había sido capaz de alcanzar el punto de mayor altitud contra toda la fuerza concurrente de la institución, 210 alumnos; la de Esteban más alta, más sibilante; él, quien en las últimas horas del día precedente había aumentado, por el consumo diurético, una insistente presión vesical.

¿Qué diferentes problemas se presentaron a cada cual respecto al invisible audible órgano colateral del otro?

A Bloom: los problemas de irritabilidad, hinchazón, rigidez, reactividad, dimensión, asepsia, pilosidad. A Esteban: el problema de la integridad sacerdotal de Jesús circunciso (1⁰ de enero, fiesta de guardar, obligación de oír misa y de abstenerse de trabajo servil innecesario), y el problema de si el divino prepucio, el carnal anillo nupcial de la santa iglesia católica apostólica romana, conservado en Calcuta, merecía la simple hiperdulia o el cuarto grado de latría acordado a la abscisión de tan divinas excrecencias como el cabello y las uñas de los pies.

¿Qué signo celeste fué observado por los dos simultáneamente?

Una estrella se precipitó con gran velocidad aparente a través del firmamento desde Vega en la Lira sobre el cenit más allá del grupo de estrellas de la Trenza de Berenice hacia el signo zodiacal de Leo.

¿Cómo proporcionó salida el centrípeto que se quedaba al centrífugo que partía?

Insertando la espiga de una herrumbrada llave macho en el agujero de una inestable cerradura hembra, accionando a modo de palanca sobre el anillo de la llave y haciendo girar sus guardas de derecha a izquierda, retirando el pasador de su hembra, tirando hacia adentro espasmódicamente una puerta fuera de quicio que se iba haciendo anticuada y dejando a la vista una abertura para libre egreso y libre acceso.

¿Cómo se despidieron, el uno del otro, al separarse?

De pie, perpendiculares a la misma puerta y a diferentes lados de su base, encontrándose las líneas de sus brazos en despedida en un punto cualquiera y formando un ángulo cualquiera menor a la suma de dos ángulos rectos.

¿Qué sonido acompañó la unión de sus tangenciales, la desunión de sus (respectivamente) centrífugas y centrípetas manos?

El sonido del repique de la hora de la noche por el tañido de las campanas en la iglesia de San Jorge.

¿Qué ecos de ese sonido fueron por ambos y cada uno de ellos escuchados?

Por Esteban:

Liliata rutilantium. Turma circumdet.
Iubilantium te virginum. Chorus excipiat.

Por Bloom:

¡Ay, oh!, ¡Ay, oh!
¡Ay, oh!, ¡Ay, oh!

¿Dónde se hallaban los componentes del grupo que, respondiendo al llamado de ese repique, habían viajado ese día con Bloom desde Sandymount en el sud hasta Glasnevin en el norte?

Martín Cunningham (en la cama), Jack Power (en la cama), Simón Dedalus (en la cama), Tomás Kernan (en la cama), Eduardo Lambert (en la cama), Joe Hynes (en la cama), Juan Enrique Menton (en la cama), Bernardo Corrigan (en la cama), Patsy Dignam (en la cama), Paddy Dignam (en la sepultura).

Solo, ¿qué oyó Bloom?

La doble repercusión de pasos que se alejaban sobre la tierra celestial, la doble vibración del arpa de un judío en la resonante callejuela.

Sólo, ¿qué sintió Bloom?

El frío del espacio interestelar, miles de grados por debajo del punto de congelación o del cero absoluto de Fahrenheit, Centígrado o Reaumur; los incipientes indicios del amanecer cercano.

¿De qué lo hacían acordar el repicar de las campanas, el roce de la mano, los pasos y el solitario estremecimiento de frío?

De los compañeros ahora difuntos de varias maneras en lugares diferentes: Percy Apjohn (muerto en el campo del honor: Modder River), Felipe Gilligan (tisis: hospital de Jervis Street), Mateo F. Kane (ahogado accidentalmente: Dublin Bay), Felipe Moisel (piohemia: Haytesbury Street), Miguel Hart (tisis: hospital Mater Misericordiæ), Patricio Dignam (apoplejía: Sandymount).

¿La perspectiva de qué fenómeno lo incitaba a quedarse?

La desaparición de tres estrellas últimas, la difusión del día naciente, la aparición de un nuevo disco solar.

¿Había sido él alguna vez espectador de estos fenómenos?

Una vez, en 1887, después de una prolongada sesión de charadas en la casa de Luke Doyle, Kimmage, él había esperado pacientemente la aparición del fenómeno diurno, sentado sobre una pared, la mirada vuelta en la dirección de Mizrach, al Este.

¿Recordaba él los parafenómenos iniciales?

Un aire más activo, un gallo matinal distante, los relojes eclesiásticos desde varios puntos, música avina, el solitario paso de un caminante madrugador, la visible difusión de la luz de un cuerpo luminoso, invisible; el primer limbo de oro del resurgente sol perceptible en la línea del horizonte.

¿Se quedó él?

Con una profunda inspiración se volvió, cruzando de nuevo el jardín, volviendo a entrar en el pasillo, recerrando la puerta. Con breve espiración retomó la vela, reascendió las escaleras, se reacercó a la puerta de la habitación del frente, en el piso del vestíbulo, y reentró.

¿Qué detuvo de improviso su ingreso?

El lóbulo temporal derecho de la esfera hueca de su cráneo se puso en contacto con un sólido ángulo de madera en el que, durante una infinitesimal pero sensible fracción de segundo después, una penosa sensación fué localizada a consecuencia de precedentes sensaciones trasmitidas y registradas.

Describa las alteraciones efectuadas en la disposición de los artículos de moblaje.

Un sofá tapizado de felpa color ciruela había sido trasladado desde delante de la puerta a la proximidad del Union Jack cuidadosamente plegado (una alteración que él frecuentemente había tenido intención de ejecutar); la mesa damero de mayólicas azules y blancas incrustadas había sido colocada frente a la puerta, en el lugar que dejó libre el sofá de felpa color ciruela; el aparador de nogal (un ángulo sobresaliente del cual había detenido momentáneamente su entrada) había sido movido de su sitio al lado de la puerta a una posición más ventajosa pero más peligrosa frente a la puerta; dos sillas habían sido movidas de la derecha a la izquierda al sitio ocupado antes por la mesa damero de mayólicas azules y blancas incrustadas.

Descríbalos.

Uno: una poltrona de gruesos brazos rellenos y cómodos y de respaldo bien inclinado hacia atrás, la cual, al empujársela, había levantado el borde irregular de una alfombra rectangular, y que dejaba ver, sobre su espacioso asiento bien tirante, una decoloración difusa que iba desde el centro decreciendo hacia los costados. La otra: una delicada silla de mimbre de lustrosas curvas y aplanadas patas, colocada frente por frente del primero y cuyo armazón, desde la parte superior hasta el asiento, y desde el asiento hasta la base, estaba cubierto de un barniz marrón oscuro, siendo su asiento un círculo claro de juncos trenzados.

¿Qué significados se desprendían de estas dos sillas?

Significados de similitud, de postura, de simbolismo, de evidencia circunstancial, de perdurable testimonio.

¿Qué ocupaba el sitio originalmente ocupado por el aparador?

Un piano vertical (Cadby) con teclado descubierto, sobre cuyo féretro cerrado había un par de largos guantes de señora amarillos y un cenicero esmeralda que contenía cuatro fósforos usados, un cigarrillo parcialmente consumido y dos colillas descoloridas; sobre el atril, una pieza de música en clave de sol natural para canto y piano: *Dulce vieja canción de amor* (letra de G. Clifton Bingham, compuesta por J. L. Molloy, cantada por Madam Antoinette Sterling), abierta en la última página con las indicaciones finales *ad libitum, forte,* pedal, *animato,* sostenido, pedal, *ritirando,* final.

¿Con qué sensaciones contempló Bloom en rotación estos objetos?

Con esfuerzo, elevando un candelero; con dolor, sintiendo sobre su sien derecha una contusa tumescencia; con atención, concentrando su mirada sobre un gran oscuro pasivo y un delicado claro activo:

con solicitud, inclinándose y bajando el borde levantado de la alfombra; con amenidad, recordando la teoría de los colores del doctor Malaquías Mulligan, que comprendía las gradaciones del verde; con satisfacción, repitiendo las palabras y el acto precedente y percibiendo por los varios canales de la sensibilidad interior la consecuente y concomitante tibia agradable difusión de una gradual decoloración.

¿Su conducta siguiente?

De una caja abierta sobre la mesa recubierta de mayólica extrajo un diminuto cono negro, lo colocó con su base circular en un platillo de lata, depositó el candelero en el ángulo derecho de la repisa de la chimenea, extrajo de su chaleco la hoja doblada (ilustrada) de un prospecto titulado Agendath Netaim, la desplegó, la examinó superficialmente, la enrolló en forma de cilindro y le prendió fuego en la llama de la bujía; una vez encendida, la aplicó al extremo del cono, hasta que este último alcanzó el estado de incandescencia, y puso el cilindro en la cuenca del candelero, disponiendo su parte no consumida de tal manera que se facilitara la combustión total.

¿Qué siguió a esta operación?

El vértice del cráter del cono truncado del diminuto volcán emitió una serpentina vertical de humo de aromático incienso oriental.

¿Qué objetos homotéticos, además del candelero, se hallaban sobre la repisa de la chimenea?

Un reloj de mármol veteado de Connemara, detenido en las 4.46 a. m. del 21 de marzo de 1896, regalo de casamiento de Mateo Dillon; un árbol enano de glacial arborescencia bajo una pantalla transparente, regalo de casamiento de Luke y Carolina Doyle; una lechuza embalsamada, regalo de casamiento del regidor Juan Hooper.

¿Qué cambio de miradas hubo entre estos tres objetos y Bloom?

En la luna del alto espejo de marco dorado la parte trasera no decorada del árbol enano consideraba el lomo enhiesto de la lechuza embalsamada. Delante del espejo el regalo de casamiento del regidor Juan Hooper con una inmóvil clara melancólica sabia luminosa compasiva mirada contemplaba a Bloom mientras con una oscura profunda tranquila inmóvil compasiva mirada contemplaba el regalo de casamiento de Luke y Carolina Doyle.

¿Qué asimétrica compuesta imagen del espejo atrajo entonces su atención?

La imagen de un solitario (ipsorrelativo) mutable (aliorrelativo) hombre.

¿Por qué solitario (ipsorrelativo)?

Hermanas y hermanos no tenía ninguno,
Aunque el padre de ese hombre fuera el hijo de su abuelo.

¿Por qué mutable (aliorrelativo)?

De la infancia a la madurez él se había parecido a su procreatriz materna. De la madurez a la senectud él se parecería crecientemente a su creador paterno.

¿Qué impresión visual final fué comunicada por él al espejo?

La reflexión óptica de varios volúmenes con relucientes títulos invertidos y no en el orden de sus letras comunes, inadecuadamente colocados sobre los dos estantes de libros de enfrente.

Catalogue estos libros:

Guía de Correos de Dublin, de Thom, 1886.
Obras Poéticas, de Dennis Florence M'Carthy (señalador de hoja de haya cobreada en la pág. 5).
Obras de Shakespeare (marroquí carmesí oscuro, fileteado en oro).
Manual del calculista (tela marrón).
Historia Secreta de la Corte de Carlos II (tela roja, encuadernación en relieve).
La guía del niño (tela azul).
Cuando éramos muchachos, por Guillermo O'Brien, miembro del Parlamento (tela verde, ligeramente descolorida, un sobre de señal en la pág. 217).
Pensamientos de Spinoza (cuero marrón).
Historia de los cielos, por sir Roberto Ball (tela azul).
Tres Viajes a Madagascar, de Ellis (tela marrón, título borrado).
Las Cartas Stark-Munro, por A. Conan Doyle, propiedad de la Biblioteca Pública de la Ciudad de Dublin, 106 Capel Street, prestado el 21 de mayo (vísperas de domingo de Pentecostés) vencido el 4 de junio de 1904, 13 días de retardo (encuadernación en tela negra, con etiqueta numerada).
Viajes en la China, por "Viator" (forrado con papel marrón, título en tinta roja).
Filosofía del Talmud, folleto cosido.
Vida de Napoleón, de Lockhart (sin tapa, anotaciones marginales, subestimando las victorias, exagerando las derrotas del protagonista).
Soll und Haben, por Gustav Freytag (tapas negras, caracteres góticos, un cupón de cigarrillo de señal en la pág. 24).
Historia de la guerra Ruso-Turca, de Hozier (tela marrón, dos volúmenes, con rótulo pegado al dorso de la tapa: Biblioteca Garrison, Governor's Parade, Gibraltar).
Laurence Bloomfield en Irlanda, por Guillermo Alligham (segunda edición, tela verde, dibujo de trébol dorado, nombre del dueño anterior borrado sobre la parte recta de la guarda).
Manual de astronomía (tapa cuero marrón, separada, cinco láminas, letra long primer de impresión antigua, notas del autor en pie de página, nompareil, guías marginales brevier títulos en cícero).
La vida oculta de Cristo (tapas negras).
En la senda del sol (tela amarilla, sin portada, periódica intestation del título).

La energía física y cómo conseguirla, por Eugenio Sandow (tela roja).

Breves pero sencillos elementos de geometría. Escrito en francés por F. Ignat. Pardïes y traducido al inglés por Juan Harris D. D. Londres, impreso por R. Kanplock en Bishop's Head MDCCXI, con epístola dedicatoria a su digno amigo Carlos Cox, esquire, miembro del Parlamento por el distrito de Southwark y con anotación caligrafiada en tinta sobre la guarda certificando que el libro era de propiedad de Miguel Gallagher, fechado este día 10 de mayo 1882 y solicitando a la persona que lo encontrara, si el libro se perdiera o se extraviase, devolverlo a Miguel Gallagher, carpintero, Dusery Gate, Ennisicorthy, condado de Wicklow, el lugar más hermoso del mundo.

¿Qué reflexiones ocupaban su pensamiento durante el proceso de reversión de los volúmenes invertidos?

La necesidad de orden, un lugar para cada cosa y cada cosa en su lugar; la apreciación deficiente que de la literatura tienen las mujeres; la incongruencia de una manzana incrustada en un cubilete o de un paraguas inclinado en un sillico; la imprudencia de esconder cualquier secreto detrás, debajo o entre las páginas de un libro.

¿Qué volumen era el más grande en tamaño?

La *Historia de la guerra Ruso-Turca,* de Hozier.

¿Qué datos entre otros contenía el segundo volumen o la obra en cuestión?

El nombre de una batalla decisiva (olvidada), frecuentemente recordada por un oficial decisivo, el mayor Brian Cooper Tweedy (recordado).

¿Por qué, en primero y segunda lugar, no consultó él la obra en cuestión?

En primer lugar, a fin de ejercitar la mnemotécnica; en segundo lugar, porque después de un intervalo de amnesia, estando sentado en la mesa central, cuando se disponía a consultar la obra en cuestión, recordó por mnemotécnica el nombre de la acción militar: Plevna.

¿Qué le servía de consuelo mientras estaba sentado?

El candor, la desnudez, la pose, la tranquilidad, la juventud, la gracia, el sexo, la prudencia de una estatua erguida en medio de la mesa, una imagen de Narciso adquirida en el remate de P. A. Wren, Bachelor's Walk, 9.

¿Qué le causaba irritación mientras estaba sentado?

La presión inhibitoria del cuello (medida 17) y del chaleco (5 botones), dos prendas de vestir superfluas en la indumentaria de hombres maduros e inelásticos a las alteraciones por expansión de la masa.

¿Cómo fué remediada la irritación?

Se quitó el cuello, junto con la corbata negra y el botón desarmable de la camisa, pasándolo de su cuello a un lugar a la izquierda de la mesa. Se desprendió sucesivamente en orden inverso el chaleco, los pantalones, la camisa y la camiseta a lo largo de una línea de irregulares pelos negros encrespados que se extendían en triangular convergencia desde la depresión pelviana sobre la circunferencia del abdomen y la cuenca umbilical siguiendo la línea raquídea hasta la intersección de la sexta vértebra pectoral y de allí se extendía por ambos lados en ángulos rectos y terminaba en círculos descriptos alrededor de dos puntos equidistantes, a la derecha y a la izquierda sobre el vértice de las prominencias mamarias. Desabrochó sucesivamente cada uno de los seis botones de los tirantes de su pantalón dispuestos en pares, uno de ellos incompleto.

¿Qué actos involuntarios siguieron?

Comprimió entre 2 dedos la carne circunyacente alrededor de una cicatriz en la región infracostal izquierda debajo del diafragma, resultante de una picadura infligida dos semanas y 3 días antes (23 de mayo de 1904) por una abeja. Sin conciencia de prurito alguno se rascó de una manera imprecisa con la mano derecha varios puntos y superficies de una epidermis parcialmente descubierta y que había estado totalmente sometida a abluciones. Introdujo la mano derecha en el bolsillo izquierdo de su chaleco y extrajo y volvió a guardar una moneda de plata (1 chelín) puesta allí (presumiblemente) en ocasión (17 de octubre de 1903) de las exequias de la señora Emilio Sinico, Sydney Parade.

Compile el presupuesto del 16 de junio de 1904.

DEBE	£ s. d.	HABER	£ s. d.
1 riñón de cerdo	0. 0.3	Dinero efectivo	0. 4.9
1 ejemplar del *Hombre Libre*	0. 0.1	Comisión recibida del *Hombre Libre*	1. 7.6
1 baño y propina	0. 1.6	Préstamo (Esteban Dedalus)	1. 7.0
Tranvía	0. 0.1		
1. In Memoriam Patrick Dignam	0. 5.0		
2 pasteles Banbury	0. 0.1		
1 lunch	0. 0.7		
1 cuota de renovación del libro	0. 1.0		
1 paquete de papel de esquela y sobres	0. 0.2		
1 almuerzo y propina	0. 2.0		
1 orden postal y estampilla	0. 2.8		
Tranvía	0. 0.1		
1 pata de cerdo	0. 0.4		
1 pata de carnero	0. 0.3		
1 tableta de chocolate Fry	0. 0.1		
1 pan de soda	0. 0.4		
1 café y bollo	0. 0.4		
Préstamo (Esteban Dedalus) devuelto	1. 7.0		
Saldo	0.17.5		
	£ 2.19.3		£ 2.19.3

¿Continuó el proceso de desvestimiento?

Sensible a un persistente dolor benigno en las plantas de los pies, extendió una pierna, volvió uno de ellos hacia un costado y observó los pliegues, protuberancias y puntos salientes ocasionados por la presión en el transcurso de la marcha repetida en varias direcciones diferentes; después, inclinado, desató los nudos de los cordones, desabrochó una parte y aflojó otra de ellos; sacó cada uno de sus dos botines por segunda vez, separó el parcialmente húmedo calcetín derecho a través de cuya parte delantera aparecía la uña del dedo grande nuevamente, levantó el pie derecho y, habiendo desabrochado una liga elástica, se quitó el calcetín, colocó su pie derecho desnudo sobre el borde del asiento de la silla, tiró y desgarró la parte sobresaliente de la uña del dedo grande, levantó el fragmento así extraído hasta las ventanas de la nariz e inhaló luego el olor de carne viva y arrojó con satisfacción el lacerado fragmento unguicular.

¿Por qué con satisfacción?

Porque el olor inhalado correspondía a olores de otros fragmentos unguiculares inhalados por el joven Bloom, alumno de la escuela infantil de la señora Ellis, que él desgarraba y quitaba pacientemente cada noche durante el acto de breve genuflexión, oración nocturna y ambiciosa meditación.

¿En qué última ambición se habían resumido todas sus ambiciones concurrentes y consecutivas?

En la de no heredar por derecho de primogenitura o por partición igual o de burgo inglés, o poseer a perpetuidad una extensa heredad compuesta de una cantidad adecuada de acres, pértigas y varas, medidas agrarias legales (valuación £ 42) de turberas de pastoreo rodeando un solar señorial con portería y calzada para coches ni, tampoco, una casa-terraza o quinta semialejada, descripta como *Rus in Urbe* o *Qui si Sana*, sino comprar por convenio privado en dominio absoluto una propiedad de dos pisos en forma de bungallow de aspecto sureño, coronada por veleta y pararrayos conectado a tierra, con el porche cubierto de plantas trepadoras (hiedra o enamorada del muro), puerta de entrada verde aceituna, con elegante terminación de carriage y herrajes de bronce pulido, frente estucado con molduras doradas en los aleros y cornisas, levantándose, si fuera posible, en una suave eminencia, y ofreciendo una vista agradable, desde el balcón con parapeto de pilares de piedra, sobre desocupados e inocupables campos de pastoreo intermedios y extendiéndose en 5 ó 6 acres de su propio suelo, a una distancia tal de la vía pública más próxima como para que las luces de la casa fueran visibles de noche por encima y a través de un seto vivo de carpe de corte topiario, situada en un punto dado a no menos de una milla terrestre de la periferia de la metrópoli, dentro de un límite de tiempo de no más de 5 minutos desde línea de tranvía o ferrocarril (p. ej. Dundrum, al sud, o Sutton, al norte, afirmándose que ambas localidades poseen en forma comprobada la misma reputación de parecerse a los dos polos terrestres en sus condiciones climáticas favorables para los sujetos tuberculosos), bien raíz a ser ocupado, por concesión de dominio, arriendo por 999 años, consistiendo la casa habitación y dependencias en una sala con mirador (2 arcos) comprendido termómetro; 1 salita, 4 dormitorios, 2 habitaciones de servicio, 1 cocina con azulejos, fogón y fregadero; antesala con placards para ropa blanca, biblioteca de roble teñido con compartimientos conteniendo la Enciclopedia Británica y el New Century Dictionary, panoplias de armas medievales y orientales antiguas atravesadas, gong para llamar a la comida, una lámpara de alabastro, una vasija colgante, receptor telefónico automático de ebonita con la guía al lado, tapiz de Axminster tejido a mano con guardas de fondo crema y contorno entretejido, mesa para naipes con pie central asentado en zarpas, chimenea con bronces macizos y reloj de repisa cronómetro símilor marcha garantizada con carillón de catedral, barómetro con mapa hidrográfico; confortables butacas de sala y rinconeras tapizadas de felpa rubí con buenos elásticos y centro mullido, tres biombos japoneses legítimos (estilo club, rico cuero color vino, de lustre lavable con un mínimo de trabajo mediante uso de aceite de linaza y vinagre) y araña de cristal central piramidalmente prismática, percha de madera curvada con un loro amaestrado apto para mantenerse en un dedo (lenguaje expurgado), en la pared papel estampado en relieve de 10 chelines docena, con dibujos de guirnaldas floreadas atravesadas carmesí y coronado de frisos; escalera de tres tramos circulares en sucesivos ángulos rectos, peldaños y contrahuellas, bolo, balaustradas y pasamanos en roble veteado barnizado, con las cajas de los escalones a paneles enduídos con cera cánfora; cuarto de baño con agua caliente y fría, bañera y lluvia; inodoro en el entresuelo provisto de montante oblongo de un solo vidrio opaco, asiento de voltear, lámpara de brazo, pomo y cadena de bronce, apoyo para los codos, escabel y artística oleografía en la cara interna de la puerta; ídem, sencillo; aposentos de servicio con instalaciones sanitarias e higiénicas separadas para la cocinera, la mucama general y la intermedia (el sueldo aumentando por incrementos bienales automáticos de £ 2, con prima anual de seguro de fidelidad comprendido (£ 1) y pensión jubilatoria (basada en el sistema de los 65 años) después de 30 años de servicio); despensa, bodega, fiambrera, heladera, antecocinas, depósitos para el almacenaje de carbón y leña, con bodega (para espumantes y no espumantes), para invitados distinguidos, si invitados a cenar (traje de etiqueta); iluminación general a gas de monóxido de carbono.

¿Qué atracciones adicionales podría contener la propiedad?

Como anexos, una cancha de tenis y pelota; un vivero de arbustos; un invernáculo de vidrios con palmas tropicales, equipado con todos los perfeccionamientos de la técnica; una gruta con salto de agua; una colmena instalada sobre principios humanos; macizos ovales de flores en canteros rectangulares de césped con elipses céntricas de tulipanes escarlata y cromo, escilas azules, crocos, primaveras, diantos, alverjillas, lirios de los valles (bulbos obtenibles de sir James M. Mackey (Limitada) comerciante [al por mayor y menor] de semillas y bulbos y horticultor agente de abonos químicos, 23 Sackville Street, Upper.); una quinta de verdura, una huerta y una viña, protegidas contra transgresores ilegales con tapias murales terminadas con fragmentos de vidrios; un cobertizo con candado para varios implementos inventariados.

¿Tales como?

Trampas para anguilas, cacharros para cangrejos, cañas de pescar, hachuelas, balanza romana, muela, desterronador, guadaña, gavilladora, escalera, rastrillo de 10 dientes, chanclos de lavar, horquilla para heno, rastrillo de voltear, podadera, tarro de pintura, brocha, azadón, etc.

¿Qué mejoras podrían introducirse posteriormente?

Una conejera y gallinero, un palomar, un invernáculo botánico, 2 hamacas (de señora y caballero), un cuadrante solar protegido bajo la sombra de cítisos o árboles de lilas, una campanilla japonesa de entrada de retintín exóticamente templada fija al poste de entrada lateral izquierdo, un voluminoso pipón para agua, una cortadora de césped con salida lateral y caja colectora de pasto, un vaporizador de césped con manguera hidráulica.

¿Qué medios de transporte eran deseables?

Para dirigirse a la ciudad un servicio frecuente de ferrocarril o tranvía desde su respectiva estación intermedia o terminal. Para dirigirse al campo, velocípedos, una bicicleta a rueda libre de paseo con sidecar de mimbre, un asno con carruaje liviano o un elegante faetón con un buen caballito de aliento (ruano capado altura 14).

¿Cuál podría ser el nombre de esta erigible o ya erigida residencia?

Quinta Bloom. Villa San Leopoldo. Flowerville.

¿Podía el Bloom de 7 Eccles Street concebir al Bloom de Flowerville?

Con amplias vestiduras de pura lana y gorra Harris de tweed, precio 8 chelines 6 peniques; botas de jardín adecuadas con elásticos y regadera, plantando abetos jóvenes en hilera, pulverizando, podando, poniendo tutores, sembrando, haciendo rodar sin excesivo esfuerzo, a la hora de la oración, una carretilla cargada de yuyos, entre el perfume del heno recién entrojado, mejorando el suelo, multiplicando su sabiduría, alcanzando la longevidad.

¿Qué conjunto de actividades intelectuales era simultáneamente posible?

La fotografía instantánea, el estudio comparativo de las religiones, las investigaciones folklóricas relativas a ciertas prácticas amatorias y supersticiosas, contemplación de las constelaciones celestes.

¿Qué recreaciones más livianas?

Al aire libre: el trabajo de jardín y de campo, los paseos en bicicleta sobre calzadas macadamizadas llanas, la ascensión a colinas de moderada altura, la natación en aguas mansas y apartadas, y la tranquila navegación de cabotaje en bote seguro, en chalana o en ligero esquife con ancla, sobre superficies libres de correntadas y caídas de agua (períodos de veraneo), deambulaciones vespertinas o circumprocesiones ecuestres inspeccionando la campiña estéril, con el contraste de las chozas de agradables fuegos que se elevan de las humeantes turbas (período de invernada). Bajo techo: en la tibia seguridad de los interiores, discusiones de problemas históricos y criminales no resueltos; lectura de obras maestras eróticas exóticas inexpurgadas; carpintería de afición con caja de herramientas conteniendo martillo, lezna, clavos, tornillos, tachuelas de estaño, barrena pequeña, tenacillas, cepillo y destornillador.

¿Podría llegar a convertirse en un caballero hacendado de productos de granja y ganado?

Estaba dentro de lo posible, con 1 ó 2 vacas de ordeñe, 1 sembrado de heno superfino e implementos necesarios para la explotación agrícola; como ser: una desnatadora horizontal, una moledora de nabos, etc.

¿Cuáles serían sus funciones civiles y estado social entre las familias del condado y la nobleza terrateniente?

Seguir en orden jerárquico un ascenso sucesivo de poder como jardinero, cuidador, cultivador, criador; y, en el cenit de su carrera, magistrado local o juez de paz con nombre gentilicio, escudo de armas y un lema clásico adecuado *(Semper paratus)*, debidamente registrado en el libro azul de la ciudad (Bloom, Leopoldo P., miembro del Parlamento, Consejero Privado, Caballero de San Patricio, Doctor en Leyes *honoris causa*, Bloomville, Dundrum) y citado entre la nobleza y el mundo elegante (el Sr. y la Sra. Leopoldo Bloom han salido de Kingstown para Inglaterra.)

¿Qué línea de conducta se trazó para sí mismo en tal condición?

Una línea situada entre la clemencia innecesaria y el rigor excesivo; la dispensa en una sociedad heterogénea de clases arbitrarias, incesantemente fluctuante en términos de mayor y menor desigualdad social, de imparcial homogénea incontestable justicia, atemperada con mitigantes de la más amplia latitud posible, pero exigible hasta el último cuarto de penique, con confiscación de bienes muebles e inmuebles, en provecho de la corona. Leal al más alto poder constituído del país; movido por un innato amor de rectitud, sus designios serían el estricto mantenimiento del orden público, la represión de muchos abusos, aunque no de todos simultáneamente (siendo cada medida de reforma o de restricción una solución preliminar a ser contenida por fusión en el resultado final), la defensa de la letra de la ley (derecho común, ley parlamentaria y derecho comercial) contra todos los contendores en fraude y los transgresores sorprendidos en la contravención de reglamentos y ordenanzas, todos los resucitadores (por transgresión y actos de fraude) de derechos feudales anticuados por el desuso, todos los instigadores de persecuciones raciales, todos los perpetradores de animosidades internacionales, todos los perturbadores ruines de la paz familiar, todos los violadores recalcitrantes del honor conyugal.

Pruebe que él había amado la rectitud desde su más temprana edad.

En 1880, en la escuela secundaria, él había revelado a Percy Apjohn su incredulidad sobre la doctrina de la iglesia (protestante) irlandesa (a la cual su padre Rodolfo Marimach, más tarde Rodolfo Bloom, había sido convertido, de la fe y comunión israelita, en 1865, por la Sociedad para fomentar el cristianismo entre los judíos), posteriormente abjurada por él en favor del catolicismo romano, en la época y con motivo de su casamiento en 1882. Ante Daniel Magrane y Francisco Wade, en 1882, durante una amistad juvenil (interrumpida por la prematura emigración del primero), había defendido durante sus paseos nocturnos la teoría política de expansión colonial (p. ej. la Canadiense) y las teorías evolucionistas de Carlos Darwin, expuestas en *El Origen del Hombre* y *El Origen de las Especies*. En 1885 había expresado públicamente su adhesión al programa económico colectivo y nacional sostenido por Jaime Fintan Lalor, Juan Fisher Murray, Juan Mitchel, J. F. X. O'Brien y otros, la política agraria de Miguel Davitt, la agitación constitucional de Carlos Stewart Parnell (miembro del Parlamento por la ciudad de Cork), el programa de paz, economías y reformas de Guillermo Ewart Gladstone (miembro del Parlamento por Midlothian, Inglaterra del Norte) y, en apoyo de sus convicciones políticas, había trepado sin peligro a las ramas de un árbol en el camino de Northumberland, para ver la entrada (2 de febrero de 1882) de una manifestación de antorchas compuesta de 20.000 individuos, dividida en 120 corporaciones del comercio, escoltando con 2.000 antorchas a la marquesa de Ripon y a Juan Morley.

¿Cuánto se proponía pagar por esta residencia de campo y cómo?

De acuerdo con los prospectos de la Sociedad Amigos de la Edificación, Extranjera, Nacionalizada y Subvencionada por el Estado (fundada en 1874), un máximo de £ 60 por año, siendo $1/_6$ de una renta segura, garantizada por títulos de primer orden, representando el 5 % de interés simple sobre un capital de £ 1.200 (precio calculado para una compra pagadera en 20 años), $1/_3$ del cual a pagarse en el acto y el resto de £ 800 más 2½ de interés, en forma de alquiler anual, reintegrables trimestralmente en cuotas anuales iguales hasta la extinción por amortización del préstamo acordado para la compra dentro de un período de 20 años, ascendiendo a un alquiler anual de £ 64, comisión incluída; debiendo las escrituras de la propiedad permanecer en poder del prestador o prestadores, con una cláusula contemplando la eventualidad de venta por vía de apremio, juicio hipotecario y mutua indemnización en caso de reiterada falta de pago de las sumas y cuotas fijadas; en su defecto la propiedad y anexos se convertiría en la propiedad absoluta del inquilino ocupante al expirar el período de años estipulado.

¿Qué medios rápidos pero inseguros para llegar a la opulencia podrían facilitar la compra inmediata?

Un telégrafo privado sin hilos que trasmitiría por el sistema de rayas y puntos el resultado de un handicap hípico nacional (carrera llana o de obstáculos) de 1 ó más millas y fracciones de milla ganada por batacazo pagando 50 por 1 a las 3 hs. 8 m. p. m. en Ascot (hora de Greenwich), siendo el mensaje recibido y hallándose disponible en Dublin para aceptar apuestas a las 2.50 p. m. (hora Dunsink). El inesperado descubrimiento de un objeto de gran valor monetario:

piedra preciosa, valiosas estampillas postales engomadas o impresas (la de 7 chelines, malva, sin dentar, Hamburgo, 1886; la de 4 peniques, rosa, azul, inutilizada, Gran Bretaña, 1855; la de 1 franco, ocre, oficial, roleteada, resello diagonal, Luxemburgo, 1878), antiguo anillo dinástico de sello, reliquia única descubierta en algún lugar recipiente extraordinario u obtenida por insólito conducto: del aire (dejada caer por un águila en vuelo), por fuego (entre los restos carbonizados de un edificio incendiado), en el mar (entre los restos flotantes, los despojos, la resaca o un buque abandonado), sobre la tierra (en el buche de un ave comestible). La donación por un prisionero español de un tesoro remoto de objetos preciosos, especies o lingotes de oro, puesto al cuidado de una solvente corporación bancaria 100 años antes al 5 % de interés compuesto del valor global de £ 5.000.000 (cinco millones de libras esterlinas). Un contrato con un contratante incauto conviniendo la entrega de 32 consignaciones de algún artículo dado a cambio del pago en efectivo contra entrega a partir de una tasa inicial de ¼ de penique con un aumento constante en la progresión geométrica de 2 (¼ de penique, ½ penique, 1 penique, 2 peniques, 4 peniques, 8 peniques, 1 chelín 4 peniques, 2 chelines 8 peniques, hasta 32 términos.) Una martingala basada sobre el cálculo de probabilidades para hacer saltar la banca de Montecarlo. Una solución del problema secular de la cuadratura del círculo, premio del gobierno 1.000.000 de libras esterlinas.

¿Era una vasta riqueza obtenible por medio de empresas industriales?

La recuperación de los desiertos de dunas arenosas propugnada en el prospecto de Agendath Netaim, Bleibtreustrasse, Berlín, W. 15, por el cultivo de plantaciones de naranjas y melones y por la reforestación. La utilización del papel viejo, las pieles de roedores de alcantarillas, los excrementos humanos que poseen propiedades químicas, considerando la vasta producción del primero, el número considerable de los segundos y la inmensa cantidad de lo tercero: todo ser humano de vitalidad y apetito corrientes produce anualmente, descontados los subproductos líquidos, un monto total de 80 libras (dieta mixta animal y vegetal) a multiplicarse por 4.386.035, la población total de Irlanda de acuerdo con los resultados del censo de 1901.

¿Había proyectos de mayor envergadura?

Uno cuyo planteo debía formularse y ser sometido para su aprobación a los miembros de la comisión del puerto para la explotación de la hulla blanca (fuerza hidráulica), obtenida en la pleamar mediante una usina instalada en la barra de Dublin o en las caídas de agua de Poulaphouca o de Powerscourt o en los diques de retención sobre los principales cursos de agua para obtener la producción económica de 500.000 V. H. P. de electricidad. Un proyecto para encauzar el delta peninsular del North Bull en Dollymount y erigir en el espacio del cabo, utilizado para campo de golf y polígonos de tiro de rifle, una explanada asfaltada con casinos, casillas, galerías de tiro, hoteles, pensiones familiares, salas de lectura, establecimientos para baños mixtos. Un proyecto para el uso de carruajes tirados por perros y cabras para el reparto de leche en las horas tempranas de la mañana. Un proyecto para el fomento del tráfico irlandés de turistas en y alrededor de Dublin por medio de botes costeros con propulsión a petróleo, para el servicio fluvial entre el Island Bridge y Ringsend, cebaderos de peces, ferrocarriles locales de trocha angosta, y **embarcaciones de paseo para navegación costanera [10 chelines por persona por día, guía (trilingüe) incluida]. Un** proyecto para el resurgimiento del tránsito de pasajeros y mercaderías sobre las vías fluviales irlandesas, una vez dragadas y limpias de las malezas de los cauces. Un proyecto para comunicar por línea de tranvías el Mercado de Ganado (el North Circular Road y la Prussia Street) con los muelles (la Sheriff Street Lower y el East Well), paralela a la línea del ferrocarril Link, tendida (en conjunción con la línea de ferrocarril Great Southern y Western) **entre el parque de ganado, confluencia del Liffey y el terminal del ferrocarril Midland Great Western 43 a 45, North Wall,** en la proximidad de las estaciones terminales o ramales de Dublin del Great Central Railway, Midland Railway of England, City of Dublin Steam Packet Company, Lancashire Yorkshire Railway Company, Dublin and Glasgow Steam Packet Company, Glasgow Dublin and Londonderry Steam Packet Company (Laird Line), British and Irish Steam Packet Company, Dublin and Morecambe Steamers, London and North Western Railway Company, y los cobertizos de la Comisión de Muelles y Docks de Dublin y depósitos de Palgrave, Murphy and Company, fletadores armadores, agentes de vapores del Mediterráneo, España, Portugal, Francia, Bélgica y Holanda y para el transporte de animales y peaje adicional, administrada por la Compañía de Tranvías Unidos de Dublin, Limitada, a ser financiada por los derechos de pastoreo.

Sentada esa prótasis, ¿se convertiría en natural e inevitable apódosis un contrato destinado a llevar los proyectos a la práctica?

Dada una caución igual a la suma buscada, el concurso, respaldado por escritura de donación y garantías de sesión en vida del donante o por legado después de la extinción sin dolor del mismo, de eminentes financistas (Blum Pasha, Rothschild, Guggenheim, Hirsch, Montefiore, Morgan, Rockefeller), con fortunas que se indicaban con cifras seguidas de seis ceros acumuladas en el transcurso de vidas de éxito, y uniendo el capital a la oportunidad, sería ejecutado lo que fuese requerido.

¿Qué es lo que podría librarlo eventualmente del concurso de tal riqueza?

El descubrimiento independiente de un filón de oro de inagotable mineral.

¿Por qué razón meditaba él en proyectos tan difíciles de realizar?

Uno de sus axiomas era que meditaciones semejantes o recitados que él se hacía a sí mismo de narraciones que le concernían, o tranquila recapitulación del pasado, practicados habitualmente antes de retirarse por la noche, aligeraban la fatiga y daban por resultado un reposo profundo y una renovada vitalidad.

¿Cómo lo justificaba?

Como físico había aprendido que, de los 70 años de que consta una vida humana normal, por lo menos $2/7$, es decir, 20 años, se pasaban durmiendo. Como filósofo sabía que a la terminación de la cantidad de vida de que se había dispuesto solamente. se cumplía una parte infinitesimal de los deseos de cada persona. Como fisiólogo, creía en el aplacamiento artificial de las influencias malignas principalmente activas durante la somnolencia.

¿Qué temía?

La perpetración de homicidio o suicidio durante el sueño por una aberración de la luz de la razón, inconmensurable inteligencia categórica situada en las circunvoluciones cerebrales.

¿Cuáles eran habitualmente sus últimas meditaciones?

Relacionadas con un solo y único aviso que hiciera detener a los transeúntes en su marcha, una novedad en lo que a carteles se refiere, libre de toda acrecencia extraña, reducido a sus términos más simples y eficaces, que no excediera al lapso de visión casual en concordancia con la celeridad de la vida moderna.

¿Qué contenía el primer cajón que fué abierto?

Un cuaderno de escritura Vere Foster, propiedad de Milly (Millicent) Bloom, ciertas páginas del cual llevaban dibujos en forma de diagramas marcados *Papli*, que representaban una gran cabeza globular con 5 cabellos enhiestos, 2 ojos vistos de perfil, el amplio tronco de frente con 3 grandes botones, 1 pie triangular; 2 fotografías descoloridas de la reina Alejandra de Inglaterra y de Maud Branscombe, artista y belleza profesional; una tarjeta de Navidad, con la representación pictórica de una planta parásita, la leyenda *Mizpah*, la fecha Navidad 1892, el nombre de los remitentes, del Sr. y la Sra. Comerford, el versículo: *Que esta Navidad te aporte alegría y paz y bien venido júbilo;* un cabo de lacre rojo parcialmente licuado, obtenido de los almacenes de los señores Hely, Ltda., 89, Dame Street, 90 y 91; una caja conteniendo el resto de una gruesa de doradas plumas "J", proveniente de los mismos almacenes de la misma firma; un viejo reloj de arena que rodaba conteniendo arena que rodaba; una profecía sellada (nunca desellada), escrita por Leopoldo Bloom en 1886, concerniente a las consecuencias de la conversión en ley del proyecto de Autonomía de Guillermo Ewart Gladstone en 1886 (nunca convertido en ley); una entrada de bazar Nº 2004 para la feria de caridad de S. Kevin, precio 6 peniques, cien premios; una epístola infantil, fechada lunes con ele minúscula, diciendo: Papli, pe mayúscula, coma, Cómo ce mayúscula estás signo de interrogación Yo y griega mayúscula estoy muy bien punto aparte firma con rúbricas Milly eme mayúscula sin punto; un broche de camafeo, propiedad de Elena Bloom (nacida Higgins), fallecida; 3 cartas escritas a máquina, destinatario: Enrique Flower a/c Poste Restante de Westland Row, remitente: Marta Clifford, a/c Poste Restante Dolphin's Barn; el nombre y la dirección de la remitente de las 3 cartas transcriptos en un criptograma bustrofedónico alfabético cuadrilineal puntuado privado (suprimidas las vocales) N. IGS./WI. UU. OX./W. OKS. MH./Y. IM; un recorte de un periódico semanal inglés: *La Sociedad Moderna,* sobre el tema del castigo corporal en las escuelas de niñas; una cinta rosa que había adornado un huevo de Pascua en 1899; dos preservativos de goma parcialmente desenrollados con bolsillos de reserva, comprados por correo a Casilla de Correo 32, Poste Restante, Charing Cross, Londres, W. C.; un paquete de una docena de sobres contorno crema y papel de esquela débilmente rayado, ahora reducido en 3; algunas monedas austrohúngaras surtidas; dos billetes de la lotería Húngara Real Oficializada; un vidrio de aumento de poco poder; 2 tarjetas fotográficas eróticas mostrando: a) un coito bucal entre una señorita desnuda (vista de atrás, posición superior) y un torero desnudo (visto de frente, posición inferior); b) violación anal por un religioso (completamente vestido, ojos bajos) de una religiosa (parcialmente vestida, ojos altos), compra por correo a Casilla de Correo 32, Poste Restante, Charing Cross, Londres, W. C.; un recorte de diario, receta para renovación de zapatos viejos de color; 1 estampilla adhesiva de 1 penique, lavanda, del reinado de la reina Victoria; una tabla de las medidas de Leopoldo Bloom anotadas anteriormente, durante **y después de 2 meses de uso consecutivo del ejercitador a polea de Sandow-Whiteley (para hombres 15 chelines, para atletas 20 chelines); a saber: pecho 28 pulgadas y 29½ pulgadas; bíceps 9 pulgadas y 10 pulgadas, antebrazo 8 ½ y 9 pulgadas, muslo 10 pulgadas y 12 pulgadas, pantorrilla 11 pulgadas y 12 pulgadas;** 1 prospecto del Taumaturgo, el mejor remedio del mundo para afecciones rectales, directamente del Taumaturgo, Coventry House, South Place, Londres, E. C., dirigida a la **señora** Bloom con una breve nota adjunta comenzando: Estimada Señora.

Cite los términos textuales empleados en el prospecto para proclamar las virtudes de este remedio taumatúrgico.

Cura y alivia mientras usted duerme, ayuda a la naturaleza en la forma más formidable, en casos de dificultad para expedir aire, asegurando alivio inmediatamente en la descarga de los gases, conservando las vías limpias y facilitando la libre acción natural; un desembolso inicial de 7 chelines 6 peniques lo convertirá a usted en otro hombre y su vida será digna de ser vivida. Las damas aprecian muy especialmente la utilidad del Taumaturgo, qué grata sorpresa cuando comprueben el delicioso resultado comparable a una fría toma de fresca agua de manantial en un sofocante día de verano. Recomiéndelo a sus amigas y amigos, dura toda una vida. Introdúzcaselo por el extremo redondo alargado. Taumaturgo.

¿Había testimonios?

Numerosos. De un clérigo, de un oficial de la Marina Británica, de un autor bien conocido, de un hombre público, de una enfermera de hospital, de una señora, madre de cinco hijos; de un mendigo en Babia.

¿Como concluía el testimonio concluyente del mendigo en Babia?

¡Qué lástima que el gobierno no proporcionó taumaturgos a nuestros hombres durante la campaña sudafricana! ¡Qué alivio habría sido!

¿Qué objeto añadió Bloom a esta colección de objetos?

Una 4ª carta dactilografiada, recibida por Enrique Flower (que E. F. sea L. B) de Marta Clifford (ver M. C.)

¿Qué grata reflexión acompañó este acto?

La reflexión de que, aparte de la carta en cuestión, su rostro magnético, su figura y sus maneras habían sido favorablemente acogidos en el transcurso del día precedente por una esposa (la señora Josefina Breen, nacida Josie Powell); una enfermera, la señorita Callan (nombre de pila desconocido); una joven Gertrudis (Gerty, apellido desconocido).

¿Qué posibilidad parecía desprenderse?

La posibilidad de ejercer un poder viril de fascinación en el futuro más inmediato después de una costosa comida en un aposento privado en compañía de una elegante cortesana de belleza corporal, moderadamente mercenaria, medianamente instruída, originariamente una dama.

¿Qué contenía el 2º cajón?

Documentos: el acta de nacimiento de Leopoldo Paula Bloom; una póliza de seguro dotal de £ 500 en la Scottish Widow's Assurance Society a beneficio de Millicent (Milly) Bloom, vencimiento a los 25 años con póliza saldada de £ 430, £ 462-10 chelines y £ 500 a los 60 años o al fallecimiento, a los 65 años o al fallecimiento y al fallecimiento, respectivamente, o con una póliza de beneficio (saldada) de £ 299-10 chelines, junto con un pago en efectivo de £ 133-10 chelines, a opción; una libreta de depósitos emitida por el Ulster Bank, sucursal de College Green con estado de cuentas por el semestre terminado al 31 de diciembre de 1903, saldo a favor del depositante: £ 18-14-6 (dieciocho libras esterlinas, catorce chelines y seis peniques), haber personal neto: certificado de propiedad de

£ 900 canadienses 4% (inscriptos), acciones del Gobierno (libres de impuesto de sellos), cupones del Comité de los Cementerios Católicos (Glasnevin), relativos a la compra de un lote de tierra; un recorte de diario local concerniente al cambio de nombre por vía de hecho.

Cite los términos textuales de este aviso.

Yo, Rodolfo Marimach, residiendo actualmente en el número 52 de Clanbrassil Street, Dublin, procedente de Szombathely en el reino de Hungría, hago saber por la presente que he asumido y deseo ser conocido en adelante, en toda ocasión y circunstancias, por el nombre de Rodolfo Bloom.

¿Qué otros objetos relativos a Rodolfo Bloom (nacido Marimach) había en el segundo cajón?

Un daguerrotipo indistinto de Rodolfo Marimach y su padre Leopoldo Marimach ejecutado en el año 1852 en el taller de retratos de su primo hermano y primo segundo (respectivamente) Stefan Marimach de Szesfehervar, Hungría. Un antiguo libro *hagadah* en el que un par de anteojos convexos con armazón de asta insertados marcaban el pasaje de acción de gracias en las oraciones rituales de Pessach (Pascua Hebrea); una fotografía postal del Queen's Hotel, Ennis, propietario, Rodolfo Bloom; un sobre dirigido *A mi querido hijo Leopoldo*.

¿Qué fracciones de frases evocó la lectura de esas cinco palabras enteras?

Mañana hará una semana que recibí... es inútil Leopoldo ser... con tu querida madre... no se puede aguantar más... hacia ella... todo ha terminado para mí... sé bueno con Athos, Leopoldo... mi querido hijo... siempre... en mí... *das Herz... Gott... dein...*

¿Qué recuerdos de un ser humano sufriendo de progresiva melancolía evocaron estos objetos en Bloom?

Un anciano viudo, cabello desgreñado, en la cama, con la cabeza cubierta, suspirando; un perro enfermo, Athos; el acónito, utilizado por crecientes dosis de granos y escrúpulos como un paliativo de recrudescente neuralgia; el rostro muerto de un septuagenario suicidado con veneno.

¿Por qué experimentaba Bloom un sentimiento de remordimiento?

Porque con la intolerancia de la inmaturez había tratado con falta de respeto ciertas creencias y prácticas.

¿Tales cómo?

La prohibición de utilizar carne y leche en una misma comida; el festín hebdomadario de sus incoordinadamente abstractos férvida y concretamente mercantiles coexreligionarios excompatriotas; la circuncisión de los infantes masculinos; el carácter sobrenatural de las Escrituras Judaicas; la inefabilidad del tetragrámaton; la santidad del sábado.

¿Cómo le parecían ahora esas creencias y prácticas?

No más racionales de lo que le habían parecido en aquel entonces, no menos racionales de lo que le parecían ahora otras creencias y prácticas.

¿Cuál es la primera reminiscencia que tenía él de Rodolfo Bloom (fallecido)?

Rodolfo Bloom (fallecido) narraba a su hijo Leopoldo Bloom (de 6 años) un arreglo retrospectivo de migraciones y asientos en y entre Dublin, Londres, Florencia, Milán, Viena, Budapest, Szombathely, con pasajes felices (su abuelo había visto a María Teresa, emperatriz de Austria, reina de Hungría), dándole consejos comerciales (cuidando los peniques, las libras se cuidan solas), Leopoldo Bloom (de 6 años), acompañaba estas narraciones con constantes consultas a un mapa geográfico (político) de Europa; y sugería el establecimiento de locales comerciales afiliados en los varios centros mencionados.

¿Había el tiempo borrado igual pero diferentemente el recuerdo de estas migraciones en el narrador y en el oyente?

En el narrador por el acceso de los años y a consecuencia del uso de un narcótico tóxico; en el oyente por el acceso de los años y a causa de la acción de la diversificación sobre las experiencias substitutivas.

¿Qué idiosincrasias del narrador eran productos concomitantes de la amnesia?

En ocasiones comía sin haberse quitado previamente el sombrero. En ocasiones limpiaba los rastros de comida de sus labios valiéndose de un sobre roto u otro fragmento de papel a su alcance.

¿Qué dos fenómenos seniles eran más frecuentes?

El cálculo miope digital de monedas; la eructación consiguiente a la repleción.

¿Qué proporcionaba un consuelo parcial en estas reminiscencias?

La póliza dotal, la libreta de cheques, el título de propiedad de acciones.

Reduzca a Bloom, por una multiplicación cruzada de los reveses de fortuna, de los que estos bienes lo protegían, y por la eliminación de todos los valores positivos, a una cantidad insignificante negativa irreal irracional.

Descendiendo sucesivamente el orden ilótico: La Pobreza: la del buhonero de pedrerías de imitación; la del acreedor inoportuno de cuentas dudosas, la del cobrador y distribuidor de la contribución para los pobres. La Mendicidad: la de la quiebra fraudulenta con un activo irrisorio pagando 1 chelín 4 peniques por libra; la del hombre sandwich repartidor de volantes, vago nocturno, sicofante insinuante, marinero lisiado, lacayo de alcaldía desocupado, aguafiestas, lameplatos, arruinadeportes, garronero, excéntrico hazmerreír de la gente sentándose en un banco de la plaza bajo un paraguas destrozado. La Indigencia: la del pensionista del Asilo de Ancianos (Hospital Real) de Kilmainham, la del pensionista del Hospital de Simpson para respetables indigentes permanentemente incapacitados por la gota o la ceguera. El Nadir de la Miseria: el del anciano impotente privado de sus derechos civiles, sostenido por la comunidad, pobre lunático moribundo.

¿Con qué humillaciones concurrentes?

La animadversión indiferente de las precedentemente afables mujeres, el desprecio de los hombres vigorosos, la aceptación de pedazos de pan, la simulación de no conocerlo de los viejos conocidos, el latrocinio de bastardos perros vagabundos sin patente, la descarga infantil de proyectiles vegetales podridos, de poco o ningún valor o que valen menos que nada.

¿Qué podría evitar semejante situación?

El fallecimiento (cambio de estado), el alejamiento (cambio de lugar).

¿Cuál con preferencia?

El último, de acuerdo con la línea de menor resistencia.

¿Qué consideraciones la hacían no del todo indeseable?

La constante cohabitación que impide la recíproca tolerancia de los defectos personales. El hábito de las compras independientes cada vez más desarrollado. La necesidad de contrarrestar por impermanente residencia la sedentaria permanencia.

¿Qué consideraciones la hacían no irracional?

Las partes concernientes, uniéndose, habían crecido y se habían multiplicado, hecho lo cual, una vez la descendencia producida y conducida a la madurez, las partes, si ahora desunidas estuvieran obligadas a reunirse para el aumento y la multiplicación, lo cual era absurdo, formar por reunión la cópula original de partes unientes, lo que era imposible.

¿Qué consideraciones la hacía deseable?

El aspecto atrayente de ciertas localidades de Irlanda y del exterior, según se las representaba en los mapas geográficos generales de policromo diseño en las cartas topográficas especiales del ejército con el empleo de escalas y líneas de los relieves del terreno.

¿En Irlanda?

Los acantilados de Moher, los borrascosos desiertos de Connemara, el lago de Neagh con su ciudad petrificada sumergida, la Calzada del Gigante, el Fuerte Camden y el Fuerte Carlisle, el Dorado Valle de Tipperary, las islas de Arán, los pastos del real Meath, el olmo de Brigid en Kildare, el astillero de Queen's Island en Belfast, el Salto del Salmón, los lagos de Killarney.

¿En el extranjero?

Ceilán (con plantaciones aromáticas que abastecían de té a Tomás Kernan, representante de Pulbrook, Robertson y Cía., 2 de Mincing Lane, Londres, E. C., 5 de Dames Street, Dublin); Jerusalén, la ciudad santa (con la mezquita de Omar y la puerta de Damasco, la meta de las aspiraciones); el estrecho de Gibraltar (el lugar incomparable de nacimiento de Marion Tweedy), el Partenón (que contiene estatuas, divinidades griegas desnudas), el mercado de las finanzas de Wall Street (que controla las finanzas internacionales), la Plaza de Toros de la Línea, España (donde O'Hara, del regimiento de Camerones, había matado el toro); el Niágara (sobre el cual ningún ser humano había pasado impunemente), la tierra de los Esquimales (comedores de jabón), el país prohibido del Tibet (del que no vuelve ningún viajero), la bahía de Nápoles (ver la cual era morir), el Mar Muerto.

¿Bajo qué guía, siguiendo qué signos?

En el mar septentrional, de noche, la estrella polar, situada en el punto de intersección de una línea recta pasando de beta a alfa en la Osa Mayor prolongada y dividida externamente en omega y la hipotenusa del triángulo rectángulo formado por la línea alfa-omega así prolongada y la línea alfa-delta de la Osa Mayor. En la tierra meridional, una luna biesférica, que se revela por imperfectas fases variables de lunación a través del intersticio posterior de la pollera imperfectamente cerrada de una carnosa negligente andariega mujer, la columna de la nube durante el día.

¿Qué aviso público divulgaría la ocultación del desaparecido?

£ 5 de recompensa; caballero de unos 40 años, respondiendo al nombre de Leopoldo Bloom (Poldito), perdido, raptado o extraviado de su residencia de Eccles Street número 7, altura 5 pies 9 pulgadas y media, corpulento, tez aceituna, puede haberle crecido la barba; cuando se lo vió por última vez llevaba un traje negro. La suma arriba indicada será pagada contra información que conduzca a su descubrimiento.

631

¿Qué obligaciones binomiales universales serían las suyas en cuanto a entidad y nulidad?

Concebido por cualquiera o conocido por nadie. Uno o ninguno.

¿Cuáles sus tributos?

El honor y los dones de los extraños, los amigos de Uno. Una ninfa inmortal, una belleza, la novia de Ninguno.

¿No reaparecería nunca el desaparecido en ninguna parte ni de ninguna manera?

Andaría siempre errante, autocompelido, hacia el límite extremo de su órbita planetaria, más allá de las estrellas fijas, los soles variables y los planetas telescópicos, astronómicamente extraviados o descarriados, hasta el límite terminal del espacio, pasando de país en país, entre los pueblos, entre los acontecimientos. En alguna parte imperceptiblemente escucharía, y por alguna razón de mal grado, compelido por el sol, obedecería los llamados de retorno. Desde donde, desapareciendo de la constelación de la Corona Boreal, reaparecería de algún modo, renaciendo sobre el delta en la constelación de Casiopea, y después de incalculables eones de peregrinación volvería como un misterioso vengador, como un implacable distribuidor de justicia sobre los malhechores, como un oscuro cruzado, como un durmiente resurgiendo del sueño con recursos financieros superiores (teóricamente) a los de Rothschild o a los del rey de la plata.

¿Qué es lo que convertiría en irracional semejante retorno?

Una insatisfactoria ecuación entre un éxodo y retorno en el tiempo a través del espacio reversible y un éxodo y un retorno en el espacio a través del tiempo irreversible.

¿Qué juego de fuerzas, inducidoras a la inercia, convertía la partida en indeseable?

Lo avanzado de la hora, que invitaba a la postergación; la obscuridad de la noche, que la volvía invisible; la inseguridad de las vías públicas, que la hacía peligrosa; la necesidad de reposo, que se oponía al movimiento; la anticipación del calor (humano) temperado con la frescura (ropa blanca) obviando el deseo y haciéndolo deseable; la estatua de Narciso, sonido sin eco, deseo deseado.

¿Qué ventajas prometía una cama ocupada en contraposición a una desocupada?

La eliminación de la soledad nocturna, la superior calidad de la calefacción humana (mujer madura) respecto a la inhumana (botella de agua caliente), el estimulante contacto matutino, la economía de obtener a domicilio el reaplanamiento de las telas, como en el caso de los pantalones doblados con esmero y colocados a lo largo entre el elástico (rayado) y el colchón de lana (cuadriculado color bizcocho).

¿Qué pesadas consecutivas causas, antes de surgir aprehendidas, de fatiga acumulada, recapitulaba silenciosamente Bloom antes de levantarse?

La preparación del desayuno (holocausto); congestión intestinal y premeditada defecación (sanctasanctórum); el baño (rito de Juan); el entierro (rito de Samuel); el aviso de Alejandro Llavs (Urin y Thummin); el almuerzo insubstancial (rito de Melquisedec); la visita al museo y a la biblioteca nacional (lugar santo); la cacería de libro a lo largo de la Bedford Row, Merchants Arch, Wellington Quay (Simchath Torah); la música en el Ormond Hotel (Shira Shirim); el altercado con el truculento troglodita en el local de Bernardo Kiernan (holocausto); un período de tiempo en blanco incluyendo un paseo en coche, una visita a una casa de duelo, una despedida (desierto); el erotismo producido por exhibicionismo femenino (rito de Onán); el parto laborioso de la señora Mina Purefoy (ofrenda); la visita a la casa de vicio de la señora Bella Cohen, Tyrone Street, Lower, 82, y subsiguiente alboroto y reyerta en defensa propia en Beaver Street (Armageddon); la deambulación nocturna hacia y desde el refugio de los cocheros, Butt Bridge (expiación).

¿Qué enigma impuesto por sí mismo, Bloom, a punto de levantarse para irse y terminar so pena de no terminar, aprehendió involuntariamente?

La causa de un breve agudo imprevisto alto crujido solitario emitido por la tensión fibrosa de la sustancia insensible de una mesa de madera.

¿Qué involucrado enigma, Bloom, de pie, a punto de irse, juntando multicoloreadas multiformes multitudinarias ropas, aprehendiéndolo voluntariamente, no percibía?

¿Quién era Impermeable?

¿Qué auto evidente enigma meditado con inconexa constancia durante 30 años, habiendo producido la obscuridad natural por la extinción de la luz artificial, percibió Bloom silenciosamente ahora?

¿Dónde estaba Moisés cuando se apagó la vela?

¿Qué imperfecciones de un día perfecto, caminando silenciosamente, enumeró Bloom?

Un fracaso provisorio para obtener la renovación de un aviso, para obtener cierta cantidad de té de Tomás Kernan representante de Pulbrook, Robertson y Cía., Dames Street 5, Dublin, y Mincing Lane 2, Londres (E. C.), para comprobar la presencia o la ausencia de un orificio rectal posterior en las divinidades helénicas femeninas, para obtener acceso (gratuito o pagado) a la representación de *Leda* por la señora Bandman Palmer, en el Gaiety Theatre, South King Street 46, 47, 48, 49.

¿Qué imagen de un rostro ausente recordó Bloom silenciosamente absorto?

El rostro del padre de ella, el extinto mayor Brian Cooper Tweedy, de los Fusileros Reales de Dublin, de Gibraltar y Rehoboth, Dolphin's Barn.

¿Qué impresiones recurrentes de la misma eran posibles por hipótesis?

Retrocediendo, en el terminal del ferrocarril Greath Northern, Amiens Street, con una aceleración uniforme constante a lo largo de líneas paralelas que se encontrarían en el infinito si fueran prolongadas; a lo largo de líneas paralelas regresando desde el infinito, con constante retardo uniforme, al terminal del Ferrocarril Great Northern, Amiens Street, si volvieran.

¿Qué efectos diversos de ropa de uso femenino personal percibió?

Un par de medias inodoras negras de señora mitad seda nuevas, un par de ligas violetas nuevas, un par de calzones de señora de muselina clara de la India de gran tamaño, cortados, sobre líneas abundantes, fragantes de opopónaco, jazmín y cigarrillos turcos de Muratti y conteniendo un largo alfiler de gancho de acero brillante curvilíneo plegado, una camisa de batista con orillo de encaje delgado, unas enaguas acordeón de moirette de seda azul, objetos todos dispuestos irregularmente sobre la superficie de un baúl rectangular, de cuádruple listón y esquinas con casquetes, con etiquetas multicolores y con rótulo de iniciales en blanco sobre el lado frontal: B. C. T. (Brian Cooper Tweedy).

¿Qué objetos impersonales percibió?

Un sillico, una pata rota, cubierto totalmente por un retazo cuadrado de cretona, manzanas estampadas, sobre el que descansaba un sombrero de paja negra, de señora. Varios objetos fileteados de naranja, adquiridos de Henry Price, cestería, objetos de fantasía, fabricante de porcelanas y quincallería, Moore Street 21, 22, 23, dispuestos irregularmente sobre el lavabo y el piso, y consistentes en una palangana, una jabonera y una bandeja para cepillo (sobre el lavatorio, juntos), una jarra y un adminículo nocturno (sobre el piso, separados).

¿Los actos de Bloom?

Depositó las prendas de vestir sobre una silla, se quitó las que le quedaban, sacó de debajo del almohadón de la cabecera de la cama una larga camisa de dormir blanca doblada, introdujo la cabeza y los brazos en las aberturas correspondientes de la camisa de dormir, trasladó una almohada de la cabecera a los pies de la cama, preparó las cobijas consecuentemente y se metió en la cama.

¿Cómo?

Con circunspección, como lo hacía invariablemente al entrar en una morada (suya o no suya); con precaución, pues los espiralarrollados resortes del elástico eran viejos, los discos de cobre y los serpenteados radios colgaban flojos y trémulos bajo la tensión y el esfuerzo; prudentemente, como si entrara en un cubil o en una emboscada de lujuria o serpientes; suavemente, para molestar lo menos posible; reverentemente, al lecho de la concepción y el nacimiento, de la consumación y de la ruptura del matrimonio, del sueño y de la muerte.

¿Qué encontraron, el extenderse gradualmente, sus miembros?

Blanca ropa limpia recién cambiada, olores adicionales; la presencia de una forma humana, femenina, la de ella; la huella de una forma humana, masculina, no la de él; algunas migas, algunas sobras de carne conservada, recocida, que retiró.

Si hubiera sonreído, ¿por qué habría sonreído?

Al reflexionar que cada uno que entra se imagina que es el primero en entrar mientras que él es siempre el último término de la serie precedente aun si es el primer término de la siguiente, imaginándose cada uno ser el primero, el último, el solo y el único, mientras que no es ni primero ni último ni solo ni único de una serie que se origina en y se repite hasta el infinito.

¿Qué serie precedente?

Suponiendo que Mulvey fuera el primero de su serie, Penrose, Bartell d'Arcy, el profesor Goodwin, Julius Mastiansky, Juan Enrique Menton, el Padre Bernardo Corrigan, un hacendado en la Exposición de Caballos de la Sociedad Real de Dublin, Maggot O'Reilly, Mateo Dillon, Valentín Blake Dillon (alcalde de Dublin), Cristóbal Callinan, Lenehan, un organillero italiano, un caballero desconocido en el Gaiety Theatre, Benjamín Dollard, Simón Dedalus, Andrés (Pisser) Burke, José Cuffe, Sabiduría Hely, el regidor Juan Hooper, el doctor Francisco Brady, el Padre Sebastián de Monte Argus, un limpiabotas en la Oficina General de Correos, Hugh E. (Blazes) Boylan y así cada uno y así sucesivamente sin último término.

¿Cuáles eran sus reflexiones en lo que concierne al miembro final de la serie y último ocupante del lecho?

Reflexiones sobre su vigor (un matasiete), su proporción corporal (un fijacarteles), su actitud comercial (un embaucador), su impresionabilidad (un fanfarrón).

¿Por qué, para el observador, impresionabilidad en adición al vigor, proporción corporal y aptitud comercial?

Porque él había observado con creciente frecuencia en los miembros precedentes de la misma serie igual concupiscencia, inflamablemente trasmitida, primero con alarma, luego con comprensión, después con deseo, finalmente con fatiga, con síntomas alternantes de epicena comprehensión y aprehensión.

¿De qué sentimientos antagónicos estuvieron afectadas sus reflexiones subsiguientes?

De envidia, de celos, de abnegación, de ecuanimidad.

¿De envidia?

De un organismo macho corpóreo y mental especialmente adaptado para la postura superincumbente de la enérgica copulación humana y el enérgico movimiento de pistón y cilindro necesario para la completa satisfacción de una constante pero no aguda concupiscencia residente en un organismo hembra corpóreo y mental, pasivo pero no obtuso.

¿De celos?

Porque una naturaleza plena y volátil en su estado libre, era alternativamente el agente y el reactivo de la atracción. Porque la acción entre los agentes y los reactivos variaba en todos los instantes, en una proporción inversa de crecimiento y decrecimiento, con una incesante extensión circular y una reentrada radial. Porque la controlada contemplación de la fluctuación de la atracción producía, si se lo deseaba, una fluctuación de placer.

¿De abnegación?

En virtud de: a) una relación iniciada en septiembre de 1903 en el establecimiento de Jorge Mesías, comerciante sastre y abastecedor, Eden Quay 5; b) una hospitalidad ofrecida y recibida del mismo modo, retribuída y reacondicionada personalmente; c) una relativa juventud sujeta a ciertos impulsos de ambición y magnanimidad, altruísmo entre colegas y egoísmo amoroso; d) una atracción extrarracial, una inhibición intrarracial, una prerrogativa suprarracial; e) una inminente gira musical en provincias, los gastos generales corrientes y las ganancias netas divididas.

¿De ecuanimidad?

Tan natural como cualquiera y todo acto natural de una naturaleza expresada o comprendida ejecutada con natural naturalidad por criaturas naturales de acuerdo con la natural naturalidad de él, de ella y de ellos, de una similitud disimilar. No tan calamitoso como una aniquilación cataclismal del planeta a consecuencia de una colisión con un sol extinguido. Asaz menos represible que el robo, el salteamiento de caminos, la crueldad hacia los niños y los animales, la obtención de dinero dolosamente, la falsificación, el desfalco, la malversación de dineros públicos, la traición a la confianza pública, la simulación, el abuso de confianza, la corrupción de menores, la difamación criminal, el chantaje, la contumacia, el incendio premeditado, la traición, la felonía, el motín a bordo, la violación de domicilio, el robo con fractura y escalamiento, la rebeldía ante la justicia, los vicios contra naturaleza, la deserción ante el enemigo en el campo de batalla, el perjurio, la caza furtiva, la usura, el trato con los enemigos del rey, la ocultación de estado civil, la agresión a mano armada, el homicidio por imprudencia, el asesinato premeditado. No más anormal que todos los demás alterados procesos de adaptación a condiciones alteradas de existencia, que dan por resultado un equilibrio recíproco entre el organismo corporal y sus circunstancias contingentes, alimentos, bebidas, hábitos adquiridos, inclinaciones toleradas, enfermedades colaterales. Tan irreparable como inevitable.

¿Por qué más de abnegación que de celos, menos de envidia que de ecuanimidad?

Porque de un ultraje (por matrimonio) a otro ultraje (por adulterio) no había más que un ultraje (cópula), a pesar de lo cual el violador conyugal del conyugalmente violado no había sido ultrajado por el violador adúltero del adúlteramente violado.

¿Qué represalias, si las hubiere?

Jamás el asesinato, ya que dos males no pueden hacer un bien. Duelo por combate, no. Divorcio, no ahora. Producir la evidencia mediante un ardid mecánico (lecho automático) o testimonio individual (testigo ocular oculto), no todavía. Demanda por daños y perjuicios por la vía legal o simulación de asalto con la evidencia de injurias aparentemente sufridas (autoinfligidas), no imposiblemente. Si positivamente las hubiere, suscitaría el principio de emulación (la material, de una próspera agencia rival de publicidad; la moral, de un triunfante agente rival de la intimidad), el descrédito, la desunión, la humillación, la separación protegiendo a la separada del separado, protegiendo de ambos al separador.

¿Con qué reflexiones él, consciente reactor contra el vacío de la incertidumbre, justificaba ante sí mismo sus sentimientos?

La predeterminada fragilidad del himen, la presupuesta intangibilidad de la cosa en sí; la incongruencia y desproporción entre la autoprolongadora tensión de la cosa propuesta a efectuar y la autoabreviante relajación de la cosa efectuada; la falazmente inferida debilidad de la mujer, la musculosidad del hombre; las variaciones de los códigos éticos; la natural transición gramatical por inversión sin involucrar ninguna alteración del sentido de una preposición aoristo pretérita (analizada como sujeto masculino, verbo monosilábico transitivo onomatopéyico con complemento directo femenino) de la voz activa en su correlativa preposición aoristo pretérita (analizada como sujeto femenino, verbo auxiliar y cuasimonosilábico participio pasado onomatopéyico con agente complementario masculino) en la voz pasiva; el producto continuado de los seminadores por generación; la producción continua de semen por destilación; la futesa del triunfo; la protesta o la venganza; la inanidad de la ensalzada virtud; el letargo de la materia nesciente; la apatía de las estrellas.

¿En qué satisfacción final convergían estas reflexiones y sentimientos antagónicos reducidos a su más simple expresión?

Satisfacción ante la ubicuidad en el hemisferio terrestre oriental y occidental, en todas las tierras e islas habitables exploradas o inexploradas (el país del sol de medianoche, las Islas de los Bienaventurados, las islas de Grecia, la Tierra de Promisión), de adiposos hemisferios femeninos posteriores, fragantes a leche y miel y de excretorio calor sanguíneo y seminal, evocador de seculares familias de curvas de amplitud, no susceptibles de modos de impresión o de contrariedades de expresión, expresivas de muda inmutable madura animalidad.

¿Los signos visibles de la presatisfacción?

Una erección próxima; una solícita aversión; una gradual elevación; un tanteo revelador; una silenciosa contemplación.

¿Luego?

Besó los redondeados sazonados amelonados cachetes de sus nalgas, deteniéndose en cada redondeado melonoso hemisferio, en su blanco surco profundo con una oscura prolongada provocativa melonmeloneante osculación.

¿Qué signos visibles de postsatisfacción?

Una contemplación silenciosa; un tanteo velador, un descenso gradual; una solícita aversión; una próxima erección.

¿Qué siguió a esta acción silenciosa?

Una somnolienta invocación, un menos somnoliento reconocimiento, una incipiente excitación, una catequística interrogación.

¿Con qué modificaciones respondió el narrador a este interrogatorio?

Negativas; omitió mencionar la correspondencia clandestina entre Marta Clifford y Enrique Flower; el altercado público en el interior y la vecindad de los locales autorizados de Bernardo Kiernan y Compañía Limitada, Little Britain Street 8, 9 y 10; la excitación erótica y resultado consiguiente por el exhibicionismo de Gertrudis (Gerty) apellido desconocido. Positivas: hizo mención de una representación de *Leda* por la señora Bandman Palmer en el Gaiety Theatre, South King Street, 46, 47, 48, 49; la invitación a una cena en el Wynn's

(Murphy's) Hotel, Lower Abbey Street, 35, 36 y 37; un volumen de tendencia pornográfico-pecaminosa titulado *Dulzuras del Pecado,* anónimo, autor un hombre de mundo; una conclusión temporaria ocasionada por un movimiento falsamente calculado en el curso de una exhibición gimnástica postcena, cuya víctima (luego ya completamente reestablecida) fuera Esteban Dedalus, profesor y autor, hijo primigenio sobreviviente de Simón Dedalus, sin ocupación fija; una proeza aeronáutica ejecutada por él (narrador) en presencia de un testigo, el profesor y autor antes mencionado, con limpia destreza y gimnástica flexibilidad.

¿Fué la narración inalterada de algún otro modo por modificaciones?

Absolutamente.

¿Qué suceso o persona emergía como punto saliente de su narración?

Esteban Dedalus, profesor y autor.

¿Qué limitaciones de actividad e inhibiciones de derechos conyugales concernientes a ellos mismos fueron percibidas por oyente y narrador durante el transcurso de esta intermitente y cada vez más crecientemente lacónica narración?

Por la oyente una limitación de fertilidad, teniendo en cuenta que el casamiento había sido celebrado un mes completo después del 18º aniversario del nacimiento de ella (8 de septiembre de 1870); vale decir, el 8 de octubre, y había sido consumado en la misma fecha con progenie femenina nacida el 15 de junio de 1899, habiendo sido anticipadamente consumado el 10 de septiembre del mismo año y por un completo intercambio carnal, con eyaculación de semen en el órgano femenino adecuado, habiendo el último tenido lugar con prioridad de 5 semanas (vale decir, el 27 de noviembre de 1893), respecto al nacimiento el 29 de diciembre de 1893 del segundo vástago (y único masculino), fallecido el 9 de enero de 1894, a la edad de 11 días; quedaba un período de 10 años, 5 meses y 18 días durante el cual el intercambio carnal había sido incompleto, sin eyaculación de semen dentro del órgano femenino adecuado. Por el narrador una limitación de actividad, mental y corporal, por cuanto no había tenido lugar ningún intercambio mental completo entre él y la oyente desde la consumación de la pubertad, indicada por hemorragia menstrual de la progenie femenina de narrador y oyente, el 15 de septiembre de 1903; quedaba un período de 9 meses y 1 día durante el cual, a consecuencia de una preestablecida comprehensión natural en la incomprehensión entre ambas mujeres consumadas (oyente y progenie), la completa libertad de acción corporal había sido circunscripta.

¿Cómo?

Por diversas interrogaciones femeninas reiteradas concernientes al destino masculino hacia el cual, el lugar donde, la hora en que, la duración por la que, el objeto con que, en caso de ausencias temporarias, en proyecto o que ya habían tenido lugar.

¿Qué se movía visiblemente por encima de los pensamientos invisibles de oyente y narrador?

La reflexión proyectada hacia arriba de una lámpara y su pantalla, una serie inconstante de círculos concéntricos de gradaciones variables de luz y sombra.

¿En qué direcciones se hallaban acostados auditor y narrador?

Auditor: este-sudeste; narrador: oeste-noroeste; sobre el paralelo 53° de latitud norte, y el 6° meridiano de longitud oeste; a un ángulo de 45° del ecuador terrestre.

¿En qué estado, de descanso o movimiento?

En descanso respecto a ellos mismos y recíprocamente. En movimiento, siendo llevados ambos y cada uno hacia el oeste, hacia adelante y hacia atrás, respectivamente, por el movimiento perpetuo propio de la tierra a través de rutas siempre cambiantes del espacio que no cambia nunca.

¿En qué posición?

Oyente: acostada semilateralmente, a la izquierda, la mano izquierda debajo de la cabeza, la pierna derecha extendida en línea recta y apoyada sobre la pierna izquierda, doblada, en la actitud de Gea-Tellus, colmada, acostada, gruesa de simiente. Narrador: acostado lateralmente, a la izquierda, con las piernas derecha e izquierda dobladas, el dedo índice y pulgar de la mano derecha descansando en el caballete de la nariz, en la actitud en que aparecía en una fotografía instantánea tomada por Percy Apjohn, el hombreniño fatigado, el niñohombre en el limbo.

¿Limbo? ¿Fatigado?

Él descansa. Él ha viajado.

¿Con?

Simbad el Marino y Timbad el Sarino y Jimbad el Jarino y Wimbad el Warino y Nimbad el Narino y Fimbad el Farino y Bimbad el Barino y Pimbad el Parino y Mimbad el Marino y Himbad el Harino y Rimbad el Rarino y Dimbad el Karino y Vimbad el Varino y Limbad el Yarino y Ximbad el Phtarino.

¿Cuándo?

Yendo hacia el sombrío lecho había un lugar al volver la roca del huevo de alca de Simbad el Marino en la noche del lecho de todas las alcas de las rocas de Sombraenmal el Diabrillador.

¿Dónde?

Sí porque anteriormente él jamás había hecho algo parecido a pedir su desayuno en la cama con dos huevos desde el hotel City Arms en que se le dió por hacerse el enfermo en la cama con su voz quejosa mandándose la parte con esa vieja bruja de señora Riordan que él creía forrada en y no nos dejó un cuarto de penique todo en misas para ella y su alma la gran avara siempre andaba con miedo de gastar cuatro peniques para su mezcla de alcohol etílico y metílico contándome todos sus achaques tenía demasiado charla de vieja acerca de la política y los terremotos y el fin del mundo, tengamos ahora un poco de diversiones mientras podemos si todas las mujeres fueran como ella naturalmente que nadie le pedía que usara trajes de baño y escotes supongo que su piedad provenía de que ningún hombre la miró nunca dos veces espero no ser nunca como ella milagro que no quería que nos tapáramos la cara pero era una mujer bien educada sin duda y su charla acerca del señor Riordan por aquí y el señor Riordan por allá supongo que se alegró de librarse de ella y su perro oliéndome la piel y siempre dando vueltas para meterse debajo de mis enaguas especialmente sin embargo me gusta eso en él cortés con las ancianas así y mozos y mendigos tampoco se siente demasiado orgulloso de nada pero no siempre si a él le pasara alguna vez algo realmente serio es mucho mejor para ellos ir a un hospital donde todo está limpio pero supongo que yo tendría que emplear un mes para persuadirlo y después tendríamos una enfermera de hospital a continuación sobre la marcha tenerlo allí hasta que lo echen o una monja puede ser como la de la cochina fotografía que tiene ella tan monja como yo no soy sí porque son tan débiles y lloriqueadores cuando están enfermos que necesitan una mujer para curarse si le sangra la nariz uno pensaría que es oh qué drama y ése del South Circular que parecía agonizante cuando se torció el pie en la fiesta coral en la Montaña del Pan de Azúcar el día que yo llevaba ese vestido la señorita Stack que le traía flores las más viejas peores que pudo encontrar en el fondo de su canasta cualquier cosa con tal de entrar en el dormitorio de un hombre con su voz de solterona tratando de imaginarse que él se moría por ella jamás volveré a ver tu rostro aunque parecía más hombre con la barba de unos días en la cama papá era igual además yo detesto las vendas y medicamentos cuando se cortó el dedo del pie con la navaja mientras se raspaba los callos temía que se le envenenara la sangre pero si la cosa fuera que yo estuviera enferma habría que ver cómo se me cuidaría sólo que na-

turalmente la mujer disimula para no dar tanto trabajo como ellos sí
estoy segura que anduvo haciéndolo por alguna parte se le conoce
por su apetito de todos modos amor no es porque estaría sin apetito
pensando en ella o habrá sido una de esas damas nocturnas si fuera
cierto que estuvo por allá abajo y la historia del hotel nada más que
un montón de mentiras inventadas para ocultarlo mientras lo planea-
ba Hynes me retuvo a quién encontré ah sí me encontré con te
acuerdas Menton y a quién más quién déjame pensar esa gran cara
de nene yo lo vi y recién casado flirteando con una jovencita en
Pooles Myriorama y le volví la espalda cuando se escabulló parecía
muy avergonzado qué hay de malo pero él tuvo la desfachatez de
galantearme una vez se lo merece con su boca seductora y sus ojos
hervidos de todos los grandes estúpidos que a mí jamás y a eso se
le llama hombre de leyes si no fuera que detesto tener una larga
disputa en la cama que si no si no es eso es alguna ramerita cualquiera con la que se metió en algún lado o levantó de contrabando
si lo conocieran tan bien como yo porque antes de ayer no más
estaba garabateando algo en una carta cuando entré en la sala de la
calle buscando los fósforos para mostrarle la muerte de Dignam en
el diario como si algo me lo hubiera dicho y él tapó con el secante
haciéndose el que meditaba en los negocios muy probablemente para
alguna que se ha creído haber dado con un candidato porque todos
se ponen un poquito así a su edad especialmente cuando se acercan
a los cuarenta como él ahora para sonsacarle todo el dinero que
pueden con zalamerías no hay tonto más tonto que el tonto viejo y
después besando mi trasero como de costumbre para disimular no
es que me importe dos cominos con quién lo hace o lo hizo antes
aunque me gustaría averiguarlo mientras no los tenga a los dos bajo
la nariz continuamente como con esa cochina que tuvimos en Ontario
Terrace que se ponía culo postizo para excitarlo bastante me revienta sentirle el olor de esas mujeres pintadas una o dos veces que
yo sospeché y lo hice acercar a mí cuando le encontré el cabello
negro en el saco sin contar cuando entré en la cocina y simulaba
que estaba tomando agua 1 mujer no es bastante para ellos fué
todo culpa suya naturalmente arruinando criados después proponien-
do que ella podía venir a comer a nuestra mesa para Navidad si me
haces el favor oh no gracias no en mi casa robando las papas y las
ostras a 2 chelines 6 peniques la docena salía para ir a ver a su tía
si me hace el favor una ladrona vulgar y silvestre eso era pero yo
estaba segura de que él tenía algo con ésa yo me las compongo para
descubrir esas cosas él dijo no tienes pruebas ella era la prueba oh sí
a su tía le gustaban mucho las ostras pero le dije bien clarito lo
que pensaba de ella buscando pretextos para que yo saliera para
estar a solas con ella yo no me iba a rebajar a espiarlos las ligas
que encontré en la pieza de ella el viernes que salió eso fué bastante para mí un poquito demasiado vi también que la cara se le
hinchaba a ella de ira cuando le di la semana de aviso mejor pasár-
selo sin ellas del todo arreglar las piezas yo misma más rápido si no
fuera por la maldita cocina y tirar la basura se lo di a él de todos
modos le di a elegir o ella o yo deja la casa yo no podría ni siquiera

tocarlo si pensara que estuvo con una cochina mentirosa sucia desfachatada como ésa negándomelo en la cara y cantando por la casa en el w. c. también porque ella sabía que estaba acomodada sí porque él no puede seguramente abstenerse tanto tiempo entonces tiene que hacerlo en algún lado y la última vez que me lo acomodó en el trasero la noche que Boylan me dió un fuerte apretón en la mano caminando por el Tolka luego otro allí no hice más que apretar el reverso de la suya así con el pulgar para devolverle el apretón cantando la joven Luna de Mayo está destellando amor porque él barrunta algo de nosotros dos no es tan tonto dijo voy a comer afuera e iré al Gaiety aunque yo no voy a darle el gusto en cualquier caso Dios sabe que ha cambiado en cierta forma no puede estar usando siempre el mismo sombrero viejo a menos que yo pagara a algún muchacho bien parecido para que lo haga ya que no puedo hacerlo yo misma a un muchacho joven me resultaría agradable yo lo confundiría si estuviera un poco a solas con él le dejaría ver mis ligas las nuevas y lo haría poner colorado mirándolo lo seduciría yo sé lo que sienten los muchachos con esa pelusa en las mejillas siempre a punto para andar con el chiche pregunta y respuesta harías esto y aquello y lo de más allá con el carbonero sí con un obispo sí yo lo haría porque le conté de un deán u obispo que estaba sentado al lado mío en los jardines de los Templos de los Judíos cuando estaba tejiendo ese objeto de lana forastero en Dublin qué lugar era y etcétera respecto a los monumentos y me cansó con las estatuas envalentonándolo haciéndolo peor de lo que es quién está en tu pensamiento ahora dime en quién piensas dime su nombre quién dime quién el Emperador Alemán sí imagínate que yo soy él piensa en él puedes sentirlo tratando de convertirme en una puta lo que nunca conseguirá tendría que renunciar ahora a esta altura de su vida nada más es una ruina para cualquier mujer y ninguna satisfacción en ello pretender que me gusta hasta que él termina y después por mi parte me tengo que arreglar como pueda y se le ponen los labios pálidos de todos modos está hecho ahora de una vez por todas con toda la charla del mundo que hace la gente sobre el asunto es solamente la primera vez luego no se trata más que del ordinario hazlo y no pienses más en eso porque no se puede besar a un hombre sin antes ir y casarse con él a veces se quisiera hacerlo ardientemente cuando se siente esa sensación tan linda por todo el cuerpo no se lo puede remediar yo quisiera que algún hombre u otro me tomara alguna vez cuando está allí y me besara en sus brazos no hay nada como un beso largo y ardiente que llega hasta el alma casi la paraliza a una después detesto esa confesión cuando yo iba al padre Corrigan él me conmovía padre y qué hay de malo si él lo hacía dónde y yo dije en la orilla del Canal como una tonta pero en qué lugar de su persona hija mía sobre la pierna por detrás arriba era sí más bien arriba donde te sientas sí oh Señor no podía decir el trasero directamente y terminar de una vez qué tiene eso que ver en la cuestión y lo hiciste no recuerdo en la forma que lo dijo no padre y yo siempre pienso en el verdadero padre para qué quería él saberlo cuando yo ya lo había confesado a Dios él tenía una linda mano gorda la palma siempre húmeda no me importaría sentirla ni tampoco a él diría por el cogote de toro en su cuello de caballo me pregunto si me conocía en el confesionario yo podía verle la cara él no podía ver la mía naturalmente él no se daba vuelta o aflojaba hasta que tenía los ojos rojos cuando murió su padre están perdidos por una mujer naturalmente debe de ser terrible cuando un hombre llora déjalos en paz me gustaría ser abrazada por uno con sus vestimentas y el olor de incienso saliéndole como el papa además no hay peligro con un cura si una está casada él tiene que cuidarse bastante por sí mismo después da algo de penitencia para S. S. el papa quisiera saber si él estaba satisfecho conmigo una cosa que no me gustaba era su palmeo atrás saliendo tan familiarmente en el vestíbulo aunque yo me reía no soy un caballo o un asno soy yo supongo que él pensaba en su padre quisiera saber si está despierto pensando en mí o soñando estoy yo ahí quién le dió esa flor que él dijo que compró él olía a alguna clase de bebida no whisky ni cerveza tal vez la pasta dulzona con que pegan sus carteles algún licor me gustaría probar esas bebidas costosas de rico aspecto verdes y amarillas que esos lechuguinos beben con los sombreros de copa yo probé una vez con el dedo mojado en el de ese americano que tenía la ardilla y hablaba de estampillas con papá todo el trabajo que tenía que hacer para no quedarse dormido después de la última vez que tomamos el oporto y la galantina tenía un lindo gusto salado sí porque yo misma me sentía tan bien y cansada y me dormí como un plomo en cuanto me zambullí en la cama hasta que ese trueno me despertó como si fuera el fin del mundo Dios ten misericordia de nosotros creí que el cielo se venía abajo para castigarnos cuando me santigüé y dije un avemaría como esas espantosas descargas eléctricas en Gibraltar y luego vienen y le dicen a una que no hay Dios qué podría hacer una y si eso entraba y corría por todas partes por nada solamente hacer un acto de contrición el cirio que encendí esa tarde en la Capilla de Whitefriars Street para el mes de María sí eso trajo suerte aunque él se burlaría si lo supiera porque nunca va a misa o a los actos de la iglesia él dice tu alma no tienes alma adentro solamente materia gris porque él no sabe lo que es tener una sí cuando encendía la lámpara sí porque él ha de haberlo hecho 3 ó 4 veces con esa tremenda cosa roja grandota que tiene yo pensé que la vena o cómo diablos es que se llama que él tiene iba a reventar aunque su nariz no es tan grande después que me saqué todas mis cosas con las cortinas bajas después de mis horas vistiéndome y perfumándome y peinándome como hierro o alguna especie de barra de hierro gruesa que se mantiene parada todo el tiempo ha de haber comido ostras yo creo unas cuantas docenas él estaba de muy buena voz para cantar no yo nunca en toda mi vida sentí a nadie que tuviera una del tamaño de ésa para hacerla sentir a una llena ha de haber comido una oveja entera después a quién se le ocurre hacernos así con un gran agujero en el medio de nosotras como un padrillo metiéndoselo a una adentro porque eso es todo lo que quieren de una con esa decidida mirada viciosa en sus ojos yo tuve que entrecerrar los ojos todavía si no tuviera esa tremenda cantidad de esperma adentro cuando se lo hice sacar y ha-

cerlo sobre mí considerando cuán grande es tanto mejor en caso de
que quedara alguna parte después de lavarme debidamente la última
vez que lo dejé terminar adentro lindo invento que hicieron para
las mujeres para que él obtenga todo el placer pero si alguien les
hiciera probar un poquito de eso a ellos sabrían lo que pasé por
Milly nadie lo creería y también saliéndole los dientes y el marido
de Mina Purefoy préstame los bigotes para jugar llenándola con un
chico o un par de mellizos todos los años con tanta regularidad como
un reloj ella oliendo siempre a chicos el que llaman atizador o algo
como un negro con una mota de cabello encima Jesúsnosampare el
chico es tan negro la última vez que estuve allí un pelotón tirándose
uno encima de otros y chillando que no ya una ni sabía dónde
estaban las orejas se supone que es saludable no están satisfechos
hasta que no consiguen hincharnos como elefantes o no sé como
qué suponiendo que arriesgara tener otro no con él sin embargo
aunque si fuera casado estoy segura de que tendría un hermoso chico
fuerte pero no sé si Poldi tiene cuerda todavía en él sí eso sería
sumamente divertido supongo que fué el encuentro con Josie Powell
y el funeral y pensar en mí con Boylan lo que lo entusiasmó bueno
él puede pensar lo que quiera ahora si eso le va a servir de algo yo
sé que estaban arrumacándose un poco cuando aparecí en escena
él bailaba y se hacía a un lado aparte con ella la noche de la tertulia
de recepción en lo de Georgina Simpson y después quería hacér-
melo tragar que porque no le gustaba verla planchar por eso fué
que tuvimos la pelea de pie sobre política él empezó no yo cuando
dijo que Nuestro Señor era un carpintero por último me hizo llorar
naturalmente una mujer es tan sensible respecto a todo yo estaba
encolerizada conmigo misma después por ceder solamente porque
sabía que él estaba loco conmigo y dijo que había sido el primer
socialista me disgustó tanto que no pude ponerlo violento sin embargo sabe un montón de cosas especialmente acerca del cuerpo
y las entrañas a menudo he querido estudiar eso yo misma lo que
tenemos adentro nuestro en ese Médico del Hogar siempre podía reconocer su voz cuando la habitación estaba llena de gente y observarlo
después de eso yo fingí cierta frialdad con ella por él porque él
solía estar un poco celoso cuando preguntaba adónde vas y yo
decía a lo de Floey y él me hizo el regalo de los poemas de Lord
Byron y los tres pares de guantes con eso terminó la cosa yo podría
hacerle hacer las paces muy fácilmente cuando quisiera yo sé cómo
hacerlo aun suponiendo que él se arreglara con ella otra vez o saliera
para verla en algún lado yo lo sabría porque rehusaría comer cebollas
tengo muchas maneras pedirle que me baje el cuello de la blusa
o tocarlo con mi velo y mis guantes al salir 1 beso bastaría para
mandarlas a todas a paseo sin embargo muy bien vamos a ver que
vaya con ella naturalmente estaría pero muy contenta de fingir
que anda locamente enamorada de él eso no importaría tanto yo
me limitaría a ir ante ella y preguntarle lo amas y la miraría derecho
a los ojos ella no podría engañarme pero él podría imaginarse que
lo está y hacerle una declaración con su modo enredador como
me hizo a mí aunque yo tuve un trabajo de todos los diablos para

sacárselo pero no me disgustaba porque eso demostraba que podía contenerse y no iba a conseguírselo con sólo pedirlo estuvo por preguntármelo también esa noche en la cocina cuando yo estaba amasando el pastel de papa hay algo que quiero decirte pero yo lo aparté diciendo que estaba de mal humor con las manos y los brazos llenos de harina de la pasta de todos modos yo me dejé ver demasiado la noche antes hablando de sueños y yo no quería hacerle saber más de lo que convenía ella acostumbraba estar siempre abrazándome Josie cuando quiera que él estuviera allí naturalmente observándome y cuando dije que me lavaba arriba y abajo lo más posible me preguntó te lavaste posiblemente las mujeres siempre andan provocando sobre eso aprovechando insistir continuamente cuando él está allí ellos saben por sus ojos astutos que pestañean un tanto haciéndose el indiferente cuando salen con algo de esa clase que él es lo que lo echa a perder no me sorprende en lo mínimo porque era muy buen mozo en ese tiempo tratando de parecerse a Lord Byron y yo decía que me gustaba aunque era demasiado hermoso como hombre y él lo era un poco antes de que nos comprometiéramos después aunque a ella no le hizo mucha gracia el día que yo estaba con los ataques de risa con las sacudidas no podía para agarrarme las horquillas que caían una después de otra junto con el montón de cabello que yo tenía siempre están de excelente humor dijo ella sí porque eso la humillaba porque ella sabía lo que eso significaba porque yo acostumbraba decirle bastante de lo que pasaba entre nosotros no todo pero lo bastante para hacerle venir el agua a la boca pero eso no era culpa mía ella no volvió a poner los pies en casa después que nos casamos quisiera saber cómo está ahora después de vivir con ese cachivache de marido que tiene a ella se le estaba poniendo la cara estirada y seca la última vez que la vi debía de ser después de una pelea con él porque yo me di cuenta al momento que trataba de llevar la conversación al tema de los maridos y hablar de él para hablar mal de él qué fué lo que me dijo oh sí que a veces él acostumbraba acostarse con los botines llenos de barro cuando le da el antojo imagínese meterse en la cama con una cosa así que puede asesinarla a una en el momento menos pensado lo que un hombre bueno no todos se vuelven locos de la misma manera Poldito de cualquier modo haga lo que haga siempre se limpia los pies en el felpudo cuando entra tanto si llueve como si hace buen tiempo y además se lustra sus propios zapatos y siempre se saca el sombrero cuando se lo encuentra en la calle de ese modo anda por ahí en zapatillas para buscar £ 10.000 por una postal estás listo oh querida un tipo así tiene que consumirla a una ciertamente demasiado estúpido para sacarse los botines ahora qué se puede hacer con un hombre así preferiría morirme 20 veces antes que casarme con otro de su sexo naturalmente él no encontraría nunca otra mujer como yo para tolerarlo como lo hago me conoces ven a dormir conmigo sí y él sabe eso también en el fondo de su corazón tomemos por ejemplo a esa señora Maybrick que envenenó a su esposo para qué quisiera saber enamorada de otro hombre sí se le descubrió no fué ella una completa malvada ir y hacer una cosa así naturalmente algunos hombres pueden ser espantosamente irritantes la vuelven loca a una y siempre la peor palabra del mundo para qué no piden que nos casemos con ellos si fuera tan malo como en lo que termina todo sí porque ellos no pueden arreglárselas sin nosotras arsénico blanco puso ella en su té del papel para matar moscas me parece quisiera saber por qué lo llaman así si se lo preguntara me contestaría que es del griego nos deja tan enterados como antes ella debe de haber estado locamente enamorada del otro tipo para correr el riesgo de ser ahorcada oh a ella tanto le daba si ése era su temperamento no podía hacerle nada además no son lo bastante brutos para ir y ahorcar a una mujer seguramente

ellos son todos tan diferentes Boylan que hablaba de la forma de mi pie que observó en seguida aun antes de ser presentado cuando yo estaba en el DBC con Poldito riendo y tratando de escuchar yo estaba meneando el pie y habíamos pedido 2 tes pan y manteca lo vi mirando con sus dos solteronas de hermanas cuando me paré y le pregunté a la camarera dónde estaba qué me importa con eso goteándome y con los calzones negros cerrados que él me hizo comprar una tarde se necesita media hora para bajárselos mojándome toda siempre con una nueva chifladura cada semana la hice tan larga que me olvidé los guantes de piel de Suecia en el asiento de atrás nunca volví a dar con ellos alguna ladrona y él quería que pusiera en el *Tiempos Irlandeses* extraviado en el lavatorio de señoras DBC de Dame Street devuélvase a la señora Marion Bloom y vi sus ojos sobre mis pies al salir por la puerta giratoria estaba mirando cuando di vuelta la cabeza y fuí allí a tomar té 2 días después con la esperanza pero él no estaba como lo excitó eso porque yo los tenía cruzados cuando estábamos en la otra pieza primero él quiso decir los zapatos que son demasiado ajustados para caminar mi mano es así de linda si tan sólo tuviera un anillo con la piedra de mi mes una linda aguamarina lo voy a convencer de que debe comprarme uno y un brazalete de oro mi pie no me convence del todo sin embargo lo hice sonar con el pie una vez la noche después del concierto chapucero de los Goodwin hacía tanto frío y soplaba el viento estuvo bueno tomamos ese ponche de ron tan caliente y el fuego no estaba apagado cuando pidió que me sacara las medias acostada sobre la alfombra de la chimenea en la calle Lombard bueno y otra vez era mis botines llenos de barro a él le habría gustado que caminara pisando todo el estiércol de caballo que yo pudiera encontrar con seguridad que él no es natural como el resto del mundo que yo qué es lo que él dijo yo podía darle 9 puntos en 10 a Catalina Lanner y ganarle qué quiere decir eso le pregunté no me acuerdo de lo que me dijo porque justamente en ese momento pasó la última edición y el hombre del cabello enrulado de la lechería Lucan que es tan cortés me parece que ya vi antes esa cara en alguna parte yo lo noté cuando probaba la manteca entonces me tomé mi tiempo Bartell d'Arcy de lo que él también acostumbraba burlarse cuando comenzó a besarme en las escaleras del coro después que canté el Ave María de Gounod

qué estábamos esperando oh mi corazón bésame bien en la cara
y parte cuál es mi parte cara él era bastante ardiente a pesar de
toda su voz metálica también se quedaba chocho con mis notas
bajas si se le puede creer me gustaba la manera como ponía la cara
cuando cantaba entonces ` él dijo no era tremendo hacer eso allí
en un lugar así yo no veo nada de terrible en eso le voy a hablar
de eso algún día ahora no y lo voy a sorprender y lo llevaré allí
para mostrarle el mismísimo lugar donde también lo hicimos entonces eso es todo te guste o se te atragante si cree que nada puede
pasar sin que lo sepa él no tenía una idea acerca de mi madre hasta que
estuvimos comprometidos de lo contrario no me habría conseguido
tan barato como lo hizo él era 10 veces peor de todos modos supli-
cándome que le diera un pedacito de mis calzones ésa era la tarde
que veníamos por el parque Kenilworth me besó en el broche
del guante y tuve que sacármelo haciendo preguntas está permitido
inquirir la forma de mi dormitorio entonces yo dejé que se lo
guardara como si me lo hubiera olvidado para que él pensara en
mí cuando vi que se lo metía en el bolsillo realmente es un loco
en el asunto calzones eso es fácil de ver siempre relamiéndose con
esas desfachatadas de las bicicletas levantándose las polleras hasta
el ombligo si hasta cuando Milly y yo salíamos con él en la fiesta
al aire libre ésa con la muselina crema parada al trasluz de modo
que él podría ver hasta el último trapito que tenía encima cuando
me vió desde atrás siguió bajo la lluvia yo lo vi sin embargo antes
de que él me viera parado en la esquina de la vereda en el cruce
de Harold Road con un impermeable nuevo una bufanda de colores
chillones para hacer resaltar el tono del cutis y su eterno sombrero
marrón insinuante qué estaba haciendo allí donde nada tenía que
hacer ellos pueden andar y darse todos los gustos con cualquier
cosa que lleve polleras y no hay derecho a preguntar nada pero
ellos quieren saber dónde estabas adónde vas lo sentía acercarse
al acecho detrás de mí con sus ojos en mi nuca se había estado
alejando de casa porque se daba cuenta de que las cosas se ponían
feas para él entonces yo medio me di vuelta y me detuve entonces
él se puso a fastidiarme para que dijera que sí hasta que me saqué
el guante lentamente observándolo dijo que mis mangas caladas
eran que era eso demasiado frío para la lluvia cualquier cosa con
tal de tener una excusa para llevar las manos cerca de los pantalones
pantalones todo el bendito tiempo hasta que le prometí darle el par
de mi muñeca para llevarlo en el bolsillo del chaleco Oh María Santísima él parecía de veras un pavote rezumando agua bajo la lluvia
espléndida dentadura tenía me hacía sentir hambre mirarla y me
suplicó que me levantara la falda anaranjada que yo tenía puesta
con tablas como rayos de sol que no había nadie dijo que se iba
a arrodillar en el agua si no lo hacía de puro obstinado era capaz
de hacerlo también y se arruinaría el impermeable nuevo uno nunca
sabe qué cosa son capaces de hacer solos con una son salvajes
por eso si alguien pasaba entonces yo la levanté un poco y le toqué
los pantalones del lado de afuera como hacía con Gardner después
con la mano izquierda para que él no hiciera algo peor donde era

demasiado público me estaba muriendo por averiguar si estaba circuncidado le temblaba todo el cuerpo como una jalea quieren hacerlo demasiado rápido le sacan todo el placer y papá esperando todo el tiempo la comida me dijo que dijera que había olvidado la cartera en lo del carnicero y que había tenido que volver para buscarla qué farsante después me escribió aquella carta con todas esas palabras cómo podía tener el descaro a cualquier mujer después de sus buenos modales lo que hizo tan embarazosa la entrevista cuando nos encontramos preguntándome te he ofendido yo con los ojos bajos naturalmente él vió que no lo estaba él no era tan negado como ese tonto de Enrique Doyle que estaba siempre rompiendo o desgarrando algo en las charadas detesto al hombre sin suerte y si yo supiera lo que quería decir naturalmente tenía que decir que no por pura fórmula no te entiendo le dije y no era eso natural así es naturalmente solía aparecer escrito con el dibujo de una mujer sobre esa pared en Gibraltar con la palabra que yo no podía encontrar en ningún lado solamente para que lo vieran los chicos demasiado jóvenes después escribiéndome una carta todas las mañanas a veces dos veces por día me gustaba cómo hacía el amor además sabía la manera de atraer a una mujer cuando me mandó las 8 amapolas grandes porque el mío era el 8 entonces escribía la noche que besó mi corazón en Dolphin's Barn yo no podía describirlo produce el efecto de que una no fuera nada sobre la tierra pero él nunca supo abrazar tan bien como Gardner espero que él vendrá el lunes como dijo a la misma hora a las cuatro detesto a la gente que viene a cualquier hora una va a abrir la puerta creyendo que es la verdura y después es alguien y una toda desarreglada o la puerta de la sucia cocina goteando que se abre de golpe el día que el viejo cara de pocos amigos de Goodwin vino por el concierto en la calle Lombard y yo ocupadísima con la comida colorada como un tomate toda despeinada detrás de ese puerco guiso no me mire profesor tuve que decirle estoy hecha un espantajo sí pero él era un verdadero viejo caballero a su modo era imposible ser más respetuoso nadie para decir que una no está en casa una tiene que espiar por la persiana como el mensajero de hoy pensé de entrada que era una excusa mandando él el oporto y los duraznos primero y yo empezaba a bostezar de los nervios pensando que trataba de burlarse de mí cuando conocí su tactacatac en la puerta debió de haber llegado un poco tarde porque eran las 3 y ¼ cuando vi a las dos chicas de Dedalus que volvían del colegio nunca sé la hora también ese reloj que él me dió nunca parece andar bien tendría que mandarlo arreglar cuando arrojé el penique a ese marinero cojo por Inglaterra el hogar y la belleza cuando yo estaba silbando hay una niña encantadora que yo amo y ni siquiera me había puesto mi muda limpia ni me había empolvado ni nada después de hoy en una semana iremos a Belfast viene bien él tenga que ir a Ennis el aniversario de su padre el 27 no sería agradable si él lo hiciera supongamos que nuestros cuartos en el hotel estuvieran uno al lado del otro y se le diera por hacerse el loco en la cama nueva no podría decirle que se quedara quieto y que no me fastidiara con él en la pieza de al lado o quizá algún clérigo protestante con tos golpeando en el tabique al día siguiente no iba a querer creer que no hicimos algo está muy bien con el marido pero no se puede engañar a un amante después de haberle dicho que nunca hacíamos nada juntos naturalmente él no me creyó no es mejor que se vaya donde se va además siempre sucede algo con él la vez que fuimos al Concierto Mallow en Marlborough pidió sopa hirviente para los dos entonces suena la campana él anda por la plataforma salpicando con la sopa tomando cucharadas de ella no tuvo el coraje y el mozo detrás de él hizo un lindo escándalo con sus cuchillos y su confusión de miedo que arrancara la locomotora pero él no quiso pagar hasta terminar y los dos caballeros del coche de 3ª clase dijeron que tenía toda la razón así era además es tan terco a veces cuando se le mete una cosa en la cabeza suerte que pudo abrir la puerta del coche con el cuchillo o nos hubieran llevado a Cork me imagino que hicieron eso para vengarse de él oh yo cómo me gusta ir de excursión en tren o en un coche con hermosos almohadones blandos me gustaría saber si sacará uno de 1ª clase para mí él podría quererlo hacer en el tren pasándole una propina al guarda bueno oh supongo que habrá los idiotas de hombres de rigor mirándonos con la boca abierta con sus ojos estúpidos de siempre era un hombre excepcional ese modesto obrero que nos dejó solos en el coche ese día que íbamos a Howth me gustaría saber algo de él puede ser 1 ó 2 túneles supongamos que nunca volviera dirían que me fugué con él eso conduce al escenario el último concierto en que canté dónde es hace más de un año cuando fué en el Salón de Santa Teresa en Clarendon Street pequeñas chiquillas de señoritas tienen ahora cantando Catalina Karney y cosas parecidas debido a que papá estaba en el ejército y yo cantando el atorrante distraído y llevando un broche para lord Roberts cuando yo tenía el mapa de todo y Poldito no era bastante irlandés fué él quien arregló las cosas esa vez no me fiaría de él como cuando me hizo cantar en el *Stabat Mater* andaba diciendo por ahí que estaba poniéndole música a Condúceme a tu Dulce Luz lo llevé adelante hasta que los jesuítas descubrieron que era un francmasón aporreaba el piano Condúceme copiado de alguna vieja ópera sí y él andaba por ahí últimamente con alguno de esos Sinner Feinn o como quiera que se llamen charlando de sus habituales sandeces y disparates dice que ese hombrecito sin cogote que me mostró es muy inteligente el hombre del porvenir Griffith es él bueno no lo parece eso es todo lo que puedo decir sin embargo ha de haber sido él que sabía que había un boicot detesto la mención de política después de la guerra ese Pretoria y Ladysmith y Bloemfontein donde Gardner teniente Stenley G 8vo. Bn. 2º Regto. de Lancrs del Este de fiebre tifoidea era un lindo tipo de caqui y justamente la altura apropiada mayor a la mía estoy seguro de que era valiente también me dijo que era hermosa la tarde que nos dimos el beso de adiós en la esclusa del canal mi bella irlandesa él estaba pálido de emoción porque se iba o porque pudieran vernos desde el camino él no podía mantenerse parado y yo furiosa como nunca creía que debieron hacer las paces desde el principio o el viejo Oom Pal y el resto de los viejos Krugers ir y pelear entre ellos en vez de seguir durante años matando la flor de la juventud con su fiebre si por lo menos lo hubiera matado decentemente una buena bala no habría estado mal me gusta ver pasar un regimiento en el desfile la primera vez que vi la caballería española en La Roque era hermoso después mirar a través de la bahía desde Algeciras todas las luces de la roca como luciérnagas o esos simulacros de batalla sobre los 15 acres la Guardia **Negra** con sus faldas cortas al compás de marcha delante del 10º de Húsares los del príncipe de Gales oh los lanceros son grandiosos o los de Dublin que ganaron la batalla de Tugela su padre hizo el dinero vendiendo los caballos para la remonta bueno él podría comprarme un lindo regalo en Belfast después de lo que le di tienen hermosa ropa blanca allí o uno de esos lindos quimonos tengo que comprar naftalina para la polilla como la que tenía antes para guardar en el cajón con eso emocionante salir de tiendas con él comprando esas cosas en una ciudad nueva mejor dejar el anillo en casa hay que darle vueltas y vueltas para hacerlo pasar por el nudillo allí o podrían ponerse a divulgarlo por la ciudad en los diarios o delatarme a la policía pero ellos pensarían que estamos casados oh que todos vayan y se asfixien por lo mucho que me importa él tiene mucho dinero y no es un hombre casadero así que es mejor que alguien se lo saque si yo pudiera averiguar si le gusto estaba un poquito insulsa naturalmente cuando me miré cerca en el espejo de mano empolvándome un espejo nunca le da a una la expresión además despatarrándoseme encima de ese modo continuamente con sus enormes huesos de las caderas realmente es pesado con su pecho peludo por ese calor siempre hay que acostarse debajo de ellos sería mejor que me lo pusiera desde atrás como me dijo la señora Mastiansky que hacía su marido como los perros y haciéndole sacar un metro de lengua y él tan callado y suave con su cítara tingating una nunca puede satisfacer a los hombres con las cosas que se les ocurren qué hermosa tela ese traje azul que tenía puesto y la elegante corbata y calcetines con las cosas de seda azulceleste encima seguramente es rico lo sé por el corte de sus trajes y su pesado reloj pero estaba furioso como un verdadero demonio durante unos minutos después de volver con el resultado de la extraordinaria rompiendo los boletos y arrojando llamas por 20 guineas que dijo que perdió debido a ese batacazo que se llevó la carrera y la mitad que puso por mí a causa del dato de Lenehan maldiciéndolo hasta lo último ese atorrante se estaba propasando conmigo después de la comida de Gleneree volviendo sobre esa larga sacudida sobre el monte almohada después que el alcalde me estuvo mirando con sus ojos de cochino Val Dillon ese gran libertino me di cuenta por primera vez en los postres cuando rompía las nueces con mis dientes habría querido chupar bien los huesos de ese pollo tomándolos con los dedos estaba tan sabroso y tostadito y tierno sólo que yo no quería comer todo lo que tenía en el plato esos tenedores y cuchillos para pescado eran de plata de ley me gustaría tener algunos podría haber deslizado fácilmente un par en mi manguito cuando estaba jugando con ellos siempre depender de ellos por el dinero en un restaurante por el pedacito que una se mete en el gaznate todavía tenemos que estarles agradecidas por una sarnosa taza de té como si eso fuera una gran galantería hay que ver la forma en que el mundo está dividido de cualquier modo si eso va a seguir quiero por lo menos otras dos buenas camisas para empezar y pero yo no sé qué clase de calzones le gustan a él ninguno yo creo no dijo él sí y la mitad de las chicas de Gibraltar nunca los usaban tampoco desnudas como Dios las hizo esa andaluza cantando su manola ella no ocultaba mucho lo que no tenía sí y el segundo par de medias de seda artificial corrida la puntada el primer día de uso podría haberlas llevado de vuelta a lo de Lewer esta mañana y armar un bochinche y hacer que ésa me las cambiara solamente para no trastornarme y correr el riesgo de encontrarme con él y arruinarlo todo y uno de esos corsés que se ajustan como un guante que están baratos en el aviso de la Mujer Elegante con cuchillas elásticas en las caderas anduvo especulando con el que tengo pero eso no sirve que dice que hacen una silueta deliciosa 11 chelines 6 peniques salvando esa repelente anchura **abajo** en la parte trasera reduciendo las nalgas mi vientre es un **poquito** demasiado grande tendré que suprimir la cerveza en la **comida** que me está gustando demasiado la última que mandaron de lo de O'Rourke estaba tan insulsa como un panqueque él gana su dinero fácilmente lo llaman Larry el viejo sarna que mandó para Navidad un paquete con un pastel de cocina y una botella de agua sucia que trató de hacer pasar por clarete que no pudo conseguir que nadie se lo tomara Dios guarde su saliva no vaya a ser que se muera de sed o tendré que hacer unos cuantos ejercicios respiratorios quisiera saber si eso contra la gordura resulta podría excederme las flacas no están tan de moda ahora ligas de eso tengo el par violeta que llevaba hoy eso es todo lo que me compró con el cheque que recibió el primero oh no hubo también la loción para la cara que ayer terminé lo que quedaba que me puso la piel como nueva le dije a él una y otra vez hazla preparar de nuevo en el mismo sitio y no te olvides sólo Dios sabe si lo hizo después de todo lo que le dije de todos modos me daré cuenta por la botella si no es así supongo que no tendré más remedio que lavarme en mi pis que es como sopa de buey o caldo de pollo con un poco de ese opopónaco y violeta noté que empezaba a parecer rugosa o un poco vieja la piel la de abajo es mucho más fina ahí donde se me despellejó el dedo después de la quemadura es una lástima que no sea toda así y los cuatro mezquinos pañuelos que serán 6 chelines por todo seguro que no se puede adelantar en este mundo sin gusto todo se va en comida y alquiler cuando lo reciba lo voy a derrochar por ahí te lo digo de buena manera yo siempre ando deseando poder tirar un puñado de té en la tetera él midiendo y calculando siempre si compro un par de inmundas chancletas te gustan mis zapatos nuevos sí cuánto te costaron no tengo nada de ropa el traje marrón y la chaqueta y el otro que está en la tintorería 3 qué es eso para cualquier mujer cortando ese sombrero viejo y remendando el otro los hombres no la miran a una y las mujeres tratan de pasar de largo porque saben que no tienes un hombre además con todas las cosas poniéndose más caras cada día por los 4 años más que me quedan de vida hasta los 35 no tengo los que tengo exactamente tendré 33 en septiembre ¿no? oh bueno mira a esa señora Galbraith ella es mucho más vieja que yo la vi cuando salimos la semana pasada su belleza está declinando ella era una hermosa mujer con su magnífica cabeza tenía el cabello hasta la cintura sacudiéndolo hacia atrás como Kitty O'Shea en Grantham Street lo 1º que hacía yo todas las mañanas era mirarla enfrente cuando se lo estaba peinando como si estuviera enamorada y gozara con su cabello lástima que sólo pude conocerla el día antes de que nos fuéramos y esa señora Langtry el Lirio de Jersey de la que estaba enamorado el príncipe de Gales supongo que es como cualquier hombre que ande por ahí sacándole el título de rey todos están hechos de la misma manera me gustaría probar con un negro una belleza hasta qué edad tenía ella 45 hay un gracioso cuento acerca del viejo marido celoso de qué se trataba y un cuchillo para abrir ostras él iba no él le hacía usar una especie de cosa de lata alrededor de ella y el príncipe de Gales si él tenía el cuchillo de ostras no puede ser cierta una cosa así como alguno de los libros que él me trae las obras de Master François alguien que se cree que es un sacerdote acerca de un niño que le nació a ella por la oreja porque se le cayó la pipina una linda palabra para que la escriba un cura y su c-lo como si cualquier tonto no supiera lo que eso significa detesto ese fingimiento en todas las cosas con la cara de viejo tunante que tiene cualquiera puede ver que eso no es verdad y esa Rubí y las Tiranas Rubias que me trajo dos veces recuerdo cuando llegué a la página 50 en que ella lo cuelga de un gancho con una soga para flagelarlo seguro que no hay nada para una mujer en eso todo invento fabricado acerca de él bebiendo el champaña en su chinela después que terminó el baile como el niño Jesús en el pesebre en Inchicore en los brazos de la Santísima Virgen seguro que ninguna mujer pudo haber tenido un chico tan grande y yo primero pensaba que él salió del costado porque cómo podía ir al servicio cuando tenía ganas y siendo una mujer muy rica naturalmente ella se sintió honrada S. A. R. estaba en Gibraltar el año que yo nací apuesto que encontró lirios allí también donde plantó el árbol él plantó más que eso a su tiempo podría haberme plantado a mí también si hubiera venido un poco antes entonces yo no estaría aquí como estoy él tendría que largar ese *Hombre Libre* por los miserables chelines que saca de él y entrar en una oficina o algo así donde obtendría un sueldo regular o en un banco donde lo podrían poner arriba de un trono para contar dinero todo el día es claro que prefiere andar perdiendo el tiempo por la casa y siempre se tropieza con él en cualquier lado cuál es tu programa para hoy quisiera que por lo menos fumara su pipa como papá para sentirle el olor a hombre anda por ahí buscando avisos según dice cuando todavía podría estar en lo del señor Cuffre si no hubiera hecho lo que hizo entonces mandándome a mí para intentar arreglar las cosas podría haberlo hecho ascender allí para ser el gerente me dirigió una linda mirada una o dos veces primero estaba más seco que un ladrillo realmente y sinceramente señora Bloon sólo que yo me sentí horrorosamente con este vestido viejo de porquería del que perdí los plomos de los faldones con nada de corte pero están poniéndose de moda otra vez lo compré solamente para darle el gusto yo sabía que no servía por la terminación lástima que cambié de idea de ir a lo de Todd y Burns como había dicho y no a lo de Lees era como la tienda misma venta de saldos un montón de cachivaches me ponen los nervios de punta esas tiendas lujosas nada me queda del todo mal solamente que él cree que sabe mucho sobre vestidos de mujer y de cocina también metiendo todo lo que encuentra por los estantes dentro de la comida si me guiara por sus consejos cualquier bendito sombrero que me ponga me queda bien sí lleva ese te está bien el que parecía una torta de casamiento y me quedaba como un monumento sobre la cabeza dijo que me quedaba bien o ese como una ensaladera que bajaba sobre la espalda lleno de agujas y alfileres todo por la vendedora de esa casa de la Grafton Street donde lo hice entrar por desgracia mía y ella una verdadera insolente con su sonrisita tonta le decía me temo que la molestamos para qué está ella allí sino para eso pero yo se lo di a entender con los ojos mirándola fijo él estaba muy tieso y no me extraña pero cambió la segunda vez que miró Poldito testarudo como siempre pero yo me di cuenta de que me miraba el pecho con fijeza cuando se paró para abrirme la puerta de todos modos estuvo muy amable al acompañarme hasta la puerta lo siento muchísimo señora Bloom créame sin hacerlo demasiado marcado la primera vez después que él había sido insultado y suponiéndose que yo fuera su esposa solamente sonreía a medias y yo sé que mi pecho estaba afuera de ese modo en la puerta cuando él dijo lo siento muchísimo y estoy seguro que lo sentía

sí yo creo que él los puso más firmes chupándolos así tanto que me hacía sentir sed los llama teté tuve que reírme esa vez de todos modos el pezón se pone duro por lo menos voy a procurar que siga haciéndolo y voy a tomar esos huevos batidos con Marsala que los engorda para él que son todas esas venas y cosa curiosa la forma como están hechas 2 lo mismo en caso de mellizos se supone que representan la belleza colocados ahí arriba como esas estatuas del museo una de ellas fingiendo ocultarlo con la mano son tan hermosas naturalmente comparadas con lo que parece un hombre con sus dos bolsas llenas y su otra colgándole o señalándola a una como una percha no es extraño que lo oculten con una hoja de repollo la mujer es la belleza naturalmente eso está admitido cuando él dijo que yo podría posar desnuda para un cuadro para algún tipo rico de Holles Street cuando perdió el empleo de Holles y yo estaba vendiendo la ropa y golpeando el piano en el Palacio del Café sería yo como esa ninfa bañándose con el cabello suelto sí sólo que ella es más joven o yo me parezco un poco a esa puta de la fotografía española que él tiene las ninfas acostumbraban ellas andar así le pregunté a él ese repelente montañés Cameron detrás del mercado de carne o ese

otro pajarraco de cabeza roja detrás del árbol donde acostumbraba
estar la estatua del pecado cuando yo pasaba haciendo como que
orinaba mostrándomelo para que yo lo viera con su delantal de bebé
levantado a un costado los de la Reina formaban una linda patota
menos mal que fueron relevados por los Surrey siempre trataban
de mostrárselo a una casi siempre cada vez que pasaba cerca del
mingitorio de la estación en Harcourt Street solamente por curiosidad había uno u otro tipo tratando de llamar la atención como
si eso fuera 1 de las 7 maravillas del mundo oh y el hedor en
esos sucios sitios la noche que volvía a casa con Poldito después
de la tertulia de los Comeford naranjas y limones eso la pone a
una bien hinchada de agua entré en 1 de ellos hacía un frío tan
penetrante que no podía aguantar cuando fué eso el 93 el canal
estaba helado sí fué unos cuantos meses después lástima que un
par de Camerons no estuviera allí para verme en cuclillas en el
lugar de los hombres *meadero* traté de dibujarlo antes de romperlo
como una salchicha me pregunto si no tendrán miedo de andar con
eso por ahí que les peguen una patada o un puñetazo en ese sitio
y esa palabra meten si cosas y salió con algunos terminachos impronunciables acerca de la encarnación nunca es capaz de explicar
las cosas con sencillez de manera que una persona pueda entender
después va y le quema el fondo a la sartén todo por su Riñón ésta
no tanto ahí está la marca de sus dientes todavía donde intentó
morder el pezón tuve que gritar no son terribles tratando de hacerle
mal a una tenía los pechos repletos de leche con Milly alcanzaba
para dos cuál era la causa de eso dijo que yo habría podido sacar
una libra por semana como ama de cría estaba enteramente hinchado por la mañana ese estudiante de aspecto delicado que paraba
en el Nro. 28 con los Citrons Penrose casi me pescó lavándome por
la ventana si no fuera porque me tapé la cara en seguida con la
toalla era eso lo que estudiaba solían dolerme cuando le daba de
mamar hasta que él hizo que el doctor Brady me diera esa receta
de la belladona yo tenía que hacérmelas chupar por él decía que
estaban duras que era más dulce y espesa que la de la vaca después
quería ordeñarme dentro del té bueno es un caso perdido creo
que se merecería que lo pusieran en letras de molde si yo pudiera
acordarme sólo de la mitad de sus cosas podría escribir un libro con
eso las obras del Maestro Poldito sí y es mucho más suave la piel anduvo con ellas mucho más de una hora con seguridad por el reloj algo
así como un bebé grandote que yo tuviera prendido ellos quieren
en la boca todo el placer que esos hombres sacan de una mujer
todavía me parece sentir su boca oh Señor tengo que estirarme quisiera que él estuviera aquí o alguien con quien dejarme ir y volver
otra vez así me siento poseída por un fuego interior o si pudiera so-
ñarlo cuando me hizo gozar la segunda vez cosquilleándome atrás
con el dedo estuve como 5 minutos rodeándolo con las piernas
gozando luego tuve que estrecharlo oh Señor tenía ganas de bramar y decir mierda carajo o cualquier otra cosa sólo por no parecer
demasiado fea y esas arrugas del esfuerzo quién sabe cómo lo hubiera tomado él hay que andar a tientas con un hombre todos no son

como él gracias a Dios algunos quieren que una sea tan delicada al respecto noté el contraste lo hace y no habla di a mis ojos esa expresión con mi cabello un poco descompuesto por el frenesí y la lengua entre los labios hacia él, bruto salvaje jueves viernes uno sábado dos domingo tres oh Señor no puedo esperar hasta el lunes
 tuiiiiituooooor algún tren silbando por ahí la fuerza que tienen esas locomotoras como gigantes enormes con el agua agitándose por todos lados y saliéndole por mil sitios como el final de la vieja y dulce canción de amor los pobres hombres que tienen que estar toda la noche alejados de sus mujeres y familias esos hornos de las locomotoras hoy fué día sofocante suerte que quemé la mitad de esos *Hombre Libre* y *Photo Bits* viejos deja las cosas así por ahí se está poniendo muy descuidado y metí el resto en el baño haré que me los corte mañana en lugar de tenerlos allí hasta el año que viene para sacar unos peniques por ellos y tenerlo a él preguntando dónde está el diario de enero último y envolví todos esos sobretodos viejos del vestíbulo que no hacían más que calor la lluvia fué encantadora después de mi primer sueño pensé que iba a ponerse como en Gibraltar mi Dios el calor que hacía allí antes de que viniera el viento de levante negro como la noche y la silueta del peñón alzándose como un gigante en comparación con la montaña de las 3 Rocas ellos creen que es tan grande con sus centinelas rojos y sus álamos y todos ellos calentados al rojo blanco y los mosquiteros y el olor del agua de lluvia en esos tanques mirando al sol que continuamente quema abrasándola a una le sacó todo el color al hermoso traje que me mandó del B. Marché de París esa amiga de papá la señora Stanhope qué vergüenza mi queridísima Pichinina me escribió lo que era muy amable cuál era su otro nombre sólo PC nada más que para decirte que te mando el regalito acabo de tomar un lindo baño caliente y me siento como un perrito limpio me gustó tesoro ella lo llamaba tesoro daríamos cualquier cosa por estar de nuevo en Gib y oírte cantar En el Viejo Madrid o Waiting Concone es el nombre de esos ejercicios que me compró uno de esos nuevos una palabra que no podía descifrar chales cosas divertidas se desgarran como nada sin embargo son hermosos no es cierto siempre me acordaré de los maravillosos tes que tomamos juntos esos magníficos escones de pasas y los barquillos de frambuesa que adoro bueno entonces mi queridísima Pichinina escríbeme pronto cariñosa ella dejó recuerdos para tu padre también para el capitán Crove con cariño tuya afmente x x x x x en nada parecía casada sino apenas una chiquilla él era muchos años mayor que ella tesoro él me quería muchísimo me bajó el alambre con el pie para que pasara en la corrida de toros de la Línea cuando ese *matador* Gómez recibió las orejas del toro las ropas que tenemos que llevar quién las habrá inventado pretendiendo que una suba la colina de Killeney como por ejemplo en ese picnic toda encorsetada no se puede hacer una bendita cosa metida en eso entre la multitud correr o hacerse a un lado del camino por eso es que yo tenía miedo cuando ese viejo toro feroz empezó a atacar a los *banderilleros* con fajas y las dos cosas en sus sombreros y esos brutos de hombres gritando

bravo toro seguro que las mujeres eran tan crueles como ellos con sus lindas mantillas blancas destripando a los pobres caballos que andaban con todas las entrañas fuera nunca habría creído cosa semejante en toda mi vida si él se moría de risa cuando yo imitaba al perro ladrando en bell lane pobre animal y enfermo qué se habrá hecho de ellos supongo que habrán muerto hace mucho los 2 todo es como a través de una neblina la hace sentir a una tan vieja hacia los escones naturalmente tenía todo lo que quería una niña Hester acostumbrábamos comparar nuestros cabellos el mío era más tupido que el de ella me enseñó a arreglármelo atrás cuando me lo levanté y qué más cómo se hace un nudo con un hilo y una mano éramos como primas qué edad tenía yo entonces la noche de la tormenta dormí en su cama ella me rodeaba con sus brazos luego peleamos por la mañana con la almohada qué divertido él me observaba siempre que se presentaba la oportunidad cuando la banda en la explanada de la alameda cuando estaba con papá y el capitán Grove primero miré hacia arriba a la iglesia y después a las ventanas luego bajé la mirada y nuestros ojos se encontraron y yo sentí como si algo como agujas me atravesara mis ojos bailaban me acuerdo que después cuando me miré en el espejo apenas me reconocí el cambio que experimenté yo tenía una espléndida piel que debido al sol y a la excitación era como una rosa no pude pegar los ojos no habría estado bien con ella pero yo habría podido detenerlo a tiempo ella me dió para leer La Piedra Lunar eso fué lo primero que leí de Wilkie Collins leí East Lyne y La Sombra de Ashlydyst y de la señora Henry Wood y le presté a él Enrique Dumbar por esa otra mujer con la fotografía de Mulvey para que viera que yo no estaba sin nada y Eugene Aram de lord Lytton ella me dió Maruja Bawn por la señora Hungeford debido al nombre no me gustan los libros que tienen una Maruja como esa que él me trajo de lo de Flanders una prostituta ratera que se llevaba todo lo que podía de las tiendas metros y metros de género me pesa demasiado así está mejor no tengo siquiera un camisón decente esta cosa se arrolla toda debajo mío además él y sus tonterías así es mejor yo solía revolcarme en el calor de mi camisa empapada de sudor se metía entre las nalgas de mi trasero cuando me sentaba y me ponía de pie estaban tan regordetas y firmes cuando me paraba en el sofá con mis ropas levantadas para ver las chinches las había a toneladas de noche y los mosquiteros no podía leer ni una línea Señor qué lejos está todo eso parece hace siglos naturalmente nunca volvieron y ella tampoco puso bien la dirección ni debe de haberse dado cuenta de que su tesoro la gente siempre se iba y nosotros nunca me acuerdo de ese día con las olas y los botes con sus altas proas balanceándose la marejada del barco y los uniformes de los oficiales con permiso para bajar a tierra me marearon él no decía nada estaba muy serio yo tenía las botas altas abotonadas y mi pollera se hinchaba por el viento ella me besó seis o siete veces no lloré sí creo que sí o por lo menos mis labios temblaban cuando dije adiós ella tenía un magnífico abrigo de una clase especial de color azul que se puso para el viaje confeccionado al sesgo de un modo notable era muy lindo el tiempo se puso muy feo y triste como el demonio después que yo

estaba casi decidida a fugarme enloquecida a cualquier parte nunca
nos sentimos tan bien donde estamos padre o tía o casamiento esperar
siempre esperar para guiaaaarlo haciaaa mí esperando sin aaaapurar
sus veloces pies sus malditos fusiles disparando y retumbando por todo
el local especialmente en el cumpleaños de la Reina hacían saltar todas las cosas si no se abrían las ventanas cuando el general Ulises
Grant quienquiera que fuese o hiciera lo que hiciere se suponía que
se trataba de algún gran tipo llegado en un barco y el viejo Sprague
el cónsul que estaba allí desde antes del diluvio vestido de etiqueta
pobre hombre de luto por el hijo y después la eterna vieja diana de
la mañana y los tambores batiendo y esos desgraciados de pobres
diablos de soldados trajinando su equipo y hediendo más que los
viejos judíos de largas barbas y sus sayales y levitas y el toque de
queda y las salvas para que los hombres crucen las líneas y el guardián marchando con sus llaves para cerrar las puertas y las gaitas y
nada más que el capitán Groves y papá conversando de Rorkes Drift
y de Plevna y sir Garnet Wolseley y Gordon en Jartum encen-
diéndoles las pipas cada vez que salían viejo diablo borracho con su
grog en la repisa de la ventana pescarlo sin dejar nada en él hur-
gándose la nariz tratando de acordarse de algún cuento sucio para
contar en un rincón pero nunca se descuidaba cuando yo estaba allí
y me hacía salir de la habitación con algún pretexto hacía elogios del
whisky de Bushnill hablando con soltura pero haría lo mismo con
la primera mujer que se presentara supongo que habrá muerto de
borrachera galopante hace muchísimo los días como años ni una
carta de alma viviente excepto las pocas que me mandaba a mí misma
con pedacitos de papel adentro tan aburrida que a veces tenía ganas
de arañarme con las uñas escuchando a ese viejo árabe de un solo
ojo y su burro instrumento entonando su hi hi hi todos mis compri-
mentos para la mescolanza de su asno sonoro tan mal como ahora
con las manos colgando yo mirando por la ventana si hubiera siquiera
un lindo tipo en la casa de enfrente ese médico de la calle Holles que
le gustaba a la enfermera cuando me ponía los guantes y el sombrero
en la ventana para demostrar que iba a salir ni una idea de lo que
quería decir no son torpes nunca entienden lo que una dice una
tendría hasta ganas de imprimírselo en un gran cartel ni siquiera si
una da la mano dos veces con la izquierda no me reconoció tampoco
cuando medio le fruncí el entrecejo delante de la capilla de Westland
Row dónde está su gran inteligencia me gustaría saberlo la materia
gris la tienen en la cola si quieren saberlo esos patasucias de campesinos en el City Arms tenían una maldita inteligencia inferior a la
de los toros y las vacas cuya carne vendían y la campanilla del carbonero ese puerco bochinchero tratando de estafarme con la cuenta
equivocada que se sacó del sombrero qué par de garras y ollas y
sartenes y pavas para arreglar algunas botellas rotas para un pobre
hombre hoy y ninguna visita ni carta nunca excepto sus cheques o
alguna propaganda como la de ese taumaturgo que le mandaron
dirigido estimada señora solamente la carta de él y la tarjeta de Milly
esta mañana ves ella le escribió una carta a él de quién recibí yo
la última carta de oh la señora Dwenn ahora qué diablos le dió por

escribirme después de tantos años para saber la receta que yo tenía para el *pisto madrileño* Floey Dillon desde que ella escribió diciendo que se había casado con un arquitecto muy rico si fuera a creer todo lo que dice con una propiedad de ocho habitaciones su padre era un hombre realmente encantador de cerca de setenta años siempre de excelente humor bueno ahora señorita Tweedy o señorita Gillespie he ahí el piano el juego de café que tenían sobre el aparador de caoba era de plata maciza también y luego él murió tan lejos detesto a la gente que vive contando sus miserias todo el mundo tiene sus preocupaciones esa pobre Nancy Blake que murió hace un mes de neumonía aguda bueno yo no la conocía tanto ya que ella era más amiga de Floey que mía es una molestia tener que contestar él siempre me dice las cosas al revés y sin detenerse como si dijéramos pronunciando un discurso su dolorosa pérdida lo acompaño en el sentimiento yo siempre cometo esos errores y sobrrino con erre espero demonios escríbeme la próxima vez una carta más larga si es que me quiere realmente gracias sean dadas al gran Dios que conseguí alguien que me diera lo que yo deseaba tanto para darme un poco de ánimo en la vida una no tiene en este sitio oportunidades como antes hace mucho tiempo quisiera que alguien me escribiera una carta de amor la de él no era mucho y yo le dije que podía escribir lo que quisiera tuyo siempre Hugh Boylan en el Viejo Madrid las tontas de mujeres creen que el amor es suspirar me estoy muriendo con todo si él lo escribiera supongo que habría algo de verdad en ello verdadero o no viene a llenar el tiempo y hay en la vida algo en que pensar en todo momento y todo lo que nos rodea es como un mundo nuevo yo podría escribir la contestación en la cama para que él pueda imaginarme corta sólo unas pocas palabras no como esas largas escritas a lo largo y a lo ancho que Atty Dillon acostumbraba escribir al tipo que era algo en las cuatro cortes que después le dió calabazas a ella copiadas del corresponsal de las damas cuando le dije que pusiera pocas palabras sencillas que él pudiera tomar como quisiera no actuando con precipit precipitación con igual candor la mayor felicidad sobre la tierra contestación a la propuesta de un caballero afirmativamente Dios mío no hay otra cosa está todo es muy lindo para ellos pero cuando una es una mujer en cuanto se pone vieja ya podrían tirarla al tacho de la basura

la de Mulvey fué la primera esa mañana que yo estaba en la cama y la señora Rubio la trajo con el café ella se quedó parada allí al pedirle que me alcanzara señalándoselas no podía acordarme de la palabra una horquilla para abrirla ah *horquilla* vieja poco servicial y se lo decía mirándola a la cara con esa trenza postiza y su vanidad respecto a su persona fea como era andaba cerca de los 80 ó 100 su cara un montón de arrugas intolerantemente tiránica a pesar de toda su religión nadie podía sacarle de la cabeza la flota del atlántico en que entraba la mitad de los barcos del mundo y el Union Jack ondeando con todos sus *carabineros* porque cuatro marinos ingleses borrachos les sacaron el peñón y porque yo no me afanaba bastante a menudo para asistir a la misa de Santa María para satisfacerla envuelta en su eterno chal excepto cuando había un casamiento con todos sus santos

milagrosos y la bendita virgen negra con su vestido de plata y el sol
que baila 3 veces la mañana del Domingo de Pascua y cuando el
sacerdote pasaba con la campanilla llevando el viático a los agonizantes santiguándose por Su Majestad un admirador él la firmó casi
me salgo de la piel quería agarrarlo cuando vi que me seguía por la
Calle Real en la vidriera de la tienda me tocó ligeramente al pasar
nunca pensé que me iba a escribir dándome cita la tuve en el corpiño
de mi enagua todo el día leyéndola en todos los agujeros y rincones
mientras papá estaba en el ejercicio dando instrucción para sacar por
la caligrafía o por el lenguaje de las estampillas cantando me acuerdo
llevaré una rosa blanca y yo quería apresurar al viejo estúpido reloj
para que apurara el tiempo fué el primer hombre que me besó bajo
la pared morisca mi novio era un muchacho nunca se me ocurrió lo
que significaba besarse hasta que me puso la lengua en la boca su
boca era dulce joven le arrimé la rodilla varias veces para aprender
la forma qué le dije en broma que estaba comprometida con el hijo
de un noble español llamado Don Miguel de la Flora y él creía que
me tenía que casar con él dentro de tres años se dicen muchas ver-
dades en broma hay una flor que florece unas cuantas cosas ciertas
que le dije de mí misma solamente para que él pudiera formarse una
idea las chicas españolas no le gustaban supongo que alguna de ellas
no lo habría querido lo hice excitar aplastó las flores de mi pecho
que él me había traído no sabía contar las pesetas y las perragordas
hasta que le enseñé venía de Cappolin dijo en el Blackwater pero
eso fué demasiado corto el día antes que se fuera mayo sí era mayo
cuando nació el rey infante de España siempre estoy así en la primavera me gustaría un tipo nuevo cada año arriba en la cumbre bajo el
cañón de la roca cerca de la torre O'Hara le conté que allí cayó el
rayo y todo lo de los viejos monos Bárbaros que mandaron a Clapham sin cola corriendo a carrera tendida por todas partes unos sobre
el lomo de otros la señora Rubio decía que era un verdadero escorpión viejo de roca que robaba los pollos de la granja de Inces y le
tira piedras si uno se acerca él me contemplaba yo tenía esa blusa
blanca abierta adelante para animarlo tanto como podía no demasiado abiertamente justamente empezaban a redondearse dije que
estaba cansada nos acostamos en el abra del abeto un lugar salvaje
creo que debe de ser la roca más alta que existe las galerías y las
casamatas y esas espantosas rocas y la gruta de San Miguel con los
carámbanos o como quiera que se llamen colgando y las escaleras
todo el barro salpicando mis botas estoy segura de que ése es el camino
por donde los monos van al África por debajo del mar cuando mueren los barcos allá lejos como puntitos ése era el bote de Malta que
pasaba sí el mar y el cielo se podía hacer lo que uno quería estar
acostados allí para siempre él los acariciaba por fuera a ellos les gusta
hacer eso es por la redondez estaba allí apoyándome sobre él con mi
sombrero blanco de paja de arroz para sacarle el apresto el lado
izquierdo de mi cara el mejor la blusa abierta para su último día él
tenía una camisa transparente podía verle el pecho rosado él quería
tocar el mío con el suyo sólo por un momento pero yo no lo dejaba
estaba muy enojado al principio por miedo que nunca se sabe tisis

o dejarme *embarazada* esa vieja sirvienta Inés me dijo que nada más que una gota si llegaba a entrar después hice la prueba con la banana pero yo tenía miedo que se rompiera y quedara perdida en mi interior por algún sitio sí porque una vez le sacaron a una mujer algo que estuvo allí durante años cubierto con sales de cal son locos por entrar allí de donde han salido una llegaría a creer que nunca alcanzan a meterse adentro lo suficiente y después es como si hubieran terminado con una en cierta forma hasta la próxima vez sí porque hay una maravillosa sensación allí mientras dura tan tierno cómo terminamos sí oh sí yo lo saqué dentro de mi pañuelo fingía no estar excitada pero abrí las piernas no quería dejarlo que me tocara debajo de la enagua tenía una pollera que se abría al costado lo volví loco primero haciéndole cosquillas me gustaba excitar a ese perro en el hotel rrsssst awokwakawok cerraba los ojos un pájaro volaba más abajo que nosotros él era tímido a pesar de todo me gustaba esa mañana lo hice enrojecer un poco cuando me le fuí encima de ese modo cuando lo desabroché y se lo saqué y retiré la piel tenía una especie de ojo en él los hombres son todos Botones nada más en medio del lado equivocado de ellos Maruja querida me decía cómo se llamaba Jack Joe Harry Melvey era sí creo que teniente más bien rubio tenía una especie de voz riente entonces yo le di la vuelta el comosellama todo era comosellama un bigote dijo que volvería Señor es como si fuera ayer a buscarme y yo le prometí sí fielmente que lo dejaría entrar ahora volando tal vez murió o lo mataron o capitán o almirante hace casi 20 años tal vez si yo dijera abra del abeto él lo haría sí aparecería detrás de mí y me cubriría los ojos con las manos para que adivinara quién lo podría reconocer todavía es joven quizá alrededor de los 40 tal vez se ha casado con alguna chica sobre el Blackwater y está completamente cambiado todos cambian no tienen ni la mitad del carácter de una mujer ella no se imagina lo que hice con su amado esposo antes de que él hubiera ni siquiera soñado nunca en ella a plena luz del día y a la vista de todo el mundo puede decirse que habrían podido insertar un artículo en el periódico al respecto yo estaba un poquito alocada después inflé la vieja bolsa donde estaban los bizcochos de Benady Hermanos y la hice estallar Señor qué explosión todas las chochas y palomas chillando volvimos por el mismo camino de la ida por la colina del medio pasando por la antigua casa de la guardia y el cementerio de los judíos fingiendo leer el hebreo yo quería tirar con su pistola dijo que no tenía no sabía qué hacer conmigo con su gorra puntiaguda que llevaba siempre torcida y que yo le enderezaba continuamente H. M. S. Calipso agitando mi sombrero ese viejo obispo que pronunció desde el altar su largo sermón sobre las funciones más elevadas de la mujer sobre las chicas que ahora montan en bicicleta y llevan gorras puntiagudas y bombachas bloomers de mujer que Dios le otorgue más sentido común y a mí más dinero creería que las llaman así a causa de él nunca pensé que ése sería mi nombre Bloom cuando lo escribía con letras de imprenta para ver cómo quedaba en una tarjeta de visita o practicando para el carnicero a sus órdenes M. Bloom usted está lozana (¹) solía decir Josie después que me casé bueno es mejor que Brien o Bregs bregas o esos terribles nombres que llevan el ano con ellos la señora Carano o alguna otra clase de ano tampoco me volvería loca por Mulvey o supongamos que me divorciara de él la señora Boylan mi madre quienquiera que fuese podría haberme puesto un nombre más lindo el Señor lo sabe como el hermoso que ella tenía Lunita Laredo lo que nos divertíamos corriendo por Willis Road hasta la punta de Europa yendo y viniendo por el otro lado de Jersy se sacudían y bailaban en la blusa como las pequeñitas de Milly ahora cuando sube corriendo las escaleras me gustaba mirarlas saltaba por los pimientos y los álamos blancos sacando las hojas y tirándoselas a él se fué a la India debía escribir los viajes que esos hombres tienen que cumplir al fin del mundo y de vuelta lo menos que podrían hacer sería conseguir estrechar una o dos veces a una mujer mientras pueden antes de ir a ahogarse o para sonar en algún sitio subí por la colina del molino de viento hasta los llanos ese domingo por la mañana con el anteojo de larga vista del capitán Rubio que estaba muerto como el que tenía el centinela dijo que iba a tener uno a dos de a bordo yo llevaba ese traje del B. Marché de París y el collar de coral el Estrecho brillaba yo podía ver hasta Marruecos casi hasta la bahía de Tánger blanca y la montaña del Atlas con su nieve encima y el estrecho como un río de transparente Harry Maruja querida yo pensaba continuamente en él que andaba en el mar después en la misa cuando la enagua se me empezó a resbalar en la ascensión semanas y semanas guardé el pañuelo debajo de la almohada por el olor de él no podía conseguirse un perfume decente en ese Gibraltar sola esa barata peau d'espagne que se desvanecía y dejaba en una más que nada una suerte de hedor yo quería darle un recuerdo él me dió ese tosco anillo de Claddagh para la suerte que yo le di a Gardner cuando se iba a Sudáfrica donde lo mataron los Boers con su guerra y su fiebre pero ellos fueron bien batidos a pesar de todo como si llevara la mala suerte con él ha de haber sido un ópalo o una perla oro puro 16 quilates porque era muy pesado veo todavía su cara bien afeitada Tuiiiiituooooor otra vez ese tren con su tono plañidero llorando los días queridos que fueron muertos que no volverán cerrarme los ojos revivir mis labios enviarme un beso triste mirada los ojos abiertos el piano aquí allí el mundo las nieblas empezaron odio ese iceberg vuelve vieja dulce canción de amoooooor voy a cantarlo a plena voz cuando vuelva a estar frente a las candilejas Catalina Kearney y su hato de chillonas Señorita Esto Señorita Aquello Señorita Demasallá una sarta de gorriones pedosos pajaroneando por ahí hablando de política saben tanto de eso como mi trasero harían cualquier cosa para mostrarse interesantes de algún modo bellezas made in Irlanda hija de soldado soy yo ay y ustedes de quién zapateros y posaderos disculpe coche creí que usted era una carretilla les daría un patatús si tuvieran alguna vez la oportunidad de pasear por la alameda del brazo de un oficial como yo la noche de la banda mis ojos enciendan mi busto que ellas no tienen

---

(¹) Lozana: *blooming.*

pasión que Dios las ayude pobre cabeza de chorlito yo sabía más de
los hombres y de la vida cuando tenía 15 años de lo que todas ellas
van a saber a los 50 no saben cantar una canción de esa manera
Gardner decía que ningún hombre podía mirar a mi boca y mis
dientes sonriendo así sin pensar en ello yo temía que a él pudiera
no gustarle mi acento al principio él tan inglés es todo lo que papá
me dejó a pesar de sus estampillas yo tengo los ojos y la silueta de
mi madre de todos modos él siempre decía que eran tan sucios algunos de esos peones él no era ni por asomos así grosero se moría
por mis labios que empiecen por conseguirse un marido presentable
y una hija como la mía o que vean si pueden seducir a un elegante
con dinero que puede escoger y elegir a quienquiera como Boylan
para que lo haga 4 ó 5 veces en un abrazo o si no la voz podría
haber sido una prima donna pero me casé con él vieja canción de
amooor profundo la barbilla recogida no demasiado hace aparecer
la doble El Retiro de mi Amada es demasiado largo para un bis acerca
de la antigua mansión en la hora del crepúsculo y las habitaciones
abovedadas si cantara Vientos que soplan del Sud que él me dió después de la función en la escalera del coro cambiaría ese encaje de mi
vestido negro para exhibir mis combas y voy ah sí por Dios voy a
hacer arreglar ese abanico grande para que revienten de envidia mi
agujero me pica siempre cuando pienso en él siento que quiero siento
un poco de viento adentro mejor andar con cuidado para no desper-
tarlo tenerlo otra vez haciendo eso baboseándome después que me
he lavado hasta el último pedacito atrás vientre y costados si tan
siquiera tuviéramos un baño o mi propia habitación de todos modos
me gustaría que él durmiera en una cama solo con sus pies fríos
encima mío por lo menos eso daría lugar para poderse tirar un pedo
Dios o hacer la menor cosa mejor si retenerlos así un poquito de
costado piano calladamente duuuul ahí está ese tren lejos pianissimo
canción todavía amoooor

eso fué un alivio dondequiera que estés el viento no guardés quién
sabe si esa chuleta de cerdo que comí con mi taza de té después
estaba muy bien con el calor no le sentí ningún mal olor estoy segura de que ese hombre raro de la chanchería es un gran bribón
espero que esa lámpara no esté humeando me llena la nariz de hollín
mejor que tenerlo a él dejando encendido el gas toda la noche no
podía descansar tranquila en mi cama en Gibraltar hasta levantán-
dome para ver porque soy tan endemoniadamente nerviosa respecto
a eso aunque me gusta en el invierno se está más acompañada oh
Señor hacía un frío bárbaro ese invierno que yo tenía solamente algo
así como diez tenía yo sí tenía esa muñeca grande con todas las ropas
raras vistiéndola y desvistiéndola ese viento helado que bajaba silbando desde las montañas la algo nevada Sierra Nevada al lado del
fuego con el pedacito de camisa corta levantada para calentarme me
gustaba bailar de ese modo y después volver a la cama con una carre-
rita estoy segura de que ese tipo de enfrente acostumbraba estar allí
todo el tiempo para mirar con las luces apagadas en verano y yo en
cueros saltando por ahí entonces me amaba a mí misma desnuda
frente al lavatorio frotándome y dándome cremas sólo cuando lle-

gaba a la ceremonia del vaso de noche apagaba la luz también de modo que entonces éramos 2 adiós a mi sueño por esta noche de todos modos espero que no se va a enredar con esos médicos que lo van a extraviar haciéndole imaginarse que vuelve a ser joven llegando a las 4 de la mañana que deben ser si no son más sin embargo tuvo la delicadeza de no despertarme qué le encuentran a callejear por ahí toda la noche malgastando el dinero y emborrachándose más y más no podrían tomar agua después empieza a reclamar los huevos y el té Findon Haddy y las tostadas calientes con manteca supongo que lo vamos a tener sentado como el emperador de la tierra hurgando en el huevo con el cabo de la cuchara una mañana con las tazas sacudiéndose sobre la bandeja y después jugando con la gata ella se refriega contra uno porque le gusta quisiera saber si tiene pulgas es tan mala como una mujer siempre lamiéndose y relamiéndose pero detesto sus zarpas quisiera saber si ven algo que no vemos nosotros mirando fijamente de esa manera cuando se sienta arriba de la escalera tanto tiempo escuchando mientras yo espero siempre qué ladrona también esa hermosa platija fresca que compré creo que voy a comprar un poco de pescado mañana es decir hoy viernes sí lo voy a hacer con un poco de crema blanca con jalea de grosellas negras como hace mucho no esos tarros de 2 libras que traen ciruelas y manzanas mezcladas del London y Newcastle un tarro de Williams y Woods dura el doble si no fuera por los carozos no me resultan esas anguilas bacalao sí voy a comprar un lindo pedazo de bacalao siempre compro como para 3 me olvido de todos modos estoy cansada de esa eterna carne de carnicero de lo de Buckley chuletas de lomo y bife de pierna o bife de costillas, cogote de carnero y asadura de ternera con el nombre ya es bastante o un picnic supongamos que pusiéramos 5 chelines cada uno o que él pague e invitar a alguna otra mujer para él quién la señora Fleming y llegarnos hasta el Furry Glen o los canteros de frutillas lo tendríamos examinando ante todo los vasos del caballo como hace con las cartas no con Boylan sí ahí con algunos sándwiches de ternera fría y jamón mezclado hay pequeñas casas allá en las laderas hacia el fondo del valle a propósito pero es un fuego dice que no es una fiesta de todos modos detesto ese bochinche de las carboneras de Mary Ann que andan de asueto para el lunes de Pentecostés es un día maldito tampoco tiene nada de extraño que esa abeja lo picara es mejor la orilla del mar pero nunca en mi vida volveré a meterme en un bote con él después de lo de Bray decía a los boteros que sabía remar si le preguntaran si puede correr la carrera de obstáculos por la copa de oro diría que sí después empezó a descomponerse el tiempo y el viejo cascarón corcoveando de lo lindo y todo el peso de mi lado me decía que tirara las riendas de la derecha ahora tira las de la izquierda y el agua que se metía a torrentes por el fondo y su remo zafándose de la toletera es un milagro que no nos hayamos ahogado todos él sabe nadar naturalmente yo no no hay ningún peligro quédate tranquila con sus pantalones de franela me habría gustado sacárselos a pedazos allí delante de toda la gente y darle lo que aquel otro llamaba flagelar hasta que se le pusiera negro de moretones el cuerpo le habría hecho todo el bien del mundo si no hubiera sido porque ese tipo narigón no sé quién es que con esa otra belleza Burke del hotel City Arms estaba allí espiando como de costumbre sobre el embarcadero siempre donde no lo llaman si hay una pelea vomita un rostro mejor no hubo amor perdido entre nosotros eso es 1 consuelo quisiera saber qué clase de libro es ese que me trajo Dulzuras del Pecado por un caballero elegante algún otro señor de Kock supongo que la gente le puso ese nombre por andar con su tubo de una mujer a otra ni siquiera me pude cambiar los zapatos blancos nuevos arruinados con el agua salada y el sombrero que tenía con esa pluma que el viento sacudía continuamente allá arriba me irritaba y fastidiaba porque es natural que el olor del mar me excitaba las sardinas y los sargos en la bahía de los catalanes por detrás del Peñón eran como hermosa plata en los canastos de los pescadores el viejo Luigi que tenía cerca de cien decían que era de Génova y el viejo alto con aros no me gusta un hombre que hay que trepar para alcanzarlo supongo que todos están muertos y podridos desde hace mucho además no me gusta estar sola de noche en este lugar de grandes cuarteles supongo que me tendré que acostumbrar hasta me olvidé de traer una pizca de sal con la confusión de la mudanza iba a poner academia de música en la sala del primer piso y una chapa de bronce o si no Hotel privado de Bloom para arruinarse del todo como su padre en Ennis como todas las cosas que le dijo a papá que iba a hacer y a mí sin convencerme cuando me hablaba de los hermosos lugares adonde iríamos a pasar la luna de miel Venecia a la luz de la luna con las góndolas y el lago de Como del cual tenía una vista cortada de algún periódico y las mandolinas y las linternas oh qué lindo decía yo él haría todo lo que yo quisiera en seguida o anticipándose si quieres ser mi hombre sírveme de bestia de carga se merecería una medalla de cuero con borde de lata por todos los planes que inventa para dejarnos después aquí todo el día una nunca sabe qué mendigo viejo llega a la puerta pidiendo un pedazo de pan y contando alguna larga historia podría ser un vagabundo que pusiera el pie en la puerta para impedirme que la cierre como la fotografía de ese criminal empedernido lo llamaban en el Semanario Ilustrado de Lloyd 20 años en la cárcel y después sale y asesina a una vieja para sacarle el dinero imagínese la pobre esposa o la madre o quienquiera que sea ella con una cara que uno le dispararía un día entero yo no podría descansar tranquila hasta que examinara todas las puertas y ventanas para estar segura pero todavía es peor estar encerrada como en una prisión o en un manicomio tendrían que fusilarlos a todos o aplicarles el gato de nueve colas un pedazo de bruto como ese que ataca a una pobre mujer para asesinarla en la cama se los cortaría así no no lo haría algo es algo más que nada sirve la noche que yo estaba segura que había oído ladrones en la cocina y él bajó en camisón con la vela y el atizador como si fuera a cazar una rata blanco como una sábana muerto de miedo haciendo tanto ruido como podía para advertir a los ladrones realmente no hay mucho para robar el Señor sabe sin embargo que es la impresión sobre todo ahora que Milly no está linda idea la suya de mandar a la chica allí para aprender a sacar foto-

grafías debido a que su abuelo en vez de mandarla a la academia de
Skerry donde tendría que aprender no como yo que sólo tengo la
primera enseñanza a pesar de todo tendría que hacer una cosa así
por mí y por Boylan por eso es que lo hizo estoy segura de la forma
en que trama y planea todas las cosas yo no podía moverme con ella
en casa últimamente a menos que primero cerrara la puerta me ponía
los nervios de punta entrando sin golpear cuando puse la silla contra
la puerta justamente cuando me estaba lavando ahí abajo con el
guante pone nerviosa después haciéndose la dama todo el día métala
en un estuche de vidrio para que sólo puedan verla dos por vez si
él supiera que ella antes de irse con su rudeza y descuido rompió la
mano de esa estatuita de mala muerte que hice arreglar por ese muchachito italiano por 2 chelines de tal modo que ni se puede ver la
junta ni siquiera escurrir el agua de las papas para ayudarla a una
claro tiene razón para no arruinarse las manos noté que él siempre
hablaba últimamente en la mesa explicándole las cosas del diario y
ella fingía comprender astuta naturalmente eso le viene del lado de
él y le ayudaba a ponerse el saco pero si tiene algo de malo lo debe
a mí si le ocurre algo malo es a mí a quien recurre no a él no puede
él decir que soy una simuladora soy demasiado honesta en realidad
supongo que él cree que estoy acabada y archivada bueno ni por
asomos ni nada que se le parezca bueno vean bueno vean ahora ella
también está flirteando con los dos hijos de Tomás Devans imitán-
dome a mí silbando con esas retozonas de chicas de Murray llamán-
dola puede salir Milly por favor está en gran demanda para sacarle
lo que pueden por Nelson Street en la bicicleta de Harry Devans de
noche es mejor que la haya mandado donde está ella ya se andaba
extralimitando quería ir a la pista de patinaje y fumar los cigarrillos
de ellos sacando el humo por la nariz se lo olí en el vestido cuando
cortaba con los dientes el hilo del botón que le cosí en la parte
inferior de su chaqueta ella no podría ocultarme mucho te digo sólo
que no tendría que habérselo cosido encima eso trae separación y el
último plumpudding también partido en 2 pedazos ves sale cierto
digan lo que digan tiene la lengua un poquito demasiado larga para
mi gusto tu blusa es demasiado escotada ella me dice a mí la sartén
diciéndole culo sucio a la pava y yo tuve que decirle que no levantara así las piernas exhibiéndolas en el repecho de la ventana delante
de toda la gente que pasa todos la miran como yo cuando tenía su
edad claro cualquier trapo viejo le queda bien a una después de una
gran no-me-toques a su propio modo en el Único Modo en el teatro
Royal saca el pie de ahí detesto que la gente me toque miedo como
si la mataran de que le arruguen la pollera tableada es inevitable que
a una la toquen en los teatros en el apretujamiento de gente en la
oscuridad siempre tratan de refregarse ese tipo en la platea en la
platea en el Gaiety para Beerbohm Tree en Trilby la última vez que
voy allí para que me apretujen de esa manera por más Trilby que
haya o su descubierto golpeándome ahí cada 2 minutos y mirando a
otro lado es un poquito chiflado me parece que lo vi después tratando de acercarse a las dos damas elegantemente vestidas de la
vidriera de Switzer haciendo el mismo jueguito lo reconocí en se-

guida por la cara y todo pero él no se acordó de mí y ella ni siquiera quiso que yo la besara en el Broadstone cuando se iba bueno espero que consiga alguien que le haga todos los gustos como hice yo atendiéndola cuando cayó con paperas y las glándulas hinchadas dónde está esto y dónde está aquello por cierto que no puede sentir nada profundamente todavía yo nunca me puse bien hasta que tuve cuánto 22 ó algo nunca se llegaba a nada sólo las acostumbradas gazmoñerías y risitas de chica ese Conny Connolly escribiéndole con tinta blanca sobre papel negro sellado con lacre aunque ella aplaudió cuando bajaron el telón porque él estaba tan buen mozo después tuvimos a Martín Harvey en el desayuno en el almuerzo y en la cena yo me decía después éste debe de ser un verdadero amor si un hombre sacrifica así su vida por ella por nada supongo que quedan pocos hombres así es difícil creerlo aunque a menos que me sucediera realmente a mí la mayoría de ellos no tienen una partícula de amor en su naturaleza encontrar 2 personas así hoy en día llenas la una de la otra que sienta del mismo modo que una por lo general están un poquito mal de la cabeza su padre ha de haber sido un poco raro para ir y envenenarse después que ella con todo pobre hombre supongo que se sentía perdido y ella siempre enamorada de mis cosas los pocos trapos viejos que tengo queriendo levantarse el cabello a los 15 mis polvos también solamente para arruinarse el cutis tiene tiempo de sobra para eso toda su vida después claro ella está impaciente sabiendo que es linda con sus labios tan rojos es una lástima que no se queden así yo lo era también pero es inútil al ir a la feria con eso me contestó como una lavandera cuando le pedí que fuera a buscarme media arroba de papas el día que encontramos a la señora Joe Callaher en las carreras de coches y ella fingió no vernos en su carruaje con Friery el procurador no éramos lo bastante distinguidas hasta que le di 2 lindos cachetazos en las orejas toma por contestarme así y éste por tu atrevimiento me había exasperado tanto claro contradiciendo y yo estaba de mal humor además porque cómo era había un yuyo en el té o yo no había dormido la noche antes queso comí fué así y le dije una y otra vez que no dejara los cuchillos cruzados así porque ella no tiene quién la mande como ella misma dijo bueno si él no la corrige palabra yo lo haré ésa fué la última vez que abrió el grifo de las lágrimas yo era exactamente como ella nadie se atrevía a mandarme en casa es culpa de él claro teniéndonos a las dos trabajando como esclavas aquí en vez de tener una mujer hace mucho voy a tener alguna vez una sirvienta decente otra vez claro entonces ella lo vería venir tendría que decírselo o se vengaría no son un fastidio esa vieja señora Fleming había que andar detrás de ella poniéndole las cosas en las manos siempre estornudando y tirando pedos en las ollas naturalmente es una vieja y no puede aguantarse suerte que encontré ese hediondo repasador podrido que se perdió detrás del aparador yo sabía que allí había algo y abrí la ventana para que se fuera el olor trayendo a sus amigos para agasajarlos como la noche que se vino a casa con un perro por favor que podría haber estado rabioso nada menos que el hijo de Simón Dedalus su padre semejante criticador con sus anteojos levantados con su sombrero de copa alto y un agujero tremendo en los calcetines una cosa riéndose de la otra y su hijo que sacó todos esos premios por lo que sea que se los ganó en el liceo imagínenlo trepando por las rejas si algún conocido lo hubiera visto milagro que no se hizo un buen siete en sus hermosos pantalones de luto como si el que la naturaleza le dió no fuera bastante para cualquiera capturándolo dentro de la vieja cocina sucia está bien de la cabeza me pregunto una lástima que no fuera día de lavado así mi par de calzones viejos podría haber estado colgando exhibiéndose en la soga por lo que a él le importaría con la marca de la plancha estampada que ese estúpido envoltorio de vieja dejó olvidada sobre ellos él podría haber pensado que se trataría de otra cosa ella ni siquiera aprendió nunca a derretir la grasa como le decía y ahora le va como le iba a causa de su marido paralítico que empeora siempre les sucede algo malo enfermedad o tienen que operarse o si no es eso es la bebida y él le pega a ella tendrá que buscar otra vez alguien todos los días al levantarme me encuentro con novedades mi Dios mi Dios bueno supongo que cuando esté estirada muerta en mi sepultura tendré un poco de paz tengo que levantarme un minuto si me dejan espera oh Jesús espera si eso me ha venido sí no es como para indignarse claro tanto manosear y hurgar y meter y andar haciendo ahora qué le vamos a hacer viernes sábado domingo no le haría ir eso el alma a los pies a cualquiera a menos que a él le guste a algunos les gusta sabe Dios que siempre nos ocurre algo 5 días cada 3 ó 4 semanas por lo común remate mensual es algo que la enferma a una de pensarlo la noche que me vino la única vez que estuvimos en un palco que le dió Miguel Gunn para ver a la señora Kendal y a su esposo en el Gaiety algo que acerca de seguro había hecho por él Drimmies yo estaba loca de atar aunque no quería darme por vencida con ese caballero elegante que miraba con los anteojos y él del otro lado hablándome de Spinoza y de su alma que está muerta supongo que hace millones de años yo sonreía lo mejor que podía hecha una sopa y me inclinaba hacia adelante como si me interesara obligada a quedarme ahí hasta lo último no me olvidaré nunca de esa mujer de Scarly en apuros una supuesta obra disoluta sobre el adulterio ese idiota en el paraíso silbando a la mujer adúltera gritaba supongo que habrá ido en busca de mujer a la callejuela dando vueltas hasta dar con una que pudiera satisfacerlo quisiera que él hubiera tenido lo que yo entonces habría hecho sapo apostaría que hasta la gata se lo pasa mejor que nosotras tenemos demasiada sangre o qué oh paciencia del cielo me está saliendo como un mar de todos modos esto significa que no me dejó embarazada grande y todo como es no quiero arruinar las sábanas limpias la ropa limpia que yo llevaba lo hizo venir también maldito maldito y ellos quieren ver siempre alguna mancha en la cama para comprobar que una es virgen eso es todo lo que los preocupa a ellos son tan pavos una podría también ser viuda o divorciada 40 veces y una mancha de tinta roja bastaría o jugo de zarzamora no eso es demasiado purpúreo oh Jamesy déjame salir de esto ufa dulzuras del pecado quién habrá inventado eso para las mujeres que entre la ropa y la cocina y los chicos y esta maldita vieja cama también retintineando como el diablo supongo que podrían escucharnos desde el otro lado del jardín hasta que propuse poner la colcha en el suelo con la almohada debajo del trasero quisiera saber si será más lindo de día creo que es más agradable creo que voy a cortarme todo ese pelo que me quema parecería una jovencita se recibiría la gran sorpresa la próxima vez que me levantara la ropa daría cualquier cosa por verle la cara dónde se habrá metido la escupidera despacio tengo un miedo cerval de que se me rompa debajo pasando esa vieja cómoda quisiera saber si le pesaba demasiado sentada en sus rodillas lo hice sentar en el sillón a propósito cuando empecé por sacarme sólo la blusa y la pollera en la otra pieza él estaba tan ocupado donde no debería estarlo que nunca sintió mejor mi peso espero que mi aliento no fuera malo con esas pastillas perfumadas agradable Señor recuerdo los tiempos en que podría mandarlo derechamente silbando como un hombre con facilidad oh Señor qué bochinchero supongo que andarán las burbujas por encima como señal de dinero de algún tipo tendré que perfumarla por la mañana no olvidarlo apuesto a que él nunca vió un par de muslos mejor que éste son blancos realmente el lugar más suave está aquí entre este pedacito qué suave como un durazno despacio oh Dios no me desagradaría ser hombre y subir sobre una mujer hermosa oh Dios qué bochinche estás haciendo como el lirio de jersey despacio oh cómo caen las aguas en Lahore

quién sabe si tendré algo adentro o si me está creciendo algo para tener eso cada semana de esta manera cuándo fué la última vez el lunes de Pentecostés sí hace solamente unas 3 semanas tendría que ir al médico solamente que sería lo mismo que antes de casarme con él cuando me salía esa cosa blanca y Floey me hizo ir a ese viejo palo seco de Dr. Collins especialista de señoras en Pembroke Road su vagina la llamaba él supongo que es así como consiguió tener los espejos dorados y las alfombras con esas ricachonas del Stephens Green corriendo a él por cualquier bagatela su vagina y su cochinchina naturalmente que ellas tienen dinero y por lo tanto ellas también tienen razón no me casaría con él aunque fuera el único hombre del mundo además sus chicos tienen siempre algo raro teniendo que oler a esas perras asquerosas por todos lados me preguntó si tenía olor ofensivo lo que yo hacía qué quería que hiciera sino eso oro puede ser qué pregunta si yo se lo refregara por su cara arrugada con todo mi cumprimiento supongo que entonces sabría y podía usted evacuar fácilmente evacuar qué creí que estaba hablando del Peñón de Gibraltar de la manera como lo dijo ése es un invento muy lindo dicho sea de paso solamente que me gusta dejarme ir después en la cubeta todo lo que puede meterme y tirar la cadena entonces para bañarlo lindo frío alfileres y agujas sin embargo supongo que hay algo en eso lo sabía por lo que hacía Milly cuando era chica si tenía lombrices o no sin embargo pero de todos modos pagarle por eso cuánto es doctor una guinea sírvase y preguntando si tenía omisiones frecuentes de dónde sacan esos tipos esas palabras que usan omisiones con sus ojos de miope encima mirándome de reojo no me fiaría demasiado de él para que me diera cloroformo o Dios

sabe qué otra cosa sin embargo me gustó al sentarse para escribir
arrugando el entrecejo con tanta seriedad y su nariz inteligente así
que te parta un rayo sucio mentiroso oh todo lo que se cuenta naturalmente que todo era idea de él y sus locas cartas Preciosa mía
todo lo que está en contacto con tu magnífico Cuerpo todo subra-
yado lo que viene de él es belleza y alegría para siempre algo que
sacó de algún libro disparatado que tenía siempre lo tenía encima
de mí en ocasiones 4 ó 5 veces por día y yo decía que yo tenía estás
segura oh sí yo decía estoy muy segura en cierto modo eso lo hacía
callar yo sabía lo que venía después solamente una debilidad natural
fué que él me excitara no sé cómo nos encontramos la primera noche
cuando yo vivía en la Rehoboth Terrace nos quedamos mirándonos
cerca de 10 minutos como si nos hubiéramos conocido antes en alguna parte supongo que habrá sido porque parezco judía como mi
madre era divertido las cosas que decía con su semiindolente sonrisa
que tenía y todos los Doyles decían que iba a presentarse como candidato a miembro del Parlamento oh no fuí yo la tonta de nacimiento
para creer sus charlas acerca de la autonomía y unión nacional me
envió esa larga canción de los hugonotes para cantar en francés que
es más distinguido oh beau pays de la Touraine que yo no canté
ni una sola vez explicándose y hablando esa jerigonza acerca de la
religión y la persecución a una no la deja que disfrute nada naturalmente que además como un gran furor él podría en la primera
oportunidad que se le presentó la ocasión en la Brighton Square se
precipitó corriendo en mi dormitorio fingiendo que se le habían en-
suciado las manos de tinta para sacársela con la leche de Albion y el
jabón de azufre que yo acostumbraba usar todavía envuelto en su
papel transparente oh yo me reí de él ese día hasta enfermarme será
mejor que no me quede toda la noche sentada en este asunto tendrían
que hacer las escupideras de un tamaño más adecuado para que una
mujer pudiera sentarse con comodidad él se arrodilla para hacerlo
creo que no hay en toda la creación otro hombre con sus hábitos
miren cómo está durmiendo con la cabeza a los pies de la cama cómo
puede él sin una mala almohada menos mal que no tira patadas sería
capaz de hacerme saltar de un golpe respira con la mano en la nariz
como ese dios indio que me llevó a ver un domingo lluvioso en el
museo de la calle Kildare enteramente amarillo con un delantal acostado ladeado sobre una mano con los diez dedos de los pies sobresaliendo él dijo que era una religión más grande que la de los judíos y
la de Nuestro Señor puestas juntas por toda el Asia imitándolo como
está imitando siempre a todo el mundo supongo que también acostumbraba dormir con la cabeza a los pies de la cama con sus grandes
pies cuadrados en la boca de su mujer esta maldita cosa maloliente
de todos modos dónde es que están esos paños ah sí ya sé espero
que el armario no cruja ah yo sabía que iba a crujir duerme como
una piedra de haberse divertido quién sabe dónde sin duda ha de
haberlo servido bien por su dinero claro porque tiene que haberle
pagado oh esta porquería de cosa confío que nos tendrán reservado
algo mejor a nosotras en el otro mundo estamos atadas Dios nos
ampare ya es suficiente por esta noche ahora la vieja cama apeloto-

nada retintineadora siempre me hace acordar del viejo Cohen se habrá rascado en ella bastante a menudo y cree que papá se la compró a lord Napier a quien yo admiraba cuando era pequeña porque yo le dije piano despacito oh a mí me gusta mi cama oh aquí estamos tan mal como siempre después de 16 años en cuántas casas estuvimos en total Raymond Terrace y Ontario Terrace y Lombard Street y Holles Street y él anda por ahí silbando cada vez que andamos cambiándonos otra vez sus hugonotes o su marcha de los sapos simulando ayudar a los hombres con nuestros trastos de muebles y después en el hotel City Arms siempre peor y peor como dice el alcalde Daly ese lugar encantador en el descansillo siempre hay alguien adentro rezando después dejan sus olores detrás de ellos siempre saben quién fué el último que estuvo ahí cada vez que empezamos a componernos ocurre algo para que él meta la pata la casa Thom y la de Hely y la del señor Cuffe y la de Drimie o está a punto de caer preso con sus famosos billetes de lotería que iban a ser nuestra salvación o va y se hace ver ya lo veremos de vuelta a casa un día de éstos fuera del *Hombre Libre* como en los otros casos a causa de esos Sinner Fein o de los francmasones entonces veremos si el hombrecito que él mostró chorreando agua solo por la Coady Lane le va a prestar mucha ayuda ya que él dice que es tan capaz y tan buen irlandés debe de serlo de veras a juzgar por la bondad de sus pantalones que le vi puestos espera ahí están las campanas de San Jorge espera 3 cuartos espera las 2 bueno es una linda hora de la noche para que cualquiera vuelva a casa saltando al patio por arriba de la reja si alguien lo ha visto le voy a sacar ese pequeño hábito mañana primero le voy a mirar la camisa para ver o veré si todavía tiene ese preservativo en la cartera a lo mejor creerá que no me doy cuenta triquiñuelas de hombres con sus 20 bolsillos que no alcanzan para esconder sus mentiras entonces por qué tenemos que decírselo nosotras aunque sea la verdad no nos creen después arropado en la cama como esos bebes de la Obra Maestra de la Aristocracia que me trajo la otra vez como si no tuviéramos bastante de eso en la vida real sin que algún viejo Aristócrata o como quiera que se lo llame venga a afligirla a una con esas inmundas fotografías de chicos con dos cabezas y sin piernas ésas son las infamias en que andan pensando siempre y con las que ocupan sus cabezas vacías merecerían que los envenenaran lentamente la mitad de ellos después té y tostadas para él con manteca de los dos lados y huevos frescos supongo que ya no soy nada la noche que no lo dejé lamerme en Holles Street hombre hombre tirano como siempre por de pronto durmió desnudo sobre el piso la mitad de la noche como hacían los judíos cuando moría algún ser querido y no quiso comer nada al desayuno ni habló una palabra quería que lo mimaran entonces pensé que había aguantado bastante por una vez y lo dejé por lo demás lo hace bastante mal pensando solamente en su propio placer su lengua es demasiado plana o no sé qué olvida que nosotras entonces yo no se lo haré hacer de nuevo si él no está dispuesto y lo encerraré en la carbonera del sótano para que duerma con las cucarachas quisiera saber si fué ella Josie loca de atar contenta con mis desechos es también un mentiroso de nacimiento no él nunca habrá tenido coraje con una mujer casada por eso quiere que yo y Boylan aunque respecto a su Denis como ella lo llama a ese lamentable espectáculo no se podría denominarlo un esposo sí debe de haberse metido con alguna ramerita aun mismo cuando estábamos con Milly en las carreras del Colegio ese trompetero con el gorro infantil en la punta de la cabeza nos hizo entrar por la puerta trasera él les ponía ojos de carnero degollado a esas dos que se hacían las perras de arriba abajo yo traté de guiñarle un ojo al principio es inútil y naturalmente así se le va el dinero ahí está el fruto del señor Paddy Dignam sí estuvieron de gran pompa en el magnífico sepelio en el periódico que trajo Boylan si ellos vieran un verdadero sepelio de oficial eso sí que es algo las armas hacia abajo los tambores enlutados el pobre caballo detrás de negro detrás L. Bloom y Tomás Kernan ese hombrecito borracho en forma de barril que se sacó la lengua de un mordisco al caerse borracho en las letrinas para hombres en no sé qué lugar y Martín Cunningham y los dos Dedaluses y el marido de la Panchita M'Coy cabeza blanca de repollo puro huesos con un ojo contra el gobierno queriendo cantar mis canciones tendría que nacer de nuevo y su viejo vestido verde descotado como no puede atraerlos de otra manera su voz como para hacer llover ahora lo veo todo claro y a eso le llaman amistad se matan y después se entierran unos a otros todos con sus esposas y sus familias en casa especialmente Jack Power que mantiene a esa camarera de taberna claro hay que decir que su esposa está siempre enferma o por enfermarse o apenas convaleciente y él es un hombre bien parecido todavía aunque se está poniendo un poco gris por encima de las sienes bueno todos ellos forman un lindo lote bueno no se apoderarán de mi marido por poco que yo pueda salvarlo de sus garras para después burlarse de él a sus espaldas yo sé bien cuando él anda con sus idioteces porque él tiene bastante juicio como para no despilfarrar con sus gaznates cada centavo que gana y cuida de su esposa y familia inservibles pobre Paddy Dignam a pesar de todo lo siento en cierto modo por él qué van a hacer su esposa y sus 5 hijos a menos que estuviera asegurado humorística suerte de pequeña perinola metiéndose siempre en el rincón de algún bodegón y ella y sus hijos esperando vendrás no vendrás a casa por favor sus ropas de luto no le van a mejorar el aspecto sin embargo son muy sentadoras si una es bien parecida qué hombres no era él si era él en el banquete Glencree y Ben Dollar bajo barríltono la noche que pidió prestado el frac para cantar con él en Holles Street apretado y comprimido ahí adentro y sonriendo con toda su caraza de muñequita que se parece a un culito de chico bien azotado no parecía un verdadero huevazas a buen seguro que eso ha de haber sido un espectáculo en el escenario pensar que se pagaba 5 chelines por los asientos reservados para ver eso y Simón Dedalus también que siempre aparecía un poco ido de la cabeza cantando él segundo verso antes que el primero un viejo amor es un nuevo amor cantando dulcemente la doncella sobre el ramo de encina siempre estaba pronto también cuando yo cantaba Maritana con él en la ópera privada de Freddy Mayer tenía una magnífica voz deliciosa Phoebe purísimo amor adiós lo cantaba siempre no como Bartell d'Arcy putísimo amor adiós claro él tenía ese don en la voz de modo que no había arte alguno se nos derramaba todo encima como un caliente baño de lluvia oh Maritana flor silvestre del bosque lo cantábamos espléndidamente aunque era un poco excesivamente alto para mi registro aun hecho el transporte en esa época se casó con May Goulding pero siempre decía o hacía algo para echar las cosas a perder ahora está viudo quisiera haber cómo es su hijo dice que es un autor y que pronto será profesor de italiano en la universidad y que tengo que tomar lecciones qué es lo que se propone al enseñarle mi fotografía no es una buena foto tendría que habérmela hecho sacar vistiendo una túnica que nunca pasa de moda sin embargo allí parezco joven me extraña que no se la haya regalado del todo junto conmigo también después de todo por qué no lo veo en el coche dirigiéndose a la estación Kinbridge con el padre y la madre yo estaba de luto hace 11 años ahora sí él debía de tener 11 aun cuando qué objeto tenía ir de luto por uno que no era ni una cosa ni la otra claro él insistió sería capaz de ponerse de luto por el gato ahora debe de estar hecho un hombre en este momento era un niño inocente entonces un hombrecito encantador con su traje de lord Fauntleroy y cabello enrulado como mi príncipe de teatro cuando lo vi en lo de Mat Dillon yo le gustaba también me acuerdo a todos les pasa igual espera por Dios sí espera espera sí sigue él estaba en las cartas esta mañana cuando las eché unión con un joven extraño ni morocho ni rubio con el que ya te habías encontrado antes me pareció que se refería a él pero no es un jovencito ni un extraño además yo tenía la cara vuelta del otro lado cuál fué la 7ª carta después de ésa el 10 de espadas para un viaje por tierra después había una carta en camino y escándalos también las 3 reinas y el 8 de diamantes para el triunfo en sociedad espera sí espera todo eso salió y 2 veces los 8s rojos para vestidos nuevos fíjate en eso y no soñé también algo sí había algo de poeta en él espero que no tenga el cabello largo grasiento cayéndole sobre los ojos o parados como un piel roja para qué andan así sólo para que se rían de ellos y de su poesía siempre me gustó la poesía cuando era chica primero yo creía que él era un poeta como Byron y no tiene ni pizca de eso yo creía que él era enteramente distinto quisiera saber si no es demasiado joven debe de tener espera 88 me casé 88 Milly tuvo 15 ayer 89 qué edad tenía él en lo de Dillon 5 ó 6 por el 88 supongo que andará por los 20 o más no soy demasiado vieja para él si tiene 23 ó 24 espero que no sea de esa clase de estudiantes engreídos no de otra manera no se habría ido a sentar en esa vieja cocina con él para tomar cocoa de Epps y charlar como es natural él habrá fingido entenderle todo probablemente debe de haberle dicho que estudió en el Trinity College es muy joven para ser profesor espero que no sea un profesor a lo Goodwin que era un doctor Juan Pegote todos escriben sobre alguna mujer en sus versos bueno seguramente no encontrará muchas como yo donde haya suaves suspiros de amor sutil guitarra en que la poesía flota airosa el mar azul y la luna que reluce con su hermosa luz volviendo de Tarifa en el bote nocturno el faro en la punta de Europa la guitarra que tocaba ese tipo era tan expresiva volveré jamás a ese lugar otra vez todo caras nuevas dos ojos ardientes detrás de las celosías le cantaré son mis ojos si tiene algo de poeta ojos tan profundamente brillantes como la propia estrella del amor no son estas hermosas palabras como la joven estrella del amor será una transfiguración el Señor lo sabe tener una persona inteligente con quien se pueda hablar de uno mismo no siempre escuchándolo a él y el aviso de Billy Prescott y el aviso de Llavs y el aviso de Juan de los Palotes si algo va mal en sus negocios los tenemos que soportar estoy segura de que él es muy distinguido me gustaría tener relaciones con un hombre así Dios no esos otros pegotes además él es joven esos jóvenes hermosos que yo podía ver allá abajo en la playa Margate lugar de baños desde el costado de la roca parados desnudos bajo el sol algo así como dioses después zambullirse en el mar con ellos por qué no son todos los hombres así sería un consuelo para una mujer como esa hermosa estatuita que compró podría pasarme el día mirándolo sus largos cabellos enrulados sus hombros y su dedo levantado hacia uno para que lo escuche esa es la verdadera belleza y poesía para mí a menudo sentí que deseaba besarlo por todos los lados también su amoroso pitito tan lindo no me importaría ponérmelo en la boca si no mirara nadie es como si estuviera pidiendo que lo chuparan tan limpio y blanquito él mirando con su carita de niño no emplearía ni ½ minuto aunque cayera algo de eso total qué es algo así como avena con leche o como rocío no hay peligro además él debe de ser tan limpio comparado con esos cerdos de hombres la mayoría creo que ni por sueños se lo lavan 1 vez al año sólo que eso hace salir bigote a las mujeres sería formidable por cierto que a mi edad pudiera yo conseguirme un hermoso poeta joven lo 1º que haré por la mañana será echarlas para ver si sale la carta del deseo o voy a probar de aparear la dama misma para ver si sale él leeré y estudiaré todo lo que encuentre o aprenderé algo de memoria si supiera quién le gusta para que no vaya a creer que soy estúpida si le parece que todas las mujeres son iguales y puedo enseñarle lo que no sabe haciéndole estremecer todo el cuerpo hasta quedar medio desmayado debajo mío luego escribirá de mí amante y señora públicamente también con nuestras 2 fotografías en todos los diarios cuando él se haga famoso oh pero entonces qué voy hacer con él sin embargo

no eso no es para él no tiene modales ni es refinado ni nada en su natural golpeándome así sobre el trasero porque no lo llamé Hugo el ignorante que no sería capaz de distinguir entre una poesía y un repollo eso es lo que se gana por no ponerlos en su lugar le tiran a una los zapatos y los pantalones ahí sobre una silla delante mío con todo el descaro sin ni siquiera pedir permiso y quedándose parado en esa forma vulgarota con esa especie de media camisa que usan para que se los admire como sacerdotes o carniceros o esos viejos hipócritas del tiempo de Julio César naturalmente tiene bastante razón a su manera para pasar el tiempo como chiste seguramente que una podría estar lo mismo en la cama con qué con un león Dios estoy segura de que él lo diría algo mejor viejo León tal vez oh bueno supongo que debido a que estaban tan redonditas y excitantes en mi enagua corta él no pudo resistir a veces me excitan a mí misma cuanto más para los hombres todo el placer que extraen del cuerpo de una mujer somos tan redondas y blancas para ellos muchas veces he deseado ser uno de ellos yo misma para cambiar sólo para probar con esa cosa que tienen hinchándose encima de una y poniéndose así dura y al mismo tiempo tan suave cuando una la toca mi tío Juan tiene un aparato largo oí decir a esos pilletes al pasar la esquina de la Marrowbone Lane mi tía María tiene uno peludo porque estaba oscuro y sabían que pasaba una chica no me hicieron poner colorada y además por qué iba a ponerme no hay nada más natural y él mete su largo aparato dentro del otro peludo de mi tía María et cetera y esto significa simplemente que alguien le puso mango al escobillón y para decirlo del todo una vez más los hombres pueden elegir y tomar lo que les plazca una mujer casada o una viuda alegre o una jovencita de acuerdo al gusto de cada uno como en esas casas detrás de Irish Street pero nosotras no nosotras tenemos que estar siempre sujetas a la cadena pero no van a encadenarme a mí no tengas miedo cuando empiece te lo digo yo por los estúpidos celos de los maridos porque no podemos ponernos de acuerdo como amigos sobre el asunto en vez de pelearnos su marido descubrió lo que hacían juntos bueno y qué si lo descubrió puede deshacerlo queda *coronado* de todos modos y haga lo que haga después él se va al otro extremo en Las Tiranas Rubias enloquecido claro al hombre ya no se le importa nada del esposo ni de su mujer es la que quiere y la consigue para qué nos dieron si no todos estos deseos quisiera saberlo qué puedo hacer yo si soy todavía joven no es cierto milagro que no me he convertido en una vieja bruja arrugada antes de tiempo a fuerza de vivir con él que es frío como un témpano que no me abraza nunca excepto cuando lo hace dormido con la cabeza a mis pies sin darse cuenta de quién soy no doy un rábano por un hombre capaz de besarle el culo a una mujer quiere decir que sería capaz de besar cualquier cosa rara donde no hay un adarme de expresión de ninguna clase ahí todas somos iguales 2 pedazos de grasa de cerdo antes de que yo le hiciera eso jamás a un hombre puf los brutos sucios sólo con pensarlo ya hasta le beso los pies *señorita* eso tiene algún sentido no besó él la puerta de nuestro vestíbulo sí él lo hizo qué hombre loco nadie entiende sus chifladuras excepto yo de cualquier manera una mujer desea que la abracen casi 20 veces por día para que ella parezca joven no importa por quién basta que una ame o sea amada por alguien si el tipo que una quiere no está a mano a veces Dios mío he pensado que me iría por los muelles por ahí alguna noche oscura donde nadie me conociera y me arreglaría con algún marinero desembarcado que anduviera caliente por hacerlo y que no le importara un pito saber a quién pertenezco sólo por el gusto de hacerlo en cualquier sitio al lado de una verja o con uno de esos gitanos salvajes de Rathfarnham que habían armado campamento cerca del lavadero Bloomfield para aprovechar y robar nuestras cosas si podían solamente mandé allí las mías unas pocas veces por el nombre lavadero modelo y vuelta a vuelta me devolvían medias viejas sí ese tipo de aspecto de bandido con sus hermosos ojos que pelaba una rama me atacara y me poseyera contra la pared sin decir palabra o un asesino cualquiera lo que ellos mismos hacen esos hermosos caballeros de sombrero de copa ese consejero del Rey que vive por aquí saliendo de la Hardwicke Lane la noche que nos ofreció la cena de pescado celebrando que ganó en el match de box claro que lo hizo por mí yo lo conocí por sus polainas y la manera de caminar y cuando le eché una ojeada sólo por curiosidad apareció una mujer detrás de él que salía de allí seguro alguna prostituta asquerosa luego va a su casa y se junta a la mujer después de eso pero supongo que la mitad de esos marineros están podridos de enfermedades oh saca de ahí tu gran esqueleto por amor de Mike escucha los vientos que llevan por el aire mis suspiros hacia ti entonces bien puede él dormir y suspirar al gran Ilusionista Don Poldo de la Flota si supiera cómo salió en las cartas esta mañana tendría algo por qué suspirar un hombre morocho un tanto perplejo entre 2 7s también en la prisión pues el Señor sabe qué es lo que hace que yo no sé y yo tendré que andar rompiéndome los zapatos por la cocina para llevarle el desayuno a su señoría mientras él duerme envuelto como una momia lo haré por ventura me viste alguna vez corriendo me gustaría verme a mí misma en ese papel demuestra interés por ellos y te tratan como una porquería a mí no me digan sería mucho mejor que el mundo fuese gobernado por las mujeres no se las vería ir y venir matándose unas a otras y masacrándose cuando se ve a las mujeres rodando por ahí borrachas como ellos hacen o jugándose hasta el último penique que tienen y perdiéndolo en las carreras sí porque cualquier cosa que haga una mujer sabe detenerse a tiempo es natural no estarían en el mundo si no fuera por nosotras ellos no saben lo que es ser mujer y ser madre cómo podrían saberlo dónde estarían todos ellos si no hubieran tenido una madre que los cuidara cosa que yo nunca tuve es por eso supongo que él anda desenfrenado ahora de noche lejos de sus libros y de sus estudios y no vive con su familia a causa de la casa siempre revolucionada es una cosa triste en realidad que aquellos que tienen un hijo como ése no estén satisfechos y yo sin ninguno él no fué capaz de hacerme uno no fué culpa mía que nos apareamos aquella vez que yo estaba observando los dos perros montándola en plena calle eso me desanimó del todo creo que no debería haberlo enterrado con esa batita de lana que tejí llorando como estaba sino habérsela dado a algún chico pobre pero yo sabía bien que nunca tendríamos otro la 1ra. muerte entre nosotros nunca fuimos los mismos desde entonces oh no quiero entristecerme más pensando en eso me gustaría saber por qué no quiso quedarse a dormir mientras estuvo allí me di cuenta de que era algún extraño que había hecho entrar para que no anduviera vagando por la ciudad para ir a dar con alguna buscona o algún asaltante a su pobre madre no le gustaría eso si viviera arruinándose para toda la vida tal vez sin embargo ésa es una hermosa hora entre tanto silencio siempre me gustaba volver a cada después de los bailes el aire de la noche ellos tienen amigos con quienes charlar nosotras no o él quiere lo que no puede conseguir o es alguna mujer dispuesta a darle una puñalada detesto eso en las mujeres no es de extrañar que nos traten como lo hacen somos una horrorosa recua de perras me imagino que lo que nos pone tan ariscas son todas esas molestias que tenemos yo no soy así él podría haber dormido fácilmente en el sofá de la otra pieza debe de ser tan tímido como un niño tan joven apenas 20 y vergüenza pensando que yo estaba en la pieza de al lado me habría oído que andaba con la escupidera caramba qué tiene de malo Dedalus me pregunto es como esos nombres en Gibraltar Delapaz Delagracia ellos tenían unos nombres más raros que el demonio allí el padre Vial plana de Santa María que me dió el rosario Rosales y O'Reilly en la calle las Siete Revueltas y Pisimbo y la señora Opisso en Governor Street oh qué nombre yo iría y me tiraría al primer río que encontrara si tuviera un nombre como ése Ave María y todas esas calles cortadas barranca Paradise y barranca Bedlam y barranca Rodgers y barranca Crutchetts y los escalones del Portillo del Diablo bueno no pueden culparme de que sea una atolondrada yo sé que lo soy un poco declaro ante Dios que no me siento un día más vieja que entonces quisiera saber si podría mover mi lengua con algo de español *cómo está usted muy bien gracias y usted* ves no me lo he olvidado todo como creía si no fuera por la gramática un sustantivo es el nombre de una persona lugar o cosa lástima que nunca traté de leer esa novela que la pendenciera señora Rubio me prestó por Valera con los signos de interrogación al revés y al derecho siempre pensé que acabaríamos por irnos yo puedo hablarle del español y él hablarme del italiano así verá que no soy tan ignorante qué lástima que no se quedó estoy segura de que el pobre muchacho estaba muerto de cansancio y le hacía falta un buen sueño podría haberle llevado el desayuno a la cama con un pedazo de pan tostado entendido que no la habría sostenido con la punta del cuchillo que es mala suerte o si la mujer pasara llevando berros y algo bueno y sabroso hay unas cuantas aceitunas en la cocina que le podrían gustar nunca las pude ver en Abrines y podría hacer de *criada* la pieza está lo más bien desde que la cambié del otro modo ves algo me decía siempre que tendría que presentarme sin que se distinguiera si soy un Adán muy gracioso no es cierto yo soy la esposa o hacer de cuenta que estábamos en España él medio despierto sin la menor idea de dónde se encuentra *dos huevos estrellados señor* Señor las cosas raras que me pasan por la cabeza a veces sería muy divertido suponiendo que él se quedara con nosotros por qué no está la pieza vacía de arriba y la cama de Milly en la pieza de atrás él podría hacer sus escritos y estudios en la mesa que hay dentro por todo eso que garrapatea en ella y si él quiere leer en la cama por la mañana como yo como hace el desayuno para 1 puede hacerlo para 2 con seguridad que no voy a tomar pensionistas de la calle para él si toma esto por un albergue de caminantes me gustaría tener una larga conversación con una persona inteligente bien educada tendría que comprarme un lindo par de chinelas rojas como esas que los turcos con el fez acostumbraban vender o amarillas y un lindo salto de cama semitransparente que me hace mucha falta o un peinador flor de durazno como el que hay en lo de Walpoles desde hace mucho a sólo 8 chelines 6 peniques o 18 chelines 6 peniques le voy a hacer el gusto todavía una vez más me levantaré temprano por la mañana de todos modos estoy cansada de la vieja cama de Cohen podría dar una vuelta por los mercados para ver las verduras y los repollos y los tomates y las zanahorias y toda clase de espléndidas frutas que llegan hermosas y frescas quién sabe quién sería el 1r. hombre que me encontrara andan en busca de eso por la mañana acostumbraba decir Mamy Dillon así es y por la noche también ésa era su manera de ir a misa me gustaría tener ahora una gran pera jugosa que se derritiera en la boca como cuando yo tenía antojos después le voy a servir sus huevos y su té en la taza con guardabigotes que ella le regaló para hacerle la boca todavía un poco más grande creo que le gustaría también mi linda crema yo sé lo que voy a hacer andaré más bien alegre no demasiado cantando un poquito de vez en cuando mi fa pietá Masetto después empezaré a vestirme para salir presto non son piú forte me pondré la camisa y los calzones mejores para que se le llene bien el ojo que se le pare el pito se lo haré saber si es eso lo que él quiere que le trinquen a la mujer y requetebién trincada hasta que me llegue a la garganta casi no por él 5 ó 6 veces al hilo ahí está la huella de su esperma sobre la sábana limpia ni me molestaría en sacarla con la plancha eso tendría que satisfacerlo si no me crees pálpame el vientre a menos que se lo hiciera parar allí y metérmelo adentro tengo ganas de decirle hasta el último pedacito y hacérselo hacer delante de mí bien se lo merece todo es por su culpa si yo soy una adúltera como dijo el coso en el gallinero oh gran cosa si eso fuera todo lo malo que hacemos en este valle de lágrimas Dios sabe que no es mucho no lo hace todo el mundo sólo que lo ocultan creo que cabe suponer que una mujer está aquí para eso Él no nos habría hecho como nos hizo tan atrayentes para los hombres después si quiere besarme el culo me bajaré los calzones de un tirón y se lo pondré bien en la cara tan grande como la vida él puede meterme la lengua hasta el tope adentro del agujero ya que empezó mi parte oscura después le diré que necesito £ 1 o tal vez 30 chelines le diré que me hace falta comprar ropa interior después si me da eso bueno no estaría demasiado mal no quiero sonsacarlo del todo como hacen otras mujeres yo podría haber hecho más de una vez un lindo cheque para mí firmando con su nombre por un par de libras unas cuantas veces se olvidó de guardarlo bajo llave además él no quiere gastar lo voy a dejar que me lo haga atrás siempre que no me enchastre los calzones limpios oh me parece que eso no se puede evitar me haré la distraída 1 ó 2 preguntas por la respuesta me daré cuenta cuando él está de ese modo no sabe disimular nada le conozco bien las mañas me apretaré bien las nalgas y le largaré unas cuantas malas palabras culo sucio o chupame la mierda o cualquier otra barbaridad que me pase por la cabeza y entonces se lo sugeriré si oh m'hijito un momento ahora me toca a mí estaré de muy buen talante y amistosa al respecto oh pero me olvidaba de esta maldita peste de cosa ufa una no sabría si reír o llorar somos tal mezcla de ciruela y manzana no tendré que ponerme las cosas viejas tanto mejor será más notorio nunca sabrá si lo hizo él allí o no toma eso es bastante bueno para ti cualquier cosa vieja después me lo voy a limpiar de encima como si nada fuera su omisión después saldré lo voy a tener mirando el techo dónde ha ido ella ahora voy a hacer que me desee es el medio mejor las y cuarto qué hora no de este mundo me imagino que en la China se están levantando ahora y se peinan las coletas para el día bueno pronto tendremos a las monjas tocando el ángelus no hay nadie que venga a estropearles el sueño excepto uno que otro cura para los oficios nocturnos el reloj despertador de al lado al canto del gallo sacándose los sesos de tanto repiquetear veamos si puedo dormirme 1 2 3 4 5 qué clase de flores son esas que inventaron como las estrellas el papel de la pared en Lombard Street era mucho más lindo el delantal que él me regaló era algo parecido sólo que lo usé solamente dos veces mejor bajar esta lámpara y hacer la prueba otra vez para poderme levantar temprano iré a lo de Lambe ahí al lado de lo de Findlater y diré que nos manden algunas flores para poner por la casa por las dudas que lo traiga a casa mañana hoy quiero decir no no el viernes es día de mala suerte primero quiero arreglar la casa de algún modo mientras duermo me parece que se va formando más polvo luego podemos tener música y cigarrillos yo puedo acompañarlo previamente tengo que limpiar con leche las teclas del piano qué me pondré me pondré una rosa blanca o esas tortas de hadas de lo de Lipton me gusta el olor de una gran tienda importante a 7 peniques y ½ la lb o las otras con cerezas y azúcar rosado a 11 peniques el par de lbs claro una linda planta para el medio de la mesa conseguiré eso más barato espera dónde es que las vi no hace mucho me gustan las flores me gustaría tener toda la casa nadando en rosas Dios del cielo no hay nada como la naturaleza las montañas salvajes después el mar y las olas precipitándose luego el campo encantador con sembrados de avena y trigo y toda clase de cosas y toda la preciosa hacienda paseándose por ahí eso debe de ser bueno para el corazón de una ver ríos y lagos y flores de todas las formas y perfumes y colores brotando hasta las zanjas primaveras y violetas es la naturaleza en cuanto a los que dicen que no hay Dios no daría un chasquido de mis dos dedos por toda su ciencia por qué no van y crean algo yo a menudo se lo he dicho ateos o como sea que se llamen y vayan y pongan en orden sus remiendos primero después van lanzando alaridos clamando por un sacerdote cuando se están muriendo y por qué por qué porque tienen miedo del infierno debido a su conciencia acusadora ah sí yo lo conozco bien quién fué la primera persona en el universo antes de que hubiera nadie que lo hizo todo quién ah ellos no saben ni yo tampoco así que ahí tienes podrían igualmente tratar de impedir al sol que saliera por la mañana el sol brilla para ti me dijo el día que estábamos acostados entre los rododendros sobre la puerta de Howth con el traje de tweed gris y sombrero de paja el día que conseguí que se me declarara sí primero le pasé el pedacito de pastel que tenía en mi boca y era año bisiesto como ahora sí hace 16 años mi Dios después de ese beso largo casi me quedé sin aliento sí me dijo que yo era una flor de la montaña sí entonces somos flores todo el cuerpo de una mujer sí ésa fué la única verdad que me dijo en su vida y el sol brilla para ti hoy sí por eso me gustaba porque vi que él entendía lo que era una mujer y yo sabía que siempre podría hacer de él lo que quisiera y le di todo el placer que pude llevándolo a que me pidiera el sí y primero yo no quería contestarle sólo miraba hacia el mar y hacia el cielo y estaba pensando en tantas cosas que él no sabía de Mulvey del señor Stanhope y de Hester y de papá y del viejo capitán Groves y de los marineros que juegan al todos los pájaros vuelan y al salto de cabra y al juego de los platos como lo llamaban en el muelle y el centinela frente a la casa del gobernador con la cosa alrededor de su casco blanco pobre diablo medio asado y a las chicas españolas riendo con sus chales y sus peinetones y las griterías de los remates por la mañana los griegos y los judíos y los árabes y el diablo sabe quién más de todos los extremos de Europa y Duke Street y el mercado de aves todas clocleando delante de lo de Larby Sharon y los pobres burros resbalando medio dormidos y los vagos tipos dormidos con las capas a la sombra en los escalones y las grandes ruedas de las carretas de toros y el viejo castillo de edad milenaria sí y esos hermosos moros todos de blanco y con turbantes que son como reyes pidiéndole a una que se siente en su minúscula tienda y Ronda con las viejas ventanas de las *posadas* los ojos que espían ocultos detrás de las celosías para que su amante bese los barrotes de hierro y las tabernas de puertas entornadas en la noche y las castañuelas y la noche que perdimos el barco en Algeciras el guardia haciendo su ronda de sereno con su linterna y oh ese horroroso torrente profundo oh y el mar el mar carmesí a veces como el fuego y las gloriosas puestas de sol y las higueras en los jardines de la Alameda sí y todas las extrañas callejuelas y las casas rosadas y azules y amarillas y los jardines de rosas y de jazmines y de geranios y de cactos y Gibraltar cuando yo era chica y donde yo era una Flor de la Montaña sí cuando me puse la rosa en el cabello como hacían las chicas andaluzas o me pondré una colorada sí y cómo me besó bajo la pared morisca y yo pensé bueno tanto da él como otro y después le pedí con los ojos que me lo preguntara otra vez y después él me preguntó si yo quería sí para que dijera sí mi flor de la montaña y yo primero lo rodeé con mis brazos sí y lo atraje hacia mí para que pudiera sentir mis senos todo perfume sí y su corazón golpeaba como loco y sí yo dije quiero sí.

the stairhead, bearing a bowl of lather
on which a mirror and a razor lay
crossed. A yellow dressinggown, ungirdled,
was sustained gently behind him by the
mild morning air. He held the bowl
aloft and intoned:
— Introibo ad altare Dei.

Halted, he peered down the dark
winding stairs, and called out coarsely:
— Come up, Kinch! Come up, you
fearful jesuit!

Solemnly he came forward and
mounted the round gunrest. He faced
about and blessed gravely thrice the tower,
the surrounding land and the awaking
mountains. Then, catching sight of
Stephen Dedalus, he bent towards
him and made rapid crosses in the
air, gurgling in his throat and shaking
his head. Stephen Dedalus, displeased
and sleepy, leaned his arms on the
top of the staircase and looked coldly
at the shaking gurgling face that
blessed him, equine in its length,
and at the light untonsured hair,
grained and hued like pale oak.

Buck Mulligan peeped an
instant under the mirror and then
covered the bowl smartly.
— Back to barracks! he said sternly.
He added in a preacher's tone:
— For this, O dearly beloved, is the genuine
christine: body and soul and blood
and ouns. Slow music, please. Shut
your eyes, gents. One moment. A
little trouble about those white
corpuscles. Silence, all.

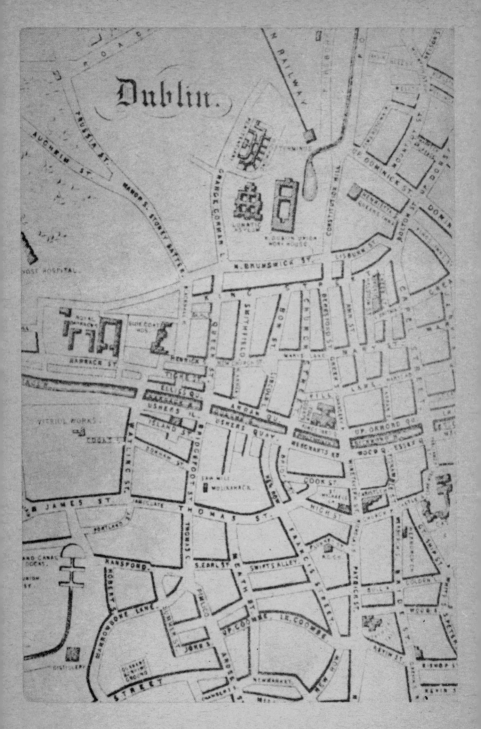

Fotografía de plano de Dublín

Fotografía de pasaporte de Joyce

Fotografía de Joyce en su juventud

Joyce y Sylvia Beach

Esta edición se terminó de imprimir en los talleres gráficos de PREMIA editora de libros, s.a., en Tlahuapan, Puebla, en el segundo semestre de 1986. Los señores Angel Hernández, Serafín Ascencio, Rufino Angel y Donato Arce tuvieron a su cargo el montaje gráfico y la impresión de la edición en offset. El tiraje fue de 1,000 ejemplares más sobrantes para reposición.